林业产业标准化国家创新联盟
木材工业标准化管理推荐用书

木材工业标准化工作指南

虞华强　段新芳　主编

中国建材工业出版社
北　京

图书在版编目（CIP）数据

木材工业标准化工作指南/虞华强，段新芳主编
. --北京：中国建材工业出版社，2022.10（2023.11 重印）
ISBN 978-7-5160-3458-3

Ⅰ.①木…　Ⅱ.①虞…　②段…　Ⅲ.①木材加工工业
－工业企业－标准化管理－中国　Ⅳ.①F426.88-65

中国版本图书馆 CIP 数据核字（2021）第 274621 号

内 容 简 介

本书是木材工业标准化管理与应用的工具书，内容分为 4 篇：标准化基础篇、标准化管理篇、标准编写篇和标准应用篇，共 13 章，另有附录 10 则。标准化基础篇为第一章、第二章，主要介绍标准化基础知识和标准化管理概述；标准化管理篇为第三章至第六章，主要介绍木材工业国际标准化、政府主导的木材工业标准化、木材工业团体标准化、木材工业企业标准化的管理工作程序与要求；标准编写篇为第七章至第十一章，主要介绍标准编写基本要求以及术语标准、产品标准、方法标准、管理标准的编写方法和要求；标准应用篇为第十二章、第十三章，主要介绍木材工业重要认证及其标准和木材工业转型升级标准。

本书是在认真总结木材工业标准化工作实践经验的基础上编写而成的，内容丰富、实用，适用于木材工业国家标准、行业标准、团体标准和企业标准化管理人员，木材工业标准制修订人员、标准实施人员以及高等院校、科研院所的师生、科研人员等参考。

木材工业标准化工作指南
MUCAI GONGYE BIAOZHUNHUA GONGZUO ZHINAN
虞华强　段新芳　主编

出版发行：中国建材工业出版社
地　　址：北京市海淀区三里河路 11 号
邮　　编：100831
经　　销：全国各地新华书店
印　　刷：北京印刷集团有限责任公司
开　　本：889mm×1194mm　1/16
印　　张：28.25
字　　数：850 千字
版　　次：2022 年 10 月第 1 版
印　　次：2023 年 11 月第 2 次
定　　价：150.00 元

本社网址：www.jccbs.com，微信公众号：zgjcgycbs

编委会

主　编： 虞华强　段新芳

副主编： 李晓玲　谢序勤　沈云芳　陈建军　陆铜华　窦青青
张　凯　徐建洪　刘彬彬

编　委：（按拼音字母顺序排列）
安　鑫　卜立新　陈秀兰　楚　杰　段　衡　国智武
韩宗利　黄志平　蒋　卫　金月华　刘　昊　蒲黄彪
齐振宇　孙龙祥　王高峰　王　瑞　夏可瑜　徐金梅
张　冉　赵　劼　赵有科　钟耀灿

本书组织编写单位

全国木材标准化技术委员会
全国人造板标准化技术委员会
全国林业生物质材料标准化技术委员会
中国林业科学研究院木材工业研究所
国家林业和草原局林产品质量与标准化研究中心
林业产业标准化国家创新联盟

参编企业：

德华兔宝宝装饰新材股份有限公司

浙江升华云峰新材股份有限公司

圣象集团有限公司

千年舟新材科技集团股份有限公司

浙江世友木业有限公司

久盛地板有限公司

江苏肯帝亚木业有限公司

天格地板有限公司

万华禾香板业有限责任公司

广西丰林木业集团股份有限公司

寿光市鲁丽木业股份有限公司

大亚人造板集团有限公司

浙江裕华木业有限公司

肇庆市现代筑美家居有限公司

肇庆力合技术发展有限公司

苏州大卫木业有限公司

书香门地（上海）美学家居股份有限公司

广东利而安化工集团有限公司

东莞市升微机电设备科技有限公司

韩师傅集成家居有限公司

前　言

我国木材利用历史悠久，几千年前我们的先人们就开始生产木材产品、建造木结构建筑等，如木家具、木制品、木船、木乐器等。1949年以来，木材工业不断发展，迄今已建成了较为完备的现代木材工业体系，可生产制造原木、防腐与阻燃木材、人造板、木地板、木家具、木门窗、木楼梯、木结构建筑等17大类木材工业产品，其产品已从原木、锯材及其初加工产品如电杆、坑木、枕木等，发展到胶合板、纤维板、刨花板等各种人造板，以及结构复合木材和各种木材产品如木家具、木地板、木门窗、木楼梯等。木材工业为国民经济发展和社会主义建设做出了巨大贡献，为实现人民美好生活向往提供了更多更好的产品。

中国已经成为世界木材工业大国，人造板、木地板和木家具产量世界第一。根据原国家林业局统计，1949—2006年，我国累计生产了商品性木材50多亿立方米；2020年全国人造板总产量3.1亿立方米，世界第一；木地板产量达9.03亿平方米，其中，木竹地板约4.12亿平方米、石木塑地板约4.17亿平方米、木塑地板约0.74亿平方米；根据中国轻工业联合会统计，2020年全国木质家具总产量3.22亿件。

标准是经济活动和社会发展的技术支撑，是国家基础性制度的重要方面，是实现人民美好生活的基本保障。标准决定质量，有什么样的标准就有什么样的质量。质量提升，标准先行；产业未兴，标准先行。标准化在推进国家治理体系和治理能力现代化中发挥着基础性、引领性作用。标准化是提升产品和服务质量的重要工具，有效支撑建设质量强国、推动产业技术进步和转型升级。

木材工业标准化是制定木材工业标准、组织实施木材工业标准以及对木材工业标准的制定、实施进行监督的活动。建国70多年的木材工业标准化历史发展表明，我国木材工业标准化在服务和支撑不断发展的中国木材工业中成长壮大，木材工业越发达，对木材工业标准化的需求就越强烈，标准化对产业发展支撑作用越来越明显。木材工业标准化在规范木材工业产品生产、保证木材工业产品质量、消除木材工业贸易障碍、推进木材资源节约和综合利用、保护消费者利益等方面发挥了重要作用，有效引领木材工业技术进步、推动木材工业产业转型升级和高质量发展。

我国在1952年发布了第一批《木材规格》《木材检尺办法》《材积表》等3项木材工业标准，这也是我国林业行业最早发布的国家标准；1962年我国发布了第1项人造板林业行业部颁标准《硬质纤维板》(LYB 110—1962)；1965年发布第2项部颁标准《针叶树材胶合板》(LY 129—1965)，1965年发布了第一批2项人造板国家标准《阔叶树材普通胶合板》(GB 738—1965)和《阔叶树材普通胶合板检验方法》(GB 739—1965)。经过70多年的不懈努力，我国已基本建成较为完善的木材工业标准体系，木材工业标准涉及原木、锯材、木片、防腐与阻燃木材、人造板、木地板、木质装饰材料、木家具、木门窗、木楼梯、木结构建筑、木制工艺品（木雕等）、软木及其制品、木塑复合材料、石木塑材料及其制品、林业生物质材料、其他木材产品等产品与服务。截至2021年底，已经发布实施的木材工业国家标准、行业标准共500项，其中国家标准《红木》(GB/T 18107—2000)、《室内装饰装修材料 人造板及其制品中甲醛释放限量》(GB 18580—2001)、《中密度纤维板》(GB/T 11718—1999)、《胶合板》(GB/T 9846.1～9846.8—2004)、《装饰单板贴面人造板》(GB/T 15104—2006)、《细木工板》(GB/T 5849—2006)，行业标准《甲醛释放量检测用1m^3气候箱装置》(LY/T 1612—2004)等先后荣获“中国标准创新贡献奖”。

2021年10月中共中央、国务院印发了《国家标准化发展纲要》，为未来15年我国标准化发展确定了新的目标和任务，也对木材工业标准化提出新的要求。发达的木材工业标准化是木材工业大国走向世界木材工业强国的重要保障。加强木材工业标准化工作，可有效提升木材工业产品质量、增强木材工业市场竞争力、破除国际贸易壁垒、引领木材工业技术进步和木材工业高质量发展，木材工业标准化发展前景越来越广阔。

为贯彻实施《国家标准化发展纲要》，帮助木材工业标准制修订人员、标准化管理人员以及木材工业标准实施人员了解和掌握木材工业标准化管理、标准编写与标准应用的基础知识、工作程序、标准的编写方法和要求等内容，提高木材工业标准化工作质量水平，推动木材工业标准化高质量发展，全国木材标准化技术委员会、全国人造板标准化技术委员会、全国林业生物质材料标准化技术委员会、中国林业科学研究院木材工业研究所、国家林业和草原局林产品质量与标准化研究中心、林业产业标准化国家创新联盟特组织有关专家在总结木材工业标准化工作的实践经验的基础上，编写了《木材工业标准化工作指南》一书。该书是木材工业标准化管理和应用的工具书。

本书由中国林业科学研究院木材工业研究所联合国内行业主流企业共同编写。全书由段新芳负责统稿。

本书有关木材工业碳达峰碳中和标准的研究成果得到林草国家创新联盟自筹项目《木材工业碳达峰碳中和标准体系构建及其重要标准研究》（项目计划 GSM〔3〕号）的资助。

本书在编撰过程中，得到了国家林业和草原局科技司黄发强副司长、佟金权处长，全国人造板标准化技术委员会顾问、中国林业科学研究院木材工业研究所原所长叶克林研究员，全国木材标准化技术委员会副主任委员、全国林业生物质材料标准化技术委员会副主任委员、中国林业科学研究院木材工业研究所常务副所长吕建雄研究员，全国人造板标准化技术委员会主任委员、国家林业和草原局林产品质量与标准化研究中心主任、中国林业科学研究院木材工业研究所副所长吕斌研究员等的大力支持和指导。同时，本书也得到了全国木材标准化技术委员会、全国人造板标准化技术委员会、全国林业生物质材料标准化技术委员会、中国林业科学研究院木材工业研究所、国家林业和草原局林产品质量与标准化研究中心、林业产业标准化国家创新联盟等单位领导和专家的大力支持和帮助！

在此，向为我们提供支持和帮助的各位领导、专家以及参与本书编写的所有企业表示衷心的感谢！

我国标准化工作发展很快，涉及的内容又非常广泛，因此，在本书编写过程中我们重点定位服务行业、服务企业，力求内容完善、系统、准确，突出行业特色，但由于作者知识水平、背景和认识问题角度有限，书中不足和错误之处在所难免，恳请读者批评指正。

编著者

目　　录

标准化基础篇

标准化管理篇

标准编写篇

标准应用篇

标准化基础篇

第一章　标准化基础知识

第一节　基本概念

本节主要介绍标准、标准化和标准体系的基本概念。

一、标准的概念

标准有多种定义，这里介绍国家标准《标准化工作指南》和《中华人民共和国标准化法》规定的定义，也是最常用的标准定义。

（一）《标准化工作指南 第1部分：标准化和相关活动的通用术语》对标准的定义

1. 定义

标准，根据GB/T 20000.1—2014《标准化工作指南 第1部分：标准化和相关活动的通用术语》定义，是指“通过标准化活动，按照规定的程序经协商一致制定，为各种活动或其结果提供规则、指南或特性，提供共同使用和重复使用的文件。”“注：标准宜以科学、技术和经验的综合成果为基础。”

2. 标准定义的详细内涵

从GB/T 20000.1—2014中的定义看，标准具有以下特征：

（1）明确指出标准是标准化活动的结果，也就是说只有通过标准化活动才有可能形成标准，没有标准化活动就没有标准；同时，只有“按照规定的程序”并且达到了形成标准所要求的协商一致程度的文件才能称为标准，也就是说标准反映的是各利益相关方共同意愿，而不是个别利益。

（2）标准具备“共同使用和重复使用”的特点，共同使用是从空间上界定的，指标准要具有一定的使用范围，如在国际、国家或协会团体内部等范围应用，而重复使用是从时间上界定的，即标准不应仅供一两次使用，它不但现在要用，将来还要经常使用。“共同使用”与“重复使用”两个特点之间是“和”的关系，也就是说，只有某文件在一定范围内被大家共同使用并且多次重复使用，才可能考虑将其制定成标准。

（3）标准的功能是“为各种活动或其结果提供规则、指南或特性”，标准的功能就是提供这些规矩，包括对人类的活动提供规则或指南，对活动的结果给出规则或特性。

（4）标准产生的基础是“科学、技术和经验的综合成果”。标准是对人类实践经验的归纳、整理，是充分考虑最新技术水平并规范化的结果。因此，标准是具有技术属性的文件，标准中的条款是技术条款，这一点是它区别于其他文件（如法律法规）的特征之一。

（5）标准的表现形式是一种“文件”。标准的形成过程及其具有的技术规则的属性决定了它是一类规范性的技术文件。标准的形式有别于其他的规范性文件，通常每个标准化机构都要对各自发布的标准的起草原则、要素的选择、结构及表述做出规定。按照这些规定起草的标准，其内容协调、形式一致、文本易于使用。

（二）《中华人民共和国标准化法》对标准的定义

在2017年11月4日中华人民共和国第十二届全国人民代表大会常务委员会第三十次会议修订通过的《中华人民共和国标准化法》中对标准定义为：标准（含标准样品），是指农业、工业、服务业以及社会事业等领域需要统一的技术要求。新修订的《中华人民共和国标准化法》，明确农业、工业、服务业以及社会事业的各个领域中，需要统一的技术要求，都应当制定标准。这样能够更好地满足人民群众对美好生活的需要，让标准在满足人民群众对美好生活的向往和追求中发挥作用。

农业领域标准，包括种植业、林业、畜牧业、渔业等产业，以及与其直接相关的产前、产中、产后服务等方面需要统一的技术要求，主要包括农业产品（含种子、种苗、种畜、种禽等）的品种、规格、质量、等级、检验、包装、储存、运输以及生产技术、管理技术等的要求。例如，GB/T 15776—2016《造林技术规程》，规定了人工造林（含迹地人工更新）、飞机播种造林、封山封沙育林技术的内容和要求，适用于全国国有造林、集体造林、个体造林和各种形式的合作造林。该标准的发布实施是我国林业生态建设的一件大事，对于进一步规范、指导全国造林工作，科学推进国土绿化，提高科技兴林水平，提升造林质量和成效，推动生态文明和美丽中国建设具有十分重要的意义；GB/T 30600—2014《高标准农田建设 通则》规定了高标准农田建设的基本原则、建设区域、建设内容与技术要求、管理要求、监测与评价、建后管护与利用。

工业领域标准，包括采矿业、制造业、电力、燃气及水的生产和供应业、建筑业等行业的术语、符号、代号和制图方法，产品的分类、规格、质量、等级、标识或者安全、环保、资源节约要求，以及开采、设计、制造、检验、包装、储存、运输、使用、回收利用或者全生命周期中的安全、环保、资源节约要求，工程建设的勘察、规划、设计、施工（包括安装）、验收和安全要求等。例如，GB 17930—2016《车用汽油》规定了车用汽油的术语和定义、产品分类、技术要求和试验方法、取样、标志、包装、运输和贮存、安全等内容。GB 18580—2017《室内装饰装修材料 人造板及其制品中甲醛释放限量》国家标准规定了室内装饰装修用人造板及其制品中甲醛释放限量要求、试验方法、判定规则和检验报告等，适用于纤维板、刨花板、胶合板、细木工板、重组装饰材、单板层积材、集成材、饰面人造板、木质地板、木质墙板、木质门窗等室内用各种类人造板及其制品的甲醛释放限量。

服务业领域标准，包括生产性服务业（交通运输、邮政快递、科技服务、金融服务等）、生活性服务业（居民和家庭、养老、健康、旅游等）各领域，对服务各要素（供方、顾客、支付、交付、沟通等）提出的服务能力、服务流程、服务设施设备、服务环境、服务评价等的管理和服务要求。例如，GB/T 27917.1—2011《快递服务 第1部分：基本术语》构建了完整的快递服务术语概念体系；GB/T 27917.2—2011《快递服务 第2部分：组织要求》对快递企业的服务能力进行了系统规定；GB/T 27917.3—2011《快递服务 第3部分：服务环节》对快递服务的全流程服务要求进行了规定。这三项标准规定了快递作业的“规范动作”，保证了快递服务质量和水平的持续提升。GB/T 14308—2010《旅游饭店星级的划分与评定》规定了旅游饭店星级的划分条件、评定规则及服务质量和管理制度要求，得到了行业、企业和社会公众的广泛认可。

社会事业领域需要统一的技术要求，包括国家为了社会公益目的所提供的公共教育、劳动就业创业、社会保险、医疗卫生、社会服务、住房保障、公共文化体育、残疾人服务等基本公共服务，以及政务服务、社会治理、城市管理、公益科技、公共安全等领域的服务功能、质量要求、管理和服务流程、管理技术、监督评价等要求。例如，GB/T 31000—2015《社会治安综合治理基础数据规范》对社会治安综合治理的基础性数据进行了统一和规范，GB/T 33200—2016《社会治安综合治理 综治中心建设与管理规范》对综治中心的建设与管理进行了统一和规范。GB/T 34278—2017《职工基本养老保险个人账户管理规范》对职工基本养老保险个人账户的标识、性质、用途、管理主体、权益维护等做了全面约定，对于进一步规范职工基本养老保险个人账户管理，维护参保对象的基本养老保险权益具有重要意义。

二、标准化的概念

标准化，根据 GB/T 20000.1—2014《标准化工作指南 第1部分：标准化和相关活动的通用术语》定义，是指“为了在既定范围内获得最佳秩序，促进共同利益，对现实问题或潜在问题确立共同使用和重复使用的条款以及编制、发布和应用文件的活动。”“注1：标准化活动确立的条款，可形成标准化文件，包括标准和其他标准化文件。”“注 2：标准化的主要效益在于为了产品、过程或服务的预期目的改进它们的适用性，促进贸易、交流以及技术合作。”

标准化是一项活动，是标准制修订、标准发布、标准实施和监督的工作。标准化具有以下特点：

（1）标准化是一项有组织的活动。标准化不是一个孤立的事物，而是一项有组织的活动过程。这个活动反复循环，螺旋式上升，每完成一次循环，标准化水平就提高一步。标准化作为一项工作，就是制定标准、组织实施标准和对标准的实施进行监督或检查。它要根据国民经济等客观环境条件的变化而不断地促进标准化循环过程的正常进行，以促进国民经济的发展和社会文明生活水平的提高。

（2）标准化的基本任务和主要活动内容是制定标准、组织实施标准和对标准的实施进行监督或检查。标准是标准化活动的成果，标准化的效能和目的都要通过制定和实施标准来体现。所以，制定标准、组织实施标准和对标准的实施进行监督或检查构成了标准化的基本任务和主要活动内容。

（3）标准化效果是标准实施后的各种效益的真实反映。标准化的全部活动中，关键在“化”，即实施标准是个十分重要不可忽视的环节，这一环节中断，标准化循环发展过程也就中止。标准化的效果如社会效益、管理效益等，只有标准在实践中付诸实施后才能表现出来，绝不是制定一个或一组标准就可以了事的，有再多、再好、水平再高的标准，如果没有共同与重复运用，就不会产生效果。

（4）标准化的对象和领域是在不断扩展、不断深化之中。实践证明，标准化的对象和领域是在随着时间的推移不断地扩展和深化的。标准化对象和领域早期重点是产品，重点制修订产品标准、方法标准等技术标准，而现在可制修订管理标准、工作标准；过去主要在第二产业领域，现在已扩展到第一、第二、第三产业和社会管理领域，如安全、卫生、环境保护、人口普查、行政管理和社会管理等领域，过去只对实际问题进行标准化，现在还要对潜在的问题实行标准化。非标准事物（如个性化定制产品和服务）中包含有标准化的因素，标准的事物中也应允许非标准的因素，使其适合社会多样化的需要。

（5）标准化的目的和重要意义是改进标准化活动过程和产品的适用性，提高产品质量、活动质量和过程质量，统一规范市场，消除经济贸易壁垒，引领技术进步，推动产业发展，实现互联互通。

三、标准体系

标准体系，根据国家标准 GB/T 13016—2018《标准体系构建原则和要求》的定义是指“一定范围内的标准按其内在联系形成的科学的有机整体”。

标准体系由标准体系结构（或框架）和标准体系表组成，标准体系表是一定范围内包含现行、在研和拟制修订标准的蓝图。

构建标准体系是运用系统论指导标准化工作的一种方法，是编制标准、修订规划和计划的依据。

在现代化工程的项目、行业或产业、生产经营越来越复杂，分工越来越明确，专业程度越来越高，需要参与的相关方相互配合，在技术上达成一致的协议，按照约定的尺寸、规格、方法等来进行分工合作。相互协作和配合的技术依据就是标准。在某一领域范围内的标准需要集成起来，作为整体发挥作用，这就需要标准体系。

1. 构建标准体系的原则

构建标准体系要遵循四个基本原则。一是目标要明确，标准体系是为业务目标服务的，构建标准体系首先明确标准化目标；二是标准体系要有整体性，标准体系的子体系及子子体系的全面完整和标准体系表所列标准的全面完整；三是标准体系的层次要适当，为了便于理解、减少复杂性，标准明细表中的每一项标准在标准体系结构（或框架）图中应有相应的层次，但层次也不宜太多；四是标准体系表内的子体系或类别的划分，各子体系的范围和边界要划分清楚，应按行业、专业或门类等标准化活动性质的同一性划分。

2. 构建标准体系步骤

（1）要确定标准化的方针目标，了解标准化所支撑的业务战略；明确标准体系建设的愿景和所要达到的目标；确定实现标准化目标的实施策略、指导思想和基本原则；确定标准体系的范围和边界。

了解这些内容是为了便于指导和统筹协调相关部门的标准体系构建工作。

（2）要对标准体系开展调查研究，一般要了解国内外标准体系的建设情况、现在已经制定的标准和已经开展的研究项目、存在的标准化相关问题和对标准体系的建设需求。

（3）根据标准体系建设的方针、目标以及具体的标准化需求，借鉴国内外现有的标准体系的结构或框架，从不同标准化对象的角度，对标准体系进行分析，确定标准体系的结构关系。

（4）确定了标准体系的结构关系就可以编制标准体系表。通常包括标准体系框架（结构）图、标准明细表、标准统计表和标准体系表编制说明。

（5）标准体系的动态维护和更新。因为标准体系是一个动态的系统，在使用过程中应该不断优化完善，随着业务需要和技术发展的不断变化进行维护和更新。

3. 标准体系表及其编制原则

根据GB/T 13016—2018《标准体系构建原则和要求》定义2.4中对标准体系表的定义是“一种标准体系模型，通常包括标准体系结构（或框架）图、标准明细表，还可以包括标准统计表和编制说明”。

标准体系结构（或框架）图用于表达标准体系的范围、边界、内部结构以及意图。标准体系的结构关系一般包括上下层之间的“层次”关系，或按一定的逻辑顺序排列起来的“序列”关系，也可由几种结构相结合的组合关系。

我国标准体系的标准层次和标准级别的关系如图1-1所示。

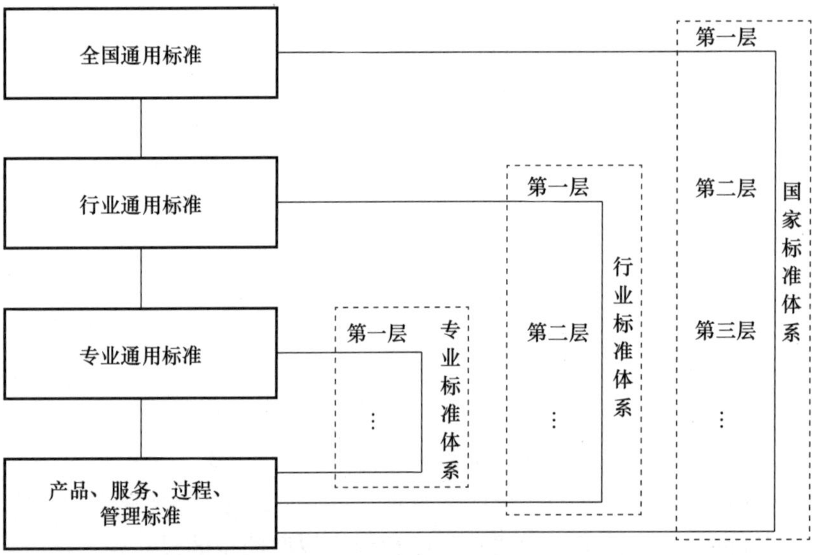

图1-1　标准体系的层次和级别关系

注：1. 国家标准、行业标准、团体标准、地方标准、企业标准，根据标准发布机构的权威性，代表着不同标准级别；全国通用、行业通用、专业通用、产品标准，根据标准适用的领域和范围，代表标准体系的不同层次；

2. 国家标准体系的范围涵盖跨行业全国通用综合性标准、行业范围通用的标准、专业范围通用的标准，以及产品标准、服务标准、过程标准和管理标准；

3. 行业标准体系，是由行业主管部门规划、建设并维护的标准体系，涵盖本行业范围通用的标准、本行业的细分一级专业（二级专业……）标准，以及产品标准、服务标准、过程标准和管理标准；

4. 团体标准是根据市场化机制由社会团体发布的标准，可能包括全国通用标准、行业通用标准、专业通用标准，以及产品标准、服务标准、过程标准或管理标准等，参见GB/T 20004.1—2016《团体标准化 第1部分：良好行为指南》。

在标准体系结构（或框架）图中包含多个行业产品时的层次结构，如图1-2所示。

标准明细表的表头描述的是标准（或子体系）的不同属性。常见的标准明细表的表头，可以包含序号、标准体系编号、子体系名称、标准名称、引用标准编号、归口部门、缓急程度、宜定级别、标准状态等。

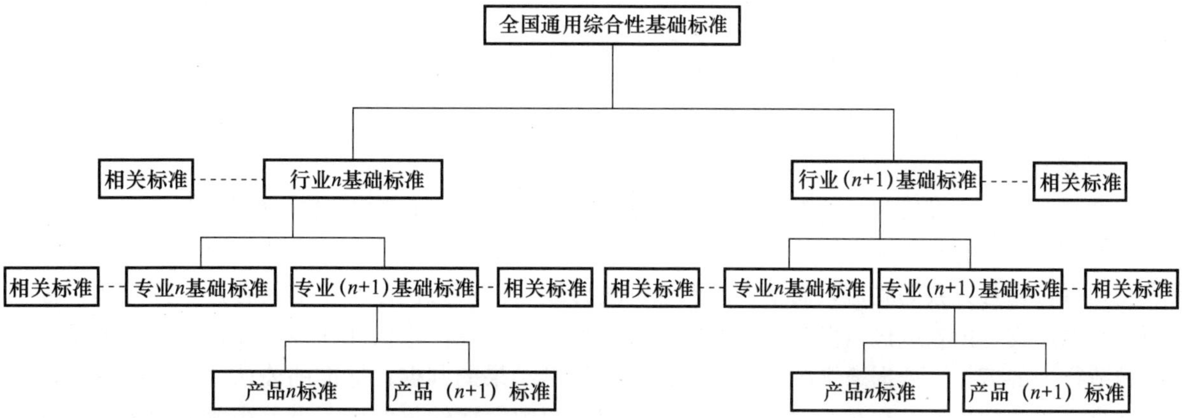

图 1-2　多行业产品的标准体系层次结构

注：1. 图内“专业 n 基础标准”表示第 n 个行业下的第 n 个专业的基础标准；

2. 图中的产品 n 标准，指第 n 个产品（或服务）标准。

标准统计表格式根据统计目的而设置成不同的标准类别及统计项。

标准体系表编制说明的内容一般包括：标准体系建设的背景；标准体系的建设目标、构建依据及实施原则；国内外相关标准化情况综述；各级子体系划分原则和依据；各级子体系的说明，包括主要内容、适用范围等；与其他体系交叉情况和处理意见；需要其他体系协调配套的意见；结合统计表，分析现有标准与国内、国外的差距和薄弱环节，明确今后的主攻方向；标准制修订规划建议等。

第二节　标准和标准化的作用

标准在现代社会经济和生活中具有非常重要的作用。标准是经济社会活动的技术依据，是国际公认的国家质量基础设施之一，是国家治理现代化的重要工具，是现代生产社会化和管理现代化的重要技术基础，是发展市场经济，促进贸易交流的技术纽带，在保护人体健康，保障人身、财产安全，维护消费者合法权益，推动产品和服务质量提升、促进转型升级、引领创新驱动、推进高质量发展方面都发挥着十分重要的支撑和引领作用。

一、标准的作用

标准的作用就是标准使用产生的影响或效果，一般指标准使用后的作用。麦绿波（2019）在《标准学——标准的科学理论》中认为，标准具有十个主要作用，即统一作用、复制作用、仲裁作用、互通作用、保护作用、连接作用、简化作用、引领作用、推动作用、积累作用。

1. 统一作用

标准具有基准性，使所有的标准使用者都自愿遵循其内容，使得在不同空间、不同时间的标准使用者的执行结果都一致，实现了标准内容使用的时空统一，因此，标准的使用具有时空统一作用。例如，国家机械制图标准和电气制图标准的实施，统一了全国对机械设计和电气设计的表达，标准对设计表达产生了统一作用；标准适用的范围越宽，标准的统一范围也越宽，如国际标准具世界范围的统一作用；标准统一作用的另一种表现形态是规范作用。统一是学习、思考、交流的基础，标准的统一作用支持了人类认识和交流进行。

2. 复制作用

标准服务于重复性事物，是标准制定的目的之一。同一标准在重复性地使用过程中，使标准的约束对象在不同时间和不同空间与标准的规定关系相一致，标准对约束对象产生了复制作用。标准的复制作用依靠标准的内容，标准的内容相当于是“产品”复制的基因，标准对重复性的使用对象具有基因的意义。对于批量化的产品生产，标准给出了制造相同产品的“基因元素”，使不同企业、不同时间生产的产品完全相同在规定关系内。标准不仅具有复制产品作用，也可复制设计方法、制造方法、试验方法等。凡是有复制关系需要的地方，都可使用标准内容这种“遗传基因”进行复制。

3. 仲裁作用

标准制定的公正性机制、标准的公认性、唯一性和依据性是标准仲裁作用的基础。

标准制定要求利益相关方平等参与，各方有平等意见提出权，意见的采纳与否取决于是否有利于进步和是否符合各方共同利益，而不取决于经济实力或政治实力，标准制定具有公正性机制；标准是协商一致的产物，由权威机构发布，标准具有公认性和唯一性，公认性和唯一性是仲裁的要素；标准还是规范行为的依据，依据通常既是开始的根据，又是结果的判据；标准的公认性、唯一性、依据性使标准具有仲裁的地位，在相关的技术行为、管理行为中发挥仲裁作用。当市场贸易的买卖双方如产品制造方和用户在产品的验收方面产生分歧时，产品标准将是仲裁的依据；当多个单位对某项测试结果不一致时，判定正确测试的依据必须是符合标准规定的测试方法。标准在市场经济中发挥着重要的仲裁作用。

4. 互通作用

互通是相互识别和相互理解。信息交换的双方包括多方在信息的形式和内容不一致时，信息交换后是不能相互识别的。例如，只讲英语的人和只讲俄语的人由于信息的形式和语言发音不同，他们之间是不能相互交流的，因为信息没有实现互通。标准通过统一信息的形式和内容，使信息在交互过程实现互通，发挥互通作用；统一语言的标准和统一文字的标准分别对语言和文字发挥了互通作用。计算机、手机等涉及的网络协议、信息格式、信息代码的标准使网络传输的信息能被还原和识别，有效支撑网络信息的互通。

5. 保护作用

公共环境、地球资源、生命和财产安全等的保护是集共识、法规、利益、技术为一体的问题，不是简单地应用法制手段就能解决好问题的。公共利益的保护需要以共识为基础、法规为约束、公益为根本、技术为手段来解决。地球的环境关系是相互关联的，局部性的改善是不能解决根本问题的，需要全球的共同努力。当涉及跨国关系时，政府的行政法规将失去效力。在这种情况下，标准有其独特的优势。标准是以共识为基础，以协商为条件，以公益为己任，并可以跨国界执行，既能表达管理关系，也能表达技术关系。制定和实施企业排放控制标准、环境管理体系标准、产品质量管理体系标准、资源开发标准对地球环境和公共利益起到有效保护作用。质量管理标准可保护消费者的利益，排放控制标准可保护公共环境，资源开发利用标准可保护资源的循环利用。标准的使用有效发挥了保护公共利益的作用。

其中强制性标准事关人民群众的切身利益，作用尤为突出。强制性标准主要规范保障、维护安全相关的产品标准、食品安全标准、污染物排放标准、安全生产标准等，在保障人身健康和生命财产安全、国家安全、生态环境安全等方面是国家保障各类安全的技术基础和基本准则强制性标准为各类与安全相关的行为、产品、服务等设置底线和门槛，为保障和维护各类安全筑牢屏障。

6. 连接作用

不同级别或层级的标准将关系到相应层级间的相关关系，地方标准连接地方的关系，行业标准连接同行业的关系，国家标准连接各省市间的关系，国际标准连接各国间的关系。标准的实施使所有标准的执行方不同的企业、不同地区、不同民族、不同国家的标准用户汇向同一个目标关系、目标标准，去达到相同的目的，标准发挥了地域、民族、国家的连接作用。由于标准规定的内容不是单一方面就能完成的，往往需要社会化协作和合作，标准的执行通常导致连接作用的产生。标准的连接作用具有广泛性。标准导致了人与人的连接、供方与用户的连接、企业与政府的连接、信息系统间的连接、表达关系间的连接，产品与产品的连接、软件与硬件的连接等。

7. 简化作用

标准的形成过程是一个诸多关系优化和筛选的过程，因此，标准的形成过程是一个集中的过程。集中是收敛，甚至是唯一，只有简化和唯一才有可比对性，才能建立秩序化的状态。集中的过程也是淘汰的过程和简化的过程。例如，曾经存在多种长度尺度单位，在确定国际长度标准时，选择了米制作为国际标准，淘汰了英制和其他国家的自己的长度单位。例如，优先数系标准就是简化参数和品种规格的工具。制定标准的过程是一个简化的过程，使用标准的过程也是一个简化的过程，标准的使用缩小了可能的选择范围，因此，标准具有简化的作用。

8. 引领作用

标准制定要求具有科学性、先进性，先进的技术和管理，对产业、产品或管理均具有引领作用。一方面，标准在国家转型升级和高质量发展中发挥重要的引领作用。如通过制修订一批质量、技术、能耗、资源综合利用方面的先进标准，以标准引领新材料、新产品、新技术的推广，为行业补短板强弱项提供技术支撑，带动产品升级换代，推动行业节能减排、资源综合利用水平不断提高；另一方面，新兴产业标准引领作用更加明显。新兴产业领域更多的是先有标准，后有产业。在新兴产业领域或新一代技术研究和产品研究的前期或同期，前瞻性、超前性地研制标准、应用标准，领先一步、超前布局先进的技术原理、技术制式、技术指标、技术方法，可用先进性和前瞻性的技术标准引领技术发展和产品发展，提升产品进展竞争力和占有率。标准高于产品现状技术水平带来的是引领技术水平的提升，标准超前布局产品发展关系带来的是引领产品优化发展。例如手机通信的 3G、4G 标准制定，引领了新一代通信产品跨越性的规模化发展，5G 标准将会发挥更大的引领作用。

9. 推动作用

标准制定具有科学性、先进性、合理性等要求，这些要求使标准的内容在当时或一定时期内是先进的，甚至是前瞻性的，并代表了技术或管理的发展方向。另外，标准具有公认性、权威性和可信任性，执行标准就意味着被认可或不误入歧途，标准对其使用者具有吸引力和自觉性。企业使用先进性和前瞻性的技术标准将推动企业技术发展和技术进步，提升企业的技术竞争力，企业使用科学、合理的管理标准将改善企业的管理状况，提高企业的管理水平企业制定和实施先进的产品标准将提升产品技术水平，有利于占领产品市场。标准对企业技术进步、提高管理水平、占领市场等都能发挥有效的推动作用。

10. 积累作用

标准制定过程是对技术、管理知识的提炼、固化和保存的过程。由于标准选择的是成熟、可靠的知识，并经过专家群体讨论和修改，标准凝聚的是专家的集体智慧。标准的形成过程就是有效知识的积累过程，标准对知识的积累是在知识全寿命周期一直被保留的，并在必要时进行修改和完善，使其始终保持对被积累内容的有效性。例如产品设计标准积累了产品设计的知识精华，能有效地指导产品设计；产品工艺标准积累了产品制造的技术诀窍，能指引产品的成功制造；质量管理体系标准积累了质量管理的理论和经验，能有效地指导产品质量的监督和控制。标准对技术、管理等知识都能起到有效的积累作用。

二、标准化的作用

现代社会的标准化工作已经从生产领域向贸易服务、社会管理等领域延伸，从经济层面向社会治理、文化建设、生态文明建设以及政府管理层面拓展，是与战略国家政策同等重要的国家治理手段。也就是说，标准化工作是涉及到国家软实力和基础性的工作，中国要从经济大国向经济强国转变，必须突出标准化的质量基础作用，用高标准推动高质量发展，加快形成推动高质量发展的标准体系，提升标准化的水平，推动中国经济由高速增长向高质量发展的转变。

标准化的作用不同于标准的作用，标准的作用是标准使用过程带来的影响和效果，标准化的作用是统一化状态带来的影响和效果。

1. 标准化是促进经济转型升级的重要手段，有效推动转型升级和高质量发展

中国从经济大国向经济强国转变，关键取决于经济能否顺利实现转型升级，标准化工作具有引领作用。标准是产业调整升级的方向标，引导传统产业改造升级，可引领新产业、新业态发展壮大。标准是实施创新驱动战略的“助推器”，先进的标准可以推动技术创新、产业创新和商业模式创新，提高产品和产业的核心竞争力。标准是统一市场建设的“红绿灯”，依托标准建立公平、开放、透明的市场标准，可以提升资源配置的效率和公平性。中国积极实施标准化战略，以标准助力创新发展、协调发展、绿色发展、开放发展、共享发展。引导和鼓励全社会运用标准化方式组织生产、经营、管理和服务，能够切实提升经济效益、社会效益和生态效益，全面提高经济社会发展水平。

2. 标准化是提升政府治理能力的重要抓手，有效推进国家治理体系建设与治理能力现代化

标准化在社会治安综合治理、美丽乡村建设、提升农村基本公共服务等工作中已成为重要抓手。在推进国家治理体系和治理能力现代化中，具有重要的支撑作用。首先，标准是法律法规的技术支撑和必要补充，是科学管理的重要方法，是行简政之道、革烦苛之弊、施公平之策的重要工具，它有利于促进政府依法行政，也是政府依法履行管理职能的重要依据；其次，它有利于促进政府职能转变，通过采取多方协商一致的标准，可以将政府的刚性指令和行政命令变成市场主体约定的市场准则，将政府单向管理变成社会共同治理。如淘汰落后产能，以前的很多做法是行政命令式的，政府一声令下，则进行淘汰，但如果用标准化的方法便是另外一个概念，例如规定多少万吨必须淘汰，以技术手段来判断符不符合标准，如果不符合则关闭，这样也容易让企业形成共识；最后，有利于促进基本公共服务均等化。通过实施标准化提高透明度、均衡度，形成总业务差异、质量相一致的民生保障体系，促进社会和谐发展。

3. 标准化是提升产品和服务质量的重要工具，有效支撑建设质量强国

标准是实现人民美好生活的基本保障。标准决定质量，有什么样的标准就有什么样的质量。一方面，标准是企业组织生产和提供服务的依据。企业严格按照标准要求生产和提供服务，产品和服务质量才有保证，生产效率才能提高，行业整体生产和服务质量水平才能得以提升，才能提高服务质量、保障服务安全、提升用户满意度；另一方面，标准是执法监管和消费者维权的依据。监管部门、检测机构能够依标准执法、依标准检验，依标准维护消费者合法权益。消费者能够依标准选择产品，明白消费，依标准维权。提升标准质量和水平，促进产品和服务质量提升。质量提升，标准先行；产业未兴，标准先行。

4. 标准化是企业赢得竞争优势的制高点，有效提升产业竞争力

在市场经济条件下，谁拥有标准的制定权，谁就掌握市场竞争的话语权。标准技术法规、合格评定程序是世贸组织规则允许的技术性贸易措施，可以说中国企业要发展成为世界知名品牌企业，标准化是必经之路，只有抢占到了标准化的制高点，企业才能做大做强，成为全球行业的领头羊，成为全球知名品牌。中国当前占据全球行业领先地位的高铁、特高压、核电、智能手机、家电等等无不是如此，都是在标准化这个方面占据了领先地位，这对我们争夺国际竞争力非常关键。

5. 标准化是实现高水平对外开放的有力支撑，促进世界互联互通，共建人类命运共同体

在促进国际贸易、技术交流等方面，标准化具有通行证作用。标准是人类文明进步的成果，是促进互联互通的“通行证”、标准是国际经贸往来的“技术语言”和准绳依据。从中国古代的“车同轨、书同文”，到现代工业规模化生产，都是标准化的生动实践。伴随着经济全球化深入发展，标准化在便利经贸往来、支撑产业发展、促进科技进步、规范社会治理中的作用日益凸显。标准已成为世界“通用语言”。产品进入国际市场，首先要符合国际或其他国家的标准，同时标准也是贸易仲裁的依据。国际权威机构研究表明，标准和合格评定影响着80%的国际贸易。世界需要标准协同发展，标准促进世界互联互通。以标准统一市场规则，促进公平竞争，已经成为世界各国的共同、普遍的共识。当前实施“一带一路”倡议，推进国际产能和装备制造的合作，更需要大力推动自主技术标准的海外应用，加快与主要贸易国的标准互认互通，带动中国产品、装备和技术“走出去”。

国际标准是全球治理体系和经贸合作发展的重要技术基础。国际标准化组织作为最权威的综合性国际标准机构，制定的国际标准在全球得到广泛应用。中国愿同世界各国一道，深化标准合作，加强交流互鉴，共同完善国际标准体系，共同探索标准化在完善全球治理、促进可持续发展中的积极作用，为创造人类更加美好的未来作出贡献；以国际标准体系为技术基础构建全球治理体系和促进全球经贸合作发展，突出标准对促进世界互联互通、完善全球治理、构建人类命运共同体的作用。

6. 标准化是推动创新发展的重要桥梁和纽带，有效引领科技进步

标准化是创新扩散的平台。“技术专利化，专利标准化”，新产品、新方法、新技术的市场化和推广，需要标准进行规范和引领，因此，作为产业创新成果转化、推广的有效载体，加强标准化工作，加大专利等创新成果向标准转化，可以有效推动创新成果的转化和新产品的推广，夯实创新发展的基础。

标准助推创新发展，标准引领时代进步。标准与科技创新具有内在的联系。标准来源于创新，是科技创新成果的总结，同时又是科技成果转化应用的桥梁和纽带。标准的实施过程就是科技成果普及推广的过程，在这个过程中往往会对科技创新提出新的需求，激发科技的再创新，科技再创新成果又能够再次标准化。科技创新不断提升标准水平，标准又不断促进科技成果转化，两者互为基础、互为支撑。随着科技革命和产业变革步伐加快，标准的研发和科技创新联系越来越紧密，越来越趋向同步，标准研制逐步嵌入科技活动的各个环节，为科技成果快速形成产业、进入市场提供重要的支撑和保障。

在促进科技成果转化、培育发展新经济等方面，标准化具有引领作用。过去，一般先有产品，后有标准，用标准来规范行业发展。而现在有一种新趋势，就是标准与技术和产品同步，甚至是先有标准才有相应的产品。创新与标准相结合，所产生的“乘数效应”能更好地推动科技成果向产业转化，形成强有力的增长动力，真正发挥创新驱动的作用。科学技术研究成果转化成标准，有利于更好地推动科学技术进步。

第三节　标准分类

标准从不同角度可以有不同的分类方法。本节按照制定主体分类法、实施效力分类法、功能（或用途）分类法进行标准分类介绍等。

一、制定主体分类法

按照标准的制定主体，标准分为国际标准、区域标准、国家标准、行业标准、地方标准、团体标准和企业标准。

我国标准按制定主体分为国家标准、行业标准、地方标准和团体标准、企业标准。国家标准、行业标准和地方标准属于政府主导制定的标准，团体标准、企业标准属于市场主体自主制定的标准。国家标准由国务院标准化行政主管部门制定。行业标准由国务院有关行政主管部门制定。地方标准由省、自治区、直辖市以及设区的市人民政府标准化行政主管部门制定。团体标准由学会、协会、商会、联合会、产业技术联盟等社会团体制定。企业标准由企业或企业联合制定。

1. 国际标准

国际标准是指国际标准化组织（ISO）、国际电工委员会（IEC）和国际电信联盟（ITU）制定的标准，以及国际标准化组织确认并公布的其他国际组织制定的标准。国际标准在世界范围内统一使用。

以下国际性组织制定的标准是被国际标准化组织认可的：国际计量局（BIPM）、国际人造纤维标准化局（BISFA）、食品法典委员会（CAC）、时空系统咨询委员会（CCSDS）、国际建筑研究实验与文献委员会（CIB）、国际照明委员会（CIE）、国际内燃机会议（CIMAC）、国际牙科联合会（FDI）、国际信息与文献联合会（FID）、国际原子能机构（IAEA）、国际航空运输协会（IATA）、国际民航组织

(ICAO)、国际谷类加工食品科学技术协会（ICC)、国际排灌研究委员会（ICID)、国际辐射防护委员会（ICRP)、国际辐射单位和测试委员会（ICRU)、国际制酪业联合会（IDF)、万围网工程特别工作组（IETF)、国际图书馆协会与学会联合会（IFLA)、国际有机农业运动联合会（IFOAM)、国际煤气工业联合会（IGU)、国际制冷学会（IIR)、国际劳工组织（ILO)、国际海底组织（IMO)、国际种子检验协会（ISTA)、国际理论与应用化学联合会（IUPAC)、国际毛纺组织（IWTO)、国际动物流行病学局（OIE)、国际法制计量组织（OIML)、国际葡萄与葡萄酒局（OIV)、材料与结构研究实验所国际联合会（RILEM)、贸易信息交流促进委员会（TarFIX)、国际铁路联盟（UIC)、经营交易和运输程序和实施促进中心（UN/CEFACT)、联合国教科文组织（UNESCO)、国际海关组织（WCO)、国际卫生组织（WHO)、世界知识产权组织（WIPO)、世界气象组织（WMO)、国际植物新品种保护联盟（UPOV)。

ISO、IEC、和 ITU 作为国际标准化的三个主要组织，在范围、框架、专业和经验上是互补的，为全球市场的增长提供了技术支持。

截至 2020 年底，中国主导制修订的林业国际标准 15 项，分别为：ISO 13608：2014 *Plywood—Decorative veneered plywood*（《装饰单板贴面胶合板》)、ISO 13609：2021 *Wood-based panels-Plywood-Blockboards and battenboards*（《细木工板》)、ISO 18775：2020 *Veneers-Terms and definitions, determination of physical characteristics and tolerances*（《单板 术语与定义、物理特征及及其偏差的测定》)、ISO 17959：2014 *General requirements for solid wood flooring*（《实木地板通用要求》)、ISO 13601 10：2017 *Physical and Mechanical Properties of Wood-Test Methods for Small Clear Specimen-Part 10：Determination of Impact Bending Strength*（《木材物理力学性质 无疵小试样试验方法 第 10 部分：抗冲击弯曲强度测定》）和 ISO 21625：2020 *Vocabulary related to bamboo and bamboo products*（《竹和竹产品术语》）等。

2. 区域标准

区域标准是指由区域标准化组织通过并发布的标准。区域标准化组织可以由同一地理范围内因政治原因或经济原因愿意统一标准的不同国家所组成。

主要区域标准化组织：欧洲标准化委员会（CEN)、欧洲电工标准化委员会（CENELEC)、欧洲电信标准学会（ETSI)、太平洋地区标准会议（PASC)、泛美标准委员会（COPANT)、非洲地区标准化组织（ARSO)、阿拉伯工业发展与矿业组织（AIDMO)、东盟标准与质量咨询委员会(ACCSQ)、独联体跨国标准化计量与认证委员会（EASC)、亚太经济合作组织/贸易与投资委员会/标准一致化分委员会（APEC/CTI/SCSC)、亚洲标准咨询委员会（ASAC)、亚洲大洋洲开放系统互联研讨会（AOW)、亚洲电子数据交换理事会（ASEB)、欧洲广播联盟（EBU)、泛美标准委员会（COPANT)、中美洲工业与技术学会（ICAITI)、加勒比共同市场标准理事会（CCMSC）等。这些区域组织制定并发布区域标准，对区域形成统一的区域市场、促进区域社会经济发展发挥作用。

对于我国来说，为推动区域协同发展如京津冀协同发展、长江经济带、粤港澳大湾区发展，这些区域可以联合制定区域标准。对在这些区域内没有国家标准和行业标准，需要推动区域发展的各种要求，可以制定区域标准。例如：为推动京津冀协同发展、粤港澳大湾区发展，京津冀三地与粤港澳三地分别在交通、医疗、环保等方面发布统一的区域标准。

3. 国家标准

国家标准是由有资格作为相应国际标准化组织和区域标准组成的国家成员，在国家层次上公认的标准管理机构，通过并公开发布的标准。

世界各国国家标准一般都根据本国的自然环境、资源、经济发展水平、生产技术水平、人民生活习惯和国际贸易等需要制定，以及采用国际标准和国外先进标准，制定本国国家标准。

部分国家及其国家标准代号见表 1-1。

表 1-1 部分国家标准代号表

序号	标准代号	标准名称	序号	标准代号	标准名称	序号	标准代号	标准名称
1	ANSI	美国国家标准	25	J. S. S	约旦标准	49	PS	巴基斯坦标准
2	AS	澳大利亚标准	26	KS	韩国标准	50	PTS	菲律宾标准
3	BDSI	孟加拉国国家标准	27	L. S.	黎巴嫩标准	51	SABS	南非标准
4	BS	英国标准	28	LS	利比亚标准	52	SASO	沙特阿拉伯标准
5	COSQC	伊拉克标准	29	MCIR	塞浦路斯标准	53	S. S.	新加坡
6	C. S.	斯里兰卡标准	30	MS	马来西亚标准	54	SFS	芬兰标准
7	CSA	加拿大标准	31	MSZ	匈牙利标准	55	S. I	以色列标准
8	DGN	墨西哥官方标准	32	NB	巴西标准	56	SIS	瑞典标准
9	DGNT	玻利维亚标准	33	NBN	比利时标准	57	SLS	斯里兰卡标准
10	DIN	德国家标准	34	NC、UNC	古巴标准	58	SNIMA	摩洛哥标准
11	DS	丹麦标准	35	NCh	智利标准	59	SNV	瑞士标准协会标准
12	ELOT	希腊标准	36	NEN	荷兰标准	60	SS	苏丹标准
13	E. S.	埃及标准	37	NF	法国家标准	61	SSS	叙利亚标准
14	ESI	埃塞俄比亚标准	38	NHS	希腊国家标准	62	STAS	罗马尼亚标准
15	GS	加纳标准	39	NI	印度尼西亚标准	63	STASH	阿尔巴尼亚标准
16	ICONTEC	哥伦比亚标准	40	NORVEN	委内瑞拉标准	64	TCVN	越南民主共和国标准
17	INAPI	阿尔及利亚标准	41	NP	葡萄牙标准	65	TNAI	泰国标准
18	INEN	厄瓜多尔标准	42	NS	挪威标准	66	TS	土耳其标准
19	IRAM	阿根廷标准	43	NSO	尼日利亚标准	67	UBS	缅甸联邦标准
20	IRS	爱尔兰标准	44	NZS	新西兰标准	68	UNE	西班牙标准
21	IS	印度标准	45	ONORM	奥地利标准	69	UNI	意大利标准
22	ISIRI	伊朗标准	46	OSS	苏丹标准	70	UNIT	乌拉圭技术标准协会标准
23	JIS	日本工业标准	47	PN	波兰标准	71	VCT	蒙古国家标准
24	JS	牙买加标准	48	PNA	巴拉圭标准	72	БДС	保加利亚标准

中华人民共和国国家标准是指对我国经济技术发展有重大意义，需要在全国范围内统一的技术要求，应当制定国家标准。国家标准在全国范围内适用，其他各级标准不得与国家标准相抵触。国家标准一经发布，与其重复的行业标准、地方标准相应废止。

4. 行业标准

行业标准是由国家行业行政主管部门通过并公开发布的标准。《中华人民共和国标准化法》第十二条规定，“对没有推荐性国家标准、需要在全国某个行业范围内统一的技术要求，可以制定行业标准。行业标准由国务院有关行政主管部门制定，报国务院标准化行政主管部门备案”。

行业标准的制定范围应当同时满足两个要求。一是没有推荐性国家标准，即已有推荐性国家标准的，不得制定行业标准；二是在本行业范围内需要统一的技术要求，即不能超越本行业范围、不能超越国务院有关行政主管部门的职责制定行业标准。例如，LY/T 2904—2017《沉香》，该标准规定了沉香的术语和定义、要求、试验方法及判定，适用于沉香原料及其制品的检验与判定。该标准的正式颁布与实施，为我国沉香相关行业提供了沉香真伪的科学检测依据，规范沉香原料及其制品的市场秩序，保护消费者权益。同时，该标准也为相关部门对我国沉香进出口贸易的监管提供技术支撑，促进沉香产业的健康发展。

行业标准应由制定标准的部门报国务院标准化行政主管部门备案。

根据国家标准化管理委员会的“全国标准信息公共服务平台”公布的数据，截至2020年底，国家标准化管理委员会共批准设立71类行业标准，备案行业标准72620项。根据“全国标准信息公共服务平台”公布数据，现行行业标准领域、代号以及数量（截至2021年7月底）见表1-2，共备案行业标准93468项。

表1-2 行业标准领域、代号及数量统计（截至2021年7月底）

序号	行业领域	代号	数量	序号	行业领域	代号	数量
1	国内贸易	SB	1400	37	核工业	EJ	999
2	石油化工	SH	1112	38	税务	SW	1
3	航空	HB	0	39	物资管理	WB	102
4	电子	SJ	1828	40	体育	TY	23
5	能源	NB	2275	41	煤炭	MT	1505
6	汽车	QC	732	42	交通	JT	1446
7	石油天然气	SY	4324	43	烟草	YC	690
8	通信	YD	3889	44	水产	SC	765
9	认证认可	RB	197	45	消防救援	XF	13
10	黑色冶金	YB	1363	46	劳动和劳动安全	LD	217
11	文物保护	WW	94	47	轻工	QB	4950
12	电力	DL	2734	48	减灾救灾与综合性应急管理	YJ	0
13	医药	YY	1670	49	纺织	FZ	2118
14	农业	NY	4826	50	安全生产	AQ	530
15	中医药	ZY	9	51	公共安全	GA	3190
16	环境保护	HJ	1235	52	测绘	CH	189
17	土地管理	TD	57	53	航天	QJ	0
18	民用航空	MH	710	54	海洋	HY	189
19	有色金属	YS	2398	55	铁路运输	TB	2266
20	包装	BB	109	56	电影	DY	0
21	化工	HG	4733	57	新闻出版	CY	286
22	兵工民品	WJ	198	58	机械	JB	18189
23	粮食	LS	329	59	邮政	YZ	218
24	出入境检验检疫	SN	6758	60	国家物资储备	GC	0
25	林业	LY	2420	61	卫生	WS	907
26	民政	MZ	178	62	教育	JY	290
27	海关	HS	63	63	地震	DB	111
28	外经贸	WM	7	64	司法	SF	77
29	水利	SL	853	65	气象	QX	637
30	旅游	LB	77	66	文化	WH	92
31	供销合作	GH	227	67	金融	JR	328
32	地质矿产	DZ	545	68	城镇建设	CJ	732
33	稀土	XB	165	69	广播电影电视	GY	311
34	档案	DA	106	70	建筑工程	JG	749
35	船舶	CB	2148	71	建材	JC	1488
36	国密	GM	91				

5. 地方标准

地方标准是在国家的某个地区通过并公开发布的标准。

《中华人民共和国标准化法》第十三条规定，“为满足地方自然条件、风俗习惯等特殊技术要求，可以制定地方标准。地方标准由省、自治区、直辖市人民政府标准化行政主管部门制定；设区的市级人民政府标准化行政主管部门根据本行政区域的特殊需要，经所在地省、自治区、直辖市人民政府标准化行政主管部门批准，可以制定本行政区域的地方标准。地方标准由省、自治区、直辖市人民政府标准化行政主管部门报国务院标准化行政主管部门备案，由国务院标准化行政主管部门通报国务院有关行政主管部门。”

2018 年前，地方标准只有省级政府标准化行政主管部门才能制定和发布。根据新的标准化法规定，地方标准的制定主体包括省、自治区、直辖市人民政府标准化行政主管部门和设区的市级人民政府标准化行政主管部门。如 2019 年 2 月，安徽省市场监管局批准同意合肥、池州、宣城、阜阳、蚌埠、马鞍山、淮南、芜湖、黄山等 9 市标准化行政主管部门制定本行政区域的地方标准。

根据“全国标准信息公共服务平台”公布的数据，截至 2021 年 7 月底，国家标准化管理委员会共备案了 31 个省、自治区、直辖市共计 66316 项地方标准（表 1-3），其中华北地区 10880 项，东北地区 6820 项，华东地区 19051 项，中南地区 11245 项，西南地区 8812 项，西北地区 9508 项。

地方标准地区、省份、代号及数量详见表 1-3。

表 1-3　地方标准地区、省份、代号及数量统计（截至 2021 年 7 月底）

序号	地区	省份	代号	数量	序号	地区	省份	代号	数量
1	华北	北京	DB11	2540	17	中南	湖北	DB42	1866
2		天津	DB12	1577	18		湖南	DB43	1521
3		河北	DB13	2746	19		广东	DB44	2479
4		山西	DB14	1880	20		广西	DB45	2266
5		内蒙古	DB15	2137	21		海南	DB46	572
6	东北	辽宁	DB21	2594	22	西南	重庆	DB50	1160
7		吉林	DB22	2297	23		四川	DB51	3233
8		黑龙江	DB23	1929	24		贵州	DB52	1546
9	华东	上海	DB31	1355	25		云南	DB53	2626
10		江苏	DB32	4218	26		西藏	DB54	247
11		浙江	DB33	2446	27	西北	陕西	DB61	1442
12		安徽	DB34	3009	28		甘肃	DB62	2707
13		福建	DB35	1498	29		青海	DB63	1587
14		江西	DB36	1467	30		宁夏	DB64	1506
15		山东	DB37	5058	31		新疆	DB65	2266
16	中南	河南	DB41	2541	—	—	—	—	—

6. 团体标准

根据 GB/T 20004.1—2016《团体标准化 第 1 部分：良好行为指南》中的定义 3.2，团体标准是指由团体按照自行规定的标准制定程序制定并发布，供团体成员或社会自愿采用的标准。团体是指具有法人资格，且具备相应专业技术能力、标准化工作能力和组织管理能力的学会、协会、商会、联合会和产业技术联盟等社会团体。

部分发达国家团体标准很发达，如美国材料试验协会（ASTM）、美国石油学会（API）、美国保险商实验室（UL）、美国机械工程师协会（ASME）、美国电气电子工程师协会（IEEE）、德国电器工程师协会（VDE）、德国工程师协会（VDI）、万维网联盟（W3C）等制定的团体标准，有的被转化为本国国家标准，有的标准则被公认为国际先进标准，为许多国家和地区所采用。

2016 年 3 月 10 日，国家质检总局、国家标准化管理委员会印发《关于培育和发展团体标准的指导意见》，标志着我国团体标准培育工作开始。《中华人民共和国标准化法》的第二条、第十八条、第二十七条、第四十二条等条款对团体标准进行了相应的规定，标志着团体标准发展拥有了法律依据。

根据全国团体标准信息平台数据，截至 2021 年 7 月底，共有 5213 家社会团体在全国团体标准信息平台注册，其中民政部登记注册的有 776 家，地方民政部门登记注册的有 4437 家。全国 5213 家社会团体在平台共计公布 27085 项团体标准，其中民政部登记注册的社会团体公布 9232 项，地方民政部门登记注册的社会团体公布 17853 项。其中与木材工业相关的中国林学会、中国林产工业协会、中国木材与木制品流通协会、中国建筑装饰装修材料协会、中国产学研合作促进会等 25 家社会团体开展林业团体标准制修订工作，制定了 T/CNFPIA 1001—2019《人造板甲醛释放限量》、T/CTWPDA 07—2019《人造板用无甲醛添加胶黏剂》、T/SBMIA 006—2018《木质地板行业诚信经营服务规范》等 100 多项团体标准。

国家实行团体标准自我声明公开和监督制度。社会团体应当公开其团体标准的名称、编号等信息。团体标准涉及专利的，还应当公开标准涉及专利的信息。鼓励社会团体公开其团体标准的全文或主要技术内容。鼓励社会团体通过标准信息公共服务平台自我声明公开其团体标准信息。

7. 企业标准

企业标准是由企业制定并发布的供本企业使用的标准。

《中华人民共和国标准化法》第十九条规定，企业可以根据需要自行制定企业标准，或者与其他企业联合制定企业标准。企业根据自己生产和经营的需要，可自行制定本企业所需要的标准，不必经过其他机构的批准或认定。

《中华人民共和国标准化法》第二十七条规定，国家实行企业标准自我声明公开和监督制度。企业标准自我声明公开和监督制度调整的对象是企业生产的产品和提供的服务所执行的标准，这类标准规定了企业生产的产品和提供的服务所应达到的各类技术指标和要求，是企业对其产品和服务质量的硬承诺，应当公开并接受市场监督。因此，企业产品和服务标准公开是企业的法定义务。

建立企业标准自我声明公开和监督制度，是营造公平竞争市场环境的重要举措。一是有利于放开搞活企业，保障企业主体地位，落实企业主体责任。二是有利于消除消费者（用户）与企业之间对产品质量信息不对称的问题，维护消费者（用户）知情权，引导消费者（用户）理性消费。三是有利于政府更好地提供公共服务和事中事后监管。四是有利于社会监督，能够充分调动消费者（用户）、行业组织、技术机构等的积极性，促进形成全社会质量共治机制，提升企业产品和服务标准水平，实现“优标优质优价”，推动市场秩序健康稳定发展。

截至 2021 年 7 月底，全国共有 331541 家企业自我公开 1954367 项标准，涵盖 3321392 种产品。其中，浙江、山东、江苏三省企业标准自我公开数量名列全国前列，其中，浙江省共有 47709 家企业公开 226558 项标准，山东省共有 47105 家企业公开 273381 项标准，江苏省共有 36653 家企业公开 215555 项标准。

二、实施效力分类法

我国标准按实施效力分为强制性标准和推荐性标准，这种分类只适用于政府制定的标准。在我国，还有一类特殊的标准是指导性技术文件。

（一）强制性标准

《中华人民共和国标准化法》第十条第一款规定：“对保障人身健康和生命财产安全、国家安全、生态环境安全以及满足经济社会管理基本需要的技术要求，应当制定强制性国家标准。”强制性标准仅有国家标准一级，标准化法第十条另有规定的除外。强制性标准必须执行，不符合强制性标准的产品、服务，不得生产、销售、进口或者提供。违反强制性标准的，依法承担相应的法律责任。

强制性标准文本免费公开。国务院标准化行政主管部门积极推动标准公开，制定了国家标准公开实施方案。2017 年 3 月 16 日，“国家标准全文公开系统”正式上线运行，强制性国家标准文本已免费公开。截至 2021 年 7 月底，“国家标准全文公开系统”共收录强制性国家标准 5323 项，其中现行强制性国家标准 2119 项，即将实施强制性国家标准 61 项，废止强制性国家标准 3143 项。

推荐性国家标准、行业标准、地方标准、团体标准、企业标准的技术要求不得低于强制性国家标准的相关技术要求。强制性国家标准所规定的技术要求是全社会应遵守的底线要求，其他标准技术要求都不应低于强制性国家标准的相关技术要求。

强制性标准的主要作用如下。

1. 保障人身健康和生命财产安全

例如，GB 18580—2017《室内装饰装修材料 人造板及其制品中甲醛释放限量》中规定室内装饰装修材料用人造板及其制品中甲醛释放限量值为 0.124 毫克每立方米（mg/m^3）。甲醛是危害人体健康的有害物质，世界各国对此都非常关注，并严格规范管理。该标准是人造板及其制品行业唯一的强制性国家标准，对规范我国人造板产业健康发展、保护消费者健康都发挥了十分重要的作用。

2. 保障国家安全

例如，GB 17859—1999《计算机信息系统 安全保护等级划分准则》规定了计算机系统安全保护能力的五个等级，适用于计算机信息系统安全保护技术能力等级的划分。

3. 保障生态环境安全

例如，GB 3095—2012《环境空气质量标准》规定了环境空气功能区分类、标准分级、污染物项目、平均时间及浓度限值、监测方法、数据统计的有效性规定及实施与监督等内容，适用于环境空气质量评价与管理。

4. 满足社会经济管理基本需要

例如，GB 11643—1999《公民身份号码》规定了公民身份号码的编码对象、号码的结构和表示形式，使每个编码对象获得一个唯一的、不变的法定号码。

（二）推荐性标准

新修订的《中华人民共和国标准化法》第十一条第一款规定：“对满足基础通用、与强制性国家标准配套、对各有关行业起引领作用等需要的技术要求，可以制定推荐性国家标准。”

推荐型国家标准主要类型如下。

1. 基础通用标准

主要包括术语、图形符号、统计方法、分类编码等基础标准，通用的方法、技术和管理标准等。例如，GB/T 18259—2018《人造板及其表面装饰术语》规定了人造板及其表面装饰的主要术语及其定义，分为通用术语和专业术语两类术语，专业术语对胶合板、纤维板、刨花板、表面装饰、其他木质复合材料等的术语做了规定，在人造板行业的国际交流、商贸、生产、科研和教学等领域发挥了积极的作用。

2. 强制性标准执行所需要的配套标准

例如，为健康、安全和环境保护技术要求对应的测试方法配套的标准，以满足强制性标准合格评定的需要。国家标准 GB/T 17657—2013《人造板及饰面人造板理化性能试验方法》共有 61 项试验方法，涵盖了大多数人造板和饰面人造板的检测方法，其中甲醛释放量测定——$1m^3$ 气候箱法为 GB 18580—2017《室内装饰装修材料 人造板及其制品中甲醛释放限量》的实施提供了有力支撑。

3. 对各有关行业起引领作用的标准

例如，落实《国务院办公厅关于建立统一的绿色产品标准、认证、标识体系的意见》（国办发〔2016〕86 号），围绕生态环境影响大、消费需求旺、产业关联性强、社会关注度高、国际贸易量大的产品领域。全国人造板等标准化技术委员会参与国家标准化管理委员会组织制定完成了首批绿色产品评价国家标准。GB/T 35601—2017《绿色产品评价 人造板和木质地板》。GB/T 35601—2017 按照

GB/T 33761—2017《绿色产品评价通则》的要求资源属性、能源属性、环境属性和品质属性分别进行了规定，依据产品原料绿色化、生产过程清洁化、产品环保化的原则确定相应的技术指标，该标准规定甲醛释放量不应超过 0.05mg/m³，高于强制性标准规定的甲醛释放量小于等于 0.124mg/m³，该标准对促进我国人造板和木质地板产业转型升级，实现高端引领，提升消费品质量，引领绿色消费具有重要意义。

（三）国家标准化指导性技术文件

国家标准化指导性技术文件，是为仍处于技术发展过程中（如变化快的技术领域）的标准化工作提供指南或信息的标准文件，供科研、设计、生产、使用和管理等有关人员参考使用。

1998 年 12 月 24 日，原国家质量技术监督局颁布了《国家标准化指导性技术文件管理规定》，其中规定了符合以下两种情况之一的项目，可制定国家标准化指导性技术文件：①技术尚在发展中，需要有相应的标准文件引导其发展或具有标准化价值，尚不能制定为标准的项目。②采用国际标准化组织、国际电工委员会及其他国际组织（包括区域性国际组织）的技术报告的项目。

国家标准化指导性技术文件的制定程序与国家标准相同，参照 GB/T 1 系列国家标准的规定编写，代号为 GB/Z。

例如，2020 年国家标准化管理委员会发布了 GB/Z 38546—2020《精准扶贫 人造板（刨花板）产业项目运营管理规范》等精准扶贫国家标准化指导性技术文件，这些标准是根据产业扶贫需求，选取扶贫成效较好，见效快的农产品，创新标准形式。这批国家标准化指导性技术文件助力提升扶贫产业的规模化、组织化和信息化程度，打造品牌，提升产业扶贫的质量和效益。

国家标准指导性技术文件不宜由标准引用使其具有强制性或行政约束力。国家标准指导性技术文件三年复审，以决定是否继续有效，转化为国家标准或撤销。

三、按照标准功能（或用途）分类

标准按照功能（或用途）分为基础标准（如术语标准、方法标准等）、产品标准、安全生产标准、环保标准、能源能耗标准、工程建设标准等。

（一）基础标准

基础标准是指以相互理解或品种控制为编制目的形成的具有广泛适用性的标准。基础标准具有广泛的适用性，其中的内容在编制其他标准（如服务标准、技术标准、规范标准、产品标准等）时常常用到，或直接引用。基础标准是编写其他标准的基础，主要包括术语标准、符号标准、分类标准、方法标准。

根据基础标准的对象，可将基础标准分为 9 类，并如下所述。

1. 标准化工作导则（指南）标准

标准化工作导则（指南）标准是标准结构、格式、编写、出版印刷的基本规定，是标准化工作的指导性标准。GB/T 1《标准化工作导则》、GB/T 20000《标准化工作指南》、GB/T 20001《标准编写规则》、GB/T 20002《标准中特定内容的起草》和 GB/T 20003《标准制定的特殊程序》共同构成支撑标准制修订工作的基础性系列国家标准。如 GB/T 1《标准化工作导则》是全国各行各业在编写标准时共同遵守的基础标准，规定了适用于各类标准的资料性概述要素、规范性一般要素和资料性补充要素等，对促进我国标准化工作的发展、促进国际贸易和交流发挥了举足轻重的作用；GB/T 20000《标准化工作指南》由 9 个部分组成，包括标准化和相关活动的通用术语、采用国际标准、引用文件、国家标准英文译本翻译通则、国家标准英文译本通用表述等。

2. 术语标准

术语标准是为通用和专业用术语而制定的标准，是技术沟通与经济交流的通用语言标准。例如 LY/T 1788—2008《木材性质术语》界定了木材构造、木材物理、力学、化学、生物学性质的术语及其定义，对规范木材行业科研、教学、生产、贸易和销售等起到了重要作用。

3. 图形、符号和标志标准

图形、符号和标志标准是由图形、符号、代号、标志为主要特征来表达一定事物或概念的标准。例如 GB/T 15565《图形符号 术语》由 2 部分组成，包含通用、标志及导向系统，界定了图形符号的基本术语和定义及标志及导向系统的基本术语和定义，对图形、符号、标志的规范统一，促进各行各业相互理解起到了举足轻重的作用。

4. 信息分类编码标准

信息分类编码标准是对各种信息进行科学分类和编码的标准。例如《个人基本信息分类与代码》系列标准由 7 个部分组成，包括人的性别代码、婚姻状况代码、健康状况代码、从业状况（个人身份）代码、港澳台侨属代码、人大代表/政协委员代码、院士代码，对满足个人基本信息的交换与共享发挥着重要作用。

5. 计量单位标准

计量单位标准是各种用约定量来表示同种量值的标准。例如 GB 3100《国际单位制及其应用》，该标准同等采用国际标准 ISO 1000，对规范我国计量单位的使用，促进国际贸易发挥着重要作用。

6. 数系标准

数系标准是在所有需要数值分级的场合，事先按一个或几个数系对特征值分级的标准。例如 GB/T 321《优先数和优先数系》，本标准同等采用国际标准 ISO 3，对促进相互理解发挥着重要作用。

7. 技术制图标准

技术制图标准是用点、线、符号、文字和数字等描绘事物集合特征、形态、位置及大小的标准。例如 GB/T 13361—2012《技术制图 通用术语》界定了技术制图通用术语及其定义，对规范各类技术图样与有关技术文件，以及工程技术手册、教材等出版物发挥着重要作用。

8. 统计方法标准

统计方法标准是对各种统计指标的含义、计算方法、分类等作出的统一规范的标准。例如 GB/T 2828《计数抽样检验程序》。

9. 管理方法标准

管理方法标准是以管理方法为对象制定的标准。例如 GB/T 24004—2017《环境管理体系 通用实施指南》。

（二）产品标准

产品标准是指“规定产品需要满足的要求以保证其适用性的标准”。

根据产品标准的定义可以归纳出产品标准的特点：标准化对象为具体的产品，编制标准的目的是保证产品的适用性，标准中规定的内容为“产品应满足的要求”。只有符合上述特点的标准才可划入产品标准这一类别。产品标准的标准化对象可进一步细分，根据细分的结果还可以将产品标准分为原材料标准、零部件或元器件标准、制成品标准等。

产品标准的主要作用是规定产品的质量要求，包括性能要求、适应性要求、使用技术条件、检验方法、包装及运输要求等，用于指导设计，组织生产和检验，是产品验收、维护和洽谈贸易的技术依据。

产品标准的主要内容包括以下几个方面：产品的适应范围；产品的型式、规格、基本参数、尺寸以及结构形状；产品的技术要求，如使用性能要求、卫生安全性要求、外观和感官质量要求、材料要求、工艺要求、理化性能要求等；试验方法和检验规则；标志、包装、运输、贮存的要求。如 GB/T 9846—2015《普通胶合板》是胶合板产品标准，它规定了普通胶合板的术语和定义、分类、要求、测量及试验方法、检验规则以及标准、包装、运输和贮存等；GB/T 35913—2018《地采暖用实木地板技术要求》规定了地采暖用实木地板的术语和定义、分类、要求、检验方法、检验规则以及标识、包装、运输和存储。

（三）安全标准

安全标准是以保护人和物的安全为目的所制定的标准，多为强制性标准。安全标准有 2 种形式，一种是以独立制定的安全标准，另一种是在产品标准或其他标准里列出有关安全的要求和指标。安全标准主要包括劳动保护安全标准、锅炉和压力容器安全标准、电气安全标准、消费安全标准等。木材工业重要安全标准见第12章。

（四）环境标准

环境标准是为了防止环境污染，维护生态平衡，保护人群健康，对环境保护工作中需要统一的各项技术规范和技术要求。具体讲，环境标准是国家为了保护人民健康，促进生态良性循环，实现社会经济发展目标，根据国家的环境政策和法规，在综合考虑本国自然环境特征、社会经济条件和科学技术水平的基础上，规定环境中污染物的允许含量和污染源排放污染物的数量、浓度、时间和速度、监测方法，以及其他有关技术规范。我国环境标准包括环境质量标准、污染物排放标准、环境基础标准、环境方法标准、环境标准物质标准和环保仪器设备标准等六类。

（五）能源能耗标准

能源能耗标准是对工业生产过程中能源管理、能源检测、生产能耗、节能技术与监测、能源产品等进行规范的标准，对推动工业节能减排、引领绿色发展具有重要作用。

能源能耗标准通常规定能效限定值、节能评价值或能效分等分级等。能效限定值是指在规定测试条件下所允许的用能产品的最大耗电量或最低能效值；节能评价值是用能产品是否达到节能产品认证要求的评价指标；能效分等分级是根据耗电量和能效水平的高低将产品分为1级、2级、3级、4级、5级，1级表示能效水平最高，最节能，5级表示仅达到了能效限定值指标。

（六）工程建设标准

工程建设标准是对基本建设中各类工程的勘察、规划、设计、施工、安装、验收等需要协调统一的事项所制定的标准。

工程建设标准根据标准的约束性分类分为强制性标准、推荐性标准。

1. 强制性标准

根据2016年中华人民共和国住房和城乡建设部颁布的《住房城乡建设部关于印发深化工程建设标准化工作改革意见的通知》（建标〔2016〕166号）精神，强制性标准在工程建设领域具有强制约束力，是保障人民生命财产安全、人身健康、工程安全、生态环境安全、公众权益和公共利益，以及促进能源资源节约利用、满足社会经济管理等方面的控制性底线要求的标准。强制性标准项目名称统称为技术规范。可以有强制性行业和地方工程建设标准。

2. 推荐性标准

推荐性标准是指其他非强制性的国家标准和行业标准、地方标准。推荐性国家标准重点制定基础性、通用性和重大影响的专用标准，突出公共服务的基本要求；推荐性行业标准重点制定本行业的基础性、通用性和重要的专用标准，推动产业政策、战略规划贯彻实施；推荐性地方标准重点制定具有地域特点的标准，突出资源禀赋和民俗习惯，促进特色经济发展、生态资源保护、文化和自然遗产传承。

工程建设标准根据标准内容分类分为：设计标准、施工及验收标准和建设定额标准。①设计标准：是指从事工程设计所依据的技术文件。②施工及验收标准：施工标准是指施工操作程序及其技术要求的标准；验收标准是指检验、接收竣工工程项目的规程、办法与标准（例如GB 50300—2013《建筑工程施工质量验收统一标准》）。③建设定额：是指国家规定的消耗在单位建筑产品上活劳动和物化劳动的数量标准，以及用货币表现的某些必要费用的额度。

工程建设标准根据标准属性分类分为：技术标准、管理标准、工作标准。①技术标准：是指对标准化领域中需要协调统一的技术事项所制定的标准。②管理标准：是指对标准化领域中需要协调统一的管理事项所制定的标准。③工作标准：是指对标准化领域中需要协调统一的工作事项所制定的标准。

工程建设国家标准由国家住房城乡建设部负责，行业工程建设标准由国务院有关行业标准主管部门负责。截至2018年底，我国工程建设标准经过60余年发展，国家、行业和地方标准已达9181项，其中工程建设国家标准1252项，工程建设行业标准3832项，工程建设地方标准4097项，基本形成了覆盖经济社会各领域、工程建设各环节的标准体系。

林业工程建设标准涉及林业生产、林业产业、林业生态工程、林区建设等的勘察、规划、设计、施工、安装、验收等方面。1953年，颁布了第一个林业工程建设标准《森林铁路（762毫米轨距）设计规程》。截至2018年底月，共有林业工程建设国家标准15项，其中林业工程建设行业标准6项，例如GB 50822—2012《中密度纤维板工程设计规范》、GB 50879—2013《人造板生产热能中心工程设计规范》、建标195—2018《自然保护区工程项目建设标准》等。

第四节 产品质量检验术语

质量检验是质量管理中非常重要且常见的一种控制手段，是针对失效模式进行探测从而防止不合格品流入市场的重要环节。在产品标准中，涉及到产品质量的检验问题，为此，本节归纳总结了11类质量检验方法，介绍各种检验的术语定义，为木材工业标准化和质检工作者提供参考。

一、按生产过程的顺序分类

1. 进货检验

进货检验是指企业对所采购的原材料、外购件、外协件、配套件、辅助材料、配套产品以及半成品等在入库之前所进行的检验。目的是防止不合格品进入仓库，防止由于使用不合格品而影响产品质量，影响正常的生产秩序。由专职进货检验员，按照检验规范（含控制计划）执行检验。进货检验包括首（件）批样品进货检验和成批进货检验两种。

2. 过程检验

过程检验也称工序过程检验，是在产品形成过程中对各生产制造工序中产生的产品特性进行的检验。目的是保证各工序的不合格品不得流入下道工序，防止对不合格品的继续加工，确保正常的生产秩序。起到验证工艺和保证工艺要求贯彻执行的作用。由专职的过程检验人员，按生产工艺流程（含控制计划）和检验规范进行检验。过程检验分首验、巡验、末验。

3. 成品检验

成品检验也称为最终检验。成品检验是在生产结束后，产品入库前对产品进行的全面检验。目的是防止不合格产品流向顾客。成品检验由企业质量检验部门负责，检验应按成品检验指导书的规定进行，大批量成品检验一般采用统计抽样检验的方式进行。检验合格的产品，应由检验员签发合格证后，车间才能办理入库手续。凡检验不合格的成品，应全部退回车间作返工、返修、降级或报废处理。经返工、返修后的产品必须再次进行全项目检验，检验员要做好返工、返修产品的检验记录，保证产品质量具有可追溯性。常见的成品检验分全尺寸检验、成品外观检验、GP12（顾客特殊要求）、出厂检验、型式试验等。

4. 出厂检验

出厂检验是对正式生产的产品在出厂时必须进行的最终检验，用以评定已通过型式检验的产品在出厂时是否具有型式检验中确认的质量，是否达到良好的质量特性的要求。产品经出厂检验合格，才能作为合格品交付。

5. 型式检验

型式检验也称为例行检验，是根据产品技术标准或设计文件要求，或产品试验大纲要求，对产品的全部技术要求质量指标进行检验，以评定产品的质量是否全部符合标准和达到设计要求，并对产品的可靠性、安全性、外观等进行数据分析和综合评价。产品标准中有型式检验的要求和规定。

一般情况下，型式检验只有在试验或产品设计定型和生产定型、周期检验时和特殊状态下才进行前面检验和试验；例如在某胶合板产品标准中这样描述："正常生产时，每年检验不少于两次；有下列情况之一时，应进行型式检验：①原辅材料及生产工艺发生较大变动时；②停产三个月以上，恢复生产时；③新产品投产或转产时；④质量监管机构提出型式检验要求时。"

注意，出厂检验是在出厂交付用户时进行的检验，一般产品标准中，主要选择部分典型质量要求项目进行检验。因为有些检验项目属于破坏性试验，或者检验时间特别长，不适合进行出厂检验，就不能列为出厂检验项目。

型式试验是全部项目检验，产品定型和特殊情况下才进行。

二、按检验地点分类

1. 集中检验

把被检验的产品集中在一个固定的场所进行检验，例如检验站等。一般最终检验采用集中检验的方式。

2. 现场检验

现场检验也称为就地检验，是指在生产现场或产品存放地进行检验。一般过程检验或大型产品的最终检验采用现场检验的方式。

3. 流动检验（巡检）

检验人员在生产现场应对制造工序进行巡回质量检验。检验人员应按照控制计划、检验指导书规定的检验频次和数量进行检验，并做好记录。

工序质量控制点应是巡回检验的重点。检验人员应把检验结果标示在工序控制图上。

当巡回检验发现工序质量出现问题时，一方面要和操作工人一起找出工序异常的原因，采取有效的纠正措施，恢复工序受控状态；另一方面必须对上次巡回检验后到本次巡回检验前所有的加工工件进行100％追溯全检，以防不合格品流入下道工序或客户手中。

三、按检验方法分类

1. 理化检验

理化检验是指主要依靠量检具、仪器、仪表、测量装置或化学方法对产品进行检验，获得检验结果的方法。

2. 感官检验

感官检验也称为官能检验，是依靠人的感觉器官对产品的质量进行评价或判断。例如对产品的形状、颜色、气味、伤痕、老化程度等，通常是依靠人的视觉、听觉、触觉或嗅觉等感觉器官进行检验，并判断产品质量的好坏或合格否。

感官检验又可分为：

（1）嗜好型感官检验：例如品酒、品茶及产品外观、款式的鉴定。要靠检验人员丰富的实践经验，才能正确、有效判断。

（2）分析型感官检验：例如列车点检、设备点检，依靠手、眼、耳的感觉对温度、速度、噪声等进行判断。

（3）试验性使用鉴别：试验性使用鉴别是指对产品进行实际使用效果的检验。通过对产品的实际使用或试用，观察产品使用特性的适用性情况。

四、按被检验产品的数量分类

1. 全数检验

全数检验也称为100％检验，是对所提交检验的全部产品逐件按规定的标准全数检验。应注意，由于错验和漏验，即使全数检验也不能保证百分之百合格。

2. 抽样检验

抽样检验是按预先确定的抽样方案，从交验批中抽取规定数量的样品构成一个样本，通过对样本的检验推断批合格或批不合格。

五、按质量特性的数据性质分类

1. 计量值检验

计量值检验需要测量和记录质量特性的具体数值，取得计量值数据，并根据数据值与标准对比，判断产品是否合格。计量值检验所取得的质量数据，可应用直方图、控制图等统计方法进行质量分析，可以获得较多的质量信息。

2. 计数值检验

在工业生产中为了提高生产效率，常采用界限量规（例如塞规、卡规等）进行检验。所获得的质量数据为合格品数、不合格品数等计数值数据，而不能取得质量特性的具体数值。

六、按检验后样品的状况分类

1. 破坏性检验

破坏性检验指只有将被检验的样品破坏以后才能取得检验结果（例如炮弹的爆破能力、金属材料的强度、木材抗弯强度检测等）。经破坏性检验后被检验的样品完全丧失了原有的使用价值，因此抽样的样本量小，检验的风险大。

2. 非破坏性检验

非破坏性检验是指检验过程中产品不受到破坏，产品质量不发生实质性变化的检验。如人造板产品规格尺寸测定、外观质量检验等都属于非破坏性检验。

七、按检验目的分类

1. 生产检验

生产检验指生产企业在产品形成的整个生产过程中的各个阶段所进行的检验，目的在于保证生产企业所生产的产品质量。生产检验执行组织自己的生产检验标准。

2. 验收检验

验收检验是顾客（需方）在验收生产企业（供方）提供的产品所进行的检验。验收检验的目的，是顾客保证验收产品的质量。验收检验执行与供方确认后的验收标准。

3. 监督检验

监督检验指经各级政府主管部门根据质量监督管理规定，从市场抽取商品或直接从生产企业抽取产品所进行的市场抽查检验。监督检验的目的是对投入市场的产品质量进行宏观控制。

4. 验证检验

验证检验指各级政府主管部门所授权的独立检验机构，从企业生产的产品中抽取样品，通过检验验证企业所生产的产品是否符合所执行的质量标准要求的检验。如产品质量认证中的型式试验就属于验证检验。

5. 仲裁检验

仲裁检验指当供需双方因产品质量发生争议时，由各级政府主管部门所授权的独立检验机构抽取样品进行检验，提供仲裁机构作为裁决的技术依据。

八、按供需关系分类

1. 第一方检验

第一方检验指生产企业自己对自己所生产的产品进行的检验。第一方检验实际就是组织自行开展的生产检验。

2. 第二方检验

使用方（顾客、需方）称为第二方。需方对采购的产品或原材料、外购件、外协件及配套产品等所进行的检验称为第二方检验。第二方检验实际就是对于供方开展的检验和验收。

3. 第三方检验

由各级政府主管部门所授权的独立检验机构称为第三方。第三方检验包括监督检验、验证检验、仲裁检验等。

九、按检验人员分类

1. 自检

自检是指由操作工人自己对自己所加工的产品或零部件所进行的检验。自检的目的是操作者通过检验了解被加工产品或零部件的质量状况，以便不断调整生产过程生产出完全符合质量要求的产品或零部件。

2. 互检

互检是由同工种或上下道工序的操作者相互检验所加工的产品。互检的目的在于通过检验及时发现不符合工艺规程规定的质量问题，以便及时采取纠正措施，从而保证加工产品的质量。

3. 专检

专检是指由企业质量检验机构直接领导，专职从事质量检验的人员所进行的检验。

十、按检验系统组成部分分类

1. 逐批检验

逐批检验是指对生产过程所生产的每一批产品，逐批进行的检验。逐批检验的目的在于判断批产品的合格与否。

2. 周期检验

周期检验是从逐批检验合格的某批或若干批中按确定的时间间隔（季或月）所进行的检验。周期检验的目的在于判断周期内的生产过程是否稳定。

3. 周期检验与逐批检验关系

周期检验和逐批检验构成企业的完整检验体系。周期检验是为了判定生产过程中系统因素作用的检验，而逐批检验是为了判定随机因素作用的检验。二者是投产和维持生产的完整的检验体系。周期检验是逐批检验的前提，没有周期检验或周期检验不合格的生产系统不存在逐批检验。逐批检验是周期检验的补充，逐批检验是在经周期检验杜绝系统因素作用的基础上而进行的控制随机因素作用的检验。

一般情况下逐批检验只检验产品的关键质量特性。而周期检验要检验产品的全部质量特性以及环境（温度、湿度、时间、气压、外力、负荷、辐射、霉变、虫蛀等）对质量特性的影响，甚至包括加速老化和寿命试验。因此，周期检验所需设备复杂、周期长、费用高，但绝不能因此而不进行周期检验。企业没有条件进行周期检验时，可委托各级检验机构代做周期检验。

十一、按检验的效果分类

1. 判定性检验

判定性检验是依据产品的质量标准，通过检验判断产品合格与否的符合性判断。

2. 信息性检验

信息性检验是利用检验所获得的信息进行质量控制的一种现代检验方法。

3. 寻因性检验

寻因性检验是在产品的设计阶段，通过充分的预测，寻找可能产生不合格的原因（寻因），有针对性地设计和制造防错装置，用于产品的生产制造过程，杜绝不合格品的产生。

参考文献

[1] 中华人民共和国国家质量监督检验检疫总局，国家标准化管理委员会．标准化工作指南 第 1 部分：标准化和相关活动的通用术语：GB/T 20000.1—2014 [S]．北京 ：中国标准出版社，2014.

[2] 中华人民共和国国家质量监督检验检疫总局，国家标准化管理委员会．团体标准化 第 1 部分：良好行为指南：GB/T 20004.1—2016 [S]．北京：中国标准出版社，2002.

[3] 中华人民共和国国家质量监督检验检疫总局，国家标准化管理委员会．标准编写规则 第 6 部分：规程标准：GB/T 20001.6—2017 [S]．北京：中国标准出版社，2017.

[4] 中华人民共和国国家质量监督检验检疫总局，国家标准化管理委员会．标准编写规则 第 7 部分：指南标准：GB/T 20001.7—2017 [S]．北京：中国标准出版社，2017.

[5] IEC 网站在线提供其制定的标准文件数量 [EB/OL]：https：//www.iec.ch/about/activities/facts.htm.

[6] ISO 网站在线提供其制定的标准文件数量 [EB/OL]：https：//www.iso.org/store.html

[7] 甘藏春，田世宏．中华人民共和国标准化法释义 [M]．北京：中国法制出版社，2018.

[8] 麦绿波．标准学—标准的科学理论 [M]．北京：科学出版社，2019.

[9] 麦绿波．标准化学—标准化的科学理论 [M]．北京：科学出版社，2017.

[10] 中国百科网．各国国家标准代号 [EB/OL]．http：//www.chinabaike.com/z/keji/jixie/2012/0411/1099578.html.

[11] 何盛明．财经大辞典 [M]：中国财政经济出版社，2013.

[12] 洪生伟．基础标准学 [M]．北京：中国标准出版社，2009.

[13] 白殿一．标准化基础 [M]．北京：清华大学出版社，2019.

[14] 京津冀将在多领域实施统一的区域标准（来源：新华网）[J]．标准生活．2015 ，3：9.

[15] 李春田．标准化概论 [M]．6 版．中国人民大学出版社，2014.

[16] 薛斌．新版国家标准《标准编写规则 第 4 部分：试验方法标准》（GB/T 20001.4—2015）的主要变化 [J]．中国标准导报，2015，12：26-28.

[17] 叶柏林．质量标准化计量百科全书 [M]．北京：中国大百科全书出版社 ，2001.

[18] 郝育军．加快建设高质量林草标准化体系 [J]．中国标准化，2021（584）：32-35.

[19] 林草标准质量微信公众号．质量检验大辞典 [EB/OL]．https：//mp.weixin.qq.com/s/77JrtJphKl-JbcMPOysK1A.

第二章　中国标准化管理概述

一、标准化管理体制

我国实行统一管理、分工负责的标准化管理体制。

“统一管理”，就是政府标准化行政主管部门对标准化工作进行统一管理，“分工负责”，就是政府有关行政主管部门根据职责分工，负责本部门、本行业的标准化工作。根据新修订的《中华人民共和国标准化法》的第五条规定：“国务院标准化行政主管部门统一管理全国标准化工作。国务院有关行政主管部门分工管理本部门、本行业的标准化工作。县级以上地方人民政府标准化行政主管部门统一管理本行政区域内的标准化工作。县级以上地方人民政府有关行政主管部门分工管理本行政区域内本部门、本行业的标准化工作。”

为了加强部门间协调配合，推进标准化工作，国务院成立了标准化协调推进部际联席会议制度，地方也可以根据工作需要建立标准化协调推进机制。根据新修订的《中华人民共和国标准化法》的第六条规定：“国务院建立标准化协调机制，统筹推进标准化重大改革，研究标准化重大政策，对跨部门跨领域、存在重大争议标准的制定和实施进行协调。设区的市级以上地方人民政府可以根据工作需要建立标准化协调机制，统筹协调本行政区域内标准化工作重大事项。”

我国鼓励企业、社会团体和教育、科研机构等开展或者参与标准化工作。国家积极推动参与国际标准化活动，开展标准化对外合作与交流，参与制定国际标准，结合国情采用国际标准，推进中国标准与国外标准之间的转化运用。我国鼓励企业、社会团体和教育、科研机构等参与国际标准化活动。对在标准化工作中做出显著成绩的单位和个人，按照国家有关规定给予表彰和奖励。如中国标准创新贡献奖是我国标准化领域的最高奖项，由国家市场监督管理总局、国家标准化管理委员会颁发，旨在表彰在标准化活动中做出突出贡献的组织和个人，调动标准化工作者的积极性和创造性，促进标准化事业健康发展。各省市也设有标准化奖励政策及标准化补助政策，推进标准化工作发展。

二、国家标准的管理

（一）国家标准的管理机构

2018 年 4 月 10 日，在国务院机构改革方案中，国家市场监督管理总局正式挂牌成立，国家市场监督管理总局对外保留国家标准化管理委员会牌子，以国家标准化管理委员会名义，下达国家标准计划，批准发布国家标准，审议并发布国家标准化政策、管理制度、规划、公告等重要文件；开展强制性国家标准对外通报；协调、指导和监督行业、地方、团体、企业标准工作；代表国家参加国际标准化组织、国际电工委员会和其他国际或区域性标准化组织；承担有关国际合作协议签署工作；承担国务院标准化协调机制日常工作。

（二）国家标准的申报程序

1. 强制性国家标准项目申报

强制性国家标准项目由国务院有关行政主管部门依据职责负责提出，林草领域的强制性国家标准项目由国家林业和草原局提出。省级标准化行政主管部门可向国务院标准化行政主管部门或国务院有关行政主管部门提出强制性国家标准的立项建议。强制性国家标准应严格限定在安全、健康和环保范围之内，有明确的法律法规依据和实施监督部门，并能够依据有关规定对违反强制性国家标准的行为予以处理。组织起草部门与实施监督部门为不同部门的，提出项目前应当征求实施监督部门的意见。

2. 推荐性国家标准项目申报

推荐性国家标准项目由国务院各有关行政主管部门、行业协会、省级标准化行政主管部门和技术委员会征集、遴选和申报。省级标准化行政主管部门申报的项目，由国务院标准化行政主管部门协调相关技术委员会归口。

三、林业行业标准的管理

根据《中华人民共和国标准化法》，国务院有关行政主管部门分工管理本部门、本行业的标准化工作，即国家林业和草原局管理林业行业的标准化工作。国家林业和草原局党组高度重视林草标准化工作，为加强对林业和草原标准化工作的领导，全面推进林业和草原标准化工作，2018 年 10 月 25 日成立了国家林业和草原局标准化工作领导小组。领导小组主要职责是负责指导和协调林业和草原标准化工作，审议林业和草原标准化战略、规划、政策和重要标准等事项，协调解决跨部门、跨领域标准的重大问题。

国家林业和草原局按照国家标准计划项目的编制原则和要求，根据林业和草原建设的实际情况，提出编制林业行业标准计划项目的原则和要求。林业专业标准化技术委员会或者林业标准化技术归口单位应当在林业标准体系框架内，根据林业建设实际以及企事业单位、社会中介组织和个人的意见，提出林业标准计划项目的建议报国家林业和草原局，经国家林业和草原局汇总、协调后，组织实施林业行业标准项目年度计划。

四、全国标准化技术委员会

全国专业标准化技术委员会（以下简称技术委员会）是在一定专业领域内，从事国家标准起草和技术审查等标准化工作的非法人技术组织。技术委员会的建设和发展情况直接关系着我国标准化工作的发展水平和整体效果。自 1979 年原国家质量技术监督局统一规划和组建技术委员会以来，经过 40 多年的发展，我国已形成由全国专业标准化技术委员会（TC）、全国专业标准化技术委员会分技术委员会（SC）、全国专业标准化工作组（SWG）构成的技术委员会体系。

截至 2021 年 7 月底，我国共有全国专业标准化技术委员会（含分技术委员会和全国专业标准化工作组）1339 个，包括 547 个 TC、775 个 SC 和 17 个 SWG。技术委员会注册委员共计 52757 人次。其中，TC 现有委员 26509 人次，SC 现有委员 25759 人次，SWG 现有委员 489 人次。1339 个技术委员会按产业分布情况来看，第一产业技术委员会共 101 个，占比 7.54%；第二产业技术委员会共 1025 个，占比 76.55%；第三产业技术委员会 179 个，占比 13.37%；社会公共事业技术委员会 34 个，占比 2.54%。

根据《全国专业标准化技术委员会管理办法》（2020 修订版）第三条，国务院标准化行政主管部门统一管理全国专业技术委员会工作，负责技术委员会的规划、协调、组建和管理，并履行以下职责：

（1）组织实施技术委员会管理相关的政策和制度。

（2）规划技术委员会整体建设和布局。

（3）协调和决定技术委员会的组建、换届、调整、撤销、注销等事项。

（4）组织技术委员会相关人员的培训。

（5）监督检查技术委员会的工作，组织对技术委员会的考核评估。

（6）直接管理综合性、基础性和跨部门跨领域的技术委员会。

（7）其他与技术委员会管理有关的职责。

国家林业和草原局协助国家标准化管理委员会管理的全国林草专业标准化技术委员会 19 个、分技术委员会 7 个。国家林业和草原局专门成立了 4 个国家林业和草原局标准化技术委员会。国家林业和草原局管理和协助管理的标准化技术委员会见表 2-1。

表 2-1　国家林业和草原局管理的标准化技术委员会

序号	委员会名称	委员会编号	秘书处承担单位
1	全国木材标准化技术委员会	SAC/TC41	中国林业科学研究院木材工业研究所
2	全国木材标准化技术委员会基础标准分技术委员会	SAC/TC41/SC1	中国林业科学研究院木材工业研究所
3	全国木材标准化技术委员会原木锯材分技术委员会	SAC/TC41/SC2	黑龙江省林业科学院
4	全国木材标准化技术委员会结构用木材分技术委员会	SAC/TC41/SC4	中国林业科学研究院木材工业研究所
5	全国林业机械标准化技术委员会	SAC/TC61	国家林业和草原局哈尔滨林业机械研究所
6	全国人造板机械标准化技术委员会	SAC/TC66	中国林业科学研究院木材工业研究所（原国家林业和草原局北京林业机械研究所）
7	全国林草种子标准化技术委员会	SAC/TC115	国家林业和草原局林场种苗司
8	全国人造板标准化技术委员会	SAC/TC198	中国林业科学研究院木材工业研究所
9	全国人造板标准化技术委员会浸渍纸层压木质地板分技术委员会	SAC/TC198/SC1	常州检验检测标准认证研究院
10	全国竹藤标准化技术委员会	SAC/TC263	国际竹藤中心
11	全国花卉标准化技术委员会	SAC/TC282	中国花卉协会
12	全国花卉标准化技术委员会鲜切花分技术委员会	SAC/TC282/SC1	云南省农业科学院 中国林业科学研究院林业研究所
13	全国森林可持续经营与森林认证标准化技术委员会	SAC/TC360	国家林业和草原局科技发展中心
14	全国荒漠化防治标准化技术委员会	SAC/TC365	中国林业科学研究院荒漠化研究所
15	全国野生动物保护管理与经营利用标准化技术委员会	SAC/TC369	黑龙江省野生动物研究所
16	全国森林资源标准化技术委员会	SAC/TC370	国家林业和草原局调查规划设计院
17	全国营造林标准化技术委员会	SAC/TC385	国家林业和草原局调查规划设计院
18	全国林业和草原信息标准化技术委员会	SAC/TC386	北京林业大学
19	全国林业生物质材料标准化技术委员会	SAC/TC416	中国林业科学研究院木材工业研究所
20	全国湿地保护标准化技术委员会	SAC/TC468	国家林业和草原局调查规划设计院
21	全国林业有害生物防治标准化技术委员会	SAC/TC522	国家林业和草原局森林病虫害防治总站
22	全国森林草原防火标准化技术委员会	SAC/TC523	国家林业和草原局调查规划设计院
23	全国经济林产品标准化技术委员会	SAC/TC557	中国林业科学研究院亚热带林业研究所
24	全国林化产品标准化技术委员会	SAC/TC558	中国林业科学研究院林产化学工业研究所
25	全国能源基础与管理标准化技术委员会林业能源管理分技术委员会	SAC/TC20/SC7	黑龙江省森林工程与环境研究所
26	全国植物检疫标准化技术委员会林业植物检疫分技术委员会	SAC/TC271/SC2	国家林业和草原局森林病虫害防治总站
27	国家林业和草原局国家公园和自然保护地标准化技术委员会	NFGA/TC1	国家林业和草原局调查规划设计院
28	国家林业和草原局草原标准化技术委员会	NFGA/TC2	国家林业和草原局调查规划设计院
29	国家林业和草原局生态旅游标准化技术委员会	NFGA/TC3	国家林业和草原局调查规划设计院
30	国家林业和草原局木雕标准化技术委员会	NFGA/TC4	国家林业和草原局林产工业规划设计院

标准化管理篇

第三章　木材工业国际标准化

第一节　国际标准化组织及国外标准化组织

一、国际标准化组织（ISO）

国际标准化组织，英文名称为 International Organization for Standardization，简写为 ISO，注册商标名 ISO。ISO 是一个全球性的独立的、非政府和非营利组织，是世界上最大的综合性国际标准化机构，由各国家标准准化团体（ISO 成员团体）组成的国际组织。制定国际标准工作通常由 ISO 的技术委员会完成。

ISO 与国际电工委员会（IEC）在电工技术标准化方面保持密切合作的关系。中国是 ISO 的正式成员，代表中国的组织为中国国家标准化管理委员会（Standardization Administration of China，简称 SAC）。

1946 年 10 月 14 日—26 日，中、英、美、法、苏共 25 个国家的 64 名代表集会于伦敦，正式表决通过建立 ISO，1947 年 2 月 23 日 ISO 宣告正式成立。ISO 负责除电工、电子领域和军工、石油、船舶制造之外的很多重要领域的标准化活动。ISO 的最高权力机构是每年一次的"全体大会"，其日常办事机构是中央秘书处，设在瑞士日内瓦。中央秘书处现有 170 名职员，由秘书长领导。ISO 的宗旨是"集专家于一体，来分享知识和制定标准，为全球挑战提供方案；在世界上促进标准化及其相关活动的发展，以便于商品和服务的国际交换，在智力、科学、技术和经济领域开展合作。"

截至 2020 年底，ISO 共有成员国 165 个，共制定国际标准和文件 23574 项，共有技术委员会（Technical Committee，简称 TC）254 个。

与木材工业关系密切的技术委员会主要包括：国际标准化组织木材技术委员会（ISO/TC 218 Timber）、国际标准化组织人造板技术委员会（ISO/TC 89 Wood-based panels）、国际标准化组织铺地物技术委员会强化木地板工作组（ISO/TC 219/WG 3 Floor coverings/Laminate floor coverings）、国际标准化组织木结构技术委员会（ISO/TC 165 Timber structure）、国际标准化组织木材和木材产品的可持续发展技术委员（ISO/TC 287 Sustainable processes for wood and wood-based products）、国际标准化组织软木技术委员会（ISO/TC 87 Cork）和国际标准化组织竹材和藤材技术委员会（ISO/TC 296 Bamboo and rattan）

（一）国际标准化组织木材技术委员会（ISO/TC 218 Timber）

工作范围：原木、锯材、已加工的木材以及所有应用中已经使用的或者为了其他应用准备的原木或锯材原材料的标准。包括术语、规范和测试方法。但不包括 ISO/ TC 165 木结构技术委员会所涵盖的木材。

该委员会分为 6 个工作组：

1. 术语工作组（ISO/TC 218/WG 1，Terminology）
2. 原木工作组（ISO/TC 218/WG 2，Round timber）
3. 锯材和已加工木材工作组（ISO/TC 218/WG 3，Sawn and processed timber）
4. 试验方法工作组（ISO/TC 218/WG 4，Test methods）

5. 拼花地板和木地板工作组（ISO/TC 218/WG 5，Parquet and wood flooring）

6. 木制品工作组（ISO/TC 218/WG 6，Wooden products）

7. 木材剩余物和回收木材工作组（ISO/TC 218/WG 7，Wood residue and post consumer wood）

该技术委员会成立于1998年。截至2021年7月底，该技术委员会已经发布木材国际标准62项，正在制修订标准7项。共有25个参加（P）成员国，38个观察员（O）成员国。

该技术委员会秘书处设在乌克兰。

（二）国际标准化组织人造板技术委员会（ISO/TC 89 Wood-based panels）

工作范围：基于木质纤维素材料（源自木材或其他材料）的纤维板、刨花板和胶合板等领域的标准化，包括术语、分类、尺寸、测试方法和质量要求。

该技术委员会分为3个分技术会员会和第5工作组：

1. 纤维板分技术委员会（ISO/TC 89/SC 1，Fibre boards）

2. 刨花板分技术委员会（ISO/TC 89/SC 2，Particle boards）

3. 胶合板分技术委员会（ISO/TC 89/SC 3，Plywood）

4. 试验方法工作组（ISO/TC 89/WG 5，Test methods）

该技术委员会成立于1957年。截至2021年7月底，该技术委员会已经布布人造板国际标准45项。共有25个参加（P）成员国，36个观察员（O）成员国。

该技术委员会秘书处设在德国。

（三）国际标准化组织铺地物技术委员会/第3工作组—强化木地板工作组（ISO /TC219/WG3 Floor coverings/Laminate floor coverings）

该技术委员会工作范围包含织物铺地物、柔性铺地物和强化木地板铺地物。按照铺地物类型相应地分为3个工作组，其中ISO /TC219/WG3为强化木地板工作组。

该技术委员会成立于1999年。截至2021年7月底，该技术委员会发布与强化木地板有关的标准17项，正在制定3项。共有28个参加（P）成员国，16个观察员（O）成员国。

该技术委员会秘书处设在比利时。

（四）国际标准化组织木结构技术委员会（ISO/TC 165 Timber structure）

工作范围：木材、人造板、其他基于木材的产品和相关木质纤维材料的结构应用标准化，包括：设计要求；材料、产品、零件和组件的结构特性、性能和设计值；相关的结构、力学和物理性质和性能的测试方法和要求。

注意：如果TC 165的标准主要技术内容与有关非结构用相关材料或产品技术委员会（例如TC 89或TC 218）相同或一致，则与有关技术委员会建立强有力的联络进行协作。

目前，该委员会积极开展工作的工作组包括：

1. 结构用胶合木产品工作组（ISO/TC 165/WG 2，Structural glued wood products）

2. 连接件和组装工作组（ISO/TC 165/WG 7，Connections and assemblies）

3. 特征值和设计规范工作组（ISO/TC 165/WG 10，Characteristic values and design specifications）

4. 实木和层积材产品工作组（ISO/TC 165/WG 11，Solid and mechanically laminated timber products）

5. 结构用竹材工作组（ISO/TC 165/WG 12，Structural use of bamboo）

该技术委员会成立于1976年。截至2021年7月底，该技术委员会已经发布木结构国际标准49项，正在制修订标准6项。共有32个参加（P）成员国，32个观察员（O）成员国。

该技术委员会秘书处设立在加拿大。

（五）国际标准化组织木材和木基产品的可持续发展技术委员会（ISO/TC 287 Sustainable processes for wood and wood-based products）

工作范围：木材和基于木材产品工业领域的标准化，包括但不限于可持续性和可再生性方面，监管链，木材追踪和木材计量，涵盖从生物质生产到木材和木材成品，包括木材的使用阶段和寿命结束的整个价值链。不包括：ISO / TC6“纸，纸板和纸浆”所涵盖的那些应用；ISO / TC89“人造板”；ISO / TC 165“木结构”；ISO / TC 218“木材”；和 ISO / TC 207“环境管理”。

该技术委员会成立于 2013 年。截至 2021 年 7 月底，该技术委员会已经发布木材产品认证标准 1 项。共有 19 个参加（P）成员国，14 个观察员（O）成员国。

该技术委员会秘书处设在巴西。

（六）国际标准化组织软木标准化技术委员会（ISO/TC87 Cork）

工作范围：软木类，包括软木类原材料及其通过软木加工或制备的产品。

目前，该委员会下设 8 个工作组：

1. 软木术语工作组（ISO/TC87/WG 18 ，Cork Vocabulary）
2. 软木规格工作组（ISO/TC87/WG 19，Cork - Specifications）
3. 软木取样方法工作组（ISO/TC87/WG 14 ，Sampling）
4. 软木瓶塞物理性质试验方法工作组（ISO/TC 87/WG 9，Stoppers—Physical test methods）
5. 软木瓶塞化学性质试验方法工作组（ISO/TC 87/WG 10，Stoppers—Chemical test methods）
6. 软木瓶塞感知性质试验方法工作组（ISO/TC 87/WG 12，Stoppers—Sensorial test methods）
7. 软木的可持续发展工作组（ISO/TC 87/WG 15 ，Sustainable development in the cork field）
8. 软木原材料工作组（ISO/TC 87/WG 17，Raw material）

该技术委员会成立于 1957 年。共有 8 个参加（P）成员国，13 个观察员（O）成员国。截至 2021 年 8 月底，该技术委员会已经发布软木国际标准 44 项，正在制修订标准 6 项。

该技术委员会秘书处设在葡萄牙。

（七）国际标准化组织竹材和藤材技术委员会（ISO/TC 296 Bamboo and rattan）

工作范围：竹材、藤材及其衍生材料的标准化，包括术语、分类、规格、测试方法和质量要求，但不包括以下技术委员会制定的与竹和藤有关的标准：

ISO/TC 6 纸，纸板和纸浆；ISO/TC 34 食品；ISO/TC 38 纺织品；ISO/TC 89 人造板；ISO/TC 136 家具；ISO/TC 165 木结构；ISO/TC 218 木材；ISO/TC 219 地板覆盖物；ISO/PC 287 木材和木质产品的监管链。

该委员会分为 6 个工作组：

1. 竹材产品术语工作组（ISO/TC 296/WG 1，Terminology of bamboo products）
2. 竹地板工作组（ISO/TC 296/WG 2，Bamboo Flooring）
3. 竹炭工作组（ISO/TC 296/WG 3 Bamboo Charcoal）
4. 藤材工作组（ISO/TC 296/WG 4，Rattans）
5. 家具用竹材工作组（ISO/TC 296/WG 5，Bamboo for Furniture）

该技术委员会成立于 2015 年。截至 2021 年 7 月底，该技术委员会已经发布标准 6 项，正在制定标准 5 项。共有 17 个参加（P）成员国，18 个观察员（O）成员国。

该技术委员会秘书处设在中国。

二、国外标准化组织

（一）美国国家标准学会（ANSI）

美国国家标准学会（American National Standard Institute，简称 ANSI）成立于 1918 年，是美国非营利性质的民间标准化团体。美国政府商务部、陆军部、海军部等部门以及美国材料试验协会（ASTM）、与美国机械工程师协会（ASME）、美国矿业与冶金工程师协会（ASMME）、美国土木工程师协会（ASCE）、美国电气工程师协会（AIEE）等组织都曾参与 ANSI 的筹备工作，ANSI 实际上已成为美国国家标准化中心，美国各界标准化活动都围绕它进行。在整个历史过程中，ANSI 一直坚持通过促进、完善自愿协商一致标准和合格评定制度，以增强美国全球业务竞争力和美国人的生活质量。ANSI 总部设在华盛顿，在纽约设有办事处，其代表其近 1000 家公司、组织、政府机构和国际成员的利益。

ANSI 实际上已成为国家标准化管理机构，负责协调并指导美国全国的标准化活动，为标准制定、研究和使用单位提供帮助和服务，提供国内外标准化信息。ANSI 授权其成员加强在全球经济中提升美国市场地位，保护消费者健康、保护环境。ANSI 将政府和民间系统相互联系起来，发挥政府和民间标准化系统之间的桥梁作用。

ANSI 制定自愿性标准是在协商一致、适当的程序和公开的基本原则指导下进行的，而且在很大程度上取决于各种利益相关方之间的数据收集和妥协。ANSI 确保在标准制定过程中，对标准有直接或实质性影响的任何人能够参加标准制定工作，包括上诉机制。数以千计的个人、公司、政府机构和劳工、工业和消费团体等组织自愿地为标准发展贡献知识、人才和努力。美国国家标准学会本身很少制定标准。其 ANSI 标准的编制，主要采取以下 3 种方式：

（1）由有关单位负责草拟，邀请专家或专业团体投票，将结果报 ANSI 设立的标准评审会审议批准。此方法称之为投票调查法。

（2）由 ANSI 的技术委员会和其他机构组织的委员会的代表拟订标准草案，全体委员投票表决，最后由标准评审会审核批准。

（3）从各专业学会、协会团体制定的标准中，将其较成熟的，而且对于全国普遍具有重要意义的标准，经 ANSI 各技术委员会审核后，提升为国家标准（ANSI）并冠以 ANSI 标准代号及分类号，但同时保留原专业标准代号。

美国国家标准学会的标准，绝大多数来自各团体或协会标准。美国的各专业学会、协会团体也可制定各类标准。ANSI 的标准是自愿采用的。美国认为，强制性标准可能限制生产率的提高。但被法律引用和政府部门制定的标准，一般属强制性标准。

美国的社会团体要制定标准必须得到 ANSI 的授权后，才能制定团体标准。在木材工业领域，美国材料与实验协会（ASTM International）、美国林纸协会（AF&PA）、美国木结构学会（AITC）、美国木材保护协会（AWPA）、美国工程木协会（APA）、复合木材生产协会（CLMA）、阔叶材胶合板和单板协会（HPVA）、美国工程木协会（APA）都是 ANSI 授权的标准主要制定单位。

（二）美国材料与试验协会（ASTM）

美国材料与试验协会，其英文全称为 American Society for Testing and Materials，英文缩写 ASTM。美国材料与试验协会（ASTM）是当前世界上最大的标准制定机构之一，也是一个独立的非营利性的机构，ASTM 已制定 12 000 多项标准。这些标准对提高产品质量、增强健康和安全、加强市场准入和贸易、建立消费者信心利益具有重要作用。

ASTM 标准是提高客户满意度、提高公司市场竞争力的工具，有超过 140 个标准化技术委员会，标准范围广泛，包括金属、建筑、石油、消费品等，以及最新的行业——如纳米技术，三维打印和工业生物技术等，通过标准化推进这些尖端技术的发展。

ASTM 木材工业领域的标准化技术委员会是 D7，主要负责木材、人造板等木材产业的标准制修订，制修订的木材工业标准 130 多项。

（三）美国木材保护协会（AWPA）

美国木材保护协会（American Wood Protection Association，简称 AWPA，官网：http：//www.awpa.com）是一个非营利组织，发布推荐性木材保护标准。AWPA 的标准的制定是由标准化技术委员会负责。其标准化技术委员会由包括防腐剂及其成分的生产者、防腐木材产品的生产商、防腐木材产品最终用户，工程师、建筑师和建筑规范官员，政府机构，学术界，其他对木材防腐感兴趣的团体人员组成。AWPA 标准为美国甚至世界木材保护界普遍认可。

美国木材保护协会标准分为 6 大类：防腐木材使用分类标准［Use Category System Standards（U1 & T1）］、防腐剂杀虫剂标准［Preservatives/Protectants Standards（P）］、碳氢化合物溶剂标准

[Hydrocarbon Solvent Standards (HS)]、木材保护分析方法标准 [Analysis Method Standards (A)]、木材保护其他标准 [Miscellaneous Standards (M)]，木材保护评价标准 [Evaluation Standards (E)]。具体内容可从其官网了解。

（四）欧洲标准化技术委员会（CEN）

欧洲标准化技术委员会（CEN）1961 年成立，为欧盟和欧洲自由贸易联盟正式承认的三大欧洲标准化组织之一，宗旨在于促进成员国之间的标准化协作，负责制定欧洲推荐性标准和其他技术文件，发布的标准代号为 EN。CEN 由 34 个欧洲国家标准化机构组成。CEN 网址：https：//standards. cen. eu。

CEN 在广泛的领域和行业开展标准化活动，包括：航空航天、化工、建筑、消费品、国防和安全、能源、环境、食品和饲料，健康和安全，医疗、信息通信技术、机械、材料、压力设备、服务、智能生活，运输和包装等。

国际标准化组织和欧洲标准化技术委员会签订了维也纳协定，确定了 CEN 和国际标准化组织（ISO）提供了技术合作框架，规定了有关国际标准化组织（ISO）和 CEN 之间信息交换、相互派代表参加会议、标准的并行批准等，明确欧洲的 EN 标准可优先转化为国际标准。

CEN 下设木材和人造板的耐久性技术委员会（CEN/TC 38）、人造板技术委员会（CEN/TC 112）、木结构技术委员会（CEN/TC 124）、原木和锯材技术委员会（CEN/TC 175）等 4 个木材工业标准化技术委员会。截至 2021 年 7 月底，CEN 的木材和人造板耐久性委员会发布 EN 标准 46 项，人造板技术委员会发布 EN 标准 69 项，木结构技术委员会发布 EN 标准 34 项，原木和锯材技术委员会发布 EN 标准 62 项（数据来源：https：//standards. cen. eu）。

（五）日本工业标准委员会和日本农林水产省

1. 日本工业标准委员会（JISC）

日本工业标准委员会（日文名称：日本工业标准调查会；英文名称：Japanese Industrial Standards Committee；英文缩写：JISC），是根据日本工业标准化法成立的日本国家标准化机构，主要任务是组织制定和审查发布日本工业标准（JIS），代表日本参加国际标准化组织（ISO）、国际电工委员会（IEC）的国际标准化工作。

日本工业标准（JIS）是日本国家级标准中最重要、最权威的标准。根据日本工业标准化法的规定，JIS 标准对象涉及到各个工业领域，但不包括药品、农药、化学肥料、蚕丝、食品以及其他农林产品等另有法律规定的领域。JIS 标准包括：产品标准（产品形状、尺寸、质量、性能等）、方法标准（试验、分析、检验与测量方法和操作标准等）、基础标准（术语、符号、单位、优先数等）。涉及的产业包括：建筑、机械、电气、冶金、运输、化工、采矿、纺织、造纸、医疗设备、陶瓷及日用品、信息技术等。

JIS 官网：http：//www. jisc. go. jp/eng/index. html。

截至 2017 年 7 月，JISC 发布的木材工业标准主要有 26 项。

2. 日本农林水产省（MAFF）

日本农林水产省（Ministry of Agriculture，Forestry and Fisheries，简写：MAFF）负责日本农业、林业和渔业产品有关的行政管理，包括从生产到消费，以及农村发展和促进农村居民的福利，以期实现稳定的粮食供应，推进农业、林业和渔业的健康发展、提高农民的福利。

日本农林水产省发布日本农林标准（JAS，Japanese Agricultural Standard）。日本的农林产品一旦通过了政府支持的第三方评估机构的测试，产品包装就可加盖 JAS 标签。

JAS 最初只包括园艺产品，如园艺水果和家畜饲料和加工产品。现在已扩展到包括牲畜产品，如动物、蛋类和动物加工产品（如奶酪）。JAS 标准不包括养蜂（蜂蜜和蜂产品）或水产养殖标准。JAS 标准中包括部分林产品标准，如日本的锯材分级标准中的 JAS＃1 锯材，通常被称为 J 锯材，是最高质量的规格材。

JAS标志确保产品的质量，帮助消费者或用户做出选择。JAS不是食品安全标准。JAS标准分类如下：

（1）JAS一般质量标准，如成分、等级、性能；

（2）JAS特殊生产方法标准，如有机食品。

在产品上标注JAS标志，生产商和制造商等商业实体应通过经注册的日本或海外认证机构的认证。

JAS林产品标准包括：结构用墙体用锯材、集成材、正交胶合木、单板层积材、结构用板材、胶合板、木地板等，这些产品标准及其新旧标准对照表都可在日本农林水产省网站查询。

（六）澳大利亚标准协会

澳大利亚标准协会（Standard Australia，简称SA）成立于1922年，其前身是澳大利亚工程标准协会。SA是澳大利亚国家标准制定组织，负责澳大利亚国家标准制定和国际标准化工作，属于非政府机构，发布澳大利亚国家标准，代号AS。

澳大利亚标准协会一贯遵循透明、协商一致的标准制定原则，吸引了来自政府、企业、贸易和行业协会、科研机构和消费者组织的代表参与标准的制定和标准的应用。SA设立澳大利亚标准贡献奖，鼓励和推动澳大利亚的标准创新活动。

澳大利亚标准协会代表澳大利亚参与ISO、IEC和APEC等国际和区域标准化组织的活动，并通过与澳大利亚政府的紧密合作，在APEC有关标准与合格评定程序活动中发挥着重要的作用。澳大利亚采用国际标准，推动国家发展，并确保澳大利亚国家在国际标准制修订中的话语权。

澳大利亚不仅承担了多项国际标准的制修订工作，而且还承担了国际标准化组织人造板委员会纤维板（ISO/TC 89/SC 1）和刨花板分技术委员会（ISO/TC 89/SC 2）秘书处和主席的工作。

SA与新西兰标准协会（ISNZ）签署了正式合作协议，由双方共同制定和联合发布有关标准（代号AS/NZS），并在两国推广使用。

澳大利亚标准协会（SA）的网站：http：//www. standards. org. au。

（七）新西兰标准协会

新西兰标准协会（Standards New Zealand，简称SNZ）（网址：https：//www. standards. govt. nz）成立于1932年，前身为新西兰标准研究院。根据1988年新西兰发布的《新西兰标准法案》，授权SNZ作为新西兰国家标准制定机构，负责新西兰国家和国际标准化工作，属于非营利机构。

SNZ吸引和组织了新西兰各界专家自愿参与标准制定活动，为各领域的机构提供中立、高效的优质标准服务。

SNZ代表新西兰参与ISO、IEC和APEC等国家和区域标准化组织的活动。同时，与澳大利亚标准协会签署正式合作协议，共同制定和出版有关标准。新西兰的大部分标准是与澳大利亚标准协会合作共同制定的。

据统计，澳大利亚和新西兰两国联合发布的木材工业标准有90多项。主要涉及有木结构、结构胶合板产品、胶合板、木材防腐、锯材和加工材及半成品等方面。

第二节　采用国际标准和国外先进标准

一、采用国际标准和国外先进标准的意义

采用国际标准和国外先进标准（简称采标）是指根据我国经济社会发展的需要，将相关的国际标准和国外先进标准，按照我国有关法律、法规和标准的规定，在充分论证分析的基础上，结合我国实际情况，不同程度地转化为我国标准，并贯彻实施的活动。

采用国际标准和国外先进标准对发展社会主义市场经济、减少技术性贸易壁垒和满足国际贸易需

求、提高我国产品质量和技术水平具有重要意义。

(1) 采用国际标准和国外先进标准制定我国国家标准、行业标准，填补标准空白，完善健全标准体系，满足我国经济社会发展需求。

(2) 采用国际标准和国外先进标准，用先进标准技术内容引领产业和经济发展，有利于提高标准水平，提升我国产品、过程和服务质量，推动我国行业或产业技术进步，实现高质量发展。

(3) 采用国际标准和国外先进标准，使我国标准的技术内容与国际标准或国外标准一致，提高我国标准与国际标准的兼容性，能更好地适应国际市场，有利于增强世界各国的贸易和交流合作。

二、采用国际标准的原则和要求

根据GB/T 1.2—2020《标准化工作导则 第2部分：以ISO/IEC标准化文件为基础的标准化文件起草规则》的规定，采用国际标准应符合以下原则。

(一) 遵守ISO/IEC相关管理规定和政策文件

在遵守ISO/IEC的管理规定和政策文件中有关其出版物的版权、版权使用权、销售和专利等方面规定的前提下，起草与ISO/IEC标准化文件有一致性对应关系的国家标准化文件。

(二) 遵守我国标准化文件的起草规则

起草与ISO/IEC标准化文件有一致性对应关系的国家标准化文件时，应按照GB/T 1.2和GB/T 1.1的有关规定进行。

其他国家或组织的标准，因为版权原因，没有授权，不能采标。

(三) 结合国情等同或修改采用

起草与ISO/IEC标准化文件有一致性对应关系的国家标准化文件时，在结合国情的基础上尽可能使一致性程度为“等同”采用。

若因保障健康、安全，保护环境，基本的气候、地理或技术原因改变ISO/IEC标准化文件时，宜将与ISO/IEC标准化文件发生的变化减到最小，并尽可能使一致性程度为“修改”采用。

(四) 起草为相应类型的国家标准化文件

起草与ISO/IEC标准化文件有一致性对应关系的国家标准化文件时，宜将ISO/IEC标准转化为国家标准，将其他ISO/IEC标准化文件转化为国家标准化指导性技术文件；如果确有必要，可将技术规范、可公开提供规范和指南起草为国家标准；不应将技术报告和国际研讨会协议起草为国家标准。

(五) 起草为一一对应的国家标准化文件

一项ISO/IEC标准化文件宜对应一项国家标准化文件，不宜对应多项国家标准化文件；多项ISO/IEC标准化文件不宜对应一项国家标准化文件。

分部分的ISO/IEC标准化文件的各部分宜对应分部分的国家标准化文件的各部分，不宜对应一项国家标准化文件。

(六) 纳入修正案和（或）技术勘误

采用ISO/IEC标准化文件时，对于已发布的ISO/IEC标准化文件全部修正案（修改单）和（或）技术勘误应纳入国家标准化文件内。

采用ISO/IEC标准化文件后，对于新发布的ISO/IEC标准化文件修正案和（或）技术勘误也宜尽快纳入国家标准化文件内。

(七) 遵守条款中助动词的翻译规定

ISO/IEC标准化文件条款中的助动词翻译为国家标准化文件时，应注意能愿动词的正确使用。

三、采标一致性程度的划分

国家标准与相应的国际标准的一致性程度分为：“等同、修改和非等效”采用。

一致性程度代号见表 3-1。

表 3-1　一致性程度及代号

一致性程度	代号	是否属于采用
等同	IDT	是
修改	MOD	是
非等效	NEQ	否

（一）等同采用（Identical，简称 IDT）

国家标准与相应国际标准的一致性程度为“等同”采用时，要求：国家标准与国际标准的技术内容和文本结构相同，但可以包含以下最小限度的编辑性修改：

（1）改变标准化文件名称，以便与现有的标准化文件协调。

（2）纳入 ISO/IEC 标准化文件修正案和（或）技术勘误的内容。

（3）增加附加信息和资料性附录。

（4）用小数点符号“.”代替符号“,”。

（5）改正印刷错误。

（6）删除多语种出版的 ISO/IEC 标准化文件版本中某些语种。

（7）用“本文件”代替 ISO/IEC 标准化文件提及自身时的表述。

（8）删除 ISO/IEC 标准化文件的封面、目次、前言和引言。

（9）要素“规范性引用文件”中文件清单的变化。

（10）要素“术语和定义”中注的更改。

（11）要素“参考文献”中文件清单的变化。

（二）修改采用（Modified，简称 MOD）

国家标准与相应国际标准的一致性程度为“修改”采用时，存在下述情况之一或二者兼有：

技术性差异，并且这些差异及其产生的原因被清楚地说明；文本结构变化，但同时有清楚的比较。

一致性程度为“修改”采用时，国家标准还可包含编辑性修改。

一项国家标准应尽可能采用一项国际标准。个别情况下，只有当使用列表形式清楚地说明技术性差异及其原因并很容易与相应国际标准的结构进行比较时，才允许一项国家标准采用若干项国际标准。

“修改”采用可包括如下情况：

（1）国家标准化文件的条款少于对应 ISO/IEC 标准化文件的条款。需要注意的是，这种情况也包括国家标准化文件中仅含有 ISO/IEC 标准化文件中供选用的一些条款。

（2）国家标准化文件的条款多于对应 ISO/IEC 标准化文件的条款。例如，增加了某些方面或种类，规定了更严格的要求，加入了附加试验。

（3）国家标准化文件更改了对应 ISO/IEC 标准化文件的一些条款。

（4）国家标准化文件增加了与对应 ISO/IEC 标准化文件条款同等地位的条款，作为对该条款的另一种选择。

“修改”采用条件下，“反之亦然原则”不适用。

（三）非等效采用（Non-equivalent，简称 NEQ）

国家标准与相应国际标准的一致性程度为“非等效”采用时，存在下述情况：国家标准与国际标准的技术内容和文本结构不同，同时这种差异在国家标准中没有被清楚地说明。“非等效”采用还包括在国家标准中只保留了少量或不重要的国际标准条款的情况。

与国际标准一致性程度为“非等效”采用的国家标准，不属于采用国际标准。

（四）一致性程度标识

一致性程度标识由“对应的 ISO/IEC 标准化文件编号”“,”“一致性程度代号”构成，如 ISO

9000：2015，IDT。

一致性程度标识除了在标准化文件中使用外，还标示在标准化文件目录、年报、数据库和其他相关媒介上。

（五）双编号

一致性程度为“等同”采用时，国家标准化文件的编号应使用双编号，即“国家标准化文件编号/对应的 ISO/IEC 标准化文件编号”，以使读者在查阅内容之前清楚获悉“等同”这一信息。

双编号在国家标准化文件中仅用于封面、页眉、封底和版权页上。

示例 1：GB/T 1040.1—2018/ISO 527-1：2012。

示例 2：GB/Z 27907—2011/ISO/TS 10004：2010。

一致性程度为“修改”或“非等效”采用时，国家标准化文件的编号不应使用双编号。

四、起草步骤

采取下述步骤，起草与 ISO/IEC 标准化文件有一致性对应关系的国家标准化文件。

（1）翻译 ISO/IEC 标准化文件。忠实于 ISO/IEC 标准化文件的内容，形成准确的译文。

（2）研究并评估技术内容。研究（1）的译文，包括正文、附录，以及涉及的所有规范性引用文件，若我国现行法律法规或强制性标准已有具体规定的，则作出删除相应技术内容的判断；评估技术内容（包括规范性引用文件）对我国的适用性，判断是否需要改变以及改变的程度。

（3）改变相应的内容。根据（2）作出的判断，进行必要的结构、技术内容或编辑性的改变。

（4）判定一致性程度。对比（3）的译文，尽可能列出结构调整、技术差异对照表，并说明产生技术差异的原因；依据对一致性程度的界定，判定国家标准化文件与对应 ISO/IEC 标准化文件的一致性程度。

（5）编写要素和附录。依据判定的一致性程度，按照 GB/T 1.2—2020 的第 7 章和第 8 章的规定编写具体要素和附录。

五、技术性差异和编辑性修改的表述和标示

1. 封面

与 ISO/IEC 标准化文件有一致性对应关系的国家标准化文件，应在封面上的国家标准化文件名称的英文译名下面，给出一致性程度标识并加圆括号（见示例 1）。

示例 1：

质量管理体系　基础和术语

Quality management systems—Fundamentals and vocabulary

（ISO 9000：2015，IDT）

若国家标准化文件的英文译名与对应的 ISO/IEC 标准化文件名称不一致，则应在一致性程度标识中 ISO/IEC 标准化文件编号后和一致性程度代号之间，给出该 ISO/IEC 标准化文件英文名称，即使用“（ISO/IEC 标准化文件编号 ISO/IEC 标准化文件英文名称，一致性程度代号）”的形式（见示例 2）。

示例 2：

无疵小试样木材物理力学性质试验方法　第 4 部分：含水率测定

Test methods for physical and mechanical properties of small clear wood specimens—Part 4：Determination of moisture content

（ISO 13061-1：2014，Physical and mechanical properties of wood—Test methods for small clear wood specimens—Determination of moisture content，MOD）

2. 前言

在前言中陈述采用国际标准方法，与被采用国际标准的一致性程度，该国际标准编号和国际标准名称的中文译名。

在前言中，“等同采用”时应陈述做出的最小限度的编辑性修改；“修改采用”时应陈述技术性差异和编辑性修改以及结构的改变；与国际标准“非等效采用”时，不必说明技术性差异和编辑性修改以及结构的改变。

在转化与国际标准有一致性对应关系的国家标准时，不应保留国际标准的前言。

当结构调整较少时，宜在国家标准前言中陈述。当结构调整较多时，宜编排一个附录将国家标准与国际标准的章、条编号对照表列在其中，同时在前言中指出该附录。

当存在编辑性修改时，等同采用、修改采用的国家标准在前言中陈述编辑性修改情况。

一致性程度为“非等效”时，不必说明结构调整、技术差异或编辑性改动。

3. 引言

可根据需要将 ISO/IEC 标准化文件引言的内容纳入国家标准化文件的引言中，不应保留 ISO/IEC 标准化文件的引言。

4. 规范性引用文件

应重新编写要素“规范性引用文件”中的文件清单。

一致性程度为“等同”或者“修改”时，文件清单的编写应遵守下列规定。

(1) 对于用国家标准化文件替换引用的 ISO/IEC 标准化文件的情况，若两者有一致性对应关系，应在国家标准化文件名称后的括号中标示一致性程度标识；

(2) 对于保留引用的 ISO/IEC 标准化文件的情况，若存在有一致性对应关系的国家标准化文件，则应在其下方的“注”中给出国家标准化文件。

5. 技术内容变化的标示

当技术性差异（及其原因）较少时，宜在国家标准前言中陈述。差异（及其原因）较多时，应在文中这些差异涉及的条款的外侧页边空白位置用垂直单线（|）进行业标准示，并且宜编排一个附录将归纳所有差异及其原因的表格列在其中。同时在前言中指出该附录并说明在文中如何标示这些技术性差异。

第三节　中国木材工业标准国际化

一、中国木材工业标准采标情况

（一）木材领域国际标准采标情况

截至 2021 年 7 月底，国际标准化组织木材技术委员会（ISO/TC 218）发布了木材国际标准有 62 项、国际标准化组织木结构技术委员会（ISO/TC 165）发布了木结构国际标准有 45 项。木材和木结构国际标准总数 107 项。目前，全国木材技术标准化委员会负责采标转化的木材和木结构国际标准共 19 项，均为修改采用，主要是木材物理力学试验方法系列国家标准。

（二）人造板领域国际标准采标情况

截至 2021 年 7 月底，国际标准化组织人造板技术委员会（ISO/TC 89）、国际标准化组织铺地物技术委员会强化木地板工作组（ISO/TC 219/WG 3）共发布了人造板和强化木地板国际标准 57 项，其中基础标准 2 项，方法标准 36 项，产品标准 19 项。我国国家标准等同采用或修改采用国际标准 42 项，林业行业标准等同采用国际标准 1 项，部分采用国际标准的 2 项，尚有 13 项国际标准尚未转化采用。

二、中国主导制修订国际标准情况

国际标准是全球治理体系和经贸合作发展的重要技术基础。标准已成为世界“通用语言”，标准促进世界互联互通。伴随着经济全球化深入发展，标准化在便利经贸往来、支撑产业发展、促进科技进步、规范社会治理中的作用日益凸显。主导制修订木材工业国际标准，对提升我国木材工业竞争力、提高我国木材工业国际话语权、推动中国标准走出去，具有重要意义。

（一）中国主导制修订的木材国际标准

截至2021年7月底，全国木材标准化技术委员会代表中国组织主导制修订木材国际标准6项。

1. 制定ISO 17959：2014 *General requirements for solid wood flooring*（《实木地板通用要求》）国际标准

经国家标准化管理委员会和原国家林业局批准，由全国木材标准化技术委员会组织、由全国木材标准化技术委员会副主任委员、中国林业科学研究院木材工业研究所吕建雄研究员代表中国牵头制定的ISO 17959：2014 *General requirements for solid wood flooring*（《实木地板通用要求》）国际标准于2014年10月13日由ISO正式出版。该国际标准制定项目由我国2009年提出，2010年8月6日获得ISO批准正式立项。

该项ISO标准的制定得到了国家标准化管理委员会和原国家林业局的大力支持与指导，得到林业公益性行业科研专项“《细木工板》和《实木地板》等4项ISO国际标准研制”项目的支持。该国际标准中国工作组由中国林业科学研究院木材工业研究所、大自然家居（中国）有限公司、绍兴市彬彬木业有限公司、久盛地板有限公司、浙江格尔森木业有限公司、苏州大卫木业有限公司、浙江富得利木业有限公司、巴洛克木业（中山）有限公司组成。

我国木地板产量居世界前列，实木地板是我国木地板的重要品类，在国内外具有重要的市场地位。《实木地板通用要求》国际标准的正式发布，标志着中国木材国际标准研制取得突破，提高了我国木材工业国际标准的话语权，为中国实木地板国际贸易提供了标准支撑。

2. 修订ISO 13601-10：2017 *Physical and mechanical properties of wood-Test methods for small clear specimen-Part 10：Determination of impact bending strength*（《木材物理力学性质 无疵小试样试验方法 第10部分：抗冲击弯曲强度测定》）等5项试验方法标准。

经国家标准化管理委员会、原国家林业局（现国家林业和草原局）批准，在全国木材标准化技术委员会的组织下，由中国林业科学研究院木材工业研究所吕建雄研究员和段新芳研究员负责的木材物理力学试验方法系列国际标准工作组历时10年修订完成的ISO 13601-10：2017 *Physical and mechanical properties of wood-test methods for small clear specimen—Part 10：determination of impact bending strength*（《木材物理力学性质 无疵小试样试验方法 第10部分：抗冲击弯曲强度测定》）、ISO 13601-11：2017 *Physical and mechanical properties of wood-Test methods for small clear specimen-Part 11：Determination of resistance to impact indentation*（《材物理力学性质 无疵小试样试验方法 第11部分：抗冲击压痕测定》）、ISO 13601-12：2017 *Physical and mechanical properties of wood-Test methods for small clear specimen-Part 12：Determination of static hardness*（《木材物理力学性质 无疵小试样的测定方法 第12部分：硬度测定》）和ISO 13601-17：2017 *Physical and mechanical properties of wood-Test methods for small clear specimen-Part 12：Determination of compression parallel to grain*（《木材物理力学性质 无疵小试样试验方法 第17部分：顺纹抗压强度测定》）等4项国际标准，由国际标准化组织于2017年12月向全球正式发布。这4项国际标准的立项时间均为2012年10月1日。

ISO 13601-5：2020 *Physical and mechanical properties of wood-Test methods for small clear specimen-Part 5：Determination of strength in compression perpendicular to grain*（《木材物理力学性质 无疵小试样试验方法 第5部分：横纹抗压强度测定》），由国际标准化组织2020年1月向全球正式

发布，该标准第一次立项时间为 2012 年 10 月 1 日，后在项目执行过程中出现问题，2017 年 10 月 30 日第 2 次获批立项。

2007 年中国林业科学研究院木材工业研究所牵头组建了木材物理力学试验方法国际标准工作组，木材物理力学试验方法国际标准工作组组织国内专家力量，历时 13 年完成了 ISO 13061-10：2017《木材物理力学性质 无疵小试验 试验方法 第 10 部分：抗冲击弯曲强度测定》等 5 项木材力学性能试验方法的关键技术指标研究，与 ISO/TC 218 成员一起修改、完善、推进标准编制，确定了 5 项国际标准试验方法，突破了人工林速生材 5 项木材力学性能测定方法的关键技术，为该项国际标准修订提供了重要的技术支撑。中国主导修订完成的 5 项木材力学性能试验方法国际标准于 2017 年、2020 年先后发布。

我国主导完成的 ISO 13601-10：2017《木材物理力学试验方法 木材抗冲击弯曲强度测定》等 5 项国际标准是对 1975 年发布实施的 5 项对应的木材物理力学性质试验方法 ISO 国际标准的修订，国际标准工作组充分考虑世界木材资源由天然林为主向人工林木材为主的重大转变的趋势，为适应人工林速生材材性测定的需求，标准修订了试样取样方法，增加了湿材材性测定方法，解决了人工林木材力学性能试验检测难题，为世界各国木材物理力学试验提供最新的标准试验方法。

主持制修订木材国际标准，既是我国的责任和义务，也有利于提升我国在木材国际标准制修订中的话语权。ISO 13061-5《木材物理力学性质 无疵小试样的试验方法 第 5 部分：横纹抗压强度测定》等 5 项国际标准是全国木材标准化技术委员会组织中国专家牵头完成的第 2 批木材国际标准，对推动中国标准走出去、有效提升中国木材产业国际话语权具有重要意义。

（二）中国主导制修订的人造板国际标准

截至 2021 年 7 月，全国人造板标准化技术委员会代表中国牵头负责主导制修订人造板国际标准 3 项。

1. 制定 ISO 13608：2014 *Plywood-Decorative veneered plywood*（《装饰单板贴面胶合板》）等 2 项国际标准

经国家标准化管理委员会和原国家林业局批准，由全国人造板标准化技术委员会组织、第三届全国人造板标准化技术委员会主任委员、中国林业科学研究院木材工业研究所原所长叶克林研究员代表中国牵头主持制定的 ISO 13608：2014 *Plywood-Decorative veneered plywood*（《装饰单板贴面胶合板》）和 ISO 13609：2014 *Wood-based panels-Plywood-Blockboards and battenboards*（《细木工板》）于 2014 年 1 月 9 日由国际标准化组织正式发布，这 2 项国际标准于 2007 年由中国提出，于 2009 年 3 月 13 日由国际标准化组织人造板技术委员会（ISO/TC 89）批准立项。这 2 项 ISO 标准的制定得到了国家标准化管理委员会和原国家林业局的大力支持与指导，得到林业公益性行业科研专项"《细木工板》和《实木地板》等 4 项 ISO 国际标准研制"项目的支持。

《细木工板》和《装饰单板贴面胶合板》2 项国际标准由我国自主提出并主导制定，中国林业科学研究院木材工业研究所为标准负责起草单位，德华集团控股股份有限公司、浙江升华云峰新材股份有限公司、鲁丽集团有限公司和浙江裕华木业有限公司等 4 家企业为标准参加起草单位。项目从 2007 年启动，在国家标准化管理委员会、原国家林业局科技司的领导和支持下，在课题组的共同努力下，历时 8 年，完成了国际标准制定的预阶段、提案阶段、准备阶段、委员会阶段、询问阶段、批准发布阶段的各个程序，ISO 13608：2014 *Plywood-Decorative veneered plywood*（《装饰单板贴面胶合板》）和 ISO 13609：2014 *Wood-based panels-Plywood-Blockboards and battenboards*（《细木工板》）于 2014 年 2 月由 ISO 正式发布。《细木工板》和《装饰单板贴面胶合板》两项 ISO 国际标准是我国首次负责主导完成并发布的两项国际标准，标志着中国人造板国际标准研制取得突破，有力提升了我国木材工业国际标准方面的话语权，为我国人造板标准国际化积累了重要经验，也培养了一支懂人造板专业、懂国际标准、懂英语的人才队伍。

首次由中国负责主导完成的 2 项人造板国际标准是将中国《细木工板》和《装饰贴面胶合板》国

家标准转化为国际标准，实现了中国人造板标准走向世界。这 2 项国际标准正式发布实施，有力提升了我国木材工业国际标准话语权，也实现了中国林业国际标准零的突破。

2. 修订 ISO 18775：2020 *Veneers-Terms and definitions*，*determination of physical characteristics and tolerances*（《单板 术语和定义、物理特征及偏差的测定》）国际标准

经国家标准化管理委员会和原国家林业局批准，由全国人造板标准化技术委员会组织、第三届全国人造板标准化技术委员会副主任委员兼秘书长段新芳研究员代表中国牵头主持修订的 ISO 18775：2020 *Veneers-Terms and definitions*，*determination of physical characteristics and tolerances*（《单板 术语和定义、物理特征及偏差的测定》）国际标准于 2020 年 11 月 26 日正式发布。

根据 2017 年 11 月 15 日在马来西亚马六甲市召开的国际标准化组织人造板技术委员会胶合板分技术委员会（ISO/TC 89/SC 3）的会议决议［Resolution 109（Melaka-6，2017-11)］，ISO/TC 89/SC 3 批准由中国承担 ISO 18775：2020 *Veneers-Terms and definitions*，*determination of physical characteristics and tolerances*（《单板 术语与定义、物理特征及其偏差的测定》）国际标准修订项目，该项目负责人为第三届全国人造板标准化技术委员会副主任委员兼秘书长、中国林业科学研究院木材工业研究所段新芳研究员，项目执行期为 3 年。

该国际标准修订项目由全国人造板标准化技术委员会和中国林业科学研究院木材工业研究所组织实施。该标准国际工作小组有中国、马来西亚、法国、德国和韩国组成。ISO 18775：2020《单板 术语和定义、物理特征及偏差的测定》国际标准修订中国工作组由中国林业科学研究院木材工业研究所、德华兔宝宝装饰新材股份有限公司、浙江升华云峰新材股份有限公司、久盛地板有限公司、浙江世友木业有限公司、千年舟新材科技集团有限公司、巴洛克木业（中山）有限公司、苏州大卫木业有限公司和红木枋家居科技（湖州）有限公司组成。

该国际标准的发布，对于规范单板的术语、推进单板产品生产和贸易、推动单板及其有关产业技术进步与产品质量和标准升级、引领单板及其有关产业发展将发挥重要作用。

中国是单板生产和消费大国，积极牵头承担完成 ISO 18775：2020《单板 术语和定义、物理特征及偏差的测定》国际标准修订工作，对提高我国在国际标准制修订中的话语权、打破国际贸易技术壁垒、推动中国人造板产业高质量发展具有重要意义。

三、中国木材工业标准外文版情况

国家标准外文版计划项目是推动落实国家“一带一路”倡议，实现中国标准走出去的重要措施。中国标准外文版对于促进国际贸易、经济、技术交流与合资，扩大对外开放程度具有重要意义，同时也为我国木材工业产品和技术“走出去”创造有利条件。

全国人造板标准化技术委员会、全国木材标准化技术委员会、全国林业生物质材料标准化技术委员会坚决落实国家标准化管理委员会与国家林业和草原局的要求，积极开展标准外文版工作。截至 2021 年 7 月底，共承担国家标准外文版计划 25 项，林业行业标准外文版计划 4 项。其中，木材领域国家标准外文版计划 5 项，人造板领域国家标准外文版计划 18 项，林业生物质材料领域国家标准外文版计划 1 项；木材领域林业行业标准外文版计划 2 项，人造板领域林业行业标准外文版计划 3 项。

截至 2021 年 7 月底，正式发布木材工业国家标准英文版 15 项，其中人造板领域国家标准英文版 13 项，木材领域国家标准 2 项。例如全国人造板标准化技术委员会归口管理的 GB 18580—2017（EN）《室内装饰装修材料 人造板及其制品中甲醛释放限量（英文版）》、GB/T 18102—2007《浸渍纸层压木质地板（英文版）》、GB/T 18103—2013（EN）《实木复合地板（英文版）》、GB/T 35601—2017（EN）《绿色产品评价 人造板和木质地板（英文版）》、GB/T 15102—2017（EN）《浸渍胶膜纸饰面纤维板和刨花板（英文版）》、GB/T 34722—2017（EN）《浸渍胶膜纸饰面胶合板和细木工板》，以及全国木材标准化技术委员会归口管理的 GB/T 15306.1—2018《实木地板 第 1 部分：技术要求》和 GB/T 15306.2018《实木地板 第 2 部分：检验方法》等 2 项国家标准英文版。

木材、人造板、林业生物质材料领域国家标准或行业标准外文版项目见表 3-2。

表 3-2　木材工业国家标准或行业标准外文版清单

序号	领域	标准编号	标准名称	状态	标准英文版发布时间
1	人造板	GB 18580—2017（EN）	室内装饰装修材料 人造板及其制品中甲醛释放限量（英文版）	发布	2019-10-14
2	人造板	GB/T 12626.4—2015（EN）	湿法硬质纤维板 第 4 部分：干燥条件下使用的普通用板（英文版）	发布	2019-10-14
3	人造板	GB/T 12626.5—2015（EN）	湿法硬质纤维板 第 5 部分：潮湿条件下使用的普通用板（英文版）	发布	2019-10-14
4	人造板	GB/T 12626.6—2015（EN）	湿法硬质纤维板 第 6 部分：高湿条件下使用的普通用板（英文版）	发布	2019-10-14
5	人造板	GB/T 12626.7—2015（EN）	湿法硬质纤维板 第 7 部分：室外条件下使用的普通用板（英文版）	发布	2019-10-14
6	人造板	GB/T 12626.8—2015（EN）	湿法硬质纤维板 第 8 部分：干燥条件下使用的承载用板（英文版）	发布	2019-10-14
7	人造板	GB/T 12626.9—2015（EN）	湿法硬质纤维板 第 9 部分：潮湿条件下使用的承载用板（英文版）	发布	2019-10-14
8	人造板	GB/T 18102—2007（EN）	浸渍纸层压木质地板（英文版）	发布	2019-10-14
9	人造板	GB/T 18103—2013（EN）	实木复合地板（英文版）	发布	2019-10-14
10	人造板	GB/T 35601—2017（EN）	绿色产品评价 人造板和木质地板（英文版）	发布	2020-12-14
11	人造板	GB/T 15102—2017（EN）	浸渍胶膜纸饰面纤维板和刨花板（英文版）	发布	2020-12-14
12	人造板	GB/T 34722—2017（EN）	浸渍胶膜纸饰面胶合板和细木工板（英文版）	发布	2020-12-14
13	木材	GB/T 15036.1—2018（EN）	实木地板 第 1 部分：技术要求（英文版）	发布	2020-12-14
14	木材	GB/T 15036.2—2018（EN）	实木地板 第 2 部分：检验方法（英文版）	发布	2020-12-14
15	人造板	LY/T 2229—2013（EN）	木质相框（英文版）	发布	2021-10-27
16	人造板	LY/T 2874—2017（EN）	陈列用木质挂板（英文版）	发布	2021-10-27
17	木材	LY/T 2904—2017（EN）	沉香（英文版）	发布	2021-10-27
18	人造板	LY/T 1657—2015（EN）	软木类地板（英文版）	报批	待发布
19	林业生物质材料	GB/T 23471—2018（EN）	浸渍纸层压秸秆复合地板（英文版）	发布	2022-12-28
20	人造板	GB/T 24507—2020（EN）	浸渍纸层压实木复合地板（英文版）	报批	待发布
21	人造板	GB/T 20238—2018（EN）	木质地板铺装、验收和使用规范（英文版）	报批	待发布
22	木材	GB 142—2013（EN）	坑木（英文版）	报批	待发布
23	木材	GB 154—2013（EN）	木枕（英文版）	报批	待发布
24	木材	GB 4820—2013（EN）	罐道木（英文版）	报批	待发布

四、中国参与木材工业国际标准化组织其他活动情况

（一）中国参与国际标准化组织木材标准化技术委员会（ISO/TC 218）活动情况

1. 参加或承办国际标准化组织木材技术委员会（ISO/TC 218）年会情况

2010 年以来，全国木材标准化技术委员会 9 次组团参加国际标准化组织木材技术委员会（ISO/TC218）国际会议，并协助承办 2010 年、2018 年在中国举办的国际标准化组织木材技术委员会年会 2 次。

2010年8月2—6日在北京召开了国际标准化组织木材技术委员会（ISO/TC 218）“第9届ISO/TC 218会议”，这是ISO/TC 218首次在中国举行的木材标准化工作国际会议。这次会议由国际标准化组织木材技术委员会（ISO/TC 218）主办，由国家标准化管理委员会和原国家林业局承办，中国林业科学研究院木材工业研究所和国际竹藤中心协办。来自中国、俄罗斯、美国、加拿大、日本、乌克兰、白俄罗斯、马来西亚、肯尼亚、博茨瓦纳等10个国家的60多位代表出席会议。

2018年10月15—19日，在浙江杭州举办了国际标准化组织木材标准化技术委员会（ISO/TC 218）第17届年会。来自中国、加拿大、日本、法国、乌克兰、马来西亚、白俄罗斯、瑞典、韩国、坦桑尼亚、刚果等11个国家的53名代表出席会议。ISO/TC 218第17届年会由国际标准化组织木材技术委员会（ISO/TC 218）、国家标准化管理委员会、国家林业和草原局主办，由中国林业科学研究院木材工业研究所、浙江农林大学、全国木材标准化技术委员会、杭州标准化国际交流中心等4家单位联合承办，由浙江世友木业有限公司、浙江农林大学暨阳学院协办。这是我国第2次承办国际标准化组织木材技术委员会年会。

2. 参与国际标准化组织木材技术委员会（ISO/TC 218）投票情况

2015年至2020年底，全国木材标准化技术委员会代表中国参与国际标准化组织木材技术委员会（ISO/TC 218）木材国际标准文件投票102次。

（二）中国参与国际标准化组织人造板标准化技术委员会（ISO/TC 89）活动情况

1. 参加或承办国际标准化组织人造板技术委员会（ISO/TC 89）年会情况

2010年以来，人造板标准化技术委员会6次组团参加国际标准化组织人造板技术委员会（ISO/TC 89）及3个分技术委员会纤维板分技术委员会（ISO/TC 89/SC 1）、刨花板分技术委员会（ISO/TC 89/SC 2）和胶合板分技术委员会（ISO/TC 89/SC 3）以及国际标准化组织铺地物技术委员会第3工作组，即强化木地板工作组（ISO/TC 89/WG 3）国际会议，并协助承办国际标准化组织人造板技术委员（ISO/TC 89）年会1次。

2010年3月24—27日在上海举办了“第18届ISO/TC 89（国际标准化组织人造板技术委员会）2010年年会”，这次会议由全国人造板标准化技术委员会和中国林业科学研究院木材工业研究所协助承办。来自中国、德国、芬兰、日本、马来西亚、印度尼西亚、澳大利亚、加拿大、法国、美国、韩国、比利时、瑞典和奥地利等14个国家以及ISO中央秘书处的代表共53人参会。

此次大会分别召开了ISO/TC 89/SC 1（纤维板）、ISO/TC 89/SC 2（刨花板）、ISO/TC 89/SC 3（胶合板）和ISO/TC 89/WG 5（试验方法工作组）等系列工作会议，最后召开了ISO/TC 89全体会议。ISO/TC 89/SC 3（胶合板）会议讨论了由中国林业科学研究院木材工业研究所叶克林研究员担任工作组组长的《装饰单板饰面胶合板》和《细木工板》两项人造板国际标准文件。中国代表还分别参加了SC 1（纤维板）、SC 2（刨花板）和WG 5（试验方法工作组）的有关标准草案的讨论工作。此次ISO/TC 89年会的顺利召开，将有利于进一步推动中国人造板标准化国际交流与合作。

2. 参与国际标准化组织木材技术委员会（ISO/TC 89）投票情况

2010年至2020年底，全国人造板标准化技术委员会代表中国参与国际标准化组织人造板技术委员会（ISO/TC 89）不同阶段人造板国际标准文件投票135次。

第四节　中国国际标准化工作发展趋势

一、国际标准化的发展现状与发展趋势

截至2021年7月底，国际标准化组织（ISO）共发布标准23949项，拥有成员国165个，技术会员会和分技术委员会797个。

国际标准化工作发展趋势如下：

（一）国际标准化越来越受到世界各国，特别是发达国家的高度重视

标准是技术的载体。国际标准的制定，往往代表着主导制定国、参与制定国为首的利益，说明该标准制定国和参与制定国家在该方面的技术的先进性。在世界多极化、经济全球化的背景下，发达国家纷纷制定和实施以控制和争夺国际标准制高点为核心的国家标准战略，协同外交、政治、经济和援助等手段，抢占国际标准制高点，维护和提升国家竞争力，确保自身经济利益及安全。

（二）国际标准不断向社会领域拓展

国际标准出现超越传统领域，向社会领域不断拓展的趋势。如ISO先后制定了社会责任、组织、治理、政府效能、城市可持续发展、反贿赂、审计管理和劳工权益保护等领域的国际标准，深刻影响着各国政治、经济和社会发展。我国对国际标准向社会领域拓展的态势十分重视，22个部委联合参与了社会责任标准的制定，中纪委牵头参与反贿赂标准制定，审计署主导制定了审计管理的国际标准。

（三）国际标准更加关注新兴产业发展

随着“第四次工业革命”的到来，ISO、IEC和ITU三大国际标准化组织均高度重视科技革命和产业变革相关领域的标准化，共同确定2018年世界标准日的主题为“国际标准与第四次工业革命”。ISO成立了智能制造战略组，IEC成立了智能制造评估组，还联合成立了ISO/IEC智能制造路线图特别工作组。德国发布了第3版《工业4.0标准化路线图》。美国发布了2.0版《增材制造标准化路线图》，加快新兴产业标准制定。

二、中国国际标准化工作发展趋势

在2015年3月11日国务院《深化标准化工作改革方案》（国发〔2015〕13号）明确指出：“（六）提高标准国际化水平。鼓励社会组织和产业技术联盟、企业积极参与国际标准化活动，争取承担更多国际标准化组织技术机构和领导职务，增强话语权。加大国际标准跟踪、评估和转化力度，加强中国标准外文版翻译出版工作，推动与主要贸易国之间的标准互认，推进优势、特色领域标准国际化，创建中国标准品牌。结合海外工程承包、重大装备设备出口和对外援建，推广中国标准，以中国标准‘走出去’带动我国产品、技术、装备、服务‘走出去’。进一步放宽外资企业参与中国标准的制定。”国务院《深化标准化工作改革方案》高度重视国家标准准化工作。《国务院关于加快培育外贸竞争新优势的若干意见》（国发〔2015〕9号）明确指出：“支持企业、行业组织参与国际标准制修订，大力推动我国标准国际化”。

2021年10月中共中央、国务院印发的《国家标准化发展纲要》明确指出，“标准化国际合作深入拓展，互利共赢的国际标准化合作伙伴关系更加密切，标准化人员往来和技术合作日益加强，标准信息更大范围实现互联共享，我国标准制定透明度和国际化环境持续优化，国家标准与国际标准关键技术指标的一致性程度大幅提升，国际标准转化率达到85%以上”。这为我国标准国际化提出了新的要求。

中国国际标准化工作发展趋势如下：

（1）中国主导、参与制修订国际标准越来越多，承担相关职务和秘书处的人数具有越来越多，中国国际标准化的地位显著提高。

根据国家标准化管理委员会发布的统计数据，2019年，我国新承担国际标准化组织（ISO）、国际电工委员会（IEC）技术机构主席副主席3个、秘书处4个，新提交ISO和IEC国际标准提案共238项，其中ISO提交150项，IEC提交77项，国际标准化组织和国际电工委员会信息技术联合技术委员会（JTC 1）提交11项。

截至2019年底，我国已承担ISO、IEC技术机构主席副主席73个、秘书处88个，与54个国家、地区标准化机构和国际组织签署了97份标准化双多边合作文件，共发布国家标准外文版721项。

截至2017年12月31日，我国主导制定并已发布ISO/IEC国际标准452项，其中ISO发布322项，IEC发布130项，2017年度已发布新增ISO标准120项，IEC标准14项。中国历年承担ISO/IEC

主席副主席、技术机构秘书处、主导制定并已发布ISO/IEC国际标准数量以及提交ISO/IEC国际标准提案统计数据见表3-3。这些统计数据充分说明近几年我国在国际标准化工作中所取得的骄人的成绩，同时也是贯彻落实国务院印发的“深化标准化工作改革方案”取得的成果。

表3-3 中国历年参与ISO/IEC工作统计

序号	年份	承担ISO/IEC主席和副主席职务	承担ISO/IEC秘书处	已发布ISO/IEC国际标准	提交ISO/IEC国际标准提案
1	2001	4	6	23	—
2	2002	4	6	31	—
3	2003	4	9	33	—
4	2004	6	9	47	—
5	2005	7	13	51	—
6	2006	10	16	60	—
7	2007	14	21	68	—
8	2008	22	32	77	26
9	2009	22	37	92	44
10	2010	25	50	111	45
11	2011	30	54	129	46
12	2012	35	60	155	38
13	2013	39	64	192	65
14	2014	43	70	235	69
15	2015	54	77	295	96
16	2016	58	80	333	160
17	2017	67	85	452	161
18	2019	73	88	—	—

特别值得一提的是，2015年成立的林业领域的国际标准化组织竹藤技术委员会（ISO/TC 296）的秘书处设立在中国，其技术对口单位为国际竹藤中心。主要业务范围为竹子和藤类及其衍生材料。

（2）企业参与国际标准制修订不断增强，参与国际标准化活动也越来越多，提升中国产业的国际标准话语权，增强国际竞争力。

（3）标准“一带一路”互联互通成效显著，与“一带一路”倡议沿线国家的标准化国际合作得到进一步加强。在首届“一带一路”国际合作高峰论坛上，我国与俄罗斯、哈萨克斯坦、希腊等12个沿线国家共同签署《关于加强标准合作，共建“一带一路”联合倡议》。截至2019年底，与54个国家、地区标准化机构和国际组织签署了97份标准化双多边合作文件，涵盖了欧洲、美洲、亚洲、大洋洲主要贸易伙伴国；与9个国家、地区签署了11份合作文件。通过与美、英、法、德、俄罗斯，东北亚、欧盟和南亚建立的双多边合作机制，推动了电动汽车、智能制造、智慧城市、农业食品、铁路、老年经济、石墨烯等专业领域的国际合作。全面落实《标准联通“一带一路”行动计划》，中国与“一带一路”国家标准化合作持续加强。

（4）中国标准走出去步伐不断加大，中国标准越来越受到国际社会重视。随着中国的国际贸易量的突飞猛进，为了加强中国标准的国际影响力，特别是加强对“一带一路”建设沿线国家的影响力，国家出台了《国家标准外文版管理办法》，下达多批国家标准外文版项目计划，翻译中国标准，助推中国标准“走出去”，更好地促进国际贸易、经济、技术交流与合作。同时，鼓励新制修订标准的中外文同步进行。考虑到“一带一路”沿线国家的需求，2015年，在石油天然气领域首次提出了将国家标准翻译为俄语的要求。扩大了中国标准的国际影响力。截至2021年5月，中国共发布国家标准外文版

930 项，其中，木材工业外文版共 14 项。

专栏 3-1

中国国际标准化未来的工作重点

（摘自 2021 年 10 月中共中央、国务院印发的《国家标准化发展纲要》）

六、提升标准化对外开放水平

（二十二）深化标准化交流合作。履行国际标准组织成员国责任义务，积极参与国际标准化活动。积极推进与共建“一带一路”国家在标准领域的对接合作，加强金砖国家、亚太经合组织等标准化对话，深化东北亚、亚太、泛美、欧洲、非洲等区域标准化合作，推进标准信息共享与服务，发展互利共赢的标准化合作伙伴关系。联合国际标准组织成员，推动气候变化、可持续城市和社区、清洁饮水与卫生设施、动植物卫生、绿色金融、数字领域等国际标准制定，分享我国标准化经验，积极参与民生福祉、性别平等、优质教育等国际标准化活动，助力联合国可持续发展目标实现。支持发展中国家提升利用标准化实现可持续发展的能力。

（二十三）强化贸易便利化标准支撑。持续开展重点领域标准比对分析，积极采用国际标准，大力推进中外标准互认，提高我国标准与国际标准的一致性程度。推出中国标准多语种版本，加快大宗贸易商品、对外承包工程等中国标准外文版编译。研究制定服务贸易标准，完善数字金融、国际贸易单一窗口等标准。促进内外贸质量标准、检验检疫、认证认可等相衔接，推进同线同标同质。创新标准化工作机制，支撑构建面向全球的高标准自由贸易区网络。

（二十四）推动国内国际标准化协同发展。统筹推进标准化与科技、产业、金融对外交流合作，促进政策、规则、标准联通。建立政府引导、企业主体、产学研联动的国际标准化工作机制。实施标准国际化跃升工程，推进中国标准与国际标准体系兼容。推动标准制度型开放，保障外商投资企业依法参与标准制定。支持企业、社会团体、科研机构等积极参与各类国际性专业标准组织。支持国际性专业标准组织来华落驻。

参考文献

[1] IEC 网站在线提供其制定的标准文件数量［EB/OL］. https：//www. iec. ch/homepage.

[2] ISO 网站在线提供其制定的标准文件数量［EB/OL］. https：//www. iso. org/store. html.

[3] 国家质量监督检验检疫总局 . 采用国际标准管理办法［EB/OL］. http：//www. sac. gov. cn/sbgs/flfg/gz/xzgz/201609/t20160909 _ 216635. htm/.

[4] 国家市场监督管理总局、国家标准化管理委员会 . 标准化工作导则 第 2 部分：以 ISO/IEC 标准化文件为基础的标准化文件起草规则：GB/T 1. 2—2020［S］. 北京：中国标准出版社，2020.

[5] ANSI 介绍［EB］/［OL］. https：//www. ansi. org/about _ ansi/introduction/introduction? menuid=1. 2020/07/27.

[6] ASTM 介绍［EB］/［OL］. https：//www. astm. org/ABOUT/overview. html. 2020/07/27.

[7] 美国木材保护协会（AWPA）［EB］/［OL］. http：//www. awpa. com. 2020/07/27.

[8] 日本工业标准调查会［EB］/［OL］. http：//www. jisc. go. jp/eng/index. html. 2020/07/27.

[9] 日本农林标准［EB］/［OL］. http：//www. maff. go. jp/e/policies/standard/jas/jas/index. html. 2020/07/27.

[10] 欧洲标准化委员会［EB］/［OL］. https：//standards. cen. eu. 2020/07/27. 2020/07/27.

[11] 佚名 . 国家标准化管理委员会赴澳大利亚、新西兰标准化工作考察报告［J］. 世界标准信息，2008（05）：34-37.

[12] 朱斌，周剑锋，陈仁杰 . 我国国际标准化工作现状和发展趋势［J］. 中国标准化，2018，525（13）：105-108.

[13] 段新芳 . 木材工业转型升级标准指南［M］. 北京：中国建材工业出版社，2022.

第四章　政府主导的木材工业标准化

根据 2015 年《国务院关于印发深化标准化工作改革方案的通知》(国发〔2015〕13 号) 文件提出改革措施：通过改革，把政府单一供给的现行标准体系，转变为由政府主导制定的标准和市场自主制定的标准共同构成的新型标准体系。政府主导制定的标准由 6 类整合精简为 4 类，分别是强制性国家标准和推荐性国家标准、推荐性行业标准、推荐性地方标准；市场自主制定的标准分为团体标准和企业标准。政府主导制定的标准侧重于保基本，市场自主制定的标准侧重于提高竞争力。

木材工业标准化是围绕木材工业发展，开展制定木材工业标准、组织实施木材工业标准以及对木材工业标准的制定、实施进行监督的活动。木材工业标准化目的：推进木材工业全过程的规范化、系统化和标准化，获得最佳经济、社会和生态效益。

根据国家标准化改革的要求，木材工业标准化分为政府主导的标准化工作和市场主导的标准化工作。其中，政府主导的木材工业标准化工作主要指由政府主导的木材工业国家标准、行业标准和地方标准的标准化工作。

本章主要介绍木材工业领域全国专业标准化技术委员会、木材工业国家标准和行业标准制修订程序、木材工业标准体系、木材工业标准的宣贯培训等以及中国木材行业重要国家标准和行业标准。限于资料收集不足，本章未涉及木材工业地方标准化工作。

第一节　木材工业领域全国专业标准化技术委员会

《全国专业标准化技术委员会管理办法》规定，专业标准化技术委员会（以下简称标委会）是在一定专业领域内，从事国家标准起草和技术审查等标准化工作的非法人技术组织。截至 2021 年 7 月，全国有 1339 个技术委员会和分技术委员会。其中，涉及木材工业领域的全国专业标准化标委会主要有 3 个：全国木材标准化技术委员会、全国人造板标准化技术委员会和全国林业生物质材料标准化技术委员会。

一、全国木材标准化技术委员会

全国木材标准化技术委员会（SAC/TC 41）(以下简称木标委）是由国家标准化管理委员会委托国家林业和草原局领导，从事全国木材标准化工作的技术工作组织，负责全国木材标准化技术归口工作。木标委及其秘书处挂靠在中国林业科学研究院木材工业研究所。

木标委于 1984 年 8 月成立。1985 年 4 月成立了 3 个分技术委员会：基础标准分技术委员会、原木分技术委员会、锯材分技术委员会。2009 年 4 月成立结构用木材分技术委员会。2017 年，换届成立全国木材标准化技术委员会第四届委员会及其基础标准分技术委员会、原木和锯材分技术委员会、结构用木材分技术委员会。木标委由江泽慧教授担任主任委员，吕建雄研究员、费本华研究员、佟立君研究员担任副主任委员，任海青研究员担任秘书长，虞华强高级工程师、黄晓山研究员担任副秘书长。

业务范围：原木、锯材、结构用木材、木制半成品和木材基础（包括木材构造、物理力学和化学性质，木材防腐、阻燃和改性等保护技术等方面的术语、试验方法等基础标准）等。

木标委主要的工作任务：负责组织制、修订木材国家标准及行业标准；负责组织本专业的国家标准和行业标准的宣贯工作；承担国际标准化组织木材技术委员会（ISO/TC 218）对口的国内标准化技术业务工作。

截至 2021 年 12 月底，已经发布实施的由全国木材标准化技术委员会归口管理的标准 272 项，其中国家标准 143 项，行业标准 129 项。

木标委组织制修订了木材物理力学性质试验方法系列标准、GB/T 18107—2017《红木》、LY/T 2904—2017《沉香》等重要国家标准和行业标准，有 10 多项标准获得省部级奖励。这些标准对引领木材工业产业发展、推动产业技术进步和规范市场发展发挥了重要作用；在木材国际标准化方面，承担了 ISO/TC 218/WG 6（木制品标准起草工作组）召集人的任务，组织中国林业科学研究院木材工业研究所专家牵头主导制修订木材国际标准 6 项，分别是：ISO 17959：2014《实木地板通用要求》、ISO 13601-5：2020《木材物理力学性质试验方法 第 5 部分：横纹抗压强度测定》、ISO 13601-10：2017《木材物理力学性质试验方法 第 10 部分：抗冲击弯曲强度测定》、ISO 13601-11：2017《 木材物理力学性质试验方法 第 11 部分：抗冲击压痕测定》、ISO 13601-12：2017《 木材物理力学性质试验方法 第 12 部分：硬度测定》、ISO 13601-17：2017《木材物理力学性质试验方法 第 17 部分：顺纹抗压强度测定》等。

专栏 4-1　建党百年话标准

标准扮靓木材工业

我国木材利用发展历史悠久。从几千年前开始，人们生产生活就离不开木建筑、木家具、木制品，社会经济发展也离不开木材产业。中华人民共和国成立之初，木材产业为国民经济恢复发展和社会主义建设作出了巨大贡献，一度成为国家重要支柱产业。作为发源于新中国成立、发展于共和国森林工业、兴盛于当下林草业的木材标准化工作，助推森林工业较早地实现标准化和专业化生产，见证了林草业由小到大、由弱到强的历史性跨越，为国民经济建设和社会发展做出了突出贡献。

最早的林业标准

1949 年前，我国没有统一的木材检量标准，南北方木材检量尺度差异很大，且五花八门。长江以南盛产杉木的地区，采用“龙泉码”“滩规”；上海、杭州沿海地区采用英制计量单位；东北地区采用日制计量单位；广东、福建等地论“根”、论“筒”等。

中华人民共和国成立后，百废待兴，国家建设急需木材，亟待出台统一的木材计量和检验标准。东北地区解放较早，是我国最大的商品木材生产基地。为了改变这一混乱的局面，在新中国刚刚成立之际，首先在东北地区推行“米制”检尺。在此基础上，1952 年冬，原国家林业部参照苏联木材检验标准，组织制定《木材规格》《木材检尺办法》《木材材积表》等 3 项技术标准，由原中央财经委批准于 1953 年在全国林区试行。这 3 项标准，没有标准编号、没有年代号，但这是我国最早的木材检验标准，也是我国标准史上比较早的标准。今天施行的各项木材标准，基本都由这 3 个标准分化而来。我们常说的“木材检尺员”这一称呼，就是由《木材检尺办法》得名。1954 年，原林业部根据这 3 个标准生产应用情况，将其中的《木材规格》和《木材检尺办法》作第一次修订，划分出原木、杉原条、板方材和枕木四个部分，规范了木材检验制度混乱局面。1958 年，原林业部对这 3 个标准进行了全面修改，分别制定了 GB 142—1958《直接使用原木》、GB 143—1958《加工用原木》、GB 144—1958《原木检验规则》等几项标准，这是我国第一批按照当时标准文本格式发布的木材检验标准，标志着我国木材标准化工作进入了崭新发展阶段。

突出的经济社会贡献

森林工业是新中国经济社会建设的支柱产业，经历了从无到有、从计划经济到市场经济的转变，木材生产和加工销售也经历了“以产定销”和“以销定产”两个阶段。从 1952 年最初的《木材规格》《木材检尺办法》《木材材积表》3 项技术标准，到今天已经发展到 273 项标准，既是产业发展的需要，也是林业科学技术进步和经济社会发展的充分体现。

从 1949 年到 1977 年，我国累计生产木材 9.094 亿立方米，这一时期也是木材“以产定销”时期，木材标准制修订的主要导向是节约资源、提高质量、细分产品。1963 年以前，在《原木检验规则》中，原木的检尺长度没有正负公差，实际长度大于标准规定长度时，多余部分不计，不能出现负差。而当时的量材造材工艺水平不是很高，这一标准既浪费资源又浪费人力。在有关专家和生产企业的提议下，1963 年原林业部组织修订该项标准，并以文件规定“加工用原木长度允许公差为长度不足 2.5m 的允许＋6cm，－3cm”，自此以后的原木标准都规定了正负公差。这次标准修订得到了林业企业的热烈欢迎，对节约资源、提高劳动效率起到关键作用。这一时期，又先后制定了《造纸材》《枕资》《航空胶合板用原木》《次加工原木》等 11 项国家标准和 30 余项行业标准，为加快推进国民经济建设和节约森林资源发挥了重要支撑作用。

改革开放以后，我国木材标准以“走向国际、提质增效、绿色发展”为目标，迈入新的发展阶段。截至 2021 年 8 月，我国已经发布实施木材国家标准 140 项、行业标准 133 项，包括木材基础、原木和锯材、结构用木材等方面的标准共计 273 项，标准体系与国外发达国家相比，总体水平和国际水平基本一致。在我国木材国家标准中，采用 ISO 国际标准和国外先进标准的有 23 项，占木材国家标准总数的 22%。GB/T 16734《中国主要木材名称》、GB/T 18513《中国主要进口木材名称》、GB/T 18107《红木》等标准被广泛应用，有力促进了木材贸易健康发展。修订的《旋切单板用原木》《刨切单板用原木》《乐器锯材》等一批标准，是适应当时市场急需而制修订的，对于实现效益最大化、规范市场起到很大作用。木材性质方法标准主要包括 GB/T 1927—2009《木材物理力学试材采集方法》等 22 项木材物理力学性质方面的试验方法标准。《木材物理力学性质试验方法》系列标准是木材工业的重要基础标准，在木材科学研究、教学、木材检验、木结构设计、木材加工生产等领域得到广泛应用。1980 年首次发布实施的 17 项木材物理力学性质试验方法国家标准（GB 1927—80～GB 1943—80），荣获 1982 年优秀国家标准四等奖，GB/T 18107—2000《红木》荣获 2006 年中国标准创新贡献三等奖。

活跃的国际标准化工作

我国木地板产量居世界前列，2014 年，由我国牵头制定的实木地板国际标准 ISO 17959：2014 *General requirements for solid wood flooring*《实木地板通用要求》正式发布实施。《实木地板通用要求》国际标准的发布，标志着中国木材国际标准研制取得重要突破，提高了我国木材工业国际标准方面的话语权。我国主持修订的 ISO 13061《木材物理力学性质-无疵小试样试验方法》中 5 个部分标准，已经全部出版。2015 年以来，木材标委会参加 5 次国际标准化组织木材技术委员会（ISO/TC 218）国际会议，并承办了 2010 年和 2018 年 ISO/TC 218 年会，积极履行国内对口单位的职责和义务。

全国木材标准化工作从无到强经历了近 70 个春秋，为我国林业发展和国家建设做出了突出贡献。目前，全国商业性采伐全面停止，但木材生产、加工、消费、贸易的主体地位没有发生变化，我国仍然是世界上最大的木业加工、木制品生产基地和最主要的木制品加工出口国。木材标准化工作任重道远，我们将按照习近平生态文明思想和绿色发展要求，紧密围绕“十四五”规划工作目标，把握国内国外木材市场产销需求，科学建立标准体系，全面提高标准质量，强化标准应用宣传，为推进林草事业现代化建设做出积极贡献。

（供稿单位：全国木材标准化技术委员会 SAC/TC 41）

二、全国人造板标准化技术委员会

全国人造板标准化技术委员会（SAC/TC 198）（以下简称“人造板标委会”）是由国家标准化管理委员会批准成立，委托国家林业和草原局领导的从事全国人造板标准化工作的技术工作组织，负责全国人造板标准化技术归口管理工作。人造板标委会及其秘书处挂靠在中国林业科学研究院木材工业研究所。

人造板标委会于1992年12月成立，2012年成立第三届委员会。2015年，成立浸渍纸层压木质地板分技术委员会（SAC/TC 198/SC 1）。经国家标准化管理委员会批准，2020年换届成立了全国人造板标准化技术委员会第四届委员会，委员51人，吕斌研究员任主任委员、段新芳研究员任副主任委员兼秘书长、梅长彤教授任副主任委员、李晓玲高级工程师任副秘书长，叶克林研究员为顾问。

业务范围：主要负责单板、胶合板、纤维板、刨花板、木质层积材/集成材、人造板饰面材料及饰面人造板、木材工业胶粘剂、木质（基）地板、墙板、楼梯及其他制品、木质（基）复合材料、结构（承重）型人造板及其制品等领域的标准化工作。

主要的工作任务：负责组织制修订本专业的国家标准和行业标准；组织本专业国家标准和行业标准的宣传、贯彻和解释工作；承担国际标准化组织人造板技术委员会（ISO/TC 89）及其3个分标委会纤维板分技术委员会（ISO/TC 89/SC 1）、刨花板分技术委员会（ISO/TC 89/SC 2）和胶合板分技术委员会（ISO/TC 89/SC 3）国内技术对口工作，协助承担国际标准化组织铺地物技术委员会第三工作组（强化木地板工作组）（ISO/TC 219/WG 3）的国际标准投票等工作。

2013年全国人造板标准化技术委员会在国家标准化管理委员会巡视督查中，评议结果为“优秀”；2018年在国家标准化管理委员会考核评估的262个全国专业标准化技术委员会考中，获评“一级”，这是林业和草原系统第二个考核为“一级”的标委会，也在原国家标准化管理委员会农业食品部归口管理的50多个农业标委会考核中名列前茅。

截至2021年12月底，已经发布实施的由人造板标委会归口管理的标准175项，其中国家标准76项，行业标准99项，国家标准英文版12项，林业行业标准英文版2项。

人造板标委会组织制修订人造板唯一的强制性国家标准GB 18580—2017《室内装饰装修材料 人造板及其制品中甲醛释放限量》，GB/T 39600—2021《人造板及其制品甲醛释放量分级》，以及GB/T 35601—2017《绿色产品评价 人造板和木质地板》、GB/T 9846—2015《普通胶合板》、GB/T 4897—2015《刨花板》、GB/T 5849—2016《细木工板》、GB/T 18103—2013《实木复合地板》、GB/T 18102—2020《浸渍纸层压木质地板》、GB/T 34722—2017《浸渍胶膜纸饰面胶合板和细木工板》、GB/T 38752—2020《难燃细木工板》、GB/T 39032—2020《难燃刨花板》、LY/T 2876—2017《人造板定制衣柜技术规范》、GB/T 20238— 2018《木质地板铺装、验收和使用规范》、GB/T 36872—2018《结构用集成材生产技术规程》、LY/T 1700—2018《地采暖用木质地板》等重要人造板与木质地板产品标准，制修订了GB/T 18259—2018《人造板及其表面装饰术语》、GB/T 17657—2013《人造板及饰面人造板理化性能试验方法》等基础标准，有效规范了人造板及其制品生产和销售，引领了人造板产业高质量发展，对推动人造板产业转型升级、消除产品的贸易障碍、保证产品质量、维护消费者利益等都发挥了重要作用，有力支撑了产业发展。组织中国专家负责制定ISO 13608：2014《装饰单板贴面胶合板》和ISO 13609：2014《细木工板》2项人造板国际标准，修订18775：2020《单板 术语与定义、物理特征及其偏差的测定》国际标准1项，争取木材工业国际标准话语权，实现中国林业国际标准零的突破。

专栏 4-2　建党百年话标准

人造板标准筑牢环保质量红线，保障室内人居环境安全

党的十八大以来，习近平总书记多次强调，要始终把人民生命安全和身体健康放在第一位。我国是世界上最大的人造板及其制品生产国、消费国和国际贸易国。人造板及其制品质量关系人民群众身体健康和生命安全，长期以来受到党和政府以及社会各界的广泛关注，中央有关领导同志就人造板及其制品甲醛释放量标准专门作出批示。这一系列指示批示和重要论述充分彰显了以习近平同志为核心的党中央全力保障群众切身利益的坚强决心和执政为民、心系群众的人民情怀。

以控制人造板及其制品甲醛污染、保障人居环境安全和消费者健康为目标，全国人造板标准化技术委员会（SAC/TC 198）组织制修订了 GB 18580—2017《室内装饰装修材料 人造板及其制品甲醛释放限量》、GB/T 39600—2021《人造板及其制品甲醛释放量分级》和 GB/T 39598—2021《基于极限甲醛释放量的人造板室内承载限量指南》3 项标准，筑牢人造板及其制品环保质量红线，有力推动低甲醛、无甲醛添加等绿色人造板及其制品产业发展，打造环保室内家居空间。

标准筑牢人造板及其制品环保质量红线，推动产业转型升级

甲醛是危害人体健康的有害物质，是影响室内空气质量和环境污染的主要因素。人造板、木质地板等木质制品在生产过程中会使用含甲醛的胶粘剂，在使用过程中会释放出一定量游离甲醛，危害消费者健康，影响人居环境质量。

2000 年后，社会各界反映室内装修污染严重，其中作为室内装饰装修材料的主要原料和产品——人造板及其产品的甲醛释放量由于没有标准规范，消费者健康无法保障，市场监管缺乏依据。室内装修污染问题得到时任国务院副总理温家宝同志高度重视，并作出“室内装修污染严重，规范市场刻不容缓”的重要批示。为此，国家质检总局于 2001 年 12 月 10 日批准发布强制性国家标准 GB 18580—2001《室内装饰装修材料 人造板及其制品甲醛释放限量》。GB 18580—2001《室内装饰装修材料 人造板及其制品甲醛释放限量》参考借鉴欧洲标准，并充分考虑国内产业发展实际，将甲醛释放量根据产品种类和甲醛测试方法，分为 E_1 和 E_2 级。该标准的发布，填补了我国人造板及其制品甲醛释放限量标准空白，对控制室内甲醛污染、提高人造板产品环保性能、保护消费者健康作出了重大贡献。据国家质检总局公布的国家监督抽查结果显示，该标准发布以后，细木工板产品抽查合格率由 2002 年 59.1％提高至 2016 年 95.0％；胶合板产品抽查合格率由 2002 年 82.1％提高至 2016 年 98.0％；纤维板产品抽查合格率由 2003 年 73.2％提高至 2015 年 94.3％；刨花板产品抽查合格率由 2010 年 60.4％提高至 2014 年 94.2％；浸渍纸层压木质地板产品抽查合格率由 2012 年 87.8％提高至 2015 年 95.3％，极大提升了我国人造板及其制品的产品质量水平。

2006 年，国际标准化组织（ISO）和欧盟国家、美国和日本等先后发布了新的人造板及其制品甲醛释放限量标准，提高了甲醛释放限量要求。2007 年，国家标准化管理委员会下达了《室内装饰装修材料 人造板及其制品中甲醛释放限量》强制性国家标准修订计划，启动对该标准的修订工作。2017 年 4 月 22 日，国家强制性标准 GB 18580—2017《室内装饰装修材料 人造板及其制品中甲醛释放限量》发布。

2017 版标准提高了人造板及其制品甲醛释放限量要求，标准技术指标与国际标准接轨。标准规定了室内装饰装修材料用人造板及其制品中甲醛释放限量值小于等于 0.124mg/m³，限量标识 E_1，

取消原标准的 E_2 级。2017 版标准的甲醛释放限量值与 ISO 16893：2016《木质人造板 刨花板》、ISO 16985：2016《木质人造板 干法纤维板》的规定一致；所有产品检测方法与 ISO 12460-1：2007《人造板甲醛释放量测定 第 1 部分：$1m^3$ 气候箱法》一致，取消了干燥器法、穿孔萃取法。2017 版标准的实施，迫使只能生产原标准 E_2 级产品的企业停产或转产，推动企业引进低甲醛、无甲醛添加的胶粘剂新技术进行转型升级，生产更环保的产品，有力推动了人造板及其制品产业绿色发展。

标准保障人居环境安全，引领人造板及其制品产业科技进步

2021 年 3 月，国家标准化管理委员会批准发布 GB/T 39600—2021《人造板及其制品甲醛释放量分级》和 GB/T 39600—2021《基于极限甲醛释放量的人造板室内承载限量指南》推荐性国家标准。

GB/T 39600—2021《人造板及其制品甲醛释放量分级》规定了室内用人造板及其制品甲醛释放量分级要求、试验方法以及判定规则。该标准将室内用人造板及其制品的甲醛释放量按照限量值分为 E_1 级（不大于 0.124mg/m^3）、E_0 级（不大于 0.050mg/m^3）和 E_{NF} 级（不大于 0.025mg/m^3）三个等级，在强制性国家标准 GB 18580—2017 要求的基础上，进一步细化人造板及其制品的甲醛释放量，是 GB 18580—2017 的补充。该标准的发布实施，可引导带动企业生产更环保、更绿色的人造板和人造板产品，引领产业技术进步，大力推动低甲醛、无甲醛添加胶粘剂（如异氰酸酯胶粘剂和大豆胶胶粘剂等）的广泛应用，能够满足消费者对不同环保等级人造板及其制品的需求，推进人造板及其制品产业高质量发展和绿色发展。

GB/T 39598—2021《基于极限甲醛释放量的人造板室内承载限量指南》给出了基于极限甲醛释放量的人造板室内承载限量的计算方法，适用于室内家具、橱柜、木质门、木质墙板、木质地板等木质制品使用的人造板承载限量。该标准可有效解决消费者购买的甲醛释放量达标的人造板产品，但在单位体积空间中使用过量，则空气中甲醛浓度超标，引起室内甲醛超标的问题。该标准的发布实施，为消费者室内装修选购合理的人造板数量、指导消费者在室内装饰装修中合理使用人造板产品，对保护消费者健康、保障消费者家居环境安全、消除室内环境污染具有重要意义。

（供稿单位：全国人造板标准化技术委员会 SAC/TC 198）

三、全国林业生物质材料标准化技术委员会

全国林业生物质材料标准化技术委员会（SAC/TC416）（以下简称“生物质材料标委会”）由国家标准化管理委员会批准成立，委托国家林业和草原局领导，从事林业生物质材料标准化的技术工作组织，负责全国林业生物质材料标准化技术归口管理工作。本技术委员会及其秘书处挂靠在中国林业科学研究院木材工业研究所。

生物质材料标委会于 2009 年 4 月正式成立。经国家标准化管理委员会批准、2017 年 5 月换届成立全国林业生物质材料标准化技术委员会第二届技术委员会，委员 36 人。储富祥研究员担任主任委员，吕建雄研究员、吴义强教授担任副主任委员，段新芳研究员担任秘书长。

业务范围：负责以林业植物原料为主制造加工的材料以及以生物质原料经化学、生物加工制成的材料与产品等领域的标准化工作。林业植物原料以灌木、椰棕、农作物秸秆等植物原料为主。林业生物质材料主要包括国民经济产业分类“木竹藤棕草加工业”中的棕草加工与非木材复合材料，例如，木塑复合材料、麦（稻）秸秆刨花板、软木及其制品、柳编制品、椰棕纤维与其产品等。

主要的工作任务：负责组织制、修订林业生物质材料国家标准及行业标准；负责组织本专业的国

家标准和行业标准的宣贯和解释工作。

截至 2021 年 12 月底，全国林业生物质材料标准化技术委员会归口管理标准 48 项，其中推荐性国家标准 21 项，林业行业标准 27 项。

生物质材料标委会组织制修订 GB/T 30366—2013《生物质术语》以及列入《战略性新兴产业标准化发展规划（2013—2020）》的“生物质（非能源）综合利用标准综合体”国家标准 GB/T 36055—2018《林业生物质原料分析方法 含水率的测定》等 12 项国家标准以及《木塑地板》等重要国家标准和行业标准 48 项，这些标准对引领我国生物质材料产业发展、推动产业技术进步和规范市场发展发挥了重要作用。

第二节　国家标准和行业标准制修订程序

标准制定是标准化工作的重要工作，影响面大、政策性强，不仅包含大量的技术工作，而且包含大量的组织和协调工作。标准是相关方广泛参与的产物，严格按照标准制定程序开展标准制定工作，是保障标准编写质量，提高标准技术水平，缩短标准制定周期，实现标准制定过程面向需求、公平公正、公开透明、协商一致的基础和前提。

一、标准制定程序类型及阶段划分

我国在借鉴国际标准化组织（ISO）关于标准制定程序的阶段划分规定的基础上，结合《国家标准管理办法》和我国相关标准的规定对国家标准的计划、编写、审批发布和复审等程序的具体要求，分为常规程序和快速程序，其中常规程序分为 9 个阶段，而快速程序则可省略其中的部分阶段。

（一）常规程序

我国标准的制定常规程序分为 9 个阶段：预研阶段、立项阶段、起草阶段、征求意见阶段、审查阶段、批准阶段、出版阶段、复审阶段、废止阶段，其阶段划分与 ISO/IEC 的阶段划分相对应，见表 4-1。

表 4-1　国家标准（或行业标准）制定程序阶段

阶段代码	阶段名称	阶段任务	阶段成果	完成周期月	ISO/IEC 对应阶段
00	预研阶段	提出新工作项目建议	PWI（标准项目建议）		00
10	立项阶段	提交新工作项目	NP（新标准项目计划）	3	10
20	起草阶段	提交标准征求意见稿	WD（标准征求意见稿）	10	20
30	征求意见阶段	提交标准送审稿	CD（标准送审稿）	5	30
40	审查阶段	提交标准报批稿	DS（标准报批稿）	5	40
50	批准阶段	提交标准出版稿	FDS（标准出版稿）	8	50
60	出版阶段	提交标准出版物	GB（强制性标准）、 GB/T（推荐性标准）、 GB/Z（国家标准化指导性技术文件）	3	60
90	复审阶段	定期复审	继续有效，修改、修订	60	90
95	废止阶段		废止		95

各阶段又包括“登记”“主要工作开始”“主要工作结束”“决定”4 个分阶段。其中，“决定”分阶段包括“返回前期阶段”“重复目前阶段”“终止项目”“进入下一阶段”4 种可能性，具体见表 4-2。

表 4-2 国家标准/行业标准制定程序的阶段、分阶段及其代码

阶段	分阶段						
	00 登记	20 主要工作开始	60 主要工作结束	90 决定			
				92 重复早期阶段	93 重复目前阶段	98 放弃	99 继续工作
00 预研阶段	00.00 标委会收到新工作项目建议提案	00.20 审查新工作项目建议提案	00.60 通过新工作项目建议提案			00.98 放弃新工作项目建议提案	00.99 上报标准项目建议（PWI）
10 立项阶段	10.00 国务院标准化行政主管部门或相关部委登记新工作项目建议	10.20 审查和协调新工作项目建议	10.60 通过新工作项目建议	10.92 新工作项目建议返回提出者进一步明确		10.98 否决新工作项目建议	10.99 国务院标准化行政主管部门或相关部委下达新标准项目计划（NP）
20 起草阶段	20.00 标委会登记新工作项目，落实计划	20.20 组成标准起草工作组，起草标准征求意见稿	20.60 提交征求意见稿			20.98 项目被终止	20.99 完成标准征求意见稿（WD）
30 征求意见阶段	30.00 标委会登记标准征求意见稿	30.20 分发征求意见稿，征求意见	30.60 提交征求意见汇总处理表（VR）			30.98 项目被终止	30.99 完成标准送审稿（CD）
40 审查阶段	40.00 标委会登记标准送审稿	40.20 初审	40.60 提出审查意见和结论	40.92 标准送审稿被退回	40.93 重新审查送审稿	40.98 项目被终止	40.99 完成标准报批稿（DS）
50 报批阶段	50.00 国务院标准化行政主管部门或相关部委登记标准草案报批稿	50.20 部门审核	50.60 国家标准技术审查机构或行业标准管理部门提出审核意见和结论	50.92 标准报批稿被退回		50.98 项目被终止	50.99 批准发布国家标准或行业标准（FDS）
60 出版阶段	60.00 国家标准或行业标准出版单位登记国家标准出版稿	60.20 印刷国家标准或行业标准	60.60 国家标准或行业标准正式出版（GB、GB/T、GB/Z、LY/T）				
90 复审阶段		90.20 国家标准或行业标准定期复审	90.60 发布复审结果	90.92 国家标准或行业标准将被修订	90.93 国家标准或行业标准已被确认		90.99 标委会提议废止国家标准或行业标准
95 废止阶段							95.99 国家标准或行业标准被废止

（二）快速程序

为了缩短标准制定周期，适应国家对市场经济快速反应的需要，原国家质量技术监督局于 1998 年颁布了《采用快速程序制定国家标准的管理规定》，对快速程序的管理作了进一步规范。

1. 快速程序的划分和范围

快速程序（FTP）分为 B 程序和 C 程序两类，即在正常标准制定程序（程序类别代号：A）的基础上省略起草阶段（程序类别代号：B）或省略起草阶段和征求意见阶段（程序类别代号：C）。

快速程序适用于已有成熟标准草案的项目，如为了应对突发紧急事件，对于现行国家标准的修订且修改内容不多的项目，等同、修改采用国际标准或国外先进标准的标准制修订项目和对现有国家标准的修订或我国其他各级标准的转化项目。快速程序特别适用于变化快的技术领域（例如高新技术领域）。

2. 快速程序的适用情况

根据我国国家标准制修订工作的具体情况及我国标准化工作的管理体制，采用快速程序制定国家标准，可分为以下 6 种情况：

（1）为了应对突发紧急事件，可采用快速程序制修订应急国家标准。根据 2004 年国家标准化管理委员会与国家发展和改革委员会联合制定的《采用快速程序制修订应急国家标准的规定》可制定应急标准，应急标准由国家标准化管理委员会委托有关单位组织起草，或根据需要直接组织起草。应急标准起草过程中，可省略部分程序，但草案完成后须经有关专家会议审查。

例如，2008 年在“三聚氰胺”毒奶粉事件发生后，原国家质检总局、国家标准化管理委员会就启动快速程序在 2008 年 10 月 7 日批准发布了 GB/T22388—2008《原料乳与乳制品中三聚氰胺检测方法》国家标准。

（2）对于等同采用或修改采用国际标准制定国家标准的项目，可采用 B 程序。

依据等同采用或修改采用的要求，可将国际标准转化后的标准草案直接作为国家标准的征求意见稿，分发征求意见，即采用 B 程序。

（3）对于等同采用或修改采用国外先进标准制定国家标准的项目，可采用 B 程序。

依据等同采用或修改采用的要求，可将国外先进标准转化后的标准草案直接作为国家标准的征求意见稿，分发征求意见，即采用 B 程序。

（4）对于现行国家标准的修订且修改内容不多的项目，可采用 C 程序（或 B 程序）。

对我国现有国家标准的修订项目，可在原国家标准的基础上提出相应的成熟标准草案，直接作为国家标准送审稿进行审查，即采用 C 程序；或直接作为征求意见稿，发至各有关单位征求意见，即采用 B 程序。

（5）对于现行其他标准转化为国家标准的项目，可采用 C 程序（或 B 程序）。

如果发布并实施多年现行行业标准（或地方标准）需转化为国家标准，可将该行业标准（或地方标准）根据转化为国家标准的要求，在技术内容及编写方面做必要的修改、补充、完善后，若技术内容变化不多时直接作为国家标准送审稿进行审查，即采用 C 程序。或作为征求意见稿，发至各有关单位征求意见，即采用 B 程序。

（6）对于国家标准化指导性技术文件的制定项目，符合下列条件的可采用 B 程序（或 C 程序）。

国家标准化指导性技术文件的制定项目，若为等同采用或修改采用国际技术报告制定为指导性技术文件的项目，可将国际技术报告转化后的标准草案直接作为国家标准化指导性技术文件的征求意见稿，分发征求意见，即采用 B 程序。

对于国家标准化指导性技术文件的修订项目可与现有国家标准的修订一样，即采用 C 程序或 B 程序。

3. 快速程序的标准制定程序

申报快速程序的项目在预研阶段和立项阶段应严格审批。标准项目建议人应在标准项目建议中说明拟采用快速程序的理由，标委会应对项目建议书审核是否可以启动快速程序，然后上报，并由标准化主管部门在立项阶段下达项目计划时注明“FTP-B”或“FTP-C”字样。

在快速程序过程中，如需由快速程序转为正常程序，或由正常程序转为快速程序时，应按要求填写《国家标准计划项目调整申请表》，并按《国家标准管理办法》中有关计划项目调整的规定办理。

对于采用快速程序的项目，除省略阶段外，其他阶段仍应严格按标准制定程序的有关规定执行，不可省略或简化。

二、标准制定不同阶段工作要求

（一）预研阶段

预研阶段为标委会对标准项目建议人提出的标准项目建议进行审核评估，并决定是否向标准主管部门上报项目建议书的过程。

预研阶段自标委会受理标准项目建议时开始，预研阶段的主要工作是评估标准项目建议。完成评估后，标委会应做出下列决定之一：终止项目；或进入立项阶段，向上级标准化主管部门报送标准项目建议。

1. 申报单位和申报人的主要工作

申报人应关注每年的国家标准、林业行业标准项目立项指南，了解每年的申报重点。申报人向标委会提交标准项目建议提案前，应依次进行下列准备工作：

（1）准备制修订国家标准或行业标准的内容提要（准备标准草案，包括范围、主要技术内容等）。

（2）确定制修订标准的原则和依据、必要性和可行性论证（准备项目建议书内容）。

（3）编制和提交项目建议书。

（4）编制和提交标准草案。

2. 标委会的主要工作

（1）对申报的标准项目建议进行评估，决定是否上报。

标委会对征集到的标准项目建议材料，根据国家标准、行业标准的立项要求，召开会议或函审对标准项目建议进行必要性、可行性充分评估，决定是否向标准化主管部门上报标准项目建议。

（2）申报标准项目计划。

标委会在评估标准项目建议后，例如决定开展该项目，就将建议上报给上级标准化主管部门。

标准项目建议材料包括标准项目建议书和标准草案，标准草案应具有完整的标准结构，包括章、条、标题和规范性要素的技术内容。

根据国家标准管理委员会规定，2017 年开始，标委会提交申报的国家标准项目建议，必须通过“国家标准制修订工作管理信息系统”的全体委员投票，赞成票超过全体标委会委员 2/3、反对票不超过委员总数的 1/4 的，可申报立项，否则不予申报立项。直属全国专业标准化技术委员会申报的项目，应提前征求有关部门、行业的意见。行业部门、省级标准化行政主管部门组织申报的项目，应提前与相关部门和标委会协调。

（二）立项阶段

1. 主要工作

立项阶段为标准化主管部门审批标准项目建议，决定是否开展标准制定工作，下达相关计划的过程。

2016 年国家标准立项发生了重大变化，国家标准化管理委员会设立专门机构进行立项评估。根据国务院深化标准化工作改革的要求，为加强推荐性国家标准立项管理，提高标准的科学性、系统性和协调性，从源头上确保标准质量，2016 年国家标准化管理委员会发布了《推荐性国家标准立项评估办法（试行）》，专门成立了国家标准化管理委员会国家标准技术审评中心（现国家市场监督管理总局国家标准技术审评中心，以下简称“审评中心”)，加强国家标准立项评估和管理工作。

《推荐性国家标准立项评估办法（试行)》规定：国家标准化管理委员会负责推荐性国家标准立项评估，组织专家对申报国家标准项目的必要性、可行性等方面进行评估，由审评中心负责具体实施。

根据新的国家标准立项程序，国家标准立项需要经审评中心组织专家进行立项评审通过后，国家标准化管理委员会相关部门才进一步审查确定是否立项，并在国家标准制修订计划确定之前，向社会公开征求意见，最后再下达正式的立项计划通知。

值得注意的事项如下：

（1）每年申报的新制定标准项目必须在审评中心组织的立项专家会议进行答辩，由所属标委会统一汇报，项目申报人回答专家质询；而申报修订的、采用国际标准的国家标准项目，审评中心不组织现场答辩，只进行专家函审。

（2）为加快国家标准制修订进度，国家标准计划的完成期限压缩。目前，一般标准制定项目制定周期为 24 个月，修订标准项目为 18 个月。但根据 2021 年 10 月中共中央、国务院印发的《国家标准化发展纲要》精神，国家标准制修订周期将控制在 18 个月。

2. 国家标准项目立项的重点

根据新修订的《中华人民共和国标准化法》的规定：国家标准主要立项重点是国家强制性标准，国家重大项目、基础通用项目和一般性项目的推荐性国家标准。

根据国家标准化管理委员会 2016 年发布的《推荐性国家标准立项评估办法（试行)》规定：推荐性国家标准项目根据标准化对象和重要程度，分为：重大项目、基础通用项目和一般性项目。

（1）重大项目包括：①列入国家产业政策、规划、专项等国家重点支持发展的标准项目；②重大科技成果转化、引导产业创新发展等方面关键核心技术标准项目；③与强制性国家标准配套的标准项目；④拟主导制定国际标准的标准项目；⑤社会广泛关注的热点标准项目；⑥具有显著社会效益和经济效益的标准项目。

（2）基础通用项目包括：①基础术语、图形符号、统计方法、分类编码等标准项目；②通用方法、通用技术和通用管理（含社会管理和公共服务）标准项目；③跨行业跨领域使用、量大面广的基础件、原材料、设备等产品标准项目。

（3）一般性项目：其他需要在全国范围内统一的标准项目。

国家标准支持同步制定中国产品、技术走出去的国家标准中、外文版的项目，服务国家“一带一路”倡议，推动中国标准走出去。

另外，每年申报国家标准项目计划时，请关注当年的《国家标准立项指南》。根据国务院确定的重点工作任务和国家发展战略，国家标准化管理委员会会发布当年的《国家标准立项指南》会确定相应的支持重点和倾斜领域。

专栏 4-3

《2021 年国家标准立项指南》确定的立项重点

（一）强制性国家标准

持续推进强制性标准整合精简，优先推动整合修订项目立项。在消费品安全、公共安全、生物安全、安全生产、节能环保等领域，加快制定一批覆盖面广、通用性强的强制性国家标准。在整合修订强制性国家标准项目时，如有技术内容需整合转化为推荐性国家标准，应同步开展推荐性标准的立项和制修订工作。

（二）重点领域国家标准

1. 农业农村领域

加强种质种苗、农产品质量分级、农产品流通与农资供应评价等农业全产业链标准研制。开展农用地土壤安全利用、森林草原湿地生态保护与修复等农林生态领域标准研制。开展农村基础设施建设、农村公共服务设施建设和农村人居环境改善领域标准制修订。开展巩固拓展脱贫成果、乡村治理、乡村社区建设、县域城镇化等标准制修订。

2. 食品消费品和医疗卫生领域

开展纺织品、家用电器、照明电器、家具、化妆品等领域与强制性国家标准配套标准制修订。加快儿童用品、老年用品、医疗器械、卫生健康等标准制修订。加大消费品个性定制、舒适智能、售后服务、质量分级等标准制定。落实食品质量标准复审结论，开展食品质量标准制修订。

3. 装备材料与新兴领域

开展核心基础零部件、关键基础材料、先进基础工艺等强基类标准研制。加大智能制造、绿色制造、服务型制造，以及高档数控机床、先进农机、特种设备等高端装备标准研制力度。加快新材料、增材制造等新产业领航型标准研究和制定。围绕冶金、化工、机械、建材等行业重点产品产业链安全需求，加强产业链上下游标准制修订联动，系统推进产业链相关标准研制。

4. 信息技术与电气领域

加强工业互联网、区块链、物联网、5G、新一代人工智能、集成电路等领域，以及数据安全、个人信息保护等网络安全领域标准研制。推动新能源利用、电力储能、能源互联网标准研制。推进新能源汽车智能化、网联化、共享化，加快大功率充电、换电技术、燃料电池、高性能动力电池、充电信息共享、智能感知和无人驾驶技术等标准研究。

5. 交通能源与资源环境领域

加强节能与新能源汽车、高技术船舶、智能交通、交通安全、航空航天等重要标准研制，重点支持应对气候变化、污染防治、国土空间布局、资源综合利用等生态文明建设领域标准研制，推进煤炭、石油、天然气等一次能源清洁高效利用和氢能制储运用等能源领域标准制修订工作。

6. 服务业领域

强化现代流通、现代金融等生产性服务业标准制修订，重点支持冷链物流、绿色快递、跨境电子商务、数字金融、科技服务等国家标准制修订。完善生活性服务业标准体系，重点支持家政服务、托育服务、教育培训、文化旅游等国家标准制修订。加大公共服务标准制修订力度，进一步完善养老服务、公共就业、公共文化体育、残疾人服务等相关国家标准。

7. 社会治理领域

加强在政务服务、应急管理、公共安全、司法服务等社会治理领域标准的研制。重点支持营商环境、政务公开、政府热线、防灾减灾、消防、安全生产等方面的标准制修订工作。完善城市可持续发展领域标准体系，重点支持基础性、综合性标准的制修订工作。

（三）军民通用国家标准

在既有明确军事国防需求又有民用需求的领域制定军民通用国家标准，持续提升军民标准通用化水平。推动基础设施、基础产品、战略性新兴产业等重点领域军民通用国家标准制修订。

（四）标准样品

围绕新型产业、农产品、消费品、资源环境、生物技术、装备与材料等领域标准体系，重点组织研制产品质量标准及检测方法标准所需的通用标准样品、纯度标准样品和基体标准样品。

3. 林业行业标准项目立项的重点

林业行业标准均为推荐性标准。

（1）林业行业标准重点制修订林业和草原行业领域的重要产品、工程技术、服务和行业管理的标准，确保新立项标准属于政府职责范围内，突出公益属性。

（2）林业行业标准集中支持复审结论为整合修订的标准项目。对修订项目和采用国际标准项目予以重点支持。

（3）支持中国产品、技术走出去的林业行业标准国际化项目。鼓励重要行业标准的版同步制定。采用国际标准或国外先进标准的，不列入标准外文版项目。

值得注意的是，2020年开始，国家林业和草原局科技司与有关专业司局联合发布了相关领域的新型标准体系，列出了各领域的主要标准目录与未来标准制修订工作安排。因此，在今后申报林业行业标准项目计划时，请一定关注国家林草局下发的新型标准体系内容以及当年国家林业和草原局下发的《林业行业标准申报通知》，关注国家林业和草原局林业行业标准工作的重点与申报要求，便于申报林业行业标准。

（三）起草阶段

起草阶段为标委会成立标准起草工作组（WG），并由WG编写完成标准征求意见稿的过程。

1. 成立标准起草工作组

标准计划项目下达后，标委会将与标准项目负责单位签订合同或任务书，启动标准项目计划工作，成立标准项目制修订起草小组。标准项目制修订起草小组（WG）应该由有关科研单位、高校、质检机构、企业等相关方的单位代表组成，WG的组成应体现权威性、代表性，成员应具有较丰富的专业知识和实践经验，熟悉业务，了解标准化工作的相关规定并具有较强的文字表达能力。

2. 拟订工作计划

标准起草工作组成立以后，应首先制订工作计划，内容包括：国内外相关标准资料和文献搜集整理、标准制修订市场和产业调研、标准名称和范围的确定、制定标准的主要工作内容确定和试验验证、工作安排及计划进度、标准起草工作组内部分工与安排、经费预算等。

3. 开展调查研究

标准起草工作组应首先广泛收集与起草标准有关的资料并加以研究、分析：例如国内外标准资料，国内外的生产概况，达到的水平；相关的科研成果、专利；国内外产品样品等。

对标准中存在的关键问题或难点问题，可选择具有代表性、典型性调查对象进行有针对性的调查研究，例如深入生产实际，摸清现实生产状况；或走访相关单位，广泛征求意见等。其目的是准确把握问题产生的根源、影响并找出解决问题的方法。

4. 安排试验验证项目

标准起草工作组对需要进行试验验证才能确定的技术内容或指标，应选择有条件的单位进行试验验证，并提出试验验证报告和结论。试验验证前，应先拟订试验大纲，确定试验目的、要求、对象、试验设备、试验方法，试验中使用的仪器、设备、工作及应注意的事项等，以确保试验、验证的可靠性和准确性。

5. 形成标准征求意见稿

标准起草工作组应依照工作计划开展标准起草工作，并在对标准制定的目的进行确认，与国际相关标准进行比对，对相关事宜进行调查分析，完成技术指标的实验和验证工作的基础上确认标准征求意见稿的内容和结构，并依据GB/T 1.1、GB/T 20000、GB/T 20001和GB/T 20002等国家现行标准的要求进行编写和不断完善。

标准起草工作组对标准征求意见稿达成一致意见后，可向标委会报送标准征求意见稿等有关文件，若是采用国际标准制定国家标准的项目，还需要提交国际标准原文和译文。标委会若确认了报送的标准征求意见稿和标准编制说明，则可进入征求意见阶段。

如果标准起草工作组在编写标准草案主体框架的过程中，发现并确认该项目存在不宜继续制定的因素，则由标准起草工作组向标委会提出建议项目终止的申请。若标委会同意关于建议终止项目的申请，将向标准化主管部门提出相关申请，由标准化主管部门决定是否终止。

起草标准征求意见稿时应同时起草标准的编制说明，编制说明应包括但不限于以下内容：

（1）工作简况（包括任务来源、协作单位、主要起草人及其所做或承担的工作、主要工作过程）。

（2）标准的编制原则和标准的主要内容（技术指标、参数、公式、性能要求、试验方法、检验规则等）、论据（包括试验、统计数据）、修订标准时的新旧标准主要技术指标的对比及修订的主要内容说明。

（3）主要试验（或者验证）的分析、综述报告，技术经济论证结论，预期的经济效益。

（4）采用国际标准和国外先进标准的程度，以及与国外同类标准水平的对比情况，或者与测试的国外样品、样机的有关数据对比情况。

（5）与有关现行法律、法规和强制性国家标准（行业标准）的关系。

（6）重大分歧意见的处理经过和依据。

（7）作为强制性标准或者推荐性标准的建议。

（8）贯彻标准的要求、措施和建议（包括组织措施、技术措施、过渡办法等内容）。

（9）废止现行有关标准的建议。

（10）其他应予以说明的事项，例如与其他文件的关系，涉及专利的处理等。

编制说明可包括主要试验、验证技术报告和调查分析报告等附件。

（四）征求意见阶段

征求意见阶段为标委会对标准征求意见稿（标准征求意见稿）征集意见的过程。

1. 广泛征求意见

标委会向其所有委员和其他相关方分发征求意见稿，必要时还可在网络、公开的媒体上征求意见。发往征求意见的单位应是与本标准关系密切或比较熟悉的并具代表性的生产、使用、科研院所、大专院校、质量检验检测单位。如是产品标准，还应征求主要生产企业、使用单位等的意见，特别要征求有可能产生分歧意见单位的意见。

征求意见时间应充分，一般为两个月，且不少于一个月。征求意见阶段由标委会分发的文件包括：

（1）标委会关于标准征求意见的通知，用于标委会向委员及其他相关方告知征求意见事宜。

（2）标准征求意见稿，用于向标委会委员以及其他相关方征求意见。

（3）标准编制说明及有关附件，用于被征求意见人员了解标准草案的制定情况。

（4）标准征求意见反馈表，用于被征求意见人员填写反馈意见。

若是采用国际标准制定国家标准的项目，还应附上国际标准原文和译文。

按照新的国家标准管理规定，国家标准征求意见，应通过网站（国家标准制修订工作管理信息系统、全国标准信息公共服务平台）和定向征集的方式广泛征求意见，时间为 2 个月。没有在全国标准信息公共服务平台征求意见的，不允许进行标准审查。

2. 意见的反馈与处理

发征求意见函时，应同时发送征求意见表，便于意见的整理和汇总。被征求意见的委员及相关方人员应在规定期限内回复意见，如没有意见也宜复函说明，逾期不复函，标委会可按无异议处理。若委员及其他相关方对征求意见稿存在重大异议，还需要具体说明理由或依据。

在征求意见过程中，标准起草工作组要随时掌握主要分歧，对于难以取得一致意见的问题，要及时进行调查、分析和研究，加强联系和协商，提出解决方案，作为进一步协调统一的基础。

标准起草工作组应对反馈回来的意见进行归纳、整理，逐条提出处理意见。对意见的处理，大致可采取下列几种情况：

（1）采纳。

（2）部分采纳（说明理由或根据）。

（3）未采纳（说明理由或根据）。

（4）待审查会上确定。

（5）待试验后确定：分析试验需求、安排试验项目、制订试验工作计划。

对反馈意见的处理应按照章条顺序排列，填写在《国家标准或行业标准征求征求意见汇总处理表》中并要在其中准确体现章条编号、意见或建议，提出单位的名称和处理情况等信息。表后应标注统计信息。

3. 给出处理意见

标准起草工作组应依据反馈意见给出下列处理意见：

（1）进入审查阶段。

标准起草工作组针对标准征求反馈意见，修改完善标准征求意见稿。形成标准送审稿和《国家标准或行业标准征求征求意见汇总处理表》，向标委会提出标准审查的申请，并报送有关文件。这些文件包括送审稿、增加有征求意见阶段主要工作内容和重大技术修改处理意见的编制说明及有关附件（试验验证材料）、征求意见汇总处理表等。采用国际标准制定国家标准的项目，还应报送国际标准原文和译文。

（2）返回起草阶段。

如果反馈意见分歧较大，对征求意见稿需要进行重大技术修改，标准起草工作组应向标委会提出申请将该标准草案返回至起草阶段；如果需要延长制定周期还应向标委会提出延期申请。

（五）审查阶段

1. 主要工作

审查阶段的主要工作是审查送审稿，提出审查意见和结论，形成标准审查会议纪要。

专栏 4-4

国家标准或林业行业标准审查会程序

1. 由标准化技术委员会（或国家林业和草原局）主持人开始主持会议，介绍标准审查委员会组成人员，推荐标准审查委员会主任委员和副主任委员。

2. 由标准审查委员会的主任委员主持审查会议，副主任委员进行记录。

3. 标准起草小组对标准编制情况进行说明（主要对编制过程、重大意见处理情况、标准征求意见处理情况等进行说明），时间不超过 20 分钟。

4. 标准审查委员会专家对标准进行审查。主要对标准整体框架、技术内容和格式进行审查，逐条逐句地通过，需要修改的，会上要提出修改意见，原则上大部分委员或专家提出的意见通过后才能进行下一步。

5. 审查委员会副主任委员汇报标准审查委员会委员提出的修改意见，与会专家确认。

6. 标准审查委员会委员投票、评价标准水平。

标准起草小组成员离开会场，标准审查委员会进行投票、评价标准技术水平，提出审查意见，形成标准审查会议纪要。

7. 标准起草小组进会场，标准审查委员会主任委员宣读标准审查意见。

8. 标准起草小组致谢。

9. 标准化技术委员会（或国家林业和草原局）主持人宣布审查会结束。

2. 基本要求

标准送审稿的审查，分会议审查和函审两种形式。一般会议审查，效果更好。根据国家标准审查的相关规定，标准审查专家主要由标委会委员和特邀专家组成。

标准审查主要对标准的格式和标准的技术内容进行审查，审查的主要内容包括：标准的合法性、科学性、实用性、配套性、完整性，与国际协定和标准的一致性、协调性、创造性等。

送审稿的审查，实质上是对技术标准内容的协调和优选过程，要认真听取各方面意见，充分进行民主讨论和协商，特别是对反对意见必须慎重对待，即使是个别意见，只要有一定依据，也不要轻易否定，使技术标准能充分反映各方面利益，获得最大范围的拥护。在审查协商一致的基础上，由起草单位形成标准草案报批稿和审查会议纪要或函审结论，若送审稿审查没有被通过，则需要再次征求意见或修改送审稿后再次审查。

专栏 4-5

标准审查的主要内容

标准审查会议主要是对标准的技术内容和标准的格式进行审查，审查的主要内容包括：

（1）合法性。技术内容应符合相关法律、行政法规和部门规章的规定。

（2）科学性。标准的研制过程应符合公认的科学原理与技术要求，设计严密、技术内容和数据准确可靠，资料完整。

（3）实用性。标准应与当下经济、社会、科技发展水平相适应。

（4）配套性。在标准使用中需要配套标准的，应同时制定配套标准。限量指标应有配套的检验方法。

（5）完整性。应符合 GB/T 1.1—2020 及其他标准化文件的要求，标准各要素齐全。

（6）准确性。文字、数字、公式、单位、符号、图表等符合 GB/T 1.1—2020 等标准要求。引用的标准及其他规范性文件（包括采用的国际或外国先进标准）正确并现行有效。

（7）与国际标准的相符性。采用国际和国外先进标准时，应符合我国法律、法规的要求和当前的国情，并达到我国的健康保护水平。

（8）协调一致性。本标准的条款之间、标准与其他相关标准之间应协调统一。

如标准与其他领域标准存在需要协调处理的内容，应提供相关标准并详细介绍存在矛盾、交叉、重叠问题的具体内容，同时提出需要协调的技术意见。

（9）创造性。标准应具有一定的独创性，达到一定的国内或国际水平。

3. 会议审查（含视频会议）

会议审查时，组织者至少应在会议前一个月将会议通知、国家标准或行业标准送审稿、“编制说明”及有关附件、“征求意见汇总处理表”等提交给参加国家标准或行业标准审查委员会委员与标准起草小组代表。会议审查，原则上应协商一致。

根据国家标准管理有关规定，国家标准或行业标准审查，要求全体 TC 的委员 3/4 及以上参会，参会人员 2/3 以上赞成，且反对不超过 1/4，则为通过。否则，为不通过，需要标准起草小组进一步修改完善后，重新组织审查（复审）。

采取会议审查的，应提供会议纪要、专家签字表（不得以签到表代替签字表，并标明参会人员在 TC 中的职务）。召开视频会议的应提供会议纪要、会议截图、参会人员名单（标明在 TC 中的职务）并加盖印章。

会议纪要应包含会议时间、会议地点、会议组织方、参会人员、明确的审查结论、标准水平（国际先进、国际一般、国内领先）等内容。负责起草单位，应根据审查会议纪要修改完善送审稿，提交国家标准或行业标准报批稿。

4. 函审

函审时，组织者应在函审表决前两个月将函审通知、标准送审稿及“函审单”提交给参加函审的部门、单位和人员。函审时，必须有3/4回函同意为通过。函审应写出“函审结论”，并附“函审单”，回函率不足2/3时，应重新组织审查。函审单有修改意见的应附上征求意见汇总处理表。

5. 电子投票

除了会议审查或函审外，国家标准还需要通过“国家标准制修订工作管理信息系统”进行电子投票。对标准送审稿进行电子投票，标委会（TC或SC）全体委员3/4及以上参与，参与人员2/3以上赞成票，且反对票不超过参与人员的1/4。标委会为SC，TC或SC投票。

6. 作出审查决定

在审查阶段，标委会应做出下列决定之一：

（1）通过审查，进入报批阶段。送审稿通过审查后由标准起草工作组进一步完善形成标准报批稿。经标委会确认后，向标准化主管部门报送报批稿等相关材料。

（2）不通过审查，修改后，重新审查。送审稿没有通过审查，需要进一步修改完善后，申请再次进行标准审查。

7. 报送相关材料

标准审查完成后，提交标准报批材料文件包括：

（1）国家标准或林业行业标准报批公文。

（2）国家标准或林业行业标准申报单。

（3）国家标准或林业行业标准报批稿。

（4）国家标准或林业行业标准报批稿编制说明。

（5）国家标准或林业行业标准审查会议纪要或函审结论（附参加会议人员名单或函审单）。

（6）国家标准或林业行业标准征求反馈征求意见汇总处理表。

（7）采用国际标准的原文和译文。

（8）强制性标准中英文通报表。

专栏4-6

标准水平的评价定级

标准水平的评价是标准审查委员会根据国家法律法规和有关要求，根据标准起草小组提供的标准编制说明和标准送审稿，对提交审查的标准的规范性、技术性等各个方面进行分析、研究、评估，最终综合评估给出标准等级（国际先进、国际一般或国内领先）结论的过程。

1. 标准水平的评定方法

目前，我国对标准水平的评定一般采取对比法。首先，要选择一项标准作为对比参照对象。一般标准的对比参照对象选定为现行的国际标准或国外先进标准。如果没有国际标准或国外先进标准的则采取类比法，选取与国际或国外先进标准类似的标准作为参照对象进行对比。

评价的方法是，对标准中规定的标准主要技术指标或要求（例如产品标准中与产品质量相关的各项要求）进行综合评价，例如技术性能、品种规格、包装、标志、试验方法等各项指标与对比参照对象标准进行综合性的对比，然后确定标准的技术水平。

2. 我国标准水平等级

我国标准评价水平等级分为三个等级：国际先进、国际一般和国内领先。

（1）如果一项标准的综合指标水平达到了国际先进的同类现行标准（对比参照对象标准）或者超过并填补国际标准空白，这项标准就可以认定为国际先进水平。

（2）如果一项标准的综合指标水平达到了国际标准或国外先进标准（对比参照对象标准）的一般标准水平，那么这项标准就应当定为国际一般水平。

（3）如果一项标准的水平既低于国际先进水平，又低于国际一般水平，那么这项标准就定为国内领先水平了。

对于完全取决于我国资源优势的标准，如其最低一级产品技术要求不低于国外先进标准的水平，即认为此标准为具有国际先进水平的标准，而若不低于国际一般水平，即认为具有国际一般水平的标准。与产品相关的指标中，任何一项关键指标达不到国际先进标准水平或国际一般水平，则不能认为是具有国际先进水平或国际一般水平。

3. 标准水平确定

标准水平的评定，在标准起草小组者提出充分的依据外，主要是在标准审查会上由各方面的专家来评定。

（六）批准阶段

1. 主要工作

批准阶段为国务院或行业标准化主管部门对标准报批稿及相关工作文件进行审核和批准的过程。

2. 程序审查

国家市场监督管理总局国家标准技术审评中心根据《国家标准管理办法》《全国专业标准化技术委员会管理规定》等有关规定，对标准制修订过程是否符合程序要求进行程序审查，主要审查内容包括：征求意见的范围和意见处理情况；标准审查会参会代表情况，审查意见处理及投票表决情况，重要意见或重大分歧意见处理结果和依据等。

林业行业标准报批稿审查由国家林业和草原局科技司负责。

3. 标准内容审查

国家市场监督管理总局国家标准技术审评中心根据《国家标准管理办法》及 GB/T 1、GB/T 20000、GB/T 20001 和 GB/T 20002 等基础标准，从标准化原则及规范等角度对标准报批稿的内容进行审查，对存在问题提出修改意见。重点包括标准与国家法律法规的符合性、标准技术内容的合理性、标准的协调性、标准的规范性等。

林业行业标准报批稿内容审查由国家林业和草原局科技司负责。

4. 报批

国家市场监督管理总局国家标准技术审评中心根据审查情况给出明确结论性建议：建议批准发布或退回；建议批准发布的，将标准报批材料送标准化主管部门进行审核。

林业行业标准报批由国家林业和草原局科技司负责。

5. 标准化主管部门批准

（1）审核和协调。

国务院或行业标准化主管部门对国家标准或行业标准报批材料进行审核和协调，主要从以下几方面进行：对标委会的审查结果进行复核；与有关法律法规及现行标准的协调性；标准起草过程中的公开、公平和透明度；重要意见或重大分歧意见是否达成一致。

（2）作出决定。

在批准阶段，标准化主管部门将做出下列决定之一：

① 退回修改完善。发现程序不符合规定或存在需要协调的问题，将标准报批稿及相关工作文件退回标委会，进行修改完善后，可再次报批；

② 终止项目。发现项目存在不宜继续的因素；

③ 进入出版阶段。经审核标准发布稿及相关工作文件满足制修订程序的要求，由标准化主管部门批准发布成为标准，给予标准编号后纳入标准批准发布公告。并将标准出版稿转至标准出版单位。

（3）发布公告。

国家标准发布，由国家市场监督管理总局和国家标准化管理委员会以公告的形式进行公布，主要在国家市场监督管理总局和国家标准化管理委员会官方网站上予以公布。公告文件和标准清单在国家标准化管理委员会公告栏目中公布。

林业行业标准发布，由国家林业和草原局以公告的形式进行公布，在国家林业和草原局官方网站上予以公布。

（七）出版阶段

出版阶段为标准出版单位出版国家标准或行业标准的过程。批准、发布后的标准，统一由指定的出版机构负责编辑、印刷、出版和发行。出版阶段收到的文件为标准出版稿，出版阶段完成的文件为正式出版的标准。正式出版的标准应符合 GB/T 1.1 的规定。

标准出版阶段主要包括标准校稿、审稿和编辑加工、发稿、版式设计和排版、校对、审读校样、复制印刷和发行等环节。

（八）复审阶段

1. 主要工作

复审阶段为标委会对国家标准或行业标准的适用性进行评估并作出复审结论的过程。

复审阶段主要由标委会负责复审，复审阶段的主要工作是对标准进行再评估，标委会要形成复审结论。国家标准或行业标准的复审间隔周期为标准开始实施后 5 年之内。

2. 复审内容

（1）标委会可以从以下方面考虑国家标准或行业标准的适用性，对标准的内容进行复审：

① 是否符合国家现行的法律法规；

② 市场和企业是否需要，是否符合国家产业发展政策，对提高经济效益和社会效益是否有推动作用；

③ 是否符合国家大政方针、政策措施，是否对规范市场秩序有推动作用；

④ 采用国际标准制定的我国标准，是否需要与国际标准的变化情况保持一致；

⑤ 同其他国家标准是否有矛盾；

⑥内容和技术指标是否反映当前的技术水平和消费水平的要求；

⑦ 是否符合国家标准化主管部门提出的其他要求；

⑧ 实施过程中是否有了新的需要解决的问题。

（2）标委会应依据复审内容通过评估作出下列复审结论：

① 修改标准。标准中少量技术内容和表述需要修改；

② 修订或整合修订标准。标准中大量技术内容和表述需要作全面必要的更新；

③ 标准继续有效。标准中技术指标和内容不需要调整；

④ 废止标准。标准中规定的技术内容已不需要制定标准。

（3）标委会应依据复审结论向标准化主管部门报送复审报告。

① 复审报告应包括但不限于以下内容；

② 复审阶段的工作简况；

③ 复审过程中提出的建议或意见的处理情况；

④ 复审结论。

3. 复审结果确认

标准化主管部门审查复审报告，并根据标委会的复审结论作出下列决定：

（1）修改标准。

确认国家标准或行业标准中有少量技术内容和表述需要修改或增减时，需要返回至起草阶段修改需要调整的技术内容。可采用“国家标准修改通知单”的方式发布修改内容。“国家标准修改通知单”

的报批程序和格式按《国家标准管理办法》《国家标准修改单管理规定》的相关规定执行。批准后的“国家标准修改通知单”将由标准化主管部门予以公告。

（2）修订标准。

确认国家标准或行业标准中技术内容和表述需要作全面更新，则返回至预研阶段进入修订程序。

（3）标准继续有效。

确认国家标准或行业标准中技术指标和内容不需要调整，则宣布该标准继续有效。经确认继续有效的国家标准，其编号和年代号都不作改变。

（4）废止标准。

确认国家标准或行业标准的内容已不适应当前经济建设和科学技术发展的需要，则使相关的标准进入废止阶段。

4. 复审管理

（1）国家标准和行业标准的复审工作由负责国家标准或行业标准制修订的标委会或标准化技术归口单位具体负责。

（2）国家标准或行业标准的复审工作应纳入标委会和标准化技术归口单位的正常工作，国家标准或行业标准复审时应广泛征求标委会委员和相关使用方的意见。

（3）各标委会或标准化技术归口单位每年应向标准化主管部门报送国家标准或行业标准复审意见。

（4）标准化主管部门应对有关单位报送的复审意见进行审查、确认和批复。

（5）国家标准的确认有效、修订和修改的公告信息应及时在标准化权威媒介上向社会公布。

（九）废止阶段

废止阶段为复审阶段决定对废止的标准予以公告废止的过程。国家标准化主管部门依据批准公布的国家标准废止信息发布废止公告。标准废止之后，原国家标准的编号同时作废。

林业行业标准的废止由国家林业和草原局发布公告，予以废止。

三、强制性国家标准制定程序要求

对保障人身健康和生命财产安全、国家安全、生态环境安全以及满足经济社会管理基本需要的技术要求，应当制定强制性国家标准。根据新的标准化法规定，强制性国家标准由国务院批准发布或者授权批准发布。

《强制性国家标准管理办法》是国家市场监督管理总局为了加强强制性国家标准管理，规范强制性国家标准的制定、实施和监督，根据《中华人民共和国标准化法》制定的部门规章。办法于 2019 年 12 月 13 日经国家市场监督管理总局 2019 年第 16 次局务会议审议通过，2020 年 1 月 6 日国家市场监督管理总局令第 25 号予以公布，共五十五条，自 2020 年 6 月 1 日起施行，明确了强制性国家标准的制定（包括项目提出、立项、组织起草、征求意见、技术审查、对外通报、编号、批准发布）、组织实施以及监督工作等的管理规定。

强制性国家标准立项建议的提出：国务院有关行政主管部门依据职责向国务院标准化行政主管部门提出强制性国家标准项目；省、自治区、直辖市人民政府标准化行政主管部门可以向国务院标准化行政主管部门提出强制性国家标准的立项建议，由国务院标准化行政主管部门会同国务院有关行政主管部门研究决定。

强制性国家标准制定程序与要求，按照《强制性国家标准管理办法》（国家市场监督管理总局令第 25 号）（见本书附录 8）执行。

四、国家标准化指导性技术文件的管理规定

根据《国家标准化指导性技术文件管理规定》（质技监局发〔1998〕181 号），进行国家标准化指导性技术文件的管理。

（1）符合下述情况之一的项目，可制定国家标准化指导性技术文件：

① 对仍处于技术发展过程中（例如变化快的高新技术领域），或者由于其他理由，将来而不是现在有可能就国家标准取得一致意见的国家标准化指导性技术文件项目，制定国家标准化指导性技术文件的理由及它与将来的国家标准的关系，应在前言中说明。

② 采用国际标准化组织的技术报告的项目。

（2）国家标准化指导性技术文件的代号由大写汉语拼音字母“GB/Z”构成。指导性技术文件的编号，由指导性技术文件的代号、顺序号和年号（即发布年份的四位数字）构成：

GB/Z代号×××××（顺序号）—××××（发布年份）

（3）指导性技术文件的制定，按《国家标准管理办法》和GB/T 16733《国家标准制定程序的阶段划分及代码》的有关规定办理。

（4）指导性技术文件的编写，参照《标准化工作导则》系列国家标准的规定。其中：

① 指导性技术文件中，凡提及“指导性技术文件”自身时，采用“本指导性技术文件”的方式叙述。

② 指导性技术文件的前言中，还应当说明需要制定本指导性技术文件的理由，采用国际标准化组织、国际电工委员会或其他国际组织的技术报告的编号和名称及其采用程度。同时注明：

“本指导性技术文件仅供参考。有关对本指导性技术文件的建议和意见，向国务院标准化行政主管部门反映。”

（5）指导性技术文件的印刷格式，将封面和首页上的“中华人民共和国国家标准”改为“中华人民共和国国家标准化指导性技术文件”，将国家标准的编号改为指导性技术文件的编号，取消实施日期，其他各处作相应改动。

（6）指导性技术文件的复审程序，按照《国家标准管理办法》的规定。指导性技术文件发布后三年内必须复审，以决定是否继续有效、转化为国家标准或撤销。

指导性技术文件转化为国家标准，应当在国家标准的前言中予以说明。

第三节　木材工业标准体系

标准体系是指一定范围内的标准按其内在联系形成的科学的有机整体。

在分析总结国内外木材工业标准发展特征，结合中国木材工业发展需求的基础上，以国际先进标准为参照，建设科学合理的木材工业标准体系，构建中国木材工业标准体系框架，编制标准体系明细表，规划需制定和应贯彻实施的标准项目，确定木材工业高质量发展急需的共性和关键技术标准名录。

构建木材工业标准体系是中国木材工业高质量发展的需要，是开展木材工业标准化工作的重要基础，为政府制定产业标准化工作提供支撑。生产高质量产品、使用高质量标准、实施高质量管理、提供高质量服务等是高质量发展中国木材工业的重要途径，木材工业的高质量发展需要完善的标准体系支撑。构建木材工业标准体系，规划木材工业未来标准发展蓝图，为中国木材工业标准的制定和实施工作提供有效指导，对中国木材工业标准化工作和木材工业高质量发展提供有力支撑。

一、标准体系建设原则

根据国家标准GB/T 13016—2018《标准体系构建原则和要求》，标准体系建设原则是：

1. 目标明确

标准体系是为业务目标服务的，构建标准体系应首先明确标准化目标。

2. 全面成套

应围绕着标准体系的目标展开，体现在体系的整体性，即体系、子体系全面完整和标准明细表所列标准的全面完整。

3. 层次适当

标准体系表应有恰当的层次：

（1）标准明细表中的每一项标准在标准体系结构图中应有相应的层次；

（2）从一定范围的若干同类标准中，提取通用技术要求形成共性标准，并置于上层；基础标准宜置于较高层次，即扩大其适用范围以利于一定范围内的统一；

（3）从个性标准出发，提取共性技术要求作为上一层的共性标准；

（4）为便于理解、减少复杂性，标准体系的层次不宜太多；

（5）同一标准不应同时列入两个或两个以上子体系中。

根据标准的适用范围，恰当地将标准安排在不同的层次。一般应尽量扩大标准的适用范围，或尽量安排在高层次上，即应在大范围内协调统一的标准不应在数个小范围内各自制定，以达到体系组成尽量合理简化。

4. 划分清楚

标准体系表内的子体系或类别的划分，各子体系的范围和边界的确定，主要应按行业、专业或门类等标准化活动性质的同一性，而不宜按行政机构的管辖范围而划分。

二、木材工业标准体系

（一）木材工业标准体系框架

木材工业是以木材资源为原料，采用机械、化学或生物加工技术生产各种木材产品的工业。木材工业属于GB/T 4754—2017《国民经济行业分类》中的木材加工及木、竹、藤、棕、草制品大类的“木材加工”（锯材加工、木片加工、单板加工及其他木材加工）、“人造板制造”（胶合板、纤维板、刨花板制造及其他人造板材与制品制造）、“木质制品制造”（建筑用木料及木材组件加工、木门窗制造、木楼梯制造、木地板制造、木制容器制造、软木制品及其他木制品制造）等小类。

木材工业产品主要有：原木、锯材、木片、防腐木与阻燃木材、人造板、木地板、木质装饰材料、木门窗、木楼梯、木结构建筑、木制工艺品（木雕等）、木塑复合材料、石木塑材料与制品以及其他木材产品、林业生物质材料等。

根据国家标准GB/T 13016—2018《标准体系构建原则和要求》，在分析总结国内外木材工业标准发展特征的基础上，结合中国木材工业高质量发展需求，以国际先进标准为参照，构建科学合理的木材工业标准体系。木材工业标准体系可分为木材、人造板和林业生物质材料三个子体系，如图4-1所示。

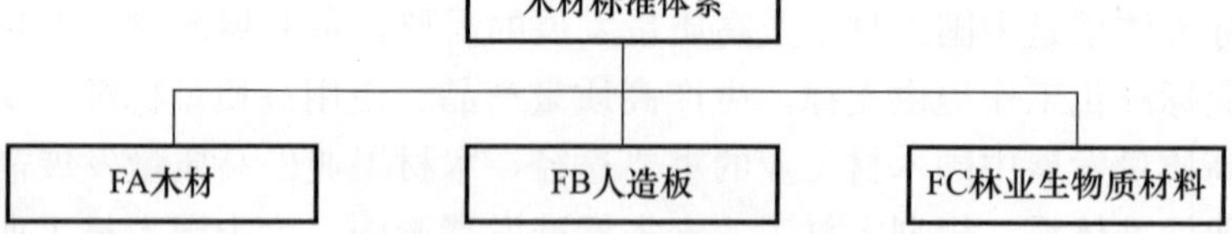

图4-1 木材工业标准体系框架

（二）木材标准子体系框架

1. 木材标准子体系框架

木材标准子体系主要由基础与综合、原木原条、锯材、木材保护与改性、结构用木材等6个大类组成，各大类主要内容如下：

（1）基础通用：主要规范木材及其产品的术语符号、木材名称和标本、木材鉴别、试验方法等标准，作为其他标准的基础并普遍使用的、具有广泛指导意义的标准。

（2）原木：主要规范非结构用原木和原条类产品的标准。

（3）锯材：主要规范非结构用锯材类产品的标准。

（4）结构用材：主要规范结构用木材性能和方法、工程木产品、连接与防护产品和结构木构件。工程木产品按照产品材料组成单元的不同进一步分为原木、锯材、胶合木或结构用集成材、工字梁、结构用木质复合材、定向刨花板、结构胶合板、木塑复合材料和其他。连接与防护产品是指形成工程木产品、组合构件或者建筑结构的连接材料。按照结构用木材在应用中所用到的连接材料不同，分为钉连接、齿连接、胶连接、螺栓连接、梁托连接、齿板连接、剪板连接、裂环连接、铆钉连接和其他连接。组合木构件是指利用工程木产品和连接产品组合而成的预制类构件。组合木构件按照构件种类的不同分为墙体、桁架和其他。

（5）木材保护：主要规范木材及其制品防腐、防虫、防霉或阻燃、改性用药剂、保护技术（包括防腐、防虫、防霉和防变色）、阻燃技术、改性技术（包括增强、尺寸稳定性、吸声、抗静电等）干燥和热处理技术、染色和漂白技术等。

（6）木制品：主要规范非结构用木制半成品、木制品的标准。

木材标准子体系框架如图 4-2 所示。

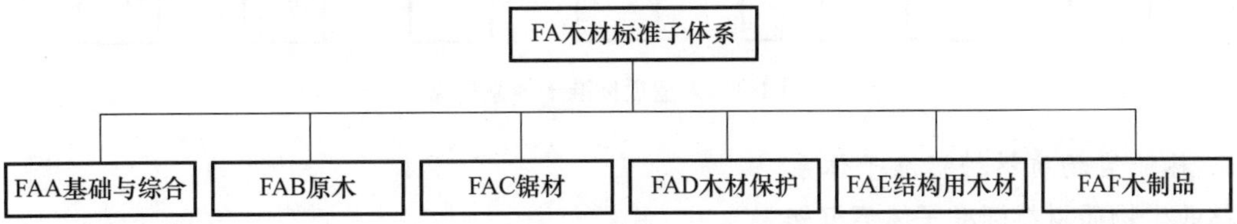

图 4-2　木材标准子体系框架

2. 木材标准

现行木材标准见附录 3。截至 2021 年 12 月，已经发布实施的由木标委归口管理的标准共计 272 项，其中国家标准 143 项，行业标准 129 项。

（二）人造板标准子体系

1. 人造板标准子体系框架

人造板标准子体系框架由基础与综合、木材工业用胶粘剂、纤维板类、胶合板、刨花板、木质层积材/集成材类，木质（基）地板、墙板楼梯及其他木质制品类，人造板饰面材料及饰面人造板类、木质（基）复合材 9 个大类构成，各大类主要内容如下：

（1）基础与综合：主要规范人造板及其产品的术语、试验方法、抽样检验规则、人造板有害物质试验检测仪器设备、节能减排、资源综合利用及清洁生产管理等的标准。

（2）木材工业胶粘剂：主要规范用于人造板生产使用的胶粘剂标准。

（3）纤维板：主要规范纤维板类产品的标准。

（4）刨花板：主要规范刨花板类产品的标准。

（5）胶合板：主要规范胶合板类产品的标准。

（6）木质层积材（集成材）：主要规范以木材为原料，进行重组加工而成的层积材与集成材的标准。

（7）人造板饰面材料及饰面人造板：主要规范用于人造板饰面材料以及进行表面装饰加工而成的饰面人造板标准。

（8）木质（基）地板、墙板、楼梯及其他制品：主要规范以人造板为主要材料加工而成的用于地面、墙面的木质地板、木墙板、木楼梯与其他木制品的标准。

（9）木质（基）复合材：主要规范以木材为原料与其他材料复合而成的复合材料的标准。人造板标准子体系框架如图 4-3 所示。

2. 人造板标准

现行人造板标准见附录 3。截至 2021 年 12 月底，已经发布实施的由人造板标委会归口管理的标准共计 175 项，其中国家标准 76 项，行业标准 99 项。

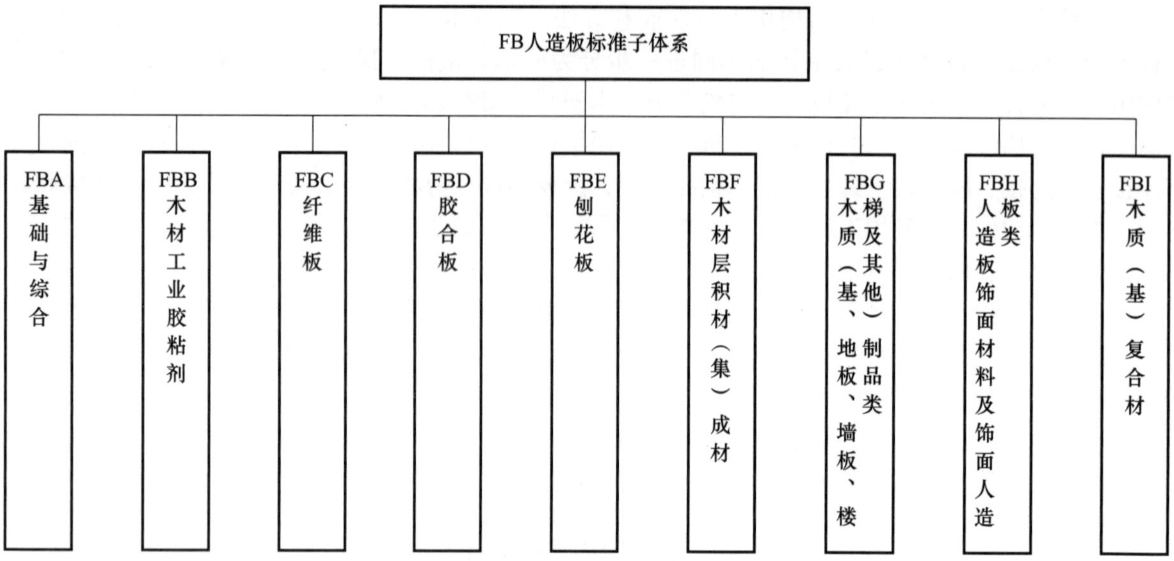

图 4-3　人造板标准子体系框架

（三）林业生物质材料标准子体系

1. 林业生物质材料标准子体系框架

林业生物质材料标准子体系框架，由生物质材料基础和综合、生物基胶粘剂与合成生物质高分子材料、生物质塑料复合材料、软木及其制品、重组生物质材料及饰面材料、柳编制品和棕、草制品及其他制品等 7 大类构成，根据基础通用标准、方法标准、产品标准和管理标准的类别进行构建。主要内容如下：

（1）基础与综合：主要对生物质材料的原料及其产品的术语、分析方法、检测方法等的标准规范。

（2）生物基胶粘剂与合成生物质高分子材料：主要规范以生物质为原料，通过各种化学、生物化学加工产生的各类可用于化学产物和材料，包括液化产物、酶工程产物、发酵工程产物等。

（3）生物质塑料复合材料：主要规范以生物质塑料复合材料性能及其产品标准。

（4）软木及其制品：主要规范软木及其制品的产品、管理方面的标准。

（5）重组生物质材料及饰面材料：主要规范以灌木、椰棕、农作物秸秆等为原料，进行重组加工而成的材料以及需要进行表面装饰的材料标准。

（6）柳编制品：主要规范柳编制品的产品、管理方面的标准。

（7）棕、草制品及其他制品：规范棕、草等的产品标准。例如椰棕棕片、椰棕纤维等。

林业生物质材料标准子体系框架如图 4-4 所示。

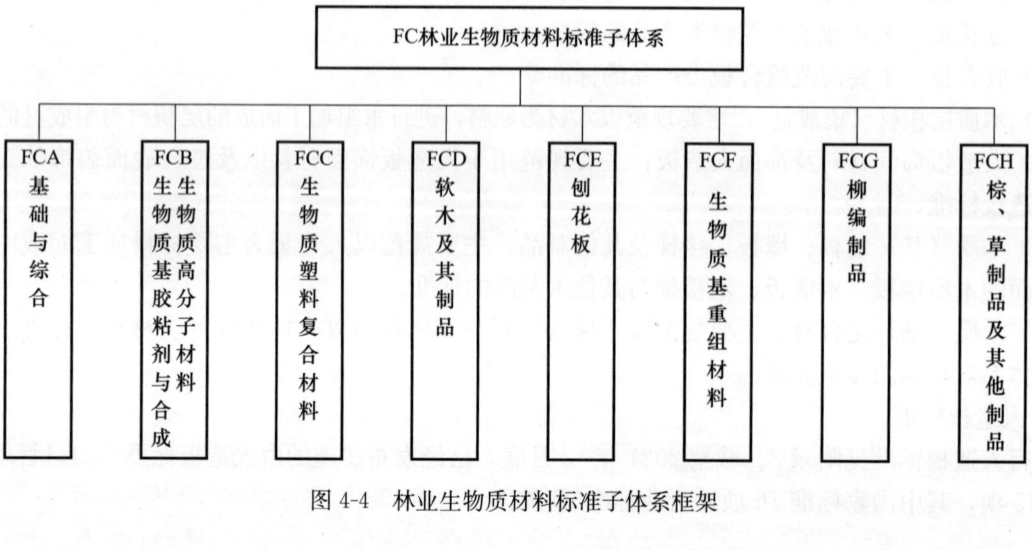

图 4-4　林业生物质材料标准子体系框架

2. 林业生物质材料标准

现行林业生物质材料标准见附录3。截至2021年12月底，已经发布实施的由林业生物质材料标委会归口管理的标准48项，其中推荐性国家标准21项，林业行业标准27项。

第四节　木材工业标准化宣贯培训和服务

标准是经济活动和社会发展的技术支撑，是国家治理体系和治理能力现代化的基础性制度。《中华人民共和国标准化法》明确规定“标准化工作的任务是制定标准、组织实施标准和对标准的实施进行监督”。标准的实施主要包括标准的宣贯、培训、推广应用等活动，标准宣贯是标准化工作的主要内容。

结合多年开展木材工业标准化宣贯、培训和服务的工作经验，本节主要介绍木材工业标准宣贯、培训和服务等的工作内容，旨在提高木材工业标准化意识、有效推进木材工业标准实施、提高标准化社会影响力。

一、标准宣贯的作用和意义

标准宣贯是制定标准工作的延续，是标准能够顺利实施的前提和基础工作。标准只有通过贯彻实施才能充分发挥标准预期的作用和效果，从而提高产品质量、增强产品的市场竞争力，提高生产和管理水平，有利于促进企业技术进步、产生真正的技术经济效益。

标准宣贯的重要意义：开展标准宣贯培训是一项重要的标准化工作，有助于企业和质检机构了解标准、熟悉标准、掌握标准和执行标准，有助于企业组织生产、提高产品质量、增强产品的竞争能力，有利于产业提高技术和管理水平，推动产业技术进步，有助于建立正常的科研生产工作秩序、统一的技术语言，加强各项技术工作的协调性，有助于产业高质量发展。

木材工业企业众多，企业标准化意识薄弱，不少中小企业对标准了解和关注不多，且标准使用人员知识水平高低不一。加强木材工业标准化培训，提高标准化意识非常必要。

二、标准化宣贯培训组织体系

康俊生等（2017）在《谈谈我国标准化宣贯培训体系》总结了我国的标准化宣贯培训组织体系及各部门的职责。标准化宣贯和培训是一项需要辐射到社会各层面的系统性工作。我国已经建立了由国家标准化行政主管部门牵头、政府有关部门或相关机构组成的标准化宣贯培训协同推进体系，包括国务院标准化和有关行政主管部门、地方各级政府标准化行政主管部门和有关行政主管部门、各级行业协会和标准化协会、各级专业标准化标委会等。企业是标准实施的主体，具有对本企业人员进行标准化宣贯和培训的职责。

各级部门的职责如下：

1. 国家标准化行政主管部门

统一管理全国标准化工作；管理和指导标准化科技工作及有关的宣贯、教育、培训工作；直接主导开展综合性、普及性、国际性的标准化宣贯和培训活动。

2. 国务院有关行政主管部门

分工管理本部门、本行业的标准化宣贯和培训工作；指导地方有关行政主管部门的标准化宣贯和培训工作；对标准宣贯和实施情况进行监督检查。

3. 地方标准化行政主管部门

管理本行政区域的标准化宣贯和培训工作；落实上级标准化宣贯和培训工作有关规划和计划；在本行政区域组织开展针对性的标准化宣贯和培训。

4. 地方有关行政主管部门

分工管理本行政区域内本部门、本行业的标准化宣贯和培训工作；落实上级标准化宣贯和培训工作有关规划和计划；在本行政区域组织开展针对性的标准化宣贯和培训。

5. 各级行业协会和标准化协会

开展包括资质培训、岗位培训、专项培训在内的各类标准化培训和宣贯。

6. 各级专业标准化技术委员会

在本专业领域内，开展岗位培训、专项培训，开展归口标准的宣贯，以及承担有关国际标准化交流和宣贯培训。

7. 企业或其他组织

对本企业（组织）人员开展标准化基础知识和法律法规的宣贯和培训，对所贯彻实施的标准进行培训等。

从上可见，不同部门的职责不同，要各司其职，协同推进，才能做好标准化宣贯培训工作，才能推进全社会的标准化普及水平和标准实施效果。

三、标准化宣贯和培训类型

康俊生等（2017）在《谈谈我国标准化宣贯培训体系》中总结了我国的标准化宣贯培训类型，标准宣贯培训类型主要有专项标准宣贯与标准化专题知识培训、标准化意识培训、标准化岗位培训、标准化资质培训等 4 类。

木材工业标准化宣贯培训在标准宣贯与标准化专题知识培训方面工作较多，取得了良好成绩。

1. 专项标准宣贯与标准化专题知识培训

（1）专项标准宣贯培训。

专项标准宣贯培训是标准实施过程中的一项首要工作。标准发布以后，归口标准化技术委员会应根据标准的内容、范围及复杂程度组织宣贯培训，宣贯培训的主要内容如下：

① 讲解标准的重要性：讲解标准制定的背景和目的，使学员了解标准制定的意义和重要性。

② 讲解标准条文：使学员理解和掌握标准规定的内容和各项要求。

③ 讲解标准在实施中应注意的问题：对于代替旧标准的新版标准，还应通过编写新旧标准内容对照表、新旧标准更替注意事项及其他参考资料等，使学员有针对性掌握标准变化的内容，以更有效地推进标准的顺利实施。

（2）标准化专题知识培训。

标准化专题知识培训是根据培训对象的需求，确定专门的培训内容，开展的专题标准化知识培训。

标准化专题知识培训一般针对标准化某一方面知识有明确需求的学员开展专题知识培训。参加标准化专题知识培训的学员如从事标准化工作的专业技术人员和管理人员，企业中从事质量、设计、工艺、检验等工作的专业技术人员及其他对标准化知识有培训需求的人员。根据不同专题培训的重点，选择相应的培训内容：

① 介绍学员所在行业的标准化现状及发展趋势。

② 介绍学员所在行业的标准体系建设情况。

③ 介绍相关重要标准，让学员了解与工作相关的重要标准的主要内容。

④ 讲授标准制修订程序及标准的编写方法，主要包括国家标准、行业标准、地方标准及企业标准的制修订程序及标准编写的基本方法。

⑤ 讲授标准文献的检索途径和具体的查询方法。

标准化专题知识培训可采取授课式、研讨式、案例式的教学方式进行培训和学习。通过学习，学会用标准化知识解决本行业问题的方法，提高分析和解决标准化问题的能力。

2. 标准化意识教育

提高标准化意识是标准化工作有效开展的前提，单位领导的标准化意识直接关系到组织标准化工作的成败。因此，标准化意识教育是标准化宣贯和培训的首要内容。标准化意识教育的重点是要求各组织及其员工理解标准化对规范行业发展的意义，标准的推广和应用对组织的经营、生产、服务及管理的作用，以及如何利用标准化手段来指导本岗位的工作。

标准化意识教育的内容包括：标准和标准化的基本概念，标准化的法律法规，标准化对行业、组织和社会的意义和作用等。标准化意识教育的方式多种多样，除了传统的集中培训方式外，利用报刊、电视、网络、现场宣传等来宣贯标准化的作用和基本知识已成为目前主流的教育方式，其最大的优势是受众面大。

3. 标准化岗位培训

从事标准化工作的人员需要进行标准化岗前培训和持续的继续教育，掌握标准化基础知识和实务工具，以更好地满足工作需要及管理需要。

标准化岗位培训基本内容包括：标准化基础知识、标准化管理体系、标准化法律法规、标准编写方法、企业标准化、标准信息管理等，具体内容如下。

（1）标准化基础知识：包括国内外标准化发展历程、标准化基本概念、基本原理、标准体系构建。

（2）标准化管理体系：包括国家标准化管理、行业标准化管理、地方标准化管理。

（3）标准化法律法规：包括标准化法律、法规、部门规章、地方性法规和规章。

（4）标准编写方法：包括标准化工作导则、标准化工作指南、标准的结构和编写、标准编写规则等。

（5）企业标准化：包括企业标准体系要求、企业标准体系评价与改进、企业标准体系表编制指南等。

（6）标准信息管理：包括国际标准文献分类法（ICS）和中国标准文献分类法；标准文献获取渠道和检索工具。

标准化岗位培训大多采取集中培训的方式，通过集中授课向学员讲解标准化理论的基础知识，使学员掌握标准化通用理论知识，授课内容具有系统性和基础性。

4. 标准化资质培训

我国目前尚无国家统一的标准化工程师资格考试制度。上海市最早进行了标准化工程师资格考试的探索，2004 年上海开展了“注册标准化工程师”培训项目，并于 2005 年推出了“标准化工程师”资格考试制度。此后，重庆、南京、北京等城市以及广东、安徽等省份分别推出“标准化工程师”资格考试制度。

报名参加标准化工程师资格考试的人员需参加标准化工程师培训，标准化工程师考试适用于标准化专业科研人员；标准化专业技术人员和管理人员；从事质量、设计、工艺、检验等工作的专业技术人员等。标准化工程师培训目标为：系统掌握标准化的知识体系和实务操作，将标准化知识应用到实际工作中。

标准化工程师培训的基本内容主要包括：标准化概论、标准化法律法规、标准制定程序与编写方法、企业标准化、农业标准化、制造业标准化、环保节能职业健康安全及社会责任标准体系、服务业标准化、国际标准化和采用国际标准、标准与国际贸易、标准信息管理、标准化与知识产权、计量和质量基础等。

标准化工程师培训可采取授课式、案例研究式教学模式进行。

四、标准化宣贯和培训形式

标准化是一个涉及各行业的系统工程，对社会生活具有广泛的影响，因此标准化宣贯和培训可采取多种形式开展。

（一）组织召开标准宣贯会议

组织召开标准宣贯会议（线上或线下），邀请标准项目负责人或标准起草骨干人员进行标准技术内容讲解、答疑解难，可获得直接、感性、认识强的宣贯效果。全国木材、人造板标委会多次组织《红木》《室内装饰装修材料 人造板及其制品甲醛释放限量》等多项标准宣贯培训，取得了良好的社会效果。

（二）充分利用媒体宣贯标准和标准化知识

报纸、期刊杂志、专著网络、电视、微信公众号、抖音等媒体，都是知识传播的重要载体，都可以宣传标准主要内容、标准化基础理论和标准化管理知识等内容，对标准宣贯、标准化知识普及具有重要作用。

1. 杂志和出版专著

《中国标准化》《标准科学》等标准化杂志专门刊发标准化理论与实践的文章，有效推动标准化知识传播；《标准生活》杂志以普及和宣贯标准化知识，提高全社会标准化意识，培养人们的标准生活理念为主旨，包括热点关注、标准化大讲堂、专家点评、预警信息等栏目，已成为向社会大众普及标准化知识的重要杂志。国家标准化管理委员会组织编写的《农业标准化》，内容涵盖了农业标准化原理与方法、农业标准种类和体系、农业标准制定与修订、农业标准化与农业国际贸易及农业质量认证与管理等，成为我国农业标准化的基础性宣贯和培训教材。

2. 网络

国家标准化管理委员会官网上设有“标准化要闻、标准化动态、标准化法律法规、国家标准公告、行业标准和地方标准备案公告”等专栏，并提供强制性国家标准在线阅读功能。工业和信息化部网站设立了工业行业标准目录查询库，涉及工程建设、安全生产、原材料、装备、消费品、电子信息、软件服务、机械等领域的行业标准目录。生态环境部网站设立了科技标准专栏，包括环境标准发布、标准文本、标准修改与解释、标准征求意见等类别的内容。国家标准馆通过中国标准服务网（国家标准文献共享服务平台）提供国外、国际和区域性标准化组织、我国国家及行业标准的动态跟踪、标准文献检索、标准文献全文传递和在线咨询等服务。此外，部分省市标准化服务信息网也提供国内外标准文献题录及全文服务。

3. 微信公众号

很多标准化研究机构、标准化主管部门、标准化协会开通了以标准化为主题的微信公众号，包括北京、上海、重庆、江苏、山东、湖北、湖南、四川、贵州、福建、广东、宁夏、内蒙古等13家省（直辖市）级标准化研究机构；广州、深圳、杭州、青岛、武汉、成都、温州、无锡、佛山、大庆等10家市级标准化研究机构；江西、苏州、绍兴、大连、崂山等5家标准化主管部门；浙江、山东、深圳、东莞等4家标准化协会，广泛深入地宣传了标准化知识和理念，并提供了便捷的标准化技术服务手段。

2020年国家林业和草原局科技司创立的“林草质量标准”微信公众号主要刊发林草行业国家标准和行业标准解读文章，普及林草标准；上海市质量和标准化研究院微信公众号设置了“微查询、微服务、微互动”等板块，其中“微查询”板块设置“强制国家标准全文、上海地标信息、企标备案信息、标准文献信息”等查询功能，“微服务”板块设置食品安全等标准专题库。

4. 电视媒体

电视媒体作为与群众生活息息相关、最常用的传媒方式，可以最大范围地进行标准宣贯，主要针对普遍适用、受众广泛的标准。例如，中央电视台在农业频道播出了种植养殖标准化系列节目，宣传草莓、肉鸭、对虾等的标准化种植和养殖，以及牛肉、鱼片等的标准化加工，旨在提高社会对农产品安全生产标准化的认知水平。

（三）拍摄宣传片宣贯标准

宣传片是标准化宣贯可采取的行之有效的形式，具有全面、直观的特点。例如，为配合商务部推动服务业规范化发展，2012年拍摄了SB/T 10654—2012《茶馆经营服务规范》、SB/T 10733—2012《茶艺师岗位技能要求》标准教学宣贯片。再如，人力资源和社会保障部于2012年拍摄了《必由之路——社会保险标准化》宣贯片，提出社会保险实现由经验型服务向标准化服务转变。2020年“世界标准日”期间，国家林业和草原局科技司专门制作了林草标准化成就宣传短片，宣传林草标准化成就。

（四）举办展览宣贯标准

利用图片展览等方式宣贯标准。例如，每年各地标准化主管部门结合“3·15”、质量月、世界标准日活动，利用现场答疑、图片展览等形式向社会进行标准化宣贯，提高全民标准化意识。2018 年全国林业和草原科技活动周期间，国家林业和草原局科技司专门制作了林草标准化展览，宣传林草标准化成就。

（五）企业应采用多种形式宣贯和培训标准

企业可以通过多种途径、多种形式和多种方法大力宣贯标准化理念，深入开展标准化培训，使企业员工了解和熟悉标准化工作的内涵、原理、目的和意义，推动企业标准文化的建设。形式主要包括：通过内部简报、公告栏、请标准化专家进行培训、标准化知识竞赛等形式。部分技术水平处于行业领先甚至国际领先的企业，还可以通过参与或主导行业、国家或国际标准的制定，将企业的标准化宣贯和培训工作引向更高的层面。

五、标准化宣贯和培训程序

标准化宣贯培训是一项复杂细致的工作，必须有计划地做好安排才能取得良好的效果，主要包括如下 4 个步骤（康俊生等，2017）。

（一）确定宣贯培训需求

确定宣贯培训需求是有效开展标准化宣贯培训的前提，目标不清的宣贯培训不会取得良好的效果，而且会造成宣贯培训资源的浪费。标准化宣贯需求应以提高社会标准化意识为根本点，标准化培训需求应从人员的标准化知识需要，及现有标准化技能和所从事工作的标准化要求方面的差距来考虑。

（二）设计和策划宣贯培训

在明确标准化宣贯和培训需求后，应着手设计和策划宣贯培训，主要包括：确定宣贯培训内容和时机，分析宣贯培训的制约条件，选择适宜的宣贯培训方式、宣贯培训提供者、宣贯培训资料，确定宣贯培训结果评价方法等。宣贯培训的设计和策划完成后，应制订相应的宣贯培训计划。

标准化宣贯的制约条件包括：宣贯时间和周期、宣贯对象对标准化的认识程度、硬件条件等。标准化培训的制约条件包括：组织的制度、人力资源方针、财务考虑、培训时间和周期要求、培训对象的态度和现有水平、提供培训的内外部资源情况等。

在选择标准化宣贯培训方式及组织标准化宣贯培训时应考虑的因素包括：时间和地点、设备、费用、宣贯培训目标、宣贯培训对象的基本情况、宣贯培训持续的时间，宣贯培训的评估、评价形式等。

（三）实施宣贯培训

宣贯培训实施者应做好有关标准化宣贯培训工具、设备、文件、软件和食宿安排等，应精心组织好标准化宣贯培训工作的开展，并应收集宣贯培训对象关于宣贯培训效果及改进方面的反馈信息。

（四）评价宣贯培训效果

标准化宣贯培训效果评价主要为衡量宣贯培训目标是否实现，宣贯培训的效果如何，着眼于宣贯培训的有效性和效率的提升。开展标准化宣贯培训效果评价的依据是宣贯培训计划和预先设定的评价规则。应了解宣贯培训对象对宣贯培训方式、资源和宣贯培训中所获得的标准化知识或技能情况并作出评价。

为确保标准化宣贯培训按要求管理和实施，提高宣贯培训的有效性，应对上述宣贯培训 4 个阶段所有过程进行监督。如发现问题，及时采取纠正预防措施，改进标准化宣贯培训过程。

六、木材工业标准化宣贯培训和标准化服务工作成就

（一）加强木材工业标准宣贯培训，有效推动标准实施，培养木材工业标准化人才

我国木材和人造板标准宣贯工作开展较早，加强木材工业重要标准宣贯培训，培养了大批木材工业标准化人才。

从 2004—2021 年，全国木材标准化技术委员会组织举办 GB/T 144—2013《原木检验》、GB/T 4822—2015《锯材检验》、GB 142—2013《坑木》、GB 154—2013《木枕》、GB 4820—2013《罐道木》、LY/T 1636—2005《防腐木材的使用分类和要求》、LY/T 1635—2005《木材防腐剂》、GB/T 31745—2015《高耐磨漆饰实木地板》、GB/T 18107—2017《红木》、GB/T 15036.1—2018《实木地板 第 1 部分：技术要求》、GB/T 15036.2—2018《实木地板 第 2 部分：检验方法》、LY/T 2904—2017《沉香》、GB/T 35913—2018《地采暖用实木地板技术要求》、LY/T 2872—2017《木制珠串》、GB/T 35379—2017《木门分类和通用技术要求》、GB/T 34742—2017《木门窗用木材及人造板规范》等重要标准宣贯培训班 20 期，宣贯重要标准 30 多项，参加培训单位 600 多家，培训人员 2200 多人次。通过对标准的宣贯培训和研讨，使学员们能进一步理解和掌握新标准知识及检验技术，更好地运用标准指导生产、规范管理，保证产品质量，增强产品的市场竞争力，保障消费者利益，促进企业科技进步。秘书处还组织编写了《新编木材标准实用手册》《原木检验实用图解》等实用参考学习资料，受到基层单位的欢迎和好评。

全国人造板标委会加强重要标准宣贯培训，推动标准顺利实施，效果良好。2002—2021 年，人造板标委会与相关协会、地方政府、企业等联合组织举办人造板标准宣贯培训会议 50 期，2600 多家质检、生产、科研和教学单位的 9630 多名学员（其中参加线上培训学员 2000 人）参加学习，培训了 GB 18580—2001 和 GB 18580—2017《室内装饰装修材料 人造板及其制品中甲醛释放限量》、GB/T 35601—2017《绿色产品评价 人造板和木质地板》、GB/T 4897—2015《刨花板》、GB/T 9846—2015《普通胶合板》、GB/T 5849—2016《细木工板》、GB/T 34722—2017《浸渍胶膜纸饰面胶合板和细木工板》、LY/T 1700—2018《地采暖用木质地板》、GB/T 11718—2009《中密度纤维板》、LY/T 1923—2020《室内木质门》、GB/T 24509—2009《阻燃木质复合地板》、GB/T 24507—2020《浸渍纸层压实木复合地板》、GB/T 24508—2020《木塑地板》、GB/T 24599—2009《室内木质地板安装配套材料》、GB/T 24312—2009《水泥刨花板》、GB/T 24311—2009《组合式包装箱用胶合板》、GB/T 36872—2018《结构用集成材生产技术规程》、LY/T 2876—2017《人造板定制衣柜技术规范》、GB/T 17657—2013《人造板及饰面人造板理化性能试验方法》、GB/T 20238—2018《木质地板铺装、验收和使用规范》、GB/T 39600—2021《人造板及其制品甲醛释放量分级》、GB/T 39598—2021《基于极限甲醛释放量的人造板室内承载限量指南》、LY/T 3230—2020《人造板及其制品挥发性有机化合物释放量分级》、LY/T 3229—2020《人造板及其制品 VOCs 释放下的室内承载量规范》、LY/T 3236—2020《人造板及其制品气味分级及其评价方法》、GB/T 18103—2013《实木复合地板》、GB/T 18102—2020《浸渍纸层压木质地板》、GB/T 24507—2020《浸渍纸层压实木复合地板》、GB/T 39600—2021《人造板及其制品甲醛释放量分级》等重要人造板标准 130 多项，编辑标准培训资料 25 册，字数 160 多万字。2020 年 4 月 10 日，新冠疫情防控期间，标委会组织 2000 多人参与网上绿色产品标准宣贯会，学习了“GB/T 35601—2017《绿色产品评价 人造板和木质地板》标准解读”的课程，助力企业复工复产。通过标准宣贯和培训，不但有效推进了新标准的顺利实施，也为行业培养了一批标准化人才。

2014 年、2021 年，全国林业生物质材料标委会组织举办了新颁行业标准培训班，对 LY/T 2373—2014《木材工业用豆基蛋白胶粘剂》和 LY/T 2371—2014《木材工业用复合改性玉米淀粉基-异氰酸酯胶粘剂》、GB/T 24508—2020《木塑地板》等 4 项林业生物质材料标准重要标准进行了培训，参加培训人员 600 多人次，使全国有关林业生物质材料质检、生产、流通及科研、院校等有关单位的技术人员及时了解新颁林业生物质材料标准的技术内容，推动标准有效实施。

（二）加强林产品质量标准化交流，组织举办 6 届“中国林产品质量与标准化及产业发展研讨会”，提高行业标准化意识，推动产业高质量发展

提高木材工业行业标准化意识，加强产业技术交流，已经成为木材工业产业高质量发展的迫切需求。为此，全国人造板标准化技术委员会、全国木材标准化技术委员会、全国林业生物质材料标准化

技术委员会、林业产业标准化国家创新联盟、中国林业科学研究院木材工业研究所等为适应产业发展需要，加强林产品质量标准化交流，提高行业标准化意识，推动林产品质量和标准化工作，2014—2019年，全国人造板标准化技术委员会等5家单位组织主办了第1～6届“中国林产品质量与标准化及产业发展研讨会”，参会代表1300多人，期间，先后特邀张齐生院士、曹福亮院士、国家市场监管总局、国家林业和草原局科技司等80多位领导以及专家学者、企业高管、技术骨干和科研人员进行专题报告和学术报告与专家访谈，报告和访谈主题涉及解读国家最新林产品质量和标准化管理与政策、林产品质量提升与品牌建设、我国木质林产品质量现状与质量提升建议、国内主流企业或区域林产品质量与标准化工作经验交流推进林产品产业高质量发展等。

2014年6月5—7日，在浙江杭州成功举办“第一届（2014）中国林产品质量与标准化及产业发展研讨会”；2015年10月14—16日，在山东临沂成功举办了“第二届（2015）中国林产品质量与标准化及产业发展研讨会”，本次会议以“加强人造板产品质量和标准化研究，推动人造板产业转型升级”为主题；2016年9月21—22日，在广西柳州成功举办了“第三届中国林产品质量与标准化研讨会暨木材工业供给侧改革柳州论坛”，本次会议以“质量标准化＋供给侧改革＋木材工业”为主题；2017年11月30日—12月2日，在江苏镇江成功举办了“第四届中国林产品质量与标准化研讨会暨中国镇江（新民洲）进口木材加工利用研讨会”，会议以“优化利用境外木材资源，推动中国木业转型升级”为主题；2018年12月5—6日，在广州成功举办了“第五届中国林产品质量与标准化研讨会暨林业产业标准化国家创新联盟成立大会”，会议邀请了8位行业著名专家做了“林产品加工、标准化、高质量发展”“人造板气味评价标准研制与热点标准分析”“我国木材工业绿色产品认证研究与实践进展”“中国林产工业标准化现状与林业产业标准化国家创新联盟建设的思考”“木材工业涉及的环保、安全与节能协效”“木质集成家居标准研制的思考”的主题报告；2019年10月15—17日，在浙江杭州组织召开了“第六届中国林业产业质量与标准化研讨会暨林业产业标准化国家创新联盟第一届二次理事会”，会议主题是“实施标准化战略和品牌战略，推动林业产业高质量发展”。

（三）举办“木材检验与贸易”大专班，培养木材标准化人才

1993—1998年全国木材标准化技术委员会和黑龙江省森工管理干部学院联合举办了6届“木材检验与贸易”大专班（脱产学习两年），来自全国16个省区的林业、煤炭、轻工等企、事业单位100多名学员参加学习并获得大专毕业文凭，这些学员都已成了单位的骨干，有的还走上了领导岗位。此外，为提高广大木材检验人员的理论水平和业务能力，还多次举办木材检验员培训班，培养高层次的木材检验工作者。

（四）编辑出版《中国木材标准化》期刊，组织编写木材工业标准化宣贯材料，推动木材工业标准化实施

全国木材标准化技术委员会1991—2008年，编辑出版《中国木材标准化》期刊52期，宣传木材标准化知识、传递木材标准化信息，成为标委会委员、单位委员、有关专家和广大木材检验人员交流、学习木材标准化工作的平台，该刊专业性技术性强、内容丰富，深受广大木材标准化工作者的欢迎。刊物介绍国内外先进标准和标准化动态、宣讲新的国家标准、进行标准的学术研讨、技术咨询、定期发布木材信息，全国木材标准化技术委员会秘书处先后组建了四届特邀通讯员，聘请热爱标准化事业的各方面专家、管理人员和木材检验人员，共有389人次参加。

1991年以来，全国木材标准化技术委员会组织出版了《木材标准实用手册（续编）》《木材新标准实用手册（上下册）》《锯材检验实用图解（新版）》《木材检验技术问答》《国产进口实用原木材积表》等书籍。此外，根据联合办标准培训班急需教材的需要，全国木材标准化技术委员会秘书处与黑龙江省森工管理干部学院组织有关专家、学者联合编辑出版了“木材检验与贸易”大专班系列教材，共包括《木材检验技术》《木材商品贸易》《木材商品检疫》《进口木材检验》《商品木材识别》和《林业教育论》等6部教材，满足了专业教学和检验人员业务培训的需要，取得了良好的效果。

全国人造板标准化技术委员会组织完成了《全国人造板标准化标委会标准风险排查报告》《全国人造板标准化标委会标准制修订工作手册》《现代农业标准化》《中国消费品标准化发展报告（2016—2018)》等报告和专著，服务人造板企业和质检机构等客户标准化工作，满足行业需求，助推产业发展。与大连商品交易所合作研究完成了《纤维板生产与品质检验研究报告》《纤维板现货市场供求和贸易流通研究报告》，为纤维板期货上市提供技术支撑，助推中国人造板期货上市。

2021 年，全国木材标准化技术委员会、全国人造板标准化技术委员会、全国林业生物质材料标准化技术委员会、中国林业科学研究院木材工业研究所、国家林草局林产品质量和标准化研究中心、林业产业标准化国家创新联盟组织编辑出版《木材工业重要标准整理汇编研究报告》，为行业管理和木材行业高质量发展提供重要参考。中国林业科学研究院木材工业研究所承担国家林业和草原局发改司、全国木材行业管理办公室委托课题“木材工业重要标准整理汇编研究”。2021 年 4 月项目组完成了《木材工业重要标准整理汇编研究报告》，该报告包括木材工业标准分类、木材工业标准发展现状、木材工业国际标准发展现状、木材工业国际标准和国内标准的对比分析、中国木材工业重要国家标准和行业标准、木材工业高质量发展急需标准等内容。并在此报告基础上，2022 年全国木材标准化技术委员会、全国人造板标准化技术委员会、全国林业生物质材料标准化技术委员会、中国林业科学研究院木材工业研究所、国家林业和草原局林产品质量和标准化研究中心、林业产业标准化国家创新联盟组织出版了《木材工业转型升级标准指南》专著，作为林业产业标准化国家创新联盟木材工业转型升级推荐用书，期望为行业和企业推动木材行业高质量发展和转型升级提供重要参考。

（五）积极承担和参与国家重要科研项目，加强木材工业标准化研究，研制产业重要标准，服务产业发展

全国木材标准化技术委员会、全国人造板标准化技术委员会、全国林业生物质材料标准化技术委员会的挂靠单位、中国林业科学研究院木材工业研究所承担了科技部、国家质检总局、国家林业和草原局等重要科研项目 18 项，开展了相关产业标准体系、急需木材工业标准前期研究，研制产业发展急需标准。研制修订国际标准 9 项、国家标准和行业标准 70 多项，发表论文 70 多篇，出版专著 11 部，培养林产品质量和标准化方向博士研究生和硕士研究生 24 人。

中国林业科学研究院木材工业研究所牵头承担了林业行业公益专项“木结构标准体系（2009—2012 年)”“《细木工板》和《实木地板》等 4 项 ISO 国际标准研制（2012—2015 年)”，国家质检总局的质检行业公益专项“双打中木质材料及其制品检验鉴定技术研究（2013—2014 年)”、国家标准化管理委员会农业标准化重要标准体系专项研究项目“林业生物质材料标准体系构建与研究”（2009—2010）和“人造板甲醛释放量检测方法及限量标准的基础研究”（2008 年 10 月—2009 年 12 月）、国家重点专项“国家质量基础的共性技术研究与应用（NQI)”“‘十三五’国家重点研发专项”“重要农林产品现代加工质量提升共性技术标准”课题三的“新型与特种木材深加工共性技术标准研究”“十三五”重点研发专项“木材工业节能降耗与生产安全控制性技术”项目、中国林业科学研究院木材科学与技术学科群项目“木质复合材料绿色产品评价标准”课题等多项重要科研项目，开展了木材、人造板、生物质材料产业的标准体系和标准关键技术指标研究、产业重要标准制定的前期基础研究及其标准制修订的研究，完成了《我国木材标准体系》《我国木制品标准体系的构建研究》《中国低碳木材工业标准体系构建的研究》等重要论文，出版《中国林产工业循环经济标准体系及其绿色产品评价标准》《中国定制木质家居标准体系构建》《中国低碳木材工业标准化》《木质林产品质量安全风险评价与控制研究》《林业生物质材料标准化理论与应用》《木材工业转型升级标准指南》等著作，为木质林产品质量与标准化管理、国内产业重要标准出台提供了重要的技术支撑。

其中，重要项目研究成果：

1.“十三五”国家重点研发计划“重要农林产品现代加工质量提升共性技术标准”取得重要进展

该项目开展重要农林产品现代加工质量提升共性技术标准的研究，获得农林产品加工技术标准的

关键技术性能指标、科学先进的检验检测方法、关键工艺指标和关键技术参数，研制推动产业发展和转型升级急需的重要农林产品加工新产品、检验方法和加工技术规程的国家标准和行业标准。该项目执行期为2016年6月—2019年12月。

基于提升重要农林产品现代加工质量战略需求，项目针对重要农林产品加工产业技术标准缺失的现状，以粮食、棉花、桑蚕、木材、金银花、畜禽、水产品和动物皮毛等重要农林产品为研究对象，开展了大宗粮食分类收储及超标粮食分仓储存技术标准、大宗天然纤维智能化与柔性化加工技术标准、新型与特种木材深加工技术标准、优势特色农产品深加工技术标准和重要畜禽、水产品和动物皮毛加工技术标准的关键技术性能指标、关键工艺参数和先进适用的检验检测方法研究，研发了稻谷新陈度检测关键技术、棉花加工调湿智能控制关键技术、新型无卤难燃刨花板连续平压生产关键技术、新型树脂浸渍改性木材高效节能干燥关键技术、金银花提取和空气源热泵三阶段式干燥技术、紧压白茶加工关键技术、玫瑰茄红色素闭环节能提取工艺关键技术、近红外肉类品质即时在线无损检测关键技术应用与示范、畜禽屠宰过程胴体表面微生物低成本联合控制关键技术等9项，研究确定了项目研制标准的关键技术性能指标、关键工艺参数和先进适用的检验检测方法，研制了国家标准21项，行业标准24项。其中，研制发布了GB/T 39600—2021《人造板及其制品甲醛释放量分级》、GB/T 18102—2020《浸渍纸层压木质地板》国家标准、GB/T 39032—2020《难燃刨花板》、GB/T 38752—2020《难燃细木工板》、GB/T 24508—2020《木塑地板》、LY/T 1320—2019《软木纸》等木材工业标准。

项目研发的新技术和产业急需的新标准，解决了我国重要农林产品加工质量提升和产业转型升级急需标准，将引领小麦、玉米、棉花、桑蚕、人造板、木塑地板、软木、金银花、重要畜禽、水产品和动物皮毛等重要农林产品质量提升和产业转型升级，对保障农林产品质量安全和全面实施乡村振兴战略提供标准支撑，对全面实施乡村振兴战略和推动我国农林产品加工产业高质量发展具有重要意义。

2. “十三五”国家重点研发计划“木材工业节能降耗与生产安全控制技术”课题“木质家居材料健康安全性能检测与评价等关键技术”取得新进展

该课题重点开展了人造板及其制品甲醛释放量、饰面人造板和地采暖用木质地板室内承载限量、人造板及其制品VOCs释放值和人造板及其制品VOCs室内装载量指南、人造板及其制品气味评价方法等，研制6个国家标准和行业标准，其中国家标准2项：GB/T 39600—2021《人造板及其制品甲醛释放量分级》、GB/T 39598—2021《基于极限甲醛释放量的人造板室内承载限量指南》；林业行业标准4项：LY/T 3233—2020《地采暖用木质地板甲醛释放承载量指南》、LY/T 3230—2020《人造板及其制品挥发性有机化合物释放量分级》、LY/T 3229—2020《人造板及其制品VOCs释放下的室内承载量规范》、LY/T 3236—2020《人造板及其制品气味分级及其评价方法》。

3. 制定首个林业行业的绿色产品评价标准GB/T 35601—2017《绿色产品评价 人造板和木质地板》

中国林业科学研究院木材科学与技术学科群项目“木质复合材料绿色产品评价标准”等课题开展了木质复合材料绿色评价的国内外标准比对分析研究，形成绿色产品评价的指标库，为制定标准提供参考。开展木质复合材料产品全生命周期生产绿色关键指标分析确定研究，进行了木质复合材料从生产到应用全过程的原材料资源属性、环境属性、产品属性要求的调研，并对人造板和木质地板产品的甲醛、挥发性有机化合物、重金属含量进行了实验室检测，对人造板和木质地板绿色评价的关键环节和关键指标进行了分析，确定了木质复合材料绿色评价的关键技术指标。2017年课题组向国家标准化管理委员会申报国家标准立项，并获批《绿色产品评价 人造板和木质地板》（20171340—T—432）制定计划。根据《绿色产品评价通则》要求，结合产业和产品特点，研制《绿色产品评价 人造板和木质地板》国家标准，按照国家标准制定程序，经过标准立项、征求意见、标准审查、标准报批等阶段，国家标准GB/T 35601—2017《绿色产品评价 人造板和木质地板》于2017年12月8日发布，2018年7月1日实施。

（六）加强木竹产业产销监管链认证示范，推动木材工业原料绿色化，服务产业绿色发展

加强木竹产业产销监管链森林认证示范，开展产销监管链认证示范试点工作，推动木材工业原料绿色化，推动产业绿色发展。在国家林业和草原局科技发展中心的支持下，2017 年 12 月、2019 年 7 月、2020 年 7 月、2021 年 6 月全国人造板标准化技术委员联合中国森林认证委员会、全国森林可持续经营和森林认证标委会、林业产业标准化国家创新联盟等启动了 4 批“中国木竹产业中国森林认证—产销监管链示范（试点）工作”，参与试点企业 68 家，其中 67 家示范试点企业已经获得中国森林认证产销监管链（CFCC—COC）认证证书。

（七）组建林业产业标准化国家创新联盟，推动林业产业标准化协同创新，服务产业高质量发展

中国林业科学研究院木材工业研究所在全国木材标准化技术委员会、全国人造板标准化技术委员会、全国林业生物质材料标准化技术委员会的支持下，2018 年组织申报了“林业产业标准化国家创新联盟”并获得国家林业和草原局批准。2018 年 12 月 5 日召开了“林业产业标准化国家创新联盟成立大会暨第一届联盟理事会会议”。

林业产业标准化国家创新联盟（以下简称“联盟”）是由国家林业和草原局批准的第一批 110 个林草创新联盟之一，也是林草领域唯一的标准化联盟。联盟是由在中国境内具有独立法人资格、从事林业产业标准化研究与标准化服务、产品质量检测和认证认可、林业产业质量标准化管理的企业、科研院所、高等院校、质检机构、认证机构等自愿组成的科技合作组织，是林业产业标准化协同创新平台。

联盟组织机构由联盟理事会、专家委员会和秘书处构成。全体成员代表组成了联盟理事会，是联盟的决策和最高权力机构，专家委员会为联盟咨询机构，秘书处为联盟常设执行机构，负责联盟日常工作。

联盟牵头单位和秘书处挂靠单位为中国林业科学研究院木材工业研究所，联盟由 48 家单位发起成立，截至 2020 年底，共有联盟理事单位 101 家。

1. 联盟目标和任务

（1）联盟目标：有效整合各种创新资源，构建产业技术创新链，着力解决林业产业标准化重大战略需求，推动产学研用紧密衔接，建设林业产业标准化协同创新平台，推进林业产业标准化科技创新体系建设，推动林业产业转型升级，充分发挥联盟在协同创新、服务林业产业标准化建设中的作用，为实施乡村振兴战略和林业产业发展提供有力支撑。

（2）联盟主要任务：①组织联盟成员单位开展林业产业标准化发展战略和标准体系、林产品质量检测方法和技术、林产品质量管理和标准化政策、林业产业政策研究和咨询；②组织引导联盟成员开展林业产业国际标准、国家标准、行业标准研制，组织联盟成员参与团体标准和企业标准研制；③开展林业产业重要国际标准和国内标准动态追踪和比对分析；④组织开展林业产业重要标准宣贯培训，组织召开林业产业质量和标准化研讨会、咨询会和论证会；⑤开展企业和质检机构等标准化和质检人才培养；⑥开展企业标准和质量能力提升工作，协助企业编制企业标准，制订企业标准化发展战略，培育林业产业标准化示范企业；⑦组织开展编写林业产业标准化工作报告；⑧开展木竹产业产销监管链森林认证示范试点工作，推进林产品认证；⑨开展林业产业团体标准、企业标准的评估，推动企业标准领跑，推动建立林业产业标准领跑者制度。

2. 联盟工作取得的成绩

联盟成立以来，积极组织林业产业标准化协同创新活动，成绩显著，获多项奖励。2020 年联盟理事长单位、中国林业科学研究院木材工业研究所的“木质制品有毒有害挥发物检测关键技术与应用”项目荣获“梁希科技进步二等奖”和“中国林科院重大科技成果奖”；2020 年联盟荣获“2020 年度高活跃度林业和草原国家创新联盟”，联盟通讯员安鑫博士荣获“林草国家创新联盟优秀通讯员”。联盟取得的主要成绩如下：

（1）积极打造协同创新平台，推进林业产业标准化科技创新体系建设成果显著：

①联盟理事单位承担"十三五""重要农林产品现代加工质量提升共性技术标准"国家重点研发计划项目等各级政府和非政府委托的科研项目59项，其中承担国家标准和行业标准制修订项目130项；

②组织联盟成员单位申报并设立"饰面人造板智能制造系统""木材工业碳达峰碳中和标准体系构建及其重要标准研究"等联盟自筹项目6项，涉及研究经费6282万元。

（2）组织联盟成员参与标准研制，支撑产业高质量发展：

截至2020年底，组织联盟成员单位主持或参与制修订国际标准2项、国家标准90项、行业标准107项、地方标准61项、团体标准25项，制定企业标准55项；发布标准241项，其中ISO 13061—5：2020《木材物理力学性质 无疵小试样试验方法 第5部分：横纹抗压强度测定》、ISO 18775：2020《单板 术语与定义、物理特征及其偏差的测定》国际标准2项、国家标准52项、行业标准70项、地方标准42项、团体标准20项、企业标准55项，有力支撑产业高质量发展。

（3）积极开展产业发展研讨和标准培训，培养联盟标准化人才，提升产业标准化水平：

2018、2019、2020年联盟先后组织召开了"第五届、第六届中国林产品质量与标准化研讨会"、"全国人造板产业高质量发展研讨会暨临沂木业产业转型升级交流会"，多次组织召开重要标准宣贯培训会，对GB/T 20238—2018《木质地板铺装、验收和使用规范》、LY/T 1700—2018《地采暖用木质地板》、GBT 18102—2020《浸渍纸层压木质地板》、GB/T 39600—2021《人造板及其制品甲醛释放量分级》等25项重要标准进行宣贯解读，培训3500多人；同时，多次召开标准制修订研讨会，研讨标准60多项，有效提高标准制修订质量。

（4）创建标准化创新示范实践基地，推进成果转移转化，服务产业集群质量提升：

2020年12月，联盟在我国木材工业重要产区山东省临沂市成立了第一个标准化创新示范实践基地——"临沂木业标准化创新示范实践基地"，旨在加强区域标准化研究与推广、推动木材工业产业高质量发展。

第五节　中国木材工业重要国家标准和林业行业标准

本节重点介绍木材行业重要的国家标准和林业行业标准63项，包括中国特色的重要产品如红木、沉香、浸渍纸饰面胶合板和细木工板（生态板）等的标准主要内容，详见表4-3。

其中，木材重要标准包括：木材物理力学试验方法系列标准、《罐道木》《枕木》《坑木》《中国木材树种名称》《中国进口木材树种名称》《红木》《沉香》《一次性筷子》《木材防腐剂》《防腐木材使用分类和要求》《正交胶合木（CLT）》《规格材分等》等。

人造板重要标准包括：《室内装饰装修材料 人造板及其制品中甲醛释放限量》《人造板及其制品甲醛释放限量分级》《人造板及饰面人造板理化性能试验方法》《绿色产品评价人造板和木质地板》《纤维板》《刨花板》《胶合板》《浸渍纸饰面胶合板和细木工板（生态板）》《地采暖木质地板》《浸渍纸层压木质地板（强化木地板）》《实木复合地板》《木质地板安装验收规范》《室内木质门》《木质楼梯》《木质楼梯安装、验收和使用规范》《结构用集成材》《单板层积材》等。

林业生物质材料重要标准包括：林业生物质材料分析方法系列标准、《木塑地板》《挤出性木塑复合板材》《软木纸》《麦秸刨花板》《柳编制品》等。

其中，GB/T 39600—2021《人造板及其制品甲醛释放量分级》、GB/T 18102—2020《浸渍纸层压木质地板》国家标准、GB/T 39032—2020《难燃刨花板》、GB/T 38752—2020《难燃细木工板》、GB/T 24508—2020《木塑地板》、LY/T 1320—2019《软木纸》等标准是"十三五"国家重点研发专项"重要农林产品现代加工质量提升共性技术标准"（项目编号2016YFF 0201900）课题三的"新型与特种木材深加工共性技术标准研究"的研究成果。

表 4-3　中国木材行业重要国家标准和行业标准

产品种类	序号	标准编号	标准名称	标准主要内容	采标情况	备注
木材	1	GB/T 1927（21 个部分）	无疵小试样木材物理力学性质试验方法	该系列标准规定了无疵小试样木材的物理力学性质试验方法。该系列标准适用于研究评价木材物理力学性质所需试材采集、试样的制作和木材物理力学性质的测定，包括 21 个部分：第 1 部分：试材采集；第 2 部分：取样方法和一般要求；第 3 部分：生长轮宽度和晚材率测定；第 4 部分：含水率测定；第 5 部分：密度测定；第 6 部分：干缩性测定；第 7 部分：吸水性测定；第 8 部分：湿胀性测定；第 9 部分：抗弯强度测定；第 10 部分：抗弯弹性模量测定；第 11 部分：顺纹抗压强度测定；第 12 部分：横纹抗压强度测定；第 13 部分：横纹抗压弹性模量测定；第 14 部分：顺纹抗拉强度测定；第 15 部分：横纹抗拉强度测定；第 16 部分：顺纹抗剪强度测定；第 17 部分：冲击韧性测定；第 18 部分：抗冲击压痕测定；第 19 部分：硬度测定；第 20 部分：抗劈力测定；第 21 部分：握钉力测定。	18 个部分标准修改采用 ISO 国际标准：ISO 4471：1982 木材—在同型林分内测定木材物理力学性质的样木和原木取样方法；ISO 3129：2012 无疵小试样木材物理力学试验取样方法和总则；ISO 13061 木材物理力学性质 无疵小试样试验方法（15 个部分）；ISO 3347：1976，木材顺纹抗剪极限应力的测定；ISO 9087：1998 木材轴向负荷下钉子和螺钉固着力的测定。	该标准是木材物理力学试验方法的基础标准，对我国木材物理力学性质测定提供了权威的方法。该系列标准曾获得林业部科技进步奖
	2	GB/T 16734—1997	中国木材树种名称	本标准规定了中国木材名称（商品名称）、树种名称（中名、别名、拉丁名）、科别、产地及备注。 本标准适用于木材的科研、教学、木材生产和使用、贸易等部门。 该标准共收集我国 380 个（类）木材名称（即商品材名称）。380 类木材名称是由 907 个树种归纳而来。907 个树种隶属 99 科（针叶材 9 科、阔叶材 91 科）、347 属（针叶材 33 属、阔叶材 314 属），基本包括了我国重要用材树种		该标准规范中国主要木材的名称，为统一木材流通、生产和销售企业对木材树种名称的命名、标识提供标准支撑，防止同一树种而多个名称的出现
	3	GB/T 18513—2001	中国主要进口木材名称	本标准规定了中国进口主要木材名称（商品材名称）、树种名称（树种中文名、树种拉丁名）、国外商品材名称、科别、材色及密度、主要产地及备注。 本标准适用于进口木材的科研、教学、木材生产和使用、贸易等部门。 本标准共收集世界各国 423 个（类）木材名称，它们是由 1010 个树种归纳而来。1010 个树种隶属 84 科（针叶材 4 科、阔叶材 80 科）、366 属（针叶材 19 属、阔叶材 347 属），基本上包括了世界各国重要商品材树种		该标准规范中国主要进口木材名称，为统一木材流通、生产和销售企业对木材树种名称的命名、标识提供标准支撑，防止同一树种而多个名称的出现

续表

产品种类	序号	标准编号	标准名称	标准主要内容	采标情况	备注
木材	4	GB/T 18107—2017	红木	本标准规定了红木的术语和定义、分类、要求、试验方法、判定及其他。 本标准适用于红木及其制品用材的生产、经营、贸易、检验及鉴定。 本标准规定的红木包含 29 个树种，分别归为红木的紫檀木类、花梨木类、香枝木类、黑酸枝木类、红酸枝木类、乌木类、条纹乌木类和鸡翅木类共 8 类，隶属于紫檀属、黄檀属、柿属、崖豆属和决明属		《红木》国家标准 2000 年首次发布。该标准规范了红木树种的类别和树种拉丁名称，在规范红木产业用材树种与鉴别，规范市场，普及民众对中国红木文化理解乃至世界红木知识，保护消费者权益。同时，可协助相关部门对红木树种进出口贸易监管，对存在的不法行为提供查处依据，促进红木产业健康发展
	5	LY/T 2904—2017	沉香	本标准规定了沉香的术语和定义、要求、试验方法及判定。 本标准适用于沉香原料及其制品的检验与判定。 沉香是指沉香属树种在生长过程中形成的由木质部组织及其分泌物共同组成的天然混合物质。沉香分泌物主要包括倍半萜和色酮类物质		本标准将通过解决沉香的木质部构造特征及其分泌物特征化学成分的鉴定，提供沉香真伪的科学检测依据，规范产品的市场秩序，保护消费者权益。同时，可协助相关部门对沉香进出口贸易的正常监管，对存在的不法行为提供查处依据，促进沉香产业的健康发展
	6	GB/T 15036.1—2018	实木地板 第 1 部分：技术要求	本标准规定了室内用实木地板的定义、分类、木材名称、技术要求以及包装、标志、运输和贮存的要求。 本标准适用于气干密度不低于 0.32g/cm^3 针叶树木材和气干密度不低于 0.50g/cm^3 阔叶树木材制成的地板		

续表

产品种类	序号	标准编号	标准名称	标准主要内容	采标情况	备注
木材	7	GB/T 15036.2—2018	实木地板 第2部分：检验方法	本标准规定了实木地板的检验方法和检验规则。 本标准适用于实木地板检验		
	8	GB 154—2013	木枕	本标准规定了木枕的术语、分类、技术要求和检验方法。 本标准适用于铁路标准轨的普通木枕、道岔木枕和桥梁木枕		本标准为强制性标准，保障铁路安全
	9	GB 142—2013	坑木	本标准规定了坑木的技术要求、检验方法与材积计量。 本标准适用于煤矿矿井做支柱、支架等用途的原木		本标准为强制性标准，坑木主要用于矿井支架用，要保障矿工生命安全
	10	GB 4820—2013	罐道木	本标准规定了罐道木的技术要求、检验方法与材积计量。 本标准适用于矿山竖井专用的罐道木		本标准为强制性标准，罐道木主要用于矿井用，要保障矿工生命安全
	11	GB/T 19790.1—2021	一次性筷子 第1部分：木筷	本文件规定了一次性木筷的术语和定义、分类、要求、检验方法、检验规则、标识、包装、运输及贮存。 本文件适用于一次性木筷的生产、销售、监督检验及流通		生产一次性筷子的木材中，一般来自木材加工的边角料，主要部分来自于专门用于生产一次性筷子的速生杨和生长迅速的竹材
	12	GB/T 27654—2011	木材防腐剂	本标准规定了水载型木材防腐剂的有效成分配比，并描述了在各种剂型（固体、膏状或溶液）中有效成分的含量要求。本标准包括有机溶剂型木材防虫剂、有机溶剂型木材防腐剂及防霉防变色剂的有效成分。 本标准适用于木材防腐剂的生产及使用		
	13	GB/T 27651—2011	防腐木材的使用分类和要求	本标准根据木材及其制品在不同应用环境和使用条件下遭受生物败坏因子侵害的危险程度，规定了防腐木材的使用分类和防腐处理木材应达到的要求。 本标准适用于经水载型防腐剂及有机溶剂型防腐剂处理的木材及其制品		

续表

产品种类	序号	标准编号	标准名称	标准主要内容	采标情况	备注
木材	14	LY/T 3039—2018	正交胶合木	本标准规定了正交胶合木的制造要求、物理力学性能要求、试验方法和产品标识。 本标准适用于正交胶合木的生产、性能评价、产品性能测试及标识	ISO 16696—1：2019	
	15	GB/T 29897—2013	轻型木结构用规格材目测分级规则	本标准规定了轻型木结构用规格材的术语和定义、缺陷测量方法以及等级要求。 本标准适用于轻型木结构用规格材	ISO 9709：2018	
	16	LY/T 2872—2017	木制珠串	本标准规定了木制珠串的术语和定义、分类、产品命名、要求、检验方法、检验规则及标志、包装、运输和贮存。 本标准适用于木制珠串		木制珠串，俗称木手串或佛珠，是重要的木材深加工产品，已经成为重要的文玩用品、文化消费品和装饰品。据估计，全国木制珠串的年产值大约为500亿元。常见紫檀、海南黄花梨、崖柏、金丝楠、檀香木、桃木等手串，用材品种繁多、品类丰富，花纹变化多端，香气各异，既可把玩于掌中或作为独特的饰品戴于手腕或身上，又可供设于案头，深受社会各界人士的喜爱和关注。 该标准的制定和发布实施，可为木制珠串国内产业发展和国际贸易提供技术依据，为企业组织生产、规范产品质量、加强产品监管提供技术支持，对规范市场和促进产业健康发展具有重要意义

续表

产品种类	序号	标准编号	标准名称	标准主要内容	采标情况	备注
木材	17	GB/T 35913—2018	地采暖用实木地板技术要求	本标准规定了地采暖用实木地板的术语和定义、分类，部分使用树种、外观质量要求、加工精度要求、物理力学要求、耐热尺寸稳定性（收缩率）、耐湿尺寸稳定性（膨胀率）等要求，检验方法、检验规则，标识、包装、运输和贮存		这是我国首部地采暖用实木地板行业的技术标准，该标准发布实施，有助于促进企业引进先进技术，改进生产工艺，提高实木地板产品质量；通过标准的实施，可以促进生产企业对生产过程进行质量管控。国家标准的制定、实施有利于规范地采暖用实木地板加工行业，为质检部门对产品质量监督提供依据。为消费者提供售后维权依据，有利于减少消费者和经销商、生产者之间的纠纷，促进市场健康发展

续表

产品种类	序号	标准编号	标准名称	标准主要内容	采标情况	备注
人造板	18	GB 18580—2017	室内装饰装修材料 人造板及其制品中甲醛释放限量	本标准规定了室内装饰装修用人造板及其制品中甲醛释放限量要求、试验方法、抽样与判定规则和检验报告等。 本标准适用于纤维板、刨花板等非单板类产品，胶合板、细木工板、重组装饰材、单板层积材、装饰单板、集成材等单板类产品，饰面人造板、木质地板、木质墙板等饰面类产品，木质门、窗等混合材料类产品等室内用各种类人造板及其制品。 本标准是人造板及其制品行业唯一的强制性国家标准。 本标准的人造板及其制品中甲醛释放限量值与 ISO 标准接轨，与 ISO 16983：2016《木质人造板 刨花板》和 ISO 16985：2016《木质人造板 干法纤维板》规定一致，检测方法采用 ISO 12460—1：2007《人造板甲醛释放量测定 第 1 部分：$1m^3$ 气候箱法》。 本标准规定 $1m^3$ 气候箱法甲醛释放限量值为 0.124mg/m^3，限量标识为 E_1，统一甲醛释放量检测试验方法为“$1m^3$ 气候箱法”	本标准甲醛释放量试验方法 $1m^3$ 气候箱法与 ISO 12460—1：2007《人造板甲醛释放量测定 第 1 部分：$1m^3$ 气候箱法》一致。限量值与 ISO 16893—2：2010《人造板 刨花板 第 2 部分：要求》及 ISO 16895—2：2010《人造板 干法纤维板 第 2 部分：要求》中相应部分的规定基本一致	该标准 2001 年首次发布。修订版 2017 年 4 月 22 日发布，2018 年 5 月 1 日强制实施。该标准是人造板及其制品行业唯一的强制性国家标准。该标准的发布实施具有重要意义：一是提高甲醛释放限量要求，加快人造板及其制品产业绿色发展和转型升级，是切实落实国务院办公厅印发的《消费品标准和质量提升规划（2016—2020 年）》的重要举措；二是促进我国人造板产业技术进步，有力推动我国人造板产品新技术研发和新型环保胶粘剂的应用；三是促进企业采用先进技术，改进生产工艺，提高人造板产品质量；四是有利于提高环境质量，保护消费者健康

续表

产品种类	序号	标准编号	标准名称	标准主要内容	采标情况	备注
人造板	19	GB/T 17657—2013	人造板及饰面人造板理化性能试验方法	本标准规定了人造板及饰面人造板主要理化性能试验方法。 本标准适用于人造板和饰面人造板及其制品。本标准有 61 个试验方法，其中有 27 项试验方法修改采用 ISO 标准。 本标准规定了人造板及其制品的试件尺寸的测量、密度测定、含水率测定、吸水厚度膨胀率测定、静曲强度和弹性模量测定、70℃和 100℃水中浸渍处理后静曲强度测定、内胶合强度测定、防潮性能测定—沸水煮试验、防潮性能测定—循环试验表面胶合强度测定、表面胶合强度测定、纤维板含砂量测定、相对湿度变化引起的尺寸变化、穿孔法测定板材甲醛含量、干燥器法测定板材甲醛释放量、$1m^3$ 气候箱法测定板材甲醛释放量、气体分析法测定人造板甲醛释放量方法等	本标准修改采用了以下标准： ISO 9424：2003 人造板 试件尺寸的测定 ISO 9427：2003 人造板 密度测定 ISO 16979：2003 人造板 含水率测定 ISO 16983：2003 人造板 吸水厚度膨胀率测定 ISO 16978：2003 人造板 静曲强度和弹性模量测定 ISO 20585：2003 人造板－70℃和 100℃水中浸渍处理后静曲强度测定 ISO 16984：2003 人造板 内胶合强度测定 ISO 16998：2003 人造板 防潮性能测定 沸水煮试验 ISO 16987：2003 人造板 防潮性能测定 循环试验	该标准是人造板及饰面人造板主要理化性能试验方法的重要基础标准，包含 61 个试验方法，是人造板及饰面人造板产品检验方法的基础，对推动人造板产业发展具有重要意义

续表

产品种类	序号	标准编号	标准名称	标准主要内容	采标情况	备注
人造板	19	GB/T 17657—2013	人造板及饰面人造板理化性能试验方法		ISO 16981：2003 人造板 表面胶合强度测定 ISO 3340：1976 建筑纤维板 含砂量的测定 ISO 16985：2003 人造板 相对湿度变化引起的尺寸变化的测定 ISO 4586—2：2004 热固性树脂浸渍纸高压装饰层压板 第 2 部分：性能测定 ISO 12460—5：2011 人造板 甲醛释放量测定方法 第 5 部分：穿孔萃取法 ISO 12460—4：2008 人造板 甲醛释放量测定方法 第 4 部分：干燥器法 ISO 12460—1：2007 人造板 甲醛释放量测定 第 1 部分：$1m^3$ 气候箱法 ISO 12460—3：2020 气体人造板 甲醛释放量测定方法 第 3 部分：气体分析法	

续表

产品种类	序号	标准编号	标准名称	标准主要内容	采标情况	备注
人造板	20	GB/T 35601—2017	绿色产品评价 人造板和木质地板	本标准规定了人造板和木质地板绿色产品评价的术语和定义、评价要求、检验方法和评价方法。本标准适用于室内用人造板和木质地板绿色产品评价。 本标准规定的人造板和木质地板绿色产品评价要求包括基本要求和评价指标要求。 基本要求：①产品应满足相应产品质量和安全标准的要求；②生产企业的污染物总量控制，应达到国家和地方污染物排放总量控制指标的要求；③生产企业应按照 GB/T 24001、GB/T 19001、GB/T 45001 和 GB/T 28952 分别建立并运行环境管理体系、质量管理体系和职业健康安全管理体系、产品原料追溯体系。 评价指标要求：人造板和木质地板绿色产品评价体系指标由一级指标和二级指标组成，其中一级指标包括资源属性指标、能源属性指标、环境属性指标和品质属性指标；二级指标包括木材等原材料要求、木材加工用化学产品、人造板、木质地板、甲醛释放量、挥发性有机化合物、可溶性重金属（铅、镉、铬、汞）总含量。 绿色人造板和绿色木质地板应同时满足本标准基本要求和评价指标要求。	ISO 12460—1：2007 人造板 甲醛释放量测定 第 1 部分：$1m^3$ 气候箱法	该标准于 2017 年 12 月 8 日发布，2018 年 7 月 1 日实施。这个标准是首批发布的 13 个绿色产品评价标准之一，也是目前林业行业唯一的绿色产品评价标准。 该标准发布的重要意义： （1）发布实施 GB/T 35601—2017《绿色产品评价 人造板和木质地板》标准，是响应国家号召的重要举措，是开展人造板和木质地板室内装饰装修材料绿色产品统一认证、统一标识工作的基础。建立统一的绿色产品标准、认证、标识等体系，制定绿色产品评价标准，是推动实施产业绿色发展的重要举措。 （2）该标准提出了更严格的指标要求，树立了更高的产品绿色性能标杆，对促进我国人造板和木质地板产业转型升级，实现高端引领，提升消费品质量，引领绿色消费，具有重要意义。 （3）该标准中各性能指标均与国外先进标准接轨，中国绿色产品将与国外认证标准实现互认。对促进我国绿色人造板和木质地板国际贸易、减少企业负担、消除贸易壁垒、扩大绿色产品贸易，具有重要意义

续表

产品种类	序号	标准编号	标准名称	标准主要内容	采标情况	备注
人造板	21	GB/T 39600—2021	人造板及其制品甲醛释放量分级	本标准规定了室内用人造板及其制品甲醛释放量分级要求、试验方法以及判定规则。该标准将室内用人造板及其制品的甲醛释放量按照限量值分为 E_1 级（≤0.124mg/m³）、E_0 级（≤0.050mg/m³）和 E_{NF} 级（≤0.025mg/m³）共三个等级。 本标准适用于纤维板、刨花板、胶合板、细木工板、重组装饰材、单板层积材、集成材、饰面人造板、木质地板、木质墙板、木质门等室内用各类人造板及其制品的甲醛释放量分级	人造板 甲醛释放量测定方法 第 2 部分：小室法	该标准是对强制性国家标准 GB 18580—2017《室内装饰装修材料人造板及其制品中甲醛释放限量》的细化和配套，发布实施后，该标准将室内用人造板及其制品的甲醛释放量按照限量值分为 E_1 级、E_0 级和 E_{NF} 级，可促进广大企业生产和推广不同环保等级的人造板及其制品，可满足消费者对更环保、更绿色的人造板及其制品的需求，引领产业技术进步，推进人造板及其制品产业绿色发展和产业转型升级
	22	GB/T 39598—2021	基于极限甲醛释放量的人造板室内承载限量指南	本标准给出了基于极限甲醛释放量的人造板室内承载限量的术语和定义、基本原则、人造板室内承载限量计算方法和需考虑的要点等信息，适用于室内家具、橱柜、木质门、木质墙板、木质地板等木质制品使用的人造板承载限量	人造板 甲醛释放量测定方法 第 3 部分：气体分析法	该标准的发布实施，可为消费者室内装饰装修合理使用人造板数量提供指导，对保护消费者健康、消除室内环境污染和促进人造板产业的健康发展具有重要意义
	23	GB/T 11718—2021	中密度纤维板	本标准规定了中密度纤维板的术语、定义和缩略语、分类、要求、测量和试验方法、检验规则、标志、包装、运输和贮存等。 本标准适用于干法生产的中密度纤维板	人造板 甲醛释放量测定方法 第 4 部分：干燥器法	
	24	GB/T 31765—2015	高密度纤维板	本标准规定了高密度纤维板的术语和定义、分类、要求、检验方法、检验规则、标志、包装、运输和贮存等。 本标准适用于干法生产的高密度纤维板	人造板 甲醛释放量测定方法 第 5 部分：穿孔萃取法	

续表

产品种类	序号	标准编号	标准名称	标准主要内容	采标情况	备注
人造板	25	LY/T 1718—2017	低密度和超低密度纤维板	本标准规定了低密度和超低密度纤维板的术语、定义和缩略语、分类、要求、检验方法、检验规则及标志、包装、运输和贮存等。 本标准适用于木质纤维或其他植物纤维为原料以干法生产的低密度和超低密度纤维板	本标准非等效采用ISO 16895—1：2008《人造板 干法纤维板 第1部分：分类》及ISO 16895—2：2010（E）《人造板 干法纤维板 第2部分：要求》中有关低密度纤维板和超低密度纤维板的相关内容	
	26	GB/T 4897—2015	刨花板	本标准规定了刨花板的术语和定义、分类、要求、测量及试验方法、检验规则以及标志、包装、运输和贮存等。 本标准适用于将木材或非木材植物纤维原料加工成刨花（或碎料），施加胶粘剂（和其他添加剂），组坯成型并经热压而成的刨花板。 本标准不适用于定向刨花板（OSB）	本标准修改采用ISO 16893—2：2010《人造板刨花板 第2部分：要求》	
	27	LY/T 1580—2010	定向刨花板	本标准规定了定向刨花板的分类、要求、试验方法、结果计算与判定方法、检验规则以及标记、包装、运输和贮存等。 本标准适用于由规定形状和厚度的木质大片刨花施胶后定向铺装压制成的多层结构定向刨花板	本标准修改采用ISO 16894：2009《人造板-定向刨花板定义、分类和技术要求》	
	28	GB/T 9846—2015	普通胶合板	本标准规定了普通胶合板的术语和定义、分类、要求、测量及试验方法、检验规则以及标志、包装、运输和贮存等。 本标准适用于普通胶合板。不适用于细木工板、单板层积材等不同结构和特殊性能要求的胶合板	本标准在尺寸偏差方面，技术上等同采用ISO 1954：2013《胶合板 尺寸偏差》	
	29	GB/T 34722—2017	浸渍胶膜纸饰面胶合板和细木工板	本标准规定了浸渍胶膜纸饰面胶合板和细木工板的术语和定义、分类、要求、检验方法和检验规则以及标识、包装、运输和贮存。 本标准规定了浸渍胶膜纸饰面胶合板和细木工板的主要技术指标：外观质量、规格尺寸及偏差、理化性能等技术指标。其中，根据外观质量浸渍胶膜纸饰面胶合板和细木工板分优等品、一等品和合格品		浸渍胶膜饰面胶合板和细木工板（俗称生态板"），是我国发明的一种人造板新产品。该标准发布实施，对该重要产品生产、销售、检验进行规范，对我国人造板产业发展提供标准支持

续表

产品种类	序号	标准编号	标准名称	标准主要内容	采标情况	备注
人造板	30	GB/T 18102—2020	浸渍纸层压木质地板	本标准规定了浸渍纸层压木质地板（强化木地板）的术语和定义、分类、要求、检验方法、检验规则以及标志、包装、运输和贮存等。 本标准适用于浸渍纸层压木质地板。 浸渍纸层压木质地板按表面模压形状分为平面浸渍纸层压木质地板和非平面浸渍纸层压木质地板。 本标准分别规定了平面浸渍纸层压木质地板和非平面浸渍纸层压木质地板主要技术指标：外观质量、规格尺寸及偏差、理化性能，其中，根据产品的外观质量分为优等品和合格品		浸渍纸层压木质地板，商品名强化木地板，是中国最主要的地板品类之一。据中国林产工业协会地板专业委员会不完全统计，2019 年我国具有一定规模的地板企业的强化木地板销量 21620 万平方米，约占木竹地板总量的 51%。 该标准的发布，有利于提高强化木地板产品关键性能指标，促进国际市场竞争力提升，进一步规范强化木地板产品质量，推动产业高质量发展
	31	GB/T 18103—2013	实木复合地板	本标准规定了实木复合地板的术语和定义、分类、要求、检验方法、检验规则以及标志、包装、运输和贮存。 本标准适用于以实木拼板或单板（含重组装饰单板）为面板，以实木拼板、单板或胶合板为芯层或底层，经不同组合层压加工而成的地板。本标准适用于室内一般要求用实木复合地板。 本标准规定了实木复合地板主要技术指标：外观质量、规格尺寸及偏差、理化性能。根据产品的外观质量分为优等品、一等品和合格品		实木复合地板，是中国最主要的地板品类之一和重要的消费品，年产量在产品种类中位居第二。 该标准的发布实施，引领提实木复合地板产品技术进步，促进国际市场竞争力提升，进一步规范实木复合地板产品质量，推动产业高质量发展
	32	LY/T1700—2018	地采暖用木质地板	本标准规定了地采暖用木质地板的分类、要求、检验方法、检验规则以及标准、包装、运输和贮存。 本标准适用于地采暖用的浸渍纸层压木质地板、实木复合地板、软木类地板和浸渍纸层压饰面多层实木复合地板。 地采暖用木质地板除了满足木质地板相关标准的要求外，还应满足耐热尺寸稳定性、耐湿尺寸稳定性、导热性能等地采暖性能要求，及甲醛释放量应不大于 0.06mg/m^3		

续表

产品种类	序号	标准编号	标准名称	标准主要内容	采标情况	备注
人造板	33	GB/T 20238—2018	木质地板铺装、验收和使用规范	本标准规定了木质地板铺装、验收和使用规范的术语和定义、分类、铺装要求、竣工验收要求、使用规范和保修期内质量要求。 本标准适用于室内用木质地板铺装、验收和适用		
	34	LY/T1923—2020	室内木质门	本标准规定了室内木质门的分类、要求、测量和检验方法、检验规则以及标志、包装、运输和贮存等。 本标准适用于采用实木或其他木质材料作为主要材料的室内木质门。不适用于防火门、防盗门等具有特殊功能的木质门。 本标准规定了门扇、门框允许偏差，木质门的组装精度，分别规定了实木门及实木复合门的外观质量和木质复合门外观质量，木质门理化性能包括，甲醛释放量、可溶性重金属（铅、镉、铬、汞）、苯系物（苯、甲苯、二甲苯）、总挥发性有机物（TVOC）在内的有害物质限量要求，以及空气声隔声性能、阻燃性能、反复启闭耐久性能在内的功能性指标		
	35	GB/T 28994—2012	木质楼梯	本标准规定了木质楼梯的术语和定义、分类、要求、检验方法、检验规则、标志、包装、运输和贮存。 本标准适用于居住建筑套内组装式木质楼梯及其木质部件。本标准不适用于公共场所和室外用木质楼梯		
	36	GB/T 30356—2013	木质楼梯安装、验收和使用规范	本标准规定了木质楼梯安装、验收和使用过程中的规范性要求，包含术语和定义、前期准备、安装、验收、使用与维修。 本标准适用于居住建筑套内组装式木质楼梯及其木质部件。本标准不适用于公共场所和室外用木质楼梯		
	37	GB/T 26899—2011	结构用集成材	本标准规定了结构用集成材的术语和定义，最低性能和生产要求，物理化学性能试验方法及产品标识方法。 本标准给出了结构用集成材生产及质量控制方法和要求。 本标准适用于以承重为目的，将按等级区分的层板（可指接、斜接或拼宽）沿纤维方向相互平行在厚度方向层积胶合而成的结构用集成材		

续表

产品种类	序号	标准编号	标准名称	标准主要内容	采标情况	备注
人造板	38	GB/T 20241—2021	单板层积材	本标准规定了单板层积材的术语、定义、分类、要求、试验方法、检验规则以及标志、包装、运输和贮存等。 本标准适用于多层整幅（或经拼接）单板按顺纹为主组坯胶合而成的板材。包括非结构用单板层积材和结构用单板层积材		
	39	GB/T 33043—2016	人造板甲醛释放量测定大气候箱法	本标准规定了人造板甲醛释放量大气候箱法的测定方法。 本标准适用于人造板甲醛释放量的测定。 其原理是在温度、相对湿度、空气流速和空气置换率控制在一定值的气候箱（容积最小为 $22m^3$）内，放置已知表面积的样品，定期抽取箱内甲醛和空气混合气体。抽取的气体通过盛有吸收液的吸收瓶。采用变色酸法或其他等同方法测定吸收液中的甲醛含量。 人造板及其制品甲醛释放量的大气候箱法的特点是模拟室内自然气候环境，检测结果准确可靠，更贴近实际		该标准颁布为应对我国人造板产业应对美国《复合木制品甲醛标准法案》贸易壁垒，提供与美国 ASTM 一致的中国检测标准，同时解决国内木质门、窗、楼梯甲醛释放量检测提供新的标准检测方法，对推动我国人造板产业贸易与发展具有重要现实意义
	40	GB/T 18101—2013	难燃胶合板	本标准规定了难燃胶合板的定义、分类、要求、试验方法、检验规则以及标志、标签、包装、运输、贮存。 本标准适用于难燃普通胶合板及难燃装饰单板贴面胶合板		
	41	GB/T 18958—2013	难燃中密度纤维板	该标准规定了难燃中密度纤维板的术语和定义、符号与缩略语、分类、要求、测量和试验方法、检验规则以及标签、包装、运输和贮存。适用于难燃中密度纤维板。其燃烧性能要求也适用于难燃高密度纤维板		

续表

产品种类	序号	标准编号	标准名称	标准主要内容	采标情况	备注
人造板	42	GB/T 38752—2020	难燃细木工板	本标准规定了难燃细木工板的术语和定义、分类、命名和组坯指南、要求、试验方法、检验规则以及标识、标签、包装、运输和贮存。 本标准适用于除铺地材料之外的具有难燃性能的细木工板		该标准发布实施，一方面，能规范难燃细木工板产品的生产、销售，有力推动细木工板在室内装饰装修领域的应用，对于推动产业技术进步、提高行业的整体竞争力具有重要意义；另一方面，作为2018年4月1日正式实施的强制性国家标准《建筑内部装修设计防火规范》（GB 50222—2017）的配套标准，在丰富和完善我国消防安全应用标准，降低火灾风险，保障人民生命财产安全方面也具有重要意义
	43	GB/T 39032—2020	难燃刨花板	本标准规定了难燃刨花板的术语和定义、分类、要求、试验方法、检验规则及标识、包装、运输和贮存。 本标准适用于除铺地材料之外的具有难燃性能的刨花板		该标准发布实施，一方面，能规范难燃刨花板产品生产、销售，并有力推动难燃刨花板在室内装饰装修领域的应用，对于推动产业技术进步、提高行业的整体竞争力具有重要意义；另一方面，作为2018年4月1日正式实施的强制性国家标准《建筑内部装修设计防火规范》（GB 50222—2017）的配套标准，在丰富和完善我国消防安全应用标准，降低火灾风险，保障人民生命财产安全方面也具有重要意义

续表

产品种类	序号	标准编号	标准名称	标准主要内容	采标情况	备注
人造板	44	GB/T 35820—2018	林业生物质原料分析方法 取样方法	本标准规定了林业生物质原料取样的术语和定义、取样总则、设备和工具、取样技术以及样品的标识、运输和存储。 本标准适用于颗粒度不超过 200mm 的林业生物质原料取样，林业生物质原料的容积密度、机械强度、粒度分布、含水率、化学成分、灰分含量、纯度等项目的一般分析试样的制备也可参照（参考）使用		
	45	GB/T 35814—2018	林业生物质原料分析方法 样品处理方法	本标准规定了林业生物质原料的样品处理方法。本标准适用于林业生物质原料样品处理		
	46	GB/T 35905—2018	林业生物质原料分析方法 总固体含量测定	本标准规定了林业生物质原料总固体含量的测定方法。 本标准中方法 A 和方法 B 适用于测定 105℃下化学性质稳定的林业生物质原料的总固体含量，其中方法 B 不本标准适用于测定体积密度小于 0.1g/cm³ 的林业生物质原料		
	47	GB/T 35812—2018	林业生物质原料分析方法 预处理后不溶固体含量测定	本标准规定了林业生物质原料经预处理后不溶固体含量的测定方法。 本标准适用于林业生物质预处理后的悬浮液原料不溶固体含量测定		
	48	GB/T 35808—2018	林业生物质原料分析方法 纤维素酶活性测定	本标准规定了在给定条件下纤维素酶活性测定的方法。本标准适用于林业生物质原料分析用纤维素酶活性的测定		
	49	GB/T 35809—2018	林业生物质原料分析方法 蛋白质含量测定	本标准规定了测定林业生物质原料中蛋白质含量的方法、试剂与材料、仪器与设备、分析步骤以及结果表述等。 本标准适用于木材、竹材、藤材、树皮、树叶、果壳等林业生物质原料		
	50	GB/T 35811—2018	林业生物质原料分析方法 淀粉测定	本标准规定了林业生物质原料中淀粉测定的术语和定义、原理、试剂和材料、仪器设备、操作步骤、结果处理和表述、重复性。 本标准适用于包括林产品（例如木材、竹材、藤材等）、林业剩余物（例如枝丫、锯末、木屑、梢头、板皮和截头、果壳和果核等采伐剩余物和加工剩余物）等在内的林业生物质原料中淀粉的测定		

续表

产品种类	序号	标准编号	标准名称	标准主要内容	采标情况	备注
人造板	51	GB/T 35816—2018	林业生物质原料分析方法抽提物含量的测定	本标准规定了林业生物质原料抽提物含量的测定方法。 本标准适用于木材、竹材、藤材、农作物秸秆等植物原料中抽提物含量的测定		
	52	GB/T 35818—2018	林业生物质原料分析方法 多糖及木质素含量的测定	本标准规定了林业生物质原料中多糖及木质素含量的测定方法。 本标准适用于木材、竹材、藤材、农作物秸秆等植物原料内多糖和木质素的定量分析		
	53	GB/T 35821—2018	生物质 塑料复合材料生物质含量测定方法	本标准规定了傅立叶变换红外光谱法测定生物质/塑料复合材料中生物质含量的术语和定义、方法概要、试剂、仪器设备、仪器安装环境条件、取样、测定、结果处理和表述、试验报告。 本标准适用于以木质或其他纤维素基生物质和热塑性塑料（PP和PE）为主要原料，经挤出、注塑和压延等方式加工成型的未发泡复合材料中生物质含量的测定，生物质含量的测定范围为30％～60％		
	54	GB/T 36055—2018	林业生物质原料分析方法 含水率的测定	本标准规定了林业生物质原料含水率的测定方法。 本标准适用于在105℃下理化性质稳定的林业生物质原料含水率的测定，不适用于挥发物含量高或性质不稳定的林业生物质原料		
	55	GB/T 36056—2018	林业生物质原料分析方法 可溶性糖的测定	本标准规定了林业生物质原料中可溶性糖的测定方法。 本标准适用于林业生物质原料中木糖、阿拉伯糖、果糖、甘露糖、葡萄糖、蔗糖含量的测定		
	56	GB/T 36057—2018	林业生物质原料分析方法 灰分的测定	本标准规定了林业生物质原料中灰分的测定方法。 本标准适用于木材、竹材及农作物秸秆等林业生物质原料中灰分含量的测定		
	57	GB/T 36058—2018	林业生物质原料分析方法 不可溶性糖测定	本标准规定了测定林业生物质原料中不可溶性糖含量的术语和定义、原理、试剂和材料、仪器设备、样品制备、试验步骤、试验数据处理、精密度要求和试验报告。 本标准适用于林业生物质原料中不可溶性糖含量的测定		

续表

产品种类	序号	标准编号	标准名称	标准主要内容	采标情况	备注
人造板	58	GB/T 24508—2020	木塑地板	本标准规定了木塑地板的术语和定义、分类、要求、检验方法、检验规则及标志、包装、运输、贮存。 本标准适用于素面木塑地板和饰面木塑地板。其中，饰面木塑地板包括涂饰木塑地板、浸渍纸饰面木塑地板、共挤木塑地板等		木塑地板是由木材、竹材、农作物秸秆等木质纤维材料与热塑性塑料分别制成加工单元，按一定比例混合后，经成型加工制成的地板。根据中国林产工业协会不完全统计，2019 年我国木塑地板产量 7000 万 m^2，其中，室外用木塑地板占总量的 95%，而产品出口量约占总量的 50%。 该标准发布实施，一是有效规范我国木塑地板产品生产和市场销售，规范企业生产和市场秩序；二是引领木塑地板产业技术进步，提升产品质量要求，推动企业生产高质量产品
	59	LY/T 1613—2017	挤出成型木塑复合板材	本标准规定了挤出成型木塑复合板材的术语和定义、要求、检验方法、检验规则、标志、包装、运输和贮存等。 本标准适用于将塑料、木质纤维粉料和助剂按一定比例混合后经挤出成型制备的实心板材的挤出成型木塑复合板材		
	60	LY/T 1320—2019	软木纸	本标准规定了软木纸的术语和定义、分类和标记、要求、检验方法、检验规则及包装、标识、运输和贮存		
	61	GB/T 21723—2008	麦（稻）秸秆刨花板	本标准规定了麦（稻）秸秆刨花板的术语和定义、分类、技术要求、统计计算和判定方法、测量及试验方法、检验规则、标记、包装、运输和贮存等。 本标准适用于用麦（稻）秸秆为原料，以异氰酸酯树脂为胶粘剂制成的麦（稻）秸秆刨花板		
	62	GB/T 33024—2016	柳编制品	本标准规定了柳编制品的术语和定义、分类、要求、检验方法、检验规则、标识、包装、贮存和运输。 本标准适用于全柳编制品和以柳条为主的混编制品		

参考文献

[1] 郭丹 主编．国家标准标准研制与审查［M］．北京：中国标准出版社，2013.
[2] 周思源．GB/T 16733—1997《国家标准制定程序的阶段划分及代码》实施指南［M］．北京：中国标准出版社，1999.
[3] 国家技术监督局．国家标准制定程序的阶段划分节代码：GB/T 16733—1997［S］．北京：中国标准出版社，1997.
[4] 康俊生，晏绍庆，韩晶，等．谈谈我国标准化宣贯培训体系［J］．大众标准化，2017，(2)：42-45.
[5] 国家标准化管理委员会．2021 年国家标准立项指南［EB/OL］．2021．
[6] 国家市场监督管理总局、国家标准化管理委员会．标准体系表编制原则和要求：GB/T 13016—2018［S］．北京：中国标准出版社．
[7] 国家标准化管理委员会．质技监局发［1998］181 号．国家标准化指导性技术文件管理规定［EB］．1998.
[8] 国家技术监督局技监局计发（89）571 号．关于标准水平分析的说明［Z］．1989.
[9] ISO/IEC Directives. Part 2-Principles and rules for the structure and drafting of ISO and IEC documents［S］. Geneva Switzerland. 2018.

第五章　木材工业团体标准化

第一节　团体标准化的基本概念

一、团体标准定义

团体标准（social organization standard），根据 GB/T 20004.1—2016《团体标准化 第 1 部分：良好行为指南》的定义，是由团体按照自行规定的标准制定程序制定并发布，供团体成员或社会自愿采用的标准。

在国家标准化管理委员会和民政部 2019 年联合印发《团体标准管理规定》中明确指出，团体标准是依法成立的社会团体为满足市场和创新需要，协调相关市场主体共同制定的标准。

团体标准的编号：团体标准编号宜由团体标准代号、团体代号、团体标准顺序号和年代号组成。其中，团体标准代号是固定的，为大写拉丁字母“T”。团体代号由各团体自主拟定，宜全部使用大写拉丁字母或大写拉丁字母与阿拉伯数字的结合，不宜以阿拉伯数字结尾。团体标准编号结构如图 5-1 所示，编号示例：T/CNFPIA 3002—2018《无醛人造板及其制品》。

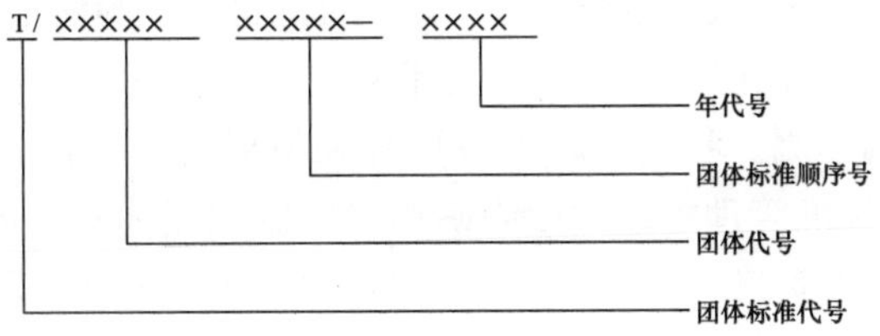

图 5-1　团体标准编号结构

二、团体标准化的定义

团体标准化是由标准化主管部门及相关政府部门、学会、协会、商会、联合会、产业技术联盟、企业等多个领域积极参与，通过市场主体自主制定、政府规范引导、企业广泛参与、社会监督反馈的工作机制，开展团体标准制定、实施、监督的标准化活动。

第二节　开展团体标准化的重要意义

开展团体标准化工作，可更好地发挥市场在标准化资源配置中的决定性作用，有利于完善我国标准体系，是加速与国际标准接轨、参与国际标准化竞争的必然要求；同时，充分激发市场主体活力，适应当前不断变化的市场和创新需求，对我国社会经济发展具有重要意义。

一、开展团体标准化工作是顺应时代发展、满足市场和创新需求的必然产物

在全球贸易一体化的今天，科技创新和技术更迭层出不穷，在这个包含“一带一路”倡议、大众创业、万众创新、大数据、共享经济、“互联网＋”“工业 4.0”“中国制造 2025”等众多因素，实现中

国梦的大背景下，标准化的基础性和战略性地位是无可替代的。标准早已不再单纯的只是作为技术支撑的国际通行技术语言，更是国家治理体系和治理能力现代化的基础性制度，一个国家综合国力的体现。而标准体系中的团体标准，毫无疑问是最具活力和最能代表科技前沿的。现阶段市场发展速度较快，尤其是在新兴产业和技术领域新产品、新技术、新服务等层出不穷，团体标准能够快速响应市场和创新需求，对于社会普遍关注的热点领域反应迅速，通过充分发挥市场自主调节作用，调动市场主体参与标准制修订工作的积极性，制定出与市场和创新需求相适应的团体标准。例如共享单车产业的发展非常迅速，公众在很短时间内看到城市到处都是各类的共享单车，为规范互联网租赁单车服务内容，国家有关部门出台了相关指导意见，中国城市公共交通协会、上海市自行车行业协会等各类社会团体迅速制定发布一系列团体标准，规范行业良性发展。因此，坚持市场驱动和创新驱动，大力发展团体标准，是时代进步的需要，是我国社会发展的必然产物。

二、开展团体标准化工作有利于完善我国标准体系、增加标准供给

国务院《关于印发〈深化标准化工作改革方案〉的通知》（国发〔2015〕13 号）中明确了“建立政府主导制定的标准与市场自主制定的标准协同发展、协调配套的新型标准体系，健全统一协调、运行高效、政府与市场共治的标准化管理体制，形成政府引导、市场驱动、社会参与、协同推进的标准化工作格局”的改革目标。团体标准作为市场自主制定的标准，在我国深化标准化工作改革中扮演着重要角色。新《中华人民共和国标准化法》明确了团体标准的法律地位，构建了政府标准与市场标准协调配套的新型标准体系。国家标准、行业标准等存在周期长、手续繁琐，难以及时反映市场需求等问题，而团体标准采用“自下而上”模式，具有灵活性、周期短，快速响应市场和创新需求等优势。发展团体标准，可以改变我国由政府单一供给的标准体系现状，解决创新领域的标准空白和缺失问题。

团体标准是国外新标准的重要产出机制之一。美国的材料与试验协会（ASTM）、电气与电子工程师协会（IEEE）等团体的新标准，通常起到引领技术发展和创新的作用，部分发达国家已建立政府标准大量采用、引用团体标准的体制。我国政府支持培育和发展团体标准，鼓励优秀的团体标准上升为国家标准、行业标准。《团体标准管理规定》中明确指出，制定团体标准应当以满足市场和创新需要为目标，聚焦新技术、新产业、新业态和新模式，填补标准空白。从长远发展来看，团体标准将成为最重要的新标准产出源头，在很多领域尤其是一些创新、服务领域增加标准供给。

三、开展团体标准化工作有利于促进资源整合和良性发展

《团体标准管理规定》指出制定团体标准应当有利于科学合理利用资源，推广科学技术成果，增强产品的安全性、通用性、可替换性，提高经济效益、社会效益、生态效益，做到技术上先进，经济上合理。团体标准制定需要联合标准化专业能力的联合会、协（学）会、产业联盟等社团组织。这些团体的密切合作有利于行业资源的高度整合。团体标准的建立和合作，能够通过拥有核心技术的联盟体，以联盟标准的形式，提高产业准入门槛、优化产业链、增强行业竞争力，扶优治劣、做大做强产业，引导行业良性发展。团体标准的实施主体是企业，团体标准的研制需要大量企业的高度参与，有利于激发创新主体和市场主体的创新积极性，整合各企业的资源和研发力量，加强产学研合作，调动和利用产业链上下游资源，制定满足生产经营实际需求的标准，促进市场良性发展。

四、开展团体标准化工作是政府转变职能的要求

培育和发展团体标准，有利于完善我国标准化体系，改进标准管理体制的弊端，顺应政府职能转变的要求。政府标准化主管部门应从原来直接指定所有公共标准，转换到指定管理规则，提供服务上来。有了专业性较强的行业团体标准，政府就由原来标准制定者转变为标准监管执行者，政府可以把更多的精力放在保障安全、健康和保护环境的强制性标准，以及市场不愿、不宜、不能提供的基础性

标准上，促进服务型政府的构建。如木材工业领域的基础环保标准，如甲醛释放限量、TVOC（总挥发物性有机化合物）限量、清洁生产等标准需主要由政府主导制修订。

五、开展团体标准化工作有利于促进广大中小微企业发展

中小微企业是我国市场经济发展不可或缺的力量。木材工业的大部分产业，均以中小微企业为主体，且小微企业的群体较大。中小微企业受限于经济和技术条件，大部分企业对标准的参与度较低，标准化人才缺乏，标准化水平不高。发展和培育团体标准，有利于中小微企业通过标准联盟、合作发展，可以有效提高提升企业竞争力，降低小微企业研发成本，快速制定联盟标准，加快科研成果转化为生产力的速度，激发中小微企业参与标准和创新的积极性，提升市场活力。

第三节 国内外团体标准发展现状

一、国外团体标准化发展现状

团体标准是世界重要的标准形式之一。国外团体标准的历史可以追溯到100多年前。国外标准体系构成是以自愿性社会团体标准为主体，由企业、协会等团体为主导，在市场的各个领域，尤其是在产业创新和市场竞争领域开展标准化工作。

在以市场经济占主导的美国、英国、法国、德国、日本等国家，团体标准发展历史悠久，且较为成熟。这些国家的团体标准主要包括协会、学会自主制定的标准以及联盟标准。目前世界各国的标准化管理体制根据主导对象的不同，主要分为两类。一类是美国、英国、德国为代表的以民间标准化组织为主导型，一类是以日本、中国为代表的以政府为主导型。在以民间标准化组织主导的国家中，标准化管理特点是：①政府授权民间管理；②政府对标准化实施有限管理。政府不会主导及操控民间标准化组织的发展，但保持对这些组织的监控；③政府与民间组织紧密合作。在以政府为主导型的国家中，日本的团体标准已经发展多年，其标准化工作可以由政府直接组织技术委员会开展，也可以委托民间机构组织制定标准，政府和民间组织合作较多。中国的团体标准尚在起步阶段。

国外有很多具备国际影响力的专业技术组织，如1902年成立的美国材料与试验协会（ASTM）是美国最早的非营利性标准化学术团体。此外，美国机械工程师协会（ASME）、美国电气与电子工程师协会（IEEE）、美国消防协会（NFPA）、德国工程师协会（VDI）、英国标准协会（BSI）、日本工业标准调查会（JISC）等组织制定的标准均有较高的公信力，被其本国乃至世界范围内其他国家所采用和参考。

国际上木材工业领域也有很多团体标准，以美国木材保护协会（AWPA）为例，该组织在木材防腐处理方法和技术、木材防腐剂等木材保护领域研制并发布团体标准，目前已发布实施100多项木材保护标准。

二、中国培育和发展团体标准概况

长期以来，中国标准化工作实行“自上而下”的政府主导、国家统一管理模式。中国最早的标准化体系和管理模式形成于计划经济时代，也具备鲜明的计划经济时代特点，当时的标准仅为国家标准或部颁标准，标准的作用几乎等同于技术法规。改革开放以来，为适应经济发展需要，1988年中国颁布了《中华人民共和国标准化法》，该法律规定了中国标准分为国家标准、行业标准、地方标准和企业标准四类。除企业标准外，其他标准均由政府部门组织制定、批准发布，企业自行制定的企业标准仅限各企业内部使用。随着中国经济的进一步发展和社会进步、经济全球化趋势的不断加强，过去的标准化体系和管理体制已不适应当前发展需要，现阶段标准化工作也暴露出一些亟待解决的问题。例如，

标准制定周期长，对市场敏锐度不高，部分标准内容与行业生产情况脱节等情况，且不少标准存在标龄长、标准内容重复或冲突等问题。为了更好地适应现阶段市场发展需要，优化标准化体系，提升标准化能力，中国积极探索标准化改革路径。

中国团体标准萌芽于20世纪。早在20世纪80年代末期，中国的一些产业技术联盟、商会、协会等社会团体就已经开展了独立的标准化活动。这类联盟标准模式对产业竞争力起到一定的积极促进作用，但由于相关机构发展布局和规划缺乏科学性，没有形成强大健全的管理机制，协会标准和联盟标准不具有法律地位，因此在实施及应用推广过程中存在局限性。

为适应市场变化，尽快制定出与市场需求相适应的标准，国家标准化管理委员会在2001年成立后，在实践方面做出多次尝试，制定多项相关举措，为团体标准发展做好铺垫：

2003—2004年，国家标准化管理委员会鼓励建立协会标准，让中国标准化协会作为试点，制定与发布了若干协会标准。

2010— 2012年，国家标准化管理委员会鼓励建立与发展联盟标准。通过摸索，为完善《中华人民共和国标准化法》修改，积累实践经验。

2014年3月，全国标准化工作会议要求：完善标准化机制，坚持市场在资源配置中起决定性作用，政府标准的层级和规模逐步减少，让团标更活、促进发展。

2014年4月，国务院办公厅印发《贯彻实施质量发展纲要2014行动计划》，提出“培育发展社会团体标准”要求。

2014年6月，国家标准化管理委员会、商务部联合发布《关于加快推进商贸物流标准化工作的意见》将社会团体标准与国家、行业、地方、企业标准并行，要求健全五级标准间层次分明的标准体系框架。

2014年7月，中国认证认可协会首次以社会团体标准的形式发布了其制定的食品安全管理体系认证技术规范22项。

2014年10月，国家标准化管理委员会全面深化改革领导小组第五次会议将推进社会团体标准试点工作作为专题研究。

2015年3月，国务院发布《深化标准化工作改革方案》(国发〔2015〕13号)，首次提出其要开展团体标准试点。提出要通过改革，建立政府主导制定的标准与市场自主制定的标准协同发展、协调配套的新型标准体系，健全统一协调、运行高效、政府与市场共治的标准化管理体制，形成政府引导、市场驱动、社会参与、协同推进的标准化工作格局；培育和发展团体标准，通过市场自主制定标准的增量带动现行标准的存量改革。政府主导制定的标准侧重于保基本，市场自主制定的标准侧重于提高竞争力。研究制定推进科技类学术团体开展标准制定和管理的实施办法。做好学会有序承接政府转移职能的试点工作，在市场化程度高、技术创新活跃、产品类标准较多的领域，鼓励有条件的学会、协会、商会、联合会等先行先试，开展团体标准试点。在总结试点经验基础上，加快制定团体标准发展指导意见和标准化良好行为规范，进一步明确团体标准制定程序和评价准则。

2015年7月，国家质检总局、国家标准化管理委员会启动中国电子学会等39家首批社会团体标准试点，此次团体标准试点联合中国科学技术协会共同组织全国性学会围绕工业机器人、新能源汽车、3D打印等科技前沿领域开展团体标准的研制，促进产学研融合，充分发挥标准推动科技成果产业化应用的基础作用。新兴交叉领域和市场需求空白领域是团体标准开拓的重点，试点将围绕智能交通、物联网等领域开展团体标准的研制，促进优化上下游产业资源形成产业链，助力产业核心竞争力的提升。

2015年9月，原国家林业局发布了《国家林业局关于进一步加强林业标准化工作的意见》(林科发〔2015〕127号)，其中要求：“在市场化程度高、技术创新活跃的专业领域，鼓励社会组织和产业技术联盟开展团体标准试点工作”。

2015年12月，国务院办公厅发布关于印发《国家标准化体系建设发展规划（2016－2020年）》，提出发展团体标准，增加标准的有效供给；将自主知识产权的关键技术纳入团体标准；建立团体标准监督机制等方面的要求。

2016年2月，国家质检总局、国家标准化委员会制定了《关于培育和发展团体标准的指导意见》，指出培育发展团体标准，是发挥市场在标准化资源配置中的决定性作用、加快构建国家新型标准体系的重要举措。要按照党中央、国务院决策部署，以服务创新驱动发展和满足市场需求为出发点，以"放管服"为主线，激发社会团体制定标准、运用标准的活力，规范团体标准化工作，增加标准有效供给，推动大众创业、万众创新，支撑经济社会可持续发展。

2016年3月，质检总局、国家标准化管理委员会联合印发《关于培育和发展团体标准的指导意见》（国质检标联〔2016〕109号），明确了发展团体标准的基本原则、主要目标和管理方式等内容。

2016年4月，GB/T 20004.1—2016《团体标准化 第1部分：良好行为指南》发布实施，2018年7月GB/T 20004.1—2018《团体标准化 第2部分：良好行为评价指南》也已发布。

2016年8月13日，中国林产工业协会标准化技术委员会成立，同时启动了全国林业首家团体标准编制工作。

2017年11月，第十二届全国人大常委会第三十次会议表决通过了新修订的《中华人民共和国标准化法》，国家主席习近平签署中华人民共和国主席令（第七十八号），发布新的《中华人民共和国标准化法》并于2018年1月1日起施行。新标准化法规定中国的标准体系由国家标准、行业标准、地方标准、团体标准和企业标准五种类型的标准组成。团体标准首次在法律层面获得国家的认同，获得法律地位。

2017年12月，质检总局、国家标准化管理委员会、民政部联合印发《团体标准管理规定（试行）》（国质检标联〔2017〕536号），对团体标准的制定、实施和监督等内容进行了具体规定。

2018年3月30日印发的《国家标准化管理委员会办公室关于印发第二批团体标准试点名单的通知》中确定了第二批团体标准试点单位的名单，其中，中国林业团体主要有中国林产工业协会、中国林学会、中国林业生态发展促进会、中国林业与环境促进会、中国林业产业联合会等。这些林业协会在团体标准化方面均开展了大量的工作，并取得了一定的成绩。

2019年1月，国家标准化管理委员会和民政部联合印发《团体标准管理规定》（国家标准委联〔2019〕1号），对进一步加强团体标准化工作的规范、引导和监督，促进团体标准化工作健康有序发展提出更加明确的要求。

2016年上半年，国家标准化管理委员会组织中国标准化研究院开发的全国团体标准信息平台（http：//www.ttbz.org.cn）上线，该平台是落实了质检总局、国家标准化管理委员会《关于培育和发展团体标准的指导意见》中"国务院标准化行政主管部门组织建立全国团体标准信息平台，加强信息公开和社会监督"的要求。同时，国家标准化管理委员会颁布了《全国团体标准信息平台用户管理规定（试行）》（以下简称《平台管理规定》），规定该平台的用户为具有法人资格和相应专业技术能力的学会、协会、商会、联合会以及产业技术联盟等社会团体。社会团体纷纷自愿到平台注册，成为平台用户。通过注册后，社会团体可以在团体标准栏目中发布其所制定的团体标准的基本信息；在新闻资讯栏目中发布其团体标准化工作新闻；在社会团体栏目中展示团体基本情况、团体标准化工作动态和所制定的团体标准。个人也可以通过简单的程序完成注册成为平台用户，并对社会团体的公示以及团体标准进行相关评议。

随着中国团体标准的发展，团体标准质量有显著提高，优质的团体标准涌现，不仅获得标准化相关奖项，更转化为国家标准、行业标准，甚至国际标准。例如由国家半导体照明工程研发及产业联盟（CSA）组织，半导体照明联合创新国家重点实验室牵头编制的CSA 016—2013《LED照明应用接口要求：自散热、控制装置分离式LED模组的路灯/隧道灯》标准荣获2016年中国标准创新贡献奖项目奖荣获二等奖；WAPI产业联盟牵头组织成员自主研发的近场通信安全测试技术已发展成为ISO/IEC国际标准（ISO/IEC 22425：2017 *General requirements for the competence of testing and calibration laboratories*），这是中国自主研发的物联网关键共性安全核心技术对国际标准化的贡献，也意味着中国团体标准在向国际化迈进。

三、团体标准发展现状

全国团体标准信息平台2021年8月31日发布的团体标准大数据（2021年8月），公布了全国团体标准最新数据信息。

1. 总体情况

截至2021年8月31日，共有5292家社会团体在全国团体标准信息平台注册，其中民政部登记注册的有785家，地方民政部门登记注册的有4507家。社会团体在平台共计公布28270项团体标准，其中民政部登记注册的社会团体公布9612项，地方民政部门登记注册的社会团体公布18658项。

2. 社会团体按地域分布

截至2021年8月31日，广东省、山东省、浙江省、江苏省等31个省、自治区、直辖市的社会团体在全国团体标准信息平台注册，其中广东省社会团体注册数最多，为745家，占社会团体注册总数的14.1%。按社会团体法人登记证书的发证机关统计，在民政部登记的社会团体共785家，占社会团体注册总数的14.8%，如图5-2所示。

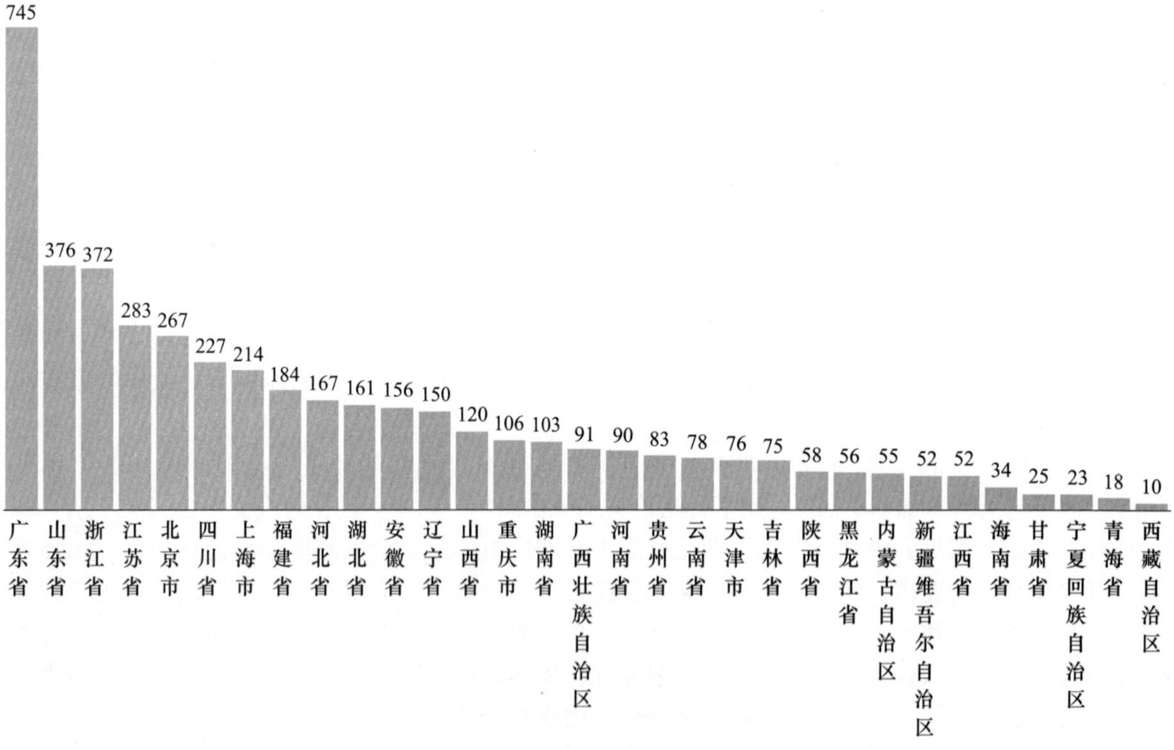

图5-2　团体标准按照地域分布

3. 团体标准按国民经济行业分类分布

截至2021年8月31日，从国民经济行业划分来看，社会团体公布团体标准涵盖了19个国民经济行业分类（共20个国民经济行业分类），其中团体标准数量最多的为制造业，共11230项，占团体标准总数的39.72%，其次是农、林、牧、渔业类，建筑业类等行业，如图5-3所示。

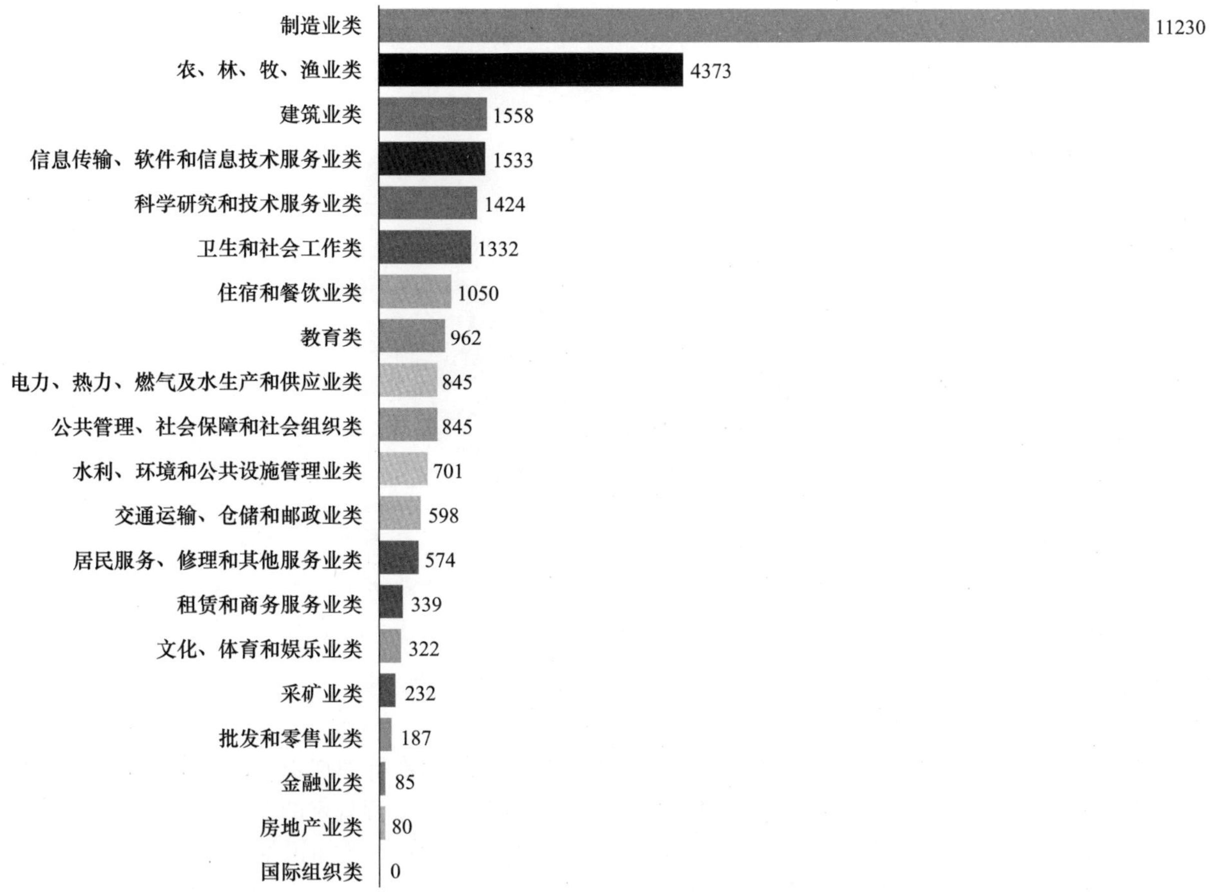

图 5-3　团体标准按照国民经济分类的分布

4. 团体标准按产业和社会分布

截至 2021 年 8 月 31 日，社会团体公布的团体标准按产业和社会分布统计如图 5-4 所示，其中工业类共 13880 项标准，占比 49.10%；服务业类共 5855 项标准，占比 20.71%；社会事业类共 4162 项标准，占比 14.72%；农业类共 4373 项标准，占比 15.47%。

2021 年 8 月，全国共有 237 家社会团体在平台上发布了 804 项团体标准。其中，制造业类团体标准数量依然最多，浙江省品牌建设联合会、中国农药工业协会、中关村材料试验技术联盟、河北省质量信息协会等 91 家社会团体发布了 391 项团体标准，占比 48.63%。其次为农、林、牧、渔业类，共有 56 家社会团体发布了 139 项团体标准，占比 17.29%。第三为信息传输、软件和信息技术服务业类，电信终端产业协会、中国电子工业标准化技术协会、河北省质量信息协会、宁夏机械工程学会等 22 家社会团体，发布了 44 项团体标准，占比 5.47%。

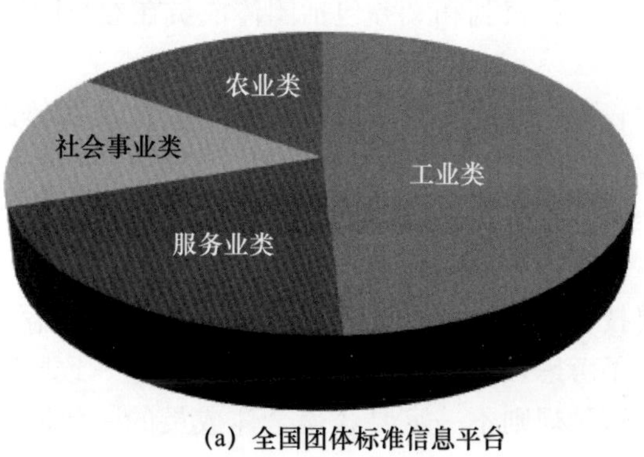

(a) 全国团体标准信息平台

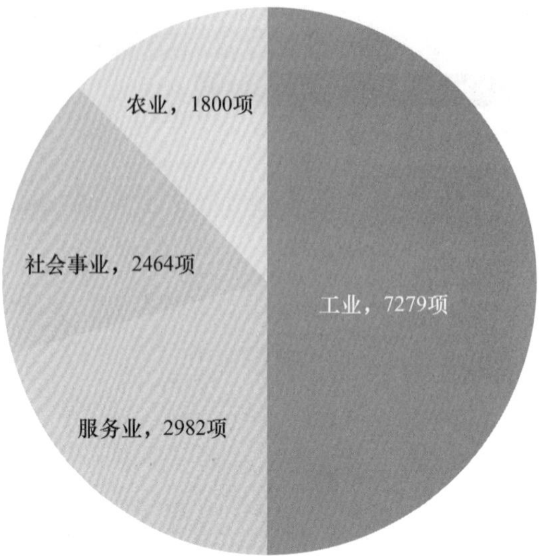

(b) 团体标准产业分布

图 5-4　全国团体标准信息平台及团体标准产业分布

第四节　团体标准的制定

2019 年 1 月 9 日国家标准化管理委员、民政部发布的《团体标准管理规定》对团体标准化管理做出了明确的规定。《团体标准管理规定》指出，社会团体应当依据其章程规定的业务范围进行活动，规范开展团体标准化工作，应当配备熟悉标准化相关法律法规、政策和专业知识的工作人员，建立具有标准化管理协调和标准研制等功能的内部工作部门，制定相关的管理办法和标准知识产权管理制度，明确团体标准制定、实施的程序和要求。

一、团体标准制定的基本原则

《团体标准管理规定》指出，在开展具体的团体标准制定工作时，相关团体应坚持 GB/T 20004.1—2016《团体标准化 第 1 部分：良好行为指南》提出的开放、公平、透明、协商一致、促进贸易和交流基本原则。

1. 开放

开放包括两方面的含义，一方面是指社会团体的成员资格应向所有方面开放。另一方面是指，对于社会团体开展标准化活动，其所有成员都能参加。

2. 公平

团体成员在其社会团体内享有对本团体事务的参与权。团体成员应按照社会团体章程的规定享有其在团体中不同的权利和义务。这种权利和义务包括团体成员在参与团体标准化活动中的权利和义务。

3. 透明

由于标准化活动的专业性较强，宜建立专门的机构来负责社会团体的标准化工作，且该机构的运行规则和程序都宜通过制度文件的形式确定下来并对外公开，以便团体或成员可以及时获知并采取行动。

4. 协商一致

协商一致是对于标准主要技术内容等实质性问题，重要的相关利益方没有坚持反对，同时按照程序对所有相关方面的观点进行了考虑。协商一致不必意味着全体一致同意。社会团体应明确团体标准制定或相关活动的议事规则。这种规则不一定要获得全体成员的一致同意，但规则应该是基于协商一致的基础。

5. 促进贸易和交流

社会团体可在没有国家标准、行业标准和地方标准的情况下，制定团体标准，快速响应创新和市场对标准的需求。社会团体在开展标准化活动的时候不应妨碍市场竞争，通过新技术成果融入团体标准促进技术创新产业化和市场化。

二、法律法规对团体标准内容的要求

新修订的《中华人民共和国标准化法》和《团体标准管理规定》对团体标准内容的要求如下：

（1）制定团体标准应当有利于科学合理利用资源，推广科学技术成果，增强产品的安全性、通用性、可替换性，提高经济效益、社会效益、生态效益，做到技术上先进，经济上合理。

制定团体标准应当在科学技术研究成果和社会实践经验总结的基础上，深入调查分析，进行实验、论证，切实做到科学有效、技术指标先进。

禁止利用团体标准实施妨碍商品、服务自由流通等排除、限制市场竞争的行为。

（2）团体标准应当符合相关法律法规的要求，不得与国家有关产业政策相抵触。

对于术语、分类、量值、符号等基础通用方面的内容应当遵守国家标准，行业标准，地方标准，团体标准一般不予另行规定。

（3）团体标准的技术要求不得低于强制性标准的相关技术要求。

（4）制定团体标准应当以满足市场和创新需要为目标，聚焦新技术、新产业、新业态和新模式，填补标准空白。

国家鼓励社会团体制定高于推荐性标准相关技术要求的团体标准；鼓励制定具有国际领先水平的团体标准。

三、团体标准制修订程序

团体标准制修订程序可包括如下阶段：提案、立项、起草、征求意见和审查、通过和发布、复审，如图 5-5 所示。

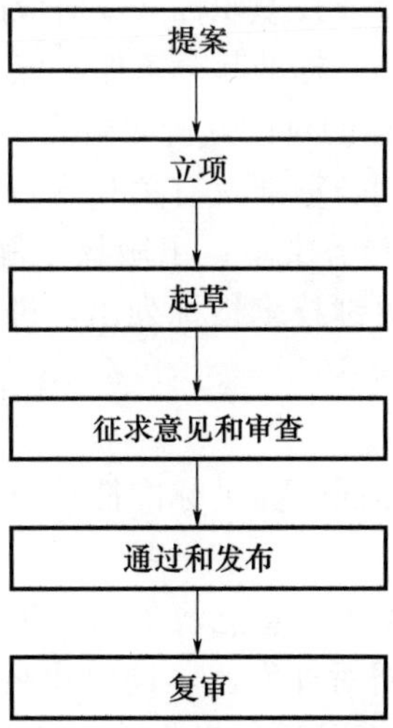

图 5-5　团体标准制修订程序

（1）提案

提案阶段的主要工作是标准编制机构接收标准制修订项目提案，对项目进行评估后，编制团体标准项目建议书，并上报管理协调机构。

（2）立项

立项阶段的主要工作是管理协调机构对团体标准项目建议书的必要性、可行性等进行审查，审查通过后形成团体标准制修订项目计划。团体宜在全体成员范围内通报团体标准制修订项目计划，以便成员参与标准编制工作或发表意见。鼓励团体通过核实的渠道向社会公布团体标准制修订项目计划。

（3）起草

起草阶段的主要工作是标准编制机构对相关事宜进行调查分析、试验和验证等，确定标准技术内容，不断讨论和完善，形成拟用于征求意见的团体标准草案。

（4）征求意见和审查

征求意见和审查阶段的主要工作是标准编制机构对团体标准征求意见稿进行征求意见，并对反馈意见进行处理、协调，从技术角度进行审查，经过协商一致或投票方式对是否通过给出结论。团体标准宜在全员范围内征求意见。鼓励团体通过合适的渠道向社会公开征集意见。

（5）通过和发布

通过和发布阶段的主要工作是标准化决策机构按照议事规则通过团体标准时，并予以公开发布。团体在发布团体标准的同时，宜在团体标准信息平台上公开团体标准的基本信息。

（6）复审

复审阶段的主要工作是标准编制机构根据技术发展和市场需求，对已发布的团体标准的实用性进行评估，并给出复审结论。

四、团体标准编写过程中需要参考的基础性标准

在团体标准的编写过程中，可以按照需要参照使用指导标准编写的基础性国家标准，如GB/T 1《标准化工作导则》（所有部分）、GB/T 20000《标准化工作指南》（所有部分）、GB/T 20001《标准编写规则》（所有部分）、GB/T 20002《标准中特定内容的起草》（所有部分）等。

五、团体标准起草过程中需要注意的问题

1. 标准起草工作组的建立

标准项目负责人应当具有中级以上专业技术职称（或对应的职务），熟悉本专业领域业务工作，掌握标准化基础知识，熟悉标准化工作流程。标准起草工作组应当充分吸收标准利益相关方参加。

2. 充分收集相关资料，做好关键指标的对比分析与验证

围绕团体标准化对象，收集国内外同类标准及有关技术资料，包括同一或同类标准化对象的技术标准和技术法规、科技文献、科技发展趋势文献、出版物，例如专利情报和专利说明书、发明证书、样本和样机、产品目录、手册等，并将关键技术指标列出，进行对比分析。开展标准技术指标的试验验证分析，确定科学合理的标准技术指标。

3. 征求意见

一般情况下，团体标准征求意见时需同时提供标准征求意见稿、编制说明（征求意见稿）及意见汇总表。

征求意见工作包括征求意见材料的发出、意见收集与处理三个阶段。建议在征求意见时不仅要通过标准信息公共服务平台和社会团体官网对外发出，同时也要向标准的各利益相关方定向征求意见。征求意见的时间一般为30天。意见收集汇总后，起草组应当逐一处理。根据对反馈意见的处理，标准征求意见稿的关键技术指标和技术路线需要进行重大调整的（例如标准使用范围、对象、技术路线、技术内容的减少或增加等），应当再次征求意见。

4. 标准涉及专利的披露

国务院《深化标准化工作改革方案》中明确提出，支持专利融入团体标准，推动技术进步。社会团体作为团体标准发布机构，建议采用ISO、IEC、ITU三大国际标准化组织秉承的不介入原则、披露原则和承诺许可原则。鼓励参与及未参与标准化工作的利益相关方，尽早披露标准中

所涉及的专利。

六、团体标准技术审查的主要内容

从以下4个方面对标准进行审查。

1. 符合性

送审稿应符合国家有关法律法规及强制性标准的要求，符合社会团体制定的标准制定程序和有关要求，且与通过立项评审的有关材料保持一致。

2. 适用性

送审稿应适应标准化工作的需求和有效实施的各种条件。

3. 科学性

送审稿的技术内容应科学、合理。

4. 规范性

送审稿编写应与GB/T 1.1—2020《标准化工作导则 第1部分：标准化文件的结构和起草规则》等国家标准编写要求一致。系列标准的结构、文体和术语等应统一。

七、团体标准编制说明的编写要求

编制说明是对团体标准条文依据的进一步说明，是团体标准起草过程的真实记录。在团体标准审查、实施和修订时，可通过编制说明了解标准起草过程中有关内容的变动及合理性等。建议在标准起草过程中参考GB/T 1《标准化工作导则》（所有部分）、GB/T 20000《标准化工作指南》（所有部分）、GB/T 20001《标准编写规则》（所有部分）的规定及相关要求编写。

编制说明包括但不限于如下主要内容。

1. 工作简况

工作简况包括立项情况、主要工作过程、主要参加单位和工作组成员及其所做的工作等。

2. 标准编制原则和主要内容

包括本标准编制的原则、本标准主要内容（例如技术指标、参数、公式、性能要求、试验方法、检验规则等）的论据、解决的主要问题，修订时应列出本标准与原标准的主要差异和水平对比。

3. 主要试验（或验证）情况

本标准编制过程中主要试验或主要验证情况的分析。

4. 标准中涉及专利的情况

要明确说明本标准中有无涉及专利，及专利的披露情况。对于涉及专利的标准项目，应提供全部专利所有权人的专利许可声明和专利披露声明。

5. 预期达到的社会效益、对产业发展的作用等情况

本标准批准发布后，经宣贯、实施，预期能产生的社会效益情况估计，以及对产业发展（例如技术进步、结构调整、规范市场等方面）的作用。

6. 与国际、国外标准对比情况

本标准在制定或修订过程中，与国际、国外同类标准水平的对比情况；国内外关键指标对比分析或与测试的国外样品、样机的相关数据对比情况。

7. 与现行相关法律、法规、规章及相关标准，特别是强制性标准的协调性

简要说明本标准与法律、法规、规章及现行标准的协调性。

8. 重大分歧意见的处理经过和依据

主要适用于对矛盾、分歧较大的意见的处理结果与处理依据的说明。

9. 标准性质的建议说明

团体标准为自愿性标准。

10. 贯彻标准的要求和措施建议

包括组织措施、技术措施、过渡办法、实施日期等。

11. 废止现行相关标准的建议

修订标准时说明新旧标准的替代关系。

12. 其他应予说明的事项

陈述本标准编制阶段与原计划有差异的原因、阶段和审议结果。即：

（1）征求意见稿编制说明：陈述起草阶段变更时的工作组结论。

（2）送审稿编制说明：陈述征求意见阶段、起草阶段变更的工作组结论。

（3）报批稿编制说明：陈述审查结论。

八、团体标准技术审查会会议纪要的要求

团体标准技术审查会会议纪要应符合以下要求：

（1）标准审查会议纪要应当在标准技术审查会上完成，并经全体审查专家审议通过。内容应简要齐全，包括会议时间、会议地点、审查专家情况、会议议程、审议情况和审查结论等。

（2）标准审查会议纪要其应包括会议纪要附件《参加标准审查会专家名单》《审查会审查意见汇总处理表》。

（3）标准审查会议纪要如有“标准名称”或“起草单位”变更情况，在会议纪要中要对变更情况进行说明，并对变更结论进行描述。

（4）标准审查会议纪要建议加盖组织审查单位公章。

九、如何把控团体标准质量

标准质量是标准的生命。团体标准能否得到有效实施和推广应用，必须高度重视标准的质量。应该从以下几方面加强团体标准质量控制：

（1）社会团体要高度重视团体标准的质量，并制定完善的团体标准制修订的程序和管理制度，控制标准起草、征求意见和标准审查每个环节，提高标准质量。

（2）在团体标准立项时，选择确定在行业或相关产品领域里具有专业知识、标准化能力较强的专家担任标准项目起草人，提高标准质量。

（3）高度重视团体标准审查，选择懂专业、懂标准的专家进行业标准审查，提高标准质量。

（4）可以引进第三方对标准质量进行评估，发现问题，并提出修改或完善团体标准制修订的管理的意见或建议，优化管理，提高标准质量。

（5）充分把握团体标准在对外公示的机遇，积极收集社会各界关心团体标准的组织或个人的评价。

（6）团体标准发布后，应当搜集整理社会各界执行实施团体标准的组织或个人的反馈意见，为标准进一步修订提供技术基础。

第五节　团体标准化管理

由于团体标准的特性，根据《团体标准管理规定》，国家采取“不设许可，培育优秀”的基本方针，建立第三方评估、社会公众监督和政府事中事后监管相结合的评价监督机制，规范社会团体自我治理机制，充分发挥市场规律对团体标准的优胜劣汰作用，通过组织社会团体在“全国团体标准信息平台”上自愿登记并公开基本信息，配合成立“团体标准化发展联盟”、开展“标准化良好行为评价”等方式，发挥政府引导、服务、监督作用，促进团体标准的发展。本节主要介绍团体标准化管理的有关规定和要求。

一、团体标准管理的政策依据

新修订的《中华人民共和国标准化法》从制定、实施和管理3个方面规定了我国团体标准化工作的基本要求。第二十七条规定了我国实行团体标准与企业标准自我声明公开制度。

《团体标准管理规定》强调规范团体标准制定范围，明确相关方参与标准化活动的要求，严格团体标准制定程序，同时也进一步加强了团体标准的监督。通过第六条、第十八条、第十九条、第二十条针对团体标准自我声明公开的内容、公开所应提供的文件、公开的法律效果等进行细化规定。

2019年，市场监管总局关于全面推进“双随机、一公开”监管工作的通知中将团体标准自我声明监督检查列为了抽查事项。2019年2月，国家标准化管理委员会印发的《2019年全国标准化工作要点》提出，实施团体标准培优计划，推进团体标准良好行为评价。团体标准良好行为评价将为开展标准化工作的社会团体树立标准化行为标杆，进而引领团体标准朝着更加规范的方向发展。团体标准良好行为评价的结果，将为政府招投标、采购、项目验收等工作应用团体标准提供基础支撑。也提出加强团体标准、企业标准监督管理的顶层设计和具体实施，各地区、各部门要根据地方、行业实际情况，制订有针对性的措施，积极采用“双随机、一公开”方式，开展团体标准的事中事后监管，加大对违法违规团体标准的查处力度。

全国标准化原理与方法标准化技术委员会（SAC/TC 286）针对团体标准化这一基础标准化领域，组织制修订了GB/T 20004.1—2016《团体标准化 第1部分：良好行为指南》和GB/ T 20004.2—2018《团体标准化 第2部分：良好行为评价指南》国家标准。GB/T 20004.1给出了团体标准化工作的基本框架，从团体标准化的一般原则、组织管理、制订程序、标准编写以及宣传推广等方面为社会团体规范化开展团体标准化工作提供了良好行为指南。GB/T 20004.2则从评价原则、评价内容、评价程序方面为下一步团体标准化良好行为评价工作的开展提供了基础支撑。

二、团体标准化的主体、范围和特点

（一）团体标准化的主体

团体标准制定和发布（责任）主体是具有法人资格和相应专业技术能力的学会、协会、商会、联合会以及产业技术联盟等社会团体。这些团体在团体标准制定实施中应发挥主导作用。

团体标准的实施主体是企业，企业根据自身需要自行决定是否采用团体标准。

各级标准化行政主管部门对团体标准的发展起引导、规范、协调和监督的作用，相关主管部门发挥行业指导作用。

科研、检测、标准化等技术机构为社会团体开展标准化活动提供咨询和技术服务。

（二）团体标准化的范围

社会团体可在没有国家标准、行业标准和地方标准的情况下，制定团体标准，快速响应创新和市场对标准的需求，填补现有标准空白。

鼓励社会团体制定严于国家标准和行业标准的团体标准，引领产业和企业的发展，提升产品和服务的市场竞争力。

（三）团体标准化的特点

区别于国家标准、行业标准、地方标准，团体标准具有如下特点。

1.“自下而上”模式

在我国从计划经济向市场经济发展的过程中，国家标准、行业标准、地方标准和企业标准相继出现，团体标准的产生背景、主体、形式均与传统标准形式大大不同。随着市场经济的快速发展，以政府主导、政府出资、政府批准制定和发布的“自上而下”模式已不适应时代发展需要。团体标准是根据市场需求及变化而制定，由团体主导、企业参与、政府监督的“自下而上”标准化模式，最贴近市场真实需求，对市场变化最为敏感，标准制定周期大为缩短，团体标准在我国是创新型的标准形式。

2. 开放性

团体标准的开放性包括两个方面，一方面是团体标准的制定、发布和实施环节并非是封闭的，并非像国家标准或行业标准，如果标准内容存在明显重复，同内容的标准就无法获批立项。团体标准化在合法、公正、公开的前提下，鼓励团体标准按照市场机制公平竞争，通过市场竞争优胜劣汰，激发社会团体内生动力，提高团体标准的质量水平，促进团体标准推广应用。第二方面是团体标准基本信息是面向社会公开的。社会团体可在平台上公开本团体基本信息及标准制订程序等文件，接受社会公众提出的意见和评议。30 日内没有收到异议或经协商无异议的，社会团体可在平台上公布其标准的名称、编号、范围、专利信息、主要技术内容等信息。

3. 灵活性

随着经济的发展和技术的进步，新产业、新产品不断涌现，国家标准、行业标准、地方标准作为政府主导的标准，在制定过程中需要经历立项审查、报批审查等一系列的流程，从立项到发布周期往往较长。而团体标准较为灵活，制定程序相对简洁，发布实施周期短，能够迅速应对市场新需求，尤其对一些社会公众关注的问题能够迅速响应。例如受新冠肺炎疫情影响，无接触配送服务需求较大，2020 年 3 月 10 日国内首个无接触服务领域的团体标准 T/CCPITCSC 042—2020《无接触配送服务规范》由中国贸促会商业行业委员会发布并实施。该标准为电子商务平台、配送和餐饮企业提供了详实可操作的无接触配送服务模式，为疫情防控期间用户安全消费提供了重要保障。

4. 创新性

《关于培育和发展团体标准的指导意见》提到鼓励团体标准及时吸纳科技创新成果，促进科技成果产业化，提升产业、企业和产品的核心竞争力。相比于其他标准，团体标准能够快速跟进新技术、新产品，对于促进行业技术进步具有前瞻性和引领性。当创新产品和技术更新换代时，团体标准可以紧跟技术进步的脚步，适时推出适宜的团体标准，满足市场发展的需要。

5. 竞争性

团体标准是为了满足市场需求，社会团体协调市场主体共同制定的市场标准。《关于培育和发展团体标准的指导意见》指出，在合法、公正、公开的前提下努力提高团体标准的质量水平，促进团体标准推广应用。因此，团体标准区别于政府主导制定的标准之间的非竞争关系，团体标准之间存在竞争关系。通过市场竞争实现团体标准优胜劣汰，激发社会团体开展团体标准化工作的主动性和内生动力。

6. 自愿性

团体标准制定和发布（责任）主体是具有法人资格和相应专业技术能力的学会、协会、商会、联合会以及产业技术联盟等社会团体。而社会团体的基本特性之一是自愿性，即在其活动和管理中有显著的自愿参与的成分。在美国等发达国家，团体标准也称为自愿性标准，由非政府性质的标准化组织在自愿协商基础上制定。中国团体标准同样强调参与成员的自由意志，成员具有自由进入或退出团体的权利，在团体标准的制定、发布、实施活动中同样具有相应的自愿性权利。

三、团体标准化工作主要内容

根据《团体标准管理规定》，团体标准化工作包括以下内容：

（1）按照《中华人民共和国标准化法》及其他团体标准有关法律法规的要求，建立本社会团体的标准化工作组织机构和工作机制。

（2）组织团体标准的制修订、实施。

（3）与相关社会团体发布的标准及国家标准、行业标准等进行协调。

（4）组织和推动团体标准的利益相关方积极参与团体标准化工作。

（5）组织推动团体标准的国际化。

（6）为社团成员提供团体标准化服务。

四、团体标准化工作的基本原则

培育发展团体标准，是发挥市场在标准化资源配置中的决定性作用、加快构建国家新型标准体系的重要举措。为贯彻落实国务院《深化标准化工作改革方案》的要求，促进团体标准化工作健康有序发展，国家质检总局、中国国家标准化管理委员会于2016年2月9日发布了《关于培育和发展团体标准的指导意见》，要求全国标准化建设要按照党中央、国务院决策部署，以服务创新驱动发展和满足市场需求为出发点，以“放、管、服”为主线，激发社会团体制定标准、运用标准的活力，规范团体标准化工作，增加标准有效供给，推动大众创业、万众创新，支撑经济社会可持续发展。

培育和发展团体标准化，促进团体标准化工作健康有序发展，应遵循以下基本原则：

1. 政府引导

创新政府管理方式，坚持“放、管、服”结合，加强政府的政策引导和协调监督，营造利于团体标准发展的良好政策环境，激发团体标准制定机构的动力，引导团体标准依法有序发展。

2. 市场主导

遵循市场经济规律，强化团体标准与市场对接。团体标准由市场主体自主制定、自由选择、自愿采用，充分发挥市场竞争机制的优胜劣汰作用，强化行业自律，规范行业管理，服务社会和经济发展。

3. 专业指导

充分发挥科研、检测、标准化等技术机构的专业指导作用，为市场主体开展标准化活动提供咨询和技术服务，把好团体标准的质量关，促进团体标准的有效实施。

4. 分步推进

根据不同行业、不同领域的团体标准的性质和特点，分步推进团体标准化工作。坚持试点先行，分层次、分阶段、分步骤地有序推进。通过点上提升、线上发动、面上推广，发挥试点项目的示范效应，引领和带动全市团体标准化工作的发展。

五、团体标准的实施

团体标准并非强制性实施，社会团体发布标准后，供市场自愿选用。团体标准的实施阶段一般包括如下方面。

1. 标准宣贯

团体标准应采用标准培训会、媒体传播等形式宣传团体标准化成果，提升全社会对团体标准的认知度，扩大团体标准的影响力。

2. 市场自愿选用

团体标准坚持“自愿采用，优胜劣汰”原则，不强制企业采用，市场上的企业和单位可依据自身需求，自主决定是否采用。

3. 实施

企业是团体标准的实施主体，对于自愿采用团体标准的企业，应依据标准要求开展生产、经营、管理相关工作，记录标准实施和应用过程中的相关信息和问题。

4. 自我治理

社会团体要开展自我治理，充分发挥主动性，积极收集团体标准实施相关反馈，对已经发布的团体标准按时复审。

5. 改进

根据市场发展需要，及时改进和完善团体标准，确保团体标准满足市场需求。

六、团体标准的监督和标准良好行为评价

国家市场监管总局、国家标准化管理委员会高度重视团体标准监督和标准良好行为评价工作要加

强团体标准的评价监督、开展良好行为评价。2019 年 6 月 5 日国家市场监管总局办公厅《市场监管总局办公厅关于印发团体标准、企业标准随机抽查工作指引的通知》，根据“双随机、一公开”监管工作的部署要求，制定了团体标准、企业标准随机抽查工作指引，确定对团体标准和企业标准随机抽查，加强监督。

1. 加强评价监督

团体标准的评价监督机制是第三方评估、社会公众监督和政府事中事后监管相结合的机制。通过第三方专业机构对团体标准内容的合法性、先进性和适用性开展评估。

鼓励社会公众特别是团体标准使用者对不符合法律法规和强制性标准要求的团体标准进行投诉和举报，建立有关投诉和举报的处理机制，畅通社会公众监督反馈的渠道。

省级以上政府标准化行政主管部门依职责权限可对团体标准内容的合法性进行随机抽查。对违反法律法规和强制性标准的团体标准，省级以上政府标准化行政主管部门应督促相关社会团体限期改正或废止，拒不执行的，在团体标准信息平台上予以披露，并将有关情况通报社会团体登记管理部门。各地方、各部门对团体标准化活动中乱摊派、乱收费、侵犯知识产权、垄断等违法违规行为依法依规进行处理。

国家各级标准化行政主管部门依法对团体标准内容、制订程序、实施等进行监督管理规定。标准化行政主管部门检查团体标准有如下依据。

(1)《中华人民共和国标准化法》第二十一条第一款，推荐性国家标准、行业标准、地方标准、团体标准、企业标准的技术要求不得低于强制性国家标准的相关技术要求。

(2)《中华人民共和国标准化法》第二十二条第一款，制定标准应当有利于科学合理利用资源、推广科学技术成果，增强产品的安全性、通用性、可替换性，提高经济效益、社会效益、生态效益，做到技术上先进、经济上合理。

(3)《中华人民共和国标准化法》第二十四条，标准应当按照编号规则进行编号。标准的编号规则由国务院标准化行政主管部门制定并公布。

(4)《中华人民共和国标准化法》第三十九条第二款，社会团体、企业制定的标准不符合本法第二十一条第一款、第二十二条第一款规定的，由标准化行政主管部门责令限期改正；逾期不改正的，由省级以上人民政府标准化行政主管部门废止相关标准，并在标准信息公共服务平台上公示。

(5)《中华人民共和国标准化法》第四十二条，社会团体、企业未依照本法规定对团体标准或者企业标准进行编号的，由标准化行政主管部门责令限期改正；逾期不改正的，由省级以上人民政府标准化行政主管部门撤销相关标准编号，并在标准信息公共服务平台公示。

2. 开展良好行为评价

根据GB/T 20004.1—2016《团体标准化 第1部分：良好行为指南》和GB/ T 20004.2—2018《团体标准化 第2部分：良好行为评价指南》国家标准确定的团体标准制定程序和良好行为评价准则，开展第三方进行团体标准化良好行为评价，向社会公开通过良好行为评价的社会团体名单，激励社会团体以高标准、严要求开展标准化工作，探索建立社会团体标准化良好行为规范信用记录制度。

七、推动团体标准化工作的保障措施

1. 加强团体标准化人才培养

各级标准化行政主管部门、相关主管部门、社会团体以及产业技术联盟等应大力开展团体标准化的教育培训工作，分层次培养社会团体、骨干企业中的技术与管理人员，增强标准化理论水平和能力，熟悉国内外相关行业技术进展，为有效开展团体标准化工作提供人才保障。

2. 建立健全团体标准的监督机制

我国现阶段对于团体标准的监督机制还在摸索阶段，需进一步建立和健全第三方、社会公众监督和政府监督相结合的团体标准监督体系，搭建便捷、合理、高效的监督意见反馈渠道，对监督发现的问题和意见应有专门部门负责核实和处理，对不符合法律法规和强制性标准要求的团体标准及其发布团体，将依法依规处理。

3. 建立团体标准化成果奖励机制

团体标准是自愿性行为，鼓励团体标准化工作中的优胜劣汰，为鼓励社会团体制定出更多高水平、实用性高的团体标准出现，也为标准团体间的竞争设置一定的准入标准。建议各级标准化行政主管部门建立团体标准化成果奖励机制。鼓励优秀的团体标准参与竞争，激发各类社会团体和产业技术联盟开展标准化工作的积极性和创造力。

八、团体标准化工作应注意的问题

1. 团体标准化运行中的交叉重复问题

团体标准鼓励竞争和优胜劣汰，这有利于调动社会团体、企业的活力，迎合市场发展需要。但团体标准化运行中存在交叉重复问题。这主要由于我国拥有数量众多的社会团体，不同团体在制定团体标准时，可能存在重复、分歧和冲突等情况，阻碍团体标准的建设，亦不利于社会整体公共利益。团体标准重复、交叉问题产生的原因如下：

（1）团体标准自下而上的设定方式，导致标准制定交叉重复。不同于法定标准自上而下的设定方式，团体标准采取的是自下而上的设定方式。因此，团体标准设定主体的多元化与复杂性及其各种自发行为、各个团体标准组织关注点与目标的多样性、团体标准之间运行的独立性等将导致相同标准化对象的团体标准的重复。

（2）团体标准组织之间缺少战略联系与互动，信息不对称，导致团体标准交叉重复。因缺乏合作与互动的意识、受各种因素影响对合作抵触、组织间理念与目标的差异等原因，团体标准组织之间缺少互动联系，将加重团体标准的交叉、重复，使团体标准体系松散、杂乱、缺乏统一，对团体标准的实施和监管、利用带来很大难度。

2. 团体标准中的组织实力及标准质量参差不齐问题

国家鼓励具备能力的社会组织协调相关市场主体共同制定满足市场和创新需要的标准。而社会团体开展团体标准工作应有健全的标准化机构、完善的运行和管理机制、明确的专利政策等。目前有5300多家社会团体在全国团体标准信息平台进行注册，这些社会团体既有国家级的协会，也有省市级的，还有县区级的小协会，部分组织及成员缺乏相应的标准化能力和经验，在标准的制定上缺乏规范性、技术水平低，导致标准质量不高或难以满足市场需求，导致团体标准使用少，严重影响团体标准的公信力和采标率。

第六节　木材工业团体标准化现状

木材工业团体标准化对我国实施木材工业创新驱动发展战略、增加标准有效供给、完善木材工业标准体系、推动木材工业高质量发展等方面有着十分重要的意义。

一、发布团体标准的木材工业社会团体

目前，国内木材工业领域内有影响力的学会、协会、联合会等社团机构制定和发布了一定数量的团体标准，对满足企业生产需求、推动产业发展、引领产业技术进步等发挥了积极的作用。

根据全国标准信息公共服务平台的统计数据，截至2020年8月31日，已发布木材工业团体标准的社会团体共25家（表5-1），其中全国性的社会团体7家，省、自治区、直辖市的社会团体10家，地级市区社团的8家。这里主要介绍6家发布木材工业团体标准的较多的社会团体情况。

表 5-1 发布木材工业团体标准的社会团体情况

序号	团体名称	社会团体代号	发证机关	业务范围	地域	活动地域	发布标准数量
1	中国林学会	CSF	中华人民共和国民政部	学术交流、国际合作、科技推广、技术认证、科教奖励、展览展示、书刊编辑、成果鉴定、专业培训、科学普及、咨询服务	北京	全国	21
2	中国林产工业协会	CNFPIA	中华人民共和国民政部	行业管理、技术交流、专业展览、国际合作、咨询服务	北京	全国	7
3	中国产学研合作促进会	CAB	中华人民共和国民政部	理论研究、学术交流、国际合作、成果推广、展览展示、教育培训、宣传普及、书刊编辑、咨询服务	北京	全国	134
4	中国城市科学研究会	CSUS	中华人民共和国民政部	学术交流、国际合作、书刊编辑、业务培训、科学普及、咨询服务	北京	全国	9
5	中国建筑装饰协会	CBDA	中华人民共和国民政部	行业管理、信息交流、业务培训、书刊编辑、专业展览、咨询服务、国际合作	北京	全国	34
6	中国木材与木制品流通协会	CTWPDA	中华人民共和国民政部	行业管理、信息交流、业务培训、专业展览、国际合作、咨询服务	北京	全国	8
7	中华全国工商业联合会家具装饰业商会	CFDCC	中华全国工商业联合会	经济、技术、信息、商务等项咨询，参观、考察、展览、会议等项活动，产品推广、交流与合作等项服务	北京	全国	8
8	上海市建筑材料行业协会	SBMIA	上海市民政局	行业调研、统计评比、技术培训、编辑出版、会展招商、产品推介、咨询服务、国内外信息技术交流等（涉及行政许可的，凭许可证开展业务）	上海	上海	10
9	天津市环保产品促进会	APEP	天津市民政局	环保产品的宣传、培训、咨询、论证、展会、社会监督、产品开发推广、消费投诉、调研，依法参与各类公益诉讼，环保标准的制修订	天津	天津	4
10	天津市家居商会	JJSH	天津市民政局	家居业流通与开发，装修设计与施工、展览展示、行业评优、统计、培训、技术咨询等服务	天津	天津	2
11	浙江省品牌建设联合会	ZZB	浙江省民政厅	开展相关研究，参与标准制定、发布、认证与监督，品牌培育，人才培训，品牌保护和宣传	浙江省	浙江省	1606
12	湖州市南浔区地板协会	DBXH	湖州市南浔区民政局	提供信息服务，制定行内标准，组织人员培训，开展经验交流等	浙江省湖州市南浔镇	南浔区	4
13	温州市家具商会	WJJSH	温州市民政局	交流、咨询、培训、展评	温州市	温州市	2
14	广东省定制家居协会	GCHA	广东省民政厅	开展与国内外相关行业的经济技术交流合作，组织业内经验交流、招商引资和产品推荐促销活动，介绍国内外新技术、新产品和新动态，举办各类型培训活动及业务技术咨询活动	广东省	广东省	6

续表

序号	团体名称	社会团体代号	发证机关	业务范围	地域	活动地域	发布标准数量
15	广东省木材行业协会	GTIA	广东省民政厅	合作交流，技术研讨，咨询服务，行业自律	广州市	广东省	79
16	广东省室内环境卫生行业协会	GIEHA	广东省民政厅	培训交流，展览展销，行业自律，反映诉求，信息咨询	广州市	广东省	17
17	佛山市三水区装修行业协会	FSDDIA	佛山市三水区民政局	加强行业管理，维护会员单位的合法权益；开展本行业内的企业与工程项目的创优评选活动，推进全面质量管理，加强对装饰工程现场服务；组织开展行内交流活动	佛山市三水区	佛山市三水区	2
18	广西林业产业行业协会	GXLC	广西壮族自治区民政厅	协助政府有关部门做好本行业企业的组织、协调、指导、交流和服务工作	南宁市	广西境内	4
19	贵州省家具协会	GZFA	贵州省民政厅	家具工业技术与经验交流，专业培训，咨询服务，参与行业管理	贵阳市	贵州省	1
20	柳州市标准技术协会	LZBX	柳州市行政审批局	标准化、WTO/TBT、标准信息的培训及咨询服务，标准技术的咨询、评估、中介、服务，新产品的开发、推广应用	柳州市	柳州市	10
21	南京市移门行业协会	NJYM	南京市民政局	移门行业交流合作，行业自律，维护权益	南京	南京	2
22	汕头市潮南区建筑装饰行业协会	CNZX	汕头市潮南区民政局	①组织会员学习党和政府有关方针和政策；②提供相关市场和技术信息，进行技术指导；③组织推进国内外的行业技术交流和协作；④维护会员权益，规范行业管理	汕头市潮南区	汕头市潮南区	3
23	汕头市潮阳区装饰行业协会	CYZX	汕头市潮阳区民政局	搭建产业信息平台，维护会员合法权益，促进行业合作交流，推动行业诚信自律	汕头市潮阳区	汕头市潮阳区	1
24	四川省室内装饰协会	SCIDA	四川省民政厅	协助行业管理、咨询服务	成都市	四川省	2
25	苏州市吴江区地板木业商会	WJDB	苏州市吴江区民政局	信息交流，组织会员参加各种展销会，参与各种社会公益活动，人员培训，标准制定	江苏省苏州市吴江区	江苏省苏州市吴江区	5

1. 中国林学会

中国林学会是由林业科技工作者及相关单位组成的全国性、学术性、科普性法人社会团体，业务范围包括学术交流、国际合作、科技推广、技术认证、科教奖励、展览展示、书刊编辑、成果鉴定、专业培训、科学普及、咨询服务等。中国林学会根据国家《团体标准管理规定》（国家标准委〔2019〕1号）和《中国林学会团体标准管理办法（试行）》（中林会学字〔2017〕28号）文件要求，开展团体标准研究工作。截至2021年11月，中国林学会发布的与木材工业相关的团体标准共有3项。

2. 中国林产工业协会

中国林产工业协成立于1988年，是在民政部注册登记的非营利社团法人，业务指导是国家林业和草原局。协会现有会员3000余家，由林产工业行业上下游生产、贸易、流通以及服务等企业、科研机构、规划设计单位、质检机构以及大专院校等单位组成，分别隶属林业、轻工、物资、建材等部门，分布于胶合板、纤维板、刨花板、地板、门窗和各种人造板二次加工、木浆造纸、松香及其他林化产品等工业以及为之服务的设备制造、原辅料生产行业，拥有以上行业的众多强势龙头企业，范围遍及全国各省区。

2016 年 8 月 13 日，中国林产工业协会成立中国林产工业协会标准化技术委员会，同时启动了全国林业首家团体标准编制工作。截至 2021 年 11 月，中国林产工业协会发布的团体标准共有 21 项。

3. 中国林业生态发展促进会

中国林业生态发展促进会是经国务院批准、民政部登记注册、国家林业和草原局主管的国家一级社团。业务范围为组织开展生态建设、国土绿化、防沙治沙、野生动植物和湿地保护等；对生态建设工作中的先进个人及集体进行表彰、奖励；组织实施生态领域相关认证工作；开展林业和生态领域科学研究、技术推广和人才培养；以报刊、影视、音像、文艺、艺术和图书等多种形式，宣传我国生态文明建设成果；组织开展公众生态意识教育宣传活动，对生态系统内的生态破坏、非法捕杀、乱砍滥伐等问题进行督查，并向政府有关部门反映；促进港澳台地区、海外华侨、华人筹集资金参与祖国生态建设事业，加强国际交流，拓展国际合作；推动生态产业多元化建设，促进生态产业发展。

截至 2021 年 11 月，中国林业生态发展促进会已发布 3 项团体标准。

4. 中国木材与木制品流通协会

中国木材与木制品流通协会经中华人民共和国民政部批准登记，由与木材和木制品（含竹材与竹制品）相关的企事业单位、团体和个人自愿结成的全国性、行业性、非营利性社会组织。民政部核准本团体主要职能是收集、调查行业基本情况和相关信息，并承担全国木材与木制品统计工作；协助政府制定、推行和贯彻木材与木制品有关政策法规及标准等。协会下设木材进出口、木材市场、木门窗、木地板、木皮、木材防腐、工程木制材料、红木、全屋定制、阔叶木、木雕、板材、木业电商、木材企业信用工作委员会、标准化技术委员会、法律工作委员会等分支机构。截至 2021 年 11 月，中国木材与木制品流通协会共制定发布了 12 项团体标准。

5. 浙江省品牌建设联合会

浙江省品牌建设联合会经浙江省民政厅批准登记，是由浙江省一批行业领先企业、大专院校、科研院所、检测和认证机构共同发起成立的社会组织，以“制标准、提质量、施认证、建标杆、树品牌、促转型”为宗旨，以“浙江制造”品牌建设为核心工作，主要负责沟通并有效传递政府主管部门对“浙江制造”品牌建设的要求和建议，协调各成员机构顺利开展“浙江制造”品牌建设各项工作。具体主要开展“浙江制造”质量理论研究、标准制定与宣贯、产品认证与监督、品牌培育与保护、宣传推广等工作。截至 2021 年 11 月底，浙江省品牌建设联合会共发布了 2600 项“浙江制造”团体标准。

6. 广东省木材行业协会

广东省木材行业协会经广东省民政厅批准登记，由广东省从事木竹生产、流通、木竹加工制品，包括以木竹为原料的人造板、地板、木门、木窗、木线、木皮、楼梯、木材保护等行业的企业、科研、社会团体等，依照国家有关法律自愿组成的行业性、服务性、非营利性，具有法人资格的社会团体法人。业务范围包括开展调查研究，收集和整理行业发展信息，及时传达和贯彻国家有关林产品的方针政策和决定，协助政府搞好林产品的生产和流通的管理，为企业提供咨询服务等。截至 2021 年 11 月底，广东省木材行业协会共发布了 79 项团体标准，主要是木材及木制品联盟市场要求、木材及木制品交易等。

二、木材工业团体标准发展现状

木材工业团体标准发布数量，体现了团体标准化工作的活跃度。截至 2020 年 8 月 31 日，按照团体标准发布数量划分，团体标准发布数量 10 项以下（包含 10 项）的社会团体 23 家，占比为 76%；发布数量 11～50 项的社会团体 1 家；发布数量 51 项以上的社会团体 1 家见表 5-2。这主要是由于 2016 年团体标准刚起步，处于成长阶段，团体标准数量偏少。

截至2020年8月31日，根据全国标准信息公共服务平台的数据统计，已发布木材工业团体标准共计136项。其中基础通用标准5项，认证标准2项，绿色设计标准13项，木地板标准18项，定制家居标准8项，装饰装修工程标准10项，林业生物质材料标准2项，木门标准4项，人造板标准23项，木材市场管理52项。

表5-2　木材工业团体标准情况

序号	类别	标准名称	团体名称	标准编号	发布日期
1	基础通用	中国林产工业企业社会责任报告编写指南	中国林产工业协会	T/CNFPIA 4001—2017	2018年8月30日
2	基础通用	中国木材合法性认定	中国林产工业协会	T/CNFPIA 4002—2017	2018年8月30日
3	基础通用	木材与木制品供应商管理规范	中国木材与木制品流通协会	T/CTWPDA 08—2019	2019年6月11日
4	基础通用	木材鉴定图谱	中国林产工业协会	T/CNFPIA 2001—2018	2018年8月30日
5	基础通用	木家具有害物质限量等级细分	广东省室内环境卫生行业协会	T/GIEHA 004—2018	2018年2月20日
6	认证	结构用集成材产品认证规则	中国林学会	T/CSF 002—2020	2020年4月17日
7	认证	规格材产品认证规则	中国林学会	T/CSF 001—2020	2020年4月17日
8	绿色设计	绿色产品评价——木质门	中国林产工业协会	T/CNFPIA 3001—2018	2018年8月30日
9	绿色设计	绿色设计产品评价技术规范 浸渍胶膜纸饰面人造板	中国产学研合作促进会	T/CAB 0029—2018	2018年9月13日
10	绿色设计	绿色设计产品评价技术规范 木塑型材	中国产学研合作促进会	T/CAB 0011—2016	2016年11月9日
11	绿色设计	绿色设计产品评价技术规范 PVC复合地板	中国产学研合作促进会	T/CAB 0040—2018	2019年3月18日
12	绿色设计	绿色设计产品评价技术规范 重组装饰材	中国产学研合作促进会	T/CAB 0039—2018	2019年3月18日
13	绿色设计	绿色设计产品评价技术规范 实木复合地板	中国产学研合作促进会	T/CAB 0038—2018	2019年3月18日
14	绿色设计	绿色产品评价规范 人造板	中国木材与木制品流通协会	T/CTWPDA 01—2016	2016年9月12日
15	绿色设计	绿色木质地板评价	上海市建筑材料行业协会	T/SBMIA 007—2018	2019年1月4日
16	绿色设计	绿色人造板评价标准	天津市环保产品促进会	T/APEP 1002—2017	2017年7月3日
17	绿色设计	绿色环保办公家具	天津市家居商会	T/JJSH 002—2017	2018年2月25日
18	绿色设计	木家具及原辅材料气味评价方法	广东省定制家居协会	T/GCHA 2—2019	2019年8月22日
19	绿色设计	木质林产品品牌价值评价通则	中国林产工业协会	T/CNFPIA 4003—2017	2018年8月30日
20	绿色设计	产品体系 第3部分：木材及木制品质量与数量评价	广东省木材行业协会	T/GTIA 2.3—2016	2017年5月12日
21	木地板	地采暖用实木地板铺装、验收及使用规范	中国木材与木制品流通协会	T/CTWPDA 05—2018	2018年12月24日
22	木地板	无甲醛添加木质地板	中国木材与木制品流通协会	T/CTWPDA 04—2018	2018年12月24日
23	木地板	负氧离子木地板	中国木材与木制品流通协会	T/CTWPDA 02—2017	2018年12月24日
24	木地板	地暖系统用木质地板甲醛释放限值要求	上海市建筑材料行业协会	T/SBMIA 012—2019	2019年10月29日

续表

序号	类别	标准名称	团体名称	标准编号	发布日期
25	木地板	木质地板行业诚信经营服务规范	上海市建筑材料行业协会	T/SBMIA 006—2018	2019年1月4日
26	木地板	地采暖用实木地板	浙江省品牌建设联合会	T/ZZB 0946—2019	2019年4月29日
27	木地板	浸渍纸层压木质地板	浙江省品牌建设联合会	T/ZZB 0833—2018	2019年3月6日
28	木地板	实木地板	浙江省品牌建设联合会	T/ZZB 0005—2019	2017年3月6日
29	木地板	实木复合地板	浙江省品牌建设联合会	T/ZZB 006—2015	2017年3月6日
30	木地板	E0级浸渍纸层压木质地板	湖州市南浔区地板协会	T/DBXH 004—2019	2019年10月25日
31	木地板	E0级实木复合地板	湖州市南浔区地板协会	T/DBXH 003—2019	2019年10月25日
32	木地板	拼花实木复合地板	湖州市南浔区地板协会	T/DBXH 002—2018	2018年4月26日
33	木地板	木质复合地板中的甲醛释放限量	湖州市南浔区地板协会	T/DBXH 001—2018	2018年4月24日
34	木地板	浸渍纸层压木质地板	苏州市吴江区地板木业商会	T/WJDB 005—2019	2019年9月30日
35	木地板	实木复合地板	苏州市吴江区地板木业商会	T/WJDB 004—2019	2019年9月30日
36	木地板	地采暖用实木踢脚线	苏州市吴江区地板木业商会	T/WJDB 002—2018	2018年10月24日
37	木地板	地采暖用实木地板坯料	苏州市吴江区地板木业商会	T/WJDB 001—2018	2018年10月24日
38	木地板	地采暖用实木地板铺装、验收及使用规范	苏州市吴江区地板木业商会	T/WJDB 003—2018	2018年10月24日
39	定制家居	实木定制家居产品	中华全国工商业联合会家具装饰业商会	T/CFDCC 0203—2018	2018年7月12日
40	定制家居	人造板定制衣柜	浙江省品牌建设联合会	T/ZZB 1320—2019	2020年2月10日
41	定制家居	定制家具用绿色浸渍胶膜纸饰面胶合板和细木工板	浙江省品牌建设联合会	T/ZZB 0945—2019	2019年4月29日
42	定制家居	定制家居产品 人造板定制衣柜 第5部分：客户服务规范	广东省定制家居协会	T/GCHA 1.5—2018	2019年1月14日
43	定制家居	定制家居产品 人造板定制衣柜 第4部分：安装验收规范	广东省定制家居协会	T/GCHA 1.4—2018	2019年1月14日
44	定制家居	定制家居产品 人造板定制衣柜 第3部分：有害物质限量及气味等级	广东省定制家居协会	T/GCHA 1.3—2018	2019年1月14日
45	定制家居	定制家居产品 人造板定制衣柜 第2部分：原材料验收规范	广东省定制家居协会	T/GCHA 1.2—2018	2019年1月14日
46	定制家居	定制家居产品 人造板定制衣柜 第1部分：术语和定义	广东省定制家居协会	T/GCHA 1.1—2018	2019年1月14日
47	装饰装修工程	室内装饰装修工程质量验收标准	四川省室内装饰协会	T/SCIDA 21001—2019	2019年6月27日
48	装饰装修工程	幼儿园室内装饰装修技术规程	中国建筑装饰协会	T/CBDA 25—2018	2020年1月16日
49	装饰装修工程	建筑装饰装修工程木质部品	中国建筑装饰协会	T/CBDA 4—2016	2018年4月26日
50	装饰装修工程	室内装修服务规范	佛山市三水区装修行业协会	T/FSDDIA 1—2018	2018年7月2日
51	装饰装修工程	室内装修投诉及处理规范	佛山市三水区装修行业协会	T/FSDDIA 2—2018	2018年6月29日
52	装饰装修工程	装饰装修企业客户满意度测评标准	汕头市潮南区建筑装饰行业协会	T/CNZX 001—2018	2018年11月12日

续表

序号	类别	标准名称	团体名称	标准编号	发布日期
53	装饰装修工程	室内装饰装修服务规范	汕头市潮阳区装饰行业协会	T/CYZX 001—2018	2018 年 11 月 12 日
54	装饰装修工程	服务体系第 9 部分：终端分拨配送管理	广东省木材行业协会	T/GTIA 6.9—2016	2017 年 5 月 12 日
55	装饰装修工程	室内装饰装修设计标准	四川省室内装饰协会	T/SCIDA 11001—2019	2019 年 6 月 27 日
56	林业生物质材料	石木塑地板应用技术标准	中国城市科学研究会	T/CSUS 03—2020	2020 年 4 月 3 日
57	林业生物质材料	生物质材料复合砧板	浙江省品牌建设联合会	T/ZZB 0872—2018	2019 年 3 月 11 日
58	木门	实木复合木镶板门	浙江省品牌建设联合会	T/ZZB 0214—2017	2017 年 9 月 20 日
59	木门	实木复合烤漆门	浙江省品牌建设联合会	T/ZZB 0180—2017	2017 年 8 月 24 日
60	木门	木质复合免漆门	浙江省品牌建设联合会	T/ZZB 0179—2017	2017 年 8 月 24 日
61	木门	室内木质移门	南京市移门行业协会	T/NJYM 0002—2019	2019 年 4 月 30 日
62	人造板	竹木复合集装箱底板	中国林学会	T/CSF 009—2019	2020 年 4 月 17 日
63	人造板	无醛人造板及其制品	中国林产工业协会	T/CNFPIA 3002—2018	2018 年 8 月 30 日
64	人造板	人造板甲醛释放限量	中国林产工业协会	T/CNFPIA 1001—2016	2018 年 8 月 30 日
65	人造板	橡胶木指接拼板	中国木材与木制品流通协会	T/CTWPDA 06—2019	2019 年 3 月 1 日
66	人造板	可饰面定向刨花板	中国木材与木制品流通协会	T/CTWPDA 03—2017	2017 年 12 月 25 日
67	人造板	可直接饰面定向结构板	浙江省品牌建设联合会	T/ZZB 0947—2019	2019 年 4 月 29 日
68	人造板	不燃高压装饰板	浙江省品牌建设联合会	T/ZZB 0859—2018	2019 年 3 月 15 日
69	人造板	重组装饰单板	浙江省品牌建设联合会	T/ZZB 0912—2018	2019 年 3 月 13 日
70	人造板	家居用定向刨花板	浙江省品牌建设联合会	T/ZZB 0904—2018	2019 年 3 月 12 日
71	人造板	重组装饰材	浙江省品牌建设联合会	T/ZZB 0902—2018	2019 年 3 月 12 日
72	人造板	浸渍胶膜纸饰面细木工板	浙江省品牌建设联合会	T/ZZB 0220—2017	2017 年 9 月 22 日
73	人造板	装饰单板贴面人造板	浙江省品牌建设联合会	T/ZZB 0104—2016	2017 年 3 月 6 日
74	人造板	细木工板	浙江省品牌建设联合会	T/ZZB 0159—2016	2017 年 3 月 6 日
75	人造板	浸渍胶膜纸饰面胶合板	浙江省品牌建设联合会	T/ZZB 0123—2016	2017 年 3 月 6 日
76	人造板	细木工板	广西林业产业行业协会	T/GXLC 004—2019	2019 年 10 月 21 日
77	人造板	普通胶合板	广西林业产业行业协会	T/GXLC 003—2019	2019 年 10 月 21 日
78	人造板	中密度纤维板	广西林业产业行业协会	T/GXLC 002—2019	2019 年 10 月 21 日
79	人造板	刨花板	广西林业产业行业协会	T/GXLC 001—2019	2019 年 10 月 21 日
80	人造板	非指接拼板	贵州省家具协会	T/GZFA 001—2017	2017 年 9 月 28 日
81	人造板	香杉实木生态板	柳州市标准技术协会	T/LZBX 001—2018	2018 年 8 月 29 日
82	人造板	香杉实木板芯	柳州市标准技术协会	T/LZBX 002—2017	2017 年 4 月 24 日
83	人造板	木质相框	浙江省品牌建设联合会	T/ZZB 0892—2018	2019 年 3 月 11 日
84	人造板	木饰面板	温州市家具商会	T/WJJSH 002—2019	2019 年 7 月 3 日
85	木材市场管理	木材及木制品联盟市场 第 1 部分：联盟木材市场成员企业分级	广东省木材行业协会	T/GTIA 1.1—2016	2017 年 5 月 12 日
86	木材市场管理	木材及木制品联盟市场 第 2 部分：联盟木材市场基本要求	广东省木材行业协会	T/GTIA 1.2—2016	2017 年 5 月 12 日

续表

序号	类别	标准名称	团体名称	标准编号	发布日期
87	木材市场管理	木材及木制品联盟市场 第3部分：联盟木材市场验收规范	广东省木材行业协会	T/GTIA 1.3—2016	2017年5月12日
88	木材市场管理	木材及木制品联盟市场 第4部分：联盟木材市场的加入与退出	广东省木材行业协会	T/GTIA 1.4—2016	2017年5月12日
89	木材市场管理	木材及木制品联盟市场 第5部分：联盟木材市场监督与管理	广东省木材行业协会	T/GTIA 1.5—2016	2017年5月12日
90	木材市场管理	木材及木制品联盟市场 第6部分：联盟木材市场机构构成与管理	广东省木材行业协会	T/GTIA 1.6—2016	2017年5月12日
91	木材市场管理	木材及木制品联盟市场 第7部分：联盟木材市场基础管理	广东省木材行业协会	T/GTIA 1.7—2016	2017年5月12日
92	木材市场管理	木材及木制品联盟市场 第8部分：联盟木材市场推广培训及服务	广东省木材行业协会	T/GTIA 1.8—2016	2017年5月12日
93	木材市场管理	木材及木制品联盟市场 第9部分：联盟木材市场价格指数管理	广东省木材行业协会	T/GTIA 1.9—2016	2017年5月12日
94	木材市场管理	木材及木制品电子交易报价 第1部分：木材及木制品价格评估	广东省木材行业协会	T/GTIA 3.1—2016	2017年5月12日
95	木材市场管理	木材及木制品电子交易报价 第2部分：计费分类	广东省木材行业协会	T/GTIA 3.2—2016	2017年5月12日
96	木材市场管理	木材及木制品电子交易平台 第10部分：融资与清算管理	广东省木材行业协会	T/GTIA 4.10—2016	2017年9月19日
97	木材市场管理	木材及木制品电子交易平台 第1部分：入库管理	广东省木材行业协会	T/GTIA 4.1—2016	2017年9月18日
98	木材市场管理	木材及木制品电子交易平台 第2部分：出库管理	广东省木材行业协会	T/GTIA 4.2—2016	2017年9月18日
99	木材市场管理	木材及木制品电子交易平台 第3部分：库存盘点	广东省木材行业协会	T/GTIA 4.3—2016	2017年5月12日
100	木材市场管理	木材及木制品电子交易平台 第4部分：客户基本信息管理	广东省木材行业协会	T/GTIA 4.4—2016	2017年5月12日
101	木材市场管理	木材及木制品电子交易平台 第5部分：供应商信息管理	广东省木材行业协会	T/GTIA 4.5—2016	2017年9月18日
102	木材市场管理	木材及木制品电子交易平台 第6部分：供应商绩效管理	广东省木材行业协会	T/GTIA 4.6—2016	2017年9月18日
103	木材市场管理	木材及木制品电子交易平台 第7部分：数据分析管理	广东省木材行业协会	T/GTIA 4.7—2016	2017年9月19日
104	木材市场管理	木材及木制品电子交易平台 第8部分：报表分析管理	广东省木材行业协会	T/GTIA 4.8—2016	2017年9月19日
105	木材市场管理	木材及木制品电子交易平台 第9部分：风险管理与控制	广东省木材行业协会	T/GTIA 4.9—2016	2017年9月19日

续表

序号	类别	标准名称	团体名称	标准编号	发布日期
106	木材市场管理	交易体系 第1部分：在线竞卖交易	广东省木材行业协会	T/GTIA 5.1—2016	2017年5月12日
107	木材市场管理	交易体系 第15部分：木材交易结算	广东省木材行业协会	T/GTIA 5.15—2016	2017年5月12日
108	木材市场管理	木材及木制品交易规范体系 第10部分：地板坯料商品报价	广东省木材行业协会	T/GTIA 7.10—2019	2019年11月7日
109	木材市场管理	木材及木制品交易规范体系 第11部分：实木地板商品报价	广东省木材行业协会	T/GTIA 7.11—2019	2019年11月7日
110	木材市场管理	木材及木制品交易规范体系 第1部分：中密度纤维板商品报价	广东省木材行业协会	T/GTIA 7.1—2019	2019年11月7日
111	木材市场管理	木材及木制品交易规范体系 第12部分：实木复合地板商品报价	广东省木材行业协会	T/GTIA 7.12—2019	2019年11月7日
112	木材市场管理	木材及木制品交易规范体系 第13部分：浸渍纸层压木质地板商品报价	广东省木材行业协会	T/GTIA 7.13—2019	2019年11月7日
113	木材市场管理	木材及木制品交易规范体系 第14部分：竹地板商品报价	广东省木材行业协会	T/GTIA 7.14—2019	2019年11月7日
114	木材市场管理	木材及木制品交易规范体系 第15部分：仿古地板商品报价	广东省木材行业协会	T/GTIA 7.15—2019	2019年11月7日
115	木材市场管理	木材及木制品交易规范体系 第16部分：国产原木商品报价	广东省木材行业协会	T/GTIA 7.16—2019	2019年11月8日
116	木材市场管理	木材及木制品交易规范体系 第17部分：进口原木商品报价	广东省木材行业协会	T/GTIA 7.17—2019	2019年11月8日
117	木材市场管理	木材及木制品交易规范体系 第18部分：国产锯材商品报价	广东省木材行业协会	T/GTIA 7.18—2019	2019年11月8日
118	木材市场管理	木材及木制品交易规范体系 第19部分：进口锯材商品报价	广东省木材行业协会	T/GTIA 7.19—2019	2019年11月8日
119	木材市场管理	木材及木制品交易规范体系 第20部分：红木商品报价	广东省木材行业协会	T/GTIA 7.20—2019	2019年11月8日
120	木材市场管理	木材及木制品交易规范体系 第21部分：重组装饰材商品报价	广东省木材行业协会	T/GTIA 7.21—2019	2019年11月8日
121	木材市场管理	木材及木制品交易规范体系 第2部分：刨花板商品报价	广东省木材行业协会	T/GTIA 7.2—2019	2019年11月7日
122	木材市场管理	木材及木制品交易规范体系 第22部分：重组装饰单板商品报价	广东省木材行业协会	T/GTIA 7.22—2019	2019年11月8日
123	木材市场管理	木材及木制品交易规范体系 第23部分：楼梯踏板商品报价	广东省木材行业协会	T/GTIA 7.23—2019	2019年11月8日
124	木材市场管理	木材及木制品交易规范体系 第24部分：刨切单板商品报价	广东省木材行业协会	T/GTIA 7.24—2019	2019年11月8日

续表

序号	类别	标准名称	团体名称	标准编号	发布日期
125	木材市场管理	木材及木制品交易规范体系 第25部分：封边条商品报价	广东省木材行业协会	T/GTIA 7.25—2019	2019年11月8日
126	木材市场管理	木材及木制品交易规范体系 第26部分：防腐木商品报价	广东省木材行业协会	T/GTIA 7.26—2019	2019年11月8日
127	木材市场管理	木材及木制品交易规范体系 第27部分：凹枋商品报价	广东省木材行业协会	T/GTIA 7.27—2019	2019年11月8日
128	木材市场管理	木材及木制品交易规范体系 第28部分：木门商品报价	广东省木材行业协会	T/GTIA 7.28—2019	2019年11月8日
129	木材市场管理	木材及木制品交易规范体系 第29部分：木线条商品报价	广东省木材行业协会	T/GTIA 7.29—2019	2019年11月8日
130	木材市场管理	木材及木制品交易规范体系 第3部分：胶合板商品报价	广东省木材行业协会	T/GTIA 7.3—2019	2019年11月7日
131	木材市场管理	木材及木制品交易规范体系 第4部分：细木工板商品报价	广东省木材行业协会	T/GTIA 7.4—2019	2019年11月7日
132	木材市场管理	木材及木制品交易规范体系 第5部分：装饰单板贴面人造板商品报价	广东省木材行业协会	T/GTIA 7.5—2019	2019年11月1日
133	木材市场管理	木材及木制品交易规范体系 第6部分：浸渍胶膜纸饰面人造板商品报价	广东省木材行业协会	T/GTIA 7.6—2019	2019年11月7日
134	木材市场管理	木材及木制品交易规范体系 第7部分：混凝土模板用胶合板商品报价	广东省木材行业协会	T/GTIA 7.7—2019	2019年11月7日
135	木材市场管理	木材及木制品交易规范体系 第8部分：混凝土模板用竹材胶合板商品报价	广东省木材行业协会	T/GTIA 7.8—2019	2019年11月7日
136	木材市场管理	木材及木制品交易规范体系 第9部分：指接板商品报价	广东省木材行业协会	T/GTIA 7.9—2019	2019年11月7日

三、木材工业团体标准化未来发展方向

根据《中华人民共和国标准化法》第二十条规定，国家支持在重要行业、战略新兴产业、关键共性技术等领域利用自主创新技术制定团体标准。

木材工业团体标准化的重点领域为：

（1）加强木材工业智能制造、定制家居产业等新兴产品和产业团体标准化工作，填补国家标准、行业标准和地方标准在该领域的空白，满足新产品新服务的标准需求。

（2）加强木材工业新产品、碳达峰碳中和等领域的团体标准化工作，服务木材工业新技术产业化、市场化，推动产业发展。

（3）加强木地板、木门窗、木制品、人造板等木材工业类消费品产品质量提升团体标准化工作，制定高于国家标准和行业标准相关技术要求的团体标准，提升消费品和服务的质量和竞争力。

（4）加强木材工业行业自治管理与规范的团体标准化工作，制定木材工业行业管理的管理类、指导类、评价类技术规范团体标准，规范行业管理。

第七节 “浙江制造”标准及其申报

一、“浙江制造”标准的发展历史

“浙江制造”是浙江省为探索提升浙江制造业质量水平和品牌形象而在全国率先打造的首个区域性公共品牌，是培育升级“中国制造”的一次有益探索。“浙江制造”标准则是为了满足和保障“浙江制造”高品质定位和要求而制定发布的标准，它是打造“浙江制造”品牌内涵的基准，是保证“浙江制造”高品质定位的前提。根据《关于加快“浙江制造”标准制定和实施工作的指导意见》（浙质标发〔2015〕144号），“浙江制造”标准的定位是团体标准，其主要技术指标需达到“国内一流、国际先进”。

浙江省在全国是制造大省，过去几十年全省工业化和现代化建设大力发展。2006年，浙江省开始部署“品牌大省”建设工作。2013年，浙江省明确提出要大力实施品牌创新、质量创新和标准创新工程，推动优势产业采用国际先进标准，加强质量管理，提升产品品质。2014年9月，《关于打造“浙江制造”品牌的意见》对打造“浙江制造”品牌的主要目标、基本原则、重点任务等进行了明确，“浙江制造”品牌建设全面启动，浙江省开始率先在全国构建首个区域型公共品牌——“浙江制造”制度体系，以“标准+认证”为手段，以“区域品牌、先进标准、市场认证、国际认同”为核心，注重产品的质量、技术以及企业的服务信誉，通过政府的引导推动，联合市场化的运作，“浙江制造”逐渐被社会和市场认可；11月，认证联盟通过国家认监委批复正式成立；12月，“品字标”LOGO正式发布。2015年7月，全省11个部门联合印发《关于扶持“浙江制造”品牌发展的意见》。2016年4月，由浙江省标准化研究院、浙江大学、浙江省质量技术审查评价中心等3家单位共同发起，相关研究机构、高等院校、检测机构、认证机构、行业协会和获证企业等自愿参与的非营利性第三方社会组织——浙江省浙江制造品牌建设促进会（后更名为：浙江省品牌建设联合会，下文简称“浙江品联会”）成立，作为“品字标”品牌建设的重要平台，具体开展“浙江制造”质量理论研究、标准制定与宣贯、产品认证与监督、品牌培育与保护、宣传推广等工作，负责全面推进“浙江制造”品牌建设相关工作；2016年7月，随着5家国际认证机构的加入，“浙江制造”认证联盟正式更名为“浙江制造”国际认证联盟，“浙江制造”国际化步伐进一步加快。

“浙江制造”标准是浙江省为打造浙江制造业中高端区域品牌而实施的一项基础性工程，企业使用“浙江制造”标识，必须通过企业和产品的高标准综合认证，认证企业必须在产品和管理方面具备“先进性、创新性、带动性、责任性”四大特征，产品质量水平必须达到“国内一流、国际领先”，企业管理方面也要具有卓越的绩效管理模式。“浙江制造”定位高端化和高品质，整体代表了浙江企业和产品的形象，区域品牌具有“创新性”“先进性”“带动性”和“责任性”四大特征。“创新性”即“浙江制造”企业要掌控产品的核心技术和自主知识产权；“先进性”即“浙江制造”企业产品要达到国际一流的先进指标，企业实施卓越绩效的管理模式；“带动性”即“浙江制造”企业对行业有良好带动作用，促进产业链的协同发展；“责任性”指企业要履行一定的社会责任如合法经营、爱护环境、注重资源保护等。

自2014年浙江省人民政府办公厅印发《关于打造“浙江制造”品牌的意见》（浙政办发〔2014〕110号）以来，“浙江制造”团体标准呈现出渐进式快速发展态势。2014年，“浙江制造”团体标准刚刚起步，全年只发布4项标准；2015年，国务院印发《深化标准化工作改革方案》，明确提出“培育发展团体标准”，但当年“浙江制造”团体标准仍尚处于初步发展阶段，仅发布40项标准；2016年，随着标准化改革工作的进一步深化，“浙江制造”团体标准实现了第一次跨越式发展，发布标准数量达125项；2017年，“浙江制造”团体标准继续保持平稳快速发展，发布标准数量上升至135项；2018

年，新修订的《中华人民共和国标准化法》正式实施，首次明确赋予了团体标准法律地位，得益于此，“浙江制造”团体标准呈现爆炸式增长，全年发布标准数量高达624项，超过过去4年总数的2倍多，整体规模显著提升。2019年也继续维持在581项的高水平上。截至2019年6月30日，浙江省已有1044家“品字标”品牌企业，1867个“品字标”品牌产品，发布实施1670项“浙江制造”标准，发布认证实施细则1197项。

根据浙江省政府对“品字标”品牌建设的规划，“品字标”将逐步从制造业扩展至服务业、农业、建筑工程、生态等浙江各产业领域。浙江省计划在“十四五”时期，将新增“品字标浙江制造”标准2000项、培育“品字标”企业2500家，持续打响“品字标”公共品牌，让“品字标”成为消费者青睐的质量标志。

二、“浙江制造”标准的体系与要求

（一）“浙江制造”标准的体系

“浙江制造”标准体系应用了“A＋B”的模式，“A＋B”的统一整体体现浙江制造“好企业”和“好产品”的区域品牌建设理念。只有同时满足A标准和B标准要求，并通过“浙江制造”认证的，才能真正成为“浙江制造”产品。

A标准即《“浙江制造”评价规范》标准，从品牌定位和要求的角度，对“浙江制造”品牌企业提出“品质卓越、自主创新、产业协同、社会责任”的特性要求，提倡“浙江制造”企业采用先进的管理模式和标准，提倡企业持续创新，掌握核心技术，提倡企业诚信经营履行社会责任，持续生产“国内一流、国际先进的”产品，勾画了浙江制造好企业的实质内涵。

B系列标准代表“浙江制造”个性产品的综合要求，本着“国内一流、国际先进”的标杆定位，突破了原有产品标准的固有形态，从产品原材料采购、设计、制造、销售、使用、回收等全生命周期进行了产品核心属性及要求的提炼，集中呈现了“浙江制造”产品标准“精心设计、精良选材、精工制造、精准服务”的内涵。

（二）“浙江制造”标准的基本理念

“浙江制造”标准以“品质卓越”“自主创新”“产业协同”“社会责任”为基本理念，定位高端化和高品质。

1. 品质卓越

“浙江制造”产品生产企业应采用先进的管理模式和标准，保证产品制造水平稳定，技术水平达到国内一流，国际先进。此处体现“先进性”，即产品要达到国际一流的先进指标，企业实施卓越绩效的管理模式。

2. 自主创新

“浙江制造”产品生产企业应掌握产品核心技术的自主知识产权，并具有持续创新能力。此处体现“创新性”，“浙江制造”企业要有核心竞争力，制定技术创新战略，开展技术创新，掌握产品的核心技术和自主知识产权。

3. 产业协同

“浙江制造”产品生产企业应对产业及浙江经济发展具有较好的带动作用。此处体现“带动性”，“浙江制造”代表浙江制造业先进性的区域品牌形象标识，企业对行业乃至浙江省都有良好带动作用，推动产业链的协同发展。

4. 社会责任

“浙江制造”产品生产企业应诚信经营，履行企业社会责任。此处体现“责任性”，指企业要履行一定的社会责任，包括对顾客、员工的责任，例如合法经营、爱护环境、注重资源保护等，定期发布质量诚信报告和社会责任报告，建立和实施环境和职业健康安全管理体系。

（三）“浙江制造”标准的“四精”特点

“浙江制造”标准运用全生命周期理念和系统分析方法，围绕产品核心质量特性和关键技术指标，与国内外相关标准进行全面分析对比，具有“四精”的特点。

1. 精心设计

要求企业具备雄厚的设计、研发实力，在设计阶段全面考虑影响产品质量的各种因素和要求。

2. 精工制造

不仅要求企业具备先进的技术工艺，还要求企业具备一定的智能制造、在线监测和产品可追溯的硬实力。

3. 精良选材

讲究真材实料，对关键原材料及零部件的采购质控指标提出严苛的要求。

4. 精诚服务

对质量承诺提出了较行业惯例更高的要求，通过多年质保，免费更换、维修关键零部件等服务承诺，倒逼企业持续保证产品品质。

三、“浙江制造”标准的发展特色

浙江省在建设“浙江制造”标准过程中，紧紧把握了四个关键：让质量成为“浙江制造”的基因；让信用成为“浙江制造”的脊梁；让“工匠精神”在“浙江制造”中不断积淀；把质量监管网络编织得疏而不漏。经过五年多的持续推动，“浙江制造”标准帮助浙江省一大批企业实现了跨越式发展，实现了一批产业的迭代升级，并在实际运行过程中，形成了以下四个发展特色。

（一）整体规模发展迅速，严格把控标准质量

“浙江制造”团体标准由浙江品联会统一组织制定和批准发布。浙江品联会先后发布《“浙江制造”标准管理办法》《“浙江制造”标准立项论证细则》《“浙江制造”标准审评和批准发布细则》《“浙江制造”标准研制细则（试行）》等文件，进一步规范了“浙江制造”标准从立项、研制、管理、审批到发布等全过程工作。此外，各地市标准发展也逐步趋于平衡，改变了以往城市间参与度不一致的局面。目前，“浙江制造”标准的影响范围不断扩大，制造业标准化发展成绩斐然。

（二）因地制宜突出优势，精准带动产业发展

浙江省 11 个地市都积极地响应“浙江制造”标准制定活动。根据 CCS 分类统计，可以发现“浙江制造”标准几乎覆盖了全部的产品类型（除环境保护外），且每个地区发布数量最多的标准类别都同当地的主导产业有着密不可分的联系。培育主导产业是产业结构调整的突破口和切入点，主导产业由于处于产业链中的关键环节，与其他产业具有很强的直接的经济技术联系，其发展往往能带动一大批产业的形成与发展。因此，通过主导产业与“浙江制造”标准的结合，能有效促进浙江省的经济发展。

（三）参与研制单位广泛，突出强调协商一致

调查统计显示，共有两千家单位参与了“浙江制造”标准的制定，其中还包含了部分浙江省外高校及外资或国外企业。多元化的参与单位类型使得标准在制定的过程中更能够打破传统局限，制定高水准的产品标准，并在合作中不断加强各个单位的标准素养和创新能力，培养出更多的标准化人才，为后续“浙江制造”标准的发展打下良好基础。

（四）接轨国际先进水平，致力标准全球互认

标准是质量的基准线，而高标准是加速经济转型的推动力。根据统计数据，有接近 30%的“浙江制造”标准直接引用了国际标准，其中欧洲国家、美国，IEC、ISO 的先进标准是被引用的主体。可见，“浙江制造”标准很好地顺应了时代发展的规律，通过引用、学习相关的国际标准，使得团体标准上升到一个更高的高度，从而既提升了标准质量和价值，扩大了标准适用范围，也增强了“浙江制造”核心竞争力和国际国内美誉度。

四、"浙江制造"标准的推行实践

浙江省推行"浙江制造"标准与品字标的目的是打造全国首个区域型公共品牌，旨在加快浙江企业向中高端持续迈进的步伐，推动浙江省从制造业大省向制造业强省转变。为了实现这个初衷，浙江省在"浙江制造"标准的推行中，从对标达标、认证监管、宣传推介、国家化等几个方面做了不懈的努力。

（一）对标达标方面

浙江省作为标准化综合改革试点，在全省大力开展"标准化＋浙江制造"行动，国内一流、国际领先的"浙江制造"标准的制定为加快制造业的质量水平提升提供了强有力的支撑，其中，对标找差距是"浙江制造"标准制定的关键一环。温州是浙江省开展对标达标工作的示范地区，在积极构建标准化创新平台、开展"对标达标提标"行动、指导企业采用国际标准和国外先进标准方面具有丰富经验，曾作为全国唯一的地级市代表在"百城千业万企对标达标提升专项行动"启动仪式上作典型发言。个性化的地方工作方案、重点化的培育发展清单、制度化的激励奖补政策在温州市对标达标提升专项行动的各个环节中发挥了积极作用。对标达标的"温州经验"不仅对提高"温州质量、温州标准、温州品牌"的知名度和市场竞争力有重要意义，同时也为全省全国助推产业发展质量稳步提高、促进区域质量水平整体跃升提供创新案例和实践方案。

（二）认证监管方面

打造"浙江制造"品字标是浙江省实现产业转型升级的有效路径，建立健全"浙江制造"品牌制度体系，既要抓标准引领，也要抓认证把关。作为自愿性产品认证中的典型示范，"浙江制造"认证为全国利用认证认可推动地方品牌建设和区域经济发展提供了浙江样本，为中国制造提供了强大支撑。"浙江制造"认证离不开浙江制造国际认证联盟的工作推进。这个汇聚了国际国内最有影响力的 14 家高品质认证机构的联盟组织，为浙江制造业质量提升、开启品牌国际化进程做出了诸多贡献，在"浙江制造"品牌建设中起保驾护航的重要作用。截至 2019 年 9 月，浙江制造国际认证联盟已为 467 家浙江企业颁发 812 张"浙江制造"认证证书，其中国际合作认证证书 135 张。

（三）宣传推介方面

"浙江制造"的成功实现，除了抓好标准这一"牛鼻子"外，如何让消费者快速识别"浙江制造"品字标产品并激发其购买欲望也至关重要。无论如何，企业是以获取盈利为目的的社会组织，若为执行先进标准而投入大量成本，却无法获取明显优势，必定打击企业参与"浙江制造"的积极性。因此，政府在加快推进"浙江制造"的宣传推介工作，促进消费者对"浙江制造"的深入了解方面也下了不少工夫。如开展"'品字标浙江制造'走进新时代"公共品牌推广主题活动，打造"好标准铸就浙江制造好品质"专题宣传片，投放"浙江制造"公益广告，举办"浙江制造"品牌故事微电影大赛等。

（四）国际化方面

"浙江制造"的国际化实践体现在创新的国际认证合作模式，可以实现"一次认证，多国证书"，减轻了"浙江制造"企业负担，降低了"浙江制造"产品出口风险，提升了"浙江制造"产品国际贸易便利化。首先，针对外向度高的"浙江制造"产品，在制定"浙江制造"标准过程中，由浙江制造国际认证联盟中 7 家国际认证机构的专家、标准化专家、龙头企业代表、高校科研团队共同参与，在充分梳理企业外销贸易地、出口国的标准、法规、指令等要求基础上，结合出口产品的各项性能指标，对比双方标准要求，将存在的差异项进行吸纳融合，形成适应多国要求的"浙江制造"标准。其次，浙江制造国际认证联盟还利用国际机构优势，为"浙江制造"出口型企业按照"浙江制造"认证及出口国认证需求定制认证方案，按照一个"浙江制造"标准，进行一次产品检测，开展一次现场审核，颁发"浙江制造"及多国认证证书，为"浙江制造"产品快速进入多国市场提供通行证。

经过多年的发展，"浙江制造"品字标建设带来的品牌效应初步显现，市场红利也逐渐释放。先进标准引领质量提升的"浙江制造"实践，增强了企业的标准话语权，越来越多的浙江企业在国家和行业标准的起草中崭露头角；先进标准引领质量提升的“浙江制造”实践，扩大了产业集群优势，越来越多的浙江地方产业在全国市场上站稳脚跟，以厨具企业集聚的嵊州为例，作为首批“浙江制造”品牌试点县的市场效益已经初显，嵊州产地的侧吸下排式集成灶已占据了全国90%以上份额。

五、“浙江制造”标准的申报流程

“浙江制造”标准的制修订总体上分为立项、制定、评审、发布、实施、复审六个阶段见表5-4。

表5-4　“浙江制造”标准的制修订程序

阶段	步骤	负责人	工作内容
Ⅰ立项阶段	1. 标准立项建议提出	相关机构与企业	各相关部门、机构、协会和企业均可提出立项建议，并提交材料
	2. 公开征集立项建议	浙江省品牌建设联合会	品联会根据浙江制造目标和要求，向社会公开征集意见
	3. 专家评估及内容规划	浙江省品牌建设联合会	品联会组织专家进行合规性、必要性、可行性等评估并制订计划
	4. 标准牵头组织资格评定	浙江省品牌建设联合会	标准牵头组织制定单位应符合三条基本条件
Ⅱ制定阶段	5. 签订协议明确事项	浙江省品牌建设联合会	品联会与牵头制定单位签订协议并明确各项事项
	6. 建立小组并邀多方参与	牵头单位	标准牵头组织制定单位建立工作组，同时吸收各利益相关方参与
	7. 对工作组进行指导	浙江省品牌建设联合会	品联会负责对标准工作组的组建进行指导
	8. 提供技术支持	参与单位	参与标准制定的单位应当具有并且提供技术支持
	9. 征集意见形成送审稿	标准工作组	标准工作组应当广泛征求意见
Ⅲ评审阶段	10. 提出标准评审申请	牵头单位	标准牵头制定单位应向品牌联提出评审申请并提交材料
	11. 材料审查及专家评审	浙江省品牌建设联合会	品联会对申请材料进行审查，并及时组织专家评审
Ⅳ发布阶段	12. 发布批准与编号形成	浙江省品牌建设联合会	完善并批准后的浙江制造标准统一编号后发布
Ⅴ实施阶段	13. 全网公布标准	浙江省品牌建设联合会	对批准发布的标准文本，品牌联在网站上全文公布，供社会查阅
	14. 自我声明公开	浙江省品牌建设联合会	直接采用标准的企业在《企业标准信息公共服务平台》上自我声明公开
	15. 实施效果跟踪与评估	浙江省品牌建设联合会	品联会应当对浙江制造标准的实施情况进行跟踪和效果评估
	16. 解答利益相关方咨询	浙江省品牌建设联合会	品联会应当组织有关专家解答各利益相关方的咨询和建议
Ⅵ复审阶段	17. 定期进行标准复审	浙江省品牌建设联合会	品联会应当定期组织进行复审，复审周期一般不超过三年
	18. 特殊情况标准复审	浙江省品牌建设联合会	有特殊情况出现或利益相关方建议情况出现，组织复审

（一）研制要求

“浙江制造”标准的研制应遵循以下要求：

（1）广泛收集国内外先进标准或技术文件，准确掌握相关核心技术指标和要求。

（2）结合产品特点，充分考虑设计、选材、制造、检测、使用、服务、回收等全生命周期的要求。

（3）对设定的量化指标，应当进行试验，确保指标科学、合理。

（4）标准工作组应充分协商形成征求意见稿。

（二）立项申请

秉承开放性原则，各有关政府部门、标准化研究机构、检验检测机构、认证机构、专业标准化技术委员会、行业协会和企业均可根据浙江省制造业发展情况，向浙江省品牌建设联合会提出“浙江制造”标准立项建议。但需满足相关法律法规和规章的规定，符合国家和浙江省相关产业政策，主要技术指标达到“国内一流、国际先进”水平。

（三）专家评估

立项建议通过形式审查后由专家进行评估，评估的内容包括先进性评估、必要性评估和可行性评估，由浙江省品联会组织有关技术专家进行。

1. 先进性评估

（1）标准草案或标准文本所设置的关键技术指标是否具有先进性，即符合“浙江制造”标准“国内一流、国际先进”的定位。

（2）标准草案是否已体现设计、原材料、生产工艺、检验检测、交付、服务等产品全生命周期的相关要求。

2. 必要性评估

（1）该标准是否具有一定的应用前景。

（2）产品主要质量特性把握是否准确。

（3）有无相同或类似的已立项“浙江制造”标准。

3. 可行性评估

（1）申报单位是否具备“浙江制造”标准的制定能力。

（2）有无具备能力的检验机构。

（四）评审

对符合评审要求的标准送审稿，浙江省品联会组织专家组进行评审。评审专家组的组长应当来自“浙江制造”标准核心专家库，且经本人自愿申请、浙江省品联会定期培训并通过相应考核后方可担任。评审专家组原则上不少于 5 人，并应当具有广泛的代表性，一般由相关专家标准化技术委员会、高等院校、科研院所、检测实验室、认证机构、行业协会、行业龙头企业和消费者等利益相关方的专家组成。

（五）发布

对通过评审的标准，工作组应当在评审会后的一个月内，根据评审组专家提出的意见建议，对标准送审稿进行修改完善，形成标准报批稿。对未通过评审的标准，工作组应当重新起草标准，形成标准送审修订稿，再向浙江省品联会提出标准评审申请。

标准报批稿形成后，工作组可向浙江省品联会提出标准报批申请。通过报批申请审查的，由浙江省品联会按照《“浙江制造”标准管理办法》第二十一条的规定对标准进行编号并组织专家对标准文本进行校验。校验完成后，在浙江省品联会官网予以全文发布，并供社会查阅。

六、“浙江制造”标准的申报要点

申报“浙江制造”标准的企业应及早进行策划，首先要对申报产品有总体的评估，特别是归纳彰显产品“国内一流、国际先进性”所涵盖主要质量特性（例如性能、寿命、可信性、安全性、经济性等）。符合要求的质量特性越多，说明产品的先进性、竞争力越强，对于研制、发布“浙江制造”标准就有更好的基础。

（一）申报格式

现有申报格式涵盖“标准申报信息、申报单位基本信息、行业背景、主要起草企业及产品信息、标准研制需求及目标、标准研制计划”6 个大项，同时每个大项又有若干个子项组成。填写时项目内容既要精练、完整，又要各项之间有严密的逻辑性，还必须有对应的证明性材料。网上申报的材料一方面能彰显企业在行业中的地位，又能使专家看到从研发、生产、检测、销售、服务过程，主要质量特性体现先进性的方面，评估整个企业的整体实力（例如规模、产品水平、保障水平、盈利水平、成长性等）。

（二）“浙江制造”标准增加的内容

国家标准或行业标准的内容一般为：范围、规范性引用文件、术语与定义、技术要求、试验方法、检验规则等。而“浙江制造”标准的内容包括：范围、规范性引用文件、术语与定义、基本要求、技术要求、试验方法、检验规则、质量承诺等，增加了“基本要求”和“质量承诺”两大板块。其中“基本要求”涉及“设计开发、原材料、生产工艺、检验检测”。“质量承诺”包含“退换货承诺、售后服务”等。从实质中讲，标准要求把浙江制造的“四精”理念融入标准文本中。

（三）对标需针对产品核心质量特性

“浙江制造”标准的核心是对标世界一流标准（对标国际先进标准、国家标准、和行业标准）。因此如何提炼产品的核心质量特性，做到既能满足对标的高度，又是一个可实现的标准，这是标准申报成功的关键。企业应从设计开发、原材料、生产工艺、检验检测、交付、服务等产品的全生命周期各个方面系统考虑。评审时专家会关注企业产品的关键技术指标是否能从以上环节很好诠释产品的先进性，体现出了哪些核心质量特性，企业如何履行质量承诺并做好产品服务工作。企业应有效收集产品的国际先进标准、国家标准、行业标准或国外客户标准，必要时，可收集国外先进产品的实物，通过第三方检测报告、实物比对实验报告、用户使用报告等有效的证明材料，作为核心质量特性的比对材料。

（四）“四精”理念应贯穿于标准“基本要求”和“质量承诺”中

“好产品、好服务、好企业”必然包括“四精”过程要素。因此，在标准申报过程中，企业应尽可能展现不同于一般企业的卓越管理方法。例如设计过程采用“三维动态模拟设计”、产品检测过程采用“在线动态监测”、质量承诺中“有别于同行的最优的产品保质期”“对质量异议反应的最短时间”“退换货最好的补救措施”等证明企业管理先进性的内容。

（五）现场答辩

答辩要求围绕“质量特性有需求、指标体系合理性、指标量化有依据、项目实施有保障”四个方面扼要论述。企业准备的答辩材料不能文不对题，介绍过多的自身企业背景，掩盖了产品的核心质量特性，这样会导致“头重脚轻”，影响评审专家的结论判定和标准推荐。

（六）标准完成期限

通过形式审核、答辩立项环节后，企业要求在 6 个月内完成“浙江制造”标准的启动和发布。

七、木材工业浙江制造标准目录

截至 2021 年 12 月 30 日，浙江省品牌建设联合会共发布木材工业相关“浙江制造”标准 75 项，具体见表 5-5。其中，人造板标准 11 项，地板标准 10 项，木门标准 10 项，木家具标准 21 项，日用品标准 14 项，胶粉剂 2 项，其他标准 7 项。

表 5-5　木材工业浙江制造标准目录

序号	标准号	标准名称	产品类别
1	T/ZZB 0005—2019	《实木地板》	地板
2	T/ZZB 0006—2015	《实木复合地板》	地板
3	T/ZZB 0059—2016	《人造板饰面专用原纸》	其他
4	T/ZZB 0079—2016	《重组竹地板》	地板
5	T/ZZB 0081—2016	《办公椅》	家具
6	T/ZZB 0104—2016	《装饰单板贴面人造板》	人造板
7	T/ZZB 0123—2016	《浸渍胶膜纸饰面胶合板》	人造板
8	T/ZZB 0130—2016	《木制玩具》	日用品
9	T/ZZB 0159—2016	《细木工板》	人造板

续表

序号	标准号	标准名称	产品类别
10	T/ZZB 0179—2017	《木质复合免漆门》	门
11	T/ZZB 0180—2017	《实木复合烤漆门》	门
12	T/ZZB 0194—2017	《油漆桌类家具产品》	家具
13	T/ZZB 0196—2017	《林业机械便携手持式油锯》	其他
14	T/ZZB 0214—2017	《实木复合木镶板门》	门
15	T/ZZB 0220—2017	《浸渍胶膜纸饰面细木工板》	人造板
16	T/ZZB 0226—2017	《清漆竹制家具》	家具
17	T/ZZB 0265—2017	《摇椅》	家具
18	T/ZZB 0321—2018	《钢木质防火门》	门
19	T/ZZB 0346—2018	《工艺竹木筷》	日用品
20	T/ZZB 0412—2018	《竹砧板》	日用品
21	T/ZZB 0434—2018	《课桌椅》	家具
22	T/ZZB 0457—2018	《炭化竹席》	日用品
23	T/ZZB 0465—2018	《钢木室内门》	门
24	T/ZZB 0477—2018	《环保型家用整体橱柜》	家具
25	T/ZZB 0503—2018	《红木家具》	家具
26	T/ZZB 0511—2018	《卫浴家具》	家具
27	T/ZZB 0570—2018	《吧椅》	家具
28	T/ZZB 0577—2018	《民用居室家具实木木制柜》	家具
29	T/ZZB 0583—2018	《儿童学习椅》	家具
30	T/ZZB 0657—2018	《人造板乳液防水剂》	其他
31	T/ZZB 0738—2018	《实木酒店家具》	家具
32	T/ZZB 0750—2018	《连体餐桌椅》	家具
33	T/ZZB 0833—2018	《浸渍纸层压木质地板》	地板
34	T/ZZB 0859—2018	《不燃高压装饰板》	人造板
35	T/ZZB 0872—2018	《生物质材料复合砧板》	日用品
36	T/ZZB 0892—2018	《木质相框》	日用品
37	T/ZZB 0904—2018	《家居用定向刨花板》	人造板
38	T/ZZB 0912—2018	《重组装饰单板》	人造板
39	T/ZZB 0914—2018	《名贵实木工艺寿盒》	日用品
40	T/ZZB 0936—2019	《学生公寓床》	家具
41	T/ZZB 0941—2019	《感官系列木制幼儿教具》	日用品
42	T/ZZB 0945—2019	《定制家具用绿色浸渍胶膜纸饰面胶合板和细木工板》	人造板
43	T/ZZB 0946—2019	《地采暖用实木地板》	地板
44	T/ZZB 0947—2019	《可直接饰面定向结构板》	人造板
45	T/ZZB 0959—2019	《深色名贵硬木家具》	家具
46	T/ZZB 0989—2019	《柜类木制抽屉》	家具
47	T/ZZB 1005—2019	《竹制盛器》	日用品
48	T/ZZB 1018—2019	《林业机械 链锯 锯链》	其他
49	T/ZZB 1043—2019	《免漆饰面板桌类家具》	家具

续表

序号	标准号	标准名称	产品类别
50	T/ZZB 1121—2019	《铝木复合节能门窗》	门
51	T/ZZB 1159—2019	《炭化竹牙签》	日用品
52	T/ZZB 1196—2019	《儿童学习桌》	家具
53	T/ZZB 1272—2019	《儿童餐椅》	家具
54	T/ZZB 1320—2019	《人造板定制衣柜》	家具
55	T/ZZB 1374—2019	《林业机械 链锯 导板》	其他
56	T/ZZB 1413—2019	《硬质聚氯乙烯石塑地板》	地板
57	T/ZZB 1484—2019	《竹展平砧板》	日用品
58	T/ZZB 1534—2020	《铝木复合防盗安全门》	门
59	T/ZZB 1609—2020	《幼儿桌椅》	家具
60	T/ZZB 1633—2020	《便携式木制画架》	日用品
61	T/ZZB 1671—2020	竹木纤维装饰板	人造板
62	T/ZZB 1708—2020	木质防火门	门
63	T/ZZB 1791—2020	中空素面聚乙烯木塑地板	地板
64	T/ZZB 1881—2020	水基木材拼板胶粘剂	胶粘刈
65	T/ZZB 1897—2020	浸渍纸层压实木复合地板	地板
66	T/ZZB 1942—2020	实木砧板	日用品
67	T/ZZB 2154—2021	木质昆虫层	其他
68	T/ZZB 2172—2021	木材工业用非甲醛类豆基蛋白胶粘刈	胶粘剂
69	T/ZZB 2266—2021	阻燃木质复合地板	地板
70	T/ZZB 2298—2021	实木门	门
71	T/ZZB 2302—2021	木塑踢脚线	其他
72	T/ZZB 2405—2021	全实木榫拼门	门
73	T/ZZB 2428—2021	拼花镶嵌实木复合地板	地板
74	T/ZZB 2501—2021	覆膜竹木胶合模板	人造板
75	T/ZZB 2597—2021	平版印制软木餐垫	日用品

参考文献

[1] 朱翔华．《团体标准化 第1部分：良好行为指南》标准解读探讨［J］．大众标准化，2016，(7)：6-13.
[2] 中华人民共和国国家质量监督检验检疫总局、国家标准化管理委员会．团体标准化 第1部分：良好行为指南：GB/T 20004.1—2016［S］．北京：中国标准出版社．
[3] 程旭．培育与发展团体标准的探讨［J］．品牌与标准化，2015，(1)：54-58.
[4] 国家标准化管理委员会，标准化良好行为活动实施指南［M］．北京：中国标准出版社，2006.
[5] 贾双文，朱晓春，宋鑫，等．团体标准发展中政府监管体制探索与实践［J］．标准科学，2019 (8)：38-41.
[6] 金波．论标准化机构促团体标准发展［J］．中国标准导报，2018，000 (012)：50-52.
[7] 康俊生，晏绍庆．对社会团体标准发展的分析与思考［J］．标准科学，2015，(3)：6-9.
[8] 杨东拜主编．团体标准化实务［M］．中国标准出版社、中国质检出版社，2017
[9] 李佳．我国团体标准发展现状分析——基于全国团体标准信息平台数据［J］．标准科学，2017 (5)．
[10] 马中东，王肖利．团体标准推进我国制造业高质量发展的对策分析［J］．中国标准化，2018，000 (017)：91-95.
[11] 沈伟民，陈向平．对发展社会团体标准的若干思考［J］．质量和标准化，2015，(1)：1-4.

[12] 万雨龙，欧慧敏，魏静琼．基于全国团体标准信息平台数据的团体标准发展现状与对策研究［J］．标准科学，2018，No.530（07）：75-79.
[13] 邢建全．谈标准化改革情形下团体标准的地位与发展［J］．大众标准化，2018，000（002）：28-31.
[14] 徐伟涛．我国林业团体标准化发展现状及建议［J］．林产工业，2019，046（003）：6-8，20.
[15] 张冉，段新芳，劳万里．我国木材工业团体标准化现状分析与发展建议［J］．木材科学与技术，2021，35（1）：77-80.

第六章　木材工业企业标准化

第一节 企业标准化的作用与主要内容

一、企业标准化的基本概念

（一）企业标准

企业标准是在企业范围内需要协调、统一的技术要求、管理要求和工作要求，是企业组织生产、经营活动的依据。国家鼓励企业自行制定严于国家标准或者行业标准的企业标准。企业标准由企业制定，由企业法人代表或法人代表授权的主管领导批准、发布。企业标准编号以“Q”开头。

（二）企业标准化

企业标准化是以提高经济效益为目标，以服务和支撑生产、管理、技术和营销等各项工作为主要内容，制定、贯彻实施和管理维护企业标准的一种有组织的活动。

二、实施企业标准化的重要作用

标准化是综合性的技术基础和科学管理的手段，是企业稳定和提高质量的依据，是企业改善和增强整体素质、实现高效率和高效益的综合性的先进的科学方法。实施企业标准化工作对企业建立最佳秩序、稳定和提高企业的产品质量、实现科学管理、推动技术进步、推动安全生产、保护健康和环境与消费者利益、促进贸易发展、提高企业效益和企业竞争能力等方面，都发挥着重要作用。

（一）实施企业标准化，推动企业建立最佳运行秩序

现代企业的生产是社会化的大生产。一个企业与很多企业发生关系，有着密切的联系。在企业内部，各部门、各工序、各环节之间，也都有更加密切的联系，彼此之间互相制约，构成一个统一的有机整体。要实现企业内部之间、企业与企业外部之间的有效管理必须进行标准化管理，通过标准化来建立企业的正常生产秩序和管理秩序。只有建立起基本的秩序，企业的生产和管理才能够具备起码的正常生产条件。

企业标准化，就是对企业活动过程及要素通过制定和实施一整套技术标准、管理标准、工作标准、服务标准，使企业各部门、各工序、各环节之间有统一的科学依据，才能做到协调一致，互相配合、共同行动。否则，企业就会出现脱节、重复、不协调，甚至各行其是、互相矛盾，从而造成生产混乱、质量不稳定、管理效率低等一系列问题。

（二）实施企业标准化，推动产品、工程和服务质量提升，打造企业竞争力

产品质量、工程质量、服务质量是企业生命力和竞争力的关键因素，实施企业标准化，推动稳定和提高产品、工程和服务质量，打造企业竞争力。在激烈的市场竞争中，若不能满足用户和消费者的质量需求，产品就没有销路，企业就没有信誉，也没有发展前途。企业只有真正实行质量第一的方针，才能生存和发展。

提高产品质量，首先必须提高标准水平。只有提高标准水平，才能促进生产技术水平、提高设计和加工工艺水平以及整个生产管理水平，从而提高产品质量，增强企业的竞争力。

保证和提高质量的技术基础和管理基础，就是认真制定并实施各种产品、工程和服务质量标准及与此配套的技术标准和管理标准，例如设计标准、制造标准、操作标准、工艺及工艺装备标准、检验和试验标准、包装储存和运输标准，以及为发挥技术标准的作用而实施的各种管理标准，使企业在研制、生产和服务的全过程中各个阶段都有标准可依，都有衡量的客观准则。

在企业活动中还应通过制定并实施各种业务管理标准来提高管理质量和效率，例如在质量管理和质量保证、质量控制方面，应制定并实施一套质量体系标准、质量要素指南、人员素质标准、质量审核标准等。企业对外签订合同时还要有质量保证方面的标准，尽可能保证产品质量一次成功，尽可能减少退货、返修，从而取得广大用户和消费者的信任。透过对质量管理本身的标准化，对影响质量的各种因素进行控制和管理。只有这样，才能稳定和提高质量，使企业立于不败之地，这是众多先进企业成功的经验。

（三）实施企业标准化，实现企业科学管理，提高企业管理效率

一个现代化企业是由许多专业部门组成的，为了使一个部门的内部及各部门之间业务协调并提高效率，必须制定业务分工、责任权限等企业标准。这就要求实行业务的管理标准化，可使企业业务处理合理化、统一化，减少差错，避免损失，提高工作质量，有利于提高企业管理水平，使管理工作更加科学化。

因此，企业应在开展企业技术标准化的同时，认真总结管理的实践经验，将行之有效的管理经验转化为科学的管理标准（例如开发管理、技术管理、生产管理、质量管理、设备管理、劳动管理、财务管理、营销管理、售后服务管理等的标准），并付诸实施，使科学管理标准成为企业加强管理、提高管理效率的基础和手段。

（四）实施企业标准化，推动企业技术改造和技术进步

企业技术改造的途径，一是依靠技术引进，二是依靠内部力量实现技术革新。无论哪种途径都必须以标准化作为重要的促进手段。

采用国际标准和国外先进标准或制定优于国际标准或国外先进标准的企业标准都是实现技术改造和技术进步的有效措施。采用国际标准或国外先进标准或优于国际标准或国外先进标准的企业标准，对促进企业技术进步具有重要意义。无论是引进设备或引进先进生产技术，都必须认真研究各种有关标准，审查标准水平，并注意与我国有关标准协调，才能推动企业生产技术发展并取得显著经济效益。

对于大部分企业来说，技术进步主要是依靠自身力量进行研发新技术或引进研究院所、高校等的新技术、新工艺或进行技术改造。而标准化是推动技术进步的有力手段，可以将科研、生产、使用三者之间有机结合起来，并及时地将科研、生产实践经验综合成果，形成标准加以推广应用。

先进的技术标准和管理标准是先进技术和科学管理的结晶，它是在总结国内外先进经验的基础上制定的。因此，企业实施标准的过程，也就是不断革新技术、改造设备、提高企业技术水平的过程，随着用户对产品质量要求的提高和生产、科学技术的发展，产品技术标准的水平也要相应提高，标准每修订一次，对企业生产技术的进步都是一次促进。

（五）实施企业标准化，实现安全生产，保护人民健康和环境

现代产业发展会带来新的安全问题、健康问题和环境问题，例如工业生产中排出大量废气、废液、废渣，生产建设中产生的噪声、振动、电磁波、放射性等，对人体健康造成危害，对大气、水质、土壤等环境造成污染，在生产建设中还有很多人身安全、设备安全问题。因此，防止事故发生、保护健康、保护环境，成为企业进行生产、建设时必须高度重视的大问题。要解决这些问题，企业必须坚决落实国家相关法律法规，实施强制性标准及其配套标准，例如安全生产、食品安全、环境保护、劳动保护等强制性标准及其配套的标准，实现保护安全和健康、防止事故、治理污染的目的。

（六）实施企业标准化，保护用户和消费者利益

保护用户和消费者的利益，是企业标准化的一个重要目的。在企业标准中有关产品质量、可靠性、使用寿命和安全性等方面的技术要求都直接涉及消费者的利益。如果企业制定的相关企业标准制定得

科学、合理，或者严格执行国家标准、行业标准、地方标准，那么按这些标准生产出的产品就会性能好，安全可靠，则可有效保护消费者的利益，体现企业标准化的重要作用。因此，实施企业标准化，通过企业标准化工作，真正实现保护用户和消费者利益。

（七）实施企业标准化，消除技术壁垒，推动企业国际贸易

实施企业标准化，企业通过采用国际标准或根据合同执行国外客商要求的标准，组织生产销售出口产品，特别是采用国际标准，便于互联互通，能消除技术壁垒，推动企业国际贸易。

（八）实施企业标准化，保证企业获得最佳经济效益

企业标准化对企业提高经济效益具有重要作用。企业标准化所带来的经济效益是多方面的，做好企业标准化，可节约原辅材料、节约生产和经营成本、减少无谓的劳动消耗，还可节约能源消耗，减少碳排放，实现节能减排。标准化的经济效益，不仅表现在通过品种规格合理简化和实现零部件通用互换，增加生产批量，大大提高劳动生产率，还可以通过标准化对产品进行系列化设计，提高零部件的通用化、组合化、模块化，大大缩短产品的设计周期和生产周期，减少生产设备费用；以及通过标准化，对原材料进行简化品种规格，合理选材，减少物资的采购量和储备量，加速流动资金的周转。

三、企业标准化工作的基本任务、指导原则

（一）基本任务

《企业标准化管理办法》第二十一条规定企业标准化工作的基本任务是：执行国家有关标准化的法律、法规，实施国家标准、行业标准和地方标准，制定和实施企业标准，并对标准的实施进行检查。

（二）指导原则

国家标准化管理委员会2017年12月29日发布、2018年7月1日实施的GB/T 35778—2017《企业标准化工作 指南》、GB/T 15496—2017《企业标准体系 要求》、GB/T 15497—2017《企业标准体系 产品实现》、GB/T 15498—2017《企业标准体系 基础保障》、GB/T 19273—2017《企业标准化工作 评价与改进》等5项系列国家标准，已经成为指导广大企业开展标准化工作的基础性、系统性文件。应按照这个系列标准要求组织开展企业标准化工作。

根据国家标准GB/T 35778—2017《企业标准化工作 指南》的规定，组织开展企业标准化工作应遵守以下指导原则：

1. 需求导向

应以实施国家标准化发展战略为目标，以满足相关方需求，以支撑和服务市场竞争和生产、经营、管理、技术进步等为导向，组织开展企业标准化工作。

2. 合规性

组织开展企业标准化工作，应遵守国家有关法律法规、政策和相关标准的要求。

3. 系统性

组织开展企业标准化工作，应权衡、协调各方关系，关注企业外部标准化活动并适时调整，优化企业内部标准化规划、计划及标准体系，确保企业标准化工作协调有序推进。

4. 适用性

企业标准化工作方针与目标应符合企业经营方针、目标，服务企业发展战略；企业标准化工作指向清晰、目的明确；企业标准体系应满足需求，标准有效，便于实施。

5. 效能性

组织开展企业标准化工作，应以实现企业生产、经营和管理目标为驱动，对企业经营效益、员工工作绩效等，实行可量化、可考核的标准化管理，达到预期效果。

6. 全员参与

组织开展企业标准化工作，应围绕企业发展战略和标准化工作方针、目标，健全组织，周密计划，

开展标准化宣传、培训，营造领导带头、全员参与的标准化工作氛围，提高自觉实施和执行标准的素养。

7. 持续改进

遵循“策划—实施—检查—处置”（PDCA）的循环管理方法，策划企业标准化工作，运行企业标准体系和实施标准，适时评价企业标准体系和检查标准的适用性，针对问题查找原因，及时采取改进和预防措施，并根据市场与需求变化，对风险和机遇作出反应，提出应对措施予以实施和验证；将改进、预防、应对措施的经验或科技成果转化制修订为标准，纳入企业标准体系。

四、企业标准化工作策划

（一）策划依据

根据国家标准 GB/T 35778—2017《企业标准化工作 指南》的规定，企业标准化工作主要策划依据为：

（1）充分考虑相关方需求和期望。相关方主要包括顾客、所有者、股东、员工、供方和合作伙伴、社会等。

（2）以顾客为关注焦点，并充分考虑国家和产业发展政策、安全、环境、资源、地域、市场、社会责任等因素。

（3）企业发展战略及内部管理现状。

（二）策划内容

策划内容包括：

（1）制定企业标准化工作方针、目标以及企业的标准化管理体制和机制。

（2）建立企业标准体系，确定企业标准制（修）订计划。

（3）制定企业的标准实施与监督检查的方案。

（4）制定采用国际标准或国外先进标准的策略。

（5）制定参与标准化活动的策略。

（6）研究制定企业标准化工作的评价与改进方法。

（三）策划要素

企业标准化工作策划除关注企业发展的规划计划、资源提供、产品实现（服务提供）、监测以及评价等过程外，还需确定：

（1）确定企业标准化的活动内容、流程及要求。

（2）明确企业标准化工作所需的各种资源。

（3）确定企业标准化活动的负责部门、负责人。

（4）确定企业标准化实现的阶段与时限。

（5）确定企业标准化结果的评估程序与方法。

（6）确定企业标准化达到预期的标准化工作目标。

五、企业标准化机构、人员与信息管理

做好企业标准化工作，企业必须建立一个统一管理标准化工作的职能机构，组织、协调、指导、检查标准化工作，统筹推进企业标准化管理工作。根据国家标准 GB/T 35778—2017《企业标准化工作 指南》的规定，企业的标准化机构、人员与信息管理的相关要求如下。

（一）最高管理者

企业最高管理者的标准化工作职责至少包括：

（1）将企业标准化工作纳入企业发展战略、经营方针和目标中。

（2）明确企业建立与其相适应的标准化机构、人员及其职责。

（3）为企业标准化工作提供必要的经费、设施等资源保障。

（4）对企业标准化工作的开展进行督查。

（5）建立调动企业各部门和全员参与标准化工作积极性的激励机制。

（6）批准或授权批准企业标准和其他标准化文件。

（7）执行与自身职务相关的标准。

（二）标准化机构

企业可设立独立的标准化机构和专职标准化人员，也可由相关部门和人员兼任。设立专（兼）职标准化机构和人员可根据企业规模、资源、战略需求等实际情况确定。

企业标准化机构的工作职责至少包括：

（1）贯彻落实标准化法律法规、方针政策、强制性标准中与本企业相关的要求。

（2）组织制定并落实企业标准化方针、目标、任务，编制企业标准化规划、计划。

（3）组织制定企业标准化管理的有关制度。

（4）组织构建企业标准体系，编制企业标准体系表。

（5）组织企业标准的制（修）订。

（6）组织企业的标准化知识培训与标准宣贯。

（7）组织有关标准实施和企业标准体系运行。

（8）组织进行标准审查。

（9）对企业标准化工作开展评价，保持企业标准体系的目标性和适应性。对标准实施情况进行监督检查、对部门的意见和建议进行验证，以及对国家、行业、地方、团体发布的新标准进行分析，提出制（修）订标准的建议，维护标准的有效性、适用性。

（10）建立企业标准化档案，管理各类标准及其他标准化文件。

（11）跟踪、搜集、整理与企业发展相关的国内外标准化信息，并及时提供给企业内部使用人员。

（12）代表企业承担或参与国家标准、行业标准、地方标准和团体标准的制（修）订工作，参加国内、国际标准化活动。

（三）部门

企业各部门和生产单位的标准化工作职责至少包括：

（1）组织实施企业标准化机构下达的标准化工作任务。

（2）组织实施与本部门有关的标准化文件。

（3）对新产品、改进产品、技术改造和技术引进，提出标准化要求。

（4）按要求做好标准实施的原始记录并根据规定汇总、归档。

（5）对发现的问题进行分析并向企业标准化机构提出意见或建议。

（6）按标准对员工进行考核、提出奖惩建议。

（四）标准化人员

建立企业标准体系，制定满足企业生产、经营、管理需要的标准并实施，是企业标准化工作的核心内容。企业标准化人员要具备“读好标准、写好标准、用好标准”的基本素质。

根据国家标准 GB/T 35778—2017《企业标准化工作 指南》的规定，企业标准化人员应具备以下的能力：

（1）熟悉并执行标准化法律法规、方针政策。

（2）掌握与企业业务工作相关的生产、技术、经营及管理状况，具有一定的管理和实践经验。

（3）具备相应的标准化知识与所从事工作的专业技能。

（4）具有相应的语言、文字、口头表达等能力。

（5）具有一定的组织协调能力。

（五）标准化信息管理

1. 实施企业产品服务标准自我声明公开

企业在销售产品或提供服务前，应在企业标准信息公共服务平台（http：//www.qybz.org.cn/）上声明公开执行的企业产品或服务标准信息。公开的产品（服务）标准信息包括：企业执行国家标准、行业标准和地方标准的，公开相应的标准名称和标准编号；执行企业标准或团体标准的，公开企业产品的主要技术指标和对应的检验试验方法，也可公开企业产品或服务标准文本。

公开的产品服务标准信息应完整、真实、有效。

2. 建立企业标准化信息管理系统

企业宜建立企业标准化信息管理系统或与其他信息化管理系统融合，对标准体系构建、标准制（修）订、标准实施与检查、标准评价与改进等活动信息进行专项管理。

3. 建立和及时更新企业标准体系信息

及时收集、更新相关的国内外标准化信息，进行分析，并结合生产、经营、管理的需求转化为标准，更新企业标准体系。

4. 建立企业标准化信息反馈机制

建立企业标准化信息反馈机制，及时搜集、整理、评审、处置有关标准体系和标准实施过程中的各种标准化信息。

5. 加强企业标准化文件管理

定期对企业标准化文件进行整理、清理，确保有效适用。企业标准化文件至少包括：

（1）企业发展的方针和目标。

（2）企业标准体系表、企业标准清单。

（3）企业的标准实施及监督检查形成的文件及记录信息。

（4）企业标准化工作评价与改进形成的文件及记录信息。

（5）其他企业标准化文件。

6. 企业标准化数据信息安全管理

采取有效措施开展企业标准化数据信息安全管理。

第二节　企业标准体系的建立

一、企业标准体系与企业标准体系表

（一）企业标准体系

企业标准体系是企业内的标准按其内在联系形成的科学的有机整体。

企业标准体系不是企业内部所用标准的简单堆积，企业内的标准不是孤立的，其都存在内在联系。

建立企业标准体系，应注意：①企业标准体系中的标准不仅是企业标准，而是“企业内的标准”，即该企业实施的国际标准、国家标准、行业标准、地方标准和企业标准；②企业标准体系中的各类标准不是杂乱无章的标准叠加集合，而是相互有内在联系的，也是相互发生作用的，例如原材料标准、工艺标准等都是为了实现产品标准，设备管理标准是为了确保设备完好；③企业标准体系是一个科学的有机整体。首先，企业标准体系要有科学性，即能依据该体系科学地开展企业标准化工作。其次，要有适宜性，即是随企业生产经营而动态发展的标准体系，而不是固定不变的。最后，要有整体性或全局性，即是整体优化的。

（二）企业标准体系表

企业标准体系表是一种描述企业标准体系的模型，通常包括企业标准体系框架图、标准明细表，还可以包括标准统计表和编制说明。

企业标准体系表是企业标准化工作的蓝图。从企业标准体系表中，可明确了解企业标准的构成及其相互间的内在联系，可以清楚地看出企业已在执行哪些标准、正在制定哪些标准、还需要制定哪些标准，为企业编制标准制修订计划提供依据，又可为企业提供一套开展工作必须执行的标准目录。

二、企业标准体系构建的要求

国家标准 GB/T 15496—2017《企业标准体系 要求》对建立企业标准体系提出了如下 8 项基本要求。

（1）企业标准体系应遵循“PDCA”（即计划 Plan、执行 Do、检查 Check、处理 Act）方法构建、运行、评价与改进。

（2）企业应以本企业发展战略为导向，分析企业发展和管理需求，策划企业标准体系。根据分析结果制定企业标准体系构建规划。

（3）企业标准体系应目标明确，体系内所有标准应完整、协调统一，满足相关方需求。

（4）企业标准体系应层次清晰、结构合理，体系内所有标准边界清楚，接口顺畅，能构成有机整体。

（5）企业标准体系应适宜、有效，企业可根据需求和内外部环境变化及时调整企业标准体系。

（6）企业宜将其他管理体系如质量管理体系、职业健康管理体系的标准纳入企业标准体系。

（7）企业应定期开展企业标准体系评价工作，确保体系持续有效。

（8）企业应根据企业标准化的方针、目标、发展战略，进行企业标准体系评价或评估，根据评估发现的问题，提出企业标准体系修改完善意见或建议，持续改进和完善企业标准体系。

三、企业标准体系构建

根据国家标准 GB/T 15496—2017《企业标准体系 要求》的要求，构建企业标准体系，应做好企业标准需求分析和企业标准结构设计，科学编制企业标准体系表和企业标准体系编制说明等。这里介绍 GB/T 15496—2017《企业标准体系 要求》的有关规定：

（一）需求分析

构建企业标准体系时，企业应认真了解相关方对标准的需求和期望，认真总结和分析企业标准化现状和存在的主要问题，研究确定企业标准体系构建规划、企业标准化方针和目标，识别企业适用的法律法规和指导标准的要求，构建企业标准体系。

（二）企业标准体系框架设计

1. 框架

根据对相关方的需求和期望、企业标准化现状分析，形成企业标准体系框架图，如图 6-1 所示。

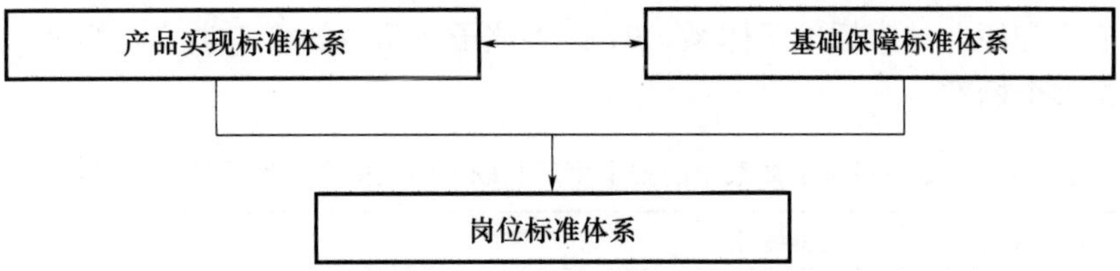

图 6-1　企业标准体系框架图

企业标准体系由产品实现标准体系、基础保障标准体系和岗位标准体系三个体系组成，企业也可根据自身实际对企业标准体系结构进行自我设计，自我设计的结构应满足企业生产、经营、管理等要求并涵盖 GB/T 15496—2017《企业标准体系 要求》、GB/T 15497—2017《企业标准体系 产品实现》和 GB/T 15498—2017《企业标准体系 基础保障》、GB/T 19273—2017《企业标准化工作 评价与改进》中各子体系的要求。

2. 产品实现标准体系

产品实现标准体系系应按 GB/T 15497—2017 的要求构建，一般包括产品标准、设计和开发标准、生产（服务、提供）标准、营销标准、售后（交付后）标准等子体系。

3. 基础保障标准体系

基础保障标准体系按 GB/T 15498—2017 的要求构建，一般包括规划计划和企业文化标准、标准化工作标准、人力资源标准、财务和审计标准、设备设施标准、量管理标准、安全和职业健康标准、环境保护和能源管理标准、法务和合同管理标准、知识管理和信息标准、行政事务和综合标准等子体系。

4. 岗位标准体系

岗位标准体系一般包括决策层标准、管理层标准和操作人员标准的三个子体系。

岗位标准体系应完整、齐全，每个岗位都应有岗位标准。

岗位标准宜由岗位业务领导（指导）部门或岗位所在部门编制。

岗位标准应以基础保障标准和产品实现标准为依据，当基础保障标准体系和产品实现标准体系中的标准能够满足该岗位作业要求时，基础保障标准体系和产品实现标准体系可直接作为岗位标准使用。

岗位标准一般以作业指导书、操作规范、员工手册等形式体现，可以是书面文本、图表、多媒体，也可以是计算机软件化工作指令，其标准内容可包括但不限于：

（1）职责权限。

（2）工作范围。

（3）作业流程。

（4）作业规范。

（5）周期工作事项。

（6）条件触发的工作事项。

（三）标准明细表

企业应根据企业标准体系框架（结构），对产品实现标准体系、基础保障标准体系和岗位标准体系编制对应的标准明细表。

标准明细表格式应满足企业对标准的管理和运用需要，其表头一般包括：序号、体系代码、标准编号、标准名称、责任部门等内容，也可包括编制该项标准的依据文件信息和关联标准信息等。标准明细表格式可参考示例。

企业标准编号规则应具有唯一性，标准编号宜采用无含义流水号，不与体系代码相关联。

标准明细表中的每一类标准均应有体系代码示例见表 6-1。体系代码应能反映该标准在体系内的位置及其与其他标准的关系，如 BZ0701，BZ 为基础保障标准体系的代号，07 代表基础保障标准体系的第 7 个子体系为安全和职业健康标准子体系，01 代表该子体系内的第 1 类安全标准，每一类内可以是一个标准也可以是多个标准。

表 6-1 基础保障标准体系中的安全生产和职业健康安全标准子体系（BZ07）

序号	体系代码	标准编号	标准名称	责任部门
1	BZ0701	GB 13495.1—2015	《消防安全标志 第 1 部分：标志》	办公室
2	BZ0701	Q/××××—××××	《消防安全管理规范》	办公室
3	BZ0701	Q/××××—××××	《应急预案管理办法》	办公室
……	……	……	……	……
10	BZ0702	Q/××××—××××	《职业健康管理办法》	办公室
……	……	……	……	……

（四）体系编制说明

体系编制说明是企业构建企业标准体系的必要说明，内容应包括但不限于：

（1）企业标准化规划与企业发展战略协调一致性的情况说明。

（2）企业标准体系与企业标准化规划相符合的情况。

（3）编制企业标准体系的依据及预期目标。

（4）基础保障标准体系、产品实现标准体系、岗位标准体系内层次的划分依据和划分情况。

（5）自我设计的企业标准体系子体系结构与 GB/T 15496—2017、GB/T 15497—2017、GB/T 15498—2017 企业标准体系子体系结构的对应关系。

（6）与其他体系交叉情况和处理意见。

（7）需要其他体系协调配合的意见。

（8）宜按标准类别，统计企业标准数量。

第三节 企业标准体系的运行

根据国家标准 GB/T 15496—2017《企业标准体系 要求》的规定，企业标准体系的运行一般可分为计划、实施、评价与改进等步骤。

一、运行原则

企业标准体系运行前应得到发布，运行应满足以下原则。

（1）整体性：企业标准体系应整体运行，体系内各项标准均应得到实施。

（2）持续性：企业标准体系应持续运行，体系内各项标准均应长期得到实施。

（3）有效性：企业标准体系应有效运行，体系内各项标准均应切实有效。

二、运行程序

1. 制订计划

企业应制订企业标准体系运行计划，其内容应包括企业实施标准的方式、内容、步骤、负责人员、应达到的要求等。

2. 前期准备

企业标准体系运行的准备工作包括但不限于：

（1）明确相应的企业标准管理机构，负责企业标准体系运行的组织协调。

（2）向企业有关人员宣传及培训、讲解企业标准体系的结构和要求、企业标准体系内标准的相互关系。

（3）进行技术准备，必要时进行技术攻关或技术改造。

（4）进行物资准备，为实施标准提供必要的资源。

3. 运行

（1）企业最高管理者应根据企业实际情况提供相应的人力、物力、财力以保障标准体系的实施，实现标准体系的持续、有效运行。

（2）纳入企业标准体系的所有标准均应得到实施，必要时还应形成实施的计划和记录。按 GB/T 35778—2017《企业标准化工作 指南》执行。

（3）企业内各部门与企业标准化管理机构保持联络，确保在企业标准体系运行和标准实施过程中遇到的问题得到及时沟通和解决。

（4）企业标准化管理机构应持续跟踪和评估企业标准体系运行与实际工作状况的一致性，必要时进行调整和完善，以保证体系运行有效。

三、监督检查

标准实施监督检查内容至少包括：

（1）实施标准的资源与满足标准实施要求的符合情况。

（2）关键点各项控制措施的完备情况。

（3）员工对标准的掌握程度。

（4）岗位人员作业过程与标准的符合情况。

（5）作业活动产生的结果与标准的符合情况。

可采取定期检查或不定期检查、重点检查或普遍检查等形式开展监督检查，也可与其他管理体系的内、外部审核相结合。

各类检查宜在计划中予以确定。

标准实施监督检查可成立专门的组织，也可由标准化工作机构根据计划安排组织实施。

标准实施监督检查可采用现场察看与问询、对记录的数据进行核实与分析、运用技术或其他方法进行验证等手段。

标准实施监督检查结果应形成记录或文件，作为考核、改进的依据并进行处置。处置方式为：

（1）标准内容不符合实际需要时及时修订（废止）标准；

（2）标准内容符合要求但相关部门执行不力时，需采取措施加强标准的执行力。

四、企业标准化评价与改进

可制定企业标准体系和标准化工作的自我评价方案，明确标准化评价范围、评价程序与方法、责任部门、评价周期等内容。改进的内容、措施、方法可制（修）订标准，纳入标准体系固化并持续实施。

标准体系评价分为 3 类：①企业自我评价：企业为确定其标准化工作达到规定目标的程度所进行的活动；②第二方评价：用户或采购方为确定企业标准化工作达到规定目标的程度所进行的活动；③第三方评价：独立于第一方和第二方的机构为确定企业标准化工作达到规定目标的程度所进行的活动。

企业应按 GB/T 19273 对企业标准化工作进行评价与改进。对企业标准化工作进行评价应遵循客观公正、科学严谨、全面准确、注重实效、服务发展的原则。

第四节　如何制定企业标准

企业标准由企业制定，由企业法人代表或法人代表授权的主管领导批准、发布，由企业法人代表授权的部门统一管理。

一、制定企业标准的原则

（1）企业标准的技术要求不得低于强制性国家标准的相关技术要求，国家鼓励企业制定高于推荐性国家标准、行业标准和地方标准的相关技术要求的企业标准。

（2）制定企业标准应当有利于科学合理利用资源，推广科学技术成果，增强产品的安全性、通用性、可替换性，提高经济效益、社会效益、生态效益，做到技术上先进、经济上合理。

（3）禁止利用企业标准实施妨碍商品、服务自由流通等排除、限制市场竞争的行为。

（4）本企业内的企业标准之间应协调一致。

二、企业标准制定程序

制定企业标准的一般程序是：编制计划、调查研究、起草或编制标准草案、征求意见、对标准草案进行必要的试验验证、审查、批准、编号、发布、企业标准自我声明公开、复审。

审查企业标准时，一般需备有以下材料：企业标准报批稿、企业标准报批稿编制说明（包括征求意见汇总处理情况等）、必要的试验验证报告。

企业标准应定期复审，复审周期一般不超过三年。当有相应的国家标准、行业标准和地方标准发布实施后，应及时复审，并确定其继续有效、修订或废止。企业标准修订后，应立即在企业标准信息公共服务平台自我声明公开。

三、编写企业标准注意事项

1. 遵守法律法规和相关标准要求

企业标准制定应遵守《中华人民共和国标准化法》《企业标准化管理办法》《企业产品标准管理规定》和相关行业法律法规等的规定，企业标准的格式要求应符合 GB/T 1.1—2020《标准化工作导则 第 1 部分：标准化文件的结构和起草规则》和 GB/T 20001.10—2014《标准编写规则 第 10 部分：产品标准》等相关国家标准的要求。

本书附录 1 列出的木材工业标准制修订重要文献目录可供参考。

2. 做好企业标准制定的标准文献搜集整理准备工作

制定企业标准前，应对需要编写标准的产品或服务、管理要求等进行充分调研，充分了解与制定的标准化对象例如产品、服务或管理要求是否有相关的国际标准、国家标准、行业标准、地方标准或团体标准，并尽可能搜集整理并购买相关法规、标准文献以及技术资料，为标准制定规范性引用文件或参考借鉴做好充分准备；如制定木质地板的企业标准，一定搜集整理相关木地板的标准，例如已经发布的 GB/T 15036.1—2018《实木地板 第 1 部分：技术要求》、GB/T 15036.2—2018《实木地板 第 2 部分：检验方法》、GB/T 18102—2020《浸渍纸层压木质地板》、GB/T 18103－2012《实木复合地板》等国家标准以及其他木质地板行业标准，均可以参考或借鉴。

3. 根据制定的企业标准类型，选择相应类型的标准文本认真学习，进行参考借鉴

在遵循 GB/T 1.1—2020《标准化工作导则 第 1 部分：标准化文件的结构和起草规则》要求的基础上，根据制修订的产品标准、方法标准、术语标准、管理标准的种类，选择确定相应的标准学习，并参考其标准结构进行标准编制。编制标准前，建议寻找同一类别的已经发布的国家标准、行业标准进行学习，了解该类型标准的结构及其主要技术内容，为自己要制定的标准提供参考，“照猫画虎”，可提高标准编制效率。

4. 制定企业标准，要求标准结构完整、格式规范

企业制定的企业标准，可能最多的是产品标准。产品标准的内容应完整并准确表述产品的质量特性与技术要求、检验方法等，标准文本一般应包含范围、规范性引用文件、术语和定义、分类、要求、检验方法、检验规则、标志、包装、运输和贮存等内容。

术语标准、方法标准、管理标准也要根据相应标准要求，做到结构完整，格式规范。

规范性引用文件应与文中所引用的国家标准、行业标准、法律法规相一致，先列国家标准再列行业标准，并按标准标号从小到大排列。

5. 企业标准不得低于国家强制性标准要求，鼓励制定高于推荐性国际标准、国家标准、行业标准的企业标准

企业标准的内容可参考相关的国家标准或行业标准并结合产品自身特点来制定，其中技术指标要求应符合国家法律、法规的规定，不得与强制性标准相抵触；企业生产的产品没有国家标准和行业标准的，应当制定企业标准，作为组织生产的依据；对已有国家标准、行业标准的，国家鼓励企业制定技术要求严于国际标准、推荐性国家标准、行业标准的企业标准。

6. 加强企业标准布局，支撑企业发展

企业标准是企业组织生产、市场销售、企业产品质量管理的重要依据。企业进行产业投资或上新生产线、生产新产品时，就必须加强企业标准布局，研究需要执行的国家标准、行业标准、地方标准

或团体标准，或制定新的企业标准，为企业产品生产和销售提供标准支撑。

7. 加强企业标准制定的前期研究工作，提高标准质量

企业标准是企业组织生产、市场销售、企业产品质量管理的重要依据，标准的质量包括技术指标要求、检验方法、标识标签等内容非常重要，事关标准是否能执行、是否会产生贸易纠纷等，需要高度重视，一定不能出问题。

标准不是随便编出来的，而是需要在严格的试验验证并获得大量的技术数据基础上，采用标准化的语言和标准化的程序，而将技术成果转化为标准的过程。因此，制定企业标准时，一定要加强标准前期研究，做好试验验证工作，积累大量的试验数据，提高标准质量。企业标准前期研究包括：

（1）企业在启动新项目时，就要做好标准布局和标准制定工作准备。一是新上产品需要制定哪些急需的企业标准。对于新上的产品或项目，企业标准化部门要搜集国内外相关产品或项目标准资料，包括组织生产和销售需要执行的标准，确定还缺少哪些标准，在没有适用的国家标准、行业标准、地方标准、团体标准时，需要加强研制新产品、新工艺、新方法等企业标准。

（2）很多产品是企业根据市场需求开发的，这些产品，在生产和经营过程中没有可依据的国家标准或行业标准，企业应制定企业标准。应在研发新产品、新工艺、新方法项目立项时，就要将标准制定工作纳入新立科研项目计划中，在项目研发过程中，积极开展标准技术指标要求、产品性能检验方法等的研究工作，积累标准编写需要的技术资料，为新标准制定提供技术基础。

（3）在企业标准起草的过程中，应当尽可能参考与其产品相关的国家标准或行业标准，在企业有能力的情况下，应当在充分消化吸收各种上级标准的基础上，制定出高于上级标准的产品主要技术指标的企业标准，不断提高企业产品质量，加强自我约束，满足用户需求。

8. 加强企业标准审查工作，保证标准质量

企业标准审查是标准发布前最后的标准质量把关会议，企业要高度重视企业标准的审查程序和技术内容审查工作，应邀请对标准技术内容非常熟悉的技术专家、标准化专家参加会议，进行逐字逐句认真审查，提出修改意见和建议，做好审查会议纪要。标准审查会后，标准起草小组进一步修改完善标准报批稿，然后进行标准发布。

四、企业标准有效性确认

1. 产品质量检测报告

企业可邀请第三方的产品质量检测中心对企业产品标准涉及的产品质量进行检测，提供产品质量检测报告。产品质量检测报告能全面、客观地反映产品的质量信息。

2. 产品标签（标识）检验报告

企业可邀请第三方专业检验机构完成产品标签（标识）检验报告，按照相关法律法规，对企业产品标准涉及的产品的标识符合性进行判别，确定是否存在问题以及整改完善建议。

3. 企业产品标准评价报告

企业可邀请第三方专业机构完成企业产品标准评价报告，根据相关法律法规和标准要求，对标准编写的格式和内容进行符合性的评价，确定是否存在问题以及整改完善建议。

第五节　企业标准自我声明公开

一、企业产品标准管理制度发展概述

企业产品标准备案制度开始于20世纪90年代初，《中华人民共和国标准化法》和《中华人民共和国标准化法实施条例》明确了企业产品标准制定和备案是企业的法定义务，企业产品标准备案是企业依法将批准发布的企业产品标准报标准化管理部门存档备查的行为。该制度过去对推动企业采用先进

管理理念和方法、提升标准化意识、培养标准化能力、提高产品质量安全水平和维护国家经济社会稳定发展等发挥了重要的基础性作用。

实践中发现，企业标准备案制也存在很多问题，如备案制对企业产品标准的法律责任理解出现偏差，甚至出现了责任转移，造成责任不清；地方标准化主管部门在备案活动中管理不统一，一些地方存在事前审查的行为，弱化了企业在企业产品标准制定过程中的主体作用；政府“保姆”式的管理方式与基层标准化管理部门的能力和定位已不相适应。随着经济的发展，备案制越来越不适应企业标准化发展需求。

2015 年 3 月，国务院印发的《深化标准化工作改革方案》指出要开展企业产品和服务标准自我声明公开和监督制度试点。建立完善企业产品和服务标准信息公共服务平台。研究制定企业产品和服务标准自我声明公开和监督制度指南，鼓励企业进行标准自我声明公开。

2015 年 9 月，国家质检总局、国家标准化管理委员会联合发布了《企业产品和服务标准自我声明公开和监督制度建设工作方案》(以下简称《方案》)，提出以十八大和十八届三中、四中全会精神为指导，以产品质量监管制度改革创新为目标，以转变企业产品标准管理方式为突破，简政放权，优化服务，营造公平竞争的市场环境，探索建立“放、管、服”质量治理新格局。坚持以依法行政与制度创新相结合、需求导向与顶层设计相结合、统筹协调与分工实施相结合的工作原则，努力构建完善法规制度、创新治理机制、健全服务体系、优化监管体系、搭建信息公开平台。《方案》明确将分三个阶段组织实施。第一阶段从 2015 年 1 月到 2015 年 12 月，主要是组建领导小组和工作机构，确定管理机制，明确工作目标和工作任务。第二阶段从 2016 年 1 月到 2016 年 12 月，主要是深化企业产品和服务标准自我声明公开和监督制度试点。第三阶段从 2017 年 1 月到 2017 年 12 月，主要是全面实施企业产品和服务标准自我声明公开和监督制度。

2016 年 6 月，全国人造板标准化技术委员会承担了国家标准化管理委员会下达的“人造板（浸渍纸层压木质地板）企业产品和服务标准自我声明公开和监督制度建设行业试点工作”，历时 8 个月，圆满完成试点任务，积极引导行业企业开展企业标准自我声明公开，及时总结试点工作的经验，提出了进一步完善该项工作的建议，得到国家标准化管理委员会的采纳。试点期间，全国 50 家浸渍纸层压木质地板企业自我声明公开了浸渍纸层压木质地板及其相关产品的国家标准、行业标准、地方标准及企业标准 201 项。该项工作得到国家标准化管理委员会和国家林业和草原局有关部门的肯定和好评。

目前，企业产品和服务标准自我声明公开和监督制度各项工作已经在各行业、各省市全面开展。随着企业标准自我声明公开制度的全面实施，企业标准公开数量的快速增加。根据国家市场监督管理总局、国家标准化管理委员会发布的《中国家标准化发展年度报告（2020）》统计，截至 2020 年底，全国共有 34.2 万余家企业在企业标准自我声明公开平台公开标准，企业标准自我声明公开数为 171 多万项，覆盖的产品和服务 292 万多种。其中，自我声明公开标准数据前五的地方依次为山东、浙江、江苏、广东、河南。

从自我声明公开的标准类别来看，企业自我声明公开的标准中企业标准占 83%，国家标准占 11%，行业标准占 6%，地方标准和团体标准数量较少；与 2018 年度的企业标准自我声明公开情况相比，可见，2019 年自我声明公开的标准中国家标准、行业标准、地方标准数量都有所减少，企业标准和团体标准数量有较大的增加。

二、法律依据

《中华人民共和国标准化法》规定了企业标准自我声明公开和监督制度规定，以及企业标准自我声明公开涉及的法律责任。

（一）企业标准自我声明公开和监督制度规定

第二十七条 国家实行团体标准、企业标准自我声明公开和监督制度。企业应当公开其执行的强制性标准、推荐性标准、团体标准或者企业标准的编号和名称；企业执行自行制定的企业标准的，还应当公开产品、服务的功能指标和产品的性能指标。国家鼓励团体标准、企业标准通过标准信息公共服务平台向社会公开。企业应当按照标准组织生产经营活动，其生产的产品、提供的服务应当符合企业公开标准的技术要求。

（二）企业标准自我声明公开涉及的法律责任

第二十一条 推荐性国家标准、行业标准、地方标准、团体标准、企业标准的技术要求不得低于强制性国家标准的相关技术要求。国家鼓励社会团体、企业制定高于推荐性标准相关技术要求的团体标准、企业标准。

第二十二条 制定标准应当有利于科学合理利用资源，推广科学技术成果，增强产品的安全性、通用性、可替换性，提高经济效益、社会效益、生态效益，做到技术上先进、经济上合理。禁止利用标准实施妨碍商品、服务自由流通等排除、限制市场竞争的行为。

第三十六条 生产、销售、进口产品或者提供服务不符合强制性标准，或者企业生产的产品、提供的服务不符合其公开标准的技术要求的，依法承担民事责任。

第三十七条 生产、销售、进口产品或者提供服务不符合强制性标准的，依照《中华人民共和国产品质量法》《中华人民共和国进出口商品检验法》《中华人民共和国消费者权益保护法》等法律、行政法规的规定查处，记入信用记录，并依照有关法律、行政法规的规定予以公示；构成犯罪的，依法追究刑事责任。

第三十八条 企业未依照本法规定公开其执行的标准的，由标准化行政主管部门责令限期改正；逾期不改正的，在标准信息公共服务平台上公示。

第三十九条 社会团体、企业制定的标准不符合本法第二十一条第一款、第二十二条第一款规定的，由标准化行政主管部门责令限期改正；逾期不改正的，由省级以上人民政府标准化行政主管部门废止相关标准，并在标准信息公共服务平台上公示。违反本法第二十二条第二款规定，利用标准实施排除、限制市场竞争行为的，依照《中华人民共和国反垄断法》等法律、行政法规的规定处理。

三、企业产品和服务标准自我声明公开和监督制度要求

实施企业产品和服务标准自我声明公开和监督制度要求：

一是企业认真发挥主体作用。企业产品和服务标准自我声明公开应包括标准信息和声明信息。其中，企业产品完全执行国家标准、行业标准和地方标准的，应公开相应的标准号和名称；执行企业标准或其他标准的，应公开企业产品主要技术指标，包括产品主要技术性能指标和对应的检验试验方法，也可选择公开企业标准全文。企业通过标准公共服务平台，将产品质量相关的标准信息向社会公开，通过自身执行标准的竞争，扩大影响力，吸引消费者。

二是相关标准化管理部门积极推进、消费者积极参与监督。企业产品标准信息公共服务平台管理已经全面覆盖县级以上标准化行政主管部门。各级标准化行政主管部门通过企业产品标准信息公共服务平台管理系统，积极推进地区企业产品标准公开信息相关工作，加强对地区企业标准的管理。消费者可以通过标准公共服务平台，收集、比对企业公开的产品标准信息，为自己的消费活动提供指引，并对企业公开标准信息进行监督。

实施企业产品和服务标准自我声明公开和监督制度，有利于推动政府职能转变，促进简政放权，强化事中事后监管，形成社会共治；有利于进一步强化生产经营者主体责任，激发市场活力，推动生产经营者建立质量诚信自律机制。

四、如何进行企业标准自我声明公开

（一）企业自我声明的标准要求

企业产品凡是执行国家标准、行业标准、地方标准、团体标准的，需上传企业自我承诺书，包含

机构名称、法定代表人、组织机构代码、邮政编码、注册地址、行政区划在内的企业基本信息，包含企业生产的产品执行的国家标准、行业标准、地方标准和团体标准名称和标准编号信息，包含产品名称、通用名、品牌、条码、规格（型号）、分类等在内的执行该标准的产品信息。

企业产品执行企业标准的，需上传企业自我承诺书，包含机构名称、法定代表人、组织机构代码、邮政编码、注册地址、行政区划等在内的企业基本信息。企业生产的产品执行企业标准名称和标准编号、公开内容（企业标准文本）。公开内容可以上传公示全文，也可以填报公示技术指标（标准文本和技术指标可二选一）。其中公开内容选择公示标准文本，上传 PDF 格式的标准文本；公开内容为技术指标的应包含指标名称、指标要求、测试方法、指标水平说明，指标名称和指标要求为必填项，其他是选填项，但要求至少填一项技术指标。以及包含产品名称、通用名、品牌、条码、规格（型号）、分类等在内的执行该标准的产品信息。

（二）企业标准自我声明步骤

点击企业标准信息公共服务平台的企业自我声明系统，找网页下角的“操作手册”，按照“操作手册”进行注册、登录和上传相关材料。遇到问题可在网页下角的“常见问题”中查看解答。值得注意的是，上传相关材料时，需要选择“产品分类”，例如“浸渍纸层压木质地板（强化木地板）”其产品分类选择为“建筑材料”（大类）→“内部装饰材料”（中类）→“室内地面材料”（小类）。详细操作步骤如图 6-2 所示。

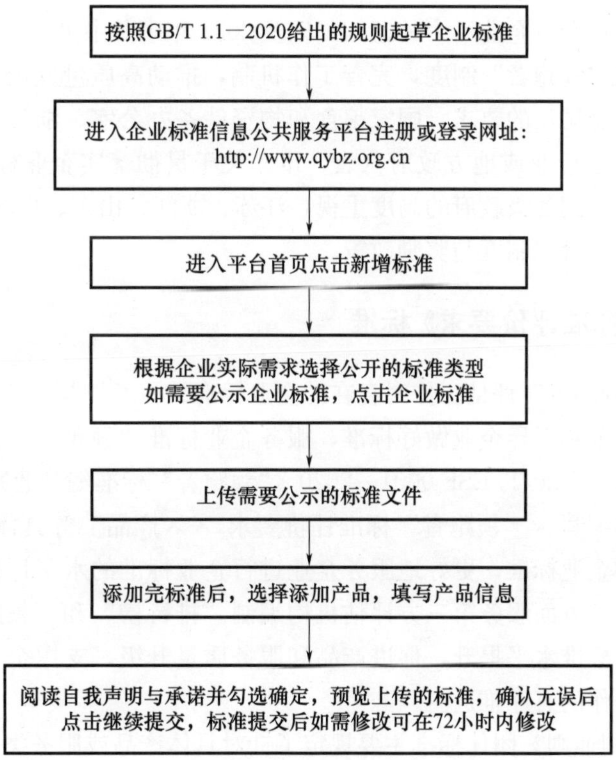

图 6-2　企业标准自我声明步骤

第六节　企业标准“领跑者”制度

一、企业标准“领跑者”定义

企业标准“领跑者”制度是选出一批先进引领性的企业标准，并对标准制定企业予以表彰，发挥模范带头作用，让更多企业主动在国家平台公开更加先进和引领性的产品与服务标准，支撑质量强国战略。

2018年，国家市场监督管理总局等八部门提出以企业标准自我声明公开为基础，建立实施企业标准“领跑者”制度。企业标准“领跑者”制度的实施是以企业产品和服务标准自我声明公开为基础，通过第三方评估机构排行评估，发布企业标准排行榜，基于排行榜形成并发布“领跑者”名单，并进行动态调整，通过推动标准水平的提升带动产品和服务质量的提升。

二、国家开展企业标准“领跑者”的政策

国务院发布的《消费品标准和质量提升规划（2016—2020年）》明确提出，实现以先进标准引领消费品质量提升，突出标准引领，创新质量供给，着力增品种、提品质、创品牌，不断满足人民群众日益增长的消费需求。全面实施企业产品和服务标准自我声明公开和监督制度，发布企业标准排行榜，引导消费者更多选择领跑者产品；国务院办公厅印发《贯彻实施〈深化标准化工作改革方案〉重点任务分工（2017—2018年）》，提出了深化标准化工作改革的12项具体任务措施，要求建立实施企业标准领跑者制度，发布企业标准排行榜，以先进标准引领产品和服务质量提升；2017年《中共中央国务院关于开展质量提升行动的指导意见》（中发〔2017〕24号）明确指出“实施企业标准‘领跑者’制度”；为强化标准引领作用，促进全面质量提升，2018年6月，市场监管总局等8部门联合发布《关于实施企业标准“领跑者”制度的意见》；中共中央办公厅、国务院办公厅印发的《关于深化商事制度改革进一步为企业松绑减负激发企业活力的通知》以及2021年中共中央1号文件等多份文件，都提到要继续推动实施企业标准“领跑者”制度，完善工作机制，推动高质量发展。为了落实《关于实施企业标准“领跑者”制度的意见》的要求，国家粮食和物资储备办公室、浙江省、江西省、陕西省、河北省、北京市等相继出台了行业或地方政府（省、市）关于贯彻落实企业标准“领跑者”实施方案。企业标准“领跑者”工作受到各级政府的高度重视，江苏、浙江、山东、广州、广西等20多个省市还出台了企业标准“领跑者”管理制度与奖励政策。

三、《“领跑者”标准评价要求》标准

针对2019年开展“领跑者”评估工作时存在的企业标准编写不规范、评估方法欠缺，评价指标选取不统一等问题，为了规范和引导企业做好标准，服务企业标准“领跑者”评选，中国标准化研究院组织制定了T/CAQP 015—2020 T/ESF 0001—2020《“领跑者”标准编制通则》，一方面用于指导相关的协会或学会等社会团体编写《“领跑者”标准评价要求 ××产品》等具体产品或服务的领跑标准，指导企业编写科学有效的企业标准，更好地服务企业进行企业标准的水平评价，切实发挥企业标准对质量提升的引领作用；另一方面服务第三方评估机构编制“排行榜”和“领跑者”评估方案，开展有关评估工作，以引导企业标准水平提升，促进产品和服务质量升级，支撑企业标准自我声明公开和企业标准“领跑者”制度工作的有序推进。

《“领跑者”标准编制通则》团体标准主要规定了针对具体产品或服务类别制定“领跑者标准编制要求”标准的原则、标准内容、指标体系和评价方法，标准将评价指标分为基础指标、核心指标和创新性指标三部分，作为各行各业各产品编制相关产品“领跑者”评价要求标准的指导性文件。企业标准“领跑者”制度是通过高水平标准引领，增加中高端产品和服务有效供给，支撑高质量发展的鼓励性政策，对深化标准化工作改革、推动经济新旧动能转换、供给侧结构性改革和培育一批具有创新能力的排头兵企业具有重要作用。

为有效推动企业标准“领跑者”实施，各行业可根据需要根据《“领跑者”标准编制通则》制定其相应产品的“领跑者”评价要求标准。截至2021年7月底，中国包装联合会等行业协会发布了《“领跑者”标准评价要求 化妆品用共挤出多层复合软管》等58项针对各行业具体产品的“领跑者”评价

要求标准，对规范企业标准“领跑者”评选起到了重要作用。

中国林业科学研究院木材工业研究所正联合相关单位制定《“领跑者”标准评价要求 胶合板》《“领跑者”标准评价要求 纤维板》《“领跑者”标准评价要求 刨花板》《“领跑者”标准评价要求 细木工板》等团体标准，服务推进木材工业企业标准“领跑者”工作。

四、企业如何参与企业标准领跑者工作

1. 声明

企业需要制定企业标准并在企业标准信息公共服务平台声明公开。

企业参加企业标准“领跑者”评估，首先要制定企业标准并在企业标准信息公共服务平台声明公开，且该企业标准应属于企业标准“领跑者”的重点领域，这样企业才可以参与企业标准“领跑者”评估工作。国家市场监管总局都会每年发布企业标准“领跑者”重点领域，如2021年的重点领域包括木制品、人造板、木地板、竹制品等。

2. 查阅

企业可以参考已发布的具体产品或服务“领跑者”团体标准（例如《“领跑者”标准评价要求 胶合板》）编制修订企业标准，“领跑者”团体标准信息可在“企业标准领跑者管理信息平台”查阅。

3. 评估

企业要关注企业标准“领跑者”评估机构发布的评估方案，向评估机构提交相关材料，评估机构再进行审核评估。

企业需提供的主要材料：

(1) 在企业标准信息公共服务平台公开的标准文本（发布日期截至评估日之前）。

(2) 企业近三年信用记录证明。

(3) 企业营业执照。

(4) 相关产品检测报告（与企业标准中指标相符合）。

(5) 制定企业标准的产品实物样品（可能有的机构不需要）。

(5) 提供产品或服务质量与公开标准一致性承诺书。

值得注意的是，可能每个评估机构要求不同，或每年有变化，请以每年开展企业标准领跑者的评估机构发出的公开文件为准，准备和上报材料。

4. 企业标准“领跑者”评估流程

(1) 材料收集阶段：企业提交相应材料。

(2) 专家审核阶段：由评估机构专家对标准合规性进行审核。

(3) 企业标准排行榜形成阶段：评估机构在企业标准“领跑者”统一信息平台发布本年度企业标准排行榜后，并计算各单指标排行榜总得分数获得总得分，取总得分高者入围企业“领跑者”名单。

(4) 名单发布阶段：经过10个工作日公示无异议，最终形成“领跑者”发布名单。

(5) 证书发放：由评估机构在7个工作日内下发“领跑者”证书。一般评估周期2个月，也可能更长，因为每个评估机构时间不同。

5. 申领“领跑者”标识进行宣传推广

企业获得企业标准“领跑者”证书后，可以申领“领跑者”标识，并将证书与标识用于品牌宣传和产品推广。

五、木材工业行业开展企业标准“领跑者”情况

我国木材工业企业也高度重视企业标准“领跑者”，据不完全统计，2019—2020年间，浙江世友木业有限公司等14家企业先后获得企业标准“领跑者”，其中德华兔宝宝装饰新材料股份有限公司等

9家企业获得全国的企业标准“领跑者”证书，韩师傅集成家居有限公司等获得临沂市木业产业企业标准“领跑者”称号，见表6-2。

表6-2　木材工业企业获得企业标准“领跑者”情况（截至2020年底）

年度	企业标准“领跑者”	企业标准名称	备注
2019年	德华兔宝宝装饰新材料股份有限公司	Q/TBB 0028—2018《实木复合地板》	全国的企业标准“领跑者”证书
	久盛地板有限公司	Q/JS 017—2019《漆饰实木地板》	
	书香门第（上海）美学家居股份有限公司	Q/310118 SXMD 007—2019《书香门地绿色实木复合地板》	
	浙江富得利木业有限公司	Q/FDL J01—2019《油漆饰面/油饰面实木复合地板》	
	浙江世友木业有限公司	Q/SY 018—2018《地采暖用实木地板》	
		Q/SY 012—2018《无醛添加实木复合地板》	
		Q/SY 013—2018《E0级地采暖用实木复合地板》	全国的企业标准“领跑者”
2020	浙江世友木业有限公司	Q/SY 031—2020《绿色级实木复合地板》	
	巴洛克木业（中山）有限公司	Q/ELZS 32—2020《实木复合地板》	
	大自然家居（中国）有限公司	Q/DZR 003—2020《实木复合地板》	
	苏州安心实业有限公司	Q/320584 DNC005—2020《木质复合地板》	
	韩师傅集成家居有限公司	Q/HSFQB 001—2020《普通胶合板》	临沂市木业产业企业标准“领跑者”
		Q/HSFQB 002—2020《细木工板》	
	山东爱格装饰材料有限公司	Q/3713SAG 001—2020《浸渍胶膜纸饰面刨花板》	
	山东千森木业集团有限公司	Q/1325FXQS 00001—2020《浸渍胶膜纸饰面胶合板》	
	山东新港企业集团有限公司	Q/1325FXQS 001—2020《浸渍胶膜纸饰面细木工板》	
		Q/XG J1.1—2020《家居用刨花板和无醛添加刨花板》	

第七节　企业如何参与标准化活动

一、企业参与标准化活动的途径

根据GB/T 35778—2017《企业标准化工作 指南》第9章，企业参与标准化活动主要包括以下七个方面：采用国际标准或国外先进标准，参与国家标准、行业标准、地方标准制（修）订，参与团体标准制（修）订，参与标准化试点示范，参与国内标准化技术委员会活动，参与社会团体组织的标准化活动，参与国际标准化活动等。

（一）采用国际标准或国外先进标准

（1）根据企业需要和国内外市场需求，检索和收集相关国际标准、国外先进标准。

（2）对国际标准或国外先进标准的内容进行分析，评估采用国际标准或国外先进标准必要性和可行性。

（3）适用时将采用的国际标准或国外先进标准转化制定成企业标准并实施。按照GB/T 1.2—2020《标准化工作导则 第2部分：以ISO/IEC标准化文件为基础的标准化文件起草规则》制定企业标准。当国家标准、行业标准、地方标准、团体标准已采用国际标准或国外先进标准时，可直接执行。

（4）直接采用国际标准或国外先进标准时应进行识别，妥善处理可能涉及的知识产权等事宜。

（5）对采用国际标准、国外先进标准工作进行评价。

（二）参与国家标准、行业标准、地方标准制（修）订

（1）关注相关国家标准、行业标准、地方标准现行情况及制（修）订信息，根据企业自身情况，

评估参与制（修）订的可能性和对企业发展的推进作用，确定参与程度和方式。参与程度和方式一般有主持制（修）订和参与制（修）订。

（2）主持国家标准、行业标准、地方标准制（修）订工作，包括提出标准提案和组织标准编写、征求意见、审查等工作。

（3）参与国家标准、行业标准、地方标准制（修）订工作，可包括提供本企业标准作参考、编写标准部分内容、提出标准修改建议、验证标准内容、参加标准审查等工作。

专栏 6-1

木材工业企业高度重视参与政府主导的标准制修订工作

中国木材工业企业高度重视参与国家标准、行业标准制修订工作，积极反映企业的技术进步和诉求，有力推动了中国木材工业标准发展根据全国人造板标准化技术委员会统计，全国人造板标委会归口管理的人造板国家标准和行业标准，企业参与率达到90%以上。2020年，德华兔宝宝新材股份有限公司、浙江升华云峰新材股份有限公司、世友木业有限公司、久盛地板有限公司、千年舟新材科技集团有限公司、太尔化工（上海）有限公司等60多家企业先后参加了GB/T 24311—2021《组合式包装箱用胶合板》GB/T 23825—2009《人造板及其制品中甲醛释放量测定 气体分析法》、GB/T 26899—2011《结构用集成材》、LY/T 1860—2009《非甲醛类热塑性树脂胶合板》、LY/T 1979—2011《刨花板生产节材和减排技术规范》、LY/T 1984—2011《重组木地板》（修订）等50多项标准制修订工作。

根据全国林业生物质材料标准化技术委员会统计，2020年江苏旭华圣洛迪建材有限公司、莒南县外贸工艺柳编厂、宁波中科朝露新材料有限公司、万华生态板业股份有限公司、浙江升华云峰新材股份有限公司、财纳福诺木业（中国）有限公司等参与了林业行业标准计划项目《石塑木复合地板》的制定工作；湖南岳盛新型材料有限公司、江苏嘉瑞木业有限公司、浙江亚厦装饰股份有限公司、安徽扬子地板股份有限公司、巴洛克木业中山有限公司、杭州天元诚达装饰材料有限公司、久盛地板有限公司、陕西秦巴瑰宝软木科技有限公司、浙江升华云峰新材股份有限公司、千年舟新材科技集团有限公司等参与了林业行业标准计划项目《石塑木复合地板》《软木装饰板》《地表覆盖用彩色木片》《麦（稻）秸秆刨花板》等标准的制修订工作。

中国人造板、木地板、木门窗等木材工业龙头企业都高度重视标准化工作，积极参与国家标准、行业标准制修订工作，成果斐然，为木材工业标准化做出了重要贡献，有力推动了中国木材工业高质量发展。截至2020年底，德华兔宝宝新材股份有限公司参与制修订国家标准88项，主持或参与制修订行业标准71项，其中主持2项，分别是LY/T 2062—2012《防虫胶合板》、LY/T 2879—2017《装饰微薄木》；浙江升华云峰新材股份有限公司参与制定国家标准39项、主导及参与制定行业标准31项，负责制定了LY/T 2371—2014《木材工业用复合改性玉米淀粉基—异氰酸酯胶粘剂》林业行业标准；圣象集团参与制修订国家标准和行业标准40余项；千年舟新材科技集团有限公司参与制修订国家标准11项、行业标准9项，负责起草林业行业标准LY/T 2875—2017《难燃细木工板》；世友木业有限公司参与制修订国家标准15项、行业标准23项，负责起草GB/T 28992—2012《热处理实木地板》国家标准；久盛地板有限公司参与制修订国家标准25项、行业标准21项。

（三）参与团体标准制（修）订

（1）关注相应社会团体制定团体标准的开展情况，对团体标准的影响力、政府预期、鼓励政策采信的可能性进行评估，确定企业在团体标准制（修）订中所起的作用。

（2）分析本企业生产、经营与团体标准的契合度，明确参与程度。

（3）参加团体标准的制（修）订过程，开展相关工作。在不妨碍公平竞争和协调一致的前提下，企业可将专利或其他科技成果融入团体标准，促进创新技术产业化、市场化。

（4）参与团体标准实施情况的反馈。

（5）促进并推动团体建立标准化良好行为规范。

（四）参与标准化试点示范

（1）关注各级政府部门、行业组织开展标准化试点示范项目情况。

（2）分析标准化试点示范项目的目的、任务及达到的预期效果，评估标准化试点示范项目对企业品牌建设、管理水平提升的作用性和企业开展的适应度。根据分析和评估结果自愿申报。

（3）标准化试点示范项目申请获批后主要开展以下工作：

① 建立标准化试点示范项目创建机构，确定组织、明确职责；

② 制订实施计划、方案，明确目标、进度、措施等内容；

③ 收集、制定相关标准，构建标准体系，组织实施标准，并按进度推进标准化试点示范项目的其他工作；

④ 根据实施进度，进行项目中期评估，及时改进存在的问题；

⑤ 在项目期限到达前，按照项目要求进行自我评价，形成自我评价报告并将其纳入确认申请资料，申请确认验收。

（五）参与国内标准化技术委员会活动

（1）了解国内标准化技术委员会设置情况，从相关标准化技术委员会获取信息。

（2）根据收集的信息结合企业人才、技术、资金等情况，确定参与标准化技术委员会活动的方式和内容。

（3）参与方式和内容如下：担任标准化技术委员会、分技术委员会、工作组委员或成员。

① 承担标准化技术委员会、分技术委员会秘书处、工作组工作；

② 参加标准化技术委员会、分技术委员会、工作组组织的标准化学术交流、论坛、标准化知识培训以及标准宣贯等活动。

专栏 6-2

木材工业企业参与全国人造板标委会委员情况

全国人造板标准化技术委员会高度重视企业参与人造板标准化工作。2020 年换届成立的全国人造板标准化技术委员会第四届委员会共有 51 名委员，其中来自企业的委员 18 人，分别来自德华兔宝宝新材股份有限公司、世友木业有限公司、久盛地板有限公司、千年舟新材科技发展有限公司、南宁科天水性科技有限责任公司、德尔未来科技控股集团股份有限公司、大亚人造板集团有限公司、江苏森茂竹木业有限公司、索菲亚家居股份有限公司、吉林兄弟木业有限公司、广东耀东华装饰材料科技有限公司、江苏肯帝亚木业有限公司、圣象集团有限公司、山东东仕达木业有限公司、广东天元汇邦新材料股份有限公司、万华禾香板业有限责任公司、浙江升华云峰新材股份有限公司、大自然家居（中国）有限公司、太尔化工（上海）有限公司，这些企业委员均参加了本标委会的标准化工作。

（六）参与社会团体组织标准化活动

（1）关注各级标准化协会、相关行业协会等社会团体组织开展的标准化活动信息。

（2）根据收集的信息结合企业人才、技术、资金等情况，确定参与社会团体组织标准化活动的方式和内容。

（3）参与方式和内容如下：

① 参加标准化知识培训、标准宣贯；

② 参加标准化学术研讨会、标准化论坛等活动；

③ 参加标准化优秀论文、优秀科普作品评选活动；

④ 通过社会团体组织同国外标准化组织开展交流与合作。

（七）参与国际标准化活动

（1）了解国际标准化组织、国际电工委员会和国际电信联盟以及其他国际专业技术组织等国际组织，关注其标准化活动信息。

（2）根据自身情况确定参加国际标准化活动方式和内容。

（3）参与国际标准化活动包括以下几个方面：

① 担任国际标准化组织、国际电工委员会和国际电信联盟以及其他国际专业技术组织管理机构的官员或委员；

② 承担国际标准化组织、国际电工委员会和国际电信联盟以及其他国际专业技术组织技术委员会（含项目委员会）和分委员会等的主席和秘书处；以成员或观察成员的身份参加技术委员会或分技术委员会的活动；

③ 主持或参加国际标准制（修）订工作，担任工作组（包括项目组和维护组等）的负责人或注册专家；

④ 提出国际标准新工作领域提案和国际标准新工作项目提案；

⑤ 跟踪研究国际标准化组织、国际电工委员会和国际电信联盟以及其他国际专业技术组织的工作文件，提出投票或评议意见；

⑥ 参加或承办国际标准化组织、国际电工委员会和国际电信联盟以及其他国际专业技术组织技术委员会的会议；

⑦ 参加和组织国际标准化研讨会和论坛等活动；

⑧ 开展与各区域、各国的国际标准化合作与交流；

⑨ 其他国际标准化活动。

专栏 6-3

木材工业企业参与国际标准化活动

木材工业企业高度重视国际标准化工作。德华兔宝宝装饰新材股份有限公司、浙江升华云峰新材股份有限公司、久盛地板有限公司、浙江世友木业有限公司、千年舟新材科技集团有限公司、巴洛克木业（中山）有限公司、苏州大卫木业有限公司和红木枋家居科技（湖州）有限公司积极参加了 ISO 18775：2020《单板 术语与定义、物理特征及其偏差的测定》国际标准的修订工作。

德华兔宝宝装饰新材股份有限公司、浙江升华云峰新材股份有限公司、鲁丽集团有限公司、浙江裕华木业有限公司等企业单位参加了 ISO 13608：2014《装饰单板贴面胶合板》ISO 13609：2014《细木工板》国际标准制定工作。

此外，北京绿奥诺建筑板材有限公司、大自然家居（中国）有限公司、绍兴市彬彬木业有限公司、久盛地板有限公司、浙江世友木业有限公司、浙江格尔森木业有限公司、浙江富得利木业有限公司、苏州大卫木业有限公司、巴洛克木业（中山）有限公司等企业积极参加了 ISO17959：2014《实木地板通用要求》国际标准的制定工作。浙江世友木业有限公司、浙江升华云峰新材股份有限公司、德华兔宝宝装饰新材股份有限公司积极参加了 ISO 13061-5：2020《木材物理力学性质 无疵小试样试验方法 第 5 部分 横纹抗压强度测定》的标准修订工作。

专栏 6-4

企业参与制修订标准十大好处

韩全卫

（原文刊载于《机械工业标准化与质量》，2016（10）：42-43，有修改）

（一）参与标准制修订，有助于提升企业发展战略与企业形象

“一流的企业卖标准，二流的企业卖品牌，三流的企业卖产品。”标准可以让企业有效规避竞争，淘汰不符合标准的企业，提高竞争门槛，提升企业在整个行业的美誉度。企业能参与行业标准制修订工作，说明企业在行业内有着较高的知名度，产品在市场上有一定的占有量。

企业积极参与国家标准、行业标准、地方标准和团体标准的制修订工作，符合企业发展战略需求，也对企业形象提升具有重要作用。

（二）参与标准制修订，有助于企业保护自我发展

得标准者得天下，这也是近年来很多企业参与行业标准制修订的原因。率先参与标准制修订，一旦标准实施，企业就获得一个绝好的保护自我发展的壁垒，同时也获得了到国内、国际市场攻城略地的强大武器。

（三）参与标准制修订，有助于企业树立行业领导品牌

参与行业标准制修订，是企业树立行业领导品牌，提升发展战略与企业形象的有效途径，同时也是提高企业在行业与市场知名度的有效途径。企业通过参与制定国家和行业的重要标准或在标准制定中占有主导地位，以此可向公众展示自己在行业中的品牌领导地位。

（四）参与标准制修订，有助于企业拥有规则的话语权

“无规矩，不成方圆”，表面看强调的是做任何事，都要遵守一定的标准（规则），而深层次的含义是，谁掌握了“标准”的“制定权”，谁将拥有“话语权”，成为“领导者”，而这个规则（标准）也将成为破除各种技术贸易壁垒的“利器”。

（五）参与标准制修订，有助于企业抢占市场先机

标准从起草到发布实施，一般至少也要 2 年以上。参与标准制修订的企业可以提前了解标准的技术要求，从而提早调整原材料的采购和引进新技术，提前做好组织生产的应对工作，以免造成因产品指标不达标而造成浪费，同时也在生产方面抢占了先机。

（六）参与标准制修订，有助于企业涉及的相关标准调整幅度较小

企业在标准制修订过程中能够充分反映自己的标准诉求，可以提出有利于自身企业发展的标准术语和定义、标准技术指标等，使企业不会因为新发布的标准而大动干戈，调整产品方案。

（七）参与标准制修订，有助于企业获得高的发展平台

通过参与和主导标准的制修订，在引领行业发展的同时，也能提前把脉调整企业发展方向，同时通过企业的声音，在标准的制定过程中抢占发展“制高点”，为自身企业的发展获取更高平台，在同类产品的市场竞争中赢得先机。

（八）参与标准制修订，企业可获得政府奖励，更加积极参与标准建设

各地政府为推进地方产业高质量发展，采取了各种方式鼓励和引导企业参与标准起草工作。例如，对参与标准制修订的企业给予不同程度的经费奖励；在项目招标过程中，凡参与标准起草的企业可优先入围；还有，在高新企业申报中，将企业是否参与标准制修订工作作为一项优先条件等各种鼓励引导措施。

另外，在有些地区，企业还可因为参与了标准起草而进入到各级政府的优惠政策名单中，政府会实行税收优惠、退税等鼓励政策，有的企业还会进入政府重点扶持企业名单。

（九）参与标准制修订，有助于企业增强市场核心竞争力

在市场竞争中，比人脉、比价格、比质量的同时，客户更看重企业的形象和合作前景。企业参与标准制修订工作，证明了企业在行业内的地位，事实上也增强了企业核心竞争力。

（十）参与标准制修订，发布的标准可作为参编人员职称评定、岗位晋升的重要成果

企业技术人员职称评定时，企业技术人员参与发布的国家标准、行业标准、地方标准和团体标准都是重要的科技成果，会作为职称评审或岗位晋升的成果指标，为个人职称评审或岗位晋升提供支撑。

第八节　木材工业企业标准化工作先进典型案例

我国作为木材工业生产大国和消费大国，产品质量关系人民群众身体健康。木材工业标准化和产品质量安全长期以来一直受到党和政府以及社会各界的广泛关注，也得到木材工业企业的高度重视，涌现了一批标准化工作先进典型。为方便广大木材工业企业借鉴学习木材工业行业优秀企业的标准化工作经验，本书特总结了德华兔宝宝新材股份有限公司、浙江升华云峰新材股份有限公司、圣象集团有限公司、千年舟新材科技集团有限公司、世友木业有限公司、久盛地板有限公司、江苏肯帝亚木业有限公司、天格地板有限公司等 8 家木材工业企业的标准化工作先进典型案例，并在这里进行介绍，与大家分享。

1. 木材工业企业标准化工作先进典型案例

——德华兔宝宝装饰新材股份有限公司

一、企业简介

德华兔宝宝装饰新材股份有限公司创建于 1993 年，是我国装饰板材行业产销规模领先企业，首批国家林业龙头企业，先后获浙江省政府质量奖，浙江省“三名”培育试点企业和“雄鹰行动”培育企业等荣誉，国内装饰贴面板行业中首家上市企业，中国林产工业协会副会长单位，中国木材保护工业协会副会长单位、国家木竹产业技术创新战略联盟发起单位、浙江省木业协会会长单位。

公司经过 29 年的不懈努力和创新发展，目前共有 20 余家分子公司，形成从林木资源的种植抚育、全球采购到生产、销售各类板材、地板、木门、衣柜、橱柜、儿童家居、重组装饰单板、胶粘剂等多元化产品的完整产业链，是集研发、设计、生产和销售于一体的多元化发展的股份制企业。以推进行业绿色进程为己任，逐步建立起了可持续发展的产业链，取得了良好的经济效益和社会效益。一方面紧扣行业脉搏，致力环保产品，从 E1 级、E0 级、无醛级到净醛产品，不断引领绿色环保潮流，树立行业新风，推动行业健康发展和进步；一方面创新科技，提升标准，研发以速生材为原材料的科技木产品，极大提升了木材的利用率和附加值，产销规模排名世界第一；同时，协同集团公司完成了“35 万亩速生林建设”项目，为林产工业摆脱对天然林珍贵木材的消耗与依赖及行业的可持续发展开辟了一条全新道路。

公司是国家高新技术企业，创建国家模范院士专家工作站、国家博士后工作站、省级重点企业研究院等 10 多个国家及省部级创新平台，承担 863 国家重点研发计划、省重大研发计划等国家、省部级项目 100 余项，获得授权专利 142 件（其中发明专利 74 件），在国内外重要期刊发表论文 110 余篇；拥有木材高效利用、装饰板材环保胶合及重组装饰材色牢度控制等领域核心技术，获国家科技进步奖二等奖 1 项、教育部科技进步奖二等奖 1 项、浙江省科技进步奖 2 项、中国专利优秀奖 3 项。

公司产品先后通过中国绿色产品、环境标志产品、FSC-COC、EPA/CARB、Floorscore、大臣、浙江制造等多项国际国内认证，连续被列入“政府绿色采购清单”，是北京奥运村与比赛场馆、上海世博会主会场、杭州G20峰会主会场等重要项目的装饰材料供应商。公司的“兔宝宝”品牌获评中国名牌、浙江名牌、浙江著名商标、浙江出口名牌等，2008年被国家工商总局商标局认定为“驰名商标”。

二、企业标准体系建设情况

1. 成立标准化专职机构，明确标准方面职责

2005年，公司成立了标准化专职机构——标准化工作委员会，由标准申报、技术验证和标准管理三个部门组成，共有专职人员8名。制订了《公司标准化管理制度》《企业标准制修订制度》，建立完善了标准化工作体制、组织机构、岗位职责、工作方法与要求等；明确了标准信息的搜集以及国际标准、国家标准、行业标准的采标、企业标准的制修订、标准实施、标准化培训、标准化成果奖励等的要求，使公司标准化管理与实施、标准体系建设制度健全、职责明确、工作有序。

2. 以工作为切入点，建立工作标准体系

根据公司战略发展目标，标准化工作委员会在研发、制造、营销等部门紧密配合下，明确了标准化工作委员会小组每个岗位在企业生产经营管理活动中应承担的工作目标和内容、岗位间的相互联系，做到工作内容不交叉，提高了工作效率和服务的要求。对公司常规产品、研发的新产品等原料采购、生产过程管理需制订作业规范，对产品外观质量、加工质量、理化性能以及功能性指标建立多维度检验规范及相关技术标准，形成标准体系。

3. 以技术为核心，健全技术标准体系

按照企业标准体系工作计划，根据国家标准GB/T 1.1—2020《标准化工作导则 第1部分：标准化文件的结构和起草规则》、GB/T 15496—2017《企业标准体系 要求》的规定，对公司所有产品制定了相应的企业标准，突出体现公司产品在环保性能、功能性以及外观质量、加工质量等方面的技术优势。如Q/TBB 0047—2020《人造板及其制品甲醛释放量分级》标准，提出无醛级甲醛释放要求；Q/TBB 0022—2017《浸渍胶膜纸饰面人造板》标准提出甲醛净化、防潮功能要求；Q/TBB 0037—2019《定制家具用浸渍胶膜纸饰面胶合板和细木工板》标准提出平整度、板面厚度偏差等要求。

4. 注重培训学习，提高标准化工作水平

为了使员工认识到企业标准化工作的重要性，提高标准化管理水平和标准化工作人员的自身素质，促使相关使用企业标准的人员自觉按照标准去规范行为，保证各项标准持之以恒地在不断改进中得到完善，建立了标准化工作培训机制，并要求各部门在早会、月度工作会议、质量管理与提升例会中进行标准化管理与标准技术内容的宣贯培训；编写了公司标准化培训教材，包括标准检索、标准制定、体系认证以及产品标准等相关培训教材。在公司商学院与标准化工作委员会的努力下，近三年，共参加了全国人造板标准化技术委员会组织的标准化相关培训6期8人次，公司商学院组织举办了20期1000余人次的作业规范、标准制定、产品标准宣贯等培训，使每个执行者及相关人员清楚标准的内容，严格按标准执行，消灭无标生产和作业；使全体员工增加了对标准化工作重要性的认识，提高了企业标准化知识。

三、企业标准制修订情况

公司主要有浸渍胶膜纸饰面胶合板和细木工板、普通胶合板、重组装饰单板、实木复合地板、定向刨花板等产品，根据公司对产品的高要求，制定了高于国家标准、行业标准要求的企业标准，共制修订企业标准17项，其中《实木复合地板》企业标准荣获中国企业标准“领跑者”，《装饰单板贴面人造板》《定向刨花板》企业标准荣获浙江省企业标准“领跑者”荣誉称号。

四、企业标准化贯彻和实施情况

企业标准化实施过程主要包括计划制定及分解、实施及监督、改进与完善三个环节，具体如下：

首先，企业标准化年度工作计划及分解：标准化工作委员会在上年度末进行相关产品标准查询，及时更新公司产品执行标准；与企业管理部、信息工程中心、生产制造、研究院等相关部门就企业管理制度、标准化信息化建设、操作规范、产品技术指标、新产品研发等情况，制订下年度标准化工作计划，重点打造公司产品环保、绿色、健康、功能等特点，在满足国家/行业相关标准的基础上，应满足顾客提出所有的合理要求。

其次，企业标准化年度计划实施与监督：标准化工作委员会作为标准化工作管理的归口部门，将标准化工作作为各部门绩效考核的重要指标。根据年度工作计划，通过参加各部门的月度会议和专题会议中的标准化工作开展情况进行定期监督，和通过不定期组织相关人员对标准化工作进行不定期专题监督，对各部门在执行过程中表现优异的进行典型案例凝练，在公司内部进行广泛交流，对执行不到位的情况进行指导和督促，定期或不定期对标准化专职和兼职人员进行专门的标准业务知识培训，提高相关人员标准化工作能力。

最后，企业标准化工作的改进与完善：企业的标准化工作是一个持续改进，持续完善的过程，可通过标准化信息化建设，减少标准更新不及时、部门传递脱节等问题，通过商学院、德华报、OA系统、微信公众号等多种形式，采用聘请外部专家、公司人员外部培训和内部培训等方式，开展多样化的标准化活动，提高公司员工标准化意识和水平；根据标准化管理体系要求，每半年进行一次标准化工作的内部审核，聘请标准化专家共同进行每年一次的管理评审，对标准化工作进行改进与完善。

总之，通过组织、制度、人员、培训等多方面，做好企业标准化工作，为企业快速、可持续的发展贡献力量。

五、企业参与国际标准、国家标准、行业标准制修订情况

截至2020年底，公司共主导、参与制修订ISO国际标准、国家标准、行业标准和团体标准181项，其中已发布126项。

其中参与制修订国际标准7项：ISO 13608：2014《装饰单板贴面胶合板》、ISO 13609：2014《细木工板》、ISO 18775：2020《单板 术语与定义、物理特征及其偏差的测定》、ISO 13061－5：2020《木材物理力学性质 无疵小试样木材物理力学性质试验方法 第5部分：横纹抗压强度测定》、ISO 21626－1：2020《竹炭 第1部分：通用竹炭》、ISO 21626－3：2020《竹炭 第3部分：净化用竹炭》、ISO 21625：2020《竹和竹产品术语》。

参与制修订国家标准88项，如GB/T 17657—2013《人造板及饰面人造板理化性能试验方法》、GB 18580—2017《室内装饰装修材料 人造板及其制品中甲醛释放限量》、GB/T 35601—2017《绿色产品评价 人造板和木质地板》、GB/T 34722—2017《浸渍胶膜纸饰面胶合板和细木工板》、GB/T 15104—2021《装饰单板贴面人造板》、GB/T 5849—2016《细木工板》等。

主持或参与制修订行业标准71项。其中主持2项，分别是LY/T 2062—2012《防虫胶合板》、LY/T 2879—2017《装饰微薄木》。参与69项，主要有LY/T 3036—2018《阻燃木质材料吸湿性试验方法》、LY/T 3138—2019《木制品耐光色牢度等级评定方法》、LY/T 1738—2020《实木复合地板用胶合板》等。

六、企业参与团体标准情况

公司在积极参加国际标准、国家标准、行业标准的同时，也广泛参加团体标准工作，包括浙江制造标准、联盟标准、协会标准。其中，浙江制造标准由浙江省政府主导，本着“世界品质、浙江制造”的高要求，公司主导制定“浙江制造”团体标准4项，分别是：T/ZZB 0104—2016《装饰单板贴面人造板》、T/ZZB 0123—2016《浸渍胶膜纸饰面胶合板》、T/ZZB 0904—2018《家居用定向刨花板》、T/ZZB 0912—2018《重组装饰单板》。公司主导制定了全国工业绿色产品推进联盟归口的T/CAB 0029—2018《绿色设计产品评价技术规范 浸渍胶膜纸饰面人造板》团体标准；参与制修订T/CTWPDA 01—2016《绿色产品评价规范 人造板》、T/CNFPIA 1001—2016《人造板甲醛释放量》、T/CNFPIA 3002—2018《无醛人造板及其制品》等中国林产工业协会团体标准8项。

七、企业参与标准化工作成果以及获奖情况

公司从2005年成立标准化工作委员会以来，不断完善标准化工作体系，加大标准化投入，参加与公司产品相关的标准制修订工作，为相关技术指标提供数据支持，成绩突出，2016年被评为国家林业标准化示范企业。

公司参与制定的国家标准GB/T 15104—2006《装饰单板贴面人造板》、GB/T 5849—2006《细木工板》获得中国标准创新贡献奖，环保功能型装饰板材系列标准进入了浙江省标准创新奖答辩环节。

经过严苛的评判筛选，公司企业标准Q/TBB 0028—2018《实木复合地板》获得2019年中国企业标准“领跑者”；Q/TBB 0026—2016《重组装饰单板》获得2016年浙江省企业标准“领跑者”，Q/TBB 0021—2019《定向刨花板》获得2019年浙江省企业标准“领跑者”。

八、企业标准化工作经验总结

1. 建立完善的企业标准化组织，健全了企业标准化管理制度，有效推动企业标准化工作。

2005年公司成立了标准化工作委员会，由标准申报、技术验证和标准管理三个部门组成，制定了系统的企业标准化管理制度，如企业标准制修订制度、产品标准管理制度等，为企业标准化管理提供组织和制度保障，有效推动了企业标准化工作。

2. 建立了企业标准化人才队伍，强化标准化人才保障

公司目前共有标准化工作人员8人，其中正高级职称2名、副高级职称5名，50%人员具有标准化相关工作经验十年以上，建立了健全的企业标准化人才队伍。同时，公司还加强标准化人才培养，高度重视做好专、兼职标准化工作人员以及全员的标准化培训工作，加强标准化人才队伍建设和优化，提供标准化工作人才保障。

3. 逐步完善标准化信息化工作，筑牢标准化文献信息基础

公司成立了信息工程中心，通过与浙江信息科学研究院、浙江省企业知识服务平台等进行广泛的产学研合作，逐步形成销售、生产、财务完整的信息链，形成行业信息、企业管理制度、产品技术、标准化、专利等相关资料库，为企业标准化提供坚实的信息支撑。

4. 加强标准化工作实施，推动企业高质量发展

强化企业标准化管理，将标准化工作纳入相应部门、相应人员的年度绩效考核，明确责任，强化落实；在各部门管理对接上，做好制度建设，依据PDCA质量管理方法，制修订对应的标准文件，从基层抓起，集思广益，开展“自下而上”的标准化建设，让人人成为标准使用者和监督者，把标准化工作落到生产、销售、管理各个环节，加强企业全生命周期管理，有力推动企业高质量发展。

2. 木材工业企业标准化工作先进典型案例

——浙江升华云峰新材股份有限公司

一、企业简介

浙江升华云峰新材股份有限公司（以下简称升华云峰）位于浙江省德清县钟管镇横塘桥工业区，创建于1995年12月，现有员工1460余人，目前下属有共八家分公司，主要生产环保型装饰单板贴面人造板、胶合板、细木工板、浸渍胶膜纸饰面胶合板和细木工板、重组装饰单板、实木地板、实木复合地板、浸渍纸层压木质地板、定制家居等环保型装饰材料，是目前全国规模最大的环保型装饰材料生产企业之一。

公司先后通过ISO9001、ISO14001、国家知识产权管理体系认证、国家两化融合管理体系的认证、ISO45001认证，其产品先后通过中国环境标志产品认证和FSC产销监管链认证、中国森林认证（CFCC—CoC）、国家绿色产品认证、浙江制造产品认证等多项认证。公司主要产品“莫干山”牌细木工板曾被评为“中国名牌产品”，“莫干山”商标曾被原国家工商行政管理总局认定为“中国驰名商标”。公司先后获得湖州市市政府质量奖、浙江省卓越经营奖、国家知识产权示范企业、国家绿色工厂、国家绿色供应链示范企业、国家两化融合管理体系贯标试点企业、国家林业标准化示范企业、国家林业重点龙头企业、浙江省先进质量管理孵化基地、浙江省首批标准创新型企业等国家省部级荣誉。

二、企业标准化机构、人员与信息管理

（一）企业标准化机构、人员

标准化工作是一项统筹规划、全员参与的工作，为此，公司对此项工作进行了精心的策划，制定了详细的推进计划，专门成立了以总经理为首的标准化管理委员会，由公司总经理负责领导全公司的标准化工作，并下设标准化办公室，负责本公司的标准化统一管理工作。

开展标准化工作以来，公司累计共派12人参加外部培训，参加了企业产品标准编写、企业标准体系建设等培训，获得了企业省标准化内审员证。学习回来后，参训人员将所学的标准化知识应用到工作中去，对公司内部人员进行标准化、产品标准等方面的宣贯和培训，发挥了重要作用。另一方面，请咨询老师来我公司进行标准化知识的培训和宣贯，统一思想认识，提高公司标准化水平。

公司建立了从上而下的标准化管理网络，让标准化工作直接深入到基层。各部门、车间先展开自查工作，然后逐级检查，将运行不合理、与实际不符等情况填写《标准化信息反馈表》，反馈到标准化办公室，统一协调处理。

（二）标准化信息管理

截至2020年12月31日，公司累计编制43个企业标准，其中现行有效的企业标准皆在“企业标准信息公共服务平台”上进行公示。

三、企业标准体系建设和运行情况

（一）企业标准体系构建

1. 加强“战略性”系统设计

公司十分注重标准化工作，按照企业标准化良好行为要求，确定应对风险和机遇的措施，制定了包括板材、地板、科技木、家具类产品标准，形成了完善的产品保障标准体系；公司在对原有企业制度、工艺流程和岗位职责、作业指导书的基础上进行科学整理，使零散的管理制度、文件得到了系统的梳理，明确了管理要求和岗位职责。并在结合质量管理体系的基础上，建立了公司基础保障标准体系和岗位标准体系。

在2017年GB/T 15496—2017《企业标准体系 要求》、GB/T 15497—2017《企业标准体系 产品实现》和GB/T 15498—2017《企业标准体系 基础保障》、GB/T 19273—2017《企业标准化工作评价与改进》GB/T 15496—2017《企业标准体系要求》系列国家标准的发布、实施以后，公司标准化办公室重新编制了《企业标准化管理手册》、重新建立了企业标准体系结构。新版企业标准体系不再强调以技术标准体系为主体，管理标准和工作标准相配套的标准体系格局，推出了产品实现标准体系、基础保障标准体系及岗位标准体系的新的标准体系结构，并提出自主设计的概念，使企业标准体系更加符合企业发展与企业管理的要求。

2. 加强对产品质量管控

公司建立的新的企业标准体系，充分体现了企业的整体优化效应和系统功能，为企业节约原材料和能源、稳定和提高产品质量、提高企业技术水平发挥了积极作用。

为了加强对原材料、制成品的质量管控，公司不仅制定了相应的原材料验收标准和检验标准、成品检验标准等，并且每年都会组织人员对上述内控标准进行交流、讨论，并进行修改调整。截至2020年底，公司现行的原材料验收标准26个、检验规程21个、成品检验标准13个。

目前，公司生产的包括人造板、木地板、科技木、家具类产品均有自己制定的企业标准并且在执行中。近3年制修订的部分企业标准见表1。

表1　升华云峰制修订的部分企业标准

序号	标准号	标准名称
1	Q/YFL 0041—2020	《数码喷印装饰板》
2	Q/YFL 0040—2020	《数码喷印实木类地板》
3	Q/YFL 0043—2020	《定制家居通用设计规范》
4	Q/YFL 0037—2019	《装饰薄膜饰面实木复合地板》
5	Q/YFL 0038—2019	《重组装饰材》
6	Q/YFL 0036—2019	《清醛除菌、负离子金刚面功能的浸渍胶膜纸饰面胶合板和细木工板》
7	Q/YFL0035—2018	《水性光固化（UV）漆木地板》
8	Q/YFL0030—2018	《木质板材及其制品中甲醛释放限量》

（二）企业标准体系的贯彻和实施

各类管理体系要求、各类产品认证要求不断在变化，公司实际经营管理需求也不断在变化。公司始终强化企业标准体系的落实，并通过日常经营管理活动中的自查以及邀请外部第三方机构的监督检查，去发现企业标准体系实施过程中存在的主要问题，找到解决办法，及时调整和优化企业标准体系。

四、企业参与标准化活动

公司是国家林业标准化示范企业，也是全国人造板标准化委员单位，标准化工作起步较早。2006年开始参与GB/T14074—2006《木材胶粘剂及其树脂的检验方法》和GB/T14732—2006《木材工业胶粘剂用脲醛、酚醛、三聚氰胺甲醛树脂》两项国家标准制定工作。随着公司不断发展和企业标准化工作的不断推进，公司积极参与装饰单板贴面人造板、细木工板、实木地板、重组装饰材、重组装饰单板、浸渍胶膜纸饰面胶合板和细木工板、胶粘剂等国际标准、国家标准和行业标准的制修订工作。截至2020年底，公司共参与制定国际标准4项、参与制修订国家标准42项、主导及参与制修订行业标准43项、主导及参与制定团体标准10项。公司参与制修订的重要标准清单见表2。

表2　浙江升华云峰新材股份有限公司参与制修订的主要标准清单

序号	标准号	标准名称
1	ISO 13608：2014	《装饰单板贴面胶合板》
2	ISO 13609：2014	《细木工板》
3	ISO 13061-5：2020	《木材物理力学性质 无疵小试样试验方法 第5部分：横纹抗压强度测定》
4	ISO 18775：2020	《单板 术语与定义、物理特征及其偏差的测定》
5	GB/T 39527—2020	《绿色制造 制造企业绿色供应链管理 评价规范》
6	GB/T 39032—2020	《难燃刨花板》
7	GB/T 37315—2019	《木结构胶粘剂胶合性能基本要求》
8	GB/T 37005—2018	《油漆饰面人造板》
9	GB/T 15036.1—2018	《实木地板 第1部分：技术要求》
10	GB/T 15036.2—2018	《实木地板 第2部分：检验方法》
11	LY/T 3234—2020	《数码喷印装饰木制品通用技术要求》
12	LY/T 3230—2020	《人造板及其制品挥发性有机化合物释放量分级》

续表

序号	标准号	标准名称
13	LY/T 3229—2020	《人造板及其制品 VOCs 释放下的室内装载量规范》
14	LY/T 3235—2020	《负离子功能人造板及其制品通用技术要求》
15	LY/T 1738—2020	《实木复合地板用胶合板》
16	T/ZZB 0006—2019	《实木复合地板》
17	T/ZZB 0005—2019	《实木地板》
18	T/ZZB 0912—2018	《重组装饰单板》
19	T/ZZB 0902—2018	《重组装饰材》
20	T/CAB 0039—2018	《绿色设计产品评价技术规范 重组装饰材》

2008 年公司参与了由中国林业科学研究院木材工业研究所代表中国牵头主持制定的 ISO13608：2014《装饰单板贴面胶合板》和 ISO 13609：2014《细木工板》两项国际标准制定工作，历时 8 年，这 2 项国际标准于 2014 年 2 月由国际标准化组织（ISO）正式向全球出版发行，实现了中国林业国际标准零的突破，有效提高了中国人造板国际标准话语权。该标准由全国人造板标准化技术委员会负责组织国内专家进行制定，中国、澳大利亚、芬兰、马来西亚、印度尼西亚、法国和新西兰等 7 个国家参与起草，本公司以及其他 3 家国内企业很有幸参与该标准制定，为世界人造板标准的发展做出了积极贡献；2014 年 12 月，负责制定 LY/T 2371—2014《木材工业用复合改性玉米淀粉基—异氰酸酯胶粘剂》林业行业标准正式发布，使企业的标准化工作有了新的突破；2014 年，公司参与制定国际标准和主导制定林业行业标准的发布，实现了公司负责制定行业标准和参与国际标准化的突破，开创了公司标准化工作的新纪元。

五、企业标准化工作成果以及获奖情况

1. 标准化工作成果

通过近多年来的标准化工作开展，各项工作均取得了明显的效果，节约了原材料，提高了生产效率和管理水平，降低了生产成本。

（1）实施标准化管理，明确职责，有效考核，大大提高员工工作积极性和责任性实施标准化管理，公司根据管理的需要，增设质量工程部，进一步规范公司内部管理和质量监控，同时通过制订各岗位说明书，明确各岗位职责要求和岗位目标，大大提高了员工责任意识。然后根据考核条例对其工作进行考核，提高了员工积极性。通过个人目标的实现保证公司总目标的实现，产品质量合格率明显上升，生产效率也大大提高。

（2）节约能源资源，为企业节约经营成本

公司制定了节能降耗管理制度与标准，加强水、电、气等能源管理，并成立了能源管理小组，每月对各部门、车间的水、电、气消耗情况进行监督抽查，节约意识大大加强，节能效果显著。

（3）积极创新，创造效益

公司建立了创新奖励制度和创新管理标准，利用创新提升公司效益。为充分调动全体员工的主观能动性，激发创新意识，加大新产品开发和技术创新力度，及时淘汰或改进低附加值产品，实现产品更新换代，努力扩大市场占有率，提高盈利能力，提升公司经营效益。鼓励全体员工“向创新要效益”，并对新品研发与技术创新的个人和团队进行奖励。

2. 获奖情况

公司先后荣获以下荣誉：

（1）国家林业标准化示范企业；

（2）标准化良好行为 AAA 级；

（3）浙江省标准创新型企业；

（4）林业产业标准化国家创新联盟发起单位；

（5）全国人造板标准化技术委员会委员。

六、企业标准化工作经验总结

开展标准化工作，为企业创造了不错的经济效益和社会效益，使企业尝到了标准化工作的甜头，特别是从开展卓越绩效管理以来，进一步完善并规范相应检验标准（原材料质量验收标准、生产过程质量检验标准、成品质量检验标准等）。

标准化工作是一项统筹规划、全员参与的工作，做好企业标准化工作：

（1）需要公司领导高度重视、精心策划，建立健全企业标准化管理制度和专职管理机构。

（2）建立科学合理的企业标准体系，构建企业标准化工作蓝图，有效指导企业标准化工作。

（3）加强标准化宣传和培训，层层宣贯，提供企业全体人员标准化意识。

（4）全员参与标准化工作，人人学标准、人人执行标准，提高产品和服务质量。

（5）强化标准化工作检查监督，加强对各部门开展和实施标准化工作情况的检查监督，确保标准有效实施，总结评估公司标准化工作情况，提出改进意见或建议，推进企业标准化高质量发展。

高质量发展已成为新阶段发展的主旋律，为推动公司高质量发展，充分发挥标准化的重要作用，今后我们将不断完善企业的标准化体系，深化标准化工作，为企业创造更大的经济效益和社会效益。

3. 木材工业企业标准化工作先进典型案例

——圣象集团有限公司

一、企业简介

圣象集团有限公司（以下简称圣象）创立于1995年，现总部位于上海。迄今为止，圣象拥有20000名员工，3000家统一授权、统一形象的地板专卖店，470家木门、衣柜、橱柜专营店，近万名安装服务团队。圣象的营销网络遍及全球，43家分公司全面覆盖国内市场，55家海外合作伙伴携手共进；在美国、韩国、加拿大等地，圣象也拥有多个独资、合资、合作的营销公司。

多年以来，圣象凭借求实创新的文化基因、消费者为中心的经营理念与产业协同的运作模式，走出了一条独具自身特色的智慧发展之路，成为了消费者美好家居生活的创造者，家居行业发展的积极贡献者。圣象凭借上游稳定的资源供应、高效的产业链分工，率先在行业中建立起了资源优势，使圣象从简单的生产销售型企业，一跃成为具有核心竞争力的现代化集团公司。圣象连续荣登家居行业“中国500最具价值品牌”，连续十年受邀出席达沃斯论坛。

2001年，经国家人事部批准，大亚圣象成功建立了国家级博士后工作站。自建站以来共招收博士后5名，产出多项研发成果。2006年，圣象建立了地板行业首个CNAS国家认可实验室。圣象CNAS国家认可实验室为新产品开发提供了先决条件，对圣象的创新发展起到了巨大的推动作用。

多年来，圣象积极践行企业社会责任，先后开展植树造林、扶贫救困、灾区捐助及“绿校园”等公益行动，树立了良好的企业公民形象。

作为一个拥有26年发展历程的家居建材企业，圣象以良好的产品及服务口碑，获得消费者及行业的认可和赞誉。面对5G和人工智能技术为代表的技术创新浪潮，商业生态的巨大变迁，年轻消费群体的成长壮大，圣象在坚持自身的品牌印记同时，更随着时代的变化而不断升级和进化。

二、企业标准化机构、人员与信息管理

圣象作为木地板行业的龙头企业，同时作为全国人造板标准化技术委员会委员及单位委员代表，从公司到员工高度重视标准化工作，积极加入林业产业标准化国家创新联盟并参与各项木材工业标准化工作。

公司专门成立了一支标准化工作团队，由公司高管负责领导，集团产品中心和各工厂质量、技术等部门管理人员组成，开展企业标准化工作，对公司所有产品的生产技术和质量进行严格的要求和把控；在公司标准化工作团队中，安排专人搜集、更新圣象旗下产品涉及的国内外相关标准，同时定期对标准化文件进行整理及更新，确保标准的适用性；标准化工作人员定期与工厂技术、质量管理人员开会讨论，参考国际标准、国家标准、行业标准以及团体标准，结合公司产品实际生产现状制定相应的企业标准，并在“企业标准公共服务平台”上自我声明公开，并严格执行。除产品标准外，还制修订了原辅料标准、生产工艺标准、检验方法标准等。

公司加强企业标准管理，圣象制订了完善的企业标准管理办法，进行有效管理，如一个新产品的实施，圣象标准化管理团队会在新产品下线之前把相关的标准发送给相关人员，并同时上传至“圣象集团信息管理平台”，保证所需人员能够随时查阅，为新产品保驾护航，为消费者提供合格满意的产品做坚强的后盾。

三、企业标准体系建设和运行情况

圣象集团从1995年成立，至今已有26年岁月，稳居木地板行业龙头地位。这其中的发展离不开客户对产品的称赞，产品的背后就是一整套完整的企业标准体系。圣象集团十分注重标准化工作，每一个新产品都有相应的产品标准对其进行检验，与之配套的还有一整套的原辅料验收标准、工艺标准、生产过程管控标准等。

圣象集团建立了完善的标准体系，主要是为了服务产品生产和销售，保证客户购买优质合格的产品。较为完善的企业标准体系，不仅满足了优质产品的生产，还为公司节约生产原料、稳定产品质量、提高生产效率发挥了积极作用，充分体现了集团整体化优势和系统一体化功效。

圣象集团在推广新产品时，若无相应的国家标准、行业标准、团体标准等，将会第一时间制定相应的企业标准，并在网上自我公开声明，产品也严格按企业标准执行，见表1。

近3年，圣象集团推出的隔声降噪保温地板、无醛系列地板等产品均制定了相关的企业标准并在企业标准自我声明平台公开声明，所生产的产品严格按相应企业标准执行。

表1　圣象集团发布的部分企业标准

序号	标准号	标准名称
1	Q/321181 JPD 001—2020	《圣象无醛芯浸渍纸层压木质地板》
2	Q/321181 JPD 002—2019	《圣象隔声降噪保温专用木质地板》
3	Q/321181 JPD 003—2019	《圣象柔性多层复合地板》
4	Q/321181 JPD 004—2020	《圣象无醛地板》
5	Q/321181 JPD 005—2020	《圣象聚烯烃薄膜饰面无醛墙板》

圣象集团每年都会定期开展标准化培训工作，组织人员到各工厂定期检查标准化实施情况。对于新发布实施的国家标准、行业标准等都会安排人员参加标准宣贯培训，然后再对公司及各工厂相关人员进行宣贯培训。所有的企业标准也会发布在“圣象集团信息管理平台”上供集团内部相关人员使用，也会采取宣贯培训的方式将新标准对相关人员进行培训解读，提高人员标准化工作意识、强化标准化概念。

标准体系的建立不仅有利于推进产品开发、还有利于提高产品质量，同时还可以加速技术进步，是公司练就“内功”不可或缺的一部分，是提高经济效益不可替代的一部分。标准化体系的建立与实施，真正实现制度化、流程化管理，做到“有章可循”。

四、企业参与标准化活动

圣象集团作为全国人造板标准化技术委员会委员和单位委员单位，积极承担或参与国家标准、行业标准和团体标准等的制修订工作。截至2020年底，圣象集团共参与制修订40余项国家标准和行业标准，如GB/T 18102—2020《浸渍纸层压木质地板》、GB/T 24507—2020《浸渍纸层压实木复合地板》、LY/T 1700—2018《地采暖用木质地板》、LY/T 1859—2020《仿古木质地板》等国家标准和行业标准。近3年，公司参与制定T/CNFPIA 3004—2019《石木塑地板》、《中国房地产无醛添加木制品工程采购应用导则》（待发布）等团体标准，特别是主导制定的T/CNFPIA 3010—2020《聚丙烯膜饰面实木复合地板》中国林产工业协会团体标准已经发布实施，在占领标准制高点的同时，推动了新产品向市场的流动，规范了新产品的质量要求，见表2。

表2　圣象集团参与制修订的部分国家标准和行业标准

序号	标准号	标准名称
1	GB/T 18102—2020	《浸渍纸层压木质地板》
2	GB/T 18103—2013	《实木复合地板》
3	GB/T 20239—2015	《体育馆用木质地板》
4	GB/T 24507—2020	《浸渍纸层压实木复合地板》
5	GB/T 35601—2017	《绿色产品评价 人造板和木质地板》
6	LY/T 1700—2018	《地采暖用木质地板》
7	LY/T 1859—2020	《仿古木质地板》
8	LY/T 1926—2020	《人造板与木（竹）制品 抗菌性能检测与分级》
9	LY/T 1987—2020	《木质踢脚线》
10	LY/T 3236—2020	《人造板及其制品气味分级及其评价方法》

五、企业标准化工作成果以及获奖情况

圣象集团作为木地板行业的龙头企业，始终坚持品质第一，多年来一直注重标准化工作。在市场经济飞跃发展的今天，企业标准化工作越来越显示出它的重要性，它是提高产品质量、稳定生产工艺的必要条件。作为林业产业标准化国家创新联盟发起单位和理事单位，圣象集团一直深耕并践行在标准化的道路上。圣象多年来在标准化方面做出的工作和努力，取得了较好的成绩。2020年圣象集团荣获“第一届林业产业标准国家创新联盟标准工作先进单位”荣誉称号；圣象集团实验标准部负责人、全国人造板标准化技术委员会委员姜志华先生2020年荣获了“第一届林业产业标准国家创新联盟标准工作积极参与个人”奖项。

六、企业标准化工作经验总结

1. 加强企业标准化人才培养和队伍建设

企业的发展离不开人才，同样标准化工作也离不开人才队伍。圣象集团每年都会招收应届大学毕业生补充到标准化工作队伍中，同时也会配备专门的带教老师对每一位刚开始从事标准化工作的人员进行辅导和帮助，加强标准化人才的培养和队伍建设。

2. 超前标准化布局，为企业新产品研发做好准备

技术是根据市场的需求发展起来的，当今技术的潮流之一就是技术和产品的开放化；越是开放，对超前标准化的要求也就越高。圣象集团在标准化工作团队中具有专职人员，密切注意国内、国际行业技术动向、提前收集必要的技术信息和资料，做好超前标准化布局，为企业随时根据市场需求开发新产品做好技术准备。

3. 关注国内外标准发展动向，根据新发布标准，抓好新标准的贯彻落实

圣象集团标准化工作团队人员密切关注集团所属产品国内外相关标准动向，根据新发布的标准，积极组织相关人员学习新标准，做好新老版本国家标准、行业标准等换标更新工作，切实将标准落到实处，落到产品上，推动企业质量提升，推动产业高质量发展。

4. 木材工业企业标准化工作先进典型案例
——千年舟新材科技集团股份有限公司

一、企业简介

千年舟新材科技集团股份有限公司（以下简称千年舟集团）始创于1999年，是国家高新技术企业，集团秉承“品牌、环保、品质”初心，坚持自主研发创新，为消费者推出绿色健康环保产品，不断实现环保新高度。截至2020年底，共主持、参与制定国家标准、行业标准、团体标准和“浙江制造”标准32项，6类产品通过了浙江制造“品字标”认证。公司拥有发明专利11项，实用新型和外观设计专利134项，自2012年导入并应用卓越绩效管理模式以来，先后获得浙江省杭州市余杭区政府质量奖和杭州市政府质量奖。

集团旗下拥有16家分子公司，员工人数超过1000人，致力于基础板材和全屋定制的两大业务板块，集设计研发、生产制造、全球销售与售后服务为一体，基础板材含五大系列十四大板材品类、另外还有五金配件及地板、衣柜、木门等。

千年舟集团成立21年以来，产品销量持续增长，在全国多地设立营销中心，市场占有率位居行业前列，在巴西、澳大利亚、印度尼西亚等国家建立了千年舟原材料供应基地，并且在山东省的临沂、日照，浙江省，广西壮族自治区等木材资源聚集地建立专业环保板材、成品生产基地，面向全球供应“千年舟”“澳思柏恩”“柏菲伦”等知名品牌产品，是国家星火计划项目承担单位，全国保障性住房建设用材优秀供应商。

结合国家提倡的“推进绿色发展、循环发展、低碳发展”和“建设美丽中国”宏伟蓝图，千年舟集团始终围绕“缔造健康居家，引领品质生活”的企业使命，为消费者打造“绿色健康家”，努力实现“做中国建材家居行业的百年企业”愿景，坚守“共创、共赢、共享”价值观，不断追求卓越，回馈社会。

二、企业标准化机构、人员与信息管理

（一）企业标准化机构、人员

千年舟集团高度重视标准化工作，集团研究院知识产权中心主责标准化工作，根据标准化工作的需要，构建标准化人员组织架构，包括专职标准化工程师和技术研发人员、质量管理人员，负责集团标准化工作的计划、制定、实、培训和督查。公司高层对标准化工作非常重视，集团副总裁毕海明分管标准化工作，对标准化工作提出明确要求，为标准化活动提供充分资源保障。公司也特聘全国人造板标准化技术委员会副主任委员兼秘书长、中国林业科学研究院木材工业研究所段新芳研究员作为标准化专家，为集团标准化建设提供专业的技术支持。

千年舟集团制定了《企业标准制修订管理制度》，就企业标准的立项、制定、验证、评审和发布作出了明确的规范要求，其中标准制修订程序要求、标准的发布需要最高管理者签批。

（二）标准化信息管理

对于实施的企业标准，千年舟集团均在标准信息平台上进行申报和公开，提交完整详细的标准信息，自觉接受社会与公众的监督。方便消费者和市场监管机构，检测机构查阅。

在千年舟官网上，也会介绍主要产品的产品说明书、产品功能、执行标准等，确保消费者了解产品的标准信息。

三、企业标准体系建设和运行情况

（一）企业标准体系构建

千年舟集团技术标准体系框架分为产品技术标准体系和制造技术标准体系。

产品技术标准体系包含产品技术标准子体系、研发技术规范子体系、产品技术文件子体系、技术管理文件子体系等。产品技术标准子体系包含国际标准、国家标准、行业标准、地方标准、团体标准、企业标准等；研发技术规范子体系包含通用设计规范、通用技术要求、技术文件通用格式、技术文件标准化规范、编号规则等；产品技术文件子体系包含产品规格书、产品设计文件、产品工艺文件、通用工艺文件、产品检验文件、产品抽样标准、产品典型报告等；技术管理文件子体系包含技术通知单、变更通知单、项目文件清单、技术文件清单、文件发起记录、技术标准清单等。

制造技术标准体系包括生产设备技术文件子体系、生产质量技术文件子体系、生产工艺技术文件子体系、生产管理技术文件子体系等。生产设备技术文件子体系包含设备使用说明书、设备保养作业指导书、设备操作规程、设备点检作业指导书、设备技术资料、设备检定校准证书、设备状态台账等；生产质量技术文件子体系包含来料检验质量标准、过程检验质量标准、产品检验质量标准、来料抽样标准、产品抽样标准、来料检验作业指导书、产品检验作业指导书、抽样作业指导书、过程检验作业指导书等；生产工艺技术文件子体系包含产品工艺文件、工艺巡检指导书、通用工艺文件等；生产管理技术文件子体系包含材料消耗定额、产品水电气消耗定额、生产污染排放控制指标、生产现场作业职业安全防护要求、生产现场6S管理要求、危险材料存放使用技术要求、生产现场安置图、生产工艺流程图等，标准体系如图1所示。

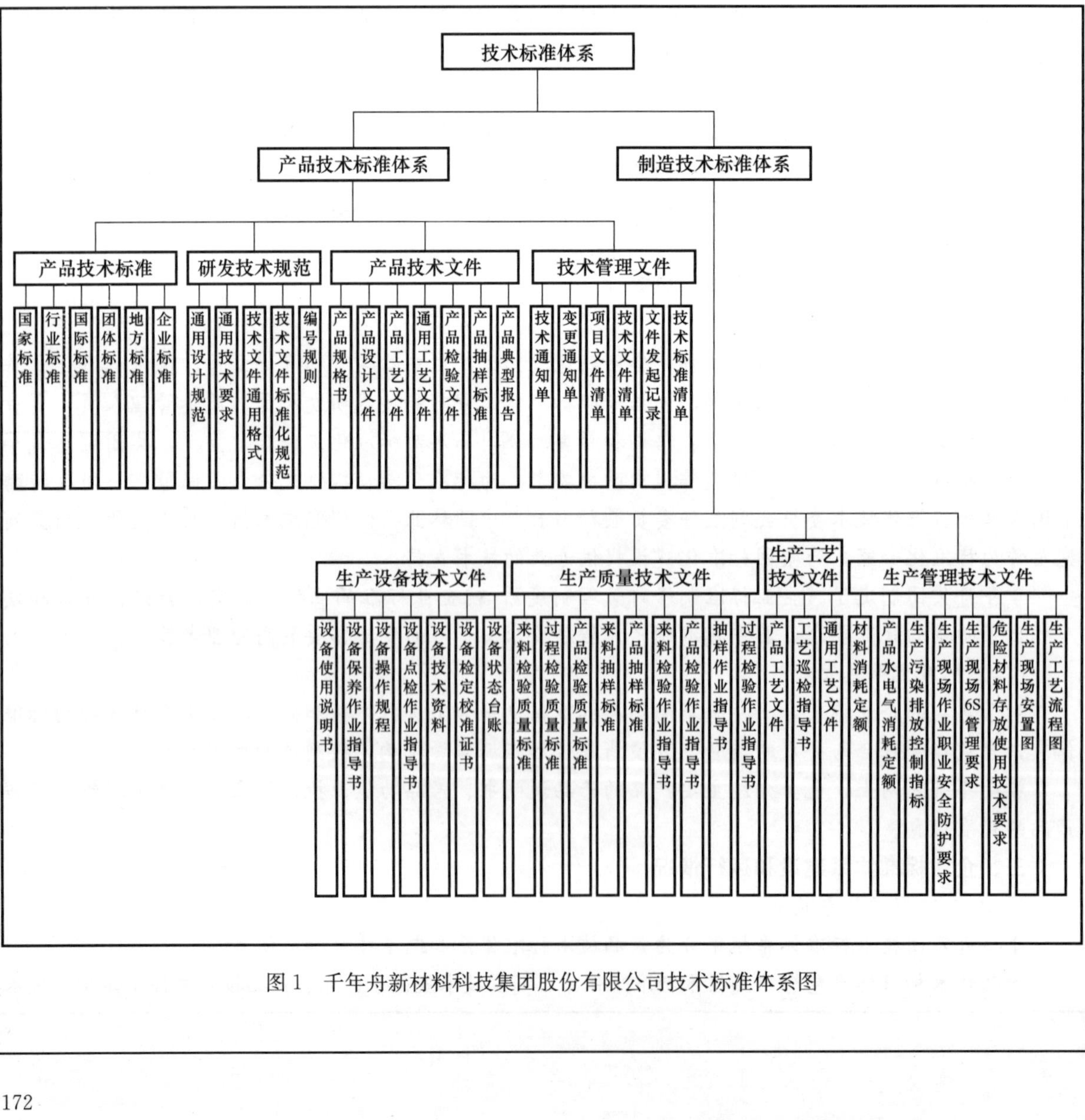

图1　千年舟新材料科技集团股份有限公司技术标准体系图

（二）企业标准体系运行情况

1. 加强企业标准制修订，服务产品研发和企业生产与销售

千年舟集团研究院依据产品开发和产品产销的需要，制订标准制修订计划，并按照计划目标进行阶段性任务分解，将标准制定按照项目管理要求，结合PLM项目管理系统对项目进程进行管理。标准评审过程中，主要侧重于标准先进性、可行性进行充分的评估，对标准的技术指标设定，也需要充分的生产数据提供支持，确保标准的可操作性。

按照标准化工作要求，千年舟集团研究院定期对技术标准进行查新，及时更新标准版本，确保最新的技术标准能得到贯彻执行，适时组织标准评审，检查企业标准执行情况，判断现行标准与产品的符合性，必要时制定标准制修订计划，确保标准的有效性。集团标准化技术委员会每年会召开标准评审会议，对现有标准体系进行评审，并作出改进的建议。

2. 建立常态化的标准化宣贯培训机制，提高企业标准化管理能力全方位、多层次开展标准化培训

通过千年舟大讲堂、舟课堂等形式，采用外请、外派、内训等培训方式，开展多样化的标准化培训活动，学习标准文件，掌握标准要求，强化标准化管理，帮助全体员工在工作中理解标准和正确应用标准，增强标准化意识，提高熟练掌握本岗位对应各类标准和措施的能力，确保标准贯彻和标准应用的准确性和规范性。

3. 严格运行、强化考核，持续改进标准体系，提升标准体系适应能力

按照《企业标准体系管理制度》实施管理，严格执行纳入企业标准体系的各类标准，同时对标准执行情况建立了监督检查机制。公司从四个层面推进标准体系的监督检查、持续改进。一是通过月度联合督查，把握关键环节；二是通过内部集中审核，实现持续改进；三是定期对标准化目标完成情况进行跟踪测量，对未达标指标进行原因分析，提出改进措施；四是定期对企业标准体系进行管理评审，提出标准化工作改进决策，修订完善标准文件，持续提升标准化工作水平。同时，将月度联合督查、内部集中审核及目标完成情况等检查结果纳入部门月度、年度绩效考核，强力推进企业标准体系有效运行。

建立健全企业标准体系，对于节约原材料和能源、稳定和提高产品质量、推动企业技术作用巨大，对于企业高质量发展具有重要意义。

五、企业参与标准化活动

千年舟集团作为全国人造板标准化技术委员会委员、中国林产工业协会团体标准化委员会委员，积极承担或参与国际标准、国家标准、行业标准、团体标准的制修订工作。目前，公司已参与修订国际标准1项、国家标准11项、行业标准9项、团体标准10项。公司牵头起草了林业行业标准LY/T 2875—2017《难燃细木工板》、参与修订国际标准ISO 18775：2020《单板 术语与定义、物理特征及其偏差的测定》、参与制修订GB 18580—2017《室内装饰装修材料 人造板及其制品中甲醛释放限量》、GB/T 39600—2021《人造板及其制品甲醛释放量分级》等国家标准，牵头起草林产工业协会团体标准T/CNFPIA 3009—2020《浸渍胶膜纸饰面单板复合刨花板》、T/CNFPIA 3014—2021《难燃定向刨花板》，牵头制定三项浙江制造标准。千年舟集团参加和牵头起草的部分标准见表1。

表1 千年舟集团参与制修订的国际标准、国家标准、行业标准、团体标准清单

类别	分序号	标准代号	标准名称
国际标准	1	ISO 18775：2020	《单板术语与定义、物理特征及其偏差的测定》
国家标准	1	GB/T 18101—2013	《难燃胶合板》
	2	GB/T 5849—2016	《细木工板》
	3	GB/T 34722—2017	《浸渍胶膜纸饰面胶合板和细木工板》
	4	GB 18580—2017	《室内装饰装修材料 人造板及其制品中甲醛释放限量》

续表

类别	分序号	标准代号	标准名称
国家标准	5	GB/Z 38546—2020	《精准扶贫 人造板（刨花板）产业项目运营管理规范》
	6	GB/T 23899—2020	《林业企业能耗测试与计算方法》
	7	GB/T 39600—2021	《人造板及其制品中甲醛释放量分级》
	8	GB/T 39598—2021	《基于极限甲醛释放量的人造板室内承载限量指南》
	9	GB/T 13010—2020	《木材工业用单板》
	10	GB/T 39032—2020	《难燃刨花板》
	11	GB/T 38752—2020	《难燃细木工板》
行业标准	1	LY/T 1842—2009	《竹材刨花板》
	2	LY/T 1860—2009	《非甲醛类热塑性树脂胶合板》
	3	LY/T 2062—2012	《防虫胶合板》
	4	LY/T 2875—2017	《难燃细木工板》
	5	LY/T 3159—2019	《细木工板生产节能技术规范》
	6	LY/T 3235—2020	《负离子功能人造板及其制品通用技术要求》
	7	LY/T 2614—2016	《室内竹质门》
	8	LY/T 3134—2019	《室内木质隔声门》
	9	LY/T 3226—2020	《集装箱底板用定向刨花板》
团体标准	1	T/CTWPDA 03—2017	《可饰面定向刨花板》
	2	T/CNFPIA 002—2018	《无醛人造板及其制品》
	3	T/CNFPIA 001—2019	《人造板甲醛释放限量》
	4	T/CTWPDA 02—2017	《负氧离子木地板》
	5	T/CTWPDA 07—2019	《人造板用无甲醛添加胶粘剂》
	6	T/ZZB 0220—2017	《浸渍胶膜纸饰面细木工板》
	7	T/ZZB 0159—2016	《细木工板》
	8	T/ZZB 0947—2019	《可直接饰面定向结构板》
	9	T/CNFPIA 009—2020	《浸渍胶膜纸饰面单板复合刨花板》
	10	T/ZBB 0123—2016	《浸渍胶膜纸饰面胶合板》
	11	T/CNFPIA 3014—2021	《难燃定向刨花板》

五、企业标准化工作成果以及获奖情况

千年舟集团以“缔造健康居家，引领品质生活”为使命，将标准化视为助推产业核心竞争力的重要引擎，引导企业技术成果专利逐步向标准转化，鼓励开展多种形式的标准创新活动，千年舟集团始终坚持以标准引领企业发展，促进企业质量管理升级。

2016 年，千年舟集团被国家林业局和国家标准化管理委员会联合授予“国家林业标准化示范企业”称号。2018 年 12 月，千年舟集团参加了在广州召开的以“林产品加工 标准化 高质量”为主题的第五届中国林产品质量与标准化研讨会暨林业产业标准化国家创新联盟成立大会，千年舟新材科技集团有限公司作为林业产业标准化国家创新联盟发起单位加入“第一届林业产业标准化国家创新联盟理事会”。林业产业标准化国家创新联盟成立以来，千年舟集团积极参与联盟活动、承办

联盟会议，并主要完成联盟“十四五”重点工作计划。2020年千年舟集团荣获“第一届林业产业标准国家创新联盟标准工作先进单位”荣誉称号；千年舟集团副总裁、全国人造板标准化技术委员会委员毕海明2020年荣获了“第一届林业产业标准国家创新联盟标准工作个人”奖项。

六、企业标准化工作展望

标准化建设是提高管理效率和产品质量的有力手段，是千年舟集团实现“做中国建材家居行业百年企业”重要保障。为此，千年舟集团将加强标准与创新融合、标准与技术融合，特聘行业标准化专家指导，贯彻执行国家强制性标准，评估现有标准，不断完善产品标准体系和制造标准体系，实施先进技术标准，推广标准认证，将标准化工作落到实处，结合国家绿色发展的总体趋势，实现企业碳达峰、碳中和总体目标，积极实施绿色产品认证、整合绿色技术、打造绿色产业园区，加强企业标准化建设工作，通过标准引领、产品落地，推进企业技术进步，推动产品质量提升和推广应用，为千年舟集团五五战略的达成，打下坚实的基础。

同时，千年舟集团将一如既往，在林业产业标准化国家创新联盟的指导下，促进企业技术进步，推动企业产品和服务质量提升，不断取得新成绩，为集团高质量发展做出新贡献。

5. 木材工业企业标准化工作先进典型案例
——浙江世友木业有限公司

一、企业简介

浙江世友木业有限公司（以下简称世友）创立于2001年，地处“中国木地板之都”浙江南浔，是地板行业唯一全国质量奖获得者，首批获得国家绿色产品认证的国家级绿色工厂。自创立以来，世友以“世友质量”塑品牌之魂，坚持“创造木价值，传递木文化”的企业使命，做市场所需、为消费者所想的产品，形成了以实木地板、实木复合地板、强化木地板、SPC地板为主，木楼梯、木门为辅的多元化产业发展格局。

目前世友拥有四大生产基地，占地500亩，木地板年产能超过2600万平方米。世友拥有2000余家专卖店和客户服务中心，与多家国内排名领先的房地产企业建立了战略合作关系，被万科集团评定为地板类A级供应商。世友销售网络遍布全国，产品远销全球30多个国家和地区，深受广大消费者信赖与认可。

世友关注消费者、环境和社会的未来需求，注重技术创新，不断加强高素质创新型人才队伍建设，先后与中国林业科学研究院木材工业研究所、南京林业大学、浙江农林大学等开展产学研合作，建立了博士后工作站，拥有CNAS国家实验室资格认证。承担国家级、省级科技项目40余项；获得国内外专利160多件，其中发明专利49项（包括10项国外专利）；参与制修订国际标准3项、国家标准15项、行业标准23项。2012年以第一起草单位主持制定GB/T 28992—2012《热处理实木地板》国家标准，这是我国木地板行业第一个由企业负责制定的国家标准。

世友秉承“打造行业第一品质”的质量愿景，积极推行卓越绩效管理模式，是首批获得浙江制造“品字标”企业，先后获得了“国家级绿色工厂”“国家级绿色供应链管理示范企业”“中国专利优秀奖”“国家林业标准化示范企业”“国家火炬高新技术企业”“企业标准‘领跑者’”等荣誉与称号。董事长荣获得“全国质量先进个人”“中国杰出质量人”、在质量方面，公司荣获“全国质量奖”“浙江省政府质量奖”“全国质量标杆”“亚洲质量卓越奖”“中国质量技术奖”，成为行业唯一囊括10大质量荣誉的企业，让“中国质量”绽放世界舞台，也让“世友质量”成为品牌发展的响亮名片。

二、企业标准化机构、人员与信息管理

（一）企业标准化机构、人员

世友高度重视标准化工作，成立了标准化管理委员会，由总裁亲自挂帅，充分发挥高层领导在公司标准化管理工作中的示范和引领作用，对公司的标准化与信息化工作进行统一规划建设；世友行政中心作为企业标准体系职能管理部门，各职能部门配备标准化管理人员，负责日常标准活动的策划、执行和考核。

世友专门组建了一支标准化团队，由各部门体系管理人员兼任。为了提升标准化人才队伍的能力，夯实标准化工作基础，公司标准化团队成员先后有10余人参与各级标准化机构的考核并获得“企业标准化工作及评价人员证书”“标准体系内审员”证书。在参与公司日常标准化活动的策划和执行工作的同时，对部门流程进行优化、固化，并监督部门标准工作的开展情况，提高部门的管理效能。同时，世友积极参与标准化技术委员会的各项活动，是全国人造板标准化技术委员会和全国木材标准化技术委员会的单位委员。

（二）标准化信息管理

标准化是企业管理运行重要的制度体系，是企业步入良性的发展轨道必经之路。公司自创立以来，自我运行过程中对相关标准和流程进行强制设定与落实，形成了多种类型的标准化文件，企业的标准化管理也由传统的模式向信息化管理模式转变。目前，世友共制修订产品类企业标准20余项，经过内部意见征询，企业标准化管理委员会评审或外部专家评审后，对标准盖章公示，公司标准化管理委员会受控存档，并将标准文本在企业标准信息公共服务平台上公开声明并执行。

在企业内部的OA系统上，设有“规章制度”模块，全文公开了国家法律法规、企业管理手册、程序文件、各项管理制度、标准化文件等。通过企业微信、Emessage、微信公众号、企业官网等平台传递企业标准化管理信息，公司标准化管理委员会对公司员工定期开展标准化知识培训和标准解读，掀起全员学习、贯彻与执行标准的氛围。

世友建立了一套完善的标准化运行体系，明确标准化管理委员会及公司各部门的职责，定期搜集、更新相关国内外标准化信息，并对各类信息进行分析，在有变更的情况下，由各部门向公司标准化管理委员会提交立项申请，按照“立项—起草—意见征询—内外部评审—公示—执行”的流程，合理制订企业标准化文件。每年公司标准化管理委员会组织2次内审，监督检查标准实施情况，分析来自检查的结果以及其他相关来源的信息，与各职能部门配合制订和落实改进措施并实施改进，各部门负责纠正和预防措施的实施，公司标准化管理委员会负责跟踪和验证，改进活动符合PDCA循环的原则。年终由最高管理者对公司标准化体系的方针、目标、指标及管理体系的适宜性、充分性、有效性和效率进行管理评审，形成管理评审立项“纠正或预防措施实施改进对策表”，提出持续改进的方向和目标，公司标准化管理委员会负责实施对立项的对策措施的实施情况进行督察以及应用结果有效性的跟踪验证。

三、企业标准体系建设和运行情况

（一）企业标准体系构建

1. 企业标准体系框架介绍

为规范公司标准化管理，促进公司生产经营、管理等各项活动更科学化、规范化、有序化和体系化，使标准化工作在全公司得到有效运行、实施，世友2006年就建立了标准体系，2007年获得AAA级标准化良好行为证书。

企业标准体系构建的原则：

(1) 明确建立企业标准体系的目标，将公司研发、生产、管理等各方面标准按其内在联系整合在一起，使彼此之间形成科学有机的整体，通过协调一致地贯彻和实施这些标准，提高产品、服务和管理的工作质量。

（2）通过了解相关方的需求和期望，识别关键过程、资源和要素，确定标准化对象，并将管理体系直接纳入到企业标准体系中。

（3）加强宣传、统一思想、提高认识。通过组织召开公司标准化工作动员会、专题会、标准审查会等，对标准化工作进行研究部署、专题推进，强化标准化建设的重要意义，提高全员对标准化工作重要性的认识，形成“工作找标准、考核看标准”的标准化工作氛围。

2017年底，新修订的GB/T 15496—2017《企业标准体系 要求》、GB/T 15497—2017《企业标准体系 产品实现》和GB/T 15498—2017《企业标准体系 基础保障》、GB/T 19273—2017《企业标准化工作 评价与改进》、GB/T 15496—2017《企业标准体系 要求》系列国家标准发布以后，公司结合工作实际，将原有的“基础标准、技术标准、管理标准和工作标准”等结构，按照新版国家标准的要求予以修订，换版成“产品实现”“基础保障”“岗位”三大标准子体系。

在“产品实现”标准子体系中，公司于2019年1月8日全国经销商大会上隆重推出全线E_0级环保标准（企业标准），这意味着世友的实木复合地板、强化地板已全部升级到$E0$级标准。我国于2018年5月正式实施的国家标准GB 18580—2017《室内装饰装修材料 人造板及其制品中甲醛释放限量》中规定甲醛释放量$E_1 \leqslant 0.124$ mg/m^3（1m^{3}气候箱法），而世友将企标定位于更高的标准$E_0 \leqslant 0.05$mg/m^3，严于国家标准2.5倍。

为满足消费者对健康环保产品的需求，在2020年4月26日“世界无醛日”世友隆重推出了更环保、更健康的无醛添加级新品——“三层和新五层实木复合地板”，将原有“全E_0”环保标准，全新升级为$E_{NF}{}^{+} \leqslant 0.020$ mg/m^{3}的“无醛添加”环保标准，经权威机构检测，甲醛释放量严于国家标准E_1限量值6倍以上，获儿童安全级认证。2020年10月，公司隆重召开绿色产品倡议活动暨世友“全健康地板”标准发布会，正式发布“全健康地板”企业标准，纳入并加严“苯系物、重金属、TVOC”等有害物质指标。

在“售后/交付后标准体系”中，为了更好的服务客户，世友建立了“金色木匠5A级服务”标准体系，并制定了《金色木匠5A级标准化服务手册》，旨在让消费者感受到更加舒适的家居生活体验。“金色木匠5A级服务”标准体系包含：

（1）经销商售后服务人员标准化：建立了包含：服务人员从业资格及能力；服务人员着装规范；上门服务礼仪规范；上门服务行为规范与步骤；投诉处理流程、要求及细则等5项标准规范。

（2）安装及铺装人员标准化：建立了包含：铺装人员着装规范；上门服务礼仪规范；上门服务行为规范；铺装工艺标准及要求；金色木匠5A级专业安装；铺装用品配置基本条件和数量及其技术要求等6项标准规范。

（3）地板配件管理标准化：对所有辅料都制定了明确的标准规范。

（4）增值服务管理标准化：包含超长保修期、专业维修、专业保养、档案管理、客户回访等。

“金色木匠5A级服务”标准体系，以一流的服务团队、标准的服务规范、优质的地板配件和精湛的安装工艺等，为广大消费者提供了至尊品牌的至尊服务。

2. 企业制修订的企业标准、采用的国际标准、国家标准、行业标准、地方标准和团体标准情况等

目前，公司制定了一系列的产品标准，并在企业标准信息公共服务平台进行自我公开，现行的标准见表1。

表1　浙江世友木业有限公司制定的部分企业标准

序号	标准号	标准名称
1	Q/SY 033—2021	《石木塑地板》
2	Q/SY 031—2020	《绿色级实木复合地板》
3	Q/SY 030—2020	《世友全健康木质地板》

续表

序号	《标准号	标准名称
4	Q/SY 029—2020	《无醛级浸渍纸层压木质地板》
5	Q/SY 028—2020	《无苯系物级木质地板》
6	Q/SY 027—2020	《无重金属级木质地板》
7	Q/SY 026—2020	《3D打印木质地板》
8	Q/SY 025—2019	《木质地板、主要安装辅料和其他材料气味等级评定方法》
9	Q/SY 024—2020	《无醛级实木复合地板》
10	Q/SY 023—2020	《无醛添加级实木复合地板》
11	Q/SY 022—2019	《仿古木质地板》
12	Q/SY 021—2019	《热塑性树脂饰面木质复合地板》
13	Q/SY 020—2019	《E0级木质踢脚线》
14	Q/SY 019—2019	《浸渍纸层压木质地板》
15	Q/SY 018—2018	《地采暖用实木地板》
16	Q/SY 017—2019	《钛晶面抗刮痕木质地板》
17	Q/SY 016—2018	《拼花木质地板》
18	Q/SY 015—2018	《E0级浸渍纸层压木质地板》
19	Q/SY 011—2018	《E0级实木复合地板》

（二）企业标准体系的贯彻和实施

1. 加强培训、营造氛围，建立常态化标准知识宣贯机制

世友全方位、多层次开展标准化培训，通过世友商学院、世友大讲堂、OA系统、微信公众号等多种形式，采用外请、外派、内训等培训方式，开展多样化的标准化活动，提高公司员工标准化意识，强化标准化管理理念，宣贯标准化方针和相关知识，帮助全员理解和应用标准文件，增强标准化意识，提高熟练掌握本岗位对应各类标准和措施的能力，确保大家自觉运用标准文件开展工作。

2. 严格运行、强化考核，持续改进体系

按照《企业标准体系管理制度》实施管理，严格执行纳入企业标准体系的各类标准，同时对标准执行情况建立了监督检查机制。公司从4个层面推进标准体系的监督检查、持续改进。①通过月度联合督查，把握关键环节；②通过内部集中审核，实现持续改进；③定期对标准化目标完成情况进行跟踪测量，对未达标指标进行原因分析，提出改进措施；④定期对企业标准体系进行管理评审，提出标准化工作改进决策，修订完善标准文件，持续提升标准化工作水平。同时，将月度联合督查、内部集中审核及目标完成情况等检查结果纳入部门月度、年度绩效考核，强力推进企业标准体系有效运行。

四、企业参与标准化活动

世友一直将产业的共同发展作为自身责任，并率先做出表率。目前，世友是全国木材标准化技术委员会、全国人造板标准化技术委员会会员和单位委员。世友积极承担或参与国际标准、国家标准、行业标准、团体标准的制修订工作。世友负责起草国家标准GB/T 28992—2012《热处理实木地板》，成为行业首家由企业主持的国家标准，并负责起草了T/CAGP 0038—2018《绿色设计产品评价规范 实木复合地板》、T/ZZB 0006—2019《实木复合地板》、T/DBXH 003—2019《E0级实木复合地板》、T/DBXH 004—2019《E0级浸渍纸层压木质地板》等4项团体标准。世友已参与制修订3项国际标准、15项国家标准、23项行业标准和8项团体标准。在抢占标准制高点的同时，也推动了产业发展进程。

浙江世友木业有限公司参与制修订各种标准具体明细见表2。

表2 企业参与修制定国际标准、国家标准、行业标准及团体标准清单

序号	标准号	标准名称	标准类型
1	ISO 17959：2014	《实木地板通用要求》	国际标准
2	ISO 13061-5：2020	《木材物理力学性质试验方法 第5部分：横纹抗压强度测定》	国际标准
3	ISO 18775：2020	《单板术语和定义、物理特征及公差的测定》	国际标准
4	GB/T 39257—2020	《绿色制造 制造企业绿色供应链管理评价规范》	国家标准
5	GB/T 39258—2020	《绿色制造 制造企业绿色供应链管理采购控制》	国家标准
6	GB/T 39256—2020	《绿色制造 制造企业绿色供应链管理信息化管理系统规范》	国家标准
7	GB/T 39259—2020	《绿色制造 制造企业绿色供应链管理物料清单要求》	国家标准
8	GB/T 18102—2020	《浸渍纸层压木质地板》	国家标准
9	GB/T 15036—2018	《实木地板》	国家标准
10	LY/T 1738—2020	《实木复合地板用胶合板》	行业标准
11	LY/T 3225—2020	《锯材高温干燥工艺规程》	行业标准
12	LY/T 3131—2019	《木质拼花地板》	行业标准
13	LY/T 3138—2019	《木质品耐光色牢度等级评定方法》	行业标准
14	LY/T 1700—2018	《地采暖用木质地板》	行业标准
15	T/CAGP 0038—2018	《绿色设计产品评价规范实木复合地板》	团体标准
16	ZZB/T 006—2019	《实木复合地板》	团体标准
17	ZZB/T 005—2019	《实木地板》	团体标准
18	T/DBXH 004—2019	《E0级浸渍纸层压木质地板》	团体标准
19	T/DBXH 003—2019	《E0级实木复合地板》	团体标准

2021年10月，由世友协办的国家标准GB/T 17657《人造板及饰面人造板理化性能试验方法》修订研讨会在南浔隆重举行，作为行业最重要的标准之一，此次研讨会引起了行业的极大重视，全国人造板标准化技术委员会的相关领导及行业专家、重点企业质量负责人及标准化负责人30多人参与了本次研讨会。会后与会专家莅临世友智能家居产业园，实地探访世友生产一线、研发中心及国家认可CNAS实验室。园区内，实木地板、实木复合地板生产基地，以高配集成、智慧科技、精益管理的方式，呈现在参观团前，世友以高标准领航高质量发展，专注“世友质量”，不断提升科研能力和制造水平，推动标准修订成果与产品质量深度融合。

在国际标准化活动方面，2018年10月15—19日，国际标准化组织木材标准化技术委员会(ISO/TC 218)第17届年会在浙江杭州隆重召开。浙江世友木业有限公司作为本次大会的唯一的企业协办单位，协助承办会议的企业参观考察活动。会议期间，与会的国内外专家参观了我公司的产品体验展厅、生产车间，考察了木地板制造工艺和标准化流程。参观过程中，国外专家对世友发展历史、技术创新、品牌荣誉、环保产品加深了解，不断地赞叹世友地板“very nice”。特别是ISO/TC 218主席奥列克西·伊齐利亚诺（OLEKSII TSYTSYLIANO）在参观过程中称赞世友，“世友地板的工艺技术和环保标准令人赞叹，中国制造水平过去给人的印象就是低端廉价，看完世友工厂之后，令我完全改观，我认为中国制造水平已经上升为世界一流”。浙江世友木业有限公司在本次活动中为中国木业企业形象提升贡献了自己的力量，如图1所示。

会后，时任ISO/TC 218主席奥列克西·伊齐利亚诺（OLEKSII TSYTSYLIANO）先生致信会议主办方“全国木材标准化技术委员会”表示感谢，赞誉道：“非常感谢你们组织的参观浙江世友木业有限公司，感谢你们给予我们这样一次难忘的、令人叹为观止的现场体验”。如图2所示。

图 1　与会代表团在世友参观及合影

ISO Technical committee on timber *standardization*

Secretariat: Ukraine

Технический комитет ISO по стандартизации лесоматериалов

Секретариат: Украина

Tel: +38 044 222 84 05, +38 050 410 28 52

Date 02.11.2018 No 01

To: Mr. LYU Jianxiong,
Vice Chairman of National Technical Committee 41 on Timber of SAC;
Executive Vice Director of the Research Institute of Wood Industry (CRIWI),
Chinese Academy of Forestry

Dear Mr. LYU Jianxiong,

On my own behalf and on behalf of all the members of the ISO/TC 218 Technical Committee, I would like to express my sincere appreciation for the warm welcome and excellent organization of the 17th Meeting of the ISO/TC 218 in Hangzhou. I am confident that our work in Handzhou will give a new impetus to the work of our Committee.

I want to express my special gratitude for organizing a trip to Zhejiang Shiyou Timber Co., Ltd and the opportunity to visit the amazing Nanxun Ancient Town.

During our trip to the People's Republic of China, we had the opportunity not only to work fruitfully, but also to meet wonderful and friendly people, as well as enjoy the unique nature of your Great Country.

"There is a paradise in heaven, and on earth, Suzhou and Hangzhou," says a Chinese proverb. "Hangzhou, the most beautiful and splendid city in the world," said Marco Polo. We can only confirm these beautiful words.

I hope that we will visit your country again and meet with you.

Sincerely,
Oleksii Tsytsyliano,
ISO/TC 218 Chairman

图 2　ISO/TC 218 主席致谢信

五、企业标准化工作成果以及获奖情况

2007 年，世友公司获得“AAA 级标准化良好行为证书”；2008 年荣获“浙江省标准创新性企业”；2009 年荣获“浙江省专利示范企业”；2011 年荣获“全国林业知识产权试点单位”；2013 年首次获得“国家林业标准化示范企业”等殊荣。2019 年 11 月，世友的地采暖实木地板标准、E0 级地采暖用实木复合地板标准和无醛添加实木复合地板标准共同入选木质地板领域企业标准“领跑者”名单；2020 年 12 月，绿色级实木复合地板企业标准经评估荣获 2020 年企业标准“领跑者”名单，世友的努力得到了广泛的肯定。

六、企业标准化工作经验总结

浙江世友木业有限公司高度重视企业标准化体系管理工作，凝练出一套符合自身发展的标准化管理模式。

1. 全面完善标准体系

按照国家标准要求，完善企业标准体系结构图和标准体系明细表，健全企业标准体系，全面构建了层次清晰、科学合理的企业标准体系框架，完善标准体系保持常态化运行。例如，在日常工作中，通过精益管理取得某一项成果，立即会形成标准纳入体系运行，及时把通过各种方法积累的成果转化为标准。

2. 强化运行监管

采用自查、抽查相结合的方式，由标准化办公室统一组织协调，对标准化实施情况进行监督检查和考核奖惩，重点检查相关记录、标准与有关标准化法律、法规的符合性，检查现场工作情况与标准要求的符合性，检查已发布标准的实施情况等，对发现的问题，限期改进，进一步加大标准化工作考核权重。

3. 加强持续改进

建立企业标准体系评价与持续改进制度。定期评价标准体系的有效性、合规性和适宜性，识别改进需求，及时予以改进。完善标准化工作具体评价与持续改进办法，定期评价企业标准化管理工作，针对标准实施、监督检查中发现或反馈的问题，予以改进，并形成制度。

4. 提升队伍素质

建立常态化培训机制，全方位、多层次、多形式开展各类标准化知识培训。将标准化知识培训纳入公司年度培训计划，覆盖全员，增强全员标准化意识，提高全员熟练掌握本岗位对应的各类标准和措施。通过传帮带，自主培养一批标准化专业人员，提升队伍综合水平，为建设标准化示范企业提供人力资源保证。

5. 将标准化融入到日常工作中

坚持把标准化融入到各项业务工作之中，推动各项工作标准化，既做到讲规范、守规则，又做到提标杆、提水平，推动标准化建设与各项工作双融合、两促进，不断提升企业绩效，真正推动标准化示范企业建设工作不断深入，全面打造行业标杆企业。

未来，中国的木业将继续前行在“低碳环保、绿色可持续发展”的道路上，世友将继续肩负绿色发展的使命，为每一位消费者打造绿色、环保、健康、安全的家居环境，领航未来健康生活，而先进的标准，必将是一切的基石。

6. 木材工业企业标准化工作先进典型案例

——久盛地板有限公司

一、企业简介

久盛地板有限公司（以下简称久盛地板）成立于2001年，主要生产实木地板、地采暖用实木地板、实木复合地板和浸渍纸层压木质地板，是集研发、生产、销售及服务为一体的自主品牌企业，是目前我国木地板行业综合实力较强、发展速度最快的龙头企业之一。久盛地板先后被评为国家火炬计划重点高新技术企业、国家林业重点龙头企业、国家林业标准化示范企业、木地板行业首家国家知识产权示范企业、“国家绿色工厂”“国家绿色产品认证”“国家级绿色供应链”的示范企业等。公司拥有浙江省级企业研究院、省级院士专家工作站、省级博士后工作站及省级高新技术企业研发中心等科研创新平台。曾荣获“中国驰名商标”“浙江省名牌产品”“浙江省质量奖”

"湖州市质量奖"等诸多荣誉。公司于2012—2015年承担了国家"十二五"科技支撑计划项目，多年来参与了国家"863""十一五""十三五"计划等科技项目。公司现拥有专利210件，其中核心专利30件（其中国外8件）。久盛地板公司主持及参与制修订了国际标准、国家标准、行业标准、地方标准和团体标准90余项，是国际标准ISO 17959：2014《实木地板通用要求》和ISO 18775：2020《单板 术语和定义、物理特征及其偏差的测定》以及国家标准《实木地板》《地采暖用实木地板技术要求》等的主要参与制修订企业。

公司坚持走"品牌、技术、创新、诚信"的发展战略，以五大生产基地为依托，强大的营销网络及销售渠道为平台，秉承产品质量标准化、销售市场多元化、产品设计细分化、销售模式多样化、售后服务规范化的管理目标，始终坚持"实现客户美好生活"的企业使命，已形成产品多元化、规模集团化的格局。

二、企业标准化机构、人员与信息管理

（一）企业标准化机构、人员

公司高度重视标准化工作，由研究院牵头，建立了标准化技术委员会。知识产权部作为企业标准体系的职能统筹部门，标准化部作为企业标准体系的职能管理部门，负责公司日常标准化活动的策划、执行和考核，在标准化技术委员会的指导下推进公司的标准化管理工作。公司标准化团队的成员遍及公司各部门，各部门标准化工作由兼职的部门体系管理员负责，共计有20余人。为了提升标准化人才队伍的能力，夯实标准化工作基础，公司每年都会派几个批次的标准化工作人员参与各类新发布标准的宣贯会议。他们在参与公司日常标准化活动的策划和执行工作的同时，对部门流程进行优化，并监督部门标准化工作的开展情况，提高部门的管理效能。

（二）标准化信息管理

久盛地板公司在积极参与国际、国家、行业等各类标准的同时，对于自己的企业标准也一直在积极制定和探索。目前，久盛地板生产的实木地板、实木复合地板以及浸渍纸层压木质地板均有自己制定的企业标准并且在执行中。现行的久盛地板公司主要企业产品标准见表1。

表1 企业参与修制定国际标准、国家标准、行业标准及团体标准清单

序号	标准号	标准名称
1	Q/JS 14—2019	《E0级浸渍纸层压木质地板》
2	Q/JS 17—2019	《漆饰实木地板》
3	Q/JS 18—2019	《实木复合地板》
4	Q/JS 19—2020	《防开裂柔性面实木地暖地板》

以上标准均在企业标准的自我公开声明网站上公开，执行情况良好。

在公司知识产权部的统筹下，久盛对各类标准的信息活动进行专项管理。久盛的企业标准的各项指标来自于国际标准、国家标准、行业标准等，在这些现行标准的基础上，结合自身优势，优化提升各类性能指标，最终形成了久盛的企业标准。知识产权部对各类标准的制修订实施动态监测，以便于及时更新企业标准的核心指标参数，并且周期性地对企业标准实施评估与改进。

三、企业标准体系建设和运行情况

（一）以技术为核心，健全技术标准体系

按照企业标准体系工作计划，根据国家GB/T 1.1—2020《标准化工作导则 第1部分：标准化文件的结构和起草规则》、GB/T 15496—2017《企业标准体系 要求》、GB/T 15497—2017《企业标准体系 产品实现》等标准规定和要求，对实木地板、实木复合地板及浸渍纸层压木质地板等产品的各项技术工作，规定了技术基础、设计、产品、采购、工艺、设备、基础设施和工艺装备、检验、验收和试验方法、测量、检验以及试验设备、包装、搬运、贮存、标志、服务、能源、职业健康安全、环境、信息等的技术内容与要求。

公司制定了实木地板、实木复合地板及浸渍纸层压木质地板等产品技术基础标准、设计技术标准、产品标准、采购技术标准、工艺技术标准、基础设施和工艺装备技术标准、检验、验收和试验方法技术标准、测量、检验和试验设备技术标准、包装、搬运、贮存、标志技术标准、安装、交付技术标准、服务技术标准、能源技术标准、安全技术标准、职业健康技术标准、环境技术标准和信息技术标准等技术标准（含采标）50 多项。

（二）以管理为载体，完善管理标准体系

依据 GB/T 15498—2017《企业标准体系 基础保障》的规定和要求，结合企业技术标准体系的要求，对管理基础、管理职责、管理内容与方法、经营综合管理、设计、开发与创新、采购、生产、质量、设备与基础设施、试验、检验、测量、包装、搬运、贮存、安装交付、服务、能源、职业健康安全、环境、信息、体系评价及标准化管理等做出了规定，并为管理内容给出了程序和工作流程，2018 年发布了企业管理标准体系，并于 2018 年 10 月正式实施。

在各项管理标准制定过程中，首先对原有 ISO 9001 质量管理体系、ISO 14001 环境管理体系、ISO 45001 职业健康安全管理体系的手册、程序文件和支持性文件；相关管理制度、办法、规程等文件进行了整合；新补充制定了一批标准，形成了管理基础标准、管理职责、管理活动内容与方法标准、经营综合管理标准、设计、开发与创新管理标准、采购管理标准、生产管理标准、质量管理标准、设备与基础管理标准、测量、检验、试验管理标准、包装、搬运、贮存管理标准、安装、交付管理标准、服务管理标准、能源管理标准、职业健康安全管理标准、环境管理标准、信息管理标准、体系评价管理标准、标准化管理标准等若干个子系统、管理流程和管理标准构成的企业管理标准体系，是基础管理建设的重要成果之一。在标准体系中引用流程管理理论、方法和技术，创新采用标准化手段，建立了一个适应机械生产企业管理实际、基于流程、覆盖全面、纵横协同、保障有力的现代企业管理标准体系，在管理活动内容与方法标准中，都规定了相应的管理流程。随着管理标准体系的实施，促进了企业规范化管理，提高了生产经营管理水平。

（三）以工作为切入点，建立工作标准体系

根据技术标准体系、管理标准体系内容和 GB/T 15498—2017《企业标准体系 基础保障》的规定和要求，结合工作实际，为了明确每个岗位在企业生产经营管理活动中所应承担的工作目标和工作内容，对决策层、管理层和操作人员工作的职责与权限，工作内容和要求，相关岗位的相互关系，岗位的资格水平要求及特殊岗位作业要求做出了规定；分不同层次、不同工作内容制定了通用工作标准和各岗位工作标准；形成了中层以上管理人员通用工作标准、一般管理人员通用工作标准、班长（组长）通用工作标准、基层安全员通用工作标准、服务人员通用工作标准、操作（生产）人员通用工作标准、决策层工作标准、中层管理人员工作标准、一般管理人员工作标准、操作（生产）人员工作标准等通用工作标准和不同岗位工作标准。基本上明确了最高决策者的工作内容；决策层人员的工作内容做到相互之间不交叉，各负其责，协调接口，互相支持；管理人员做到工作内容不交叉，明确了工作效率和服务的要求；每个岗位的工作标准也规定了职责、职权、资格要求、工作内容与要求及检查与考核。

工作标准体系建设工作与技术标准体系、管理标准体系同步展开，2018 年 6 月通过审定、发布工作，10 月开始实施，通过实施，使员工在生产经营活动中的管理和工作行为得到了初步的规范，提高了认识。

（四）以标准化为目标，建立企业标准体系表

根据标准化工作要求和 GB/T 13017—2018《企业标准体系表编制指南》、GB/T 13016—2018《标准体系构建原则和要求》，为了有计划、有目标、有秩序地开展标准化工作，在制定技术、管理、工作等标准体系建设工作计划的同时，分四个层次编制了企业标准体系表。

第一层次，收集了企业方针和目标与适用的国家、地方法律法规及指导建标的基础标准；第二层次，收集了引用采标的技术基础标准、管理相关术语、图形符号、量和单位、数理统计、网络计划技术、可靠性与价值工程、设计与标准样品、工艺技术、计算机软件工程、企业管理信息系统、服务标准化指南、综合管理技术等国家和行业基础标准；第三层次，列出了技术标准（含采标）和管理标准；第四层次，列出了通用工作标准和不同岗位工作标准。

目前，公司标准体系建设完善，运行良好。

四、企业参与标准化活动

久盛地板是全国木材标准化技术委员会单位委员、全国人造板标准化技术委员会单位委员。公司积极参与了近90多项国际标准、国家标准、行业标准、团体标准的制修订工作。久盛地板参与制修订的主要国际标准、国家标准、行业标准、团体标准清单见表2。

表1　企业参与修制定国际标准、国家标准、行业标准及团体标准清单

序号	标准类别	标准名称	标准号
1	国际标准	《实木地板通用要求》	ISO 17959：2014
2	国际标准	《单板术语和定义、物理特征及偏差的测定》	ISO 18775：2020
3	国家标准	《木质地板铺装、验收和使用规范》	GB/T 20238—2006
4	国家标准	《舞台用木质地板》	GB/T 28997—2012
5	国家标准	《实木复合地板》	GB/T 18103—2013
6	国家标准	《难燃中密度纤维板》	GB/T 18958—2013
7	国家标准	《难燃胶合板》	GB/T 18101—2013
8	国家标准	《高耐磨漆饰实木地板》	GB/T 31745—2015
9	国家标准	《体育馆用木质地板》	GB/T 20239—2015
10	国家标准	《木质地板铺装、验收和使用规范》	GB/T 20238—2018
11	国家标准	《阻燃木材燃烧性能试验火传播试验方法》	GB/T 17658—2018
12	国家标准	《难燃细木工板》	GB/T 38752—2020
13	国家标准	《难燃刨花板》	GB/T 39032—2020
14	国家标准	《绿色产品评价 人造板和木质地板》	GB/T 35601—2017
15	国家标准	《实木地板 第1部分：技术要求》	GB/T 15036．1—2018
16	国家标准	《实木地板 第2部分：检验方法》	GB/T 15036．2—2018
17	国家标准	《浸渍纸层压木质地板》	GB/T 18102—2020
18	国家标准	《地采暖用实木地板技术要求》	GB/T 35913—2018
19	国家标准	《精准扶贫 人造板（刨花板）产业项目运营管理规范》	GB/Z 38546—2020
20	国家标准	《针叶树锯材》	GB/T 153—2019
21	国家标准	《阔叶树锯材》	GB/T 4817—2019
22	国家标准	《原木锯材批量检查抽样、判定方法 第1部分：原木批量检查抽样、判定方法》	GB/T 17659．1—2018
23	国家标准	《原木锯材批量检查抽样、判定方法 第2部分：锯材批量检查抽样、判定方法》	GB/T 17659．2—2018
24	国家标准	《人造板及其制品甲醛释放量分级》	GB/T 39600—2021
25	国家标准	《栎木实木地板》	GB/T 34743—2017
26	行业标准	《木地板保修期内面层检验规范》	WB/T 1017—2006
27	行业标准	《实木复合地板用胶合板》	LY/T 1738—2008
28	行业标准	《实木集成地板》	LY/T 1614—2011

续表

序号	标准类别	标准名称	标准号
29	行业标准	《直接印刷木地板》	LY/T 1986—2011
30	行业标准	《木质踢脚线》	LY/T 1987—2011
31	行业标准	《木质地板冲击噪声测试》	LYT 2487—2015
32	行业标准	《木地板企业等级划分规范》	SB/T 11103—2014
33	行业标准	《以定向刨花板为基材的装饰单板饰面地板》	LY/T 2563—2015
34	行业标准	《内置电热层电采暖木质地板》	LY/T 3192—2020
35	行业标准	《乙酰化木材》	LY/T 3037—2018
36	行业标准	《绿色人造板及其制品技术要求》	LY/T 2870—2017
37	行业标准	《地采暖用木质地板》	LY/T 1700—2018
38	行业标准	《木质拼花地板》	LY/T 3131—2019
39	行业标准	《仿古木质地板》	LY/T 1859—2020
40	行业标准	《废弃木材保管规范》	LY/T 3032—2018
41	行业标准	《木材及木基材料吸湿尺寸稳定性检测规范》	LY/T 3222—2020
42	行业标准	《木质踢脚线》	LY/T 1987—2020
43	行业标准	《地采暖用木质地板甲醛释放承载指南》	LY/T 3233—2020
44	行业标准	《人造板及其制品气味评价方法》	LY/T 3236—2020
45	行业标准	《实木地板生产综合能耗》	LY/T 1703—2020
46	团体标准	《实木地板》	T/ZZB 0005—2019
47	团体标准	《实木复合地板》	T/ZZB 0006—2019
48	团体标准	《地采暖用实木地板》	T/ZZB 0946—2019
49	团体标准	《特色仿古木质地板》	T/CTWPDA 10—2020

五、企业标准化工作成果以及获奖情况

一直以来，以“实现客户美好生活”为使命的久盛地板，将标准化视为助推产业核心竞争力的重要引擎，引导企业技术成果专利逐步向标准转化，鼓励开展多种形式的标准创新活动，从标准的“追随者”进位赶超成标准的“参与者”乃至于“首倡者”。

久盛以标准化生产为核心，建立了完善的标准化体系，实行规范化管理，凭借多年来的不断努力，久盛连获“国家林业标准化示范企”业的殊荣。无独有偶，在严格的标准化体系管理和雄厚的技术实力下，久盛地板连获四届“中国林业产业创新奖”的殊荣。未来，久盛亦将继续加强标准化工作，不断推行更多先进方法和理念，以优良的产品为消费者提供更具品质的家居生活环境。

六、企业标准化工作经验总结

久盛地板在不断推进标准化体系建设进程中，有效地促进了规范化管理水平和管理效率的提升，主要经验如下：

（1）自觉采用国际标准、国家标准等进行组织生产，产品质量有较大的提高，提升了企业核心竞争力。

（2）积极参与国际标准、国家标准、行业标准和团体标准化工作，及时了解行业和产品发展新技术、新标准，培养企业标准化人才，提升企业技术和标准化水平与企业品牌形象；

（3）加强标准化知识宣传教育和培训，增强了企业员工标准化意识，促使员工能够按标准化的流程去工作，提高了工作效率。

(4) 强化岗位职责、工作规范、流程管理，建立健全了各部门执行的管理规范等制度，规范了管理行为和工作行为，使企业各项工作科学化、精细化、标准化，提升企业管理与运行效率。

(5) 加强企业标准化人才培养，为企业未来发展提供智力支撑。通过企业标准化工作，培育了一批企业标准化人才，深入开展推动实施企业准化工作探索，积累了人才和经验，为企业今后发展提供了智力支撑。

7. 木材工业企业标准化工作先进典型案例

——江苏肯帝亚木业有限公司

一、企业简介

江苏肯帝亚木业有限公司（以下简称肯帝亚木业）是一家集研发、生产、销售于一体的专业地板生产的企业。肯帝亚木业为肯帝亚集团旗下公司，总部位于江苏丹阳，旗下产品涉及地板、木门、木饰面、收纳、地面新材料、高密度板、刨花板、全屋定制与智能木结构洋房等。

江苏肯帝亚木业有限公司成立于2003年。目前，肯帝亚木业在全国范围内拥有超过2000家品牌专卖店，产品畅销美国、德国在内的45个国家和地区。

企业拥有先进的生产设备和生产流水线，实行小时化生产，从而更大程度上满足精益生产的要求。现有包括德国豪迈线、韩国一次贴合线、挤出线、热处理线、压机在内共计150余台套设备；具有年产木地板800万平方米，木塑地板2400万平方米的能力。

肯帝亚木业技术和研发实力雄厚，先后获得“国家高新技术企业”“中国名牌”“出口免验企业”“江苏省省长质量奖”等荣誉，并坚持与国内外知名院校、科研机构合作，始终保持技术优势。截至2020年底，集团专利数量累计突破200项，地板类专利数量位居行业前列。肯帝亚木业产品现已通过包括“Floorscore”认证在内多项国际权威认证。

肯帝亚木业是目前国内唯一全资拥有CBA篮球队的家居品牌。2019年，肯帝亚创新研发的防火防水生物质地板荣登中科院主办评选的“2019最具创新力的黑科技TOP20”榜单。

肯帝亚木业推行全面质量管理，运行ISO质量、环境、职业健康安全管理体系，集开发、工艺、质量工程于一体，人员熟练掌握SPC（统计制程控制）等工具的运用，提高产品质量的同时，满足精益化生产的要求。

目前肯帝亚木业公司员工人数1200余名，其中拥有86名涵盖设计、开发、生技、制造及品质管理等领域，有丰富工作经验的木材科学、高分子材料技术人才、80名工作经验10年以上的生产管理人才、20名产品开发项目管理人才，极大地提升了我公司的产品竞争力。

肯帝亚木业公司凭借过硬的技术，依托“靠质量求生存，凭效益求发展，以服务占市场”的经营理念，本着“诚信合作，共谋发展”的良好意愿，服务于所有的国内外客户，为国内外客户提供优质的产品。

二、企业标准化机构、人员与信息管理

1. 企业标准化机构、人员

加强企业标准化工作，建立企业标准体系，是肯帝亚木业自身发展的需要，为此，在总经理的领导下，在公司上下全力支持和配合下，成立了标准化良好企业项目创建领导小组，由总经理亲自担任领导小组组长，并成立以技术副总、管理者代表和行政中心主任分别负责的技术标准、管理标准和工作标准的标准化综合管理办公室，确定了标准化专兼职人员，职责明确，进行标准化培训，为推进标准化体系运行与标准实施和标准化良好行为企业的创建提供了保障，有效地推进了工作的开展。

为了推动全公司企业标准化战略的持续运行和实施，全面提高全公司的标准意识，公司领导专门召开了建立企业标准体系，争创国家“标准化良好行为”企业的动员会，要求各部门高度重视企业标准化战略的实施，并把此项工作列入年度各部门的考核。同时认真组织标准化工作人员学习省质监局文件，并聘请标准化专家在全公司对国家标准化管理委员会国家标准统一宣贯教材GB/T 15496—2017《企业标准体系　要求》、GB/T 15497—2017《企业标准体系　产品实现》、GB/T 15498—2017《企业标准体系 基础保障》、GB/T 19273—2003《企业标准体系 评价与改进》、GB/T 35778—2017《企业标准化工作 指南》等系列标准进行培训，结合公司实际情况建立了《企业标准体系结构图》和《企业标准体系明细表》。

通过学习，我们了解到技术标准是企业标准体系的主要组成部分，是公司组织生产、经营和管理的技术依据；管理标准和工作标准是企业标准体系不可分割的配套组成部分，以制定工作标准为出发点，确保技术标准和管理标准的贯彻执行，满足生产经营需要，增强企业的综合竞争能力。

2. 标准化信息管理。

（1）明确标准化信息范围。

公司确定标准化信息范围包括企业生产、销售、研发、贸易等方面有效的各种标准版本；国内外有关标准化期刊、出版物、专著等；国家和地方有关标准化的法律、法规、规章和规范性文件；有关的国家标准、行业标准、地方标准、国际标准、国外先进标准，以及国内外技术性法规的中、外文本和其他与公司有关的标准化信息。

（2）规范标准化信息收集渠道及信息化管理。

以各标准室为中心，各部门、分支机构配合，专、兼职标准员负责标准化信息的收集和反馈标准。各标准室负责标准化信息的收集、汇总、整理、传递和使用等系列活动的管理。

（3）公司建立从上而下的标准化管理网络，让标准化工作直接深入到基层。

当然，在这个过程中，我们也遇到了一些阻力，但我们通过各种方式和方法保证了标准化工作的顺利推进，在企业日常管理中真正做到了“有法可依，有章可循，有据可查，有责必问，有错必纠，有洞必补”，各项工作的开展摆脱了简单的行政命令，靠标准规定的流程开展工作，真正实现了企业从人治到法治的转变。

经过近一年来的标准化管理，公司的产品质量、管理水平都得到了明显的提高，相比2019年，经济效益，社会效益，产品知名度、市场占有率也取得了一定幅度的提高。

三、企业标准体系建设和运行情况

1. 企业标准体系构建

（1）企业标准体系构建规划。

公司十分注重标准化工作，制定了《企业标准化管理办法》，同时进一步理顺质量、环境和职业健康安全等各管理体系的关系，将质量、环境和职业健康安全等各管理体系和规章制度纳入企业标准体系中，做到协调、统一和简化、优化，建立了一套完整的企业标准体系。《企业标准化管理办法》已通过公司标准化领导小组审定并发布。

遵循PDCA方法构建企业标准体系、运行和评价；以本企业战略为导向，分析需求，策划企业标准体系，根据分析结果形成了企业标准体系构建规划；体系内所有标准完整、协调，满足相关方需求；标准体系层次清晰，结构合理，边界清楚，接口顺畅，构成了有机的整体，并根据内外部环境变化适时调整。我们还定期开展企业标准体系评价工作，确保体系持续有效。

公司在对原有企业制度、工艺流程和岗位职责、作业指导书的基础上进行科学整理，使杂乱的管理制度、文件得到了系统的梳理，明确了管理要求和岗位职责。并在结合质量管理体系的基础上，建立了公司的企业标准体系。

截至2020年12月31日，公司制定、采用的技术标准216项、管理标准94项、工作标准106项，其中产品标准12项，采购技术标准6项，工艺技术标准13项，测量、检验、试验方法及检测设备技术标准30项，现行有效的企业标准5项，并在“企业标准信息公共服务平台”上进行公示。

企业标准体系实施以来，通过改进整合，增加了6项技术标准、5项管理标准和8项工作标准，更新法律法规40项。

（2）企业标准化方针、目标、任务。

2018年确定的企业标准化方针：科技领先，规范管理制度，诚信守约，不断改革创新。

标准化管理目标、任务：建立健全企业标准体系，力争2020年达到4A要求；

技术标准覆盖率100%；管理标准覆盖率100%；工作标准覆盖率100%；自我评价纠正措施验证合格率100%。

按照企业标准化良好行为要求，确定应对风险和机遇的措施，制定了包括板材、地板、强化复合地板等产品标准，形成了完善的产品保障标准体系。通过企业标准体系的运行，为企业节约原材料和能源、稳定和提高产品质量、提高企业技术水平起到了积极作用，充分发挥了企业的整体优化效应和系统功能。

（3）近3年发布的部分企业标准见表1。

表1　肯帝亚木业公司近3年发布的部分企业标准

序号	标准名称	标准号
1	《超级地板》	Q/321181 KDY 001—2016
2	《内置发热实木复合地板》	Q/321181 KDY 001—2017
3	《木质材料导热系数的测定方法热线法》	Q/321181 KDY 002—2017
4	《浸渍纸层压木质地板》	Q/321181 KDY 003—2019
5	《防火防水生物质地板》	Q/321181 KDY 004—2019

2. 企业标准体系的实施

（1）明确标准体系运行实施方案。

根据企业标准化管理要求，依据GB/T 15496—2017、GB/T 15497—2017、GB/T 15498—2017、GB/T 35778—2017和GB/T 19273—2017等国家标准的要求，开展企业标准化工作，构建了企业标准体系，开展标准化良好行为企业项目创建，进一步提升企业标准化管理水平，结合公司实际情况，制定标准体系运行实施方案，明确企业标准体系运行实施内容、保障措施、体系培训、目标要求及时间安排等内容要求。

（2）实施标准化良好企业推进工作计划。

通过学习标准及评分指标，制定技术标准体系、管理标准体系、工作标准体系清单，完善相应编号规则，制定标准员需补充编制、购买及整理汇编的标准计划。完善记录文件。自我评价，纠正预防和持续改进。

（3）检查落实。

依据标准体系要求，公司通过日常经营管理活动中的自查以及外部第三方机构的监督检查。

监督检查的内容包括了企业标准化要求的已实施的标准贯彻执行情况；企业标准体系中技术标准、管理标准和工作标准体系贯彻执行情况；企业研制开发新产品、新产品工艺、技术改造、设备引进是否符合标准化法律、法规、规章和强制性标准的要求等。

建立了监督检查的管理体制和监督检查的方式，通过标准体系检查记录表和标准实施监督检查记录表，进行检查，不断完善。

四、企业参与标准化活动

截至2020年12月，公司参与制修订国家标准7项、行业标准6项、团体标准5项，见表2。

表 2　肯帝亚木业公司参与制修订国家标准、行业标准、团体标准清单

序号	标准号	标准名称	备注
1	GB/T 18102—2007	《浸渍纸层压木质地板》	国家标准
2	GB/T 18103—2013	《实木复合地板》	国家标准
3	GB/T 20238—2006	《木质地板铺装、验收和使用规范》	国家标准
4	GB/T 9846—2015	《普通胶合板》	国家标准
5	GB/T 17657—2013	《人造板及饰面人造板理化性能测试方法》	国家标准
6	GB/T 24599—2009	《室内木质地板配套材料》	国家标准
7	GB/Z 38546—2020	《精准扶贫 人造板（刨花板）产业项目运营管理规范》	国家标准
8	LY/T 1858—2009	《涂饰浸渍纸层压木质地板》	行业标准
9	LY/T 1859—2009	《仿古木质地板》	行业标准
10	LY/T 1739—2008	《装饰单板层压木质地板》	行业标准
11	LY/T 1986—2011	《直接印刷木质地板》	行业标准
12	LY/T 1738—2008	《实木复合地板用胶合板》	行业标准
13	LY/T 2716—2016	《聚氯乙烯片材饰面复合地板》	行业标准
14	T/CADBM 1—2018	《聚氯乙烯锁扣地板》	团体标准
15	T/CADBM 11—2019	《儿童活动场所用弹性地板》	团体标准
16	T/CNFPIA 3004—2019	《石木塑地板》	团体标准
17	T/CADBM 20—2019	《弹性地板技术规程》	团体标准
18	T/CSUS 03—2020	《石木塑地板应用技术规程》	团体标准

五、企业标准化工作成果以及获奖情况

肯帝亚木业公司获得“国家高新技术企业”“中国名牌”“出口免验企业”“江苏省省长质量奖”等荣誉，并坚持与国内外知名院校、科研机构合作，始终保持技术优势。截至 2020 年，集团专利数量累计突破 200 项，地板类专利数量位居行业前列。肯帝亚产品现已通过包括“Floorscore”认证在内多项国际权威认证，2020 年通过了标准化良好行为 AAAA 级专家评审；

公司通过了 ISO9001 质量管理、ISO14001 环境管理体系认证。标准体系通过改进整合，自标准化体系运行以来，企业标准体系还将不断完善。

通过近几年的标准化工作开展，各项工作均取得了明显的效果，节约了原材料，提高了生产效率和管理水平，降低了生产成本。

六、企业标准化工作经验总结

开展企业标准化工作，为企业创造了不错的效益，进一步完善并规范相应检验标准（原材料质量验收标准、生产过程质量检验标准、成品质量检验标准等），促进和带动了公司各项工作，经济效益明显提高。

企业标准化工作是一项统筹规划、全员参与的工作，要做好这项工作，经验如下：

（1）公司领导高度重视、精心谋划。

（2）加强标准化宣传和培训，提升企业标准化意识和标准执行能力。

（3）建立科学合理的企业标准体系结构，规划好企业标准化蓝图，并全面运行和落实标准体系，使企业标准体系在各部门都得到有效的实施。

（4）监督检验企业各部门标准化工作情况，确保有效实施标准；定期进行自我评价，全面对部门标准实施情况进行检查。

专栏 6-12

木材工业企业标准化工作先进典型案例

——天格地板有限公司

一、企业简介

天格地板有限公司（以下简称天格）创立于 1993 年，品牌总部位于上海虹桥，在浙江湖州、湖南长沙、江苏宿迁设有制造基地，员工超过 1200 人，其中专业研发、技术服务人员超过 340 人。

20 多年来，天格始终致力于实木地板技术的研发与创新，特别是在能应用于地暖环境的高稳定、高品质实木地板方面，具有技术引领的行业地位。截至目前，天格共获得了近百项中国与国际专利，并积极投身实木地板技术标准的制定工作之中：在行业领域，天格是“林业产业标准化国家创新联盟”发起单位、“全国木材标准化技术委员会”单位委员以及“全国人造板标准化技术委员会”单位委员；在标准成果的贡献层面，除负责起草/参与起草多个国家与团体标准外，天格更是 GB/T 35913—2018《地采暖用实木地板技术要求》的第一负责起草单位，为填补地暖实木地板在国际与国内上的标准空白作出了重要贡献。

天格始终以专业、创新和开放的理念引领行业进步：1995 年，在业内率先自主设计制造了 PU 自动化淋漆涂装生产线，并于 1996 年获得国家专利；1997 年，为全面淘汰低技术层次的素板，天格将获得的 UV 淋涂专利技术向行业开放，推动了中国实木地板制造技术第一次重大升级；2000 年，在历时 3 年的研发努力后，天格成功发明基于榫卯结构的——“虎口榫”实木锁扣技术，并在随后获得国家专利；2002 年，天格设计制造出全自动实木地板槽口封蜡机，同年天格榫卯结构实木地板在数百小时的地暖环境测试中，被证明适用于室内地暖环境，地暖实木地板品类就此诞生；其后天格专注于这一品类，地暖实木地板中国销量保持年年领先；2008 年，天格成为中国地暖实木地板行业标准的起草单位；2010 年，天格产品成为世博会远大馆选用地面材料，推动了地暖实木地板在国内普及；2011 年，推出《地暖实木地板系统解决方案》，在国家林业局获专家鉴定组技术评审：天格产品达到国际先进水平；2017 年，天格相关发明荣获中国专利领域唯一的政府部门奖——第十九届中国专利优秀奖；2019 年 12 月，天格地采暖用实木地板（锁扣型）荣获国家林业和草原局、中国农林水利气象工会全国委员会颁发的“第四届中国林业产业创新奖”证书，天格创始人刘彬彬董事长同时荣获“第四届中国林业产业突出贡献奖”荣誉证书。2020 年 8 月，天格荣获中国林业产业联合会、中国林产工业协会颁发的创新“一等奖”荣誉称号。2018—2019 年，天格先后成为中国林产工业协会团体标准 T/CNFPIA 3003—2018《地采暖用实木地板及其铺装验收使用规范》和浙江制造标准 T/ZZB 0946—2019《地采暖用实木地板》的第一起草单位。在积极研发创新、负责/参与标准制定的同时，天格也在新品开发、响应用户需求方面作出了自己的贡献：2007 年，推出锁扣结构的实木拼花地板；2013 年，推出低碳节材的欧标实木地板产品；2019 年，推出锁扣结构的实木鱼骨拼地板；2020 年，再次发布新实木地板产品，大幅提高了实木地板的稳定性、防水性和耐磨性能，推行“墙、地、顶一体化”战略，将实木地板的应用场景扩展到厨房、卫生间和阳台等全屋各个区域，真正实现了全环境的应用。

目前，天格集设计研发、生产制造、销售、安装服务为一体，先后通过了 ISO 9001 质量管理体系、ISO 14001 环境管理体系、OHSAS 18001 职业健康安全管理体系认证、绿色产品认证、浙江制造认证、五星售后服务认证、CFCC、FSC、CE、FLOORSCORE 等多项认证。销售服务网络覆盖全国，并出口 20 多个国家和地区。公司创办的“匠心学院”，多年来不仅为公司培训了数千人次的内部人才、终端服务人才及安装服务工程师，也大幅提高了行业服务的平均水准。为此，天格自 2017 年以来一直都是东方卫视《梦想改造家》栏目的设计师合作地板品牌，将与全球众多优秀设计师和合作伙伴一起，积极推动高品质实木地板的普及与应用，持续提升实木地板技术标准和工业设计的进步，以帮助全球更多家庭实现美好生活梦想。

天格以“提高人类的居住品质”为使命，坚守“专注、匠心、尊重”的企业核心价值观，贯彻“家庭般的温暖、学校办的教育、军队般的执行力”管理理念，以“品质为根、诚信为本”的宗旨，来实现“持续成为全球高品质木地板制造基地和品牌之一”的伟大愿景。

二、企业标准化机构、人员与信息管理

1. 企业标准化机构、人员

标准是公司组织生产经营活动的依据。在公司范围内需要协调、统一的技术要求、管理要求和工作要求，制定企业标准，建立起以产品标准和制造工艺标准为主，包括产品开发、制造工艺技术和科学管理的技术标准体系，可以促进技术进步，提高经济效益。

设立机构，明确职责和流程：公司设立了以总经理为主任委员，各部门负责人参加的标准化管理委员会，并设立办公室。管理委员会负责标准化重大问题的讨论、审批和决策。办公室负责统一管理公司的所有标准化工作。各职能部门和生产部门设立兼职标准化人员，负责本部门的标准化工作，业务上受标准化管理委员会的领导。制定了相关岗位人员的职责以及各类管理标准、技术标准的制定和发布分工的流程。为了提高标准化人员的专业水平，公司分批次组织人员外出培训，为更好地开展标准化工作，提供了有力的保障。

2. 标准化信息管理

天格严格遵守修订后的《中华人民共和国标准化法》，公司制订并实施企业标准自我声明公开和监督制度。在相应的平台公布了企业的基本信息、标准信息、产品信息、时间和地点信息，切实履行企业的社会责任。

公司标准化委员会每年定期组织对标准化和程序文件进行评审，对不适合公司管理、技术创新等文件进行修订，使之更好地为公司的生产经营服务。

三、企业标准体系建设和运行情况

1. 企业标准体系构建

天格28年的地板生产历程，从开始注重以技术标准为主体的标准体系，到随后通过的各项体系认证，随着企业的发展，公司人才的引进、经验的积累，再在此基础上参与、自主创新制定各类标准、创立自己的标准体系。

共同协作，完善各类标准体系：以技术为核心，健全技术标准体系。公司针对不同的产品建立了的相应工艺标准，并完善了原材料、辅料、半成品、成品的检验和验收的标准；检验方法；建立相关的安装操作规程；设备保养规范；作业指导书；检验规程。“三分地板，七分安装”，为了让用户有更好的体验，对地板的售前、售中、售后制定了相应的服务规范，并纳入技术标准体系。

以管理为载体，完善管理标准体系：在各项管理标准制定过程中，结合公司技术标准体系要求，对三体系的手册、程序文件和支持文件；相关管理制度、规定等进行整合。完善相关管理流程，在标准体系中引用流程管理理论、方法和技术，创新采用标准手段，吸取日本的精细化管理、德国的匠心精神，结合公司的实际情况，建立适合公司管理实际、基于流程、覆盖全面、纵横协同、保障有力的现代化管理标准体系。建立的管理体系并实施的有：T5321匠心管理体系、“天伦八步法”雷达解析图、TPM360活动体系、PM3573管理体系、客服中心T15靶向管理体系、营销中心T157管理体系等，涉及公司管理的方方面面，工作有标准，落地有措施，使天格的发展道路迈向正轨。

以工作为切入点，建立工作标准体系：根据不同岗位，制定了不同的工作标准，一切以客户为中心，规范了管理行为和工作行为，做到工作内容不交叉，各负其责，互相支持，明确工作效率和服务要求。每个岗位的工作标准也规定了职责、权限、资格要求、工作内容与要求、考核。

作为地暖实木地板的发明者，天格从 2002 年问世以来，在没有相关国家及行业相关产品标准的情况下，就已按规范要求自行制定了相应的企业标准 Q/LG01《地暖实木地板》，并已经过五次修订。2018 年，天格为主体编制了《中国地暖实木地板消费指南》，将地暖实木地板的工艺、标准、流程等对消费者、同行等进行公开，为行业做出自己应有的贡献。

2020 年针对推出新实木地板产品按制定了企业标准 Q/LG 02—2020《新实木复合地板》。

2. 企业标准体系的贯彻和实施

加强培训学习，提高标准化工作水平：为使全体员工充分认识到标准化工作的重要性，提高标准化管理水平和标准化相关人员的自身素质和业务水平，促使员工在生产、经营活动中自觉按标准去规范行为，保证各项标准持之以恒地在不断改进中得到完善。定期组织对标准化人员的培训，使他们熟悉国家相关标准化法律、法规、方针、政策，了解标准化的基本知识，熟练掌握管辖范围内的技术标准、管理标准和工作标准，并能贯彻和运用。定期对一般管理人员和现场工作人员进行培训，使他们熟悉并能够熟练运用与本职工作有关的技术标准、管理标准和工作标准。

公司目前主要贯彻和实施的企业标准是：Q/LG 01—2019《地暖实木地板》Q/LG 02—2020《新实木复合地板》。

四、企业参与标准化活动

天格是全国人造板标准化技术委员会、全国木材标准化技术委员会单位委员，公司积极承担或参与国家标准、行业标准、团体标准的制定工作，公司共参与制修订国家标准、团体标准 25 项。

1. 企业参与国家标准、行业标准和地方标准制修订情况

GB/T 35913—2018《地采暖用实木地板技术要求》（负责起草单位）

GB/T 31745—2015《高耐磨地板》（主要起草单位）

GB/T 15036.1—2018《实木地板 第一部分：技术要求》（主要起草单位）

GB/T 15036.2—2018《实木地板 第二部分：检验方法》（主要起草单位）

LY/T 1703—2020《实木地板生产综合能耗》（主要起草单位）

2. 企业参与团体标准情况

T/CNFPIA 3003—2018《地采暖用实木地板及其铺装验收使用规范》（第一起草单位）

T/ZZB 0946—2019《地采暖用实木地板》（负责起草单位）

五、企业标准化工作成果以及获奖情况

公司推行标准化、也受益于标准化，公司的管理水平得到了极大提升，也取得可观的效益。2018 年被国家林业和草原局、国家标准化管理委员会评为“国家林业标准化示范企业”，2020 年被评为“第一届林业产业标准化国家创新联盟标准工作先进单位”“浙江省林业产业先进集体”。

六、企业标准化工作经验总结

（1）建立健全企业标准体系，筑牢企业标准化管理基础，推进企业高质量发展。

标准化是企业质量管理体系、环境管理体系、职业健康安全管理体系建立和运行的重要基础。健全企业标准体系，是建立结构合理、配套完善、满足公司发展需要的管理体系的重要组成部分，是企业标准化管理的重要基础，可有效推动企业标准化，可有力推进企业高质量发展。

（2）加强企业标准化动态管理，不断修订标准技术内容，保证企业技术优势。

企业标准化是一项长期性的工作，是一个动态的过程，需要不断完善和提高，各项标准、指标要随内外部客观环境的不断变化，因此，要根据产业和产品技术发展，及时制修订产品标准，保持标准的先进性，保证企业在行业的技术领先地位。

（3）持续推进标准化，可有效提升促进企业管理水平和管理效率。

不断强化实施企业标准化管理，规范公司管理行为，可让管理更高效、质量更可靠、服务更规范、客户更满意、员工更快乐、企业的发展更快更稳。

参考文献

[1] 中华人民共和国国家质量监督检验检疫总局、国家标准化管理委员会．企业标准化工作 指南：GB/T 35778—2017 [S]．北京：中国标准出版社，2017.

[2] 中华人民共和国国家质量监督检验检疫总局、国家标准化管理委员会．企业标准体系 要求：GB/T 15496—2017 [S]．北京：中国标准出版社，2017.

[3] 中华人民共和国国家质量监督检验检疫总局、国家标准化管理委员会．企业标准体系 产品实现：GB/T 15497—2017 [S]．北京：中国标准出版社，2017.

[4] 中华人民共和国国家质量监督检验检疫总局、国家标准化管理委员会．企业标准体系 基础保障：GB/T 15498—2017 [S]．北京：中国标准出版社，2017.

[5] 中华人民共和国国家质量监督检验检疫总局、国家标准化管理委员会．企业标准化工作 评价与改进：GB/T 19273—2017 [S]．北京：中国标准出版社，2017.

[6] 国家市场监督管理总局、国家标准化管理委员会．企业标准体系表编制指南：GB/T 13017—2018 [S]．北京：中国标准出版社，2018.

[7] 国家标准化管理委员会．企业标准体系实施指南 [M]．北京：中国标准出版社，2003.

[8] 国家标准化管理委员会．标准化良好行为活动实施指南 [M]．北京：中国标准出版社，2006.

[9] 上海市标准化研究院等．标准化实用教程 [M]．北京：中国质检出版社，2011.

[10] 高圣平，马志雄 主编．石油工业标准化工作手册 [M]．石油工业出版社，2010

[11] 岳高峰，薛强，王志强著．企业标准化指南 [M]．北京：中国人民大学出版社，2021

[12] 韩全卫．企业参与标准起草的十大作用 [J]．机械工业标准化与质量，2016 (10)：42-43.

标准编写篇

第七章　标准编写基本要求

第一节　概　　述

标准是一种特殊的文件，在技术内容和表达方式（包括标准的结构、体裁、章条编号、文字叙述等）上均应符合一定的规定。标准的质量决定产品和技术的质量，而标准的质量是由内容和形式两个方面来体现的。标准内容要体现符合法律法规、技术先进、经济合理等要求，标准形式则应能准确地、简明地表达标准的内容。

一、标准编写应遵循的基本要求

为了提高文件的适用性和应用效率，确保文件的及时发布，在标准编写方面应遵循的基础性标准包括GB/T 1.1—2020《标准化工作导则 第1部分：标准化文件的结构和起草规则》、GB/T 1.2—2020《标准化工作导则 第2部分：以ISO/IEC标准化文件为基础的标准化文件起草规则》、GB/T 20000标准化工作指南系列标准。不同功能类型标准编制应符合GB/T 20001系列标准相应部分的规定，具体见该标准附录1。标准中特定内容的起草，如涉及环境的内容、涉及安全的内容，应符合GB/T 20002系列标准的要求。涉及专利的标准应符合GB/T 20003.1—2014《标准制定的特殊程序 第1部分：涉及专利的标准》的规定。

标准中不应规定诸如索赔、担保、费用结算等合同要求，也不应规定诸如行政管理措施、法律责任、罚则等法律法规要求。

二、目标和原则

GB/T l.1—2020《标准化工作导则 第1部分：标准化文件的结构和起草规则》第5章规定了起草标准的目标、原则和要求，各类标准的编写均需要遵守这个标准的规定，下面介绍GB/T l.1—2020的有关规定：

（一）目标和总体原则

编制标准化文件（以下简称“文件”，新的GB/T 1.1—2020将原来的“标准”统一改为“文件”）的目标是通过规定清楚、准确和无歧义的条款，使得文件能够为未来技术发展提供框架，并被未参加文件编制的专业人员所理解且易于应用，从而促进贸易、交流以及技术合作。

为了达到上述目标，起草文件时宜遵守以下总体原则：充分考虑最新技术水平和当前市场情况，认真分析所涉及领域的标准化需求；在准确把握标准化对象、文件使用者和文件编制目的的基础上，明确文件的类别和（或）功能类型，选择和确定文件的规范性要素，合理设置和编写文件的层次和要素，准确表达文件的技术内容。

（二）文件编制成整体或分为部分的原则

（1）针对一个标准化对象通常宜编制成一个无需细分的整体文件，在特殊情况下可分为若干部分的文件。下列情况下，针对一个标准化对象可能需要编制成若干部分：

① 文件篇幅过长。

② 文件使用者需求不同，例如生产方、供应方、采购方、检测机构、认证机构、立法机构、管理

机构等。

③ 文件编制目的不同，例如，保证可用性，便于接口、互换、兼容或相互配合，利于品种控制，保障健康、安全，保护环境或促进资源合理利用，以及促进相互理解和交流等。

（2）适用于范围广泛的通用标准化对象的内容宜编制成一个整体文件；适用于范围较窄的标准化对象的通用内容宜编制成分为若干部分的文件的通用部分；适用于范围单一的标准化对象的具体内容不宜编制成一个整体文件或分为若干部分的文件的某个部分，仅适于编写成文件中的相关要素。

例如，对于试验方法，适用于广泛的产品，编制成试验标准；适用于某类产品，编制成分为若干部分的文件的试验方法部分；适用于某产品的具体特性的测试，编写成产品标准中的"试验方法"要素。

（3）在开始起草文件之前宜考虑并确立文件拟分为部分的原因以及各部分之间的关系，以及预期的每个部分的名称和范围。

（三）规范性要素的选择原则

1. 标准化对象原则

标准化对象原则是指起草文件时需要考虑标准化对象或领域的相关内容，以便确认标准化对象是产品、系统、过程或服务，还是与某领域相关的内容；是完整的标准化对象，还是标准化对象的某个方面，从而确保规范性要素中的内容与标准化对象或领域紧密相关。标准化对象决定着起草的标准的对象类别，它直接影响文件的规范性要素的构成及其技术内容的选取。

2. 文件使用者原则

文件使用者原则是指起草文件时需要考虑文件使用者，以便确认文件针对的是哪一方面的使用者，他们关注的是结果还是过程，从而保证规范性要素中的内容是特定使用者所需要的。文件使用者不同，会对将文件确定为规范标准、规程标准或试验标准产生影响，进而文件的规范性要素的构成及其内容的选取就会不同。

3. 目的导向原则

目的导向原则是指起草文件时需要考虑文件编制目的，并以确认的编制目的为导向，对标准化对象进行功能分析，识别出文件中拟标准化的内容或特性，从而确保规范性要素中的内容是为了实现编制目的而选取的。文件编制目的决定着标准的目的类别，即基础标准、技术标准、卫生标准、安全标准、环保标准等。编制目的不同，规范性要素中需要标准化的内容或特性就不同；编制目的越多，选取的内容或特性就越多。

文件编制目的，如果是促进相互理解，形成标准的目的类别为基础标准；如果是保证可用性、互换性、兼容性、相互配合或品种控制的目的，形成标准的目的类别为技术标准；如果是保障健康、安全，保护环境，形成标准的目的类别为卫生标准、安全标准、环保标准。

以促进相互理解为目的编制的基础标准包括了术语标准、符号标准、分类标准和试验标准等功能类型；以其他目的编制的标准包括了规范标准、规程标准和指南标准等功能类型。

（四）文件的表述原则

1. 一致性原则

每个文件内或分为部分的文件各部分之间，其结构以及要素的表述宜保持一致，为此：

（1）相同的条款宜使用相同的用语，类似的条款宜使用类似的用语；

（2）同一个概念宜使用同一个术语，避免使用同义词；

（3）相似内容的要素的标题和编号宜尽可能相同。

一致性对于帮助文件使用者理解文件（特别是分为部分的文件）的内容尤其重要，对于使用自动文本处理技术以及计算机辅助翻译也同样重要。

2. 协调性原则

起草的文件与现行有效的文件之间宜相互协调，避免重复和不必要的差异，为此：

（1）针对一个标准化对象的规定宜尽可能集中在一个文件中。

（2）通用的内容宜规定在一个文件中，形成通用标准或通用部分。

（3）文件的起草宜遵守基础标准和领域内通用标准的规定，如有适用的国际文件宜尽可能采用。

（4）需要使用文件自身其他位置的内容或其他文件中的内容时，宜采取引用或提示的表述形式。

3. 易用性原则

文件内容的表述宜便于直接应用，并且易于被其他文件引用或剪裁使用。

第二节　标准的结构

标准的结构是标准各组成部分的总体布局和全部内容的具体安排，是保证标准完整的重要手段。标准结构的编写，要符合 GB/T 1.1—2020 的规定，具体如下。

一、标准的层次

按照文件内容的从属关系，可以将标准分为若干个层次。文件可能具有的层次见表 7-1。

表 7-1　层次及其编号

层次	编号示例
部分	××××.1
章	5
条	5.1
条	5.1.1
段	[无编号]
列项	列项符号："—"和"·"；列项编号：a)、b) 和 1)、2)

二、要素

（一）要素的分类

标准由各类要素构成。一项标准的要素可按下列方式进行分类：

1. 按要素所起的作用

（1）资料性要素。

（2）规范性要素。

2. 按要素存在的状态划分

（1）必备要素。

（2）可选要素。

（二）要素的构成和表述

要素的内容由条款和（或）附加信息构成。规范性要素主要由条款构成，还可包括少量附加信息；资料性要素由附加信息构成。

构成要素的条款或附加信息通常的表述形式为条文。当需要使用文件自身其他位置的内容或其他文件中的内容时，可在文件中采取引用或提示的表述形式。为了便于文件结构的安排和内容的理解，有些条文需要采取附录、图、表、数学公式等表述形式。

表 7-2 中界定了文件中要素的类别及其构成，给出了要素允许的表述形式。

表 7-2　文件中各要素的类别、构成及表述形式

要素	要素的类别		要素的构成	要素所允许的表述形式
	必备或可选	规范性或资料性		
封面	必备	资料性	附加信息	标明文件信息
目次	可选			列表（自动生成的内容）
前言	必备			条文、注、脚注、指明附录
引言	可选			条文、图、表、数学公式、注、脚注、指明附录
范围	必备	规范性	条款、附加信息	条文、表、注、脚注
规范性引用文件	必备/可选	资料性	附加信息	清单、注、脚注
术语和定义	必备/可选	规范性	条款、附加信息	条文、图、数学公式、示例、注、引用、提示
符号和缩略语	可选	规范性	条款、附加信息	条文、图、表、数学公式、示例、注、脚注、引用、提示、指明附录
分类和编码/系统构成	可选			
总体原则和/或总体要求	可选			
核心技术要素	必备			
其他技术要素	可选			
参考文献	可选	资料性	附加信息	清单：脚注
索引	可选			列表（自动生成的内容）

（三）要素的选择

规范性要素中范围、术语和定义、核心技术要素是必备要素，其他是可选要素，其中术语和定义内容的有无可根据具体情况进行选择。不同功能类型标准具有不同的核心技术要素。规范性要素中的可选要素可根据所起草文件的具体情况选取，或者进行合并或拆分，要素的标题也可调整，还可设置其他技术要素。

资料性要素中的封面、前言、规范性引用文件是必备要素，其他是可选要素，其中规范性引用文件内容的有无可根据具体情况进行选择。资料性要素在文件中的位置、先后顺序以及标题均应与表 7-2 所呈现的相一致。

第三节　标准要素的编写

标准要素的编写，要符合 GB/T 1.1—2020 的规定，具体如下。

一、封面

封面这一要素用来给出标明文件的信息。在封面中应标明以下必备信息。

（一）分类号、备案号

1. 国际标准文献分类号（ICS 号）

国家标准、行业标准应标注国际标准文献分类号。

2. 中国标准文献分类号（CCS）

应给出一级类目和二级类目编号。

3. 备案号

行业标准、地方标准应注明备案号。

（二）标准的层次或类别

标准的层次或类别分别为：中华人民共和国国家标准（如“中华人民共和国国家标准”“中华人民共和国国家标准化指导性技术文件”等字样）（GB）、中华人民共和国林业行业标准（LY）、××××（地方名称）地方标准（DB××）、团体标准（T）、企业标准（Q/×××）。

（三）标准的编号和代替标准编号

1. 标准的编号

由标准代号〔国家标准（GB）、林业行业标准（LY）、地方标准（DB××/）、企业标准（Q/×××）〕、标准顺序号、标准年号（4 位）组成。如果等同采用了国际标准（不包括国外先进标准），应给出国际标准的标准编号（含代号、顺序号、年号）。

2. 代替标准编号

如果标准代替了某个或几个标准，封面应给出被代替标准的编号，仅限于在同级标准中使用。当被代替文件较多时，被代替文件编号不应超过一行。

如果在封面中不能用一行给出所有被代替文件的编号，那么在前言中说明文件代替其他文件的情况时给出。

（四）标准名称

封面应标明标准名称。国家标准、行业标准、地方标准、团体标准等的封面还应标明文件名称的英文译名。

（五）与国际标准一致性程度的标识

如果标准与国际文件的一致性程度为等同、修改或非等效，还应按照 GB/T 1.2—2020《标准化工作导则 第 2 部分：以 ISO/IEC 标准化文件为基础的标准化文件起草规则》的规定在封面上给出一致性程度标识。当所制定的标准有对应的国际标准（不包括国外先进标准）时，应在封面的标准英文名称之下标明与国际标准一致性程度的标识。一致性程度的标识由对应的国际标准编号、国际标准名称（使用英文）、一致性程度代号等内容组成。如我国标准的英文名称与国际标准名称相同时，则可以省略国际标准名称。

（六）专利信息

征求意见稿和送审稿的封面显著位置，应按照 GB/T 1.1—2020 的 D.1 的规定给出征集文件是否涉及专利的信息。

（七）标准的发布信息

包括标准的发布及实施日期、标准的发布机构。

二、目次

目次用来呈现文件的结构。为了方便查阅文件内容，通常有必要设置目次。目次所列的各项内容和顺序如下：

（1）前言；

（2）引言；

（3）章编号和标题；

（4）条编号和标题（需要时列出）；

（5）附录编号、“（规范性）”/“（资料性）”和标题；

（6）附录条编号和标题（需要时列出）；

（7）参考文献；

（8）索引；

（9）图编号和图题（含附录中的）（需要时列出）；

(10) 正文和附录中的表编号和表题(含附录中的)(需要时列出)。

上述各项内容后还应给出其所在的页码。目次不应列出“术语和定义”一章中的术语。电子文本的目次应自动生成。

三、前言

前言这一要素用来给出诸如文件起草依据的其他文件、与其他文件的关系和编制、起草者的基本信息等文件自身内容之外的信息。前言不应包含要求、指示、推荐或允许型条款,也不应使用图、表或数学公式等表述形式。前言不应给出章编号且不分条。

根据具体情况,在前言中应依次给出下列适当的内容:

1. 文件起草所依据的标准

具体表述为“本文件按照 GB/T 1.1—2020《标准化工作导则 第 1 部分:标准化文件的结构和起草规则》的规定起草。”

2. 文件与其他文件的关系

需要说明以下两方面的内容:

(1) 与其他标准的关系;

(2) 分为部分的文件的每个部分说明其所属的部分并列出所有已经发布的部分的名称。

3. 文件与代替文件的关系

需要说明以下两方面的内容:

(1) 给出被代替、废止的所有文件的编号和名称。

(2) 列出与前一版本相比的主要技术变化。

4. 文件与国际文件关系的说明

GB/T 1.2—2020 中规定了与国际文件存在着一致性对应关系的我国文件在前言中陈述的相关信息。

5. 有关专利的说明

如果编制过程中没有识别出文件的内容涉及专利,那么文件的前言中应给出以下内容:“请注意本文件的某些内容可能涉及专利。本文件的发布机构不承担识别专利的责任”。

6. 文件的提出信息(可省略)和归口信息

对于由全国专业标准化技术委员会提出或归口的文件,应在相应技术委员会名称之后给出其国内代号,使用下列适当的表述形式:

(1)“本文件由全国××××标准化技术委员会(SAC/TC ×××)提出。”

(2)“本文件由××××提出。”

(3)“本文件由全国××××标准化技术委员会(SAC/TC ×××)归口。”

(4)“本文件由××××归口。”

7. 文件的起草单位和主要起草人

使用下列表述形式:

(1)“本文件起草单位:……”

(2)“本文件主要起草人:……”

四、引言

引言这一要素用来说明与文件自身内容相关的信息,不应包含要求型条款。分为部分的文件的每个部分,或者文件的某些内容涉及了专利,均应设置引言。引言不应给出章编号。当引言的内容需要分条,应仅对条编号,编 0.1,0.2 等。

在引言中通常给出下列背景信息:

(1) 编制该文件的原因、编制目的、分为部分的原因以及各部分之间关系等事项的说明;

（2）文件技术内容的特殊信息或说明。如果编制过程中已经识别出文件的某些内容涉及专利，那么根据具体情况在文件的引言中应说明以下相关内容：

“本文件的发布机构提请注意，声明符合本文件时，可能涉及到……［条］……与……［内容］……相关的专利的使用。

“本文件的发布机构对于该专利的真实性、有效性和范围无任何立场。

“该专利持有人已向本文件的发布机构承诺，他愿意同任何申请人在合理且无歧视的条款和条件下，就专利授权许可进行谈判。该专利持有人的声明已在本文件的发布机构备案。相关信息可以通过以下联系方式获得：

“专利持有人姓名：……

“地址：……

“请注意除上述专利外，本文件的某些内容仍可能涉及专利。本文件的发布机构不承担识别专利的责任。”

五、标准名称

标准名称应简短、明确地反映标准化对象或标准的主题，不能与标准内容不符。标准名称不应涉及不必要的细节，必要的补充说明应在范围中给出。

（一）中文名称

最多包括三个要素，即引导要素、主体要素、补充要素。主体要素是必备要素，其余是可选要素。

1. 引导要素（可选）

表示标准所属的领域（可使用该标准的归口标准化技术委员会的名称）。

2. 主体要素（必备）

表示上述领域内标准所涉及的主要对象。

3. 补充要素（可选）

表示上述主要对象的特定方面，或给出区分该标准（或该部分）与其他标准（或其他部分）的细节。

（二）英文名称

（1）应尽量从相应国际标准的名称中选取，避免直译标准的中文名称。在采用国际标准时，应直接采用原标准的英文名称。

（2）英文名称采用三段式，每一段头一个单词的头一个字母大写，其余小写。

六、范围

范围这一要素用来界定文件的标准化对象和所覆盖的各个方面，并指文件的适用界限。必要时，范围宜指出那些通常被认为可能覆盖，但实际上并不涉及的内容。分为部分的文件的各个部分，其范围只应界定各自部分的标准化对象和所覆盖的各个方面。适用界限指文件（而不是标准化对象）或标准的使用者。范围的陈述应简洁，以便能作内容提要使用。范围不应包含要求。

范围的陈述应使用下列适当的表述形式：

（1）本文件规定了……的要求/特性/尺寸/指示；

（2）本文件确立……的程序/体系/系统/总体原则；

（3）本文件描述了……的方法/路径；

（4）本文件提供了……的指导/指南/建议；

（5）本文件给出了……的信息/说明；

（6）本文件界定了……的术语/符号/界限；

标准适用界限的陈述应使用下列适当的表述形式：

（1）本文件适用于……；

（2）本文件不适用于……

七、规范性引用文件

规范性引用文件这一要素用来列出文件中规范性引用的文件，由引导语和文件清单构成。该要素应设置为文件的第 2 章，且不应分条。

（一）引导语

规范性引用文件清单应由以下引导语引出：

“下列文件中的内容通过文中的规范性引用而构成本文件必不可少的条款。其中，注日期的引用文件，仅该日期对应的版本适用于本文件；不注日期的引用文件，其最新版本（包括所有的修改单）适用于本文件。”

对于不注日期的引用文件，如果最新版本未包含所引用的内容，那么包含了所引用内容的最后版本适用。

如果不存在规范性引用文件，应在章标题下给出以下说明：“本文件没有规范性引用文件。”

（二）文件清单

文件清单中应列出该文件中规范性引用的每个文件，列出的文件之前不给出序号。根据文件中引用文件的具体情况，文件清单中应选择列出下列相应的内容：

（1）注日期的引用文件，给出“文件代号、顺序号及发布年份号和/或月份号”以及“文件名称”；

（2）不注日期的引用文件，给出“文件代号、顺序号”以及“文件名称”；

（3）不注日期引用文件的所有部分，给出“文件代号、顺序号”和“（所有部分）”以及文件名称中的“引导元素（如果有）和主体元素”；

（4）文件清单中，如列出国际标准、国外标准，应在标准编号后给出标准名称的中文译名，并在其后的圆括号中给出原文名称；

列出非标准类文件的方法应符合 GB/T 7714—2015《信息与文献 参考文献著录规则》的规定。

文件清单中引用文件的排列顺序为：国家标准（含国家标准化指导性技术文件）、行业标准、地方标准（仅适用于地方标准的编写）、国内有关文件、国际 ISO 标准、ISO 有关文件、其他国际标准以及其他国际有关文件。国家标准、国际标准按标准顺序号排列；行业标准、地方标准、其他国际标准先按标准代号的拉丁字母和（或）阿拉伯数字的顺序排列，再按标准顺序号排列。

文件清单不应包含：不能公开获得的文件、资料性引用文件、标准编制过程中参考过的文件。上述文件根据需要可列入参考文献。

八、术语和定义

（一）界定和构成

术语和定义为可选要素，它仅给出为理解标准中某些术语所必需的定义，由引导语和术语条目构成。该要素应设置为文件的第 3 章。为了表示概念的分类，可以细分为条，每条应给出条的标题。

（二）引导语

术语条目应由下述适当的引导语引出：仅仅标准中界定的术语和定义适用时，使用：“下列术语和定义适用于本文件。”

其他文件界定的术语和定义也适用时（例如，在一项分部分的标准中，第 1 部分中界定的术语和定义适用于几个或所有部分），使用：“……界定的以及下列术语和定义适用于本文件。”

仅仅其他文件界定的术语和定义适用时，使用：“……界定的术语和定义适用于本文件。”

如果没有需要界定的术语和定义，应在章标题下给出以下说明：“本文件没有需要界定的术语和定义。”

（三）术语条目

术语条目宜按照概念层级分类和编排，如果无法或无须分类可按术语的汉语拼音字母顺序编排。术语条目的排列顺序由术语的条目编号来明确。条目编号应在章或条编号之后使用下脚点加阿拉伯数字的形式。

每个术语条目应包括四项内容：条目编号、术语、英文对应词、定义，根据需要还可增加其他内容。按照包含的具体内容术语条目中应依次给出：

（1）条目编号；

（2）术语；

（3）英文对应词；

（4）符号；

（5）术语的定义；

（6）概念的其他表述形式（如图、数学公式等）；

（7）示例；

（8）注；

（9）来源等。

其中，符号如果来自于国际权威组织，宜在该符号后同一行的方括号中标出该组织名称或缩略语；图和数学公式是定义的辅助形式；注给出补充术语条目内容的附加信息，例如，与适用于量的单位有关的信息。

术语条目不应编排成表的形式，它的任何内容均不准许插入脚注。

（四）需定义术语的选择

术语和定义这一要素中界定的术语应同时符合下列条件：

（1）文件中至少使用两次；

（2）专业的使用者在不同语境中理解不一致；

（3）尚无定义或需要改写已有定义；

（4）属于文件范围所限定的领域内。

如果文件中使用了文件的范围所限定的领域之外的术语，可在条文的注中说明其含义，不宜界定其他领域的术语和定义。

术语和定义中宜尽可能界定表示一般概念的术语，而不界定表示具体概念的组合术语。例如，当具体概念“自驾游基础设施”等同于“自驾游”和“基础设施”两个一般概念之和时，分别定义术语“自驾游”和“基础设施”即可，不必定义“自驾游基础设施”。

（五）定义

定义的表述宜能在上下文中代替其术语。定义不应采用“用于描述……的术语”或“表示……的术语”的说明性形式；术语也不必在定义中重复，不可采用“[术语]是……”的形式，或“[术语]意指……”的形式，而应直接表述概念。定义一般不应以专指性的词语开始，例如，“这个”“该”“一个”等。

定义宜采取内涵定义的形式，其优选结构为：“定义＝用于区分所定义的概念同其他并列概念间的区别特征＋上位概念”。

定义中如果包含了其所在文件的术语条目中已定义的术语，可在该术语之后的括号中给出对应的条目编号，以便提示参看相应的术语条目。

定义应使用陈述型条款，既不应包含要求型条款，也不应写成要求的形式。附加信息应以示例或注的表述形式给出。

（六）来源

在特殊情况下，如果确有必要抄录其他文件中的少量术语条目，应在抄录的术语条目之下准确地标明来源。当需要改写所抄录的术语条目中的定义时，应在标明来源处予以指明。具体方法为：在方括号中写明“来源：文件编号，条目编号，有修改”。

九、符号和缩略语

符号和缩略语这一要素用来给出为理解文件所必需的、文件中使用的符号和缩略语的说明或定义，由引导语和带有说明的符号和（或）缩略语清单构成。如果需要设置符号或缩略语，宜作为文件的第4章。如果为了反映技术准则，符号需要以特定次序列出，那么该要素可以细分为条，每条应给出条标题。根据编写的需要，该要素可并入“术语和定义”。

（一）引导语

根据列出的符号、缩略语的具体情况，符号和/或缩略语清单应分别由下列适当的引导语引出：

（1）“下列符号适用于本文件。”（如果该要素列出的符号适用时）

（2）“下列缩略语适用于本文件。”（如果该要素列出的缩略语适用时）

（3）“下列符号和缩略语适用于本文件。”（如果该要素列出的符号和缩略语适用时）。

（二）清单和说明

除非为了反映技术准则需要以特定次序列出，所有符号、代号和缩略语宜按以下次序以字母顺序列出：

（1）大写拉丁字母置于小写拉丁字母之前（A、a、B、i 等）。

（2）无角标的字母置于有角标的字母之前，有字母角标的字母置于有数字角标的字母之前（B、b、C、C_m、C_2、C、d、d_{exl}、d_{int}、d_1 等）。

（3）希腊字母置于拉丁字母之后（Z、z、A、α、B、β、…、Λ、λ 等）。

（4）其他特殊符号和文字。

为了方便，该要素可与要素“术语和定义”合并。可将术语和定义、符号、代号和缩略语及量的单位放在一个复合标题之下。

十、总体原则和（或）总体要求

总体原则这一要素用来规定为达到编制目的需要依据的方向性的总框架或准则。文件中随后各要素中的条款或者需要符合或者具体落实这些原则，从而实现文件编制目的。总体要求这一要素用来规定涉及整体文件或随后多个要素均需要规定的要求。

文件中如果涉及了总体原则（总则）或总体要求的内容，宜设置总体原则（总则）或总体要求。总体原则（总则）应使用陈述或推荐型条款，不应包含要求型条款；总体要求应使用要求型条款。

十一、核心技术要素

核心技术要素这一要素是各种功能类型标准的标志性的要素，它是表述标准特定功能的要素。标准功能类型不同，其核心技术要素就会不同，表述核心要素使用的条款类型也会不同。各种功能类型标准的核心技术要素的具体编写应遵守 GB/T 20001 相应部分的规定。

十二、其他技术要素

根据具体情况，文件中还可设置其他技术要素，例如试验条件、仪器设备、取样、标志、计算方法等。

十三、参考文献

参考文献用来列出文件中资料性引用的文件清单，以及其他信息资源清单，例如起草文件时参考过的文件，以供参阅。

如果有参考文献，则应置于最后一个附录之后。文献清单中每个参考文献前应在方括号中给出序号。文献清单中所列的文献（含在线文献）以及文献的排列顺序等均与规范性引用文件的排列顺序一致。然而，如列出国际标准、国外标准和其他文献无须给出中文译名。

十四、索引

索引用来给出通过关键词检索文件内容的途径。如果为了方便文件使用者而需要设置索引，那么它应作为文件的最后一个要素。

该要素由索引项形成的索引列表构成。索引项以文件中的“关键词”作为索引标目，同时给出文件的规范性要素中对应的章、条、附录和（或）图、表的编号。索引项通常以关键词的汉语拼音字母顺序编排。为了便于检索可在关键词的汉语拼音首字母相同的索引项之上标出相应的字母。

电子文本的索引宜自动生成。

第四节　标准要素的表述

标准要素的表达，要符合 GB/T l. 1—2020 的规定，具体如下。

一、条款

（一）条款的类型

不同类型条款的组合构成了标准中的各类要素。条款类型分为：要求、指示、推荐、允许和陈述。条款可包含在规范性要素的条文，图表脚注、图与图题之间的段或表内的段中。

（二）条款表述所用的能愿动词

标准中的要求应容易识别，因此包含要求的条款应与其他类型的条款相区分。表述不同类型的条款应使用不同的能愿动词，各类条款所使用的能愿动词见表 7-3 的第一栏。只有在特殊情况下由于语言的原因不能使用第一栏的表述形式时，才可使用第二栏给出的等效表述形式。

表 7-3　条款表述所用的能愿动词

条款类型	能愿动词	在特殊情况下使用的等效表述
要求 （表示需要满足的要求）	应	应该 只准许
	不应	不应该 不准许
指示 （在规程或试验方法中表示直接的指示时，使用祈使句。 例如：“开启记录仪。”）	—	
推荐 （表示推荐或指导。其中肯定形式用来表达建议的可能选择或 认为特别适合的行动步骤，无须提及或排除其他可能性； 否定形式用来表达某种可能选择或行动步骤不是首选的但也不是禁止的）	宜	推荐 建议
	不宜	不推荐 不建议
允许	可	可以 允许
	不必	可以不

续表

条款类型		能愿动词	在特殊情况下使用的等效表述
陈述	可能性 （陈述由材料的、生理的或某种原因导致的能力或可能性）	能	无需
		不能	不能够
		可能	有可能
		不可能	没有可能
	能力 （表示需要去做或完成指定事项的才能、适应性或特性等能力）	能	能够
		不能	不能够
	一般性陈述 （应使用陈述句表述。典型表述用词：是、为、由、给出等）		

（三）技术要素的表述

标准名称中含有“规范”，则标准中应包含要素“要求”以及相应的验证方法；标准名称中含有“规程”，则标准宜以推荐和建议的形式起草；标准名称中含有“指南”，则标准中不应包含要求型条款，适宜时，可采用建议的形式。在起草上述标准的各类技术要素时，应使用适当的能愿动词，以明确区分不同类型的条款。

二、附加信息

附加信息表述形式包括：实例、注、脚注、图表脚注，以及“规范性引用文件”和“参考文献”中的文件清单和信息资源清单、“目次”中的目次列表和“索引”中的索引列表等，除了图表脚注之外，它们宜表述为对事实的陈述，不应包含要求或指示型条款，也不应包含推荐或允许型条款。

三、通用内容

文件中某章（条）的通用内容宜作为该章（条）中最前面的一条，根据具体的内容，可用“通用要求”“通则”“概述”作为条标题。

通用要求用来规定某章（条）中涉及多条的要求，均应使用要求型条款。

通则规定与某章（条）共性内容相关的或涉及多条的内容，使用的条款中应至少包含要求型条款，还可包含其他类型的条款。

概述用来给出与某章（条）内容有关的陈述或说明，应使用陈述型条款、不应包含要求、指示或推荐型条款。除非确有必要，通常不设置“概述”。

四、条文

（一）汉字和标点符号

文件中使用的汉字应为规范汉字，使用的标点符号应符合GB/T 15834—2011《标点符号用法》的规定。

（二）常用词的使用

（1）“遵守”和“符合”用于不同的情形的表述。遵守用于在实现符合性过程中涉及的人员或组织采取的行动的条款，符合用于规定产品（系统）、过程或服务特性符合文件或其要求的条款，即需要“人”做到 的用“遵守”，需要“物”达到的用“符合”。

示例1：洗涤物的含水率应符合表×中的规定。

示例2：文件的起草和表述应遵守……的规定。

（2）“尽可能”“尽量”“考虑”（“优先考虑”“充分考虑”）以及“避免”“慎重”等词语不应该与“应”一起使用表示要求，建议与“宜”一起使用表示推荐。

(3)“通常”“一般”“原则上”不应该与“应”“不应”一起使用表示要求，可与“宜”“不宜”一起使用表示推荐。

(三) 全称、简称和缩略语

(1) 文件中应仅使用组织机构正在使用的全称和简称（或原文缩写）。

(2) 如果在文件中某个词语或短语需要使用简称，那么在正文中第一次使用该词语或短语时，应在其后的圆括号中给出简称，以后则应使用该简称。

示例：……公共信息图形符号（以下简称“图形符号”）。

(3) 如果文件中未给出缩略语清单，但需要使用拉丁字母组成的缩略语，那么在正文中第一次使用时，应给出缩略语对应的中文词语或解释，并将缩略语置于其后的圆括号中，以后则应使用缩略语。

拉丁字母组成的缩略语的使用宜慎重，只有在不引起混淆的情况下才可使用。

缩略语宜由大写拉丁字母组成，每个字母后面没有下脚点（例如 DNA）。由于历史或技术原因，个别情况下约定俗成的缩略语可使用不同的方式书写。

(四) 数和数值的表示

(1) 表示物理量的数值，应使用后跟法定计量单位符号的阿拉伯数字。

(2) 数字的用法应遵守 GB/T 15835—2011《出版物上数字用法》的规定。

(3) 符号叉（×）应该用于表示以小数形式写作的数和数值的乘积、向量积和笛卡尔积。

示例 1：$l=2.5\times10^{3}$ m

示例 2：$I_a=I_1\times I_2$

符号居中圆点（·）应该用于表示向量的无向积和类似的情况，还可用于表示标量的乘积以及组合单位。

示例 3：$U=R\cdot I$

在一些情况下，乘号可省略。

示例 4：4c−5d，3ln2

GB/T 3102.11《物理科学和技术中使用的数学符号》给出了数字乘法符号的概览。

(4) 诸如$\frac{V}{\mathrm{km/h}}$、$\frac{l}{\mathrm{m}}$和$\frac{t}{\mathrm{s}}$或$\frac{V}{(\mathrm{km/h})}$、$\frac{l}{\mathrm{m}}$和$\frac{t}{\mathrm{s}}$之类的数值表示法适用于图的坐标轴和表的表头栏中。

(五) 尺寸和公差

(1) 尺寸应以无歧义的方式表示。

示例：80mm×5mm×50mm [不写作 80× 25×50mm 或 (80×25×50)mm]。

(2) 公差应以无歧义的方式表示，通常使用最大值、最小值、带有公差的值（见示例 1～示例 3）或量的范围值（见示例 4、示例 5）表示。

示例 1：80μF±2μF 或 (80±2)μF（不写作 80±2μF）

示例 2：80_{0}^{+2}（不写作$80_{-0}^{\pm2}$）

示例 3：$80\mathrm{mm}_{-20}^{+50}\mu\mathrm{m}$

示例 4：10kPa～12kPa（不写作 10～12kPa）

示例 5：0℃～10℃（不写作 0～10℃）

(3) 为了避免误解，百分率的公差应以正确的数学形式表示（见示例 1、示例 2）。

示例 1：用“63%～67%”表示范围。

示例 2：用“(65±2)%”表示带有公差的值（不写作“65±2%”或“65%±2%”的形式）。

(4) 平面角宜用单位度（°）表示，例如，写作 17.25°。

(六) 数值的选择

1. 极限值

对于某些用途，有必要规定极限值（最大值/最小值）。通常一个特性规定一个极限值，但有多个广泛使用的类别或等级时，则需要规定多个极限值。

2. 选择值

对于某些目的，特别是品种控制和接口的目的，可选择多个数值或数系。适用时，应按照 GB/T 321—2005《优先数和优先数系》给出的优先数系，或按照模数制或其他决定性因素选择数值或数系。当试图对一个拟定的数系标准化时，应检查是否有现成的被广泛接受的数系。

（七）量、单位及其符号

文件中使用的量、单位及其符号应从 GB/T 3101—1993《有关量、单位和符号的一般原则》、GB/T 3102（所有部分）《量和单位》、ISO 80000（所有部分）《量和单位》中选择并符合其规定。进一步的使用规则见 GB 3100《国际单位制及其应用》。

起草标准时，关注有关量和单位国家标准的最新变动情况，有利于使标准中使用的量和单位准确地符合最新国家标准要求。以下内容摘自有关国家标准：

（1）小数点符号应为“.”。

（2）标准应使用：GB 3101，GB 3102 各部分所给出的单位；GB 3101 给出的可与国际单位制单位并用的我国法定计量单位，例如：分（min）、[小] 时（h）、日（d）、度（°）、[角] 分（′）、[角] 秒（″）、升（L）、吨（t）等。

（3）不将单位的符号和名称混在一起使用。例如：

写作“千米每小时”或“km/h”，而不写作“每小时 km”或“千米/小时”。

（4）用阿拉伯数字表示的数值可与单位符号结合，例如“5m”避免诸如“五 m”和“5 米”之类的组合。数值和单位符号之间应空四分之一个汉字的间隙，用于平面角的上标单位符号除外，例如：5°6′7″。然而，最好用十进制表示平面角。

（5）不使用非标准化的缩略语表示单位，例如“sec”（代替秒的“s”），“mins”（代替分的“min”），“hrs”（代替小时的“h”），“cc”（代替立方厘米的“cm^3”），“lit”（代替升的“L”），“amps”（代替安培的“A”），“rpm”（代替转每分的“r/min”）。

（6）不应通过增加下标或其他信息修改标准化的单位符号。例如，写作“$U_{max}=500$ V”，而不写作“$U=500$ V_{max}”

写作“质量分数为 5%”，而不写作“5%（m/m）”；“体积分数为 7%”，而不写作“7%（V/V）”

注意，%=0.01 是单位一的百分数单位符号。

（7）不将信息与单位符号相混。例如：

写作“含水量 20 mL/kg”，而不写作“20 mL H_2O/kg”或“20 mL 水/kg”。

（8）不应使用诸如“ppm”“pphm”和“ppb”之类的缩略语。这些缩略语在不同的语种中含义不同，可能产生混淆。它们只代替数字，所以用数字表示则更清楚。例如：

写作“质量分数为 4.2μg/g”或“质量分数为 4.2×10^{-6}”，而不写作“质量分数为 4.2ppm”；

写作“相对不确定度为 6.7×10^{-12}”，而不写作“相对不确定度为 6.7ppb”。

（9）单位符号应为正体。量的符号应为斜体。表示数值的符号与表示对应量的符号不应相同。

（10）物理量相除构成的量，其名称中不应包含“单位”一词。例如：

写作“线质量”，而不写作“每单位长度质量”；

写作“体积电荷”，而不写作“每单位体积电荷”。

注意区分物体和描写该物体的量，例如“表面”和“面积”，“物体”和“质量”。

（11）两个或更多的物理量不可能相加或相减，除非它们属于相互可比较的同一类量。因此，诸如 230 V±5%这种表示相对误差的方法不符合代数学的基本规则。可用下述表示方法代替：

“（230±11.5）V”

“230 V，具有±5%的相对误差”

以下形式虽然常用，但是并不正确：（230±5%）V。

（12）如果需要指定底数，在公式中不写作“log”，写作“lg”、“ln”、“lb”或“log a”

（13）使用GB/T 3102.11—1993《物理科学和技术中使用的数学符号》中推荐的数学标志和符号，例如，是“tan”不是“tg”。

（八）引用和提示

1. 用法

在起草文件时，如果有些内容已经包含在现行有效的其他文件中并且适用，或者包含在文件自身的其他条款中，那么应通过提及文件编号和（或）文件内容编号的表述形式，引用、提示而不抄录所需要的内容。这样可以避免重复造成文件间或文件内部的不协调、文件篇幅过大以及抄录错误等。

对于在线引用文件，应提供足以识别和定位来源的信息。为确保可追溯性，宜提供所引用文件的第一手来源地信息，应包括访问引用文件的方法和完整的网址，并与来源中给出的标点符号和大小写字母相同。

在文件修订时需要确认所有引用文件的有效性。

2. 文件自身的称谓

在文件中需要称呼文件自身时应使用的表述形式为：“本文件……”（包括标准、标准的某个部分、标准化指导性技术文件）。

如果分为部分的文件中的某个部分需要称呼其所在文件的所有部分时，那么表述形式应为；“GB/T ×××××”。

3. 提及文件具体内容

凡是需要提及文件具体内容时，不应提及页码，而应提及文件内容的编号，例如：

（1）章或条表述为：“第4章”“5.2”“A.1”；

（2）附录表述为：“附录A”；

（3）图或表表述为：“图1”“表2”；

（4）数学公式表述为：“公式（3）”“10.1中的公式（5）”。

4. 引用其他文件

（1）注日期引用。

注日期引用意味着被引用文件的指定版本适用。凡不能确定是否能够接受被引用文件将来的所有变化，或者提及了被引用文件中的具体章、条、图、表或附录的编号，均应注日期。

注日期引用的表述应指明年份。具体表述时应提及文件编号，包括“文件代号、顺序号及发布年份号”，当引用同一个日历年发布不止一个版本的文件时，应指明年份和月份；当引用了文件具体内容时应提及内容编号。

示例：

“按GB/T ××××—2019描述的……”（注日期引用其他文件）；

“按GB/T ××××—2019中第5章规定的……”（注日期引用其他文件中具体的章）；

“按照GB/T ××××—2015中5.2规定的……”（注日期引用其他文件中具体的条）；

“按照GB/T ××××—2015中4.1第二段规定的要求……”（注日期引用其他文件中具体的段）；

“符合GB/T ××××—2013中63列项的第三项规定的……”（注日期引用其他文件中具体的列项）；

“使用GB/T ××××—2012表1中界定的符号……”（注日期引用其他文件中具体的表）。

（2）不注日期引用。

不注日期引用意味着被引用文件的最新版本（包括所有的修改单）适用。只有能够接受所引用内容将来的所有变化（尤其对于规范性引用），并且引用了完整的文件，或者未提及被引用文件具体内容的编号，才可不注日期。

不注日期引用的表述不应指明年份。具体表述时只应提及“文件代号和顺序号”当引用一个文件的所有部分时，应在文件顺序号之后标明“（所有部分）”。

示例：

“按照 GB/T ××××确定的”；

“符合 GB/T ××××（所有部分）中的规定”。

（3）规范性引用。

规范性引用的文件内容构成了引用它的文件中必不可少的条款。

文件中所有规范性引用的文件，无论是注日期，还是不注日期，均应在要素“规范性引用文件”中列出。

在文件中，规范性引用与资料性引用的表述应明确区分，下列表述形式属于规范性引用：

① 任何文件中，由要求型或指示型条款提及文件；

示例：“应符合 7.5.2 的相关规定”。

② 规范标准中，由“按”或“按照”提及试验方法类文件；

示例：“按 GB/T 1927.4—2021 测定试样含水率”，其中的 GB/T 1927.4—2021 为规范性引用的文件。

③ 指南标准中，由推荐性条款提及文件；

④ 任何文件中，在“术语和定义”中由引导语提及的文件。

（4）资料性引用。

资料性引用的文件内容构成了有助于引用它的文件的理解或使用的附加信息。

示例：

“……的信息见 GB/T ××××”；

“（见 5.2，3）”；

“GB/T ××××给出了……”。

（5）标明来源。

在特殊情况下，如果确有必要抄录其他文件中的少量内容，应在抄录的内容之下或之后准确地标明来源，具体方法为：在方括号中写明“来源：文件编号，章/条编号或条目编号”。

示例：[来源：GB/T ××××—2021，5.3.1]

（6）被引用文件的限定条件。

被规范性引用的文件应是国家、行业或国际标准化文件。允许规范性引用其他正式发布的标准化文件或其他文献，只要经过正在编制文件的归口标准化技术委员会或审查会议确认待引用的文件符合下列条件：

① 具有广泛可接受性和权威性；

② 发布者、出版者（知道时）或作者已经同意该文件被引用，并且，当函索时，能从作者或出版者那里得到这些文件；

③ 发布者、出版者（知道时）或作者已经同意，将他们修订该文件的打算以及修订所涉及的要点及时通知相关文件的归口标准化技术委员会；

④ 该文件在公平、合理和无歧视的商业条款下可获得；

⑤ 该文件中所涉及的专利能够按照 GB/T 20003.1《标准制定的特殊程序 第 1 部分：涉及专利的标准》的要求获得许可声明。

起草文件时不应引用不能公开获得的文件、已被代替或废止的文件，不应规范性引用法律、行政法规、规章和其他政策性文件，也不应普遍性要求符合法规或政策性文件的条款。起草文件时诸如“……应符合国家有关法律法规”的表述是不正确的，因为文件使用者不管是否声明符合标准，均需要遵守法律法规。

（九）附录

1. 用法

附录用来承接和安置不便在文件正文、前言或引言中表述的内容，它是对正文、前言或引言的补充或附加，它的设置可以使文件的结构更加平衡。附录的内容源自正文、前言或引言中的内容。当正文规范性要素中的某些内容过长或属于附加条款，可以将一些细节或附加条款移出，形成规范性附录。当文件中的示例、信息说明或数据等过多，可以将其移出，形成资料性附录。

规范性附录给出正文的补充或附加条款；资料性附录给出有助于理解或使用文件的附加信息。附录的规范性或资料性的作用应在目次中和附录编号之下标明，并且在将正文、前言或引言的内容移到附录之处还应通过使用适当的表述形式予以指明，同时提及该附录的编号。

文件中下列表述形式提及的附录属于规范性附录：

（1）任何文件中，由要求型条款或指示型条款指明的附录；

（2）规范标准中，由“按”或“按照”指明试验方法的附录；

（3）指南标准中，由推荐型条款指明的附录。

示例 1：……应符合附录 A 的规定。

其他表述形式指明的附录都属于资料性附录。

示例 2：……相关示例见附录 D。

2. 附录的位置、编号和标题

附录应位于正文之后，参考文献之前。附录的顺序取决于其正文引用位置的前后顺序。每个附录均应有附录编号。附录编号由“附录”和随后表明顺序的大写拉丁字母组成，字母从 A 开始，例如“附录 A”“附录 B”等。只有一个附录时，仍应给出附录编号“附录 A”。附录编号之下应标明附录的作用，即“（规范性）”或“（资料性）”，再下方为附录标题。

3. 附录的细分

附录可以分为条，条还可以细分。每个附录中的条、图、表和数学公式的编号均应重新从 1 开始，应在阿拉伯数字编号之前加上表明附录顺序的大写拉丁字母，字母后跟下脚点。例如附录 A 中的条用“A. 1”“A. 1. 1”“A. 1. 2”……“A. 2”……表示；图用“图 A. 1”“图 A. 2”……表示；表用“表 A. 1”“表 A. 2”……表示；数学公式用“A. 1”“A. 2”……表示。

（十）图

1. 用法

图是文件内容的图形化表述形式。当用图呈现比使用文字更便于对相关内容的理解时，宜使用图。如果图不可能使用线图来表示，可使用图片和其他媒介。

在将文件内容图形化之处应通过使用适当的能愿动词或句子语气类型指明该图所表示的条款类型，并同时提及该图的图编号。

示例 1：……的结构应与图 2 相符合。

示例 2：……的循环过程见图 3。

2. 图编号和图题

每幅图均应有编号，例如“图 1”“图 2”等。只有一幅图时，仍应给出编号“图 1”。编号从引言开始一直连续到附录之前，并与章、条和表的编号无关。

每幅图宜有图题，文件中的图有无图题应一致。

3. 图的转页接排

当某幅图需要转页接排，随后接排该图的各页上应重复图编号，后接图题（可选）和“（续）”或“（第 # 页/共 * 页）”，其中 # 为该图当前的页面序数，* 是该图所占页面的总数，均使用阿拉伯数字。续图均应重复“关于单位的陈述”。

示例：

图 1（第 2 页/共 3 页）

4. 图中的字母符号

图中用于表示角度量或线性量的字母符号应符合 GB 3102.1—1993《空间和时间的量和单位》的规定。必要时，使用下标以区分特定符号的不同用途。

图中表示各种长度时使用符号系列 l_1、l_2、l_3等，而不使用诸如 A、B、C 或 a、b、c 等符号。

如果图中所有量的单位均相同，应在图的右上方用一句适当的关于单位的陈述（例如“单位为毫米”）表示。

5. 图中的标引序号和标记

在图中应使用标引序号或图脚注代替文字描述，文字描述的内容在标引序号说明或图脚注中给出。

在曲线图中，坐标轴上的标记不应以标引序号代替，以避免标引序号的数字与坐标轴上数值的数字相混淆。曲线图中的曲线、线条等的标记应以标引序号代替。

在流程图和组织系统图中，允许使用文字描述。

6. 图注

图注应区别于条文的注。图注应置于图题之上，图的脚注之前。图中只有一个注时，在注的第一行文字前标明“注：”；图中有多个注时，应标明“注 1：”“注 2：”“注 3：”等。每幅图的图注应单独编号。

图注不应包含要求或对于标准的应用是必不可少的任何信息。关于图的内容的任何要求应在条文、图的脚注或图和图题之间的段中给出。

7. 图的脚注

图的脚注应区别于条文的脚注。图的脚注应置于图题之上，并紧跟图注。应使用上标形式的小写拉丁字母从“a”开始对图的脚注进行编号，即 a、b、c 等。在图中需注释的位置应以相同上标形式的小写拉丁字母标明图的脚注。每幅图的脚注应单独编号。

图的脚注可包含要求。因此，起草图的脚注的内容时，应使用适当的助动词，以明确区分不同类型的条款。

（十一）表

1. 用法

表是文件内容的表格化表述形式。如果用表提供信息更有利于标准的理解，则宜使用表。不准许将表再细分为分表（例如将“表 2”分为“表 2a”和“表 2b”），也不准许表中套表或表中含有带表头的子表。

在将文件内容表格化之处应通过使用适当的能愿动词或句子语气类型指明该表所表示的条款类型，并同时提及该表的表编号。

示例 1：……的技术特性应符合表 7 给出的特性值。

示例 2：……的相关信息见表 2。

2. 表编号和表题

每个表均应有编号，例如“表 1”“表 2”等。只有一个表时，仍应给出编号“表 1”。表编号从引言开始一直连续到附录之前，并与章、条和图的编号无关。

每个表宜有表题，文件中的表有无表题应一致。

3. 表的转页接排

当某个表需要转页接排，随后接排该表的各页上应重复表编号，后接表题（可选）和“（续）”或“（第 # 页/共 * 页）”，其中 # 为该表当前的页面序数，* 是该表所占页面的总数，均使用阿拉伯数字。续表均应重复表头和“关于单位的陈述”。

示例：

表3（第2页/共5页）

4. 表头

每个表应有表头。表头通常位于表的上方，特殊情况下出于表述的需要，也可位于表的左侧边栏。表中各栏（行）使用的单位不完全相同时，宜将单位符号置于相应的表头中量的名称之下。

示例：

类型	线密度 (kg/m)	内圆直径 (mm)	外圆直径 (mm)

适用时，表头中可用量和单位的符号表示。需要时，可在指明表的条文中或在表中的注中对相应的符号予以解释。

示例：

类型	ρ_1（kg/m）	d（mm）	D（mm）

如果表中所有量的单位均相同，应在表的右上方用一句适当的关于单位的陈述（例如“单位为毫米”）代替各栏中的单位符号。

示例：

单位为毫米

类型	长度	内圆直径	外圆直径

表头中不准许使用斜线。

示例：不正确的表头

类型（斜线）尺寸	A	B	C

示例：正确的表头

尺寸	类 型		
	A	B	C

5. 表中的注

表注应区别于条文的注。表注应置于表中，并位于表的脚注之前。表中只有一个注时，应在注的第一行文字前标明“注：”；表中有多个注时，应标明“注1：”“注2：”“注3：”等。每个表的表注应单独编号。

表注不应包含要求或对于标准的应用是必不可少的任何信息。关于表的内容的任何要求应在条文、表的脚注或表内的段中给出。

6. 表的脚注

表的脚注应区别于条文的脚注。应用上标形式的小写拉丁字母从“a”开始对表的脚注进行编号，即“a”“b”“c”等。在表中需要注释的位置应以相同的上标形式的小写拉丁字母标明表的脚注。每个表的脚注应单独编号。

表的脚注可包含要求。因此，起草表的脚注的内容时，应使用适当的助动词，以明确区分不同类型的条款。

下面给出了表的编排示例，包含了表编号和表题、关于单位的陈述、表头、表中的段、表中的注和表脚注等。

示例：

表×表题　　　　单位为毫米

类型	长度	内圆直径[a]	外圆直径
A	230	100	125
段（可包含要求型条款） 注1：表中的注的内容；			
[a]表脚注的内容。			

（十二）数学公式

1. 用法

数学公式是文件内容的一种表述形式，当需要使用符号表示量之间关系时宜使用数学公式。

2. 编号

如果需要引用或提示，应使用带圆括号从1开始的阿拉伯数字对数学公式编号。

示例：

$$x^2+y^2<z^2 \tag{1}$$

数学公式编号应从引言开始一直连续到附录之前，并与章、条、图和表的编号无关。不准许将数学公式进一步细分［例如将公式“（2）”分为“（2a）”和“（2b）”等］。

3. 表示

数学公式应以正确的数学形式表示。

数学公式通常使用量关系式表示，变量应由字母符号来代表。除非已经在“符号和缩略语”中列出，否则应在数学公式后用“式中：”引出对字母符号含义的解释。

示例：

$$v=\frac{t}{l}$$

式中：v——匀速运动质点的速度；

l——运行距离；

t——时间间隔。

数学公式不应使用量的名称或描述量的术语（或多字母缩略术语）来代替量的符号。数学公式中也不应使用单位的符号。

一个文件中同一个符号不宜代表不同的量，可用下标区分表示相关概念的符号。

（十三）示例

示例属于附加信息，它通过具体的例子帮助更好地理解或使用文件。示例宜置于所涉及的章或条之下。

每个章、条或术语条目中：只有一个示例时，在示例的具体内容之前应标明“示例:”；有多个示例时，宜标明示例编号，在同一章（未分条）、条或术语条目中示例编号均从“示例 1”开始。即“示例 1:”“示例 2:”等。

示例不宜单独设章或条。如果示例较多或所占篇幅较大，尤其是作为示例的多个图或多个表，宜以“……示例”为标题形成资料性附录。这种情况下，不宜每个示例、每个图或每个表均各自编为单独的附录。

如果给出的示例与编排格式有关或者易于与文中的条款相混淆，可将示例内容置于线框内。

（十四）条文的注

注属于附加信息，它只给出有助于理解或使用文件内容的说明。按照注所处的位置，可分为条文中的注、术语条目中的注、图中的注和表中的注，条文中的注宜置于所涉及的章、条或段之下，术语条目的注应置于示例（如有）之后。图中的注应置于图题和图脚注（如有）之上。表中的注应置于表内下方，表脚注之上。

每个章、条、术语条目、图或表中只有一个注时，在注的第一行内容之前应标明“注:”；有多个注时，应标明注编号。在同一章（未分条）或条、术语条目、图或表中注编号均从“注 1:”开始，即“注 1:”“注 2:”等。

（十五）条文脚注

条文脚注属于附加信息，它只给出针对条文中的特定内容的附加说明。条文脚注的使用宜尽可能少。条文脚注应置于相关页面左下方的细实线之下。

条文脚注编号应从“前言”开始，全文连续，编号形式为“1)”“2)”“3)”等。在条文中需注释的文字、符号之后应插入与脚注编号相同的上标形式的数字“1)”“2)”“3)”等标明脚注。特殊情况下，例如为了避免与上标数字混淆，可用一个或多个星号，即“*”“**”“***”代替条文脚注的数字编号。

第五节　如何处理标准与专利的关系

一、专利处置要求

（一）必要专利信息的披露

参与标准制修订的组织或个人应尽早向相关全国专业标准化技术委员会披露自身及关联者拥有的必要专利，宜尽早披露其所知悉的他人（方）拥有的必要专利。参与的组织或个人包括项目提案方、工作组的所有成员、全国专业标准化技术委员会的委员、提供技术建议的单位或个人等。

鼓励没有参与国家标准制修订的组织或者个人在标准制修订过程中尽早披露其拥有和知悉的必要专利。

在披露必要专利时，应填写必要专利信息披露表（见 GB/T 20003.1—2014 的 A.1），并将必要专利信息披露表与相关证明材料一起提交至所属的全国专业标准化技术委员会或归口单位。已授权专利的证明材料为专利证书复印件或扉页，已公开但尚未授权的专利申请的证明材料为专利公开通知书复印件或扉页，未公开的专利申请的证明材料为专利申请号和申请日期。

（二）必要专利实施许可声明

在作出必要专利实施许可声明时，专利权人或专利申请人应填写必要专利实施许可声明表（见表GB/T 20003.1—2014 的 A.2）和/或通用必要专利实施许可声明表（见表 GB/T 20003.1—2014 的 A.3）。

专利权人或专利申请人在填写必要专利实施许可声明表时，应在以下三种方式中选择一种：

（1）专利权人或专利申请人同意在公平、合理、无歧视基础上，免费许可任何组织或者个人在实施该国家标准时实施专利；

（2）专利权人或专利申请人同意在公平、合理、无歧视基础上，收费许可任何组织或者个人在实施该国家标准时实施专利；

（3）专利权人或专利申请人不同意按照以上两种方式进行专利实施许可。

专利权人或专利申请人所作出的必要专利实施许可声明一经提交就不可撤销，直到该标准的相关内容由于标准的修订导致已作出实施许可声明的必要权利要求对于该标准的实施不再是必要的；只有后提交的实施许可声明对标准实施者而言更宽松、更优惠时，才可取代在先的实施许可声明。

专利权人或专利申请人在作出必要专利实施许可声明时，应保证其不会以规避作出的实施许可声明为目的转让专利权或专利申请权。对于已经向全国专业标准化技术委员会或者归口单位提交实施许可声明的专利，专利权人或专利申请人转让或者转移该专利时，应当事先告知受让人该专利实施许可声明的内容，并保证受让人同意受该专利实施许可声明的约束。

标准制修订或者实施过程中，专利权人或专利申请人应将标准中必要专利的任何信息变更及时通知全国专业标准化技术委员会或归口单位。这些信息包括但不限于专利权或者专利申请权转移，专利申请被驳回、撤回、视为撤回、视为放弃或恢复，专利权无效、终止或恢复等。

（三）相关信息的公布

国家标准化行政主管部门、全国专业标准化技术委员会或归口单位应通过国家标准化行政主管部门网站、全国专业标准化技术委员会网站、国家级期刊等渠道公布标准或标准草案中涉及专利的信息。

公布的相关信息应至少包括涉及了专利的标准或标准草案、已披露的专利清单和全国专业标准化技术委员会的联系方式。

已披露的专利清单由全国专业标准化技术委员会根据收到的专利信息披露表和必要专利实施许可声明表等填写。已披露的专利清单如有更新，全国专业标准化技术委员会应至少在标准制修订过程中的起草阶段和审查阶段结束时，将更新后的已披露的专利清单报送国家标准化行政主管部门。

（四）会议要求

在标准制修订过程中的每次会议期间，会议主持人都应提醒参会者慎重考虑标准草案是否涉及专利，通告标准草案涉及专利的情况和询问参会者是否知悉标准草案涉及的尚未披露的必要专利，并将结果记录在会议纪要中。

（五）文件要求

在工作组讨论稿、征求意见稿、送审稿的封面上应给出征集潜在必要专利的信息。在标准制修订过程中的任何阶段，一旦识别出标准的技术内容涉及了必要专利并进行了相应的处置，应在相关阶段以及其后的所有阶段的标准草案直至正式出版的国家标准的引言中给出相应的说明。如果在标准制修订过程中尚未识别出标准的技术内容涉及专利，应在标准报批稿和正式出版的国家标准的前言中给出相应的说明。封面、引言和前言中与专利有关的内容应与 GB/T 1.1—2020 附录 D 中给出的表述相符合。

二、涉及专利的国家标准制修订的特殊程序

根据 GB/T 1.1—2020 的规定，专利的国家标准制修订要在每个阶段进行披露、提出处理意见。具体如下：

（一）预研阶段

项目提案方应尽可能广泛地收集项目提案所附的标准建议稿中涉及的必要专利信息，并应按规定披露自身及关联者、所知悉的他人（方）拥有的必要专利。

项目提案方在向全国专业标准化技术委员会或归口单位提交的项目提案中应包括必要专利信息披露表和证明材料。

全国专业标准化技术委员会或归口单位在将项目建议书提交全体委员表决时，应同时提交收到的必要专利信息披露表、证明材料和已披露的专利清单（可不填写有关许可的信息）。

（二）立项阶段

国家标准化行政主管部门在对拟立项的国家标准项目进行公示时，应同时公布涉及专利的标准建议稿、已披露的专利清单和全国专业标准化技术委员会或归口单位的联系方式，鼓励组织和个人披露其拥有和知悉的与标准有关的必要专利。

（三）起草阶段

工作组的所有成员应披露自身及关联者拥有的必要专利，宜按规定披露其所知悉的他人（方）拥有的必要专利。

不属于工作组，但向正在制修订的标准提供技术建议的所有单位或个人应按规定披露自身及关联者拥有的必要专利。

全国专业标准化技术委员会或归口单位应联系必要专利的专利权人或专利申请人，并按规定获取专利权人或专利申请人的书面实施许可声明。

全国专业标准化技术委员会或归口单位应将收到的必要专利信息披露表、证明材料和必要专利实施许可声明表及时通知工作组。

如果全国专业标准化技术委员会或归口单位在规定的期限内未收到必要专利的专利权人或专利申请人签署的必要专利实施许可声明表，或必要专利的专利权人或专利申请人选择了（3）类的许可方式，则标准草案不应包含基于此项专利技术的条款。

工作组向技术委员会提交的标准草案征求意见材料中应包括必要专利信息披露表、证明材料、已披露的专利清单和必要专利实施许可声明表。

（四）征求意见阶段

涉及专利的国家标准在征求意见时，全国专业标准化技术委员会或归口单位应按规定公布标准相关信息，并注明鼓励组织和个人按规定披露其所拥有和知悉的必要专利。

委员应在征求意见截止时间前，披露委员本人、委员所在单位及其关联者、他人（方）拥有的与标准征求意见稿内容有关的必要专利。

（五）审查阶段

全国专业标准化技术委员会在对涉及了专利的标准送审稿进行审查时，应采用会议审查的方式。审查内容至少包括：标准是否满足文件要求以及必要专利信息披露表、证明材料、已披露的专利清单和必要专利实施许可声明表的完备性，并给出审查意见。

全国专业标准化技术委员会或归口单位向国家标准化行政主管部门提交的标准草案报批材料中应包括必要专利信息披露表、证明材料、已披露的专利清单和必要专利实施许可声明表。

（六）批准阶段

国家标准化行政主管部门应对必要专利信息披露表、证明材料、已披露的专利清单和必要专利实施许可声明表的完备性，以及处置程序的符合性进行审核。对不符合报批要求的，应退回全国专业标准化技术委员会或归口单位，限时解决问题后再行报批。

对于符合报批要求的，国家标准化行政主管部门应在该标准发布前公布标准中涉及专利的信息。公示期为30天。对于涉及或可能涉及专利的强制性标准，可依申请将其公示期延长至60天。任何组织或者个人可向国家标准化行政主管部门披露其知悉的其他必要专利。

国家标准化行政主管部门应将新收到的必要专利信息及时通知全国专业标准化技术委员会或归口单位。

在标准批准之前，如果发现了新的必要专利，全国专业标准化技术委员会应申请终止标准报批稿的批准程序，并对新披露的必要专利按规定进行处置，然后再行报批。

（七）标准实施中的专利处置

标准发布后，发现标准涉及专利但没有专利实施许可声明的，国家标准化行政主管部门应责成全国专业标准化技术委员会在规定时间内获得专利权人或专利申请人作出的专利实施许可声明，并提交国家标准化行政主管部门。

除强制性国家标准外，未能在规定时间内获得专利权人或专利申请人依据（1）或（2）选项作出的专利实施许可声明的，国家标准化行政主管部门可以视情况暂停实施该国家标准，并责成相应的全国专业标准化技术委员会修订该标准。

参考文献

[1] 国家市场监督管理总局，国家标准化管理委员会．标准化工作导则 第1部分：标准化文件的结构和起草规则：GB/T 1.1—2020［S］．北京：中国标准出版社，2020.

[2] 国家市场监督管理总局，国家标准化管理委员会．标准化工作导则 第2部分：以ISO/IEC标准化文件为基础的标准化文件起草规则 GB/T 1.2—2020［S］．北京：中国标准出版社，2020.

[3] 中华人民共和国国家质量监督检验检疫总局，中国国家标准化管理委员会．标准制定的特殊程序 第1部分：涉及专利的标准：GB/T 20003.1—2014［S］．北京：中国标准出版社，2014.

[4] 沈同，邢造宇，张丽虹．标准化理论与实践［M］．北京：中国质检出版社，2010.

第八章　术语标准的编写

古人云“名不正则言不顺”，其中就涉及到“正名”问题，而“正名”的“正”字就是我们现在所说的标准化，“正名”就是名词标准化。秦始皇推行的“书同文，车同轨”就是我国早期标准化的范例。木材工业的术语是木材工业科技与生产的“行话”，制修订木材工业标准术语对统一行业名词术语和定义、服务产业发展和国民经济建设具有重要意义。

我国木材工业界高度重视术语标准研究和标准化工作，有力推动了产业术语统一和产业发展。目前我国木材工业领域发布了专门的术语标准 13 项，其中国家标准 9 项、行业标准 4 项。GB/T 11917—1989《制材工艺术语》是我国发布最早的木材工业术语标准，2009 年进行了修订；GB/T 18259《人造板及其表面装饰术语》国家标准 2000 年首次发布，2009 年、2018 年分别进行了修订。

第一节　术语标准编写应遵循的标准

一、术语标准的重要性

术语标准是沟通技术与经济交流的通用性语言标准，是一类十分重要的基础标准，是标准在贯彻实施过程中得到共同理解和解释的前提。制定术语标准的目的是获得一种标准化的术语集，其中概念和术语一一对应，以避免歧义和误解，国际标准化组织和各国的标准化组织都发布了大量的术语标准。我国也同样非常重视术语标准的制定工作，发布了大量的基础性术语标准及各领域的通用术语标准。

在各种标准中，术语主要出现在两个地方：一是标准的“术语和定义”一章中，一般设在标准的第 3 章；二是专门的术语标准中。二者在使用范围上有一定的区别：作为标准的一章中出现“术语和定义”，一般只界定在本标准中出现的术语；在专门的术语标准中，一般界定的是在本专业领域或标委会范围内需要用到的术语。与标准中的“术语和定义”相比较，专门术语标准具有更强的系统性和较完善的概念体系，它主要为专业领域在制定其他标准时提供规范的术语及其定义。

二、术语标准编写应参考的标准

ISO 与 IEC 两大国际标准化组织都十分重视术语标准的制定工作，都设有术语标准化技术委员会。IEC 的第一个技术委员会就是术语标准化技术委员会，ISO 初期制定标准中，术语标准是两大标准主题之一。目前，ISO 有关术语方面的标准主要有：

1. ISO 704：2009 术语工作 原则和方法
2. ISO 860：2007 术语工作 概念和术语的协调
3. ISO 1087：2019 术语工作和术语科学 词汇
4. ISO 10241-1：2011 标准中的术语条目 第 1 部分：一般要求和表示实例
5. ISO 10241-2：2012 术语条目标准 第 2 部分：标准术语条目采用
6. ISO 15188：2001 术语标准化的项目管理指南

我国也专门制定了术语方面标准。我国术语标准内容的确定及编写除了应符合 GB/T 1. 1—

2020《标准化工作导则 第1部分：标准化文件的结构和起草规则》，还应符合下列相关术语标准的规定：

1. GB/T 10112—2019《术语工作 原则与方法》

该标准给出了制定和编纂各专业领域术语的基本原则和方法，描述了客体和概念间的种种联系，确立了构成指称和表述定义的一般原则。主要内容包括概念、定义和术语三大部分。

2. GB/T 16785—2012《术语工作 概念和术语的协调》

该标准规定了概念、概念体系、定义、术语、术语体系协调的一般方法。主要内容包括：概念的描述和术语的协调。该标准适用于国家或国际层面上开展的单语或多语语境中概念和术语的协调工作。

3. GB/T 15237.1—2000《术语工作 词汇 第1部分：理论与应用》

该标准规定了术语工作理论与应用方面的基础词汇，对术语工作中经常涉及的概念给出了定义、术语及英文对应词。

4. GB/T 20001.1—2001《标准编写规则 第1部分：术语》

该标准规定了术语标准的制定程序和编写要求。主要内容包括术语标准的制定和术语编纂两部分。该标准适用于编写术语标准和标准中的“术语和定义”一章，其他术语工作也可参照使用。

5. GB/T 19100—2003《术语工作 概念体系的建立》

该标准规定了术语工作中建立概念体系的一般原则与方法。该标准适用于术语工作中概念体系的建立。在其他涉及概念体系建立的工作中也可参照使用。

6. GB/T 13725—2019《建立术语数据库的一般原则与方法》

该标准规定了术语工作中建立术语数据库的一般原则与方法。

第二节　术语标准编写要求

一、术语标准编写的基本要求

（1）术语标准的编写应符合国家有关法律、法规及相关政策，并符合国家在语言文字方面的规定。

（2）术语标准的编写应符合 GB/T 10112、GB/T 16785、GB/T 20001.1 和 GB/T 1.1 的有关规定。

（3）术语标准的编写应贯彻协调一致的原则。应与已发布的国家标准、行业标准相协调，与全国科学技术名词审定委员会公布的术语相协调，与相应国际标准的概念体系和概念的定义尽可能一致。相同概念的定义和所用术语应一致。

（4）文字表述、符号使用应符合所用语种的习惯和规范。

（5）汉语术语标准中应列入英语对应词，必要时可列入法语、俄语和其他语种的对应词；少数民族语术语标准应列入汉语和英语的对应词，如果需要，也可列入其他语种的对应词。

采用外语对应词的依据和首选顺序是：

（1）直接采用 ISO 或 IEC 等国际标准中的术语；

（2）参考采用国际上公认的权威出版物，如 ISO、IEC 文献，或有影响的协会、学会发布的标准，或国外先进标准、辞书、手册等中的术语。

二、术语标准编写的一般程序

根据 GB/T 20001.1—2001《标准编写规则 第1部分：术语》的规定，术语标准编写一般应遵循如下程序：

（1）调查、分析该标准的需求；

（2）确定标准的目标；
（3）界定标准的专业领域；
（4）搜集与该标准相关的文献资料；
（5）研究并确定标准中的概念数量；
（6）研究并确定标准中使用的语种；
（7）采集术语数据；
（8）记录术语数据；
（9）建立术语表；
（10）建立概念领域和概念体系；
（11）表述定义；
（12）确立和选择术语；
（13）与相关领域的术语相协调。

三、术语选择和构成的要求

根据 GB/T 10112—2019《术语工作 原则与方法》的规定，术语是专业领域中概念的语言指称，术语选择和术语构成的要求主要有：

（1）单名单义性：术语和概念之间应一一对应，即一个术语只表示一个概念（单一性），一个概念只由一个术语来表示（单名性）。在相关学科或至少在一个专业领域内应做到这一点，否则会出现异义、多义和同义现象，如果存在同义词，建议只选择一个作为首选术语。在创立新术语之前应先检查有无同义词，并在已有的几个同义词之间，选择能较好地满足下面这些对术语的其他要求的词。

（2）顾名思义性：又称透明性。这里的“义”是指定义，术语应能准确扼要地表达定义的要旨。

（3）简明性：信息交流要求术语尽可能地简明，以提高效率。

（4）派生性：术语应便于构词，特别是组合成词组使用的基本术语更应如此。基本术语越简短，构词能力越强。

（5）稳定性：使用频率较高、范围较广，已经约定俗成的术语，没有重要原因，即使是有不理想之处，也不宜轻易变更。

（6）合乎本民族语言习惯：术语要适合本民族语言习惯，用字遣词，务求不引起歧义，不要带有褒贬等感情色彩的意蕴。

四、定义撰写要求

GB/T 10112—2019《术语工作 原则与方法》介绍了两类定义：内涵定义和外延定义，并规定了定义撰写应具准确性、适度性、简明性等要求。

（一）概述

定义是对概念的语言描述。它指出某一概念在概念体系中的确切位置，并将该概念同其他相关概念区分开来。

在层级体系中，除了最高层概念外都可以采用内涵定义模式，即：定义＝上位概念＋用于区分所定义概念同其他并列概念的区别特征。

（二）定义的种类

1. 内涵定义

内涵定义，特别是建立在属种关系上的内涵定义，是概念体系中主要使用的定义模式。

示例 1：“菱形：无直角的等边四边形。”在这里四边形是属概念（上位概念），“无直角”是把菱形和正方形区分开来的区别特征。

示例 2：“胶合板：由三层或三层以上的单板按对称原则、相邻层单板纤维方向互为直角组坯胶合而成的板材。”在这里板材是属概念（上位概念），“由三层或三层以上的单板按对称原则、相邻层单板纤维方向互为直角组坯胶合”是把胶合板和其他板材分开来的区别特征。

内涵定义也可以建立在整体—部分关系上或非层级关系上。

示例 3：“面板：胶合板正面的单板。”这是建立在整体—部分关系上的内涵定义，在这里“胶合板”是整体（上位概念），“正面的单板”是用以将面板区别于其他部位单板区分开来的区别特征。

示例 4：“蠕变：材料在持续静载荷作用下产生的变形随时间而增加的现象。”这是建立在非层级关系中的因果关系上的内涵定义。在这里，“持续静载荷作用”是原因，“变形随时间而增加”是结果。

2. 外延定义

下位概念如果是众所周知且屈指可数的，可采用外延定义。

示例 1：“单板：由旋切、刨切或锯制方法生产的木质薄片状材料。”

示例 2：“焦油类防腐剂：煤焦油及其分馏物如煤焦杂酚油、蒽油和煤焦杂酚油与石油混合液等。对危害木材的大多数生物具有很高的毒杀力。”

（三）定义撰写要求

1. 准确性

在一个以属种关系为基础的概念体系中，定义要指出该概念在体系中的确切位置，反映符合于本体系的本质特征，待定义的概念一方面继承了上位概念的本质特征，另一方面又借助区别特征同其他并列概念有效地区分开来。系统撰写定义能够保证定义间的协调性。

例如，为具有共同的上位概念的太阳系各行星撰写定义时，应选取相同的区别特征，如都选取同太阳的距离或平均距离等，即按相同的模式行文，并按相同顺序一一介绍。这种模式的描述更便于比较并列概念间的差别。

2. 适度性

定义要适度，即定义要紧扣概念的外延，不可过宽或过窄。

3. 简明性

定义要简明，除指明上位概念外，只需写明区别特征。

4. 正确使用否定定义

只有在概念本身是否定性的情况下，才可使用否定定义。

5. 避免使用循环定义

如果一个概念用第二个概念下定义，而第二个概念又引用第一个概念，这样写成的定文称为循环定义。这里只是将被定义的术语拆开复述一遍。循环定义无助于对概念的理解，因此应该避免。

6. 遵从本国语言习惯

在撰写定义时，要注意本国遣词造句的习惯。跟印欧语系的语言不同，汉语忌讳过长的前置修饰语。因此，如用于说明的修饰语较长，应酌情后置。

7. 注释和插图

一些重要的但不能作为区别性的特征，以及典型外延举例，可以写在注释中。一般来说，纳入注释的信息应有助于理解概念，例如，有关概念的渊源、习惯用法等资料插图可用来说明定义或使定义更加明了，插图用于解释物体结构最为有效。

插图要附有说明，否则容易使读者将特例的偶然属性误认为概念的本质特征。

五、木材工业标准中术语和定义示例

木材工业涉及多种产品和服务，有很多术语。木材工业界已经拥有较为完善的术语体系和标准。这里列出部分示例，通过以下示例，可以了解木材工业标准的术语类型和如何定义。

示例1：林业行业标准 LY/T 3226—2020《集装箱底板用定向刨花板》中的术语和定义

3.1

定向刨花板　oriented strand board（OSB）

窄长薄平刨花施加胶粘剂后，在同一层内按同一方向排列铺装成型，再经热压而成的刨花板。简称 OSB。

[GB/T 18259—2018，定义 3.3.22]

3.2

集装箱底板用定向刨花板　oriented strand board for container flooring

用于制造复合集装箱底板的芯层材料，具有一定耐候和承载能力的定向刨花板。一般采用酚醛树脂或异氰酸酯树脂或具有同等性能的胶粘剂。密度通常大于 750kg/m^3。

示例2：国家标准 GB/T 17656—2018《混凝土模板用胶合板》中的术语和定义

3.1

混凝土模板用胶合板　plywood for concrete form

能够通过煮沸试验，用作混凝土成型模具的胶合板。

3.2

模数制　modular system

为建筑物、建筑构件、建筑制品以及有关设备的尺寸之间相互协调而选定的标准尺度系列。

示例3：林业行业标准 LY/T 1987—2020《木质踢脚线》的术语和定义

3.1

木质踢脚线　wooden washboard

以实木或指接材、人造板、木塑材料等原料为基材，经涂饰或包覆等饰面加工后用于室内墙体与地面连接处的墙面装饰材料。

3.2

涂饰　finishing

将涂料涂布在木质踢脚线表面的装饰方法。

3.3

包覆　cover

除背面和端头外，木质踢脚线表面采用人造薄木、浸渍胶膜纸、预油漆纸、聚酯薄膜（PET）、聚氯乙烯（PVC）等装饰材料进行包裹或覆面。

3.4

实木踢脚线　solid wood washboard

以实木或指接材为基材，经涂饰或包覆等饰面加工后用于室内墙体与地面连接处的墙面装饰材料。

3.5

人造板踢脚线　wood-based washboard

以纤维板、胶合板等为基材，表面采用涂饰或包覆饰面制成的踢脚线。

3.6

木塑踢脚线　wood-plastic composites washboard

以木塑复合材料为基材，表面采用涂饰或包覆饰面制成的踢脚线。

3.7

地采暖用实木踢脚线　solid wood washboard for ground with heating system

由实木或指接材加工而成的、用于地面供暖系统的木质踢脚线。

示例4：国家标准GB/T 31765—2015《高密度纤维板》的术语和定义

3.1

高密度纤维板　high density fibreboard；HDF

以木材或其他植物为原料，经纤维制备，施加胶粘剂，在加热加压条件下，压制成厚度不小于1.5mm，名义密度大于0.8g/cm^{3}的板材。

3.2

普通型高密度纤维板　general purpose high density fibreboard

在干燥状态下使用的高密度纤维板。可作为门板、隔板、包装材料、装饰装修用材料等。

3.3

潮湿型高密度纤维板　humid high density fibreboard

在潮湿状态下使用高密度纤维板。可作为木质复合地板的基材、包装材料、公共设施墙板材料等。

3.4

高湿型高密度纤维板　high-humid high density fibreboard

在高潮湿状态下使用高密度纤维板。可作为包装材料、公共设施墙板材料等。

3.5

干燥状态　dry conditions

室内环境或者有保护措施的室外环境。通常是指温度20℃，相对湿度不高于65%，或在一年中仅有几个星期相对湿度超过65%的环境状态。

[GB/T 11718—2009，定义3.1.5]

3.6

潮湿状态　humid conditions

室内环境或者有保护措施的室外环境。通常是指温度20℃，相对湿度高于65%但不超过85%，或在一年中仅有几个星期相对湿度超过85%的环境状态。

[GB/T 11718—2009，定义3.1.6]

3.7

高湿度状态　high-humid conditions

室内环境或者有保护措施的室外环境。高潮湿状态通常是指温度20℃，相对湿度大于85%，或者偶有可能与水接触（浸水或浇水除外）的环境状态。

[GB/T 11718—2009，定义3.1.7]

3.8

砂痕　sanding imprint

板在砂削时形成的影响饰面效果的痕迹。

3.9

局部松软　partial softness

铺装不良或胶接不佳而产生的局部疏松。

示例 5：林业行业标准 LY/T 1923—2020《室内木质门》的术语和定义

3.1

木质门　wood-based door

由实木或其他木质材料为主要材料制作的门框、门扇并通过五金件组合而成的产品，单位为樘。木质门主要构造如图 1 及图 2 所示。

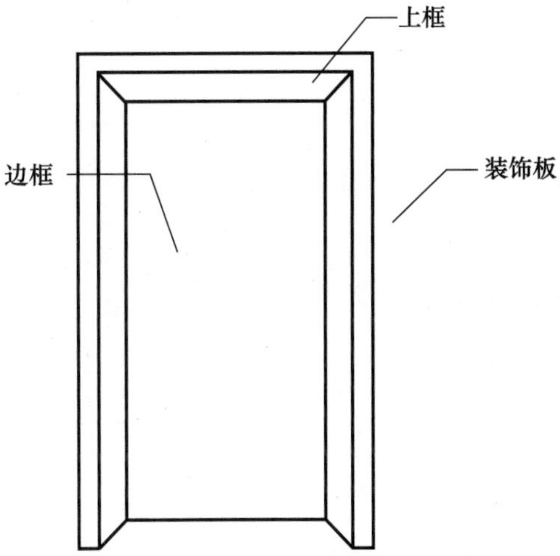

图 1　典型门框示意图

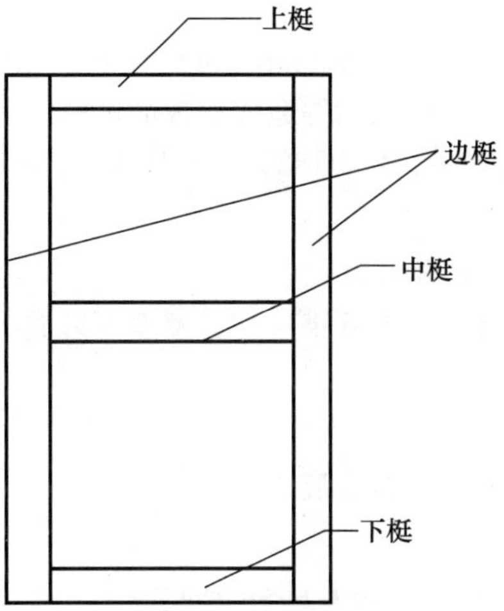

图 2　典型门扇骨架示意图

3.2

室内木质门　indoor wood-based door

分隔建筑物两个室内空间的木质门。

3.3

门框　door frame

固定在墙体门洞口，支承活动门扇和安装固定门扇的框形木构件，由边框、上框和装饰板（线条/套线）组成，商品名称门套。

3.4

门扇　door sheet

门的活动扇、待用扇、固定扇等可开启部件和不可开启部件的总称。

3.5

实木门　solid wood door

门扇、门框全部由相同树种或性质相近的实木锯材或者集成材制作的木质门。

3.6

实木复合门　solid wood composite door

以装饰单板或重组装饰单板为饰面材料，以实木锯材、指接材、集成材、单板层积材等材料为骨架材料或门框，以纤维板、刨花板或蜂窝纸等材料为芯层材料制作的木质门。

3.7

木质复合门　wood-based composite door

除实木门、实木复合门外，表面以不透明漆或 PVC、PP、PE、CPL 或 HPL 等作为饰面材料，其他部分以木质人造板为主要材料制成的木质门。

示例6：林业行业标准 LY/T 3276—2021《轻质黄麻/聚酯纤维复合板》的术语和定义

3.1

轻质黄麻/聚酯纤维复合板　lightweight jute/polyester fiber composite board

以黄麻纤维和低熔点聚酯纤维为主要原料，按照一定比例混合，经成网、针刺、热压等工序制成的密度不高于 0.3 g/cm³的室内用板材。

3.2

污斑　spots; dirt and similar surface defects

加工过程中杂物等造成的板面斑痕。

注：改写 GB/T 18259—2018 定义 3.4.72。

3.3

起毛　pilling

加工过程中因纤维拉伸、摩擦等造成的板材表面产生的起球、绒毛等现象。

3.4

褶痕　crease

产品表面的折叠痕迹。

3.5

冲击吸收　shock absorbency

产品对冲击力的减缓性能。

注：改写 GB 36246—2018 定义 3.10。

3.6

吸声系数　sound absorption coefficient

试件吸声量与试件面积的比值，其中，试件面积为被试件覆盖的地面或墙壁的面积。

注：改写 GB/T 20247—2006 定义 3.8 和 3.9。

3.7

降噪系数　noise reduction coefficient

在 250Hz、500Hz、1000Hz、2000Hz 测得的吸声系数的平均值。

[来源：GB/T 3947—1996，定义 12.43]

3.8

导热系数　thermal conductivity

材料导热特性的一个物理指标。数值上等于热流密度除以负温度梯度。

[来源：GB/T 4132—2015，定义 2.8.5]

3.9

抗细菌性能　antibacterial activity

抑制或杀死细菌等微生物营养体或繁殖体的能力。

第三节　术语标准编排

术语标准的编排除应符合 GB/T 1.1—2020《标准化工作导则 第1部分：标准化文件的结构和起草规则》中第 8.7 条的规定外，还应符合 GB/T 20001.1—2001《标准编写规则第1部分：术语》的规定。本节主要介绍 GB/T 20001.1—2001 中有关术语标准编排的要求。

一、术语标准名称

术语标准的名称应符合以下要求：

（1）术语标准的名称应表明该标准所属的领域，写作“×××术语”或“×××词汇”。

示例：GB/T 18259—2018 人造板及其表面装饰术语；

GB/T 30366—2013 生物质术语；

LY/T 1788—2008 木材性质术语。

（2）系列标准中的术语标准，其名称应包括：引导要素，表明该标准所属领域；主体要素，表明该标准的主题和类型，主体要素在引导要素之后空一个字编排或另起一行居中编排。

示例：ISO 24294：2013 *Timber—Round and sawn timber—Vocabulary*（ISO 24294：2013《木材 原木和锯材 术语》）

二、术语条目的编排

如只用单一语种表述定义，应采用通栏编排。双语种或多语种对照时（包括定义的对照）应采用双栏或多栏对应编排。

（一）条目编号

条目编号置于条目起始顶格排，字体为黑体。

如果不需要表示概念间的关系，条目编号可以是简单的顺序数。如果需要表示概念间的关系，每个条目编号应由两组或多组数字组成，前面各组数字可反映概念的层次和概念间的关系，最后一组为简单的顺序数。这种情况下，条目编号也可作为表示该概念在概念体系中位置的标记。

（二）优先术语

优先术语置于条目编号后，另起一行空两个字排，字体为黑体。

建议只选择一个术语作为优先术语。圆括号用于注解或补充说明，方括号表示术语可省略的部分。但在定义、示例和注中只能使用完整的术语。

如果选择了多个优先术语，每一个都用黑体，独占一行。

示例：

3.2.26

半环孔材　semi-ring porous wood

半散孔材　semi-diffuse porous wood

管孔的排列介于环孔材与散孔材之间，早材管孔明显大于前一生长轮晚材管孔，但在同一生长轮内，从中部到晚材管孔逐渐变小；或者木材有一个明显的生长轮，其早材管孔间距很近并不明显大于前者，如核桃、核桃楸等木材。

优先术语同时是章条标题时，该术语应在其术语的位置上重复并写出定义。

示例：

2.2.1　胶合板

2.2.1.1

胶合板　plywood

由单板构成的多层材料，通常按相邻层单板的纹理方向大致垂直组坯胶合而成的板材。

（三）对应词

对应词位置按以下规定编排：

1. 如果仅列出英语对应词时，空一个字排在汉语之后。

> **示例：标准 standard**

2. 如果某一术语所指称的概念同另一语种对应词所指称的概念的外延不相等，可以采用近义词，在该对应词前加“≈”号，必要时还可加注，以说明概念差异。

3. 如果没有适当的对应词或未找到对应词，可以暂缺，暂缺处用点“……”表示。

4. 在存在多个优先术语的特殊情况下，可以只编排一个对应词，非优先术语可以不编排对应词。

（四）缩略形式

缩略语置于完整形式之前或之后，根据哪一种形式是优先术语而确定。另起一行空两个字排。优先术语为黑体；许用术语为宋体。

示例：

> 3.1.11
> **竹材胶合板　plybamboo**
> 竹胶合板
> 以竹材为原料，按胶合板构成原则制成的胶合板。

（五）许用术语

许用术语置于优先术语之后，按照选用程度排序，每个许用术语均应空两个字排。字体为宋体。

示例：

> 3.1.59
> **研磨角　bevel angle**
> 楔角
> 旋刀的前面与后面之间的夹角。

示例：

> 2.1.2
> **原木　log**
> 圆木
> 经过横截造材所形成的圆形木段。

（六）定义

定义置于术语对应词之后，另起一行空两个字排。字体为宋体。

如果定义引自另一项标准，应在定义之后另起一行标出该定义所出自的标准的编号和章条号，用方括号括起，并在参考文献中列出该定义所出自的标准。

示例：

> 3.1
> **木材　wood**
> 来源于树木的次生木质部，主要由纤维素、半纤维素和木质素等成分组成。
> [来源：LY/T 1788—2008，3.1.1]

如果需要修改写另一个标准中的定义，则应在标明来源处予以说明。

示例：

> 2.8　**板材　board**
> 宽度尺寸大于、等于厚度尺寸二倍者。
> [来源：GB/T 11917—2009，2.13，有修改]。
> 2.9　**方材　square**
> 宽度尺寸小于厚度尺寸二倍者。
> [来源：GB/T 11917—2009，2.14，有修改]。

（七）概念的其他表述形式

概念的其他表示形式包括公式、图等，应置于定义之后。如有插图，正常情况下应放在它所归属条目的同一页上，也可以将所有的插图汇集在一起，放在一个单独的位置。公式和图的表述应符合GB/T 1.1 的规定。

示例：

> 2.46　**板条　trip**
> 毛边板裁边为整边材时，所裁掉的剩余物，如图 3。

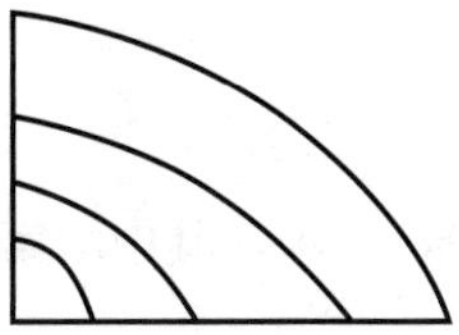

图 3　板条（断面）

（八）定义或注中的参见

定义或注中的参见置于定义或注内，字体为黑体。

定义或注内出现的在标准中已定义过的优先术语，将参见的条目编号放在括号中，跟在该术语之后。

示例：

> 5.3.1.2　**术语　term**
> 在特定专业领域（3.1.2）中一般概念（3.2.3）的词语指称（3.4.1 ）。

（九）示例

示例置于“参见”标记之后，另起一行空两个字排。字体为宋体。为避免与正文混淆，可用方框与正文隔开。

（十）注

注置于定义之后，如有示例应置于示例之后，另起一行空两个字排。字体为宋体，小五号字。

示例：

> 3.1.14　**蓝变　blue stain**
> 青变
> 最常见的一种边材变色，多由于蓝变菌的作用所形成。
> 注：蓝变常见于松木等边材，橡胶木也容易发生蓝变。蓝变对强度无明显影响，但木材的抗冲击强度稍有降低，通常还具有较高的渗透性。

三、术语条目的排序

应按系统排序划分章条列出术语，也允许按混合排序和汉语拼音字母顺序排序。

混合排序是指相关条目先按系统排序划分，然后再按汉语拼音顺序排序。

一般不宜使用按汉语拼音字母顺序排序的方法。如果使用字母排序法，应按汉语拼音的字母顺序。

四、术语标准索引编排

术语标准应有汉语拼音索引，术语的汉语拼音索引应按术语的汉语拼音字母顺序编排。如果术语以阿拉伯数字或外文字母开头或全部为外文字母组成的，则在索引中按拉丁字母、希腊文、阿拉伯数字的顺序排在汉字之后。

标准中所用语种均应编排索引，索引中应列出所有优先的和非优先的术语。

编排按汉语拼音字母顺序的索引应符合 GB/T 13418—1992《文字条目通用排序规则》或有关专业规则。

按系统编排的术语标准应包含汉语拼音索引和按英语字母顺序编排的英语对应词的索引。两者还可包含轮排索引。

按系统编排的多语种术语标准应包含各语种的字母顺序的索引。

第四节　木材工业术语标准及其标准化工作的建议

一、现行木材工业术语标准

现行我国木材工业领域专门的术语标准 13 项，其中国家标准 9 项、行业标准 4 项。

GB/T 11917—2009　制材工艺术语
GB/T 14019—2009　木材防腐术语
GB/T 15035—2009　木材干燥术语
GB/T 15787—2017　原木检验术语
GB/T 18259—2018　人造板及其表面装饰术语
GB/T 33023—2016　木材构造术语
GB/T 36202—2018　锯材检验术语
GB/T 38743—2020　废旧木材与人造板术语
GB/T 30366—2013　生物质术语
LY/T 1788—2008　木材性质术语
LY/T 3038—2018　结构用木质材料术语
LY/T 1280—2008　木材工业胶粘剂术语
LY/T 3149—2019　软木制品 术语

二、木材工业术语标准化工作的建议

根据我国现行的木材工业术语标准现状，对术语标准化工作提出如下建议。

（一）木材工业术语标准编写基本要求

1. 确定专业目标

制定木材工业术语标准的目标，是获得该专业领域标准化的术语集，其中概念、术语和定义应一一对应，以避免歧义和误解。因此，在起草时，应吸收具备专业知识的专家参与，广泛咨询各方意见。

2. 确定范围

范围界定时，需要从标准化技术委员会的工作范围、标准文献分类法等方面，充分考虑木材工业

发展、国民经济发展各方面的需要。制定的术语标准不仅是本行业使用，经济管理部门如发改、财税、市场监管等领域也可能使用。

3. 遵照标准的编写要求进行编写

术语标准的编写应符合 GB/T 20001.1—2001《标准编写规则 第 1 部分：术语》、GB/T 10112—2019《术语工作 原则与方法》、GB/T 16785—2012《术语工作 概念和术语的协调》和 GB/T 1.1—2020《标准化工作导则 第 1 部分：标准化文件的结构和起草规则》等标准的要求。

4. 加强标准文献资料收集

应尽可能与已发布的木材、人造板或其他相关行业的国际标准、国家标准、行业标准相协调，与全国科学技术名词审定委员会公布的术语相协调，与相应国际标准的概念体系和概念的定义一致。

5. 保证标准确定的术语和定义准确、合理、可行

标准编写人员应认真研究有关的各类文献资料，包括标准、教科书、辞书等，科学进行术语的分类、术语的定义，在制修订过程中间还要广泛调研并征求意见，以保证标准确定的术语和定义准确、合理、可行，保证实现名词术语的统一，推动产业、科技发展的互联互通。

（二）木材工业术语标准制修订的建议

（1）目前，木材工业智能制造、定制家居、碳达峰碳中和、林业生物质材料等新兴的木材工业领域发展迅速，术语不统一，同时这些领域的术语标准缺乏，需要尽快制定标准，统一相关术语，服务木材工业产业发展。

（2）避免重复定义。遵循“术语标准中应避免重复和矛盾”的基本要求，在木材工业术语标准制修订工作中应纠正重复定义。相同意义的术语和定义应一致；在确定术语和其定义之前，应充分研究已有标准中的术语和定义，避免重复和矛盾；对已有标准中术语和定义不准确、存在歧义的，应及时修正。如果某个概念或名词需用于多项标准时，宜在专门的木材加工术语标准中给出定义，其他标准只需引用即可或改写（但需注明出处），而不需要重新制定。

（3）注意英语对应词翻译的准确性。

下面示例中，“aboard”应在“a”和“board”之间增加一个空格。

示例：

> 2.47
> **毛头板　aboard with end uncut square**
> 生产整边锯材的截头，呈鸭嘴形锐棱的板皮，一般作削片原料。

（4）定义的表述宜能够在上下文中代替其术语。定义应使用陈述型条款，不应包含要求型条款，也不应写成要求的形式。

下面示例中定义的表述，就不能在上下文中代替其术语，应加以修改。

错误示例：

> 2.49
> **调梢　taper-set**
> 跑车具有 3～5 个卡木桩，通常同时进退，使某 1 个卡木桩单独位移的动作称为调梢。

正确的表述示例：

> 2.49
> **调梢　taper-set**
> 跑车具有 3～5 个卡木桩，通常同时进退，使某 1 个卡木桩单独位移的动作。

专栏 8-1

1985 年前后西北林学院汪秉全教授在木材名词标准化和外国木材树种名称汉译理论与技巧方面开展了深入研究，1985 年出版了《木材科技词典》（科学出版社，1985）、在《自然科学术语研究》发表了《木材名词需要标准化》，1987 年在《西北林学院学报》发表了《关于外国木材树种名称汉译理论与技巧的探讨》的论文，创造了外国木材树种名称中文翻译的“综合译订法”，并对很多外国木材树种的属名、树种名称进行了翻译，确定了相应的中文名称，对确定中国进口木材名称、推动木材贸易发挥了重要作用。同时，还总结了他在中国木材名词标准化方面的经验，1985 年发表了《木材名词需要标准化》一文，从木材名词的现状、木材名词标准化的必要性、对木材名词标准化的意见和前景展望等方面进行了论述，涉及木材部分名词的变化、木材名词如何定义等观点，内容丰富，对我国木材工业名词标准化提供了重要指导。现在来看，仍具有重要的参考价值。

木材名词需要标准化

汪秉全

（西北林学院）

前　言

语言是人类交流思想和向大自然作斗争的重要工具。语词是其重要的组成部分，是名词和术语的总称，名词也常用作语词的代称（以下同此）。各行各业都有自己含义的名词，俗称“行话”。木材行业（科技与生产）也有其自己的“行话”。

名词的意义及其重要作用，早就为古人所认识，例如，古人有所谓“名不正则言不顺”的说法并提出了“正名”问题。古人所说的“正名”的正字就是我们现在所说的标准化，“正名”就是名词标准化。秦始皇所推行的“书同文车同规”就是我国早期标准化的范例。

现代中国木材（科学）名词，个人认为，是可以包括木材学名词和外国木材汉译名称两个部分。本文所讨论的内容是以木材学名词为主兼及外国木材汉译名称，后者另有专文阐述。

木材名词的现状

已经出版的木材词典、词汇或与木材有关的辞书只是寥寥可数的几本，而专门研究名词理论的著述就更为少见了。

现代中国木材名词，经历了半个多世纪的实践考验，已悄悄地走过了一段自发的群众性的选择和修改的过程，对一些名词作了有益的修正；但现在仍然存在着许多问题，这些问题重要的可以概括为下列几类。

1. 老化的词需要更新

指在几十年前的科学水平指导下所产生的一些名词，其中最突出的是“纹孔”及其一系列的派生词，如“纹孔腔”“纹孔膜”“纹孔道”“纹孔室”和“纹孔口”等等。

“纹孔”一词来自日本，源于英语 pits，是指木材（植物）细胞壁所出现的各种形式的细小孔穴，但并不指孔穴具有花纹。在 20 世纪 60 年代，日本木材学家已把它改名为膜孔，70 年代，又改名为壁孔。在 60 年代期间，我们已把“纹孔”改名为壁孔。过去日本把细胞壁叫细胞膜，因此它叫膜孔是合适的。现在叫细胞壁和壁孔，那当然是合适的。因为“纹孔”是出现在细胞壁上的小孔，所以把“纹孔”改名为壁孔是符合实际的、恰当的。“纹孔”一词来自日本，日本已将纹孔改名为膜孔、壁孔。

由此出发，凡由“纹孔”一词所派生的一系列的名词如纹孔腔、纹孔膜、纹孔道、纹孔室和纹孔口等均宜相应地改为壁孔腔、壁孔膜、壁孔道、壁孔室和壁孔口等，还有单纹孔、盲纹孔和纹孔对等也宜改为单壁孔、盲壁孔和壁孔对。

纹孔塞——译自拉丁文 *torus*（现在也在英语中使用），是指壁孔腔中央呈双凸镜状的增厚部分，常见和多见于针叶材的有边壁孔，形式不一。把 *torus* 译为纹孔塞是欠妥的，因为这种译法既非音译又非意译。若把 *torus* 译为壁孔突就比较适当了，因为这种译法既考虑了音又考虑了意两个方面。*torus* 在建筑木工词汇方面常译为环形半圆线脚、栓脚圆、盘线脚、圆环、椭圆环等，总的来说是指凸出部分而不是凹进部分（cavetto）。位于壁孔膜中的突称壁孔突，其他相应的情况可得相应的名称。各种形式的纹孔塞，如贝壳形纹孔塞，也宜改为贝壳形壁孔突等。

2. 囫囵吞枣的词要消化

从外国移植来的词，有些在较长的时间内还没有消化，仍然处于生搬硬套的状态。例如，生材和索状管胞等。

生材——来自日本而源于英语 green。green 一词根据《英国标准》解释，指新伐倒材或细胞腔内仍含有自由水的木材。在美国是指新锯材或未经人工干燥的木材，但不指湿透水的湿材。生材一词在我国一般多指"树木刚伐倒时的木材"，只有一部分的原意。生材一词通常使人误解为熟材（ripe wood）的对应词（其实二者之间并无任何联系）。为此，建议将生材一词撤销并另成立两个新词：新伐倒（树）材和未干燥材。新伐倒（树）材是指刚伐倒或伐倒不久的（树）材，其细胞腔内含有生活时期的水分或保持大量（或较高）的自由水；未干燥材是指未经任何方式（包括人工干燥或气干）干燥的木材。这项建议当否？欢迎批评，指正。

索状管胞——译自英语 strand tracheid，是指由方形或矩形细胞纵向串联而成的管胞，较一般管胞的长度为短，其两端和径壁具有边壁孔。strand 一词是指绳索的股或根，也指串。在这里译为串是比较符合原物的形态或原词的本意。因此建议将索状管胞改译为串形管胞。

3. 同物异名的译词要统一

例如 cross field 有译交叉场、井字区、交叉区的，又如 absolutely dry wood 有译全干材、绝干材、烘干材的等等。希望能择优使用，统一起来。此外，更严重的问题是出现在外国木材的汉译名方面，例如，Burma mahogany（*pentace burmanica*）译为缅甸硬椴、缅甸桃花心木，mablewood（*Diospyros marmorata*）译为云纹木、斑马纹木、安达曼柿木等等。外材的汉译名称是个比较麻烦的问题，应加以统一以便利使用。

4. 译词欠当的要加以改正

例如，粗视构造、干缩系数等。粗视构造一词译自 macrostructure，日语称可视构造。是指木材在肉眼下（包括使用放大镜帮助）所能看到的木材构造特征。粗视构造的缺点在于"粗"字，易于引起人们的误解，认为粗枝大叶或马马虎虎所看到的构造特征。当然，任何一种科学研究都不能粗枝大叶地进行。据我所知，粗视构造一词已在逐步为肉眼的构造或宏观构造所代替，这样较为符合实际并可免除一些误会。

干缩系数——二十世纪五十年代初期由俄语译出。从翻译角度来说，译词没有什么错误，但问题在于原词名实不符或名实关系含糊不清，易于令人产生误解。干缩系数是指木材含水率在纤维饱和点以下，每变动1%时干缩变动的百分数。由其本身意义来说，它应是有单位，即%，但系数一般是不带单位的，因此在实际应用时就经常出现混乱。例如，在教材、科研论文、试验报告中常可见到一些混乱现象，即有的带单位，有的不带单位。但带或不带单位并不是文字上的繁简问题，而是有本质上的差异。因此为了争取名实相符，我们建议将干缩系数一词改称为平均干缩率%，或简称均缩率%。

此外，还有译词，如拟侵填体的拟字，宜改为似侵填体，拟亦杨宜改为似亦杨，筒状非洲楝宜改为柱状非洲楝，螺纹加厚宜改为螺纹增厚，等等。

结构（texture）一词是指木材（构造）的细致度，反映木材肌体构造的粗细程度。另有一词 structure 也译结构，但与肌体状态无关。为此 texture 一词宜改译为肌构，以免与结构（structure）混淆不清。

5. 原词意义含混的需要澄清

例如，材质一词大约是在半个世纪以前由日本输入我国，其词文含混不清，直到现在仍在以讹传讹地传播、运用。材质一词应为木材质量（timber quality）的简称。直到现在我们还可以看到在教材和有关文件上出现“木质轻柔”“材质坚韧”等词语。轻柔、坚韧应属材性（timber property）的范畴，怎样能说是材质的内容呢？由此可知，材质的概念与材性的概念是混乱不清的。

在英语木材学名词中还有grain（纹理）与figure（花纹）常有通用或混乱使用的情况。因此具体使用时必须认真加以分析和澄清，但是最根本的方法就是把它们标准化。

木材名词标准化的必要性

上节木材名词的现状所列部分实例就清楚地表明，我国木材名词中存在着不少问题亟待清理、筛选、订正和修改。一句话，就是要进行标准化才能解决问题。

木材名词的标准化是木材科技和木材工业生产发展的必然结果。例如，教材、论文、工作报告中所用的名词各不一致，概念各异，势必引起某些不必要或可以避免的混乱。如果工厂产品的型号、规格、花色品种没有标准化，势必形态各异、大小悬殊，导致应用上的困难。

在国际交往中，如果没有标准化，就缺乏共同语言，哪里还有什么协调的行动？例如，英美用英尺、磅，我们用米、公斤，二者不通必须经过换算，很不方便。

在外贸方面，对木材的名称和计量、级等也需要有共同的标准。过去由于我们在这方面不够注意或缺乏知识，以致上了不少当、吃了不少苦，深感标准化的必要性。例如，桃花心木（楝科，产中美洲）是一种优质的家具用材。因此，带有某某（地名）的桃花心木名称的就有百种以上。有些纯粹是骗人的宣传，如果你不懂国际市场的标准名称或拉丁学名，你就会上当受骗。这种教训在我国各地出现并不是罕见的。

对木材名词标准化的意见

木材名词的标准化就是木材名词的正名实践。个人认为，这个实践似应进行下列几方面的工作。

1. 明确标准

检验名词的标准是按名词的三性，即科学性、民族性和群众性进行评定。

科学性：就是看名词是否符合或接近客观实际，例如，壁孔一词较纹孔为好，壁孔突较纹孔塞为好，对*Guaiacum sanctum*称厚边［材］愈疮木较伪愈疮木为好，都是因为前者比较接近客观实际，科学性较强。

民族性：就是名词不卑不亢，例如，对*Sequoiadendron gigateum*宜译为北美巨杉而不应译为世界爷，称核桃木较称胡桃木为好。

群众性：就是要求名词要通俗易懂，便于普及，例如，有边壁孔较具缘纹孔通俗易懂，薄边圆锯较薄缘圆锯通俗易懂。对树木名称凡中国有的不用音译或外国名称，如，蕈木较阿丁枫通俗易懂。

2. 选择方法

我们赞赏并使用周恩来总理对吸收外国文化和科技成果所提出的“用、批、改、创”四字方针作为工作指导深受其益。

用：是对现有的木材名词要作有选择的应用，并在应用中再选择。对长期使用而未发生任何不良后果的，就继续使用。

批：揭露名词的缺点。批是认识的深化，是改的基础和开始。

改：是订正或修正名词，是提高名词的质量。改和不改取决于客观形势的要求。就一般常见的名词来说，有些改了，如曳引机改为拖拉机、维他命改为维生素、抗生素改为抗菌素等等，也有些没有改，如自行车、汽车等等。木材名词也是一样，有的要改，如纹孔、生材、重色皮等，有的便不需要改，如心材、边材等等。

创：创新、新拟、推陈出新都是属创的范畴。这是“用、批、改”认真实践的必然结果。对于只有我们特有而外国所没有的名词，当然更是独创。例如，在肉眼识别原木方面，外国所没有的树皮、材身、材皮及其各种特征，就是我国独创的名词。

3. 重视技巧

木材名词标准化的技巧是不容忽视的，否则就会事倍功半，甚至前功尽弃。现陈述其要点于下。

从理论上说，既要尊重客观实际、尊重历史事实，但又要发展科学和推动生产前进。对已有的名词应尽可能地选择使用并防止标新立异。

木材名词应尽量争取与其他有关学科名词统一，但不必强求一律，也可以同时存在两个平行的名词，让历史做出选择。

关于主副学科的关系，应优先照顾主科的意见。

从实践方面说，不论是修订、改正或新拟的名词，都要毫无例外地争取文字简明、顺口、易懂、易记、易用，在用字上下功夫。

简明：名词贵在简洁、精练，凡能用两个字就说明问题的，绝不要用三个字。对于译订外国木材树种名称也尽量争取简洁，一般以不超过五个字为适宜。

顺口：选用组词的字，要用常见常用易认易读的字，而且读起来还要求顺口，必须避免用难认、难读和难发音的字。

前景展望

我们热烈欢迎全国自然科学技术名词委员会的再度成立和恢复工作，希望该会团结、组织并领导全国各方面的名词工作者共同努力，有计划，有步骤地开展工作，重要的、急需的、有基础或条件较好的工作先做。

（1）创办自然科技名词期刊，对各种讨论、意见和建议择优发表，为百家争鸣提供条件。组织书评，对现在已经出版的各种词汇、词典进行实事求是的评价和讨论。刊布有关科学技术名词的命名原则条例和经验、教训。

（2）审订并出版词汇、词典及有关书籍。对已经标准化了的名词也要每隔三五年支持其修订一次，不能一劳永逸。

（3）对条件比较成熟的专业名词，召开学术讨论会进行充分的讨论。

（4）由名词委员会资助开展研究或由名词委员会搭桥与有关单位挂钩开展合作研究。

总括地说，木材名词的标准化是一项复杂细致的科学工作，不是简单地依靠一次会议结果或行政命令所能解决问题的，而是要依靠大量的研究工作并经过时间的考验才能逐步见效。我们深信，只要名词委员会把工作抓起来，一抓到底，预期的效果总是会指日可待的。

参考文献

［1］国家市场监督管理总局，国家标准化管理委员会．标准化工作导则 第1部分：标准化文件的结构和起草规则：GB/T 1.1—2020［S］．北京：中国标准出版社，2020.

［2］国家市场监督管理总局，国家标准化管理委员会．术语工作 原则与方法：GB/T 10112—2019［S］．北京：中国标准出版社，2019.

［3］国家市场监督管理总局，国家标准化管理委员会．建立术语数据库的一般原则与方法：GB/T 13725—2019［S］．北京：中国标准出版社，2019.

［4］中华人民共和国国家质量监督检验检疫总局，国家标准化管理委员会．术语工作 概念体系的建立：GB/T 19100—2003［S］．北京：中国标准出版社，2003.

[5] 中华人民共和国国家质量监督检验检疫总局，国家标准化管理委员会．标准编写规则 第1部分：术语：GB/T 20001.1—2001［S］．北京：中国标准出版社，2001.
[6] 中华人民共和国国家质量监督检验检疫总局，国家标准化管理委员会．术语工作 概念和术语的协调：GB/T 16785—2012［S］．北京：中国标准出版社，2012.
[7] 国家质量技术监督局．术语工作 词汇 第1部分：理论和应用：GB/T 15237.1—2000［S］．北京：中国标准出版社，2000.
[8] 中华人民共和国国家质量监督检验检疫总局，国家标准化管理委员会．木材防腐术语：GB/T 14019—2009［S］. 北京：中国标准出版社．
[9] 国家市场监督管理总局，国家标准化管理委员会．人造板及其表面装饰术语：GB/T 18259—2018［S］．北京：中国标准出版社，2018.
[10] 国家市场监督管理总局，国家标准化管理委员会．锯材检验术语：GB/T 36202—2018［S］．北京：中国标准出版社，2018.
[11] 国家林业局．木材性质术语：LY/T 1788—2008［S］．北京：中国标准出版社，2008.
[12] 国家林业和草原局．集装箱底板用定向刨花板：LY/T 3226—2020［S］．北京：中国标准出版社，2020.
[13] 国家市场监督管理总局，国家标准化管理委员会．混凝土模板用胶合板：GB/T 17656—2018［S］．北京：中国标准出版社，2018.
[14] 中华人民共和国国家质量监督检验检疫总局，国家标准化管理委员会．高密度纤维板：GB/T 31765—2015［S］．北京：中国标准出版社，2015.
[15] 国家林业和草原局．室内木质门：LY/T 1923—2020［S］．北京：中国标准出版社，2020.
[16] 国家林业和草原局．轻质黄麻/聚酯纤维复合板：LY/T 3276—2021［S］．北京：中国标准出版社，2021.
[17] 沈同，邢造宇，张丽虹．标准化理论与实践［M］．北京：中国质检出版社，2010.
[18] 汪秉全．木材名词需要标准化［J］．自然科学术语研究，1985（2）：18-22.

第九章　产品标准的编写

木材工业产品标准是木材工业标准体系的重要组成部分，也是木材工业产品质量安全、木材工业产品质量提升的基础。只有高质量的标准，才能保证有高质量的产品，才会有高质量发展的木材工业产业。制定高质量的产品标准，对产业发展具有重要意义。

第一节　产品标准的重要性及其制定原则

产品标准是为保证产品质量的适用性，对产品必须达到的某些要求或全部要求所制定的标准。

产品标准的编写应该遵守 GB/T 20001.10—2014《标准编写规则 第 10 部分：产品标准》和 GB/T 1.1—2020《标准化工作导则 第 1 部分：标准化文件的结构和起草规则》的要求。本节主要介绍 GB/T 20001.10—2014《标准编写规则 第 10 部分：产品标准》的要求。

一、产品标准的重要性

产品标准是企业组织生产的依据，也是贸易、检验、技术交流、仲裁、质量监督检查的重要依据。《中华人民共和国标准化法》第二十七条明确指出：企业应当按照标准组织生产经营活动，其生产的产品、提供的服务应当符合企业公开标准的技术要求。

（一）产品标准是产品质量的技术保障

产品标准是企业（组织）技术经济能力的综合反映。产品在市场上的竞争，主要表现为质量之争，即技术经济能力的较量。对产品来讲，其质量的技术指标主要反映在产品的安全性、可靠性、使用性、寿命以及外观等方面。产品标准不仅客观地反映了上述技术指标的基本要求，而且对实现上述指标的要求所进行的试验、检验方法、手段以及规则等内容进行了统一规定。这不仅反映了产品质量在技术上的成就，也为企业的管理工作明确了目标，为产品质量水平的评定提供了技术依据，对提高产品质量既有保证作用，又有促进作用。

（二）产品标准是优化生产秩序的内在需求

质量管理和标准化是现代化生产的产物，是生产力发展的必然结果。质量管理概念一出现便和标准化有机地结合起来，质量管理过程就是制定标准和贯彻实施标准的过程。产品标准化是标准化工作的重要组成部分，是改善企业管理、提高工艺水平、确保产品质量、保持性能先进、取得经济效益的有效手段。企业以生产产品为主，其一切生产技术活动都为"产品"这个中心服务。所以，产品标准化程度的高低对企业的各项生产技术工作都有直接影响。不对产品的品种规格合理优化、简化，势必会出现品种繁杂、规格混乱的状况。因此，运用简化原则和合理分级的方法，将产品型式、基本参数、尺寸以及结构等作出合理规定，以协调同类产品之间及配套产品之间的关系，实现产品品种的系列化，既能使企业保持有序地组织生产，又能满足社会生产和顾客的需求。

（三）产品标准是满足顾客要求和市场监管的保证

在采购过程中，产品标准是采购人员进行采购时对供方控制的技术依据。在销售过程中，产品标准是签订合同的依据。发生质量纠纷时，应依据产品标准进行处理。在开展国际贸易方面，采用国际标准是消除国际贸易方面的壁垒的措施。产品标准和质量管理体系要求的结合，能使组织证实有能力稳定地提供满足顾客和适用法律法规要求的产品，能不断地增强顾客满意度。正确反映市场需求是制定产品标准核心问题，也是产品标准的灵魂。

同时，产品标准也是国家市场监管部门进行质量管理和进行仲裁的依据，产品质量是否达标，取决于产品质量是否符合标准要求。

（四）产品标准是提高效益的重要条件

产品标准在规定各项指标时．不但要考虑生产技术的进步，而且要对企业生产的状况、顾客的需求和国家、企业的综合效益充分加以考虑，使企业在保证产品质量，满足顾客需求的前提下所付出的成本最低，使顾客在使用、管理和维护产品时所发生的费用也最低。

（五）产品标准是企业标准化工作的核心

企业开展标准化的目的，主要是提高产品质量，优化产品品种，增强产品的市场竞争能力。为了实现这些目标，除制定产品标准外还需要制定一系列与其有关的基础标准、方法标准以及安全、卫生和环境保护方面的标准。这些标准的制定要围绕产品标准展开。如企业围绕产品标准所制订的设计、工艺、工装、外购件、原材料和试验、检验标准，以及各种工作方法、工作程序和生产管理等方面的标准，都是为了保证所生产的产品符合产品标准而规定的。

二、产品标准的制定原则

（一）符合国家法律法规、产业政策、保护消费者和质量安全的要求

制定产品标准一定要符合国家有关法律法规的规定，符合国家产业发展方针、政策的要求，满足保障人体健康、人身财产安全和保护动植物生命健康和安全的要求，保护消费者合法权益，保护环境，合理利用资源和节约能源，保证产品质量和产品安全，完整反映产品的质量特征和功能特性。

（二）确定标准化对象

起草产品标准时，首先应确定标准化对象或领域。

产品标准的标准化对象通常为有形产品、系统、原材料等，编写产品标准涉及的标准化对象或领域通常有：

（1）某领域的产品，如 GB/T 4897—2015《刨花板》。

（2）完整产品，如 GB/T 28994—2012《木质楼梯》。

（3）产品部件，如 LY/T 1976—2011《楼梯用木质踏板》。

（三）明确标准的使用者

起草产品标准时，应明确标准的使用者。

产品标准的使用者通常有：

（1）生产商、制造商或供应商（第一方）；

（2）用户或订货方（第二方）；

（3）独立机构（第三方）。

国家标准、行业标准、地方标准中的产品标准的使用者通常为上述三方。

因此，在起草这类产品标准时应遵守“中立原则”，即应使得产品标准的要求能够作为第一方、第二方或第三方合格评定的依据。

企业标准中的产品标准通常供企业自身使用。因此，在起草这类产品标准时应明确标准的使用者是企业的生产者还是采购者。

（四）确定产品标准制定的目的

任何产品都有许多特性，但只有其中的一些特性可以作为标准的内容。

标准的编制目的是特性选择的决定因素之一。对相应产品进行功能分析有助于选择标准所要包括的技术要素。编制产品标准的目的通常有：保证产品的可用性，保障健康、安全，保护环境或促进资源合理利用，利于品种控制等。

制定产品标准时，就必须确认制定标准的目的，以便决定标准包括哪些要求。

（五）符合性能特性原则

只要可能，要求应由性能特性（定量）、而不用描述特性（定性）来表述，以便给技术发展留有最大的余地。性能特性表述要求时，需要注意保证性能要求中不疏漏重要的特性。然而，是以性能特性表述要求，还是以描述特性表述要求，需要认真权衡利弊，因为用性能特性表述要求时，需要进行试验检测。

性能特性原则的实质是要求"结果"优先，相对于"结果"，"过程"的途径多种多样。因此，不同的生产者可以采用不同的技术、不同的方法达到性能特性要求的"结果"。

（六）满足可证实性原则

不论产品标准的目的如何，标准中应只列入那些能被证实（或可测定）的技术要求。或者说，如果没有一种试验方法能在相对较短的时间内证实产品是否符合稳定性、可靠性或寿命等要求，则标准中不应规定这些要求。

为了满足可证实性原则，标准中的要求应定量并使用明确的数值（见 GB/T 1.1）表示。不应使用诸如"足够坚固"或"适当的强度"之类定性的表述。规范性要求的数值应与只供参考的数值明确区分。

（七）避免重复和不必要的差异

避免重复是标准化方法论的一项首要原则，同时还应尽可能减少不必要的差异。为此，有关产品的要求只应在一项标准中规定，可以采取以下具体措施：将适用于一组产品的通用要求规定在某项标准的一个部分中；将适用于一组产品、两个或两个以上类型产品的试验方法规定在产品标准的某一个部分中。

涉及上述产品的每一个部分或标准均应引用通用要求部分或试验方法部分（可指出各种必要的修改）。

如果在编制产品标准时，有必要对某种试验方法标准化，并且多个标准都需要引用该试验方法，则需要为该方法编制一个单独的试验方法标准。

第二节　产品标准编写方法

产品标准结构一般包括标准名称、范围、术语和定义、分类、要求、检验方法（包括取样）、检验规则、标志、标签、包装运输和贮存、数值的选择等内容，标准的具体内容可根据制定标准的目的等实际情况进行取舍、组合、调整、增加。下面根据 GB/T 20001.10—2014《标准编写规则 第 10 部分：产品标准》分别介绍这些内容的编写方法。

专栏 9-1

产品标准的结构

1. 标准名称
2. 范围
3. 术语和定义
4. 分类
5. 要求
6. 检验方法（或试验方法）（包括取样）
7. 检验规则（包括抽样方案）
8. 标志、标签、包装运输和贮存

一、标准名称

产品标准如包含了产品标准的全部技术要素，可用产品名称作为标准名称。

示例 1：细木工板

示例 2：胶合板

产品标准的规范性技术要素中如仅包括了“技术要求”和“试验方法”，或者同时还包括了部分技术要素，可使用“技术规范”或“规范”作为标准名称的补充要素。

示例 1：牙刷及口腔器具产品安全通用技术要求

示例 2：石塑装饰板通用技术要求

示例 3：人造板定制衣柜技术规范

同类产品共同使用的“技术规范”，可使用“通用技术规范”或“通用技术条件”作为标准名称的补充。

示例：木家具通用技术条件

二、范围

范围应明确标准所涉及的具体产品，还应按照顺序指出所涉及的具体内容。如必要，还应对编制标准的目的指出技术要求所涉及的方面。

范围还应指出标准的预期用途和适用界限，或标准的使用对象。

示例 1：国家标准 GB/T 17656—2018《混凝土模板用胶合板》的范围

本标准规定了混凝土模板用胶合板的术语和定义、分类、要求、测量及检验方法、检验规则以及标志、包装、运输和储存等。

本标准适用于木材单板制成的混凝土模板用胶合板。

说明：这个标准范围按照标准每章的标题进行了明确规范。

示例 2：林业行业标准 LY/T 3226—2020《集装箱底板用定向刨花板》的范围

本标准规定了集装箱底板用定向刨花板的术语和定义、要求、检验方法、检验规则以及标识、包装、运输和贮存。

本标准适用于集装箱底板用定向刨花板。

说明：这个标准范围按照标准涉及的章进行了明确规范。

示例 3：林业行业标准 LY/T 1700—2018《地采暖用木质地板》的范围

本文件规定了地采暖用木质地板的术语和定义、分类、要求、检验方法、检验规则以及标识、包装、运输和贮存。

本文件适用于地采暖用的浸渍纸层压木质地板、实木复合地板、软木类地板、浸渍纸层压实木复合地板和其他木质地板等。本文件不适用于地采暖用实木地板。

说明：这个标准范围明确了标准不适用的情况。

示例 4：林业行业标准 LY/T 1923—2020《室内木质门》的范围

本标准规定了室内木质门的术语和定义、分类、要求、检验方法、检验规则、标识、包装、运输和贮存等。

本标准适用于采用实木或其他木质材料作为主要材料的室内木质门。不适用于国家强制标准规定的防火门和防盗门等具有特殊功能的木质门。

说明：这个标准明确了标准不适用情况。

示例 5：林业行业标准《耐化学腐蚀高压装饰层积板》的范围

本文件规定了耐化学腐蚀高压装饰层积板的术语和定义、分类、要求、检验方法、检验规则以及标志、包装、运输和贮存等。

本文件适用于对各种化学试剂有耐腐蚀要求的实验台（桌）、试剂架和通风柜等制造用的耐化学腐蚀高压装饰层积板。

说明：这个标准“适用于……”增加了产品的用途，便于标准使用者了解该产品的用途。

三、分类

产品标准中分类为可选要素，它可为符合规定要求的产品建立一个分类。根据具体情况，该要素可并入技术要求，或编制为标准的一个部分，也可编制为单独的标准。

产品分类的基本要求如下：划分的类别应满足使用的需要；要尽可能采用系列化的方法进行分类；对于系列产品应合理确定系列范围与疏密程度等，尽可能采用优先数和优先数系或模数制。

可根据产品不同的特性（如来源、结构、性能或用途等）进行分类。产品分类一般包括下列内容：分类原则与方法；划分的类别，如产品品种、型式（或型号）和规格及其系列；类别的识别，通常可用名称（一般由文字组成）、编码（一般由数字、字母或它们的组合而成）或标记（可由符号、字母、数字构成）进行识别。

示例 1：林业行业标准 LY/T 1700—2018《地采暖用木质地板》的产品分类

根据地采暖木质地板的种类进行分类，具体如下。

按产品种类分：

（1）地采暖用浸渍纸层压木质地板；

（2）地采暖用实木复合地板；

（3）地采暖用软木类地板；

（4）地采暖用浸渍纸层压实木复合地板；

（5）其他地采暖用木质地板。

示例 2：林业行业标准 LY/T 1923—2020《室内木质门》的产品分类

按照材料构成和表面装饰两种方法分类，分别为：

4.1　按材料构成分

（1）实木门；

（2）实木复合门；

（3）木质复合门；

4.2　按表面装饰分

（1）油漆饰面门：透明饰面、不透明饰面；

（2）油蜡饰面门：木蜡油等饰面；

（3）其他饰面门：浸渍胶膜纸、油漆饰面装饰纸、聚氯乙烯（PVC）、聚丙烯（PP）、聚乙烯（PE）、热固性树脂浸渍纸连续层压板（CPL）、热固性树脂浸渍纸高压层积板（HPL）等。

示例 3：国家标准 GB/T 17656—2018《混凝土模板用胶合板》的产品分类

按表面处理分为：

（1）未饰面混凝土模板用胶合板（简称素板）；

（2）树脂饰面混凝土模板用胶合板（简称涂胶板）；

（3）浸渍胶膜纸饰面混凝土模板用胶合板（简称覆膜板）。

示例 4：林业行业标准 LY/T 1987—2020《木质踢脚线》的产品分类

该标准按基材、饰面类型、使用功能等 3 种方法分类，具体如下：

4.1　按基材分：

（1）实木踢脚线；

（2）人造板踢脚线；

（3）木塑踢脚线。

4.2　按饰面类型分：

（1）涂饰饰面木质踢脚线；

（2）包覆饰面木质踢脚线。

4.3　按使用功能分：

（1）普通木质踢脚线；

（2）地采暖用实木踢脚线。

示例 5：林业行业标准 LY/T 2872—2017《木制珠串》的产品分类

该标准按材料、按串珠加工工艺、按串珠形状、按表面处理等 4 种方法分类，具体如下：

4.1　按材料分：①全实木珠串；②混搭木制珠串。

4.2　按串珠加工工艺分：①雕刻木制珠串；②未雕刻木制珠串。

4.3　按串珠形状分：①圆（球）形木制珠串，是市场上最常见类型；②其他形状木制珠串，一般称为异形或者随形珠串。

4.4　按表面处理分：①未经表面处理珠串；②抛蜡珠串；③染色、涂饰珠串。

四、技术要求

下列内容是编写技术要求中可能涉及的问题，具体产品规定哪些性能要求应根据各自的特点及制定标准的原则选择相应的内容。

（一）一般要求

产品标准中技术要求为必备要素，它应包括下述内容：

（1）直接或以引用方式规定的产品的所有特性；

（2）可量化特性所要求的限值；

（3）针对每项要求，引用测定或验证特性值的试验方法，或者直接规定试验方法。

该要素中不应包括合同要求（有关索赔、担保、费用结算等）和法律或法规的要求。在某些产品标准中，可能需要规定产品应附带的针对安装者或使用者的警示事项或说明，并规定其性质。另一方面，由于安装或使用要求并不用于产品本身，因此应规定在一个单独的部分或一个单独的标准中。

如果标准只列出特性，其特性值要求由供方或需方明确而标准本身并不予以规定时，在标准中应规定如何测量和如何表述（如在标志、标签或包装上）这些数值。

（二）适用性的要求

1. 可用性

为了保证可用性，需要根据产品的具体情况规定产品的使用性能、理化性能、环境适应性、人类工效学等方面的技术要求。针对不同类别的产品可考虑诸如以下内容：

（1）使用性能：选择直接反映产品使用性能的指标或者间接反映使用性能的可靠代用指标，如漆膜附着力、耐磨性、可靠性等要求。

用不同测试方法得出的不同指标的数据或得出的同一指标的不同数据，经过一定换算，能够在实用范围内得到同样有效的判断或结论时，可用这些数据中的某些数据代替别的数据作为衡量产品性能的指标。这时，前者被称为后者的代用指标。

(2) 理化性能：当产品的理化性能对其使用十分重要，或者产品的要求需要用理化性能加以保证时，应规定产品的物理力学（如力学、声学、热学）、化学性能，如产品的含水率、密度、强度、硬度；甲醛释放量、化学成分、纯度，杂质含量限值等。

(3) 环境适应性：根据产品在运输、贮存和使用中可能遇到的实际环境条件规定相应产品对温度、湿度、工业腐蚀、冲击、振动等适应的程度，产品对气候、酸碱度等影响的反应，以及产品抗老化、抗腐蚀的性能等。

2. 健康、安全、环境或资源合理利用

如果保障健康、安全，保护环境或促进资源合理利用成为编制标准的目的之一，则应根据具体情况编制相应的条款，如下所述。

(1) 对产品中有害成分的限制要求；

(2) 产品中的有害物质以及使用中产生的废弃物排放对环境影响的要求；

(3) 对直接消耗能源产品的耗能指标的规定，如电耗、油耗、煤耗、气耗、水耗等指标。

这些要求可能需要含有极限值：最大值和（或）最小值。在规定极限值水平时应尽可能降低风险因素。为了便于法规引用，这些要求宜编制成标准中单独的章，或标准的单独部分，以至单独的标准。

如果标准只涉及健康、安全、环境保护或资源合理利用中的一种或多种要求，则属于强制性标准。如果这些要求规定在强制性标准或技术法规中，相应的试验方法需要编制成单独的推荐性标准，而强制性标准或技术法规通常要引用这些试验方法标准。

3. 品种控制

对于广泛使用的材料，利于品种控制是编制标准的重要目的。品种可包括尺寸和其他特性。在涉及品种控制的标准中应提供可选择的值（通常给出一系列数，并规定其公差）。

（三）其他要求

1. 结构

需要对产品的结构提出要求时，应做出相应的规定。规定产品结构时，应给出结构尺寸图，并在图上注明相应尺寸（长、宽、高三个方向），或者注明相应尺寸代号等。

2. 材料

产品标准通常不包括材料要求。为保证产品性能和安全，不得不指定产品所用的材料时，如有现行标准，应引用有关标准，或规定可以使用性能不低于有关标准规定的其他材料；如无现行标准，可在附录中对材料性能作出具体规定。

对于原材料，如果无法确定必要的性能特性时，宜直接指定原材料，最好再补充如下文字：“……或其他已经证明同样适用的原材料。”

3. 工艺

产品标准通常不包括生产工艺要求（如加工方法、表面处理方法、热处理方法等），而以成品试验来代替。如果为了保证产品性能和安全，不得不限定工艺条件，甚至需要提供检验生产工艺（例如压力容器的焊接等）时，则可在“要求”中规定工艺要求。

4. 要求的表述

涉及产品适用性的某些要求，有时可使用产品的类型或等级，或使用需要满足使用条件的描述术语来表达，以便在产品上做标记或标志同时规定只在能使用标准试验方法证明相应要求得到满足时才可使用这些术语或标志。

要求型条款用文字表述的典型句式为：

(1) 对结果提要求：“特性”按“证实方法”测定“应”符合“特性的量值”的规定；

（2）对过程提要求："谁""应""怎么做"。

要求型条款用表格表述时，其表头的典型形式为：编号、特性、特性值、试验方法等，其中试验方法栏通常给出该标准中规定试验方法的章条编号，或者给出引用的标准编号及章条号。该表格应在正文中使用要求型条款提及。

（四）选择产品标准中性能指标的原则

1. 目的性原则

产品的大部分特性由产品的设计和工艺作出了规定，标准规定的产品特性（即技术内容）仅是产品特性的一部分。因此，必须根据制定标准的目的，有针对性地选择一些必需的技术内容在标准中加以规定。为了实现所制定标准的目的，原则上应根据性能特性规定要求，给技术发展最大的自由度、不限制新技术的发明和应用。

2. 可检验性原则

标准应规定那些能被检验，从而可通过检验得到证实的特性。有些要求过于空洞，没有具体内容或根据目前的技术水平无法证实，则不要在标准中加以规定。标准不应使用形容词，以增加标准的可操作性。

3. 可判定性原则

该项指标被检测并确定后，应能对最后反应产品属性的某性能作出直接判定。制定产品标准是一项技术复杂、政策性很强的工作，它直接关系到国家、企业和广大消费者的利益。企业产品标准是一种技术规范，是组织生产的依据，要实事求是。

（五）木材工业产品标准的主要技术指标

1. 规格尺寸及其偏差

主要包括产品的长、宽、高或厚度、边缘直度、垂直度等指标以及相应指标的偏差值。

2. 外观质量

产品外观质量分等：木材制品、人造板及其制品国家标准和行业标准对产品的质量分级一般为优等品、一等品和合格品，或者分为优等品、合格品。

由于木材产品或人造板的主要原材料为木材，木材为天然生物材料，其本身具有生长产生的天然缺陷，以及后期木材生产加工产生的加工缺陷。人造板及其制品主要是根据产品表面的外观质量进行分级，即根据外观缺陷情况，如死节、孔洞（虫孔）、腐朽、变色、裂缝、凹陷、压痕、漆膜鼓泡、干湿花、表面压痕、表面龟裂、起泡、鼓包等的有无及其大小等来进行分级。

例如，强化木地板产品在GB/T 18102—2020《浸渍纸层压木质地板》中分为优等品和合格品，具体根据产品外观的压痕、干湿花、表面压痕、表面龟裂、起泡、鼓包、漆膜鼓泡等进行分等；而实木复合地板，在GB/T 18103—2013《实木复合地板》中分为优等品、一等品和合格品，主要根据死节、孔洞（虫孔）、腐朽、变色、裂缝、凹陷、压痕、漆膜鼓泡、干湿花、表面压痕、表面龟裂、起泡、鼓包等外观缺陷进行分类。

3. 理化性能

一般产品的理化性能指标包括：密度、含水率、吸水厚度膨胀率、浸渍剥离、表面耐污染、漆膜附着力（适用表面进行涂饰处理的产品）、耐光色牢度、静曲强度、静曲弹性模量、剪切强度、内结合强度、沸水煮后内结合强度等物理力学指标；以及甲醛释放量、挥发性有机化合物（VOC）指标等。

具有特殊功能的木材工业产品需要增加相应的特殊功能指标。例如阻燃木材与人造板产品，需要增加燃烧性能指标。例如国家标准GB/T 38752—2020《难燃细木工板》中的燃烧性能指标要求：符合GB 8624—2012《建筑材料及制品燃烧性能分级》难燃B1级（包括难燃B1-C级、难燃B1-B级）要求的胶拼和不胶拼细木工板。其中，难燃B1-C级材料指标要求为：燃烧增长速率指数$FIGRA_{0.4MJ}\leqslant$ 250W/s，600s的总热释放量$THR_{600s}\leqslant$15MJ；难燃B1-B级材料指标要求为：燃烧增长速率指数$FIGRA_{0.2MJ}\leqslant$120W/s，600s的总热释放量$THR_{600s}\leqslant$7.5MJ；静电屏蔽木质材料，需要增加静电性能指标；抗菌木质材料需要增加抗菌性能指标，可根据林业行业标准 LY/T 1926—2020《人造板与木（竹）制品抗菌性能检测与分级》确定的采用接种金黄色葡萄球菌（Staphy lococcus aureus）、大肠杆菌（Escherichia coliform）的抗菌率指标。

4. 原辅材料要求

原辅材料项目是可选要素。

一般对于组合产品（如家具、木制珠串）或原材料质量需要进行控制的产品，有必要对原辅材料进行规定。

示例 1：

林业行业标准 LY/T 2872—2017《木制珠串》中规定的原辅材料要求。

木制珠串，俗称木手串或佛珠，指以实木串珠或以实木串珠为主要原料并配以金、银、玉石等材料用络绳串起来的产品，是重要的木材深加工产品，已经成为重要的文玩用品、文化消费品和装饰品。

该产品涉及生产串珠的木材原料、混搭配料（金、银、玉石等）、络绳以及生产过程需要的抛光蜡、染料，因此，在林业行业标准 LY/T 2872—2017《木制珠串》中规定了原料要求：

材料要求

（1）常用树种：常用树种包括 GB/T 18107 规定的红木树种、楠木、桃木、崖柏等。

（2）混搭的其他材料金、银、翡翠、水晶、玻璃等材料应符合相关标准的规定。

（3）络绳应具有一定坚韧度和弹性。

（4）抛光蜡、蜂蜡应符合 GB/T 24314—2009 的要求。其他抛光蜡应安全环保，并对人体无害。

（5）禁用染料禁止使用含可分解芳香胺的染料。

示例 2：

国家标准 GB/T 17656—2018《混凝土模板用胶合板》规定了 2 种原材料，包括木材树种和胶粘剂，具体如下：

5.1　树种

5.1.1　混凝土模板用胶合板的用材树种为马尾松、云南松、落叶松、辐射松、杨树、桉树、桦树、木荷、枫香、拟赤杨、柳安、奥克榄、克隆、阿必东等。

5.1.2　混凝土模板用胶合板的面板树种为该胶合板树种。

5.3　胶粘剂

5.3.1　混凝土模板用胶合板的胶粘剂应采用酚醛树脂或性能相当的树脂。

5.3.2　树脂饰面处理的应采用酚醛树脂或性能相当的树脂。

5.3.3　覆膜用的树脂应采用酚醛树脂或性能相当的树脂。

示例 3：

GB/T 35913—2018《地采暖用实木地板技术要求》的推荐树种

推荐树种：

国内外部分适用地采暖用实木地板木材树种名包括白蜡木、鲍迪豆、鞭茜木、番龙眼、格木、黑核桃、黑酸枝、花梨、桦木等 32 种。其他满足地采暖用实木地板要求的树种可经过法定授权专业部门鉴定确定其木材名称也适用本标准。

五、检验方法

（一）取样

取样要素规定取样的条件和方法，以及样品保存方法。该要素可位于试验方法的起始部分。

（二）一般要求

编写试验方法的目的在于给出证实技术要求中的要求是否得到满足的方法。因此，该要素中规定的试验方法应与技术要求有明确对应关系。

在标准中该要素可以：

（1）作为单独的章；

（2）融入技术要求中；

（3）成为标准的规范性附录；

（4）形成标准的单独部分。

技术要求、取样和试验方法虽然是不同的要素，但在产品标准中它们是相互关联的，应作统筹考虑。

由于一种试验方法往往稍加变动或原封不动就适用于几种产品或几类产品，所以试验方法最容易出现重复现象。因此，在编制产品标准时，如果需要对试验方法进行标准化，应首先引用现成适用的试验方法。

规定试验方法时应考虑采用通用的试验方法标准和其他标准中类似特性的相应试验方法。只要可能，应采用无损试验方法代替置信度相同的破坏性试验方法。不应将正在使用的试验方法不同于普遍接受的通用方法作为理由，而拒绝在标准中规定普遍接受的通用方法。

在标准中列出的各项试验方法，并不意味着具有实施这些试验的义务，而仅仅是陈述了测定的方法，当有要求或被引用时才予以实施。如果在标准中指明产品的合格评定采用统计方法，则符合标准的陈述是指整体的或成批的产品合格。如果标准中指定每件产品需按照标准进行试验，则产品符合标准的陈述意味着每件产品均经过了试验并满足相应的要求。

（三）试验方法的内容

1. 试验方法的内容

试验方法的内容应包括用于验证的产品是否符合规定的方法，以及保证结果再现性步骤的所有条款。如果各项试验间的次序可能会影响试验结果，则在技术标准中还需规定各项试验间的先后次序。

通常情况下产品标准中试验方法应包括试样的制备和保存、试验步骤和结果的表述（包括试验方法以及试验方法的准确度或测量不确定度），也可根据需要增加其他内容，如原理、试剂或材料、仪器、试验报告等。

2. 涉及危险物品、仪器或过程

如果技术标准规定的试验方法涉及使用危险的物品、仪器或过程，则该项标准中应包括一般警示用语和特殊警示用语。建议的警示用语。

3. 供选择的试验方法

如果一个特性存在多种适用的试验方法，原则上技术标准中只能列入一种试验方法。如果因为某种理由在技术标准中需要列出几种方法时，则应指明仲裁法。

4. 按准确度选择试验方法

所选试验方法的准确度应能够对需要评定的特性值是否处在规定的公差范围内做出明确的判定。

当技术上需要时，每个试验方法应包括其准确度范围的相应陈述。

六、检验规则

产品标准中检验规则为可选要素，针对产品的一个或多个特性，给出测量、检查、验证产品符合技术要求所遵循的规则、程序或方法等内容。

产品标准不应涉及合格评定方案和制度的通用要求。使产品符合相关技术要求不应依赖于质量管理体系标准，即产品标准中不应规范性引用诸如 GB/T 19001—2016《质量管理体系 要求》。

若标准中需要规定检验规则，应指出该检验规则的适用范围，必要时应明确界定供制造商或供应商（第一方）、用户或订货方（第二方）和合格评定机构（第三方）分别适用的检验类型、检验项目、组批规则和抽样方案以及判定规则等。

检验规则一般包括：检验分类、抽样与组批规则、判定规则等内容。

（一）检验分类

检验一般分为“型式检验”和“出厂检验”。

1. 型式检验

型式检验是对产品质量进行全面考核，即对产品标准中的全部技术要求进行检验。在标准中应给出型式检验的条件。

型式检验包括标准规定的全部项目。型式检验正常生产时，每半年至少一次或更多次。

在下列情况下应进行型式检验：

（1）产品定型鉴定。

（2）原辅材料及生产工艺发生较大变动时。

（3）停产三个月以上，恢复生产时。

（4）新产品投产或者转产时。

（5）质量监管机构提出型式检验要求时。

2. 出厂检验

出厂检验可理解为交接验收检验，是用来评定产品交货时是否达到产品标准中规定的技术要求。出厂检验的项目一般只是型式检验项目的一部分，个别产品标准也可以是全部项目。出厂检验具体项目的确定要考虑实际需要也要考虑成本。

（二）组批规则与抽样方案

组批规则和抽样方案根据产品特点和供需双方承担的风险确定。组批规则应根据需要规定组批条件、批量、组批时机、组批方法等内容。根据需要规定不同类型的抽样方案。具体方案要根据有关的要素来确定，例如考虑抽样方案类型、检查水平（IL）、合格质量水平（AQL）、不合格分类等。

组批原则是根据产品批量大小、生产变动情况等因素将批量产品划分成若干批次。

抽样方案是根据产品特点，对部分产品或全部产品进行检验的规定。大批量的产品一般都采用抽样的方式。抽样规则应具有代表性，即保证样本与总体的一致性。

（三）判定规则

对每一类检验都需要有判定规则，即判定产品合格、不合格，或者进行重检的规则等。

对产品合格判定的松紧程度一般依需求而定，尤其要依据合同而定，因此，目前检验规则这部分内容通常在国家标准和行业标准中不一定作规定。除强制性标准确立的要求必须执行外，类似检验规则的要求大多留给企业自己决定。检验规则的内容实质是合格评定的内容，检验规则工作的进一步完善要随标准化体制的改革而进行。根据行业特点和需要，还可以对不合格批再次提交检验规定复验规则，例如允许复验的条件、复验项目、复验次数以及复验结果的综合判定等。

七、标志、标签

产品标准中一般应对标志做出规定，尤其是消费品及涉及安全、卫生、环境保护的产品。标志一般有产品标志和包装标志两种。目的是使产品便于识别，并向外界提供有关信息，有利于产品的发配和使用。

当技术标准中只列出特性，其特性值由供方确定而技术标准本身并不做出规定时，则该技术标准应规定在标志、标签或包装上如何表述这些特性值。

产品标志的内容一般有：

（1）生产企业名称；

（2）产品名称；

（3）产品型号或标记；

（4）制造日期或生产批号；

（5）商标；

（6）产品主要参数；

（7）产品质量等级；

（8）有效期；

（9）产品执行的标准等。

这些内容可根据具体情况适当选取，也可增加其他内容。

包装标志包括产品包装外表上的储运图示、运输收发货标志等内容。

八、包装、运输和贮存

产品标准中包装、运输和贮存为可选要素，需要时可规定产品的包装、运输和贮存条件等方面的技术要求，这样既可以防止因包装、运输和贮存不当引起危险、毒害或污染环境，又可以保护产品。

（一）包装

需要对产品的包装提出要求时，可将有关内容编入技术标准，产品的包装应根据产品的性能、形状、价值等情况考虑应采用的包装技术、包装材料等。尤其是对危险货物应提出明确要求。也可引用有关的包装标准。

产品应随带的文件等要求一般也在这部分进行规定。包括：产品合格证、产品使用说明书、装箱单、随机备附件清单、安装图、试验报告、搬运说明、其他有关技术资料。技术标准中应对这些文件内容的项目做出规定。

（二）运输

在运输方面有特殊要求的产品应给出具体规定。如运输工具、运输方式、运输条件、装卸要求等。

（三）贮存

必要时，可规定产品的贮存要求，一般可包括贮存场所、贮存条件、贮存方式、贮存期限等要求。对于有毒、易燃、易爆等物品应规定相应的特殊要求。

九、数值的选择

（一）极限值

对于某些用途，有必要规定极限值，如最大值和（或）最小值。通常对每个特性只规定一个极限值。但有多个广泛使用的类型或等级时，则需要规定多个极限值。

（二）可选值

对于某些用途，特别是为了品种控制和接口的需要，数值可以从多个值或多个数系中选择。适合时，可以按优先数系、模数制或其他决定性因素选择这些数值。

（三）由供方确定的数值

如果允许产品存在多样化，即使产品的某些特性对其性能有明显影响，在技术标准中也不必对这些特性值做出规定，可列出全部由供方自行选择的特性，其值由供方确定，可以采用铭牌、标签、随行文件等多种形式陈述特性值。但对于健康和安全要求，则应在技术标准中规定其特性值，而不允许采用由供方确定特性值的做法。

第三节 木材工业产品标准编写注意事项

木材工业产品标准的编写，就是对木材工业产品技术要求、检验方法等主要内容的描述。编写木材工业标准时，还应注意以下事项。

一、科学确定木材工业标准的主要技术要求

1. 广泛测试产品技术指标数据，科学确定相应技术要求指标

根据产品的特点，从技术的角度确立其主要性能指标与其他性能指标。对这些指标的要求的具体规定，应建立在广泛了解行业产品性能的基础上（包括优质龙头企业、一般企业等）、用户需求的基础上、使用过程的主要问题的基础上，体现出一定的合理性。没有经过大量试验基础上确定的产品标准指标要求，会导致标准指标错误，可能对相关企业造成严重的负面影响（见专栏 9-2）。同时，也要考虑到标准的引领作用，规定的技术内容有利于产品质量的提高和技术进步。

专栏 9-2

GB/T 18102—2007《浸渍纸层压木质地板》的静曲强度不合理

2007 年在 GB/T 18102—2007《浸渍纸层压木质地板》国家标准（也就是强化木地板国家标准）发布实施后，标准起草小组和全国人造板标准化技术委员会不断收到企业反映，厚度为 10mm、12mm 的产品静曲强度普遍达不到标准要求，即小于标准规定的 35MPa，导致产品不合格，受到处罚的问题。

接到企业的反映后，全国人造板标准化技术委员会组织调查发现，GB/T 18102—2007《浸渍纸层压木质地板》制定过程中，市场上浸渍纸层压木质地板的厚度以 8mm 为主，制定标准时根据当初行业和产品的实际情况，确定静曲强度不小于 35.0MPa 是合理的；但是在标准发布后，为提高木地板脚感性能，10mm、12mm 厚度产品大量出现，甚至有个别企业开始生产厚度为 13mm、15mm 等厚度的产品，其静曲强度不能达到 35.0MPa。当时制定标准时，由于市场上主要是小于 8mm 厚度的产品，其静曲强度可达到不小于 35.0MPa 的要求。因此，新的国家标准颁布后，较厚的新产品的静曲强度均达不到 GB/T 18102—2007《浸渍纸层压木质地板》的静曲强度要求。因此，该标准就不适合大于 8mm 厚度的产品要求。

因此，在当时各地工商、质检部门抽查强化木地板 12mm 等厚度的产品时，产品均不能达到国家标准的要求。由于标准指标不合理，导致抽检产品不合格，受到各种处罚。根据不完全统计，全国各强化木地板企业为此缴纳的“学费”超过 200 万元。

为此，2009 年国家标准化管理委员会发布了 GB/T 18102—2007《浸渍纸层压木质地板》（第 1 号修改单），修改了浸渍纸层压木质地板的静曲强度指标，规定：厚度不大于 8mm 时，静曲强度不小于 35MPa，厚度大于 8mm 时，静曲强度不小于 30.0MPa。

2. 参考相关国际标准或国内标准的技术指标，确定相关技术要求

标准是相关产品生产制造、性能要求的技术载体。木材工业产品标准的编写，应该全面了解世界范围内包括各个国家相关标准，特别是 ISO 标准、木材工业发达国家的标准。ISO 的标准，由于有世界很多国家的参与，其技术先进性是得到了各成员国的承认，其标准确定的技术指标具有一定的科学性。同时，ISO 产品标准的性能的要求，是根据很多国家的情况制定的，一些性能指标的要求，也可能是综合各国情况后的妥协方案。因此，国家标准或行业标准的制定，其性能指标一般不应低于 ISO 标准。

与木材工业密切相关的ISO技术委员会相关内容，请参阅本书第3章木材工业国际标准化，各技术委员会颁布标准清单请参阅本书附录3的国际标准化组织ISO标准清单。

同时，产品的性能要求也可以参考相关的国家标准或行业标准。如实木复合地板产品基材采用的实木胶合板，其产品外观质量，就可参考胶合板标准的外观质量。

3. 木材工业产品标准中有害物质限量要求可直接引用相关强制性国家标准要求

木材工业产品中的有害物质对人们的健康影响重大，关于产品标准有害物质限量的规定，可直接引用相关强制性国家标准的规定，也可以制定高于国家标准的要求。如关于甲醛释放量的要求，可直接引用GB 18580—2017《室内装饰装修材料 人造板及其制品中甲醛释放限量》；如产品对甲醛释放量分级，可直接引用GB/T 39600—2021《人造板及其制品甲醛释放量分级》；关于有机挥发物的限量要求，可直接引用LY/T 3230—2020《人造板及其制品挥发性有机化合物释放量分级》；关于可溶性重金属的限量要求，可参考其他标准，如GB 18585—2001《室内装饰装修材料 壁纸中有害物质限量》。

二、选择科学合理的检验方法

根据产品类型、产品的主要技术要求，选择科学合理的检验方法。

1. 实木类木材产品

现行的木材方法标准，主要包括木材性质测定、木材防腐性能检测、结构用木材检测等方面的方法标准。

其中，木材性质测定方法标准为GB/T 1927—2021《无疵小试样木材物理力学性质试验方法》，共分为21部分，是整合修订GB/T 1927—2009《木材物理力学试材采集方法》第232项木材物理力学性质试验方法标准而成。

2. 人造板及其产品

可参考选择GB/T 17657—2013《人造板及饰面人造板理化性能试验方法》国家标准。该标准包含61种常见人造板及其饰面人造板理化性能试验方法。

注意，引用GB/T 17657—2013国家标准时，选用其中方法时，应注意试件处理要求。不同的试验方法对试件是否平衡处理要求不同，要求在具体的产品标准检验方法引用时，要明确是否平衡处理。

为了使用方便，现将GB/T 17657—2013中61种试验方法中试件必要时、不必要进行平衡处理的规定详细整理出来，见表9-1。GB/T 17657—2013多项试验方法规定，“必要时，试件需进行平衡处理”。“必要时”，是在产品标准选择试验方法时，要充分考虑产品的性能特点进行选择。产品标准一定要明确是否进行平衡处理。例如“静曲强度和弹性模量测定按照GB/T 17657—2013的第4.7条执行。试件需要平衡处理”，或者“静曲强度和弹性模量测定按照GB/T 17657—2013的第4.7条执行。试件不需要平衡处理”。

表9-1 GB/T 17657—2013《人造板及其饰面人造板理化性能试验方法》中61种试验方法有关试件平衡处理的规定

GB/T 17657—2013试验方法名称	GB/T 17657—2013规定的试件平衡处理规定	编制产品标准引用时需要明确试件是否平衡
4.1 试件尺寸的测量	不需要平衡处理	—
4.2 密度测定	必要时需要平衡处理	必须明确是否平衡处理
4.3 含水率测定	不需要平衡处理	—
4.4 吸水厚度膨胀率测定——方法1	必要时需要平衡处理	必须明确是否平衡处理
4.5 吸水厚度膨胀率测定——方法2	试件在收到样品状态下测量。若是型式检验，则应将试件置于温度(23±2)℃、相对湿度(50±5)%环境中至质量恒定	—
4.6 24h吸水率测定	必要时需要平衡处理	必须明确是否平衡处理

续表

GB/T 17657—2013 试验方法名称	GB/T 17657—2013 规定的试件平衡处理规定	编制产品标准引用时需要明确试件是否平衡
4.7 静曲强度和弹性模量测定（三点弯曲）	必要时需要平衡处理	必须明确是否平衡处理
4.8 静曲强度和弹性模量测定（四点弯曲）	必要时需要平衡处理	必须明确是否平衡处理
4.9 70℃和100℃水中浸渍处理后静曲强度测定	必要时需要平衡处理	必须明确是否平衡处理
4.10 水煮（浸）——冰冻一干燥处理后静曲强度测定	不需要平衡处理	—
4.11 内胶合（结合）强度测定	必要时需要平衡处理	必须明确是否平衡处理
4.12 2h 沸水煮后内胶合（结合）强度测定	必要时需要平衡处理	必须明确是否平衡处理
4.13 防潮性能测定——沸水煮试验	必要时需要平衡处理	必须明确是否平衡处理
4.14 防潮性能测定——循环试验	必要时需要平衡处理	必须明确是否平衡处理
4.15 表面胶合强度测定——方法 1	必要时需要平衡处理	必须明确是否平衡处理
4.16 表面胶合强度测定——方法 2	必要时需要平衡处理	必须明确是否平衡处理
4.17 胶合强度测定	不需要平衡处理	
4.18 胶层剪切强度测定	必要时需要平衡处理	必须明确是否平衡处理
4.19 浸渍剥离性能测定	不需要平衡处理	
4.20 耐剥离力测定	必要时需要平衡处理	必须明确是否平衡处理
4.21 握螺钉力测定	必要时需要平衡处理	必须明确是否平衡处理
4.22 冲击韧性性能测定	必要时需要平衡处理	必须明确是否平衡处理
4.23 低温冲击韧性性能测定	必要时需要平衡处理	必须明确是否平衡处理
4.24 抗拉强度测定	必要时需要平衡处理	必须明确是否平衡处理
4.25 顺纹抗压强度测定	必要时需要平衡处理	必须明确是否平衡处理
4.26 加速老化性能测定	必要时需要平衡处理	必须明确是否平衡处理
4.27 含砂量测定	—	—
4.28 表面吸收性能测定	必要时需要平衡处理	必须明确是否平衡处理
4.29 耐高温性能测定	不需要平衡处理	—
4.30 耐光色牢度性能测定	不需要平衡处理	—
4.31 色泽稳定性能测定	不需要平衡处理	—
4.32 色差测定	不需要平衡处理	—
4.33 尺寸稳定性测定——方法 1	通过不同条件的调湿测量尺寸稳定性	—
4.34 尺寸稳定性测定——方法 2	必要时需要平衡处理	必须明确是否平衡处理
4.35 表面耐水蒸气性能测定	不需要平衡处理	—
4.36 表面耐龟裂性能测定	加热干燥后，测量前在温度（23±2)℃，相对湿度（50±5)%的环境中放置 24h	—
4.37 表面耐冷热循环性能测定——方法 1	不需要平衡处理	—
4.38 表面耐冷热循环性能测定——方法 2	不需要平衡处理	—

续表

GB/T 17657—2013 试验方法名称	GB/T 17657—2013 规定的试件平衡处理规定	编制产品标准引用时需要明确试件是否平衡
4.39 表面耐划痕性能测定	在温度为（23±2)℃，相对湿度为（50±5)%的环境中，将试件至少放置 72h	—
4.40 表面耐污染性能测定——方法 1	不需要平衡处理	—
4.41 表面耐污染性能测定——方法 2	不需要平衡处理	—
4.42 表面耐磨性能测定——方法 1	试件和纱布在温度为（23±2)℃，相对湿度为（50±5)%的条件下放置 72h 以上	—
4.43 表面耐磨性能测定——方法 2	试件和纱布在温度为（23±2)℃，相对湿度为（50±5)%的条件下放置 72h 以上	—
4.44 表面耐磨性能测定——方法 3	试件和纱布在温度为（23±2)℃，相对湿度为（50±5)%的条件下放置 72h 以上	—
4.45 表面耐香烟灼烧性能测定	在温度为（23±2)℃，相对湿度为（50±5)%的环境中，将试件至少放置 7d	—
4.46 表面耐干热性能测定——方法 1	试件在（23±2)℃、相对湿度（50±5)%条件下至少放置 7d	—
4.47 表面耐干热性能测定——方法 2	将涂层干透的试件放在温度为（23±2)℃，相对湿度（50±5)%的环境中至少存放 48h	—
4.48 表面耐湿热性能测定——方法 1	试件在（23±2)℃、相对湿度（50±5)%条件下至少放置 72h	—
4.49 表面耐湿热性能测定——方法 2	除非另有规定，在试验开始前，应将试件放在温度为（23±2)℃，相对湿度（50±5)%的环境中至少 48h	—
4.50 耐沸水性能测定	不需要平衡处理	—
4.51 抗冲击性能测定	把试件放在温度为（23±2)℃，相对湿度为（50±5)%的环境中至少放置 7d 以上	—
4.52 耐开裂性能测定（厚度 $t \leqslant$ 2mm HPL 板）	把试件放在温度为（23±2)℃，相对湿度为（50±5)%的恒温恒湿箱中 48h	—
4.53 可成型性测定	试件应在温度（23±2)℃，相对湿度（50±5)%条件下至少放置 24h	—
4.54 防静电性能测定	试件在（23±2)℃、相对湿度（55±10)%条件下至少放置 24h	—
4.55 滞燃性能测定	按 GB/T 2408、GB/T 2406.1、GB/T 2406.2 执行	—
4.56 漆膜附着力测定	不需要平衡处理	—
4.57 漆膜硬度测定	不需要平衡处理	—

续表

GB/T 17657—2013 试验方法名称	GB/T 17657—2013 规定的试件平衡处理规定	编制产品标准引用时需要明确试件是否平衡
4.58　甲醛含量测定——穿孔法	(1) 企业内部由于质量控制进行甲醛含量测定，可在板冷却后立即取样，在室温下密封保存。取样后 72h 内必须测定甲醛含量。 (2) 若本方法用于除企业质量控制外的其他方面，例如已安装好的板，采用的取样、试件制备和平衡处理等所有影响最终结果的方法都需经过双方同意并在试验报告中说明。 (3) 除非另有商议，应把试件放在温度 (23±1)℃、相对湿度 (50±5)%条件下放至质量恒定。在相隔 24h 两次称重结果之差不超过试件质量的 0.1%即视为质量恒定	—
4.59　甲醛释放量测定——干燥器法	必要时需要平衡处理	必须明确是否平衡处理
4.60　甲醛释放量测定——1m³ 气候箱法	试件在 (23±1)℃、相对湿度 (50±5)%条件下放置 (15±2) d	—
4.61　甲醛释放量测定——气体分析法	不需要平衡处理	—

3. 林业生物质材料

林业生物质材料产品的检验方法，应参照林业生物质材料国家标准或行业标准相关法标准进行检验，参见表 9-2。

表 9-2　林业生物质材料相关方法标准

标准编号	标准名称
GB/T 35820—2018	《林业生物质原料分析方法 取样方法》
GB/T 35814—2018	《林业生物质原料分析方法 样品处理方法》
GB/T 35905—2018	《林业生物质原料分析方法 总固体含量测定》
GB/T 35812—2018	《林业生物质原料分析方法 预处理后不溶固体含量测定》
GB/T 35808—2018	《林业生物质原料分析方法 纤维素酶活性测定》
GB/T 35809—2018	《林业生物质原料分析方法 蛋白质含量测定》
GB/T 35811—2018	《林业生物质原料分析方法 淀粉测定》
GB/T 35816—2018	《林业生物质原料分析方法 抽提物含量的测定》
GB/T 35818—2018	《林业生物质原料分析方法 多糖及木质素含量的测定》
GB/T 35821—2018	《生物质/塑料复合材料生物质含量测定方法》
GB/T 36055—2018	《林业生物质原料分析方法 含水率的测定》
GB/T 36056—2018	《林业生物质原料分析方法 可溶性糖的测定》
GB/T 36057—2018	《林业生物质原料分析方法 灰分的测定》
GB/T 36058—2018	《林业生物质原料分析方法 不可溶性糖测定》
GB/T 39363—2020	《金银花空气源热泵干燥通用技术要求》

续表

标准编号	标准名称
LY/T 2369—2014	《沙生灌木物理力学性能测试方法》
LY/T 2881—2017	《木塑复合材料氧化诱导时间和氧化诱导温度的测定方法》
LY/T 2554—2015	《木塑复合材料中生物质含量测定 傅立叶变换红外光谱法》
LY/T 2557—2015	《生物质基泡沫材料中生物质基含量测定方法》
LY/T 1319—2022	《软木砖试验方法》

4. 胶粘剂

木材工业用胶粘剂及其树脂产品的检验方法，应按照 GB/T 14732—2017《木材工业胶粘剂用脲醛、酚醛、三聚氰胺甲醛树脂》进行。

三、科学确定产品抽样方案

木材工业产品的抽样方案，可参考 GB/T 2828.1—2012《计数抽样检验程序 第 1 部分：按接收质量限（AQL）检索的逐批检验抽样计划》的抽样水平，确定抽样方案。

人造板产品的抽样，可参考 LY/T 1717—2007《人造板抽样检验指导通则》进行。

作为基材使用的人造板产品的外形尺寸和外观质量的计数抽样检验采用 GB/T 2828.1—2012 中的一般检验水平Ⅱ、接收质量限 AQL 为 4.0 的一次抽样方案，或采用等效的二次抽样方案。除非产品标准中对外形尺寸和外观质量的计数抽样检验另有规定，或遵守合同的规定。

已饰面或已成为最终产品直接使用的人造板产品的外形尺寸和外观质量的计数抽样检验，采用 GB/T 2828.1—2012 中的一般检验水平Ⅱ、接收质量限 AQL 为 1.5 的一次抽样方案，或等效的二次抽样方案。除非产品标准中对外形尺寸和外观质量的计数抽样检验另有规定或遵守合同的规定。

理化性能的抽样方案一般采用复检抽样方案。第一次抽取 n_1 张板，如检验结果中某项指标不合格，则第二次抽取 n_2 张板重新检验不合格项目，第二次样本 n_2 的性能（n_1 中不合格项目）应全部符合标准要求，否则该批产品判为不合格。

具体的产品抽样方案，在参考 GB/T 2828.1—2012 的基础上，人造板类产品可参考 GB/T 9846—2015《普通胶合板》、GB/T 11718—2021《中密度纤维板》等的抽样方案，而木地板产品抽样方案可参考 GB/T 18202—2020《浸渍纸层压木质地板》的抽样方案。

四、注意标准检验分类的项目选择

1. 产品出厂检验项目

出厂检验项目选择应科学合理，并考虑其经济性、合理性。

2. 型式检验

常用写法：型式检验应包括外观质量检验、规格尺寸检验和理化性能检验中的全部项目。

正常生产时每半年至少进行一次型式检验，有下列情况之一时进行型式检验。

（1）原辅材料和生产工艺发生较大变更时。

（2）停产三个月以上，恢复生产时。

（3）新产品投产或转产时。

（4）质量监管机构提出进行型式检验要求时。

如果型式检验的时间需要缩短或延长，则可将“正常生产时每半年至少进行一次型式检验”的每半年或检验次数，根据需要进行修改。

专栏 9-3

GB/T 5849—2006《细木工板》国家标准的型式检验次数错误

2006 年 9 月 15 日发布实施的 GB/T 5849—2006《细木工板》国家标准，标准中的型式检验 7.1.2 d）规定“正常生产时，每月检验不少于两次”。其中“月”字为错误，应为“年”字。

GB/T 5849—2006 国家标准规定，“正常生产时，每月型式检验不少于两次”，当时给细木工企业带来不必要的麻烦。后发布了 GB/T 5849—2006《细木工板》（第一号修改单），进行了修改，修改为“正常生产时，每年检验不少于两次”。

五、注意“标识、包装、储存和运输”内容的编写

1. 标识

产品标识或标注也是市场监管部门每次质量抽查或检查高度关注的项目，需要高度关注。

（1）注意在产品适当部位或合格证上进行标识。有的产品幅面尺寸大，如胶合板产品，则可考虑在产品适当部位进行标识。而木制手串、柳编制品等均不能在产品部位上进行标识，可在产品标签或包装上进行标识。

（2）木材工业产品主要标识项目。

常见项目：产品应标明产品名称、商标、等级、规格、执行标准、甲醛释放量标志或分级、生产日期等。

包装上的标识：产品名称、产品执行标准、等级、规格、张数、商标、甲醛释放限量标志或分级、生产厂名、生产地址、防潮、防晒以及盖有合格章的标签。产品标识可使用条形码、二维码等数字码标识。

以产品标注为例，除了常用的生产厂家的信息、产品名称、执行标准和产品等信息外，产品标注还应结合产品的特点，对其他标识作出要求。以地板标准为例，除了上述产品常用信息外，GB/T 15036.1—2018《实木地板 第 1 部分：技术要求》中，要求对木材名称（拉丁名）进行标注；GB/T 18103—2013《实木复合地板》要求对面板树种、面板厚度做出标注；GB/T 18102—2020《浸渍纸层压木质地板》要求对甲醛释放量限量标志、表面耐磨等级及相应转数等做出相应的标识。

注意：市场监管部门进行产品质量抽查时，常常抽查产品标识，请大家注意在制定产品的国家标准、行业标准、团体标准、企业标准时，一定要高度注意，科学合理规定标识类别和标识方法，准确标注。

2. 包装

产品出厂时应按产品不同类别、规格、等级分别用合适的材料包装。

3. 运输

产品在运输过程中应平整堆放，避免表面划伤和磕碰，且防雨、防潮、防晒。

4. 贮存

产品存放基础必须平整，码放必须整齐，板面不得与地面接触，按不同类别、规格、登记堆放，并有相应标记。贮存地点应防雨、防潮、防晒且远离火源。

六、关注木材工业原材料的国际公约和有害物质限量标准

1.《濒危野生动植物物种国际贸易公约》

CITES（*Convention on International Trade in Endangered Species of Wild Fauna and Flora*）是《濒危野生动植物种国际贸易公约》的简称，签署于 1973 年，生效于 1975 年 7 月 1 日。因此公约在华

盛顿签署，亦简称为华盛顿公约。

CITES是管理濒危物种国际贸易的多边环境协议，属于国际法，其宗旨是为了预防濒危物种因国际贸易而遭到过度开发乃至灭绝。

木材工业产品标准制定时，如果涉及到相关树种，要注意遵守《濒危野生动植物物种国际贸易公约》。

2. GB 18580—2017《室内装饰装修材料 人造板及其制品中甲醛释放限量》、GB/T 39598—2021《基于甲醛释放率的饰面人造板室内承载限量指南》

在整个木材工业产品生命周期中，需要符合国家相关环保要求与规定。如人造板产品的生产过程中的排放物要符合相关排放要求；人造板使用过程中甲醛释放量、有机挥发物（VOCs）的释放量，应符合其他相关规定或国家标准、林业行业标准的要求。如GB 18580—2017《室内装饰装修材料 人造板及其制品中甲醛释放限量》、GB/T 39598—2021《基于甲醛释放率的饰面人造板室内承载限量指南》。

参考文献

［1］中华人民共和国国家质量监督检验检疫总局，国家标准化管理委员会．标准编写规则 第10部分：产品标准：GB/T 20001.10—2014［S］．北京：中国标准出版社，2014.

［2］国家市场监督管理总局，国家标准化管理委员会．标准化工作导则 第1部分：标准化文件的结构和起草规则：GB/T 1.1—2020［S］．北京：中国标准出版社，2020.

［3］国家标准化管理委员会．中国家标准化发展年度报告［R］．2019.

［4］中华人民共和国国家质量监督检验检疫总局，国家标准化管理委员会．计数抽样检验程序 第1部分：按接收质量限（AQL）检索的逐批检验抽样计划：GB/T 2828.1—2012［S］．北京：中国标准出版社，2012.

［5］国家林业局．人造板抽样检验指导通则：LY/T 1717—2007［S］．北京：中国标准出版社，2007.

［6］ISO/IEC Directives，Part 2—Principles and rules for the structure and drafting of ISO and IEC documents［EB］/［OL］．Geneva Switzerland，2021.

第十章　方法标准的编写

第一节　方法标准的重要性及制定原则

中国高度重视木材工业方法标准化工作。20 世纪 50 年代开始，国内学者进行木材工业方法标准化研究与标准制定与实施等工作，早期主要针对原木检验技术及其标准化研究。此后，对木材物理力学试验方法及其标准化、木材防腐剂的检测方法及其标准化、人造板理化性能试验方法及其标准化、人造板甲醛与挥发性有机化合物（VOC）、木材制品重金属的检测方法、结构用木材和工程复合木材及其标准化都进行了大量研究，发表大量的论文，为相关重要标准的出台奠定了坚实的基础。20 世纪 80 年代，中国林业科学研究院木材工业研究所、安徽农业大学、西北农林科技大学、东北林业大学、南京林业大学等科研院所和高校的研究人员，通过大量的木材物理力学性质的测定研究，为 1991 年发布的 17 项《木材物理力学实验方法》系列国家标准提供依据；20 世纪 80～90 年代，中国林业科学研究院木材工业研究所等单位的研究人员通过对各种人造板物理、力学、化学测定方法的研究，为国家标准 GB/T 17657—1999《人造板及饰面人造板理化性能试验方法》中的 48 项检测方法标准化作出了重要贡献。此外，中国牵头修订了 5 项木材物理力学性质试验方法 ISO 标准，分别是：ISO 13601—5：2020《木材物理力学性质 无疵小试样的测定方法 第 5 部分：横纹抗压强度测定》、ISO 13601—10：2017《木材物理力学性质 无疵小试样的测定方法 第 10 部分：抗冲击弯曲强度测定》、ISO 13601—11：2017《木材物理力学性质 无疵小试样的测定方法 第 11 部分：抗冲击压痕测定》、ISO 13601—12：2017《木材物理力学性质 无疵小试样的测定方法 第 12 部分：硬度测定》和 ISO 13601—17：2017《木材物理力学性质 无疵小试样的测定方法 第 17 部分：顺纹抗压强度测定》等 5 项国际标准，由国际标准化组织向全球正式发布，标准修订了试样取样方法，增加了生材材性测定方法，为世界各国木材物理力学试验提供统一的标准试验方法。

一、方法标准的重要性

方法标准是对各项技术活动的方法中的重复性事物和概念所做的统一规定，包括试验、检查、分析、抽样、统计、计算、测量等方法标准。

方法标准是一类十分重要的标准种类，无论是国际标准化组织，还是各国标准化机构，都很重视方法标准的制定。ISO 初期制定的标准中，方法标准和术语标准并列为当时的两大标准主题，美国 ASTM 标准中绝大部分为材料或试验方法标准。我国同样十分重视方法标准的制定，目前我国的国家标准中方法标准的比例占到 40％以上。

二、方法标准的制定原则

除了应满足标准制定的基本要求外，根据方法标准的特点，还应符合以下原则。

（一）积极采用国际标准

1. 应以相应国际标准为基础

国际标准是全球工业界、研究人员、消费者等的经验总结，包含了各国的共同需求。采用国际标准是消除技术贸易壁重要基础之一。国际标准化组织所颁布的标准中大部分为方法标准和基础标准，因此，在制定方法标准时，应首先查询有无适用的国际标准，将其转化为中国标准。要密切关注国际标准的发展动态，及时地将相关的国际标准转化为我国的标准。

2. 应尽可能等同采用国际标准

试验方法、检测方法是判断产品的技术指标是否合格的尺度，是国际贸易的重要手段。在经济全球化的大潮中，为消除技术贸易壁垒、减少产品进出口过程中的争议，必须对方法进行统一。等同采用国际标准为提高方法的统一性提供了保证，提高了各国在进行贸易交往时方法标准的透明度，这是促进国际贸易的基本条件。

如果由于我国资源、气候、自然条件的不同等原因不能等同采用国际标准，也应将与国际标准的差异减到最少。

3. 区别对待采标标准的试验验证

采用国际标准的方法标准如何开展试验验证，应根据具体情况区别对待。以试验方法标准为例，从以往大量采标的验证数据可以看出，国际标准中规定的技术条件通常是科学的、适用的。

在制定标准时，应根据现有条件和具体情况，以确定验证工作的深度。可以采取不做任何试验直接采标（修订标准），仅对方法做精密度试验（制定标准/修订标准），和既做精密度试验又做条件试验（新制定标准）三种方式。如果试验方法的一些条件与国外有差异，还应在试验验证的基础上进行补充修改。

（二）积极引用已颁布的标准

当起草方法标准时，如果已制定有国家标准、行业标准且适用时就应引用。

对于试验、分析等方法来说，由于同类产品处于相同水平的某一特性，其试验、分析方法的基本原理往往是相同的。其不同之处，在于被测对象的种类及其对试验、分析方法可能造成的干扰，从而决定了样品是否需要处理及处理的方式，同时可能还要对试验、分析方法中的某些具体条件加以调整。通用方法标准就是具有共性而适用面较广的标准。因此，在选择方法标准时应选择具有共性的通用方法标准。

根据积极采用国际标准的规定，很多专业都按照国际标准陆续制定了适合本专业的通用方法标准。当一个专业制定的通用方法标准不能满足需要时，可以考虑引用其他专业制定的方法标准。

一般说来，适用性越宽的通用方法标准之间，其共性的内容也越少，这意味着引用标准时起草者还需做的补充工作量越大。在引用通用方法标准时，要考虑产品本身的特点，补充必要的个性内容，包括具体的仪器条件（如光源、波长和火焰等）、具体的测定方法（如具体的称样量、试样溶液的制备、所采用的工作曲线法和加入法等）等。

（三）综合评估确定方法标准中方法的先进性和合理性

在制定方法标准的技术内容时，应了解制定该标准技术内容的依据是否充分，所选择的方法在国际和国内的水平如何，尽可能采用国际通用试验方法，将其制定成中国的通用方法。另外，应了解所制定的标准是否给出了试验误差的范围。因为在试验过程中要受到各种因素的影响，试验结果的误差是不可避免的，给出试验误差的范围可使试验结果具有可靠性。

方法标准的先进性和合理性在一定程度上是互相制约的。如有一些试验方法虽然很先进、试验的精密度很高，但是试验仪器非常昂贵，或者测试比较麻烦，或者试验结果不要求有很高的精密度。这时，就应根据实际需要和可能合理地选择试验方法。一般来说，用于现场测试。包括用于生产控制现场测试的试验方法，应以快速、简便和准确为主；而用于仲裁测试，则应以准确、可靠、精密度高为主。在制定方法标准时，应对标准的先进性和合理性进行综合考虑。既从现有基础出发，又充分考虑科学技术的发展；既要能满足当前的生产需要，又要能适应与国际市场竞争的要求，把提高标准的水平、提高产品的质量和取得良好的经济效益统一起来。

（四）重视仪器、设备等的试验研制

无论是制定新的试验方法标准，还是修订原来的试验方法标准，或进行模拟试验、分析，都需要首先考虑仪器和设备问题。除了依靠购买和其他部门提供外，还可以在开展试验研究的同时，进行仪器和设备的研制和试制工作。

第二节　方法标准的形式、内容和结构

一、方法标准的形式

方法标准一般有以下五种存在形式。

1. 单独的标准

大部分方法标准以这种形式存在，方法标准有可能被若干其他标准所引用时尤其适用。

2. 标准中的一章

指方法（如试验方法）作为标准中的一个独立要素，这种形式多存在于产品标准中，对技术要求给出相应的试验方法。

3. 并入“要求”

指方法（如试验方法）的内容并入要求中，与要求的内容同作为标准中的一个要素，这种形式也多存在于产品标准中。这种形式仅适用要求比较少、试验方法比较简单的标准。

4. 标准的附录

为使标准结构合适，有时需将方法的内容从条款中移到附录，这种形式既适用独立的标准也适用于产品标准中的方法，附录的性质既可以是规范性的也可以是资料性的。

5. 标准的一部分

如果方法的内容过多、篇幅过长、内容相关，就宜将其作为分部分出版的标准，每个方法作为标准中的一个部分。

二、方法标准的结构

因标准化对象不同，试验、检查、分析、抽样、统计、计算、测量等方法标准的内容、结构及顺序均有所不同。

按照 GB/T 20001.4—2015《标准编写规则 第 4 部分：试验方法标准》，试验方法标准中各要素的典型编排以及每个要素所允许的表述形式见表 10-1。编写标准时，可根据试验方法的特点选择表 10-1 中的有关要素。其他的方法标准根据具体情况加以选择及参考。

表 10-1　试验方法标准结构示例

要素类型		要素的编排	要素所允许的表现形式
规范性或资料性	必备或可选		
资料性概述要素	必备	封面	文字（表示标准的信息）
	可选	目次	文字（自动生成的内容）
	必备	前言	条文 注 脚注
	可选	引言	条文 图 表 注 脚注

续表

要素类型		要素的编排	要素所允许的表现形式
规范性或资料性	必备或可选		
规范性一般要素	必备	标准名称	文字
	可选	警示	文字
	必备	范围	条文 图 表 注 脚注
	必备	规范性引用文件	文件清单（规范性引用） 注 脚注
规范性技术要素	必备	术语和定义	条文 图 表 注 脚注
	可选	原理	
	可选	试验条件	
	可选	试剂或材料	
	必备	仪器设备	
	必备	样品	
	必备	试验步骤	
	必备	试验数据处理	
	可选	精密度和测量不确定度 质量保证和控制 试验报告 特殊情况 …… 规范性附录	
资料性补充要素	可选	资料性附录	条文 图 表 注 脚注
规范性技术要素	可选	规范性附录	条文 图 表
资料性补充要素	可选	参考文献	文件清单（资料性引用） 脚注
资料性补充要素	可选	索引	文字（自动生成的内容）

第三节　方法标准的编写要求

试验方法标准应按照 GB/T 20001.4—2015《标准编写规则 第 4 部分：试验方法标准》的要求编写。

一、标准名称

试验方法标准的名称通常由三种要素组成：试验方法适用的对象、所测的指定特性、试验方法的性质。

示例 1：阻燃木材燃烧性能试验火传播试验方法

示例 2：人造板甲醛释放量测定大气候箱法

示例 3：人造板及其制品中甲醛释放量测定 气体分析法

若试验方法标准用于检测多种特性，则标准名称宜省略指定特性，使用试验方法性质的通用名称。

示例 4：人造板及饰面人造板理化性能试验方法

当针对同一特性，标准中包含多个独立试验方法时，标准名称中宜省略有关试验方法性质的表述。

示例 5：木材密度测定方法。该标准规定了无疵小试样木材的气干密度、全干密度和基本密度的测定方法，标准名称中省略 3 种密度试验方法性质的具体表述。

二、范围

范围应简明地指明拟测定的特性，并特别说明所适用的对象。必要时，可指出标准不适用的界限或存在的各种限制。

针对同一对象的同一特性，且基于同一基本测试技术，有时需要在标准中包含不止一种试验方法，例如，由于待测成分在样品中的含量不同或对测定的准确度有不同的要求，应在“范围”中清楚地指明所列方法的各自不同的适用界限或适用的检验类型，并将每种方法安排在各自独立的章中。

如果适用，范围还应包括使用的试验技术（例如气相色谱分析法）以及进行试验的场所（例如实验室、现场或在线等）。

三、原理

必要时，“原理”可用于指明试验方法的基本原理、方法性质和基本步骤。

四、警示

所测试的样品、试剂或试验步骤，如对健康或环境可能有危险或可能造成伤害，应指明所需的注意事项，以引起试验方法标准使用者的警惕。表达警示要素的文字应使用黑体字。如果危险：

（1）属于一般性的或来自于所测试的样品，则应在正文首页标准名称下给出；

（2）来自于特定的试剂或材料，则应在“试剂或材料”标题下给出；

（3）属于试验步骤所固有的，则应在“试验步骤”的开始给出。

示例：（在标准正文首页标准名称下使用黑体字给出如下文字）

值得注意的是，使用本标准的人员应有正规实验室工作的实践经验。本标准并未指出所有可能的安全问题。使用者有责任采取适当的安全和健康措施，并保证符合国家有关法规规定的条件。

五、试验条件

如果试验方法受到试验对象本身之外的试验条件的影响，如温度、湿度、气压、风速、流体速度等，则应在“试验条件”中明确指明开展试验所需的条件要求。

示例 1：温度：23±2℃；相对湿度：25％～75％。

六、试剂或材料

“试剂或材料”通常包括可选的引导语和详述试验中所使用的试剂和（或）材料的清单。清单中的试剂和（或）材料是在试验过程中使用的试剂和（或）材料，其名称后同一行上紧跟着对该试剂和

（或）材料主要特性的描述（如浓度、密度等）。如果需要，应标示试剂纯度的级别。如果有，宜给出相应的化学文摘登记号。

应清楚地指出以市售形态使用的试剂和（或）材料，并给出识别它们所需的详细说明（如化学名称、浓度、化学文摘登记号等）。

“试剂或材料”中所列的试剂和（或）材料应顺序编号，以便于标识。编排的先后次序如下：

（1）以市售形态使用的试剂或材料（不包括溶液）。

（2）溶液和悬浮液（不包括标准滴定溶液和标准溶液）。

（3）标准滴定溶液和标准溶液。

（4）指示剂。

（5）辅助材料（干燥剂等）。

依照惯例，水溶液不应作为试剂和（或）材料专门列出。

不应列出仅在制备某试剂和（或）材料过程中所使用的试剂和（或）材料。

如果需要，应在单独的段中特别指明贮存这些试剂和（或）材料的注意事项和贮存期。

需要重点注意的是，方法标准的试剂一定不能选择列入公安部门管控的化学药剂，要选择方便采购的化学药品。否则，标准发布以后，因为无法购买到试剂，导致标准无法执行。

七、仪器设备

“仪器设备”应列出在试验中所使用的仪器设备的名称及其主要特性。如果适宜，应提及有关实验室的玻璃器皿和仪器的国家标准和其他适用的标准。还要考虑仪器的测试条件和测试范围或量程。特殊情况下，“仪器设备”还应提出仪器、仪表的计量检定、校准要求。

示例：“试验所用的测量仪器、仪表应经过计量检定机构的检定合格，并在有效期内。进入试验场后进行计量复查，复查合格后给出准用证。”

对于非市售的仪器设备，还应包括这类仪器设备的规格和要求，以便其他各方能进行对比试验。对于特殊类型的仪器设备及其安装方法，如果仪器设备制备要求的内容较多，则宜在附录中给出，正文中宜列出仪器设备的必要特性，并辅以简图或插图。所列的仪器设备的名称应顺序编号，以便标识。

八、样品

“样品”应给出制备样品的所有步骤（如研磨、干燥等），明确试验前样品应满足的条件，例如，尺寸及数量、技术状态、特性（如粒度分布、质量或体积）、储存条件要求等。必要时，还应给出储存样品用的容器的特性（如材质、容量、气密性等）。当需要某特定形状的样品时，应注明包括公差在内的主要尺寸。“样品”也可辅以显示样品详细信息的示意图。

宜使用祈使句对人工采集样品给出必要指导。若试验结果是针对不同样品试验的组合，则需对如何采集样品进行特别描述。如果适用，采集样品的方法宜直接引用相关现行标准。如果没有相关现行标准，“样品”可包括采集样品的方案和步骤。此外，采集样品还宜对短缺样品的保存及检测准备工作给予必要指导。

如果适宜，“样品”还应陈述或用公式表示称量或量取样品的方法（如使用移液管）和样品的质量或体积及所需的测量准确度。

示例1：“称取5g木粉样品，精确到1mg”。

示例2：“称取约2g样品，精确到1mg”。

示例3：“用移液管量取10mL样品溶液”。

示例4：“量取10mL±0.05mL样品溶液”。

示例5：“$m=5\text{g}\pm1\text{mg}$”。

示例6：“$m=(5\pm0.001)\ \text{g}$”。

试验过程中，如有必要保留某一试验步骤得到的产物（如滤液、沉淀或残余物）作为以后某试验步骤的“样品”，则应予以明确说明，并用大写拉丁字母标识该“样品”，当以后的试验过程中用到它时，便于识别。

示例 1：“保留滤液 C，用于钠含量的测定”。

如果样品是其他试验步骤的产物（如滤液、沉淀、残余物），则应使用大写拉丁字母清楚地标识其来源。

示例 2：“溶液 A——由测定硫酸钙得到的滤液 C”。

“样品”也可以是整体产品、半成品或部件。

九、试验步骤

（一）通则

试验步骤包括试验前的准备工作和试验中的实施步骤。要进行多少个操作或系列操作，“试验步骤”就可分为多少条。如果试验的步骤很多，可将条进一步细分，逐条给出规定的试验步骤，包括必不可少的预操作在内。

试验步骤中的操作或系列操作应按照逻辑次序分组。为了便于陈述、理解和应用试验步骤，每一步操作应使用祈使句准确地陈述，并在适当的条或段中以容易阅读的形式陈述有关的试验步骤。

当给出备选步骤时，应阐明与主选步骤的相互关系，即哪个是优选步骤，哪个是仲裁步骤。

如果在试验步骤中可能存在危险（如爆炸、着火或中毒），且需要采取专门防护措施，则应在“试验步骤”的开头用黑体字标出警示的内容，并写明专门的防护措施。必要时，可在附录中给出有关安全措施和急救措施的细节。

（二）校准仪器

如果需要使用校准过的仪器，则应在“试验步骤”中适当的位置单独设立一条，以祈使句给出校准的详细步骤，并编制校准曲线或表格以及使用说明。如果需要，还应包括校准频率（如批量测试时）。如果有关校准的详细步骤与试验步骤完全或部分相同时，那么校准的详细步骤应引用相应的试验步骤。

（三）试验

1. 预试验或验证试验

“预试验”或“验证试验”应陈述组装后仪器功能的验证。如果必要，应对所用仪器做一次预先检查（如检查气相色谱仪的性能特性），或用有证书的标准物质（如标准样品）、合成样品或已知纯度的天然产品验证试验方法的有效性。“预试验或验证试验”中应给出进行这一验证需要的所有细节。

2. 空白试验

如果需要空白试验，则应指明进行空白试验的所有条件。空白试验应与测试平行进行，并采用相同的试验步骤，取相同量的所有试剂，但不加样品。在某些情况下，不加样品可能导致空白试验的条件与实际测试的条件不同，而影响试验方法的应用。在这种情况下，应说明这些差异以及所需进行的调整。

3. 比对试验

如果需要考虑或消除某种现象的干扰（如背景颜色、本底噪声），应给出一个适当的比对试验，包括试验步骤的所有细节。

4. 平行试验

如适用，在测试的开头陈述：“平行做两份试验”。

十、试验结果的数据处理

“试验数据处理”应列出试验所要录取的各项数据。

“试验数据处理”应给出试验结果的表示方法或结果计算方法，应说明以下内容：

（1）表示结果所使用的单位；

（2）计算公式；

（3）公式中使用的物理量符号的含义；

（4）表示量的单位；

（5）计算结果表示到小数点后的位数或有效位数。

如果某种符号代表同一个量的不同含义时，应将阿拉伯数字下标（0，1，2……）加到符号上（例如：m_0，m_1，m_2）。

十一、精密度

对于经过实验室间试验的方法，应指明其精密度数据（如重复性和再现性）。精密度数据应按照GB/T 6379《测量方法与结果的准确度（正确度与精密度）》的有关部分或其他适用的标准计算。

应清楚地表明，精密度是用绝对项还是用相对项表示的。

十二、试验报告

试验报告至少应给出以下几个方面的内容：

（1）试验对象；

（2）所使用的标准（包括发布或出版年号）；

（3）所使用的方法（如果标准中包括几个方法）；

（4）结果；

（5）观察到的异常现象；

（6）试验日期。

第四节　现行木材工业主要方法标准及其编写注意事项

木材工业方法标准主要包括木材、人造板和生物质材料等领域的方法标准，现行标准共计126项。其中国家标准78项、行业标准48项。

一、木材方法标准

现行的木材方法标准，主要包括木材性质测定、木材防腐性能检测、结构用木材检测等方面的方法标准，共计86项。

现行木材性质测定方法标准25项，主要包括GB/T 1927《无疵小试样木材物理力学性质试验方法》标准（包括21部分），该标准是木材工业的重要基础标准，在木材科学研究、教学、木材检验、木结构设计、木材加工生产等方面都有非常广泛的应用。1980年首次发布实施的17项木材物理力学性质试验方法国家标准（GB 1927—80至GB 1943—1980），荣获1982年优秀国家标准四等奖；1991年对该系列标准（18项）进行了第一次修订，1993年获国家技术监督局科技进步二等奖。

木材防腐性能检测方法标准是防腐木材生产和检验的技术依据。现行的木材防腐方法标准包括GB/T 13942.1—2009《木材耐久性能第1部分：天然耐腐性实验室试验方法》、GB/T 13942.2—2009《木材耐久性能第2部分：天然耐久性野外试验方法》、GB/T 23229—2009《水载型木材防腐剂分析方法》、GB/T 27655—2011《木材防腐剂性能评估的野外埋地试验方法》、GB/T 18260—2015《木材防腐剂对白蚁毒效实验室试验方法》、GB/T 29902—2013《木材防腐剂性能评估的土床试验方法》等35项。

结构用木材方面的方法标准包括GB/T 28987—2012《结构用规格材特征值的测试方法》、GB/T

28986—2012《结构用木质复合材产品力学性能评定》、GB/T 28993—2012《结构用锯材力学性能测试方法》、GB/T 28990—2012《古建筑木构件内部腐朽与弹性模量应力波无损检测规程》、GB/T 31264—2014《结构用人造板力学性能试验方法》、GB/T 31291—2014《木材和木基产品的荷载持续时间效应和蠕变性能评定》、GB/T 34719—2017《结构用人造板均布荷载性能测试方法》、GB/T 34725—2017《结构用人造板集中荷载和冲击荷载性能测试方法》、LY/T 3140—2019《木结构　销类紧固件屈服弯矩试验方法》等26项方法标准。

二、人造板方法标准

现行的人造板方法标准，主要包括人造板及其制品物理力学性能试验方法、人造板及其制品甲醛、VOCs及其他有机化合物释放量测定方法、木质地板、木门窗、集成材、防腐人造板及胶粘剂等方面的方法标准，共计20项。

人造板及其制品理化性能试验方法标准：GB/T 17657—2013《人造板及饰面人造板理化性能试验方法》。该标准规范了人造板及其制品密度、含水率、抗弯强度、甲醛释放量测定等61种理化性能试验方法。

人造板及其制品甲醛、VOCs及其他有机化合物释放量测定方法标准：GB/T 23825—2009《人造板及其制品中甲醛释放量测定——气体分析法》、GB/T 33043—2016《人造板甲醛释放量测定大气候箱法》、LY/T 1978—2011《甲醛释放量抽吸法测定》、GB/T 35239—2017《人造板及其制品用甲醛清除剂清除能力的测试方法》、GB/T 35243—2017《人造板及其制品游离甲醛吸附材料吸附性能的测试方法》、GB/T 29899—2013《人造板及其制品中挥发性有机化合物释放量的试验方法 小型释放舱法》、GB/T 31762—2015《木质材料及其制品中苯酚释放量测定 小型释放舱法》、GB/T 34723—2017《不饱和聚酯树脂装饰人造板残留苯乙烯单体含量测定 气相色谱法》、GB/T 35241—2017《木质制品用紫外光固化涂料挥发物含量的检测方法》。

木质地板、木门窗、集成材、防腐人造板及胶粘剂及其他方面的方法标准：GB/T 32774—2016《木质门内部结构特征X射线检测方法》、GB/T 33042—2016《木质地板饰面层中铅、镉、铬、汞重金属元素含量测定》、LY/T 1927—2010《集成材理化性能试验方法》、LY/T 1926—2020《人造板与木（竹）制品 抗菌性能检测与分级》、LY/T 1985—2011《防腐木材和人造板中五氯苯酚含量的测定方法》、LY/T 3044—2018《人造板防腐性能评价》、GB/T 14074—2017《木材工业用胶粘剂及其树脂检验方法》、LY/T 2559—2015《人造板吸音性能测定 小混响室》、LY/T 3236—2020《人造板及其制品气味评价方法》、LY/T 2718—2016《人造板剖面密度测定方法》。

三、生物质材料方法标准

在生物质材料方面，主要包括林业生物质原料分析方法系列标准、木塑复合材检测等方面的方法标准，共计19项。如林业生物质原料分析方法系列标准包括GB/T 35820—2018《林业生物质原料分析方法 取样方法》、GB/T 35814—2018《林业生物质原料分析方法 样品处理方法》、GB/T 35905—2018《林业生物质原料分析方法 总固体含量测定》、GB/T 35812—2018《林业生物质原料分析方法 预处理后不溶固体含量测定》、GB/T 35808—2018《林业生物质原料分析方法 纤维素酶活性测定》、GB/T 35809—2018《林业生物质原料分析方法 蛋白质含量测定》、GB/T 35811—2018《林业生物质原料分析方法 淀粉测定》、GB/T 35816—2018《林业生物质原料分析方法 抽提物含量的测定》、GB/T 35818—2018《林业生物质原料分析方法 多糖及木质素含量的测定》、GB/T 35821—2018《生物质/塑料复合材料生物质含量测定方法》、GB/T 36055—2018《林业生物质原料分析方法 含水率的测定》、GB/T 36056—2018《林业生物质原料分析方法 可溶性糖的测定》、GB/T 36057—2018《林业生物质原料分析方法 灰分的测定》、GB/T 36058—2018《林业生物质原料分析方法 不可溶性糖测定》等14项林业生物质原料化学分析方法国家标准，这些属于国家战略新兴产业标准化发展规划中的“生物质

(非能源)综合利用标准综合体”国家标准研制成果，这些标准为中国林业生物质材料和生物质能源产业发展的原料化学分析提供重要的标准规范，将有力促进林业生物质产业的发展。

此外，还有LY/T 2554—2015《木塑复合材料中生物质含量测定 傅立叶变换红外光谱法》、LY/T 1319—2022《软木砖试验方法》等生物质材料分析方法重要标准。

四、木材工业方法标准编写注意事项

木材工业方法标准大多数属于木材、人造板和林业生物质材料产品标准中的试验方法。试验方法的选择，要严格符合技术要求，符合性能要求，便于试验。相对而言，木材工业产品的技术要求、技术性能与试验方法密切相关，方法不同，则其产品技术要求指标值不同。编制木材工业的方法标准时，除遵循以上方法标准编制的一般要求外，木材工业标准中的试验方法或检验方法的编写还应注意以下问题：

（一）试验方法的选择原则

产品标准中的技术要求应根据可检验性原则选择确定相应的试验方法。这就是说，对产品标准中的每项技术要求均应规定相应的试验、测定或检查方法。这是因为标准中规范性技术要素内容应符合可证实性原则。可证实性原则是指，标准中只规定那些能得到检验的特性和能进行检查与试验验证的要求。

（二）试验方法的通用性

应首先编写通用试验方法标准，便于产品标准的引用，如GB/T 17657—2013《人造板及饰面人造板理化性能试验方法》就是非常重要的通用试验方法标准。

在已有同类产品的方法标准时，应尽量引用，不必另行编写。只有在没有通用试验方法标准的情况下，才在产品标准中编写试验方法的内容。

（三）试验方法的种类和选择

由于产品的生产受环境、分析仪器、分析精度要求等多种因素的影响，其特性往往对应几种不同的试验方法。即用于检验或鉴定同一技术指标时，能在适用的范围内得到具有同样准确性的判断或结论的几种不同方法。例如，木材含水率测定就有重量法、电测法等好几种方法。原则上，在产品标准中一项技术要求只规定一种可再现的试验方法，如具有几种试验方法时，应优先选用其中的一种。而从技术上的先进性和经济上的合理性考虑，可以同时规定两种或两种以上的试验方法，但应规定其中的一种方法作为仲裁方法。

（四）尽量采用国际标准或国外先进标准

如适用，宜尽量采用国际标准或国外先进标准，以与国际标准接轨，保证测试方法的通用性、试验结果的可比性。全国木材标准化技术委员会在修订《木材物理力学性质试验方法》22项系列国家标准时，在结合我国实际情况的基础上修改采用了18项相应的ISO国际标准。

在采标时，如技术内容有变动，应进行必要的试验验证。

（五）对方法标准开展模拟运行验证工作

开展标准模拟运行验证工作，要求标准起草小组对送审的标准技术内容，送交有检验资质的质检机构或质量检验实验室进行测试、验证，验证内容包括试样与试件制取、试验或检验方法（包括使用仪器、工具、药品等）等项目的合理性和可行性，即标准的可操作性如何，旨在提高标准制定质量。

2013年全国人造板标准化技术委员会颁布了《关于对归口管理的人造板产品及方法标准项目进行模拟运行验证的管理办法（试行）》（人标委文〔2013〕03号），开展对归口管理的人造板产品及方法标准项目进行模拟运行验证工作。要求对本标准化技术委员会归口管理的产品标准及方法标准制修订项目在送审前要进行检验机构验证；要求检验机构是具有检验资质的质检机构或质量检验实验室；要求每个标准项目至少有3家检验机构进行模拟运行验证并出具验证报告。标准项目模拟运行验证时验证标准项目拟定的方法的合理性和可行性，并提出是否合理、有无存在问题和是否修改的建议。

参考文献

[1] 沈同，邢造宇著．标准化理论与实践［M］．北京：中国质检出版社，2010.

[2] 中华人民共和国国家质量监督检验检疫总局，国家标准化管理委员会．标准编写规则 第 4 部分：试验方法标准：GB/T 20001.4—2015［S］．北京：中国质检出版社，2015.

第十一章　管理标准的编写

第一节　管理标准概述

一、管理标准的概念

对标准化领域中需要协调统一的管理事项所制定的标准，称为管理标准。它是关于某项管理工作的业务内容、职责范围、程序和方法的统一规定。

制定管理标准就是要运用标准化的原理，对在管理实践中出现的各种具有重复性特征的管理活动，进行科学的总结，形成规范，用以指导人们更有效地从事管理活动。在组织的业务活动中，有许多管理工作都是重复进行的，诸如计划的编制、文件的制定和修改、物资的收发保管、过程产品的管理等，所有这些都是制定管理标准的对象。

随着管理科学和实践的发展，产生了管理体系标准的概念。所谓管理体系是指建立方针和目标并实现这些目标的体系，而体系是指相互关联或相互作用的一组要素。对各种管理体系（如质量管理体系、环境管理体系、职业健康安全管理体系、风险管理体系、社会责任管理体系、能源管理体系等）规定要求及其实施、审核指南的一系列标准称为管理体系标准。这些管理体系标准也在实践中得到发展和完善。

二、管理标准的种类

管理标准根据不同的目的和用途，可以划分为不同的类别。在实际工作中通常按照标准所起的作用不同，将管理标准分为管理基础标准、经济管理标准、生产经营管理标准和工作标准等。

（一）管理基础标准

管理基础标准是对管理标准化的共性因素所制定的标准，对制定各种管理标准具有普遍的指导作用。例如管理的术语、符号标准，代码、编码标准，管理通则（通用管理程序和管理方法标准），图表账卡文件格式标准，信息传递标准，计算机辅助管理标准等。

（二）技术管理标准

技术管理标准是为了保证各项技术工作更有效地进行，建立正常的技术工作秩序所制定的管理标准。

技术管理标准主要包括：图样、技术文件、标准资料、情报档案的管理标准，为进行科研、产品开发、设计、工艺、技术改造和设备的维修工作等而制定的管理标准，为合理利用原材料、能源所做的技术规定和计算等管理标准，质量管理、安全管理和环境管理标准等。

技术管理标准处于技术标准和管理标准的边缘，过去由于没有将管理标准单独分类，所以，有的企业也将其划到技术标准中。

（三）经济管理标准

经济管理标准是为了合理安排各种经济关系，对各项经济活动进行计划、调节、监督和控制，用经济办法管理经济，保证各项经济活动顺利开展。也就是说，为建立正常的经济活动秩序，为促进经济效益不断提高而制定的管理标准。

经济管理标准主要包括：经济决策和经济计划标准，各种资源消耗和利用标准，劳动人事、工资、奖励、津贴和劳保福利标准，利润税收和分配标准，经济核算、经济活动分析和经济效果评价标准等。

（四）行政管理标准

行政管理标准是指政府机关、社会团体及企事业单位为搞好行政工作，正确处理日常行政事务所制定的标准。主要包括：管理组织设计标准，文献资料和档案管理标准，方针、目标管理标准，安全管理标准等。

（五）生产经营管理标准

生产经营管理标准是为了正确地进行经营决策，合理地组织生产经营活动所制定的标准。生产经营管理标准主要包括：市场调查和市场预测标准，经营决策和经营计划标准，生产能力标准，生产作业计划及期量标准，生产调度和过程产品管理标准，物资订购、采购和验收保管标准，产品销售和售后服务标准等。

（六）工作标准

工作标准对企业标准化领域中需要协调统一的工作事项所制定的标准，又称职业技术标准。“工作事项”主要指在执行相应管理标准和技术标准时与工作岗位的职责、岗位人员基本技能、工作内容、要求与方法、检查与考核等有关的重复性事物和概念。

工作标准就其属性来说是管理标准的一种类型，它是同管理业务标准相辅相成的，是对每个具体的工作岗位作出的规定，从而形成一个完整的管理网络。

三、管理标准的作用和意义

（一）有利于建立协调高效的管理秩序

无论是一个企业还是一个国家，管理的对象均可视为一个系统，企业本身就是一个系统。对系统进行管理的实质，就是按照各自的愿景和使命建立系统的秩序，使系统能高效地发挥其功能的活动。管理标准就是建立系统秩序的标准，通过制定和实施各类管理标准，使各种管理系统的要素之间形成有机联系，相关系统之间相互协调、密切合作，基层系统保证上层系统，子系统的目标保证系统的总体功能的发挥和总体目标的实现。企业只有建立起这样的管理秩序，才能成为高效率和高效益的经济实体。

（二）有利于管理经验的总结、提高、普及、延续

管理科学化的过程，实际上就是不断认识本组织的特点，不断总结管理经验的过程。这个过程的实质就是要使管理活动逐步走向有序化、标准化。这个过程是渐进的，是经验不断积累和不断深化的过程。管理标准就是这种积累的一种方式，一种有效的途径。通过不断地总结管理经验，制定管理标准，使这些成功的经验得以推广，然后再根据管理活动中出现的新经验，通过修订标准，再总结、再提高。另一方面，可以用这些标准去培养新进人员，也就可以使这些成功的管理经验普遍推广并持续改进。

（三）有利于按“例外管理原则”管理企业

所谓“例外管理原则”，是指企业的高级管理人员，把一般的日常事务授权给下级管理人员去处理，而自己只保留对例外事项，如有关企业重大政策和重要人事任免等的决策和监督权。有了完善的管理标准后，员工在遇到同类管理事务则可按照标准执行，不需要再请示领导，只有在偶尔出现新问题时才去请示。这样就可以把企业领导从日常琐碎的管理事务中解放出来，使其集中精力考虑关系企业长远发展的重大战略问题。因此，建立健全管理标准，是实行按“例外管理原则”管理的前提条件。

（四）有利于实现“标准治厂”

企业要实现科学管理根治企业管理中的混乱现象，必须要用“标准治厂”。科学的管理方法、管理原则、管理形式，不论其多么完备或被管理实践证明是如何正确，它也不会被企业全体员工自觉接受。

因为这些管理方法、原则和形式本身并不具备约束力和强制力，人们可以采用，也可以不采用。而这些方法、原则和形式一旦被制定成管理标准，并经有关部门批准发布和被企业采用，对企业全体员工就具有一定的约束力，所有员工就必须严格地贯彻执行。如果需要改变，必须履行规定的程序。有了管理标准就可以使人们养成根据标准办事的习惯，使企业逐步走向标准化管理的轨道。

第二节　管理标准的主要内容和编写要求

一、管理标准的主要内容

不同的管理标准由于隶属于不同的管理系统，是针对不同的管理工作和为了满足不同的管理要求而制定的，因此，每个管理标准都有其特定的内容。作为一项综合性管理标准的内容，主要由下列四个方面的要素构成。

（一）管理业务（任务、职责、权限）

管理业务即管理活动中重复出现的业务，如计划编制、统计分析、物资采购、劳动力调配等。不同种类的管理标准，有着不同的管理业务内容，即使属于同一类的管理标准，由于管理层次不同，管理的业务内容也有所不同。各类、各级管理标准的业务内容，都要根据该项业务的管理目标，从本部门实际出发，正确地确定该项管理业务的任务、职责和权限，这是制定管理标准的核心。

（二）管理程序

管理程序是指从事某项管理工作应该先干什么、后干什么的具体行动步骤。它的作用是把某项管理工作在空间上的分布和时间上的次序加以明确和固定。管理程序可以通过文字内容、流程图、表格以及上述形式的组合，或企业所需要的任何其他适宜的方式做出规定。

（三）管理方法

管理要实现其特定目标，必须有一定的科学方法。管理方法就是完成管理业务、行使管理职能所运用的方法。

（四）管理成果的评价与考核

管理成果的评价、考核是组成管理标准的一个要素，同时也是管理标准与管理制度的重要区别之一。对大部分管理标准来说，都应包括对贯彻执行该标准所取得的管理成果进行评价和考核，尽量使考核指标量化。

二、管理标准的编写要求

（一）管理标准的格式

（1）管理标准的格式参照 GB/T 1.1 的规定。

（2）管理标准的封面及印刷格式可参照 GB/T 1.1 的规定。在一个企业内所有的管理标准格式应一致。

（3）企业管理标准编写顺序通常可按如下顺序：前言、范围、规范性引用文件、职责、管理内容与方法、报告和记录，必要时可增加附录。

（4）当管理标准作为其他体系的部分时，可采用相应的体系的格式，但不应影响标准的完整性和系统性。

（二）管理标准的编号

（1）企业管理标准应使用统一的编号方法，并应与技术标准、工作标准相区别。

（2）同一分类的管理标准应使用同一类别的编号标志。

（3）纳入本企业管理标准体系的适用管理标准原则上应赋予该企业管理标准的标准编号，并注明企业标准与适用标准之间的关系，具体编号形式由企业自定。

（三）管理标准的编写要求

1. 封面、前言

可参照 GB/T 1.1 的规定进行编写 .

2. 名称

标准名称应简明、确切地反映管理活动的主题，标准名称除采用“管理标准”以外，也可采用管理活动的主题与“程序控制”“办法”“制度”等的组合，例如：合同评定程序、采购控制、能源管理办法、财务管理制度等。

3. 范围、规范性引用文件

可参照 GB/T 1.1 规定编写。

4. 职责

明确由哪些部门实施此项管理活动及他们的职责、权限。该管理活动涉及几个部门时，应规定主管部门、协作部门及其接口和相互关系，同时应明确该项标准贯彻实施检查考核的部门及方法。

5. 管理活动的内容与方法

企业在制定管理标准时，首先确定管理内容和方法，包括：

（1）应详细规定该管理活动所涉及的全部内容和应达到的要求，采取的措施和方法；

（2）逐步列出开展此项活动的细节，明确输入、转换的各环节和输出的内容。其中包括物资、人员、信息和环境等方面应具备的条件，与其他活动接口处的协调措施；

（3）明确每个过程中各项工作由谁干、干什么、干到什么程度、何时干、何地干、怎么干以及为达到要求应如何进行控制，并注明需要注意的任何例外或特殊情况。必要时可辅以程序或流程图；

（4）内容复杂的管理标准，当条的层次太多时，可根据管理活动的特点或类别分别列出若干章，分别表述；

（5）管理要求应尽可能量化，不能量化的要求应用可比较的特性表述。

6. 报告和记录

应规定该项管理活动所形成的报告、记录格式、签发、传递路线和保存期限。

7. 附录

必要时可增加附录，参照 GB/T 1.1 的规定进行编写。

第三节　工作标准

一、工作标准概念

为实现整个工作过程的协调，提高工作效率，对每个岗位工作制定的标准称为工作标准，也称为岗位标准。工作不仅包括生产过程中的各项活动，而且包括为生产过程服务、对生产过程进行管理的其他各项活动。其范围也不局限于生产企业，还可包括服务业，甚至政府机关的工作。因此，就其属性来说，工作标准是管理标准的一种类型，它是同管理标准相辅相成的。

工作标准是按岗位制定的，可将岗位大体上分为决策岗位、管理岗位、操作岗位，所制定的标准相应称决策层标准、管理层标准和操作层标准。

二、工作标准化的目的和意义

因此工作标准体系实质上就是该企业管理全体员工的“把手”，上到最高领导，下至每一位员工，都有自己的职责、权限、岗位要求、检查考核。即所谓“标准面前人人平等”，没有不受“工作标准”制约的岗位。

任何一个企业的生产活动，都是利用一定的“资源”（包括机器设备、能源、信息、工作环境等），通过“人”的劳动（脑力的和体力的）把“原材料”加工成产品的活动。这三要素的有机结合便是推动社会进步的生产力。企业的经济效益、社会财富的增加、扩大再生产的实现、经济的发展以及社会的进步都同这三要素的合理组合和利用直接相关。

一般来说，一项活动按同一程序重复多次就可能形成习惯。倘若通过分析研究，设计出科学、合理的工作程序和作业方法，将其制定为标准，不同岗位人员遵照执行，这样不仅可以加速个人习惯的形成，而且是形成群体习惯的最有效的方法。

工作标准化的过程是形成群体习惯和群体行为准则的过程，是人的素质升华的过程。它不仅能有效地消除不必要的、不合理的作业程序和作业动作，而且能促使工作人员克服已经形成的不合理的习惯和操作上的缺点，防止个体差别和非固定性不必要的扩大，增进人的工作的可靠性。

三、工作标准的内容

工作标准的内容与要求一般包括：

（1）明确该岗位在企业生产经营管理活动中所应承担的工作目标。

（2）最高决策者的工作内容，主要是确立企业的方针目标，围绕创造并保持使员工能充分参与实现企业目标的内部环境而做出决策、提供资源、监督实施、评价体系、持续改进等；决策层人员的工作内容应由最高决策者确定，相互之间不宜交叉，各负其责、协调接口、互相支持。

（3）管理人员的工作内容应注意尽量避免交叉，明确接口，工作内容应由主管管理者确定，对管理人员应侧重于效率和服务的要求。

（4）对岗位的工作应偏重质量要求，也包括数量和时间方面的要求，能够定量的要求尽可能定量化。

（5）对特殊工序过程工作岗位，例如焊接工、探伤工、锅炉工等的作业要求，应参照国家有关部门颁布的规定制定。

（6）对每个岗位按作业顺序列出工作（作业）的细节，明确输入、转换的各环节和输出的内容，其中包括物资、人员、信息和环境等方面应具备的条件，并与其他工作（作业）接口处相互协调。应明确每个环节转换过程中的各项因素，以及要达到的要求，说明需要注意的任何例外或特殊情况，必要时辅以程序或流程图。

（7）可运用工业工程制定工作（作业）标准的方法。

四、制定工作标准的原则

制定企业内各职务、各岗位的工作标准时应注意以下原则：

（1）最高决策者及决策层其他管理人员，每个职务都应制定明确的职责和权限。

（2）中层管理人员，正职和副职的职责和权限都需要制定。

（3）部门工作标准，可用部门正职管理人员的工作标准代替。

（4）一般管理人员工作标准应按岗位制定，其职责、权限体现在工作标准中，不按现实分工制定。

（5）应为操作人员制定作为企业员工必须遵从的通用的工作标准。

（6）对特殊工序过程的操作人员，可对特殊工种、特殊任务制定相应的具体的工作标准。

（7）应使操作者亲自参加制定标准，对标准进行讨论、发表意见。为了提高工作水平，制定标准时应以熟练操作者的经验为基础。

五、编写工作标准要求

（一）名称

工作标准的名称应简短明确，反映标准的主题。

工作标准的名称一般由岗位名称或职务名称加“工作标准”“作业标准”或“作业指导书”字样组成。

示例 1：立车车床工岗位——立车车床工作业标准

示例 2：超声波探伤工岗位——超声波探伤工作业指导书

示例 3：车间副主任职务——车间副主任工作标准

示例 4：技术科科长职务——技术科科长工作标准

示例 5：公司经理职务——副经理工作标准

示例 6：工厂厂长职务——厂长工作标准

（二）工作标准的编号

工作标准应使用企业统一的标准编号方法，并应与技术标准、管理标准和其他标准或体系文件相区别。

（三）范围、规范性引用文件、格式

可参照 GB/T 1.1 的规定编写。

（四）职责、权限

明确该岗位的职责和权限，以及相关岗位的相互关系。部门正职管理人员在工作标准的职责中还应明确该部门组织机构的设置内容。

（五）岗位人员资格要求

明确岗位人员的基本资格要求，包括文化水平、操作水平、管理知识等。对从事特殊作业的人员应对其经验和技能进行评定，需要时应发给资格证书。

（六）检查与考核

在工作标准中应根据标准的工作内容和要求详细规定考核条件及奖惩办法，明确考核的部门、时间。一般的考核程序和方法应制定专门的“工作标准考核办法”；特殊的考核程序和方法也可以在每个工作标准中加以规定。

（七）附录、记录及表格

必要时以附录形式补充说明，企业应根据各自情况编制所需的必要的记录或表格。

第四节　木材工业常用管理标准

我国木材工业界高度重视管理标准研究和标准化工作，有力推动了木材管理标准化工作的发展。目前木材工业常用的管理标准主要包括木材工业环境保护、安全生产、职业卫生健康等领域的管理标准。现对其中的部分标准做简单介绍。

一、木材工业环境保护标准

木材工业环境保护是支撑绿色发展和实现碳达峰碳中和战略目标的重要工作，木材工业环境保护标准包括木材工业废弃物循环利用、清洁生产、节能减排、全生命周期评价以及能源管理等方面的标准，目前现行的主要标准见表 11-1。

表 11-1　木材工业环境保护管理标准

序号	标准号	标准名称
1	GB/T 24001—2016	《环境管理体系 要求及使用指南》
2	GB/T 22529—2008	《废弃木质材料回收利用管理规范》
3	LY/T 3032—2018	《废弃木质材料储存保管规范》

续表

序号	标准号	标准名称
4	LY/T 1822—2019	《废弃木材循环利用规范》
5	LY/T 1979—2011	《刨花板生产节材和减排技术规范》
6	LY/T 2719—2016	《人造板制造企业清洁生产审核指南》
7	GB/T 29904—2013	《人造板工业清洁生产评价指标体系》
8	LY/T 3045—2018	《人造板生产生命周期评价技术规范》
9	LY/T 3227—2020	《木地板生产生命周期评价技术规范》
10	LY/T 3242—2020	《林业企业能源管理通则》

1. GB/T 24001—2016《环境管理体系 要求及使用指南》

此标准旨在为各组织（企业）提供框架，以保护环境，相应变化的环境状况，同时与社会经济需求保持平衡。此标准规定了环境管理体系的要求，使组织（企业）能够实现其设定的环境管理体系的预期结果。

环境管理的系统方法可向最高管理者提供信息，通过下列途径以获得长期成功，并为促进可持续发展创建可选方案：

（1）预防或敬请不利环境影响以保护环境；

（2）减轻环境状况对组织的潜在不利影响；

（3）帮助组织履行合规义务；

（4）提升环境绩效；

（5）运用生命周期观点，控制或影响组织的产品和服务的设计、制造、交付、消费和处置的方式，能够防止环境影响被无意地转移到生命周期的其他阶段；

（6）实施环境友好的、且可巩固组织市场地位的可选方案，以获得财务和运营收益；

（7）与有关的相关方沟通环境信息。

2. GB/T 22529—2008《废弃木质材料回收利用管理规范》

此标准规定了废弃木质材料回收利用的总则，以及废弃木质材料的相关术语和定义、分类、回收和预分选，储存与运输，利用途径，产品的标识、销售要求以及回收利用效果评价等内容。

3. LY/T 3032—2018《废弃木质材料储存保管规范》

此标准规定了废弃木质材料储存保管的术语和定义、分类、储存保管方法、基本原则、场所和设施设备及安全要求、环保要求、废弃未经化学处理木质材料储存保管要求、废弃化学处理木质材料储存保管要求、废弃含有有毒有害物质与含有有害生物木质材料储存保管要求，适用于废弃木质材料回收，储存保管，加工和利用的生产和管理。

4. LY/T 1822—2019《废弃木材循环利用规范》

此标准规定了废弃木材循环利用的术语和定义、基本原则、分类、回收、储存与运输、循环利用和废弃木材循环利用的安全、环保要求，适用于废弃木材回收、加工和利用相关的管理与生产等部门。

5. LY/T 1979—2011《刨花板生产节材和减排技术规范》

本标准规定了刨花板生产节材和减排的术语和定义、基本原则、要求、节材和减排主要措施、数据采集和计算方法。本标准适用于普通刨花板。本标准不适用于定向刨花板、石膏刨花板、水泥刨花板等。

6. LY/T 2719—2016《人造板制造企业清洁生产审核指南》

本标准规定了人造板制造企业清洁生产审核的术语和定义、审核程序、各程序的目的、要求和工作内容等。本标准适用于人造板制造企业清洁生产的审核工作及审核报告的编写。

7. GB/T 29904—2013《人造板工业清洁生产评价指标体系》

本标准规定了人造板工业清洁生产的术语和定义、评价体系、评价方法、考核评分计算方法、评价指标标准值的确定、考核的数据来源、企业清洁生产水平的评定。本标准适用于人造板生产企业的清洁生产技术文件的制定和企业清洁生产的实施及审核，可供人造板制品企业参考。

8. LY/T 3045—2018《人造板生产生命周期评价技术规范》

本标准规定了人造板生产生命周期评价的术语和定义、产品描述、产品生命周期评价、附加环境信息、可比性、支持Ⅲ型环境声明（EPD）报告的要素和验证等。本标准适用于以木材或非木材植物纤维材料为主要原料制成的人造板的生产生命周期评价。

9. LY/T 3227—2020《木地板生产生命周期评价技术规范》

本标准规定了木地板生命周期评价的术语和定义、产品描述、产品生命周期评价，附加环境信息，可比性、支持Ⅲ型环境声明（EPD）报告的要素和验证等。本标准适用于木地板的生产生命周期评价。

10. LY/T 3242—2020《林业企业能源管理通则》

本标准界定了林业企业能源管理的术语与定义，规定了一般要求、能源规划及设计、能源输入、能源加工转换、能源分配和传输、能源使用、能源计量检测、能耗分析、节能技术进步、人员培训及宣传等方面的管理。本标准适用于新建、改造、扩建、既有林业企业的能源管理。

二、木材工业安全生产管理标准

木材工业安全生产现行常用的标准见表 11-2。

表 11-2　木材工业企业安全生产管理标准

序号	标准号	标准名称
1	GB/T 33000—2016	《企业安全生产标准化基本规范》
2	GB 15606—2008	《木工（材）车间安全生产通则》
3	LY/T 1659—2020	《人造板工业粉尘防控技术规范》

1. GB/T 33000—2016《企业安全生产标准化基本规范》

此标准规定了企业安全生产标准化管理体系建立、保持与评定的原则和一般要求，以及目标职责、制度化管理、教育培训、现场管理、安全风险管控及隐患排查治理、应急管理、事故管理和持续改进8个体系要素的核心技术要求，适用于工矿商贸企业开展安全生产标准化建设工作，有关行业制修订安全生产标准化标准、评定标准，以及对安全生产标准化工作的咨询、服务、评审、科研、管理和规划等。

2. GB 15606—2008《木工（材）车间安全生产通则》

此标准规定了木工（材）车间的作业环境、平面布置、防火与防爆的要求、设备与安全装置、安全操作、安全管理与教育等事宜，适用于原木制材、配料仓库、木制品加工、三板二次加工、木模加工等木工（材）车间。

3. LY/T 1659—2020《人造板工业粉尘防控技术规范》

本标准规定了木质人造板工业的基本防尘规则、防尘技术要求、防尘技术措施及其管理。本标准适用于木质人造板生产线新建、扩建、改建和引进建设项目（以下通称建设项目）涉及生产性粉尘（以下简称粉尘）控制的工艺设计、设备选型、通风与除尘系统设计及技术改造和设备管理。

三、木材工业职业卫生健康管理标准

木材工业生产过程中会产生噪声、粉尘等物质，防护装备不到位、设备的维护保养不到位与员工操作不当等都会对员工的卫生健康造成损害，为了保护员工职业健康，目前常见的部分职业卫生健康管理标准见表 11-3。

表 11-3　木材工业职业卫生健康管理标准

序号	标准号	标准名称
1	GB/T 45001—2020	《职业健康安全管理体系 要求及使用指南》
2	GB/T 12801—2008	《生产过程安全卫生要求总则》
3	GB/T 15236—2008	《职业安全卫生术语》
4	WS/T 735—2015	《木材加工企业职业病危害防治技术规范》

1. GB/T 45001—2020《职业健康安全管理体系 要求及使用指南》

该标准是等同采用 ISO 45001：2018《职业健康安全管理体系 要求及使用指南》。

组织对其员工或可能受其活动影响的其他人员的职业健康安全负有责任，这一责任包括促进和保护他们的身心健康。采用职业健康安全管理体系旨在使组织能够提供安全健康的工作场所，预防与工作有关的人身伤害和健康损害，并持续改进其职业健康安全绩效。

职业健康安全管理体系目的是为管理职业健康安全风险和机遇提供框架。职业健康安全管理体系的目的和预期结果是防止发生与工作有关的人身伤害和健康损害，提供安全健康的工作场所；因此，组织通过采取有效的预防和保护措施来消除危险源和降低职业健康安全风险至关重要。

组织通过职业健康安全管理体系实施这些措施，能够改进职业健康安全绩效。通过及早采取措施应对机遇改进职业健康安全绩效，职业健康安全管理体系能更加有效和有效率。实施复合该标准的职业健康安全管理体系使组织能够管理职业健康安全风险，并改进职业健康安全绩效。职业健康安全管理体系可以帮助组织满足法律法规和其他要求。

2. GB/T 12801—2008《生产过程安全卫生要求总则》

此标准规定了生产过程安全卫生的基本要求、控制生产过程安全卫生影响因素的一般要求、安全卫生防护技术措施；安全卫生管理措施。适用于企业生产过程的规划、设计、组织和实施；建立企业生产过程安全、卫生标准体系和编写生产过程安全、卫生要求的标准、规范等；也适用于对企业生产过程中的安全、卫生状况，安全、卫生技术措施与管理措施的考核和监察。

3. GB/T 15236—2008《职业安全卫生术语》

此标准规定了职业安全卫生基本术语的定义，适用于职业安全卫生标准、法规、文件和书籍等的编写及职业安全卫生管理工作。

4. WS/T 735—2015《木材加工企业职业病危害防治技术规范》

此标准规定了木材加工企业职业病危害防治的技术措施、管理措施、个体防护和职业健康监护。适用于木材加工、制造、贮存所涉及的职业病危害因素的预防控制，涵盖了人造板、木制品、木塑复合材制造、竹材与木材的防腐、阻燃等改性处理加工、木材干燥等木材加工企业的职业病防治技术与管理工作。

参考文献

[1] 李春田．标准化概论［M］．第六版．北京：中国人民大学出版社，2014.

[2] 中华人民共和国国家质量监督检验检疫总局，国家标准化管理委员会．企业标准体系 基础保障：GB/T 15498—2017［S］．北京：中国标准出版社，2017.

标准应用篇

第十二章　木材工业重要认证及其标准

第一节　概　　述

一、认证和认证标准的概念

1. 认证

按照国际标准化组织（ISO）的定义，认证是与合格评定对象有关的第三方证明（不包括认可）。

2. 认证标准

认证标准是进行认证用的标准。所有的各种认证都要用标准作为判定合格的依据，因此，标准是开展认证活动的基础。

3. 合格评定的对象

合格评定的对象规定要求适用的实体。如：产品、过程、服务、系统、安装、项目、数据、设计、材料、人员、主体（组织）或其任何组合。

4. 认可

按照国际标准化组织（ISO）的定义，认可是正式表明合格评定机构具备公正性和持续实施特定合格评定活动能力的第三方证明。

二、认证的作用

认证的主要作用是：

（1）实行强制性的安全认证制度是国家保护消费者人身安全和健康的有效手段。

（2）国家将推行产品认证制度是提高产品质量的重要手段。

（3）开展企业质量管理体系、环境管理体系、职业健康管理安全体系、能源管理体系等的认证，建立健全企业管理体系，提升企业管理效能。

（4）开展产品认证，指导消费者选购满意的商品给销售者带来信誉和更多的利润。

（5）开展产品认证，可以帮助企业节约大量检验费用。

（6）实施国际通行的产品认证，有助于企业产品和服务走向国际市场，提高产品在国际市场上的竞争能力。

三、认证分类

（一）按强制程度分类

按强制程度认证分为自愿性认证和强制性认证。

1. 强制性认证

强制性认证包括中国强制性产品认证（CCC）和官方认证。CCC 认证是中国国家强制要求的对在我国市场销售的产品实行的一种认证制度，无论国内生产还是国外进口，凡列入 CCC 目录内且在国内销售的产品均需获得 CCC 认证，除特殊用途的产品外（符合免于 CCC 认证的产品）。CCC 认证是由国家认可的认证机构实施的产品认证。官方认证即市场准入性的行政许可，是国家行政机关依法对列入行政许可目录的项目所实施的许可管理，凡是需经官方认证的项目，必须获得行政许可方可准予生产、经营、仓储或销售。食品质量安全（QS）认证和药品生产质量管理规范（GMP）认证均属于官方认证。

2. 自愿性认证

自愿性认证是组织根据组织本身或其顾客、相关方的要求自愿申请的认证。自愿性认证多是管理体系认证，也包括企业对未列入 CCC 认证目录的产品所申请的认证。中国自愿性管理体系认证主要包括：

（1）质量管理体系认证，依据 GB/T 19001—2016《质量管理体系 要求》（等同于 ISO 9001：2015）。

（2）环境管理体系认证，依据 GB/T 24001—2016《环境管理体系 要求及使用指南》（等同于 ISO14001：2015）。

（3）职业健康安全管理体系认证，依据 GB/T 45001—2020《职业健康安全管理体系 要求及使用指南》等同于 ISO 45001：2018。

（4）能源管理体系认证，依据 GB/T 23331—2020《能源管理体系 要求及使用指南》（等同于 ISO 50001：2018）。

（5）中国绿色产品认证。依据中共中央、国务院《生态文明体制改革总体方案》和《国务院办公厅关于建立统一的绿色产品标准、认证、标识体系的意见》（国办发〔2016〕86 号），国家将按照统一目录、统一标准、统一评价、统一标识的方针，将环保、节能、节水、循环、低碳、再生、有机等产品整合为绿色产品，到 2020 年，初步建立系统科学、开放融合、指标先进、权威统一的绿色产品标准、认证、标识体系，健全法律法规和配套政策，实现一类产品、一个标准、一个清单、一次认证、一个标识的体系整合目标。

（二）按认证对象分

按认证对象分，认证通常分为管理体系认证和产品认证。

1. 管理体系认证

管理体系认证：是对企业的各种管理体系（包括质量、环境、职业健康安全等）的认证。管理体系认证包括：以 ISO 9001 标准为依据开展的质量管理体系认证，以 ISO 14001 标准为依据开展的环境管理体系认证，以 GB/T 45001 标准为依据开展的职业健康安全管理体系认证等。

2. 产品认证

产品认证：由可以充分信任的第三方证实某一产品或服务符合特定标准或其他技术规范的活动。产品认证又分为安全认证和合格认证。安全认证在每个国家都是强制性的，贴有 3C 标志的产品只保证产品的安全性能是合格的但不保证产品的其他性能合格。产品的合格认证在每个国家都是自愿的，贴有产品合格认证专用标志的产品是由第三方保证产品的质量合格。

第二节　管理体系认证及其标准

管理体系是组织管理其业务的相关部分以实现其目标的方式。这些目标可以涉及许多不同的主题，包括产品或服务质量、环境绩效、工作场所的健康与安全、运营效率等等。系统的复杂程度将取决于每个组织的特定环境。对于某些组织，尤其是规模较小的组织，这可能仅意味着企业所有者拥有强大的领导力，无需明确的文件即可明确定义每个员工的期望以及他们如何为组织的总体目标作出贡献。在更复杂的企业中（例如高度管制的部门）运营可能需要广泛的文档和控制措施，以履行其法律义务并实现其组织目标。

目前国际上比较著名的管理体系有 ISO 9000 质量管理体系、ISO 14000 环境管理体系、ISO 45001 职业健康安全管理体系，以及 ISO 50001 能源管理体系等。

一、ISO 9000 质量管理体系

ISO 用其颁布的 ISO 9000 族标准向全世界推荐了一套较为成功的质量管理体系模式，这套模式总结了工业发达国家先进企业质量管理的成功经验，以推动各类组织的质量管理，实现和提升组织的业绩目标，消除贸易壁垒，提高产品质量和顾客满意的程度。

质量管理体系已经广泛应用于工业、经济的各个领域，以及政府和各行各业管理领域。获得 ISO 9001 认证证书被誉为“走向国际市场的通行证”。

据 ISO 网站信息，世界上 170 多个国家 100 万家以上的公司或组织通过 ISO 9001 认证。据国家认监委统计结果，截至 2018 年，中国 ISO 9001 认证证书已超过 31 万张，占全球总数近 30%，数量居世界第一。

（一）质量管理体系标准的发展

质量管理经由检验质量管理阶段、统计质量管理阶段到全面质量管理阶段，积累了比较丰富的实践经验，形成了初步成熟的理论，步入标准化质量管理的时机逐渐成熟。1979 年，国际标准化组织（ISO）成立了第 176 技术委员会（ISO/TC 176），即负责制定质量管理和质量保证领域的国际标准及相关文件。

1986 年，ISO/TC 176 发布了 ISO 8402《质量管理和质量保证 术语》标准，1987 年发布了 ISO 9000《质量管理和质量保证标准 选择和使用指南》等系列标准，通常统称为 1987 版 ISO 9000 系列国际标准。

后来，ISO/TC 176 对 ISO 9000 系列标准进行了多次修订、扩充，先后发布了 1994 版、2000 版、2008 版、2015 版 ISO 9000 系列国际标准。

中国于 1988 年 12 月宣布等效采用 ISO 9000 族标准，发布了 GB/T 10300 质量管理和质量保证系列标准。国家技术监督局于 1992 年 10 月等同采用 ISO 9000 系列标准，并颁布 GB/T 19000 质量管理和质量保证标准。1995 年、2000 年、2008 年、2016 年对质量管理系列标准进行修订完善，分别发布了与国际标准同步的国家标准。

（二）ISO 9000 族质量管理体系标准简介

截至 2020 年 7 月，ISO/TC 176 制定的现行的标准共 21 项，从 ISO 网站可以访问这些标准的名称和范围。其中现行为大家所熟知的 ISO 9000 系列标准有 3 项：ISO 9000：2015《质量管理体系 基础和术语》、ISO 9001：2015《质量管理体系 要求》、ISO 9004：2018《追求组织的持续成功 质量管理方法》。

ISO 9000《质量管理体系 基础和术语》定义了质量管理方面的术语、定义和概念，为正确理解和实施质量管理体系标准提供必要的基础。

ISO 9001《质量管理体系 要求》旨在适用于各种类型、不同规模和提供不同产品和服务的组织，标准规定的要求旨在为组织的产品和服务提供信任，从而增强顾客满意。正确实施该标准也能为组织带来其他预期利益，例如：改进内部沟通、更好地理解和控制组织的过程等。

ISO 9004《追求组织的持续成功 质量管理方法》为组织选择超出 ISO 9001 标准要求的质量管理方法提供指南，关注能够改进组织整体绩效的更加广泛的议题。虽然 ISO 9001：2015 侧重于对组织的产品和服务提供信心，但 ISO 9004：2018 侧重于对组织取得持续成功的能力提供信心。

（三）ISO 9001 质量管理体系的益处

采用质量管理体系是组织的一项战略决策，能够帮助其提高整体绩效，为推动可持续发展奠定良好基础。组织根据本标准实施质量管理体系具有如下潜在益处：

（1）稳定提供满足顾客要求以及适用的法律法规要求的产品和服务的能力；

（2）促成增强顾客满意的机会；

（3）应对与其环境和目标相关的风险和机遇；

（4）证实符合规定的质量管理体系要求的能力。

（四）ISO 9001 与其他管理体系标准的关系

ISO 9001 标准与 ISO 9000 和 ISO 9004 存在如下关系：ISO 9000《质量管理体系 基础和术语》为正确理解和实施 ISO 9001 和其他质量管理体系标准提供必要基础；ISO 9004《追求组织的持续成功 质量管理方法》为组织选择超出 ISO 9001 标准要求的质量管理方法提供指南。

ISO 9001 标准采用 ISO 制定的管理体系标准框架，以提高与其他管理体系标准的兼容性。本标准使组织能够使用过程方法，并结合 PDCA 循环（策划、实施、检查、处置）和基于风险的思维，将其质量管理体系要求与其他管理体系标准要求进行协调或整合。

（五）如何实施质量管理体系认证

1. 领导决策成立相应的领导和实施机构

为了成功地实施 ISO 9000，建议企业或实施单位成立如下的实施机构（可作为临时性机构）：

（1）ISO 9000 领导小组

领导小组为非常设的决策支持机构，为公司在实施 ISO 9000 的过程中提供决策支持和资源保证。建议组成人员为：总经理、副总经理、管理者代表、主要业务部门经理。

领导小组的职责为：

① 实施过程中的资源调动和保证；

② 审批实施计划和进度控制；

③ 确定组织机构及其职责分工；

④ 确定体系范围、框架，制定质量方针、目标；

⑤ 负责实施中的管理评审和处理重大事项。

（2）ISO 9000 实施工作小组

实施工作小组可依托一个常设机构的办事机构，作为实施 ISO 9000 的办事核心，全面负责质量体系的建立和运行推动。建议由一位专职（或半专职）人员负责，各主业务部门指定 1～2 名骨干人员参加，工作组以 5～7 人为宜。

实施工作小组在管理者代表的领导下，全面负责实施过程中的组织、协调及进度控制，具体负责业务流程分析、体系文件编写，以及体系实施培训、内审、纠正和预防措施，做认证审核前的准备、配合认证审核等。

2. 培训

需要做以下 4 个层次的培训：

（1）全员培训；

（2）中层培训；

（3）文件编写培训；

（4）内审员培训。

3. 诊断

诊断由实施工作小组在咨询组的指导下实施，具体内容包括：

（1）机构及职责分析；

（2）业务流程分析；

（3）现有的规章制度、规范与体系标准对比分析。

4. 体系设计

由咨询组在实施小组的配合下进行，主要内容包括：

（1）确定体系框架；

（2）确定体系要素；

（3）领导小组确定机构及职责分工；

(4) 领导小组制定质量方针、目标；

(5) 确定体系文件层次和数量。

5. 文件编写

实施小组编写文件初稿；咨询组修改文件初稿并与文件编写人员讨论；实施小组编写文件二稿；咨询组修改、讨论文件；文件定稿，有关人员会签、审批、发布。

6. 体系试运行

试运行前的准备工作：文件发放；文件培训。

正式实施：按文件规定实施，做好记录、编制文档。

7. 体系改进

开展内审和管理评审，制定纠正和预防措施；体系优化；建立信息系统、实现无纸化办公。

8. 认证注册

寻找与有资质的认证机构签订认证合同，配合认证机构进行现场审核。

针对认证发现的不合格制定纠正措施并提交实施证据。

认证机构最后颁发认证证书和认证标志并合理使用，接受认证机构的监督。

二、ISO 14000 环境管理体系

可持续发展是人类在环境问题遍布全球并愈演愈烈的现实中，反思人类的发展历程后得出的对未来生活方式和生产方式的设计和选择，而环境管理系列标准的出台是对可持续发展的主动响应，也是环境保护发展的必然结果。ISO 认识到自己的责任和机会，并为响应联合国实施可持续发展战略的号召，于 1993 年 6 月成立了环境管理技术委员会，正式开展环境管理标准的制定工作。期望通过环境管理工具的标准化工作，规范企业和社会团体等组织的自愿环境管理活动，促进组织环境绩效的改进，支持全球的可持续发展和环境保护工作。

据 ISO 网站信息，目前全球 171 个国家和地区已经拥有 30 多万个组织通过 ISO 14001 认证。

(一) 标准制定情况

ISO 14000 系列标准是指由国际标准化组织环境管理技术委员会（ISO/TC 207）起草的，在自愿和国际间一致意见基础上制定的环境管理体系系列标准。

我国等同采用环境管理国际标准（ISO 14000 系列国际标准）的国家标准，最新版本是 GB/T 24001—2016《环境管理体系 要求及使用指南》(ISO 14001：2015)、GB/T 24004—2017《环境管理体系原则 通用实施指南》(ISO 14004：2016)。

(二) ISO 14000 系列标准简介

ISO 14001：2015 提供了与环境体系有关的要求和使用指南。其他标准着重于特定方法，例如审计、沟通、标签和生命周期分析，以及环境挑战如气候变化等。

(三) ISO 14001 的范围、适用对象

GB/T 24001—2016（ISO 14001：2015）阐明了组织用于增强其环境管理绩效的环境管理体系要求。本国际标准可供那些正在寻求通过一种有助于可持续发展的环境基础的系统方式管理其环境职责的组织使用。

本国际标准适用于各种类型和规模的组织，无论它们是私人、非营利性组织还是政府组织。它要求组织考虑与其运营相关的所有环境问题，例如空气污染、水和污水问题、废物管理、土壤污染、缓解和适应气候变化以及资源利用和效率。

(四) 实施 ISO 14001 国际标准的主要好处

ISO 14001 是国际公认的标准，列出了环境管理体系的要求。它通过更有效地利用资源和减少浪费，获得竞争优势和利益相关者的信任来帮助组织提高其环境绩效。

组织应采取战略性方法来改善其环境绩效的原因有很多，ISO 14001 的主要好处有：

(1) 展示对当前和未来法规要求的遵守情况;

(2) 增加领导和员工的参与度;

(3) 通过战略沟通提高公司声誉和利益相关者的信心;

(4) 通过将环境问题纳入业务管理来实现战略业务目标;

(5) 提供竞争和财务优势;

(6) 通过提高效率和降低成本;

(7) 通过将供应商整合到组织的业务系统中来鼓励他们改善环境绩效。

(五) 企业如何实施环境管理体系认证

一个组织或企业要实施环境管理体系认证并获得认证证书，与前面的如何实施质量管理体系认证程序和步骤基本一致，一般要经过五个阶段：

(1) 领导决策准备，最高管理者作出承诺，任命管理者代表，提供资源保障;

(2) 体系策划与设计，制定环境方针、目标、指标，明确组织机构职责;

(3) 编制环境管理体系文件，包括制定环境管理手册、程序文件及三级文件;

(4) 体系试运行，至少运行三个月。依据所建立的管理体系文件的要求，协调运行，解决实际生产中的环境问题，发现问题及时修订。

(5) 内部审核和管理评审，通过内审和管理评审，判断体系的符合性、适用性、充分性和有效性。

一个组织经过以上五个阶段，建立起环境管理体系，若已运行正常，即可向具有审核资格的机构申请进入正式认证。审核部门依据审核准则对组织进行认证审核。通过后，颁发证书。获证 10 个月内进行一次监督审核。第二年、第三年各进行一次监督审核，3 年后，进行复评换证审核，通过后，重新颁发证书。

三、职业健康安全管理体系

工作场所的健康和安全是大多数企业的头等大事，但仍然会造成人员伤亡。根据国际劳工组织(ILO)的数据，目前每天有 7600 多人死于与工作有关的事故或疾病，每年因职业事故或与工作有关的疾病而死亡的人数超过 278 万，此外还有 3.74 亿非致命伤害和疾病。除了对家庭和社区的巨大影响之外，企业和经济的成本也很高。

ISO 45001《职业健康安全管理体系 要求及使用指南》为保护全球员工设定了最低实践标准，是世界上第一个职业健康与安全国际标准。它提供了一个框架，可以提高安全性，降低工作场所风险，增强工作中的健康和福祉，从而使组织能够主动提高其职业健康与安全绩效。

(一) 标准制定情况

2018 年，国际标准化组织职业健康和安全管理委员会(ISO/TC 283)首次发布了 ISO 45001：2018《职业健康安全管理体系 要求及使用指南》。

2001 年 11 月 12 日，国家质检总局正式颁布了 GB/T 28001—2001《职业健康安全管理体系规范》，自 2002 年 1 月 1 日起实施。2011 年第一次修订；2020 年第二次修订，发布了最新版本 GB/T 45001—2020《职业健康安全管理体系 要求及使用指南》，该标准等同采用了 ISO 45001：2018 标准。

在职业健康安全领域，国家专门制定了一系列职业健康安全相关法律法规(如《中华人民共和国劳动法》《中华人民共和国安全生产法》《中华人民共和国职业病防治法》《中华人民共和国消防法》《中华人民共和国道路交通安全法》《中华人民共和国矿山安全法》等)。这些法律法规所确立的职业健康安全制度和要求是组织建立和保持职业健康安全管理体系所必须考虑的制度、政策和技术背景。

(二) ISO 45001：2018 标准范围

本标准符合国际标准化组织(ISO)对管理体系标准的要求。这些要求包括一个统一的高层结构和相同的核心正文以及具有核心定义的通用术语，旨在方便本标准的使用者实施多个 ISO 管理体系标准。

ISO 45001：2018标准包含了组织可用于实施职业健康安全管理体系和开展符合性评价的要求。希望证实符合本标准的组织可通过以下方式来实现：

（1）开展自我评价和声明；

（2）寻求组织的相关方（如顾客）对其符合性进行确认；

（3）寻求组织的外部机构对其自我声明的确认；

（4）寻求外部组织对其职业健康安全管理体系进行认证或注册。

（三）ISO 45001适用对象

ISO 45001适用于所有组织，无论其规模，行业或业务性质如何。它旨在集成到组织的现有管理流程中，并遵循与其他ISO管理体系标准，如ISO 9001（质量管理）和ISO 14001（环境管理）相同的高级结构。

（四）实施ISO 45001的益处

ISO 45001使组织能够建立职业健康与安全管理体系。通过制定和实施有效的政策和目标，这将帮助组织管理职业健康安全风险并提高职业健康安全绩效。

使用该标准的主要潜在好处包括：

（1）减少工作场所事件；

（2）减少旷工和人员流动，从而提高生产力；

（3）降低保险费成本；

（4）建立健康和安全文化，鼓励员工积极参与自己的职业健康与安全；

（5）加强领导层承诺，积极改善职业健康与安全绩效；

（6）满足法律和法规要求的能力；

（7）提升声誉；

（8）提高员工士气。

（五）如何实施职业安全健康管理体系认证

1. 明确基本要求

主要包括建立该体系的组织要有合法的法律地位和遵守国家有关的法律法规。

2. 进行人员技术培训

对有关人员进行技术培训时，要有针对性，对管理层的培训着重是职业健康安全管理方针、高层意识；对特殊层培训的要求是了解岗位基本职业健康安全处理技术；对员工层培训的要求是具有一定基础职业健康安全意识。

3. 进行初始评审

包括对组织现有管理制度、各种职业健康安全影响确定和遵守有关法律法规的情况等进行评审。

4. 方针

制定职业健康安全管理体系方针，指出职业健康安全管理体系的建立和保持总的目标和承诺。

5. 策划

策划主要包括危险源识别、风险评估和风险控制策划，法律法规和其他要求，目标、管理方案。进行策划时，要求具有组织管理特色和反映企业文化。

6. 实施和运行

根据策划结果实施风险控制的活动，实施职业健康安全管理方案并保留各种运行证据。

7. 检查和纠正措施

包括检查日常运行情况、实施内审和管理评审和纠正预防不合格行为。

四、能源管理体系

能源管理体系指建立能源方针、目标、能源指标、措施计划和过程，以实现目标和能源指标的管理体系。ISO50001能源管理体系是以“能源”为核心进行控制和管理，企业通过“活动、产品和服务”识别能源因素、确定具体的能源目标和指标，以达到提高降低能源消耗、提高能源效率的目的。

（一）标准制定情况

2018年，国际标准化组织的能源管理委员会（ISO/PC 242）发布实施了ISO 50001：2018 *Energy management systems-Requirements with guidance for use*。我国等效采用了该国际标准，2020年颁布了GB/T 23331—2020《能源管理体系 要求及使用指南》（ISO 50001：2018）。

（二）标准范围、适用对象

本标准规定了建立、实施、保持和改进能源管理体系的要求，旨在使组织通过系统方法实现能源绩效和能源管理体系的持续改进。

本标准：①适用于任何组织，无论其类型、规模、复杂程度、地理位置、组织文化或其提供的是何种产品和服务；②适用于由组织管理和控制的影响能源绩效的活动；③适用于任何数量、用途或种类的能源消耗；④要求证实持续的能源绩效改进，但未规定实现能源绩效改进的程度；⑤可单独使用，或与其他管理体系协调或融合。

（三）能源绩效方法

本标准提供了系统化、数据导向和基于事实过程的要求，聚焦于持续改进能源绩效。能源绩效是本标准所提出概念中的一个关键要素，目的是确保持续获得有效且可测量的结果。能源绩效是与能源效率、能源使用和能源消耗相关的概念。能源绩效参数和能源基准是本标准提出的两个互相关联的要素，用于证实组织能源绩效的改进。

（四）本标准实施的益处

本标准的有效实施，提供了改进能源绩效的系统方法，以使组织转变管理能源的方式。通过将能源管理融入业务过程，组织能够建立持续改进能源绩效的过程。通过改进能源绩效和降低相关的能源成本，组织能够更具竞争力。此外，实施本标准能够减少与其能源相关的温室气体排放，使组织为满足减缓气候变化的总体目标作出贡献。

（五）如何建立能源管理体系认证

能源管理体系的建立，可按如下步骤进行：

1. 领导决策与准备

（1）管理者的承诺

管理承诺是最高管理者对建立、实施、保持和持续改进能源管理体系作出的，确保配备能源管理体系所需的适宜资源，任命管理者代表等。根据管理承诺制定和实施能源方针和目标，作为组织的发展方向和战略目标的组成部分。

（2）任命管理者代表

能源管理体系的建立和实施是一个系统工程，涉及到企业各个方面的工作，本体系要求最高管理者应任命一个管理者代表来负责体系的管理工作，管理者代表有如下职责：确保按照国家标准的要求，协助最高管理者建立、实施和保持能源管理体系；向最高管理者报告能源管理体系的运行情况；提出改进建议：负责与能源管理体系有关的外部联系，故管理者代表应是企业中具有相当级别的管理者，建议由分管副总经理（副厂长）担任。

（3）提供资源

最高管理者应授权管理者代表组建一个机构或班子来建立能源管理体系，其初期的任务是进行初始能源评审，以及建立体系后的日常工作。能源管理机构的设置，是以管理者代表为首的能源管理委员会，或节能小组。

最高管理者还需要为体系的建立和保持提供其他资源，如时间、办公条件、信息、资金、人力等，特别应保证充分的资金来用于管理方案的实施。

2. 范围界定

对于企业的能源管理体系而言，其管理的对象是企业的生产过程、产品和服务中的能源因素，因此能源管理体系的范围宜是一个覆盖企业的所有过程、产品和服务，并涉及组织职责和权限、现场区域、地理边界等要素的集合，通常应根据企业的特点，综合考虑以下方面：

(1) 企业的活动范围

企业的活动范围即企业的活动领域，包括与企业的产品实现和服务提供有关的活动，包括管理活动（如办公场所和办公车辆）、产品和服务实现活动（电气运行、维修车间、公用工程）和生活活动（职工食堂、浴室等）等。

(2) 企业的管理权限范围

管理权限范围即已确定的企业的职责和权限界限，包括承担企业活动职能并处于一定区域的企业单元，如各职能部门、岗位以及临时性的组织机构，如项目工程部等。通常该权限范围还应符合法律法规中已明确界定其责任的许可范围。当企业的体系范围所覆盖的活动与其他企业存在管理上的接口时，如集团公司与下属矿厂存在管理接口的项目时，必要时，应明确组织职责的输入与输出的界限。

虽然能源管理体系管理的是企业本身的能源消耗，但企业的能源供应商会对企业的能源消耗产生影响，因此，应包含在能源管理体系的范围内；至于承包商，如果对企业的能源消耗有直接影响，也应包含在能源管理体系范围内。

(3) 企业的现场区域和地理边界

企业的现场区域和地理边界即在企业管理控制下进行活动的所有场所，该场所可能是固定场所、临时场所和流动场所，包括如下：

① 生产、动力现场；

② 原辅材料、中间产品和最终产品的贮存场所；

③ 企业所需的设备和各类基础设施所处的位置和现场；

④ 企业管理权限所及的责任边界或接口；

⑤ 服务涉及场所的地域范围；

⑥ 与能源因素相关的控制边界；

⑦ 企业统一管辖下从事相似活动的多个场所。

(4) 法律法规的要求

应充分考虑到源自各个方面的法律法规要求，以确定企业的能源管理体系在确保企业的合规性方面的有效性。

(5) 企业的产品和服务范围

企业的产品和服务范围可能涵盖一个或多个产品和服务，在确定范围时，通常要考虑不同产品和服务及其与之相关的能源因素，当不同的产品和服务实现活动中的能源因素相互关联且不可分时，应防止将与某些产品和服务提供相关的活动剥离在范围之外，如在企业辖区内间处于一个供应系统或辅助系统下的各类产品和服务的实现活动。

(6) 财务边界和运行边界

为了以清晰、可验证和长期一致的方式统计能源消耗，企业应详细分析其经营状况以确定和财务会计边界一致的范围。企业边界确定后，再确定能源管理体系的运行边界。企业应识别确定的企业边界覆盖下的导致能源消耗的所有活动和运行。

3. 初始能源评审

初始能源评审是建立能源管理体系的基础，通过现场观察和历史数据对企业的能源使用情况和生产工艺过程做一般性的调查，初始能源评审包括两部分：①能源管理调查，②能源技术调查。这对发现明显的能源浪费和在短期内提高能源效率的简单措施是非常有用的。初始能源评审的结论将作为建立和评价组织的能源方针、制定目标指标和管理方案、确定优先事项、编制体系文件的基础。

初始能源评审的内容：

（1）明确适用于企业的法律、法规、标准和其他要求。

（2）确定产品、过程和服务中的能源因素，评价出那些对节能具有重大影响和责任的能源因素，即优先控制的能源因素。

4. 体系的策划

体系的策划除了要制定能源目标和指标外，关键要识别能源因素。对一个企业来说，从原料进入到产品输出，每一个生产环节都有影响能源消耗的多个因素，这些因素有的是工艺参数的控制情况，有的是设备的使用维护情况，有的是操作者的水平及状态等。产品能耗还受市场因素、环境因素及法律法规因素的影响。在识别出所有的能源因素后，要进行评价，确定优先控制的能源因素，然后制定实现能源目标的能源管理方案。

5. 能源管理体系文件的编制

能源管理体系是一套根据企业的特点和满足标准要求的文件化的能源管理制度和方法。制定体系文件是企业建立、实施和保持能源管理体系并保证其有效运行和持续适用的基础性工作，也是企业达到预定的能源管理目标、评价与改进体系、实现持续改进的必不可少的依据。体系文件不是一成不变的，它需要随着体系的运行不断地进行修订和完善，以保证体系文件的持续有效。能源管理体系文件是企业内部的管理制度，在使用前需进行反复的评审和修订，最后经最高管理者批准后才可正式发布。

6. 体系试运行

体系运行是一个长期的持续过程，体系文件正式发布后，体系即进入试运行阶段，即企业要按所建立的体系手册、程序文件和作业指导书的规定，整体协调运作，并记录有关信息。试运行的目的是要在实践中检验体系的充分性、适用性和有效性。企业应加强运作力度，努力发挥体系本身具有的各项功能，及时发现问题，找出原因，纠正不符合之处，对体系包括体系文件进行修订、调整，以尽快度过磨合期。

7. 内部审核和管理评审

体系运行一段时间后，企业应做好准备检验体系是否符合标准的要求。试运行期间进行的第一次内审的策划是很重要的，最好是管理者代表亲自策划，并要接受内审员的审核，各级管理者特别是最高管理者均应接受审核，检验是否充分履行了文件中规定的职责；内审是由内审员承担的，内审员是否称职关系到内审的质量和有效性，所以内审员应经过咨询机构的培训，具有相应的知识、技能和能力，一般来说第一次内审最好请咨询机构进行现场指导，使内审员在实践中掌握内审方法、技巧。为了提高内审水平，管理者代表可以在策划审核方案时策划多次内审。

在内审结束后，企业的最高管理层应进行管理评审，管理者代表收集汇总整体运行的各方面信息，各层级管理者对管辖范围内体系运行情况进行评审也是一个好的方法，这些材料可以作为最高管理者进行管理评审的补充，以确保体系的持续、充分和有效，并持续改进。管理评审应包括如下方面：

（1）能源方针的适宜性；

（2）目标指标的完成情况；

（3）能源消耗情况和能源利用效率；

（4）内审结果；

（5）针对客观情况的变化，需要改进的方面，如能源基准和标杆是否要调整；

（6）职责划分的合理性和资源配置的充分性；

（7）体系新的发展动向。

评审结论应形成文件，实施必要的沟通和后续改进活动。

8. 认证注册

对于拟定实施第三方认证的企业，最高管理者可根据管理评审结论决定是否申请第三方认证审核。如果要申请第三方认证，体系运行至少6个月，且所有要素完整运行一轮后方可申请。然后由认证机构进行现场认证、审核，颁发认证证书。

第三节　森林经营认证和产销监管链认证及其标准

在全球森林破坏和退化问题引起了人们普遍关注的背景下，保护环境、保护森林已成为人类的共识。一些非政府组织认为政府在解决森林问题方面会出现政策失误，并且在林产品贸易中无法证明其产品来源于合法可持续经营的森林，从而为非法采伐和破坏森林的行为提供了可乘之机。出于这样的原因，森林认证作为促进森林可持续经营的一种市场机制应运而生。森林认证为消费者证明林产品来自经营良好的森林提供了独立的担保，通过对森林经营活动进行独立的评估，将“绿色消费者”与寻求提高森林经营水平和扩大市场份额，以求获得更高收益的森林经营企业联系在一起，并于 20 世纪 90 年代初逐渐兴起和发展。

一、森林经营认证及其标准

（一）什么是森林经营认证

森林经营认证是由独立的第三方认证机构根据所制定的森林经营标准，按照规定的和公认的程序，对森林经营单位或区域的森林经营活动进行评估，以验证其是否经营良好，是否符合可持续发展原则和标准的要求，并颁发证书的过程。通过认证后，企业有权在其产品上标明认证体系的名称和商标，即林产品的标签。森林经营认证可以证明森林经营者是以对社会有益、并以环境适宜和经济可行的方式进行森林管理。

森林认证有两个主要目标，①提高森林的经营水平，促进森林的可持续经营；②保证并促进市场准入，获取市场利益。

（二）森林经营认证的步骤和程序

森林经营认证的步骤包括：申请、受理、预审、评审、同行评议、认证决定、监督审核再认证等八个步骤。

1. 申请

森林经营单位、林产品生产加工销售及贸易等组织可以作为申请人，向认证机构提出森林认证申请。申请材料包括：①申请书；②国家工商行政管理部门或有关机构注册登记的法人资格证书复印件；③认证机构要求的其他材料。森林经营单位应根据市场的需要确定是否开展森林认证，并选择合适的认证机构。森林经营单位在依据认证标准对本单位的森林经营情况进行内部评估后，确认基本达到认证标准的要求，即可向认证机构提出申请。认证机构的信息可以从认证体系的认可机构或体系管理机构的网站上获得。

森林经营者在选择认证机构时，应考虑以下 3 个方面。

(1) 认证程序的透明度和保密性。认证过程的透明性是认证体系可信的一个重要保证，而对认证过程中获得的信息保密性也至关重要。一些公司可能不愿过多透露自己的信息，以免竞争者从中获取有用的信息形成强有力的竞争。

(2) 审核员的素养和能力。即审核员是否具备开展认证审核的能力，是否会依据标准客观地、公正地、独立地开展审核，能否用当地语言进行交流。

(3) 认证费用是否合适。森林认证的费用包括直接费用和间接费用。直接费用，即认证本身的费用；间接费用，即为满足认证要求，森林经营单位在提高管理水平、调整经营规划、培训工等方面所支付的费用。

2. 受理

认证机构接到申请后会建立程序，对申请文件和资料进行评审并保存评审记录。认证机构自收到申请人提交的书面申请之日起，应在 20 个工作日内完成评审；认证机构应书面通知申请人评审结果。

3. 预审

森林经营认证应开展预审和主审。预审是在主审之前，确定受审核方与审核准则的主要差距或问题，为主审做准备。其主要目的是使认证机构初步了解申请认证的森林经营单位基本情况，确定森林认证是否可行。预审可帮助森林经营单位找出差距，为主审的顺利开展扫清障碍。此外，预审还是审核员评估是否有必要开展主审的一种手段。如果预审后，发现存在着过多差距，且在短时间内不能整改完毕，审核员会判定相关森林单位不合适开展主审，这样将为森林经营单位减少不必要的费用。从目前来看，几乎所有 CFCC 认证机构均要求开展预审。

预审可根据所评估森林经营作业的类型（如经营的复杂程度、规模大小、存在争议的性质等）以及客户的特定要求灵活安排。认证机构通常派一两个审核员对申请认证的林地或林业企业进行初步审核，找出现有森林经营状况与标准的差距，来提出对认证审核的建议。在预审中，审核员在主审前会了解森林经营单位或联合体的基本情况，为主审做审核计划，同时为森林经营单位提供了一个与审核员见面沟通的机会，有助于经营单位了解认证程序。预审通常以森林经营作业的现场审核为主，也可结合森林经营单位的文件审核和利益方访谈。预审不作出审核结论，但会撰写差距分析报告，总结发现的问题。森林经营单位在回答预审小组的相关问题时，应该坦诚相告，这样才能让预审小组了解真实的情况，有效找出差距并针对主审做相应的准备。同样，避免只提供有利的信息给预审小组，隐瞒对自己不利的事实和问题，因为这些问题通常会在主审时暴露出来，成为不符合项。

4. 主审

主审是对森林经营活动做出的正式和全面的评估，以判定受审核方的森林经营与认证标准的符合性。主审是审核经营状况是否符合认证标准，通常由审核组实施。主审的内容应包括受审核方的整个森林经营体系及其实施情况，覆盖所有的经营活动和森林经营类型。在主审过程中，森林经营单位对审核组、审核方法和审核程序均要有所了解，并予以积极配合。

（1）审核组

森林经营认证强调森林的可持续经营，且重视社会、经济和环境三个方面，审核组成员至少包括三名成员，即至少应包括分别具有环境、社会和森林经营背景的三位审核员，并按照严格的审核程序进行审核。审核组会指定一名组长，负责制定审核计划、与森林经营单位联系、主笔审核报告等事宜。根据预审结果，决定审核组的成员。审核组的名单须提前提交给申请认证的森林经营单位或联合体。如果森林经营单位对审核组的成员组成有意见，可以要求认证机构更换人员，但必须给出充分合理的理由，否则认证机构可以拒绝。只有在认证机构认为不合适的情况下，例如该人与森林经营单位有直接利益关系或曾在该经营单位工作过等，才会同意更换人员，以免影响公平公正的认证审核。

（2）首次会议

主审通常以启动会的形式开始，通称首次会议。这对接受审核的森林经营单位来讲，是一个学习的好机会，可以提问以充分理解认证程序及相关工作，所以应让尽可能多的职工参加首次会议，从而对相关工作有所准备，并给予积极的配合。

首次会议由审核组组长安排主持，会议内容由认证机构和审核组组长决定。通常会介绍审核组成员及职责；确认审核目的、范围和准则；介绍实施审核所用的方法和程序；确认保密事项；确定审核日程、地点以及相关的后勤安排等事项。森林经营单位也可利用这个机会介绍其经营状况，说明本单位的经营体系、组织架构和主要人员，并说明如何配合认证工作。经营单位的介绍对审核组而言是非常重要的，可以让审核组对经营活动形成一个基本的认识，从而与接下来的工作建立联系。在首次会议上，审核组将最终确定工作计划，并确定需要走访的部门。

（3）审核

审核组按照标准对森林经营绩效进行全面评估和审核，审核采用抽样方法进行。其程序与预审基本相同，包括文件审核、现地考察及利益方访谈三种形式，只不过审核的内容比预审更为具体、准确。首先是文件审核，审核组成员会查看大量的文件和记录，检查其内容。有时，在主审之前，审核组会要求接受审核的森林经营单位提供相关的文件或记录，以在主审之前，对相关文件或记录进行查看，明确需要考察哪些地点。因此，在到达受审核方前及进入现场后，审核组要核查受审核方提交的文件和记录。如有可能，还要核查来自外部的文件或记录。在文件审核过程中，应对照审核准则对受审核方的森林经营管理体系文件、规章制度、作业规程以及生产经营活动的记录等进行核查。同时，审核组会考虑以下几个问题：这些文件是否符合标准的要求？是否保存了相关的记录？由谁来负责开展这些归档的经营活动等。当然，文件审核也可以在现地考察中进行查看。

其次是现地考察，审核组采用抽样的方法，决定考察地点。在现地考察中，审核组会根据已有文件审核结果检查经营方案、经营程序和规则是否予以实施，实施是否有效，是否达到预期的目标等。最后是利益方访谈，审核组在文件审核和现地审核过程中，会花大量时间与职工、认证负责人、承包人或联合体成员进行访谈，主要了解他们是否了解并理解森林经营相关的文件，是否根据要求记录并予以保存，是否按照要求真实有效实施相关要求等等问题。审核组鼓励每个接受访谈的人都开诚布公地回答问题，为保证信息的真实性，审核人员不希望管理人员参与讨论，这是因为职工通常不能在有管理人员在场的情况下提供真实的情况。因此，应保证审核组成员单独与职工或承包商进行访谈。

如果发现森林经营单位不满足标准要求的证据，就将其定义为不符合项。若发现不符合项，就要指出相关发现，并指出与标准不相符合的地方。森林经营单位按照标准进行整改。目前，认证机构并不提出所谓的整改要求，只是说明与标准的不相符合性，并不具体提出如何整改。因为认证审核只是依据标准和客观事实说明问题在哪，并没有帮助森林经营单位开展整改活动的责任和义务。具体整改计划和活动要由森林经营单位确定并实施。

5. 同行评议

主审完成之后，审核组组长将出具认证审核报告。在最终做出认证决定之前，为了确保审核报告的可靠性，审核报告和相关文件材料还需交给至少由 2 名独立专家组成的审核（或复查）小组审阅。同行评审专家由机构来挑选，但应该告知接受审核的森林经营单位，如果经营单位有异议，也可以向认证机构提出。森林认证的同行专家应是在森林认证相应认证范围具有丰富理论知识和实践经验的专家。同行评审专家根据报告提供的信息，依据其对该地区森林和林业的专业知识，评审审核活动是否适当，发现的问题是否合理，并提出自己的意见。

6. 认证决定

经过同行评审，且关闭了所有严重不符合项之后，认证机构有关部门将根据审核报告和同行评审专家的意见对是否通过认证作出最后决定。受审核方的管理符合国家或行业标准要求的，应予以通过认证，并颁发认证证书。森林经营单位可公布认证的消息，并申请认证标志。

7. 监督审核

认证机构应根据获证组织的不同特点、性质确定监督审核频次，但两次监督审核的时间间隔不应超过 12 个月。在获证组织发生重大变化可能影响认证结果时，认证机构会增加监督审核频次，以保证监督审核的有效性。监督审核的现场审核程序与初次认证现场审核程序基本相同。

8. 再认证

企业通过认证取得证书后，证书的有效期为 5 年。当证书到期之后，认证申请方可根据自己的实际需要，按照相关规定向认证机构申请再认证审核。获证组织应在证书有效期结束之前 6 个月，提出再认证申请。因不可抗力导致不能按期进行再认证的获证组织，应在证书有效期内向认证机构提出书面申请。经认证机构确认，证书有效期最多可延长 6 个月。

（三）森林经营认证标准

目前，中国森林认证管理委员会（CFCC）认证体系执行的森林经营认证标准是 GB/T 28951—2021《中国森林认证 森林经营》国家标准。《中国森林认证 森林经营》国家标准是中国森林认证标准体系中森林经营类标准的基础，在森林认证标准体系几乎所有的标准中被引用。中国森林认证管理委员会（CFCC）声明，实施森林经营认证是促进森林可持续经营和林产品国际贸易的一种重要市场手段。本标准规定了我国森林经营单位为实施森林可持续经营认证应达到的要求，为森林认证机构开展森林经营认证审核和评估提供了依据。

标准的内容围绕着可持续经营的要求展开，规定了森林可持续经营认证应遵循的指标体系，适用于具有资质的森林认证机构对森林经营单位的森林经营活动进行审核和评估。

二、产销监管链认证及其标准

（一）什么是产销监管链认证

林产品产销监管链是指林产品从森林或者回收地点（使用回收原材料时），经过供应链到销售点的认证路径，涉及原料采购、产品加工、进出口贸易和流通的各个阶段。

产销监管链认证是对林产品从原产地的森林采伐、运输、加工直至最终消费的整个过程进行认证，简称 COC 认证，是森林认证的重要组成部分。独立的产销监管链认证是面向木材和木制品生产及销售企业的认证，产销监管链由许多环节组成，环节的数量要根据原料来源的范围、生产制造工艺的复杂程度和产品最终流向的市场来决定。一个比较详细的木制产品从森林中立木到最后产品到达用户手上的产销过程环节如下：经采伐成为原木→从采伐点集材到楞场→从路边运输到贮木场→从贮木场到加工企业加工→零售商销售→最终用户。

可以把从森林立木到消费者之间的物流过程归纳为 3 个阶段：从森林到加工厂，加工阶段，从加工厂到市场。其核心意义在于通过产销监管链的溯源追踪机制来保证原材料来自于可持续经营的森林，并且将木材来源的真实信息传达给消费者。

产销监管链认证是除森林经营认证之外，中国森林认证的另一个重要组成部分。森林经营认证的重心是保证森林的可持续经营，认证的对象是森林经营活动，产销监管链认证的重心是保证林产品的原料来源，开展产销监管链认证旨在追踪林产品的原料来源，向消费者提供明确的产品原料来源证明。

（二）产销监管链的认证模式

产销监管链认证的主要步骤与森林认证基本相同，包括申请、实地考察、文件检查、实地核查、贴标签、年度复审。认证程序的主要重点是对从森林中砍伐的原木到林产品到达消费者手中的各个流通环节进行记录检查，完整的记录是产销监管链认证获得通过的关键因素。

产销监管链认证可以分为独立认证（单一场所认证）和多地点认证（多场所认证）两种模式。

1. 独立认证

独立认证是指当一个企业只有一个生产、加工、储运等场所时，开展单一场所认证。考虑到认证所产生的费用，通常大中型企业采用这种认证模式。

2. 多地点认证

多地点认证是指当一个企业在多地点拥有生产场所（同一国家内），同时这些生产场所的功能、结构、程序均相似时，开展具有多个地点的企业产销监管链认证，以确保产销监管链认证的实施具有经济性和可操作性，并确保企业能够符合产销监管链认证的要求。多地点企业认证也可用于独立小型企业集团建立产销监管链并进行认证。在进行多地点认证时，认证机构将通过对多个场所进行抽样评估，参与认证的所有场所均需满足认证标准的要求。

多地点企业是指具有一个明确的中心（一般称为中心办公室）和多个地方性办公室或分支机构（地点）的企业。中心办公室负责制定、控制和管理相关活动，地方性办公室则负责实施这些活动。多地点企业不一定为一个单一的实体，但所有的地点都应与中心办公室存在法律或合同关系，并同属于一个产销监管链，接受中心办公室的监督审核。必要时，中心办公室有权要求任何分支机构（地点）实施改进措施。

多地点企业可以是：①具有隶属关系或多个分支机构的企业，不同的地点通过共同的所有权、管理系统或其他组织关系（不包括协会会员关系）联系在一起；②为了开展产销监管链认证，由不同的独立合法企业组成的团体（生产商团体）。

（三）产销监管链标准

目前，中国森林认证委员会（China Forest Certification Council，CFCC）认证体系执行的产销监管链认证标准是国家标准 GB/T 28952—2018《中国森林认证 产销监管链》，是我国森林认证标准体系中的第二部国家标准，在体系中具有基础性作用。产销监管链认证标准规定了实施林产品产销监管链的要求。该标准适用于实施中国 CFCC 要求的第三方可持续产品认证的符合性评定。

该标准包括九个章节，三个附录。除标准的实施范围、规范性引用文件和术语及定义外，标准核心部分具体要求包括：原材料类别的判定、尽职调查体系最低要求、产销监管链方法、产品销售和信息传递、管理体系的最低要求、产销监管链的劳动者权益以及社会、健康和安全的要求，标准指标涵盖了从原材料到产品销售的各个环节，同时关注了管理体系和劳动者权益保障，内容全面合理，较好地诠释了 PDCA 框架，体现了从计划到处理的一系列要求。三个附录包括 CFCC 规范，中国森林认证标识，和多场所企业实施监管链的要求。

第四节 人造板及其制品甲醛释放量认证及其标准

甲醛（HCHO）又名蚁醛，是一种无色有刺激性的气体，易溶于水和乙醇。在常温下是气态，通常以水溶液形式存在，是一种强的杀菌剂，具有防腐、灭菌和稳定功效。环境中甲醛超过一定量会对人体健康产生影响，主要表现在嗅觉异常、刺激、过敏、肺功能异常、肝功能异常和免疫功能异常等。

人造板及其制品作为室内装饰装修和家具用主要材料，其部分产品在生产过程中会使用含醛胶粘剂，并在使用过程中释放出一定量甲醛。国内外社会高度关注人造板及其制品甲醛问题，各国都对甲醛的释放量有相应的标准来规范，保护消费者身体健康和环境安全。我国作为人造板及其制品的生产大国和消费大国，产品质量关系人民群众身体健康，长期以来受到党和政府以及社会各界的广泛关注。

国际标准化组织（ISO）和欧盟、美国和日本等发布了人造板及其制品甲醛释放限量标准，提高了甲醛释放限量要求。而美国和日本也都有较为严格的甲醛释放量控制标准，美国实施 CARB 认证（CARB 是 California Air Resources Board，即加利福尼亚州空气资源委员会的缩写）和 EPA 认证，日本实施 F☆☆☆☆认证（又名 F4 星认证），保障人造板及其制品产品质量。

本节主要介绍中国的人造板及其制品甲醛释放限量标准，以及美国和日本甲醛认证标准及其认证情况。根据中国的产品管理，执行人造板及其制品甲醛释放限量强制性国家标准、推荐性国家标准，不进行产品认证。也有机构根据团体标准进行甲醛认证。

一、中国人造板及其制品甲醛释放量有关标准

中国人造板及其制品甲醛释放量有关标准共 2 项。

（一）GB 18580—2017《室内装饰装修材料 人造板及其制品中甲醛释放限量》国家标准

为保护消费者健康、推动产业健康发展、消除或降低室内装修污染，2001 年我国发布了强制性国家标准 GB 18580—2001《室内装饰装修材料 人造板及其制品中甲醛释放限量》，2017 年修订后发布了 GB 18580—2017。

GB 18580—2017《室内装饰装修材料 人造板及其制品中甲醛释放限量》规定人造板及其制品中甲醛释放限量值 $E_1 \leqslant 0.124mg/m^3$，限量标识为 E_1，检测方法为 $1m^3$气候箱法。

目前，我国人造板及其制品的甲醛释放量必须满足 GB 18580—2017《室内装饰装修材料 人造板及其制品中甲醛释放限量》标准的要求，该标准为强制性标准。

（二）GB/T 39600—2021《人造板及其制品甲醛释放量分级》国家标准

随着人造板及其制品产业也进入高质量发展阶段，为更好满足消费者对高质量绿色环保人造板产品需求，加快促进人造板产业高质量发展，2021 年国家市场监管总局、国家标准化管理委员会发布

GB/T 39600—2021《人造板及其制品甲醛释放量分级》国家标准，该标准在 GB 18580—2017 强制性国家标准甲醛释放限量值的基础上，进一步细化人造板及其制品甲醛限量分级，将甲醛释放量分为 3 个等级：$E_1 \leqslant 0.124mg/m^3$（和 GB 18580—2017 一致，限量标识为 E_1），$E_0 \leqslant 0.050mg/m^3$（限量标识为 E_0），$E_{nf} \leqslant 0.025mg/m^3$（限量标识为 E_{nf}），检测方法为 $1m^3$ 气候箱法。该标准的发布实施，将为无甲醛添加人造板（包括秸秆人造板）提供标准支持，将进一步推进低甲醛、无甲醛添加人造板产品的生产。这项标准的出台，有效规范了人造板产品中甲醛释放限量，提高了产品的环保性能，保护消费者身体健康，推动绿色环保人造板及其制品产业发展，推动行业绿色发展。

企业可根据客户及市场需求，按照 GB/T 39600—2021《人造板及其制品甲醛释放量分级》标准规定，生产出甲醛释放量更低的产品，以满足市场不同需求。

二、CARB 认证

（一）CARB 认证简介

CARB 是 California Air Resources Board（美国加州空气资源管理委员会）的缩写。2007 年 4 月 27 日，该委员会根据调查并举行公众听证会，批准并颁布了《有毒物质空气传播控制措施》（airborne toxic control measure，简称 ATCM），要求降低复合木制产品的甲醛释放量，并于 2008 年 4 月将其编入《加利福尼亚州规则法典》17 册中。法规要求，对于使用含有甲醛树脂的硬木胶合板、刨花板和中密度纤维板制造商，必须由 CARB 批准的三方认证机构核实其产品与法规中规定的甲醛排放标准的符合性。要求自 2009 年 1 月 1 日法规生效之日起，在加州销售、供销、供应、使用或制造销售的复合木制品，以及由复合木制品制作的成品都必须符合这项法规的要求，否则产品将被勒令召回或遭受处罚。

（二）CARB 法规实施阶段及要求

第一阶段从 2009 年 1 月 1 日开始，要求用气候箱法 ASTM E 1333 测试板材甲醛释放量，规定硬木胶合板（HWPW）必须小于 $0.08ppm/m^3$、刨花板（PB）必须小于 $0.18ppm/m^3$、中密度纤维板（MDF）必须小于 $0.21ppm/m^3$。

第二阶段从 2010 年开始将陆续实施法规里的要求。该法规不单对生产板材的工厂有要求，对家具厂、进口商、贸易商、零售商都有严格的要求。要求用气候箱法 ASTM E 1333 测试板材甲醛释放量，规定硬木胶合板（HWPW）必须小于 $0.05ppm/m^3$、刨花板（PB）必须小于 $0.09ppm/m^3$、中密度纤维板（MDF）必须小于 $0.11ppm/m^3$。

其中对板材生产厂商的要求：

（1）板材的甲醛释放量必须符合标准的要求；

（2）必须强制第三方认证（工厂应按照要求建立质量管理体系和品质控制实验室）；

（3）产品上必须贴上合格的标签。

（三）CARB 认证步骤

（1）联系第三方认证机构；

（2）评估工厂质量控制；

（3）在工厂开展甲醛释放测试和评估；

（4）与树脂供应商商讨如何达到 CARB 释放标准；

（5）由 CARB 认可的第三方认证机构进行工厂审核。

（四）CARB 认证咨询和流程

内容包含两大部分，分别是技术咨询服务和 CARB 认证流程。

1. 差距评估

在差距评估过程中，技术人员会抵达工厂，并从多方面考核工厂目前的现状，包括质量控制实验室设备，小规模质量控制测试方法，测试人员，质量控制系统，文件的记录与保存情况等等。通过差距评估，技术人员可以详细地了解工厂的现状与取得认证所需标准之间的差距。

2. 质量控制人员培训

在此过程中，CARB 认证培训师会为参加人员提供 CARB 法规和认证方面的相关培训。

3. 建立实验室

技术人员会帮助工厂建立自己的实验室，以方便工厂日后做小规模测试，此步骤较为重要。

4. 质量控制系统的建立

帮助工厂建立自己的质量控制系统，可以随时监督不同产品批次的质量。

5. 产品测试

对客户提供的产品进行规定方法的测试，判定产品的甲醛排放是否达到要求。

6. 审核

审核包括文件审核和现场审核，帮助客户及时发现并纠正不符合 CARB 要求的现状。

三、美国环保署（EPA）人造板及其制品认证

（一）EPA 的人造板及其制品甲醛释放量法规

2010 年 7 月 7 日，美国总统奥巴马正式签署了《复合木制品甲醛标准法案》（*Formaldehyde Standards for Composite Wood Act*）（S. 1660，H. R. 4805），该法案旨在对美国境内供应、销售、要约销售或生产的人造板及其制品实施全国统一的甲醛释放量标准，其规定的甲醛释放限量标准更加严格，同时某些产品显著高于目前我国及世界各国的相关标准。

该法案旨在对美国境内供应、销售、要约销售或生产的硬木（阔叶材）胶合板、中密度纤维板和刨花板及含以上板材原料的制成品制定全国统一的甲醛释放标准，内容包括标签、产销监管链要求、存/销比、超低释放量甲醛树脂、无甲醛添加树脂、成品、第三方测试和认证、第三方认证机构的审核和通报、记录保管、执行。该法案以现行的加州空气资源理事会 CARB（California Air Resources Board，CARB）相关标准为基础，其规定的甲醛释放限量标准较现行标准更加严格，同时某些产品显著高于目前我国及世界各国的相关标准。

该法案于 2011 年 1 月 3 日开始生效，并在今后两年内逐步实施，其实施条例于 2013 年 1 月 1 日前颁布，并在 2013 年 7 月 1 日前修订现行进口管理规定，以确保符合甲醛释放标准，届时进口美国的木制品将全部按照新法案的规定进行检验。

2016 年 12 月 12 日，美国环保署（EPA）在原有 CARB ATCM 93120 基础上发布全美范围内的人造板及其制品的甲醛释放量法规，该法规包含在美国有毒物质控制法的第六条款中（TSCA Title Ⅵ）。法规要求在 2017 年 12 月 12 日之后，所有在美国境内销售、生产、使用和进口的人造板及其制品都必须满足 EPA 法规的要求，执行 EPA 发布的《复合木制品甲醛释放标准》（*Formaldehyde Emission Standards for Composite Wood Products*）。该标准进一步提高了美国本土生产或进口的复合木制品的安全准入条件，成为美国最严苛的甲醛释放限量规定。该标准严苛之处主要体现在三个方面：①在美国全境具有强制性效力；②甲醛排放限量值更加严格了，要求依据美国气候箱法 ASTM E 1333 检测方法，硬木胶合板甲醛释放限量为 0.05ppm、刨花板为 0.09ppm、中密度纤维板为 0.11ppm（薄中密度纤维板为 0.13ppm）；③提高了对检验检测、认证认可的要求。

该法案规定，自 2017 年 12 月 12 日起，所有在美国销售、供应、制造或进口的硬质胶合板、刨花板及中密度纤维板以及相关产品制造的成品，例如家具、木柜、地板、相框、玩具及建筑材料必须符合甲醛释放标准；必须获第三方认证机构鉴定符合标准；必须附有标签注明产品生产商的名称、批号、第三方认证机构编号，以及符合甲醛释放标准的声明。同时，以上涉及的检验检测认证机构都必须获得美国环保署承认的认可机构的认可，其中认证机构还需申请美国环保署的承认。

（二）EPA 的人造板及其制品甲醛释放认证步骤

与 CARB 认证步骤一致，参考 CARB 认证程序。

四、日本 F☆☆☆☆认证

（一）F☆☆☆☆认证简介

F☆☆☆☆认证（又名 F4 星认证），也称为日本大臣认证，是由日本国土交通省颁发的代表日本最高环保级别的甲醛释放等级认证。符合 F☆☆☆☆认证的产品采用干燥器法测定的甲醛释放限量平均值不超过 0.3mg/L。

F☆☆☆☆常用在日本建筑材料及内装饰材料的标识中。2003 年，日本政府修改并实施了新的《建筑基本法》，其中对建筑材料及室内装修材料的游离甲醛释放造成室内空气的污染作出了严格规定。根据《建筑基本法》，有可能释放甲醛的内装修材料依据其甲醛的释放量程度，建材的使用面积会被限制。而甲醛释放量水平经过 JIS、JAS 以及国土交通大臣认定后定级，以星的数量标明其相应等级。F 是甲醛（formaldehyde）的首字母略称，根据甲醛释放量的不同，分为 F☆、F☆☆、F☆☆☆、F☆☆☆☆四类。星数越多，意味着甲醛释放量越少。标有 F☆☆☆☆的建筑材料为优质产品，在市场上受到信任。标有 F☆☆☆和 F☆☆的建筑材料在使用面积上受一定限制，标有 F☆的建筑材料禁止用于室内装修。

F☆☆☆☆认证适用范围：胶合板、地板、结构用板材、中密度纤维板（MDF）、刨花板（PB）、集成材、单板层积材（LVL）、壁纸、胶粘剂、保温材料、绝缘材料、油漆、涂料等。产品满足 F☆☆☆☆要求后，在室内使用面积上无限制。

（二）F☆☆☆☆认证甲醛释放量要求

F☆☆☆☆甲醛释放量要求见表 12-1。

表 12-1　日本 F☆☆☆☆认证甲醛释放量要求

日本干燥器法（适用板材）			
等级	平均值（mg/L）	最大值（mg/L）	使用限制
F☆☆☆☆	0.3	0.4	不受限制
F☆☆☆	0.5	0.7	使用面积受限
F☆☆	1.5	2.1	使用面积受限
F☆	5.0	7.0	室内禁止使用

日本气候箱法（适用胶粘剂和涂料）		
等级	平均值（mg/m²·h）	使用限制
F☆☆☆☆	≤0.005	不受限制
F F☆☆☆	>0.005，≤0.02	使用面积受限
F☆☆	>0.02，≤0.12	使用面积受限
F☆	>0.12	室内禁止使用

（三）企业获得 F☆☆☆☆认证的途径

企业要取得 F4 环保认证一般有两种途径：一是通过从日本进口获得 F4 星认证的产品或者原材料；二是通过日本 F☆☆☆☆认证构，如日本合板检查会，派遣专业的审核员到达生产工厂，对工厂的整个生产体系进行评估检测，涉及所有生产的每个环节，从原材料，到生产工艺，到成品每个环节都必须符合 F☆☆☆☆标准，确保该工厂整个体系上达到 F☆☆☆☆，并对该工厂颁发认证证书。因此，F☆☆☆☆认证不仅仅是对一系列环保指标的要求，还是对一整套完整的测量方法要求和对产品供应链的严苛要求。

（四）日本 F☆☆☆☆认证咨询流程

1. 生产商或申请人与获得日本国土交通省授权的认证机构，签订咨询服务协议并提交申请书；
2. 认证人员审核申请书并发出送样通知；
3. 生产商或申请人按照要求提交样品；

4. 认证机构执行产品测试和质量体系评估；
5. 产品测试合格后，向日本国土交通大臣提交认定申请；
6. 一切合格将颁发测试报告与 F☆☆☆☆ 认证证书。

第五节　国外生态标签认证及其标准

生态标签也称绿色标签，是一种环境标志制度，是由政府部门或公共、私人团体依据一定的环境标准颁发的图形标签印制或粘贴在合格的商品及包装上，用以表明该产品不仅质量、功能符合要求而且从生产到使用以及处理全过程都符合环境保护要求，对环境和人类健康无害或危害极少。有利于资源的再生产和利用。目前很多发达国家使用生态标签，为消费者选择优质、环保产品提供准确信息和有效帮助，对低（无）污染、资源消耗少的产品加贴标签，引导鼓励企业关注绿色指标，促进绿色技术升级。据不完全统计，目前全球开展涉及“绿色”要素的标识和认证共有 463 种，其中包含单一要素评价和多元要素评价。

2020 年 9 月 22 日，国家主席习近平在第七十五届联合国大会一般性辩论上发表重要讲话。应对气候变化《巴黎协定》代表了全球绿色低碳转型的大方向，是保护地球家园需要采取的最低限度行动。中国将提高国家自主贡献力度，采取更加有力的政策和措施，二氧化碳排放力争于 2030 年前达到峰值，努力争取 2060 年前实现碳中和。建立实施环境标志、碳标识、能效标识等生态标签制度，其目标都是减少产品生产、使用、回收对环境影响，减少碳排放，是实现碳中和的一种重要举措。

本节主要介绍欧盟生态标签、北欧白天鹅、德国蓝天使生态标签、日本生态标签、加拿大生态标签等认证制度和实施情况。

一、欧盟生态标签

（一）背景

欧盟生态标签又名“花朵标志”“欧洲之花”。欧盟生态标签（EU Ecolabel）是 1992 年由欧盟委员会批准设立，旨在通过全生命周期评价来识别环境友好型产品和服务，鼓励生产商设计和生产环保产品，为消费者提供更多的环保选择。虽然该标志是以法律形式推出的，但属于生产商自愿申请认证。目前，在欧盟销售的产品或服务皆可申请欧洲生态标签，该标签覆盖了除食品和药品之外的大部分消费者日常生活用品。

欧盟生态标签的标识如图 12-1 所示。

（二）组织结构

欧洲生态标签的管理由欧盟生态标签董事会（EUEB）具体负责。欧盟生态标签董事会（EUEB）由欧盟各成员国的主管机构、欧盟环保局（EEB 环保组织代表）、欧盟消费组织（BEUC 消费者代表）、欧洲中心企业联合会（CEA-PME 工业企业代表）、欧洲商业（Business Europe 工业企业代表）、欧洲合作协会共同体 EUROCOOP、欧洲工艺、中小企业协会（UEAPME）、欧洲商业（EUROCOMMERCE 零售商代表）组成。欧盟生态标签董事会每两年开一次会，讨论生态标签规划、改版和开发相关事宜。此外，每年至少开一次会讨论与生态标签工作相关的战略和横向问题。欧盟生态标签董事会也会为特殊议题下设小的管理组，管理小组向董事会汇报。

图 12-1　欧盟生态标签的标识

欧盟生态标签董事会（EUEB）中的欧盟各成员国的主管机构是欧盟经济区成员国的政府主管部门或其他部门认定的独立公正的第三方机构。主管机构每年在布鲁塞尔主管机构论坛会晤三次，促进机构间交流以保证各国实施的一致性。利益相关方包括产品和服务提供商、中小企业、工艺品及行业联盟、贸易联盟、贸易商、零售商、进口商和环境保护团体及消费组织等。

（三）欧盟生态标签标准的制修订

咨询欧盟生态标签董事会之后，欧盟委员会、欧盟成员国、主管机构和其他相关方可以发起并主导欧盟生态标签标准的制修订，其标准平均每 4 年修订一次，希望标准与材料更新、工艺进步或市场变化等情况相结合。

欧盟生态标签标准制定的原则：欧盟生态标签要求产品的整个生命周期包括原材料提取、生产、分销和处置等都达到高环境标准。欧盟生态标签通过鼓励生产商在制造过程中产生更少的废物和二氧化碳来促进循环经济。欧盟生态标签标准鼓励公司开发耐用，易于维修和回收的产品。

（四）产品范围

欧盟生态标签（EU ECOLABEL）涵盖产品范围为：个人护理用品（Person Care Product）、清洁用品（Cleaning Up）、服装和纺织品（Clothing And Textile Product）、“自己做”产品（Do it yourself）、电子设备（Electronic Equipment）、家具和床垫（Furniture and Bed Mattress）、园艺（Gardening）、纸制品（Paper Product）、润滑剂（Lubricants）和假日住宿（Holiday Accommodation）。其中木材工业认证包含家具和床垫大类中。

（五）评价指标和依据标准

欧盟生态标签标准开发，主要关注产品或服务的全生命周期中对环境影响最大的阶段，产品与产品之间评价指标有差异。符合欧盟生态标签标准的产品（服务）与市场上的其他同类产品（服务）相比，产生较少的废弃物和污染。欧盟生态标签最大程度地减少对人类健康和动植物有害物质的使用。

（六）认证流程

1. 确定申请国。因每个欧盟国家的申请费用不相同，所以客户需确认好商品的销售国。

2. 注册登记。向申请国的欧盟生态标签主管机构登记公司和产品信息。

3. 测试项目整理。根据产品类别和欧盟生态标签相关法规确立适合的测试项目。

4. 产品测试。在欧盟生态标签认可的实验室开展测试。

5. 申请档案提交。把测试报告和相关申请资料整理成档案提交给欧盟生态标签主管机构。

6. 评估。欧盟生态标签主管机构对提交资料进行审核，如果有需要，可以申请公司进行现场访问。

7. 申请批准和许可授予。欧盟生态标签主管机构会在申请批准后签发合同和许可证。

（七）监督（投诉）

欧盟生态标签采用后监督的方式，即任何人或机构如发现贴有生态标签的产品不符合欧盟生态标签标准要求，可以按照以下程序投诉：填写“欧盟生态标签投诉表”，并附上相关照片和（或）支持文件，发送到欧盟生态标签服务处邮箱；欧盟生态标签服务处可能会联系提交人以要求提供更多信息；投诉将被送至欧盟委员会，由欧盟委员会评估投诉者是否提供了足够的证据以开展调查。如果欧盟委员会经判断认为投诉不相关或不符合，有权利不予受理；拒绝：如果投诉被认为证据不充分，欧盟委员会将发送拒绝受理信（含拒绝理由）给投诉人。所有拒绝诉讼的决定不予公开。批准：如投诉被受理，欧盟委员会将联系及质问负责审核该产品（服务）生态标签标准符合性的主管机构，并制定计划对投诉实施调查。主管机构将投诉内容通知生态标签许可证的持有人，但不提供投诉人的具体信息；之后主管机构将开展全面调查以核实被投诉产品是否符合对应产品组生态标签标准的要求。一致：如果产品符合要求，主管机构将通报欧盟委员或和生态标签许可证持有人；不一致：如果产品不符合要求，主管机构通知生态标签许可证持有人，吊销被投诉产品使用生态标签许可证的资格。生态标签许可证的持有人有三个月时间证明其产品符合生态标签标准要求。此期间停止使用生态标签。如果生态标签许可证的持有人不能证明被投诉产品符合生态标签标准要求，主管机构应撤销许可证，并通知欧盟委员会。不管结果如何，在收到投诉的六周左右，欧盟生态标签服务处将书面通知投诉人，告知调查结果。根据投诉内容的复杂性，通知时间可能延长或缩短。一旦投诉结束，该投诉的处理情况相关内容将被记录在投诉登记处。

（八）政策支持（市场支持）

贴有欧盟生态标签的产品在满足一定要求后可进入政府绿色采购清单。欧盟生态标签主管机构提供审核费用的优惠。欧盟委员会对欧盟生态标签主管机构的审核费用采用指导价，对中小企业及来自发展中国家的微型企业提供优惠政策。获得欧盟相关基金支持，如欧盟生活计划为保护环境和应对气候变化影响的项目提供资金支持，如最佳实践、示范、试点或信息、宣传和传播项目。

二、北欧白天鹅生态标签

（一）简介

1989 年秋，北欧部长理事会（Nordic Council of Ministers）决定建立的北欧白天鹅标签（Nordic Swan Ecolabel）制度，作为对北欧全境实施的一项官方生态标签系统，这是一个自愿性标签认证制度，并且在北欧各国都建立了生态标签组织来管理该标签的应用。北欧白天鹅标签认证是世界上第一个多国合作式的环境标志计划，成员包括挪威、瑞典、丹麦、芬兰和冰岛等北欧五国。北欧白天鹅标签认证项目是中立的、独立的，它保证产品符合高质量的环境标准。经过鉴定符合要求的产品即可被授予北欧白天鹅标签。北欧白天鹅标签标志以绿色背景下北欧委员会的白色天鹅为象征，北欧白天鹅生态标签的标识如图 12-2 所示。

北欧白天鹅标签认证的目的是为消费者提供消费指南，帮助消费者从商场上挑选那些对环境危害最小的产品和服务，在考虑质量问题的同时，还要考虑环境问题，从而促进产品的改进。

北欧白天鹅标签认证标准是在产品从原材料到废弃的全生命周期对产品进行环境影响评估，包括：能源和资源消耗，工厂的废气、污水和废物排放限量以及产品本身固有的有害环境的成分限量。另外，北欧白天鹅标签认证标准也在产品的质量和功能方面做了要求。

图 12-2　北欧白天鹅生态标签的标识

（二）北欧白天鹅标签的管理

北欧白天鹅标签由北欧各国建立的生态标签组织来管理该标签的应用。如在瑞典，制定标准和颁发执照这些应用性的工作是由瑞典标准研究院（Swedish Institute for Standards，SIS）生态标签机构来执行的。这些标准是在与工业代表、环保组织和政府机构磋商之后而制定的。

（三）北欧白天鹅标准的制修订

北欧白天鹅标签由北欧生态标签组织的专家提交新产品认证标准的项目建议书与标准草案，其他专家可代表环保组织，工业或政府等提出建议。在生态标签董事会最终确定标准文件之前，会组织外部评审，普通民众也可以通过各个国家生态组织官网参与进来。为了保证贴标产品和服务的与时俱进，北欧白天鹅标签的授予标准也在修改。由于产品进步和科技发展，通过标准复审和修订北欧白天鹅标签的标准以不断减少产品和服务对环境的影响。标准复审周期为 3～5 年。标准修订后，要求加贴北欧白天鹅标签的产品需满足新发布标准的要求并重新申请。北欧白天鹅标签以这种方式来推动产品和服务的进步。

（四）产品类别

北欧白天鹅标签认证涵盖的产品种类较多，如化妆品、室内油漆和清漆、洗碗机洗涤剂、复印和打印纸、建筑材料、家具和配件、婴儿纺织产品、电子设备清洁液、蜡烛、汽车护理用品、清洁服务、咖啡服务等。

（五）评价指标和认证标准

北欧白天鹅标签从全生命周期出发，在制定标准时将重要的环境指标考虑在内，如：能耗、气候影响、水耗、原材料、化学用品的使用、有害物质、包装、垃圾等。以白电产品为例，在白电产品的制造阶段和使用阶段都做出了相关规定。在制造阶段对制造过程和材料描述、化学产品和分类、化学物质的使用、金属电镀件、塑料件标识、塑料和橡胶件的阻燃剂的使用、酞酸酯类、抗菌性能、产生的垃圾和包装均有要求。在产品运行中对能效和噪声也有相关规定。此外还明确规定对消费者信息和质量与监管的要求等。就洗衣机而言，针对洗衣机的特殊要求如水耗、转动性能、洗涤性能、漂洗性能也有具体规定。

（六）认证流程

（1）确定产品是否可以申请。北欧白天鹅生态标签中有约 60 个产品组，需要确定申请的产品是否已被涵盖；

（2）注册登记。向北欧白天鹅生态标签主管机构登记公司和产品信息。

（3）测试项目整理。根据产品类别和北欧白天鹅生态标签的相关法规确定测试项目。

（4）产品测试。在北欧白天鹅生态标签认可的实验室开展测试。

（5）申请档案提交。把测试报告和相关申请资料整理成档案提交给北欧白天鹅生态标签主管机构。

（6）评估。北欧白天鹅生态标签主管机构对提交资料进行审核，如果有需要，可执行现场访问。

（7）申请批准和许可授予。北欧白天鹅生态标签主管机构会在申请批准后签发合同和许可证。

（七）监管

（1）检测实验室的选择。关于抽样和分析、监督和检查以及标准文件中要求的其他事项，除非另有规定，均要求实验室独立于其他组织且有竞争力。申请人对文件的真实性负责并承担测试费用。

（2）递交申请后的现场检查。在发放许可证之前，生态标签组织应到申请者或制造商处进行现场检查。

（3）质量和环境承诺。被许可方应保证贴标产品在许可证/注册的有效期内符合生态标签标准的相关规定。被许可方有义务保留样品、测试方法和其他相关标准文件中规定的信息。被许可方有义务记录涉及贴标产品的投诉和修理信息。生态标签组织有权要求被许可方提供上述文件。此要求同样适用于注册生态标签的公司。

（4）年度监管（跟进监管）。被许可方应根据标准文件的要求向生态标签组织提交年度报告。生态标签组织通过跟进检查的方式确保贴标产品满足具体要求。跟进检查的被访者有可能是被许可方、制造商、供应商、进口商、批发商和零售商。如果审查不合格，发证组织可能会进行额外审核，要求被发证人改变产品，改变过程或者改变质量体系。这些要求将以书面形式送达被许可人，责令其限期整改。如果仍不能达到标准文件的要求，发证机构将责令被许可人立即采取行动，在 14d 以内作出整改。否则，发证机构有权利要求被许可人停止使用生态标签。以上行为所产生的费用由被申请人承担。上述条款同样适用于注册生态标签的公司。

三、德国蓝天使生态标签

（一）背景

蓝天使生态标签是 1978 年由德国联邦政府发起的环境标志，目的在于保护人身和环境安全。它独立于其他组织，在过去的 35 年里作为选择环保产品的指南。蓝天使在环保，健康和性能方面设置严苛的标准。其产品和服务都是通过全生命周期进行评估，每个产品类别都有相关获证标准，只有满足这些标准的产品和服务才能获得蓝天使标签。为了跟技术进步接轨，德国联邦环境署每 3～4 年会复审这些认证标准，保证企业持续提升产品的环境友好水平。德国蓝天使生态标签的标识如图 12-3 所示。

图 12-3　德国蓝天使生态标签的标识

（二）组织机构

德国自然保护 & 建筑 & 核安全部（BMUB）是蓝天使标签的拥有者，负责将蓝天使标签推广到公众、公司、组织和政府部门。德国联邦环境署（UBA）负责技术标准的制定和生态标签标准的发展。德国环境标签评审委员会（Environment Label Jury）是一个独立的决策主体，由 16 位由德国联邦环境部长任命的自然人组成，德国环境标签评审委员会决定哪些产品和服务类别可以被授予蓝天使生态标签，并且负责批准由德国联邦环境署制定的具体生态标签标准。德国质量保证与标志委员会（RAL）是蓝天使环境标签的认证机构，负责蓝天使标签的认证工作并组织新的生态标签标准和标准修订的专家听证会。

（三）产品类别

蓝天使生态标签所涉及的产品和服务共分为七大类，包括家居 & 生活、电气设备、建筑、办公、能源和供热、园艺与休闲和商业等。

（四）评价指标和认证标准

被授予蓝天使标签的产品和服务对环境造成的影响较小，同时，具备以下几方面的优势，例如：

（1）在生产阶段节约资源；

（2）在制造阶段使用可持续生产的原材料；

（3）在使用和处理阶段消耗资源较少，例如节能；

（4）不使用对环境和人身有害的物质或者将其限制在最小量；

（5）耐用，易修；

（6）容易回收；

（7）对土壤，水，空气和噪声污染较小；

（8）满足功能要求（易用性），高质量。

（五）认证流程

生产者确认自己的产品是属于被认证之类后。提交书面申请，接到申请，联邦环境部将立即进行审查，如果认为可行，将向德国自然保护部提出分类建议。

自然保护部将进行进一步的检查，然后联合联邦环境部和质量与标牌研究会请专家举行听证会。如果听证会对此表示同意，还将对申请增加产品类别的标准产品进行审查，然后才能决定是否接受。

申请的内容主要是对照该类标志产品的标准及要求来说明。然后由评审机构对申请企业的生产管理质量体系和环境管理、检测系统进行检查，并对企业申请标志的产品现场抽样。来自各方面的专家对抽样进行评估后，由质量与标牌研究会与合格的生产者签订合同。不过申请通过率并不高，大概在申请总数的 75%，而国外厂家最终签订合同的更少，只有申请总数的 50%左右。

（六）政策支持

推动公共采购方面，贴有蓝天使标签的产品被优先采纳；BMUB 组织市场推广活动（如在 IFA 上为企业获奖产品颁奖、参加 CEN、组织国际研讨会等）；其他由环境标签评审委员会、联邦环境署、质量保证与标志委员会（RAL）组织的市场推动活动。

四、日本生态标签

（一）简介

1987—1989 年，当时的日本环境厅（现在的环境省）委托环境协会逐年进行“推动环境标签产品与组织之调查”研究，深入了解世界各国环保标签产品推动现况与组织发展，并于 1988 年成立“环保标签推进委员会”，规划具体实施方法、组织运作与标签规定。1989 年，开始推动环保标签制度。1989 年，日本环境协会正式开始生态标签认证工作，7 种产品成为首批标志授予对象。1995 年，又按照 ISO 14024 要求重新审定生态标签的认证标准和方法，以符合产品生命周期评价的要求。

日本生态标签由非盈利财团法人日本环境协会（JEA）实施，生态标签也是JEA的注册商标。JEA是日本全国性环境保护方面的民间学术团体，于1977年3月建立，具有法人地位，由日本环境省管理JEA的董事和监管成员中有环境省的官员。而生态标签相关的具体的日常事务由JEA内设的生态标签事务局负责。

为保证生态标签的认证活动能够正确地运营，作为JEA的咨询机构，还设置了“运营指导委员会”“计划和战略委员会”“标准审议委员会”“审查委员会”，以及每次需要对新的产品类别组建新的“标准制定委员会”。同时，为广泛听取各界对生态标签的意见和建议，JEA还会举行生态标签恳谈会，与会者多为各行业的专家。

日本环境协会（JEA）运营指导委员会主要负责制定和调整生态标签的预算、工作计划、实施要领，编写各委员会的指导手册和相关规定，以及其他和生态标签运营相关事项的审议。

日本环境协会（JEA）计划和战略委员会主要负责产品类型的选定和调整等工作。同时，也负责制定生态标签的推广和普及的方案策略。标准审议委员会负责从技术角度调查和确认各产品类别的标准草案。

日本环境协会（JEA）标准制定委员会是由选定的产品类型相关的行业、消费者以及中立的第三方机构的专家构成，从环境保护的角度，对产品的整个生命周期进行研究，制定认证标准草案。

日本环境协会审查委员会负责审议生态标签产品的认证。

日本生态标签的标识如图12-4所示。

图12-4　日本生态标签的标识

（二）申请流程

1. 申请产品已有对应认证标准的情况下：

（1）步骤1。申请者向JEA提交申请资料、缴纳认证审查费。

（2）步骤2。申请资料充分的情况下，审查委员会对申请者提交的资料进行认证审查。审查为每月1次。

（3）步骤3。通知申请者审查的结果。如符合，申请者需与JEA签订合同，并在60d内提前交纳一年的标志使用费。

认证有效期为一年。期满如想继续使用，必须按照认证产品的销售额再缴纳一定比例的标志使用费用。

2. 申请产品还未有对应标准、为全新认证类别的情况下：

事务局每年都会公开征集新的产品类别，和新产品标准草案的公示。任何人都可提出申请标志的产品种类，和针对新产品标准草案的意见。事务局将征集来的产品类别和自己的提案进行整理汇总，由日本环境协会计划和战略委员会综合评价之后提出新的候补产品，成立标准制定委员会。

五、加拿大生态标签

（一）简介

1988年，加拿大环保部建立了环境选择项目（ECP），目的是帮助消费者鉴别那些有助于减轻环境负荷的产品和服务。ECP是一个非官方的环境计划，属加拿大环境部所有。私营公司“Terra Choice环境服务有限公司”（Terra Choice Environmental Services Inc.，以下简称Terra Choice）负责承担日常业务的工作。加拿大生态标签的标识如图12-5所示。

图12-5　加拿大生态标签的标识

ECP的运作由加拿大环境部领导，并从各

个领域中的专家搜集战略性建议，如环境理念、制造、零售、通信及经济方面的建议。1995 年 7 月 31 日，一家名为“Terra Choice 环境服务有限公司”的加拿大私营公司取得了 ECP 的经营权，承担了 ECP 的日常业务，并且根据与加拿大环境部签署的许可协议行使权力。加拿大环境部仍然保留对 ECP 的所有权，控制和管理 ECP 及生态标志工作，确保 ECP 的可靠性和保证对标签使用者的高质量服务。加拿大环境部只负责提供策略导向及为加拿大的生态标志工作尽基本的义务。Terra Choice 在财政上和业务上与加拿大环境部是独立的。

环保产品和服务的制造商和供应商只要为自身的产品和服务申请到环境选择认证，即可参与环境选择计划。认证后的公司可以将该标志使用于其产品的市场营销和宣传。没有经过 Terra Choice 的允许而使用环境选择名称或者其生态标志将被视为非法。

1. 工作任务

ECP 要做的工作是通过刺激有益于环境的产品和服务的需求与供应，以减少这些产品或服务对环境造成的压力。

2. 工作目标

ECP 制定了 5 个环境目标。分别为：

（1）对可再生资源的有效管理工作给予鼓励；

（2）促进不可再生资源的有效利用，包括矿物燃料；

（3）促进工业、商业及生活废弃物的减少、再利用及再循环；

（4）鼓励生态环境的保护工作及生态系统保护工作的多样化；

（5）鼓励进行产品中化学物质的专门管理。

3. 工作计划

为了实现 ECP 的目标，要通过建立能够提高产品和服务环境特征的高标准来实现。

凡是符合或超过 ECP 生态标志和产品性能标准的产品与服务都具有认证资格。销售这些被认证产品和服务的制造商或供应商可以使用或展示 ECP 法定的生态标志。

（二）申请流程

1. 申请加拿大环境选择标志的联系信息

2. 申请程序

加拿大环境选择计划的最大特点就是不管是否有现成的标准，某种产品或服务均可以申请环境选择标志的认证。某种产品或服务若有现成标准，就按照正常的 ECP 所制定的程序申请标志认证；而若某种产品或服务尚无现成的标准，则需要经过评审小组的审议进行认证。

（1）根据 ECP 的标准进行认证。

①查看“环境选择计划标准”清单，如果欲申请认证产品或服务属于某类产品或服务标准的范围，那么该产品或服务则可根据标准进行认证；

②联系 ECP 办公室并详细描述欲申请认证的产品或服务的类型并准备提供产品或服务的原产地证明；

③索要申请资料包，其中包括产品必须符合的认证标准、必须提交的证明产品或服务符合认证标准的材料清单、审核和认证费用报价，并完整地填写所需递交的资料；

④递交申请表格、支付审核和认证费用的支票以及其他要求的证明材料给 ECP；

⑤安排工厂审核，并与 ECP 签订认证许可安排；

⑥收到成功完成认证程序的通知及 ECP 的许可证书。

（2）根据评审小组的审议进行认证。

查看“环境选择计划标准”清单，如果预申请认证产品或服务不属于任何类产品或服务标准的范围，那么该产品或服务要经过评审小组的审议程序进行认证。

联系 ECP 办公室并详细描述欲申请认证的产品或服务的类型并准备提供产品或服务的原产地

证明。

索要并完整地填写申请表格。在申请表中必须详细说明为什么该产品或服务具有先进的环保性能。在接受认证之前，申请者必须提供第三方检测机构的测试报告来证明其声明的可靠性以及可证明其产品或服务符合业界公认的性能标准的证明材料。

递交申请资料同时，要缴纳 100 加币（约合 88 元美金）的申请费用。一个独立的评审小组负责审议申请及相关证明材料，并可能要求提供其他的信息。如果成功通过评审小组的审议，申请者还需支付审核及认证的费用。

一旦申请被批准，申请者就会收到一个审核认可材料包，其中包括认证标准（证实产品或服务符合要求的证明材料清单）以及审核及认证费用的报价。

安排工厂审核并与 ECP 签订认证的许可安排。

收到成功完成认证程序的通知及 ECP 的许可证书。

3. 认证费用

加拿大环境标志的认证包含审核费用和年费用两方面的费用。

审核费用是认证和许可程序中必需的一部分，Terra Choice 审核员确保该产品或服务以及相关手续符合认证标准。这个费用是一次性收取的。

每个证书持有人每年会收到一张证书年费发票。该费用是以被认证产品或服务的年销售总额为基数来计算的。费用规则包括一个以平均销售额为主的双层结构，其规则如下：

（1）占销售额最初的 100 万美元的 0.5%；

（2）占余额的 0.1%。

4. 认证的定期监督

Terra Choice 的工作人员根据下面的步骤对认证产品或服务进行定期监督：

①可以访问被认证的产品或服务的场所，过程包括：审查证书持有人的典型产品相一致的要求和测试程序；研究管理程序的符合性；普遍审查被认证产品或服务以及使用的制造过程。

②可以要求证书持有人提交样品以供进步测试。

③可以要求证书持有人每年提交一份产品或服务符合相关标准的证明。

④可以要求环境标志样品的图解使用方法，以证明与《ECP 环境标志的正确使用指南》一致。

⑤只要相关标准没有过期，认证的产品和服务就一直有效。经许可的公司必须每年递交证明以确定他们的产品或服务继续符合标准。ECP 将保留随时检查产品的权利。此项的费用由 ECP 承担。认证的产品和服务至少保持 2 年有效，期间评审小组将审核标准和承诺是否仍然适用。

第六节　中国绿色产品认证及其标准

2015 年 9 月 21 日，中共中央、国务院印发了《生态文明体制改革总体方案》，明确“树立绿水青山就是金山银山的理念”，要“将目前分头设立的环保、节能、节水、循环、低碳、再生、有机等产品统一整合为绿色产品，建立统一的绿色产品标准、认证、标识等体系”。2016 年 11 月 22 日，国务院办公厅发布了《关于建立统一的绿色产品标准、认证、标识体系的意见》，开启了绿色产品评价认证体系的全新篇章。

2017 年 5 月 12 日，国家标准 GB/T 33761—2017《绿色产品评价通则》正式发布，根据 GB/T 33761—2017 的要求，绿色产品是指在生命周期过程中，符合环境保护要求，对生态环境和人体健康无害或危害小、资源能源消耗少、品质高的产品。其内涵主要体现在：满足用户使用要求和消费升级需求，这是基本前提；节约资源和能源；保护生态环境，对环境无影响或影响极小；保护消费者身体健康，要求产品无毒无害或低毒低害。绿色产品评价要从资源属性、能源属性、环境属性和品质属性来进行全生命周期进行确定。

为切实推进绿色产品标准、认证与标识体系整合，国家市场监督管理总局于2018年4月12日发布了《关于发布绿色产品评价标准清单及认证目录（第一批）的公告》，将人造板和木质地板、涂料、卫生陶瓷、建筑玻璃、太阳能热水系统、家具、绝热材料、防水与密封材料、陶瓷砖（板）、纺织产品、木塑制品、纸和纸制品共计12种产品作为首批实施中国绿色产品认证的产品。人造板和木质地板的绿色产品评价依据标准是GB/T 35601—2017《绿色产品评价 人造板和木质地板》，也是目前林业行业唯一的绿色产品评价标准。

2019年5月5日，国家市场监管总局发布《关于发布〈绿色产品标识使用管理办法〉的公告》，明确了绿色产品标识的适用范围：①认证活动一，即认证机构对列入国家统一的绿色产品认证目录的产品，依据绿色产品评价标准清单中的标准，按照市场监管总局统一制定发布的绿色产品认证规则开展的认证活动；②认证活动二，即市场监管总局联合国务院有关部门共同推行统一的涉及资源、能源、环境、品质等绿色属性（如环保、节能、节水、循环、低碳、再生、有机、有害物质限制使用等，以下简称绿色属性）的认证制度，认证机构按照相关制度明确的认证规则及评价依据开展的认证活动。绿色建材产品认证，全称为绿色建材产品分级认证，属于绿色产品认证中认证活动二的范畴，是当前住房和城乡建设领域绿色建材有关应用要求主要的采信范围。

一、绿色产品评价GB/T 35601—2017《绿色产品评价 人造板和木质地板》介绍

（一）范围

本标准规定了人造板和木质地板绿色产品评价的术语和定义、评价要求和评价方法。

本标准适用于室内用人造板和木质地板绿色产品评价，防腐木材产品和防腐防虫人造板及地板、阻燃人造板及木地板产品不适用。

（二）评价要求

本标准评价要求部分分为基本要求和评价指标两部分。

基本要求部分对产品质量、安全和生产企业污染物排放、清洁生产及其环境管理体系、质量管理体系和职业健康安全管理体系进行了规定性要求。

评价指标部分由一级指标和二级指标组成。一级指标包括资源属性指标、环境属性指标和品质属性指标。

指标值的确定依据：

1. 资源属性

（1）木材等原材料要求指标参照德国蓝天使生态标签、欧洲白天鹅生态标签等认证标准，并结合我国目前森林认证相关标准规范要求。

（2）木材加工用化学产品指标：胶粘剂、防腐剂、杀虫剂、阻燃剂、染料和涂料，参照德国蓝天使生态标签认证标准、欧洲白天鹅生态标签认证标准及相应产品标准具体规定要求。

（3）资源属性的原料来源与森林认证的基准值分析说明：

人造板和木质地板生产过程中要使用原木、单板、竹材等木材原料，也需要使用胶粘剂、防腐剂、杀虫剂、阻燃剂、染料和涂料等化工原料，这些原材料构成了人造板和木质地板的资源。为此，在人造板和木质地板绿色产品评价时，对上述资源属性必须进行明确规范。国外生态标签产品中都对这些资源属性进行了规范，值得我们进行借鉴。

关于木材原料认证的基准值“第一年认证原料百分比至少达到30％；标准发布实施后的第二年达到50％；标准发布实施后的第三年及以后达到70％”的说明：

关于木材原料比例，PEFC等国际森林认证标准规定，“认证原料百分比应达到为70％”。GB/T 35601—2017《绿色产品评价 人造板和木质地板》标准，考虑到生产企业要满足该标准要求，需要一定时间对其供应渠道做出相应的调整，为此设定了三年过渡期，即标准发布实施后的第一年认证原料百分比至少达到30％；标准发布实施后的第二年达到50％；标准发布实施后的第三年及以后达到

70%，这一百分比与国际森林认证标准要求相一致。

2. 环境属性

符合国家和当地环境保护有关法律法规的要求。

3. 能源属性

目前现有12项人造板和木质地板能耗标准，其中人造板能耗标准有：LY/T 1451—2017《纤维板生产综合能耗》、LY/T 1529—2020《普通胶合板生产综合能耗》、LY/T 1530—2020《刨花板生产综合能耗》、LY/T 2071—2022《细木工板生产综合能耗》、LY/T 2074—2022《竹材胶合板生产综合能耗》、LY/T 2395—2014《竹材刨花板生产综合能耗》、LY/T 2396—2014《竹木复合板生产综合能耗》、LY/T 2549—2015《集成材生产综合能耗》等8项，有木质地板产品能耗标准4项：LY/T 1703—2020《实木地板生产综合能耗》、GB/T 23899—2020《林业企业能耗测试与计算方法》、LY/T 2073—2022《浸渍纸层压木质地板生产综合能耗》、LY/T 2551—2015《竹地板生产综合能耗》等。

根据现有标准，标准起草小组确定选择每个产品的基本能耗等级的优秀级别作为能源属性评价指标见表12-2。对于没有能耗标准的产品暂不进行能源属性评价。

表12-2　人造板与木质地板产品能耗参数

编号	产品种类	能耗分类	基本能耗参数			单位
1	实木地板		优秀	良好	合格	kgec/m²
		不含坯料干燥工序	$e_1 \leqslant 1.3$	$1.30 < e_1 \leqslant 3.00$	$3.00 < e_1$	
		含坯料干燥工序	$e_1 \leqslant 2.00$	$2.00 < e_1 \leqslant 5.00$	$5.00 < e_1$	
2	实木复合地板		优秀	良好	合格	kgec/m²
		包含干燥工序能耗的实木地板基本能耗	$e_1 \leqslant 2.00$	$2.00 < e_1 \leqslant 5.00$	$5.00 < e_1 \leqslant 12.00$	
		不包含干燥工序能耗的实木地板基本能耗	$e_1 \leqslant 1.50$	$1.50 < e_1 \leqslant 3.00$	$3.00 < e_1 \leqslant 6.00$	
3	强化木地板		优秀	良好	合格	kgec/m²
			$q_1 \leqslant 1.00$	$1.00 < q_1 \leqslant 1.70$	$1.70 < q_1 \leqslant 2.50$	
4	竹地板		优秀	良好	合格	kgec/m²
			$q_1 \leqslant 3.70$	$3.70 < q_1 \leqslant 4.50$	$4.50 < q_1 \leqslant 6.10$	
5	胶合板		优秀	良好	合格	kgec/m³
		前段工序	$q_{11} \leqslant 120$	$120 < q_{11} \leqslant 140$	$140 < q_{11} \leqslant 160$	
		后段工序	$q_{12} \leqslant 80$	$80 < q_{12} \leqslant 90$	$90 < q_{12} \leqslant 100$	
		合计	$q_1 \leqslant 200$	$200 < q_1 \leqslant 240$	$240 < q_1 \leqslant 260$	
6	竹材胶合板		优秀	良好	合格	kgec/m³
			$q_1 \leqslant 400$	$400 < q_1 \leqslant 600$	$600 < q_1 \leqslant 700$	
7	刨花板		优秀	良好	合格	kgec/m³
			$q_1 \leqslant 120$	$120 < q_1 \leqslant 160$	$160 < q_1 \leqslant 200$	
8	竹材刨花板		优秀	良好	合格	kgec/m³
			$q_1 \leqslant 100$	$100 < q_1 \leqslant 110$	$110 < q_1 \leqslant 120$	
9	纤维板		优秀	良好	合格	kgec/m³
			$q_1 \leqslant 320$	$321 < q_1 \leqslant 380$	$381 < q_1 \leqslant 450$	
10	细木工板		优秀	良好	合格	kgec/m³
			$q_1 \leqslant 90$	$90 < q_1 \leqslant 110$	$110 < q_1 \leqslant 130$	

续表

编号	产品种类	能耗分类	基本能耗参数			单位
11	集成材		优秀	良好	合格	kgec/m^3
			$q_1 \leqslant 190$	$190 < q_1 \leqslant 270$	$270 < q_1 \leqslant 470$	
			$q_1 \leqslant 2200$	$2200 < q_1 \leqslant 2500$	$2500 < q_1 \leqslant 2800$	
12	竹木复合板		优秀	良好	合格	kgec/m^3
			$q_1 \leqslant 400$	$400 < q_1 \leqslant 450$	$450 < q_1 \leqslant 550$	

4. 品质属性

主要确定甲醛释放量、挥发性有机化合物（VOC）和重金属含量限量。

（1）甲醛释放限量

① 国际标准比较：德国蓝天使生态标签标准、美国 EPA 标准规定胶合板不大于 0.05ppm（最低的甲醛释放量限值，相当于GB 18580—2017《室内装饰装修材料 人造板及其制品中甲醛释放限量》的 0.062mg/m^3。在 23℃和标准大气压的条件下，1ppm＝1.24mg/m^3），比 GB 18580—2017《室内装饰装修材料 人造板及其制品中甲醛释放限量》中甲醛释放限量要求加严 1 倍；而《欧盟木地板生态标签标准》规定从构造覆面的软木、竹或木纤维中的甲醛释放量不应超过 0.05mg/m^3（EN 717-1，1m^3 气候箱法），比德国蓝天使生态标签 RAL-UZ 76 标准和美国 EPA 标准更加严格。

② 国内标准比较：HJ 571—2010《环境标志产品技术要求 人造板及其制品》规定：纤维板、刨花板、胶合板、细木工板、单板饰面人造板的甲醛释放量不大于 0.12mg/m^3；浸渍纸层压木质地板、实木复合地板、浸渍胶膜纸饰面板的甲醛释放量不大于 0.08mg/m^3，试验方法为 1m^3 气候法；LY/T 2870—2017《绿色人造板及其制品技术要求》规定，采用干燥器法测定，其甲醛释放量限值：平均值不大于 0.3mg/L，单个样品最大值不大于 0.3mg/L；2017 年 4 月发布的国家标准 GB 18580—2017《室内装饰装修材料 人造板及其制品中甲醛释放限量》规定，甲醛释放量不大于 0.124mg/m^3，相当于北欧白天鹅标准 0.1ppm。

本标准根据试验数据和参照《欧盟木地板生态标签标准》，规定甲醛释放量不应超过 0.05mg/m^3，比德国蓝天使生态标签 RAL-UZ 76 标准和美国 EPA 标准、GB 18580—2017《室内装饰装修材料 人造板及其制品中甲醛释放限量》中的规定都严格很多，见表 12-3。

表 12-3　标准确定的人造板与木质地板甲醛释放限量指标依据

标准		甲醛释放限量	检测方法
国外生态标签标准（绿色标准）	德国蓝天使生态标签标准 RAL-UZ 76	≤0.05ppm（相当于 GB 18580—2017 的 0.062mg/m^3）	1m^3 气候箱法（1ppm＝1.24mg/m^3）
	美国 2017 年《复合木制品甲醛释放标准》	以单板芯或复合芯制造的硬木胶合板，≤0.05ppm（ASTM E 1333 大气候箱法换算成 1m^3 气候箱法的数值，≤ 0.062mg/m^3，下同）； 刨花板 ≤ 0.09ppm（相当于 ≤ 0.116mg/m^3）； 中密度纤维板≤0.11ppm（相当于≤0.136mg/m^3）；薄型中密度纤维板≤0.13ppm（相当于≤0.161mg/m^3）	ASTM E 1333—14 用大气候箱测定空气中甲醛浓度时制品甲醛释放率的标准测试方法（1ppm＝1.24mg/m^3）
	日本环保标志产品类别 NO.111《木制或相似物制板材认证标准（2.4 版）》	不大于 5μg/（m^2 · h）（相当于 0.05mg/m^3）	JIS A 1901—2015《建筑产品中挥发有机物和甲醛释放的测定 小室法》
	《欧盟生态标签 木地板标准》	≤0.05mg/m^3	1m^3 气候箱法

续表

标准		甲醛释放限量	检测方法
国内标准	GB 18580—2017《室内装饰装修材料 人造板及其制品中甲醛释放限量》	≤0.124mg/m³	1m³ 气候箱法
	HJ 571—2010《环境标志产品技术要求 人造板及其制品》	纤维板、刨花板、胶合板、细木工板、单板饰面人造板：≤0.12mg/m³ 浸渍纸层压木质地板、实木复合地、浸渍胶膜纸饰面板：≤0.08mg/m³	1m³ 气候箱法
	LY/T 2870—2017《绿色人造板及其制品技术要求》	平均值≤0.3mg/L，单个样品最大值≤0.3mg/L	干燥器法
	《绿色产品评价 人造板和木质地板》	≤0.05mg/m³	1m³ 气候箱法

（2）挥发性有机化合物指标

挥发性有机化合物主要考虑苯、甲苯、二甲苯和总挥发性有机化合物（TVOC）4 个指标。

德国蓝天使生态标签认证标准、德国建筑产品健康评估委员会（AgBB）2004 年、美国 GREENGUARD 标准只对 TVOC 有指标，最低的为 72h 的 TVOC 不大于 0.25mg/m³；日本环境标准只规定了苯不大于 0.26mg/m³，甲苯不大于 0.87mg/m³；

GB/T 18883—2022《室内空气质量标准》、GB 50325—2020《民用建筑工程室内环境污染控制标准》、HJ 571—2010《环境标志技术要求 人造板及其制品》、LY/T 2870—2017《绿色人造板及其制品技术要求》有对苯、甲苯、二甲苯、TVOC 的指标要求见表 12-4。HJ 571—2010 仅有 TVOC 指标要求为 0.50mg/m³；LY/T 2870—2017 的苯、甲苯、二甲苯与 GB/T 18883—2022 一致，TVOC 限量指标与 HJ 571—2010 一致。

根据 GB/T 33761—2017《绿色产品评价通则》的要求，评价指标数值确定单项指标值不超过 10%，所有指标值不超过 5%的原则，在参考国内外现有标准与实际检测 257 个产品数据的基础上，计算确定本标准的技术指标。具体指标如下：

本标准规定苯、甲苯、二甲苯和总挥发性有机化合物（TVOC）的标准规定值分别为 10μg/m³、20μg/m³、20μg/m³和 100μg/m³。现在的指标值比最低的德国蓝天使生态标签标准、美国的标准都严格很多，见表 12-4。

表 12-4　标准确定的人造板与木质地板 TVOC 指标依据

标准		苯（mg/m³）	甲苯（mg/m³）	二甲苯（mg/m³）	总挥发性有机化合物（TVOC）
国外生态标签标准	日本工业标准 JIS A 1901：2015《建筑产品用挥发性有机化合物和醛类排放量测定 小室法》	0.26	0.87	—	—
	欧盟生态标签 木地板（Eco-label）	—	—	—	72h：0.25mg/m³
	德国建筑产品健康评估委员会（AgBB）2004 年规定按照 ISO 16000—9 方法	—	—	—	72h：释放不得超过 10mg/m³
	德国蓝天使生态标签 RAL-UZ 76	—	—	—	72h：不超过 3.0mg/m³
	美国 GREENGUARD 标准（墙壁披覆材、天花、涂料、地板、隔热隔声材、其他建筑构材）	—	—	—	0.50mg/m³

续表

标准		苯（mg/m³）	甲苯（mg/m³）	二甲苯（mg/m³）	总挥发性有机化合物（TVOC）
国内标准	GB/T 18883—2002《室内空气质量标准》	0.11	0.20	0.20	0.6mg/m³
	GB 50325—2020《民用建筑工程室内环境污染控制规范》	0.09	—	—	72h：Ⅰ类：0.50mg/m³ Ⅱ类：0.60mg/m³
	HJ 571—2010《环境标志技术要求 人造板及其制品》	—	—	—	72h：0.50mg/（m²·h）
	LY/T 2870—2017《绿色人造板及其制品技术要求》	0.11	0.20	0.20	72h：0.50mg/m³
	《绿色产品评价 人造板和木质地板》（72h 测定值）	0.01（10μg/m³）	0.02（20μg/m³）	0.02（20μg/m³）	0.10mg/m³（100μg/m³）

（3）可溶性重金属含量指标

重金属主要是饰面人造板中含有的涂料涂饰人造板的涂层产生，该产品占饰面人造板的比例很小，约占 3 %以下。从表 7-11 可见，国内 GB 18584—2001《室内装饰装修材料 木家具中有害物质限量》、GB 24410—2009《室内装饰装修材料 水性木器涂料中有害物质限量》、GB 6675.4—2014《玩具安全 第 4 部分：特定元素的迁移》、LY/T 2870—2017《绿色人造板及其制品技术要求》等标准中均有重金属含量限量值，多数产品指标均参考 GB18584—2001《室内装饰装修材料 木家具中有害物质限量》标准，具体的限量值为：铅不大于 90mg/kg、铬不大于 60mg/kg、镉不大于 75mg/kg、汞不大于 60mg/kg。GB 6675.4—2014《玩具安全 第 4 部分：特定元素的迁移》的造型黏土指标有所降低，铅不大于 90mg/kg、铬不大于 50mg/kg、镉不大于 25mg/kg、汞不大于 25mg/kg。

日本环保标志产品类别 No.111《木制或相似物制板材认证标准（2.4 版）》中，铅不大于 0.06 %（相当于 60mg/kg），镉、汞、六价铬总量不大于 0.1 %（相当于 100mg/kg）。

本标准起草小组对 37 个样品检测后，发现饰面人造板与木质地板（不包括木塑地板）的重金属含量较低。根据 GB/T 33761—2017《绿色产品评价通则》的要求，评价指标数值确定单项指标值不超过 10 %，所有指标值不超过 5 %的原则，因此，参考日本环保标志产品类别 No.111《木制或相似物制板材认证标准（2.4 版）》标准规定要求，本标准对人造板与木质地板的重金属不进行分别规定含量，规定可溶性重金属（铅、镉、铬、汞）含量总量小于等于 100mg/kg。这个要求比现有国内标准严格很多，见表 12-5。

表 12-5　标准确定的人造板与木质地板重金属含量指标依据

标准	铅（mg/kg）	镉（mg/kg）	铬（mg/kg）	汞（mg/kg）	铅、铬、镉、汞总量（mg/kg）
GB 18581—2001《室内装饰装修材料 溶剂型木器涂料中有害物质限量》	≤90	≤75	≤60	≤60	4 种元素合计 285
GB 18584—2001《室内装饰装修材料 木家具中有害物质限量》	≤90	≤75	≤60	≤60	4 种元素合计 285
GB 24410—2009《室内装饰装修材料 水性木器涂料中有害物质限量》	≤90	≤75	≤60	≤60	4 种元素合计 285

续表

标准	铅 (mg/kg)	镉 (mg/kg)	铬 (mg/kg)	汞 (mg/kg)	铅、铬、镉、汞总量 (mg/kg)
GB 18585—2001《室内装饰装修材料 壁纸中有害物质限量》	≤90	≤60	≤25	≤20	4种元素合计195
LY/T1279—2008聚氯乙烯薄膜饰面人造板	≤90	≤60	≤25	≤20	4种元素合计195
GB 18586—2001《室内装饰装修材料 聚氯乙烯卷材地板中有害的物质限量》	≤20mg/m²	—	≤20mg/m²	—	—
GB 6675.4—2014《玩具安全 第4部分：特定元素的迁移》(造型黏土)	≤90	≤50	≤25	≤25	4种元素合计190
GB/T 24311—2021组合式包装箱用胶合板	—	—	—	—	4种元素合计100
LY/T 2870—2017《绿色人造板及其制品技术要求》	≤90	≤75	≤60	≤60	4种元素合计285
日本环保标志产品类别No.111《木制或相似物制板材认证标准(2.4版)》	≤0.06% (相当于60)	—	—	—	镉、汞、六价铬总量不大于0.1% (相当于100)
《绿色产品评价 人造板和木质地板》	—	—	—	—	可溶性重金属(铅、镉、铬、汞)含量总量不大于100

二、人造板和木质地板国家绿色产品认证实施规则介绍

根据国家认证认可监督管理委员会于2021年6月1日发布《认监委关于发布绿色产品认证实施规则的公告》，自本公告发布之日起，《认监委关于发布绿色产品认证机构资质条件及第一批认证实施规则的公告》(认监委公告2020年第6号)公布的绿色产品认证实施规则废止，现行有效的《绿色产品认证实施规则 人造板和木质地板》(编号：CNCA-CGP-01：2021)，根据CNCA-CGP-01：2021进行绿色产品认证。

主要内容如下：

1. 适用范围

本规则适用于室内用人造板和木质地板的绿色产品认证。

由于法律法规或相关产品标准、技术、产业政策等因素发生变化所引起的适用范围调整，应以认监委发布的公告为准。

2. 认证模式

认证模式为："初始检查＋产品抽样检验＋获证后监督"。

3. 认证流程及认证时限

认证的基本流程包括：

(1) 认证申请。

(2) 初始检查。初始检查包括资料技术评审和现场检查。

(3) 产品抽样检验。

（4）认证结果评价与批准。

（5）获证后监督。

自正式受理认证委托之日起至颁发认证证书之日止，一般不超过 90 天，包括初始检查、认证结果评价与批准以及证书制作时间。

因委托人未及时提交资料、不能按计划接受现场检查、未按规定时间递交不符合整改、未能及时寄送检验样品、未及时缴纳费用，以及特殊的样品检验周期等原因导致认证时间的延长时，不计算在内。

4. 认证证书

认证证书的有效期为 5 年，证书的有效性通过定期监督来保持。

认证证书有效期届满，需延续使用的，认证委托人应在认证证书有效期届满前 90 天内提出延续申请。证书有效期内最后一次获证后监督结果合格的，认证机构应在接到延续申请后直接换发新证书。

5. 认证标识的使用

通过认证并取得认证证书的企业可在获准认证的产品本体、铭牌、包装、随附文件（如说明书、合格证等）、操作系统、电子销售平台等位置使用或展示绿色产品标识，样式见图 12-6。获证企业在使用标识时，应符合《市场监管总局关于发布〈绿色产品标识使用管理办法〉的公告》（市场监管总局公告 2019 年第 20 号）的要求及发证机构对标识的管理要求。

图 12-6　绿色产品标识样式

三、绿色建材产品认证介绍

1. 什么是绿色建材产品认证

绿色建材产品认证是指，建材产品符合国家相关技术要求和标准，且通过了国家认证认可监督管理委员审批成立的中国建筑科学研究院认证中心的认证，建材具备“节能、减排、安全、便利和可循环”的特征建材产品，属于绿色产品认证活动二中的范畴，也是住房和城乡建设领域绿色建材有关应用要求主要的采信范围。绿色建材认证产品所用标识采用与之相适用的一星级、二星级或三星级标识。

2. 开展绿色建材产品认证的产品类型

2020 年 8 月 11 日，市场监督管理总局办公厅、住房城乡建设部办公厅、工业和信息化部办公厅联合发布《关于加快推进绿色建材产品认证及生产应用的通知》，将建筑门窗及配件等 51 种产品纳入绿色建材产品认证实施范围。

当前，共 6 大类 51 种建材产品可开展绿色建材认证，具体如下：

（1）围护结构与混凝土类：包含预拌混凝土、预拌砂浆、砌体材料、保温系统材料、预制构件、混凝土外加剂减水剂、钢结构房屋用钢构件、现代木结构用材 8 种。

（2）门窗幕墙及装饰装修类：包含建筑门窗及配件、建筑幕墙、建筑节能玻璃、建筑遮阳产品、门窗幕墙用型材、钢质户门、金属复合装饰材料、建筑陶瓷、卫生洁具、无机装饰板材、石膏装饰材料、石材、镁质装饰材料、吊顶系统、集成墙面、纸面石膏板等 16 种。

（3）防水密封及建筑涂料类：包含建筑密封胶、防水卷材、防水涂料、墙面涂料、反射隔热涂料、空气净化材料、树脂地坪材料等 7 种。

（4）给排水及水处理设备类：包含水嘴、建筑用阀门、塑料管材管件、游泳池循环水处理设备、净水设备、软化设备、油脂分离器、中水处理设备、雨水处理设备等 9 种。

（5）暖通空调及太阳能利用与照明类：包含空气源热泵、地源热泵系统、新风净化系统、建筑用蓄能装置、光伏组件、LED 照明产品、采光系统、太阳能光伏发电系统等 8 种。

（6）其他设备类：包含设备隔振降噪装置、控制与计量设备、机械式停车设备等 3 种。

3. 绿色建材产品分级认证实施通则介绍

获得批准的认证机构应依据《绿色建材产品分级认证实施通则》（编号：CNCA-CGP-13：2020）制定对应产品认证实施细则，并向认监委备案。绿色建材产品分级认证按照中国工程建设标准化协会发布的绿色建材评价标准的要求，将认证结果由低至高分为一星级、二星级和三星级。

参考文献

[1] ISO/IEC 17000：2020 Conformity assessment—Vocabulary and general principles [S]. Geneva Switzerland. 2020.

[2] International Organization for Standardization ISO Central Secretariat. Quality management principles [M] / [OL]. Geneva Switzerland. 2015. https：//www. iso. org/files/live/sites/isoorg/files/store/en/PUB100080. pdf

[3] 刘建辉，袁勋，旷乐．国际认证认可——质量管理与认证实践 [M]．北京：清华大学出版社，2018.

[4] 王克娇．认证工作法律知识简明实用教程 [M]．北京：中国质检出版社（原中国计量出版社），2010.

[5] 中华人民共和国国家质量监督检验检疫总局，国家标准化管理委员会．质量管理体系 要求：GB/T 19001—2016 [S]. 北京：中国标准出版社，2016.

[6] ISO 9000 family Quality management [EB] / [OL]. https：//www. iso. org/iso-9001-quality-management. html.

[7] International Organization for Standardization ISO Central Secretariat. ISO 14001 Key benefits [M] / [OL]. Geneva Switzerland. 2015. https：//www. iso. org/files/live/sites/isoorg/files/store/en/PUB100372. pdf.

[8] ISO 14001：2015. Environmental management systems—Requirements with guidance for use [S]. Geneva Switzerland，2015.

[9] ISO 14000 family Environmental management [EB] / [OL]. https：//www. iso. org/iso-14001-environmental-management. html

[10] International Organization for Standardization ISO Central Secretariat. ISO 45001 Occupational health and safety [S]. Geneva Switzerland. 2018

[11] ISO 45001 Occupational health and safety [EB] / [OL]. https：//www. iso. org/iso-45001-occupational-health-and-safety. html

[12] ISO 45001-2018. Occupational health and safety management systems—Requirements with guidance for use [S]. Geneva Switzerland. 2018.

[13] 职业健康安全管理体系 [EB] / [OL]. 360 百科. https：//baike. so. com/doc/5403973-5641669. html.

[14] 能源管理体系建立的基本步骤 [EB/OL]. https：//wenku. baidu. com/view/ed45630c76c66137ee0619bc. html

[15] 国家市场监督管理总局、国家标准化管理委员会. GB/T23331-2020 能源管理体系 要求及使用指南 [S]．北京：中国标准出版社，2020

[16] 中华人民共和国国家质量监督检验检疫总局、国家标准化管理委员会. GB 18580—2017《室内装饰装修材料 人造板及其制品中甲醛释放限量》[S]，北京：中国标准出版社，2017

[17] 国家市场监督管理总局、国家标准化管理委员会. GB/T 39600—2021《人造板及其制品甲醛释放量分级》[S]，北京：中国标准出版社，2021

[18] 王莉娟，吴盛富．美国环境保护署（EPA）正式发布人造板及其制品中甲醛释放量要求的实施规则 [J]．国际木业，2017，000（005）：14-15.

[19] 日本 F☆☆☆☆认证 [EB] / [OL]. http：//www. tohe168. cn/archives/62

[20] 国家林业和草原局科技发展中心，国家林业和草原局森林认证研究中心 中国森林认证发展报告 [R]，北京：中

国林业出版社，2018
[21] 付博，赵劼．基于定量评价方法的《中国森林认证 森林经营》国家标准质量评估［J］．标准科学，2019（06）：40-45.
[22] 付博，赵劼．GB/T 28952—2018 中国森林认证 产销监管链标准解读［J］．中国人造板，2019，26（08）：31-35.
[23] 徐斌，等．CFCC 森林经营认证实践指南［M］，北京：中国林业出版社，2016.
[24] 段新芳，付跃进，孙柏玲．GB/T 35601—2017. 绿色产品评价人造板和木质地板解读［J］．木材工业，2019，33（01）：38-40.
[25] 国家认证认可监督管理委员．认监委关于发布绿色产品认证实施规则的公告［Z］．2021-6-1.
[26] 建材大数据微信公众号．14 个问题！让你了解什么是〈绿色建材产品认证〉及如何办理！［EB/OL］. https：//mp. weixin. qq. com/s/lThAS0N5C51tgalymqig6g.

第十三章　木材工业转型升级标准

标准引领产业质量提升，推动产业高质量发展。严格执行环保、能耗、质量、安全、碳达峰碳中和等标准，实现绿色发展、安全发展、规范发展是推动木材工业产业转型升级、实现碳达峰碳中和战略目标和高质量发展的重要举措。本节主要介绍木材工业环境保护和绿色发展标准、木材工业安全生产标准、木材工业能源能耗标准、木材工业工程建设标准、木结构工程建设标准、木材工业碳达峰碳中和标准，其中收录木材工业环境保护重要标准 145 项、木材工业绿色发展重要标准 154 项、木材工业安全生产重要标准 246 项、木材工业能源能耗重要标准 82 项、木材工程建设重要标准 34 项，木结构建设重要标准 87 项、木材工业碳达峰碳中和标准 170 项（包含 27 项 ISO 国际标准）。这些标准涉及国家标准、林业行业标准、环境行业标准、安全行业标准、农业行业标准、能源行业标准以及部分地方标准、团体标准，其中木材工业环境保护、节能减排、安全生产的地方标准较多。这些标准是指导木材工业转型升级实施环保、节能降耗、安全生产、碳达峰碳中和的标准，可为相关政府和产业管理部门、企业进行木材工业转型升级、木材工业行业管理、推动木材工业高质量发展提供重要参考。

第一节　木材工业环境保护和绿色发展标准

木材工业环境保护标准主要包括：木材工业污染物排放、木材工业产业与产品有害物质控制标准；木材工业绿色发展标准主要包括：清洁生产、再利用、废固资源化、废水及工业余热资源化、绿色产品、绿色工厂、绿色供应链、森林认证等方面的标准。

中国木材工业环境保护重要标准共计 142 项，见表 13-1，其中木材工业污染物排放 97 项（国家标准 22 项、行业标准 59 项、地方标准 15 项、团体标准 1 项）；木材工业产业与产品有害物质控制标准 45 项（其中，国家标准 31 项、行业标准 10 项、地方标准 2 项、团体标准 3 项）。

在环境保护方面，地方标准往往比国家标准要求更为严苛，比如关于锅炉大气污染物排放标准，有 13 个省或市制定了自己的地方标准，对比北京地方标准、河北省地方标准，天津市地方标准、重庆市地方标准发现，地方标准在很多指标上比国家标准要求高，京津冀地区对锅炉大气污染物排放限值最为严格。地方标准与国家标准重要指标存在差异主要是因为各地经济发展水平不同，发达地区的环境保护水平高，标准要求高。国家标准的制定必须按照全国整体基础条件和技术水平而制定，而地方标准的制定则需要根据自身产业结构和规划、在强调环境保护的重要性基础上，满足其经济、就业、综合发展等符合地方发展的实际需求。

中国木材工业绿色发展重要标准共计 122 项，见表 13-2，其中清洁生产 16 项、再利用 21 项、废固资源化 15 项、废水及工业余热资源化 14 项、绿色产品 19 项、绿色抗菌 2 项、绿色工厂 9 项、绿色制造 6 项、绿色供应链 6 项、绿色设计 4 项、森林认证 10 项等。

表 13-1　木材工业环境保护标准目录

序号	领域	标准规范或支撑的目标	标准级别	标准号	标准名称
1	环境保护	产业污染物排放	强制性国家标准	GB 8978—1996	污水综合排放标准
2	环境保护	产业污染物排放	强制性国家标准	GB 13271—2014	锅炉大气污染物排放标准

续表

序号	领域	标准规范或支撑的目标	标准级别	标准号	标准名称
3	环境保护	产业污染物排放	强制性国家标准	GB 3095—2012	环境空气质量标准
4	环境保护	产业污染物排放	强制性国家标准	GB 3096—2008	声环境质量标准
5	环境保护	产业污染物排放	强制性国家标准	GB 31572—2015	合成树脂工业污染物排放标准
6	环境保护	产业污染物排放	强制性国家标准	GB 12348—2008	工业企业厂界环境噪声排放标准
7	环境保护	产业污染物排放	强制性国家标准	GB 16297—1996	大气污染物综合排放标准
8	环境保护	产业污染物排放	强制性国家标准	GB 3544—2008	制浆造纸工业水污染物排放标准
9	环境保护	产业污染物排放	强制性国家标准	GB 37822—2019	挥发性有机物无组织排放控制标准
10	环境保护	产业污染物排放	强制性国家标准	GB 18599—2020	一般工业固体废物贮存和填埋污染控制标准
11	环境保护	产业污染物排放	强制性国家标准	GB 18597—2001	危险废物贮存污染控制标准
12	环境保护	产业污染物排放	强制性国家标准	GB 18484—2020	危险废物焚烧污染控制标准
13	环境保护	产业污染物排放	强制性国家标准	GB 14554—1993	恶臭污染物排放标准
14	环境保护	产业污染物排放	强制性国家标准	GB/T 3839—1983	制定地方水污染物排放标准的技术原则与方法
15	环境保护	产业污染物排放	强制性国家标准	GB 9078—1996	工业炉窑大气污染物排放标准
16	环境保护	产业污染物排放	强制性国家标准	GB 15581—2016	烧碱、聚氯乙烯工业污染物排放标准
17	环境保护	产业污染物排放	推荐性国家标准	GB/T 3840—1991	制定地方大气污染物排放标准的技术方法
18	环境保护	产业污染物排放	推荐性国家标准	GB/T 16705—1996	环境污染类别代码
19	环境保护	产业污染物排放	推荐性国家标准	GB/T 16706—1996	环境污染源类别代码
20	环境保护	产业污染物排放	推荐性国家标准	GB/T 16157—1996	固定污染源排气中颗粒物测定与气态污染物采样方法
21	环境保护	产业污染物排放	强制性国家标准	GB 37824—2019	涂料、油墨及胶粘剂工业大气污染物排放标准
22	环境保护	产业污染物排放	推荐性国家标准	在研	人造板工业污染物排放标准
23	环境保护	产业污染物排放	强制性行业标准	HJ 1032—2019	排污许可证申请与核发技术规范 人造板工业
24	环境保护	产业污染物排放	强制性行业标准	HJ 1091—2020	固体废物再生利用污染防治技术导则
25	环境保护	产业污染物排放	强制性行业标准	HJ 945.1—2018	国家大气污染物排放标准制订技术导则
26	环境保护	产业污染物排放	强制性行业标准	HJ 2302—2018	制浆造纸工业污染防治可行技术指南
27	环境保护	产业污染物排放	强制性行业标准	HJ 212—2017	污染物在线监控（监测）系统数据传输标准
28	环境保护	产业污染物排放	强制性行业标准	HJ 772—2020	生态环境统计技术规范 排放源统计
29	环境保护	产业污染物排放	强制性行业标准	HJ 732—2014	固定污染源废气 挥发性有机物的采样 气袋法
30	环境保护	产业污染物排放	强制性行业标准	HJ 25.3—2019	建设用地土壤污染风险评估技术导则
31	环境保护	产业污染物排放	强制性行业标准	HJ 693—2014	固定污染源废气 氮氧化物的测定 定电位电解法
32	环境保护	产业污染物排放	强制性行业标准	HJ 692—2014	固定污染源废气 氮氧化物的测定 非分散红外吸收法

续表

序号	领域	标准规范或支撑的目标	标准级别	标准号	标准名称
33	环境保护	产业污染物排放	强制性行业标准	HJ 690—2014	固定污染源废气 苯可溶物的测定 索氏提取-重量法
34	环境保护	产业污染物排放	强制性行业标准	HJ 685—2014	固定污染源废气 铅的测定 火焰原子吸收分光光度法
35	环境保护	产业污染物排放	强制性行业标准	HJ 684—2014	固定污染源废气 铍的测定 石墨炉原子吸收分光光度法
36	环境保护	产业污染物排放	强制性行业标准	HJ 675—2013	固定污染源排气 氮氧化物的测定 酸碱滴定法
37	环境保护	产业污染物排放	强制性行业标准	HJ 193—2013	环境空气气态污染物（SO_2、NO_2、O_3、CO）连续自动监测系统
38	环境保护	产业污染物排放	强制性行业标准	HJ 606—2011	工业污染源现场检查技术规范
39	环境保护	产业污染物排放	强制性行业标准	HJ 2000—2010	大气污染治理工程技术导则
40	环境保护	产业污染物排放	强制性行业标准	HJ 525—2009	水污染物名称代码
41	环境保护	产业污染物排放	强制性行业标准	HJ 524—2009	大气污染物名称代码
42	环境保护	产业污染物排放	推荐性行业标准	HJ 945.2—2018	国家水污染物排放标准制订技术导则
43	环境保护	产业污染物排放	推荐性行业标准	HJ/T 378—2007	污染治理设施运行记录仪技术要求及检测方法
44	环境保护	产业污染物排放	推荐性行业标准	HJ/T 393—2007	防治城市扬尘污染技术规范
45	环境保护	产业污染物排放	推荐性行业标准	HJ/T 373—2007	固定污染源监测质量保证与质量控制技术规范（试行）
46	环境保护	产业污染物排放	推荐性行业标准	HJ/T 356—2019	水污染源在线监测系统（CODCr、NH_3-N等）数据有效性判别技术规范
47	环境保护	产业污染物排放	推荐性行业标准	HJ/T 354—2019	水污染源在线监测系统（CODCr、NH_3-N等）验收技术规范
48	环境保护	产业污染物排放	推荐性行业标准	HJ/T 353—2019	水污染源在线监测系统（CODCr、NH_3-N等）安装技术规范
49	环境保护	产业污染物排放	推荐性行业标准	HJ/T 355—2019	水污染源在线监测系统（CODCr、NH_3-N等）运行技术规范
50	环境保护	产业污染物排放	推荐性行业标准	HJ/T 92—2002	水污染物排放总量监测技术规范
51	环境保护	产业污染物排放	推荐性行业标准	HJ/T 68—2001	大气固定污染源 苯胺类的测定 气相色谱法
52	环境保护	产业污染物排放	推荐性行业标准	HJ/T 63.1—2001	大气固定污染源 镍的测定 火焰原子吸收分光光度法
53	环境保护	产业污染物排放	推荐性行业标准	HJ/T 63.2—2001	大气固定污染源 镍的测定 石墨炉原子吸收分光光度法
54	环境保护	产业污染物排放	推荐性行业标准	HJ/T 63.3—2001	大气固定污染源 镍的测定 丁二酮肟-正丁醇萃取分光光度法
55	环境保护	产业污染物排放	推荐性行业标准	HJ/T 64.1—2001	大气固定污染源 镉的测定 火焰原子吸收分光光度法

续表

序号	领域	标准规范或支撑的目标	标准级别	标准号	标准名称
56	环境保护	产业污染物排放	推荐性行业标准	HJ/T 64.2—2001	大气固定污染源 镉的测定 石墨炉原子吸收分光光度法
57	环境保护	产业污染物排放	推荐性行业标准	HJ/T 64.3—2001	大气固定污染源 镉的测定 对-偶氮苯重氮氨基偶氮苯磺酸分光光度法
58	环境保护	产业污染物排放	推荐性行业标准	HJ/T 65—2001	大气固定污染源 锡的测定 石墨炉原子吸收分光光度法
59	环境保护	产业污染物排放	推荐性行业标准	HJ/T 67—2001	大气固定污染源 氟化物的测定 离子选择电极法
60	环境保护	产业污染物排放	推荐性行业标准	HJ/T 55—2000	大气污染物无组织排放监测技术导则
61	环境保护	产业污染物排放	推荐性行业标准	HJ/T 56—2000	固定污染源排气中二氧化硫的测定 碘量法
62	环境保护	产业污染物排放	推荐性行业标准	HJ/T 30—1999	固定污染源排气中氯气的测定 甲基橙分光光度法
63	环境保护	产业污染物排放	推荐性行业标准	HJ/T 37—1999	固定污染源排气中丙烯腈的测定 气相色谱法
64	环境保护	产业污染物排放	推荐性行业标准	HJ/T 36—1999	固定污染源排气中丙烯醛的测定 气相色谱法
65	环境保护	产业污染物排放	推荐性行业标准	HJ/T 35—1999	固定污染源排气中乙醛的测定 气相色谱法
66	环境保护	产业污染物排放	推荐性行业标准	HJ/T 45—1999	固定污染源排气中沥青烟的测定 重量法
67	环境保护	产业污染物排放	推荐性行业标准	HJ/T 34—1999	固定污染源排气中氯乙烯的测定 气相色谱法
68	环境保护	产业污染物排放	推荐性行业标准	HJ/T 44—1999	固定污染源排气中一氧化碳的测定 非色散红外吸收法
69	环境保护	产业污染物排放	推荐性行业标准	HJ/T 33—1999	固定污染源排气中甲醇的测定 气相色谱法
70	环境保护	产业污染物排放	推荐性行业标准	HJ/T 32—1999	固定污染源排气中酚类化合物的测定 4-氨基安替比林分光光度法
71	环境保护	产业污染物排放	推荐性行业标准	HJ/T 31—1999	固定污染源排气中光气的测定 苯胺紫外分光光度法
72	环境保护	产业污染物排放	推荐性行业标准	HJ/T 43—1999	固定污染源排气中氮氧化物的测定 盐酸萘乙二胺分光光度法
73	环境保护	产业污染物排放	推荐性行业标准	HJ/T 42—1999	固定污染源排气中氮氧化物的测定 紫外分光光度法
74	环境保护	产业污染物排放	推荐性行业标准	HJ/T 41—1999	固定污染源排气中石棉尘的测定 镜检法
75	环境保护	产业污染物排放	推荐性行业标准	HJ/T 40—1999	固定污染源排气中苯并（a）芘的测定 高效液相色谱法
76	环境保护	产业污染物排放	推荐性行业标准	HJ/T 29—1999	固定污染源排气中铬酸雾的测定 二苯基碳酰二肼分光光度法

续表

序号	领域	标准规范或支撑的目标	标准级别	标准号	标准名称
77	环境保护	产业污染物排放	推荐性行业标准	HJ/T 28—1999	固定污染源排气中氰化氢的测定 异烟酸-吡唑啉酮分光光度法
78	环境保护	产业污染物排放	推荐性行业标准	HJ/T 27—1999	固定污染源排气中氯化氢的测定 硫氰酸汞分光光度法
79	环境保护	产业污染物排放	推荐性行业标准	HJ/T 8.4—1994	环境保护档案管理规范 污染源
80	环境保护	产业污染物排放	推荐性行业标准	LY/T 1659—2020	人造板工业粉尘防控技术规范
81	环境保护	产业污染物排放	推荐性行业标准	HJ 1206—2021	排污单位自行监测技术指南 人造板工业
82	环境保护	产业污染物排放	广东省地方标准	DB44/T 26—2011	水污染物排放限值
83	环境保护	产业污染物排放	北京市地方标准	DB11/307—2013	水污染物综合排放标准
84	环境保护	产业污染物排放	河北省地方标准	DB13/5161—2020	锅炉大气污染物排放标准
85	环境保护	产业污染物排放	天津市地方标准	DB12/151—2020	锅炉大气污染物排放标准
86	环境保护	产业污染物排放	天津市地方标准	DB12/765—2018	生物质成型燃料锅炉大气污染物排放标准
87	环境保护	产业污染物排放	江苏省地方标准	DB32/3728—2020	工业炉窑大气污染物排放标准
88	环境保护	产业污染物排放	上海市地方标准	DB31/387—2018	锅炉大气污染物排放标准
89	环境保护	产业污染物排放	上海市地方标准	DB31/1059—2017	家具制造业大气污染物排放标准
90	环境保护	产业污染物排放	北京市地方标准	DB11/501—2017	大气污染物综合排放标准
91	环境保护	产业污染物排放	北京市地方标准	DB11/1202—2015	木质家具制造业大气污染物排放标准
92	环境保护	产业污染物排放	北京市地方标准	DB11/139—2015	锅炉大气污染物排放标准
93	环境保护	产业污染物排放	重庆市地方标准	DB50/418—2016	大气污染物综合排放标准
94	环境保护	产业污染物排放	重庆市地方标准	DB50/658—2016	锅炉大气污染物排放标准
95	环境保护	产业污染物排放	广东省地方标准	DB44/27—2001	大气污染物排放限值
96	环境保护	产业污染物排放	山西省地方标准	DB14/1929—2019	锅炉大气污染物排放标准
97	环境保护	产业污染物排放	团体标准	T/JSIIEPPC 0001—2020	室内空气质量健康评价标准
98	环境保护	有害物质控制	强制性国家标准	GB 18581—2020	木器涂料中有害物质限量
99	环境保护	有害物质控制	强制性国家标准	GB 33372—2020	胶粘剂挥发性有机化合物限量
100	环境保护	有害物质控制	强制性国家标准	GB 18582—2020	建筑用墙面涂料中有害物质限量
101	环境保护	有害物质控制	强制性国家标准	GB 18580—2017	室内装饰装修材料 人造板及其制品中甲醛释放限量
102	环境保护	有害物质控制	强制性国家标准	GB 18584—2001	室内装饰装修材料 木家具中有害物质限量
103	环境保护	有害物质控制	强制性国家标准	GB 18585—2001	室内装饰装修材料 壁纸中有害物质限量
104	环境保护	有害物质控制	推荐性国家标准	GB/T 38724—2020	家具中有害物质 放射性的测定
105	环境保护	有害物质控制	推荐性国家标准	GB/T 38723—2020	木家具中挥发性有机化合物释放速率检测 逐时浓度法
106	环境保护	有害物质控制	推荐性国家标准	GB/T 39386—2020	定制家具 挥发性有机化合物现场检测方法
107	环境保护	有害物质控制	推荐性国家标准	GB/T 38597—2020	低挥发性有机化合物含量涂料产品技术要求

续表

序号	领域	标准规范或支撑的目标	标准级别	标准号	标准名称
108	环境保护	有害物质控制	推荐性国家标准	GB/T 37884—2019	涂料中挥发性有机化合物（VOC）释放量的测定
109	环境保护	有害物质控制	推荐性国家标准	GB/T 36799—2018	胶粘剂挥发性有机化合物释放量的测定 微舱法
110	环境保护	有害物质控制	推荐性国家标准	GB/T 36803—2018	胶粘剂挥发性有机化合物释放量的测定 袋式法
111	环境保护	有害物质控制	推荐性国家标准	GB/T 35466—2017	建筑用木塑复合材料挥发性有机化合物（VOC）测定
112	环境保护	有害物质控制	推荐性国家标准	GB/T 31762—2015	木质材料及其制品中苯酚释放量测定 小型释放舱法
113	环境保护	有害物质控制	推荐性国家标准	GB/T 33042—2016	木质地板饰面层中铅、镉、铬、汞重金属元素含量测定
114	环境保护	有害物质控制	推荐性国家标准	GB/T 36021—2018	家具中重金属锑、砷、钡、硒、六价铬的评定方法
115	环境保护	有害物质控制	推荐性国家标准	GB/T 36022—2018	木家具中氨释放量试验方法
116	环境保护	有害物质控制	推荐性国家标准	GB/T 31106—2014	家具中挥发性有机化合物的测定
117	环境保护	有害物质控制	推荐性国家标准	GB/T 31107—2014	家具中挥发性有机化合物检测用气候舱通用技术条件
118	环境保护	有害物质控制	推荐性国家标准	GB/T 32437—2015	家具中有害物质检测方法 总则
119	环境保护	有害物质控制	推荐性国家标准	GB/T 32443—2015	家具中挥发性有机物释放量的测定 小型散发罩法
120	环境保护	有害物质控制	推荐性国家标准	GB/T 23825—2009	人造板及其制品中甲醛释放量测定 气体分析法
121	环境保护	有害物质控制	推荐性国家标准	GB/T 29899—2013	人造板及其制品中挥发性有机化合物释放量的试验方法 小型释放舱法
122	环境保护	有害物质控制	推荐性国家标准	GB/T 33043—2016	人造板甲醛释放量测定大气候箱法
123	环境保护	有害物质控制	推荐性国家标准	GB/T 37185—2018	气体分析 室内挥发性有害有机物的测定 SUMMA罐-硅烷化管采样气相色谱/质谱联用（GC/MS）法
124	环境保护	有害物质控制	推荐性国家标准	GB/T 33284—2016	室内装饰装修材料 门、窗用木增塑聚氯乙烯（PVC-U）型材有害物质限量
125	环境保护	有害物质控制	推荐性国家标准	GB/T 30647—2014	涂料中有害元素总含量的测定
126	环境保护	有害物质控制	推荐性国家标准	GB/T 36381—2018	废弃液体化学品分类规范
127	环境保护	有害物质控制	推荐性国家标准	GB/T 36380—2018	工业废硫酸的处理处置规范
128	环境保护	有害物质控制	推荐性行业标准	LY/T 3229—2020	人造板及其制品 VOCs 释放下的室内承载量规范
129	环境保护	有害物质控制	推荐性行业标准	LY/T 3230—2020	人造板及其制品挥发性有机化合物释放量分级
130	环境保护	有害物质控制	推荐性行业标准	LY/T 3233—2020	地采暖用木质地板甲醛释放承载量规范

续表

序号	领域	标准规范或支撑的目标	标准级别	标准号	标准名称
131	环境保护	有害物质控制	推荐性行业标准	LY/T 3236—2020	人造板及其制品气味分级及其评价方法
132	环境保护	有害物质控制	推荐性行业标准	SN/T 2086—2008	木制玩具中甲醛含量的测定 高效液相色谱法
133	环境保护	有害物质控制	推荐性行业标准	SN/T 3613—2013	家具中总挥发性有机化合物的检测方法
134	环境保护	有害物质控制	推荐性行业标准	SN/T 3026—2011	木制品和家具产品中甲醛释放量的测定 气候箱法
135	环境保护	有害物质控制	推荐性行业标准	HJ 920—2017	环境空气 无机有害气体的应急监测 便携式傅里叶红外仪法
136	环境保护	有害物质控制	推荐性行业标准	HJ 871—2017	环境空气 氯气等有毒有害气体的应急监测 比长式检测管法
137	环境保护	有害物质控制	推荐性行业标准	HJ 872—2017	环境空气 氯气等有毒有害气体的应急监测 电化学传感器法
138	环境保护	有害物质控制	广西壮族自治区地方标准	DB45/T 1971—2019	室内装饰装修主要材料有害物质限量
139	环境保护	有害物质控制	新疆维吾尔自治区地方标准	DB65/T 3926—2016	室内木质门有害物质限量
140	环境保护	有害物质控制	团体标准	T/CNFA 004—2017	办公家具挥发性有机物释放限量
141	环境保护	有害物质控制	团体标准	T/CNFA 003—2017	家具部件及室内装饰装修材料挥发性有机物释放限量
142	环境保护	有害物质控制	团体标准	T/GIEHA 004—2018	木家具有害物质限量等级细分

注：GB/T：推荐性国家标准；LY/T：推荐性林业行业标准；JB/T：推荐性机械行业标准：HJ，HJ/T：推荐性环境保护标准；DB：地方标准；T：团体标准。

表 13-2 木材工业绿色发展标准目录

序号	领域	标准规范或支撑的目标	标准级别	标准号	标准名称
1	绿色发展	清洁生产	推荐性国家标准	GB/T 21453—2008	工业清洁生产审核指南编制通则
2	绿色发展	清洁生产	推荐性国家标准	GB/T 25973—2010	工业企业清洁生产审核 技术导则
3	绿色发展	清洁生产	推荐性国家标准	GB/T 29904—2013	人造板工业清洁生产评价指标体系
4	绿色发展	清洁生产	推荐性国家标准	GB/T 29903—2013	人造板工业清洁生产技术要求
5	绿色发展	清洁生产	推荐性国家标准	GB/T 37648—2019	清洁生产评价指标体系 木家具制造业
6	绿色发展	清洁生产	推荐性行业标准	LY/T 2719—2016	人造板制造企业清洁生产审核指南
7	绿色发展	清洁生产	推荐性行业标准	LY/T 1862—2022	木材工业气力运输与除尘系统节能技术规范
8	绿色发展	清洁生产	推荐性行业标准	HJ/T 315—2006	清洁生产标准 人造板行业（中密度纤维板）
9	绿色发展	清洁生产	甘肃省地方标准	DB62/T 4114—2020	清洁生产审核技术指南
10	绿色发展	清洁生产	安徽省地方标准	DB34/T 3451—2019	家具行业清洁生产技术规程
11	绿色发展	清洁生产	北京市地方标准	DB11/T 1415—2017	清洁生产绩效验收技术要求
12	绿色发展	清洁生产	北京市地方标准	DB11/T 1414—2017	清洁生产方案产生与效益计算技术要求

续表

序号	领域	标准规范或支撑的目标	标准级别	标准号	标准名称
13	绿色发展	清洁生产	湖南省地方标准	DB43/T 1129—2015	工业企业资源性清洁生产审核报告编制技术规范
14	绿色发展	清洁生产	浙江省地方标准	DB33/T 969—2015	清洁生产审核技术要求
15	绿色发展	清洁生产	广东省地方标准	DB44/T 1538—2015	木家具清洁生产规范
16	绿色发展	清洁生产	北京市地方标准	DB11/T 1138—2014	清洁生产评价指标体系 家具制造业
17	绿色发展	再利用	推荐性国家标准	GB/T 20811—2018	废纸分类技术要求
18	绿色发展	再利用	推荐性国家标准	GB/T 39198—2020	一般固体废物分类与代码
19	绿色发展	再利用	推荐性国家标准	GB/T 39197—2020	一般固体废物物质流数据采集原则和要求
20	绿色发展	再利用	推荐性国家标准	GB/T 38925—2020	废复合包装分选质量要求
21	绿色发展	再利用	推荐性国家标准	GB/T 38743—2020	废旧木材与人造板术语
22	绿色发展	再利用	推荐性国家标准	GB/T 36574—2018	产业园区废气综合利用原则和要求
23	绿色发展	再利用	推荐性国家标准	GB/T 35380—2017	进境原木中废材的判定方法
24	绿色发展	再利用	推荐性国家标准	GB/T 34805—2017	农业废弃物综合利用 通用要求
25	绿色发展	再利用	推荐性国家标准	GB/T 16716.4—2018	包装与环境 第4部分：材料循环再生
26	绿色发展	再利用	推荐性国家标准	GB/T 32568—2016	重复使用包装箱通用技术条件
27	绿色发展	再利用	推荐性国家标准	GB/T 21667—2008	二手货品质鉴定通则
28	绿色发展	再利用	推荐性国家标准	GB/T 30342—2013	二手货 分类
29	绿色发展	再利用	推荐性国家标准	GB/T 21557—2008	废纸中胶粘物的测定
30	绿色发展	再利用	推荐性国家标准	GB/T 24996—2010	纸张中脱墨回用纤维的判定
31	绿色发展	再利用	推荐性国家标准	GB/T 20216—2016	纸浆和纸 有效残余油墨浓度（ERIC值）的测定 红外线反射率测量法
32	绿色发展	再利用	推荐性行业标准	QB/T 4896—2015	废纸浆脱墨效率的测定
33	绿色发展	再利用	推荐性行业标准	SB/T 11058—2013	废纸分类等级规范
34	绿色发展	再利用	推荐性行业标准	SB/T 11110—2014	废纸塑铝复合包装物回收分拣技术规范
35	绿色发展	再利用	推荐性行业标准	SN/T 1791.13—2016	进口可用作原料的固体废物检验检疫规程 第13部分：废纸或纸板
36	绿色发展	再利用	推荐性行业标准	SN/T 2293.5—2009	进口可用作原料的固体废物分类鉴别 第5部分：废纸
37	绿色发展	再利用	推荐性行业标准	SN/T 4402—2015	入境废纸卫生处理规程
38	绿色发展	废固资源化	强制性国家标准	GB 34330—2017	固体废物鉴别标准—通则
39	绿色发展	废固资源化	推荐性国家标准	GB/T 29408—2012	废弃木质材料分类
40	绿色发展	废固资源化	推荐性国家标准	GB/T 32328—2015	工业固体废物综合利用产品环境与质量安全评价技术导则
41	绿色发展	废固资源化	推荐性国家标准	GB/T 32326—2015	工业固体废物综合利用技术评价导则
42	绿色发展	废固资源化	推荐性国家标准	GB/T 22529—2008	废弃木质材料回收利用管理规范
43	绿色发展	废固资源化	推荐性国家标准	GB/T 33039—2016	人造板生产用回收木材质量要求
44	绿色发展	废固资源化	推荐性国家标准	GB/T 34911—2017	工业固体废物综合利用术语
45	绿色发展	废固资源化	推荐性国家标准	GB/T 28744—2012	废弃产品回收处理企业统计指标体系

续表

序号	领域	标准规范或支撑的目标	标准级别	标准号	标准名称
46	绿色发展	废固资源化	强制性行业标准	HJ 1091—2020	固体废物再生利用污染防治技术导则
47	绿色发展	废固资源化	推荐性行业标准	LY/T 1822—2019	废弃木材循环利用规范
48	绿色发展	废固资源化	推荐性行业标准	LY/T 1680—2006	木材综合利用规范
49	绿色发展	废固资源化	推荐性行业标准	LY/T 2558—2015	人造板生产用回收木材检验方法
50	绿色发展	废固资源化	推荐性行业标准	LY/T 1979—2022	刨花板生产节材和减排技术规范
51	绿色发展	废固资源化	推荐性行业标准	HJ 364—2022	废塑料污染控制技术规范
52	绿色发展	废固资源化	团体标准	T/SZFA 1001.5—2019	家具产业链品质星级评定准则 第5部分：废弃家具及包装处置
53	绿色发展	废水及工业余热资源化	推荐性国家标准	GB/T 38596—2020	催化剂生产废水中重金属含量的测定
54	绿色发展	废水及工业余热资源化	推荐性国家标准	GB/T 38602—2020	湿式催化氧化有机废水催化剂活性试验方法
55	绿色发展	废水及工业余热资源化	推荐性国家标准	GB/T 38224.1—2019	重金属废水处理与回用技术评价 第1部分：程序和方法
56	绿色发展	废水及工业余热资源化	推荐性国家标准	GB/T 38224.2—2019	重金属废水处理与回用技术评价 第2部分：指标体系
57	绿色发展	废水及工业余热资源化	推荐性国家标准	GB/T 32327—2015	工业废水处理与回用技术评价导则
58	绿色发展	废水及工业余热资源化	推荐性国家标准	GB/T 32123—2015	含氰废水处理处置规范
59	绿色发展	废水及工业余热资源化	推荐性国家标准	GB/T 31189—2014	金属磷化废水中磷回收技术规范
60	绿色发展	废水及工业余热资源化	推荐性国家标准	GB/T 19923—2005	城市污水再生利用 工业用水水质
61	绿色发展	废水及工业余热资源化	推荐性国家标准	GB/T 1028—2018	工业余能资源评价方法
62	绿色发展	废水及工业余热资源化	推荐性国家标准	GB/T 17719—2009	工业锅炉及火焰加热炉烟气余热资源量计算方法与利用导则
63	绿色发展	废水及工业余热资源化	推荐性行业标准	JB/T 11890—2014	低中温工业气体余热回收利用成套装备通用技术条件
64	绿色发展	废水及工业余热资源化	推荐性行业标准	HJ 1095—2020	芬顿氧化法废水处理工程技术规范
65	绿色发展	废水及工业余热资源化	福建省地方标准	DB35/T 1099—2011	天然饰面板材加工废水处理工程技术规范
66	绿色发展	废水及工业余热资源化	福建省地方标准	DB33/ 887—2013	工业企业废水氮、磷污染物间接排放限值
67	绿色发展	绿色产品	推荐性国家标准	GB/T 33761—2017	绿色产品评价通则
68	绿色发展	绿色产品	推荐性国家标准	GB/T 35601—2017	绿色产品评价 人造板和木质地板
69	绿色发展	绿色产品	推荐性国家标准	GB/T 39126—2020	室内绿色装饰装修选材评价体系

续表

序号	领域	标准规范或支撑的目标	标准级别	标准号	标准名称
70	绿色发展	绿色产品	推荐性国家标准	GB/T 39084—2020	绿色产品评价 快递封装用品
71	绿色发展	绿色产品	推荐性国家标准	GB/T 35602—2017	绿色产品评价 涂料
72	绿色发展	绿色产品	推荐性国家标准	GB/T 35607—2017	绿色产品评价 家具
73	绿色发展	绿色产品	推荐性国家标准	GB/T 35608—2017	绿色产品评价 绝热材料
74	绿色发展	绿色产品	推荐性国家标准	GB/T 35612—2017	绿色产品评价 木塑制品
75	绿色发展	绿色产品	推荐性国家标准	GB/T 35613—2017	绿色产品评价 纸和纸制品
76	绿色发展	绿色产品	推荐性国家标准	GB/T 35609—2017	绿色产品评价 防水与密封材料
77	绿色发展	绿色产品	推荐性行业标准	LY/T 2876—2017	人造板定制衣柜技术规范
78	绿色发展	绿色产品	辽宁省地方标准	DB21/T 2763—2017	绿色建筑材料评价标准
79	绿色发展	绿色产品	北京市地方标准	DB11/T 825—2021	绿色建筑评价标准
80	绿色发展	绿色产品	天津市地方标准	DB12/T 670—2016	绿色供应链技术要求 编制导则
81	绿色发展	绿色产品	团体标准	T/CPQS F001—2020	木质办公家具环保等级评价技术要求
82	绿色发展	绿色产品	团体标准	T/SBMIA 007—2018	绿色木质地板评价
83	绿色发展	绿色产品	团体标准	T/CNFPIA 3001—2018	绿色产品评价—木质门
84	绿色发展	绿色产品	推荐性国家标准	GB/T 32813—2016	绿色制造 机械产品生命周期评价 细则
85	绿色发展	绿色产品	团体标准	T/CTWPDA 01—2016	绿色产品评价规范 人造板
86	绿色发展	绿色抗菌	推荐性行业标准	LY/T 1926—2020	人造板与木（竹）制品抗菌性能检测与分级
87	绿色发展	绿色抗菌	团体标准	在研	绿色校园用装饰装修材料抗菌性能
88	绿色发展	绿色工厂	推荐性国家标准	GB/T 36132—2018	绿色工厂评价通则
89	绿色发展	绿色工厂	推荐性国家标准	GB/T 38849—2020	绿色商场
90	绿色发展	绿色工厂	推荐性国家标准	GB/T 38538—2020	产业园区基础设施绿色化指标体系及评价方法
91	绿色发展	绿色工厂	推荐性国家标准	GB/T 38197—2019	建筑施工机械绿色性能指标与评价方法
92	绿色发展	绿色工厂	推荐性行业标准	在研	绿色人造板工厂评价细则
93	绿色发展	绿色工厂	推荐性行业标准	在研	人造板行业绿色工厂评价要求
94	绿色发展	绿色工厂	衢州市地方标准	DB3308/T 069—2020	绿色企业评价规范
95	绿色发展	绿色工厂	衢州市地方标准	DB3308/T 070—2020	绿色项目评价规范
96	绿色发展	绿色工厂	上海市地方标准	DB31/T 946—2021	绿色工业园区评价导则
97	绿色发展	绿色制造	推荐性国家标准	GB/T 39258—2020	绿色制造 制造企业绿色供应链管理 采购控制
98	绿色发展	绿色制造	推荐性国家标准	GB/T 39256—2020	绿色制造 制造企业绿色供应链管理 信息化管理平台规范
99	绿色发展	绿色制造	推荐性国家标准	GB/T 39259—2020	绿色制造 制造企业绿色供应链管理 物料清单要求
100	绿色发展	绿色制造	推荐性国家标准	GB/T 39257—2020	绿色制造 制造企业绿色供应链管理 评价规范
101	绿色发展	绿色制造	推荐性国家标准	GB/T 33635—2017	绿色制造 制造企业绿色供应链管理 导则

续表

序号	领域	标准规范或支撑的目标	标准级别	标准号	标准名称
102	绿色发展	绿色制造	推荐性国家标准	GB/T 26119—2010	绿色制造 机械产品生命周期评价 总则
103	绿色发展	绿色供应链	推荐性国家标准	GB/T 37422—2019	绿色包装评价方法与准则
104	绿色发展	绿色供应链	推荐性国家标准	GB/T 37099—2018	绿色物流指标构成与核算方法
105	绿色发展	绿色供应链	深圳市地方标准	DB4403/T 10—2019	绿色供应链企业评价
106	绿色发展	绿色供应链	湖南省地方标准	DB43/T 1592—2019	绿色物流企业
107	绿色发展	绿色供应链	天津市地方标准	DB12/T 669—2016	绿色供应链标准化工作指南
108	绿色发展	绿色供应链	北京市地方标准	DB11/T 513—2018	绿色施工管理规程
109	绿色发展	绿色设计	推荐性国家标准	GB/T 26694—2011	家具绿色设计评价规范
110	绿色发展	绿色设计	团体标准	T/CPCIF 0029—2020	绿色设计产品评价技术规范 水性木器涂料
111	绿色发展	绿色设计	团体标准	T/CAB 0038—2018	绿色设计产品评价技术规范 实木复合地板
112	绿色发展	绿色设计	团体标准	T/CAB 0011—2016	绿色设计产品评价技术规范 木塑型材
113	绿色发展	森林认证	推荐性国家标准	GB/T 28952—2018	中国森林认证 产销监管链
114	绿色发展	森林认证	推荐性国家标准	GB/T 39358—2020	中国森林认证 非木质林产品经营
115	绿色发展	森林认证	推荐性国家标准	GB/T 28951—2021	中国森林认证 森林经营
116	绿色发展	森林认证	推荐性行业标准	LY/T 3118—2019	中国森林认证 标识
117	绿色发展	森林认证	推荐性行业标准	LY/T 3116—2019	中国森林认证 碳中和产品
118	绿色发展	森林认证	推荐性行业标准	LY/T 2282—2014	中国森林认证 产销监管链操作指南
119	绿色发展	森林认证	推荐性行业标准	LY/T 2281—2014	中国森林认证 产销监管认证审核导则
120	绿色发展	森林认证	推荐性行业标准	LY/T 2513—2015	中国森林认证 联合认证操作指南
121	绿色发展	森林认证	团体标准	T/CNFPIA 4002—2017	中国木材合法性认定
122	绿色发展	森林认证	团体标准	T/CSF 001—2020	规格材产品认证规则

注：GB/T：推荐性国家标准；LY/T：推荐性林业行业标准；JB/T 推荐性机械行业标准：HJ，HJ/T：推荐性环境保护标准；DB：地方标准；T：团体标准。

（一）产业污染物排放

产业污染物排放标准主要是对木材加工、人造板、木家具制造等木材工业生产过程中产生的噪声、粉尘、废水、废气、废固等污染物排放限量及其检测方法进行规范，例如 GB 8978—1996《污水综合排放标准》、GB 13271—2014《锅炉大气污染物排放标准》、GB 3095—2012《环境空气质量标准》、GB 12348—2008《工业企业厂界环境噪声排放标准》、GB 16297—1996《大气污染物综合排放标准》、GB 18484—2020《危险废物焚烧污染控制标准》、HJ/T 8.4—1994《环境保护档案管理规范 污染源》等重要综合污染控制标准。

GB 8978—1996《污水综合排放标准》是原国家环保局紧密结合中国国情、环保特点及技术经济条件而组织制定的水污染物综合排放标准，是直接控制污染源、实现环境保护目标的重要控制手段，该标准提出年限制，将标准规定的指标划分为两个时间段：1997 年 12 月 31 日前建设的单位，执行第一时间段规定的标准值；1998 年 1 月 1 日起建设的单位，执行第二时间段规定的标准值，在标准适用范围上明确综合排放标准与行业排放标准不交叉执行的原则，造纸工业、船舶、船舶、工业、海洋石油开发工业、纺织染整工业、肉类加工工业、合成氨工业、钢铁工业、航天推进剂使用、兵器工业、磷肥工业、烧碱、聚乙烯工业所排放的污水执行相应的国家行业标准，其他一切排放污水的单位一律执行本标准。

GB 13271—2014《锅炉大气污染物排放标准》是为贯彻《中华人民共和国环境保护法》《中华人民共和国大气污染防治法》《国务院关于加强环境保护重点工作的意见》等法律、法规，保护环境，防治污染，促进锅炉生产、运行和污染治理技术的进步而制定，规定了锅炉大气污染物浓度排放限量值、监测和监控要求，标准规定内容是锅炉大气污染物排放控制的基本要求，并提出地方省级人民政府对本标准未作规定的大气污染物项目，可以制定地方污染物排放标准，对本标准已作规定的大气污染物项目，可以制定严于本标准的地方污染物排放标准，环境影响评价文件要求严于本标准或地方标准时，按照批复的环境影响评价文件进行。

同时，各行各业还有其行业领域内污染控制标准，例如 GB 37824—2019《涂料、油墨及胶粘剂工业大气污染物排放标准》、LY/T 1659—2020《人造板工业粉尘防控技术规范》及在研标准《人造板工业污染物排放标准》。LY/T 1659—2020《人造板工业粉尘防控技术规范》规定了人造板工业粉尘防控的术语和定义、基本原则、技术要求和管理要求，适用于生产木质或非木质人造板的新建、扩建、改建项目的工程设计和建设项目运行时的粉尘防控管理，也适用于生产无机人造板和木塑复合材料等建设项目中仅涉及木质及植物纤维类粉尘的工段或设施。

（二）有害物质控制

有害物质控制标准是为提高木材工业生产环保水平、减少污染物排放、加强木材工业产品有害物质控制管理而制定的技术标准。有害物质控制标准包括人造板、木家具、装饰纸等木材工业产品中甲醛释放限量、挥发性有机化合物限量、重金属限量木材工业等标准。例如 GB 18581—2020《木器涂料中有害物质限量》、GB 33372—2020《胶粘剂挥发性有机化合物限量》、GB 18582—2020《建筑用墙面涂料中有害物质限量》、GB 18584—2001《室内装饰装修材料 木家具中有害物质限量》、GB/T 38723—2020《木家具中挥发性有机化合物释放速率检测 逐时浓度法》、GB/T 39386—2020《定制家具挥发性有机化合物现场检测方法》、GB/T 37884—2019《涂料中挥发性有机化合物（VOC）释放量的测定》、GB/T 36799—2018《胶粘剂挥发性有机化合物释放量的测定 微舱法》、GB/T 38724—2020《家具中有害物质 放射性的测定》等重要标准。

人造板有害物质控制标准是对人造板中甲醛、挥发性有机化合物、重金属限量及其检测方法等进行规范，主要国家标准和行业标准有 GB 18580—2017《室内装饰装修材料 人造板及其制品中甲醛释放限量》、LY/T 3236—2020《人造板及其制品气味分级与其评价方法》、LY/T 3229—2020《人造板及其制品 VOCs 释放下的室内承载量规范》、LY/T 3230—2020《人造板及其制品挥发性有机化合物释放量分级》LY/T 3233—2020《地采暖用木质地板甲醛释放承载量规范》。GB 18580—2017《室内装饰装修材料 人造板及其制品中甲醛释放限量》规定 $1m^3$ 气候箱法甲醛释放限量值为 $0.124mg/m^3$，限量标识为 E1，统一甲醛释放量检测试验方法为“$1m^3$ 气候箱法”；LY/T 3236—2020《人造板及其制品气味分级与其评价方法》将气味等级划分为 5 等，描述为无气味、稍有气味、气味明显但气味不令人难受、明显让人感觉难受的气味、让人无法忍受的气味。LY/T 3229—2020《人造板及其制品 VOCs 释放下的室内承载量规范》规定了室内空气污染评价方法和人造板及其制品室内承载量计算方法；LY/T 3230—2020《人造板及其制品挥发性有机化合物释放量分级》将人造板及其制品挥发性有机化合物释放量等级分为Ⅰ级和Ⅱ级，规定了包含 TVOC、总醛酮化合物、苯、甲苯、二甲苯（邻二甲苯、间二甲苯、对二甲苯）、联苯和三联苯（邻三联苯、间三联苯、对三联苯）总和、4-苯基环己烯、萘在内的挥发性有机化合物释放量Ⅰ级和Ⅱ级浓度值。LY/T 3233—2020《地采暖用木质地板甲醛释放承载量规范》规定了室内甲醛释放率和承载量计算方法。

木家具有害物质控制标准是对木家具制品甲醛、挥发性有机物释放限量和重金属限量及其检测方法进行规范。GB/T 32437—2015《家具中有害物质检测方法 总则》规定了家具中有害物质的种类和来源。GB 18584—2001《室内装饰装修材料 木家具中有害物质限量》规定了包含甲醛释放量、重金属含量（可溶性铅、镉、铬、汞）在内的有害物质限量值。

纸制品有害物质控制标准是对纸制品中的挥发性有机化合物等有害物限量及其检测方法进行规范。GB 18585—2001《室内装饰装修材料 壁纸中有害物质限量》规定了壁纸中重金属（钡、镉、铬、铅、砷、汞、硒、锑）、氯乙烯单体和甲醛释放量限量值。

（三）清洁生产

清洁生产标准是为实现木材工业清洁生产目的而制定的技术标准。木材工业清洁生产标准对木材工业生产过程中的原材料节约与节能降耗、淘汰有毒原材料，减降废弃物的数量等进行规范，主要包括木材加工、人造板生产、木制品生产、竹藤棕草制品生产、木家具生产、造纸工业和林产化工产品生产等的清洁生产要求与管理标准。例如GB/T 29903—2013《人造板工业清洁生产技术要求》、GB/T 29904—2013《人造板工业清洁生产评价指标体系》、LY/T 2719—2016《人造板制造企业清洁生产审核指南》、LY/T 1862—2009《木材工业气力运输与除尘系统节能技术规范》、LY/T 1979—2011《刨花板生产节材和减排技术规范》对人造板工业清洁生产起到了重要指导和规范作用。

（四）再利用

再利用标准是通过延长木材工业产品的使用周期，达到资源高效利用目的而制定的标准。再利用子体系标准对木材工业产品重复利用商品的质量、耐用性和易用性等进行规范。

再利用标准包括木材工业产品重复利用和二次加工再利用等标准。重复利用标准主要是要求产品和包装容器能够以初始的形式被反复使用，目的是延长产品和服务的时间。

二次加工再利用标准主要是对使用多年的家具、木地板或其他木制品，通过砂光、涂饰或简单的修补等方法，进行再利用，从而达到延长产品的使用期。例如GB/T 36574—2018《产业园区废气综合利用原则和要求》、GB 20811—2018《废纸分类技术要求》、GB/T 22529—2008《废弃木质材料回收利用管理规范》、GB/T 29408—2012《废弃木质材料分类》等标准的实施对废弃木材的再利用起到了重要的引导和规范作用。

（五）废固资源化

废固资源化标准是为产品生产、产品最终处置过程中产生的固体废弃物，进行综合利用从而达到资源高效利用而制定的标准。废固资源化标准是对废弃的林业剩余物或木材工业生产、使用等过程中产生的废旧固体原料等，进行回收加工利用的技术规范。

废固资源化标准包括林业三剩物、废弃木质材料、废纸等标准。废弃木质材料利用标准是对废弃木材、废弃人造板等木质材料回收利用的规范。废纸利用标准是对废纸的回收、资源化利用，以及进口废纸利用等的规范。例如LY/T 1680—2006《木材综合利用规范》、GB/T 22529—2008《废弃木质材料回收利用管理规范》、GB/T 29408—2012《废弃木质材料分类》、GB/T 33039—2016《人造板生产用回收木材质量要求》、LY/T 1822—2019《废弃木材循环利用规范》、LY/T 2558—2015《人造板生产用回收木材检验方法》、LY/T 1979—2011《刨花板生产节材和减排技术规范》对木材资源综合利用和废弃木材的回收利用起到了重要的指导和规范作用。

（六）废水及工业余热资源化

废水及工业余热资源化标准是为将木材工业生产过程中产生的废水和工业余热等进行综合利用从而达到资源高效利用而制定的标准，是对木材工业生产过程中产生的废水和工业余热综合利用质量和管理要求进行规范。

废水及工业余热资源化标准包括废水资源化和工业余热资源化等标准。废水资源化标准是废水进行处理后用于木材工业生产中，或木材工业生产、使用等过程中产生的废水循环利用的规范。工业余热资源化标准是木材工业生产等过程中产生的废气以及工业余热进行循环利用的规范。例如GB/T 32327—2015《工业废水处理与回用技术评价导则》、GB/T 1028—2018《工业余能资源评价方法》、GB/T 17719—2009《工业锅炉及火焰加热炉烟气余热资源量计算方法与利用导则》等重要标准。

（七）绿色产品

绿色产品，是指在生命周期过程中，符合环境保护的要求，对生态环境和人体健康无害或危害小、资源能源消耗少及品质高的产品。建立统一的绿色产品标准、认证、标识体系，是推动绿色低碳循环发展、培育绿色市场的必然要求。绿色产品评价标准指标要求主要包括资源、能源、环境和品质属性等四类一级指标，在一级指标下可设置可量化、可检测和可验证的二级指标。绿色产品标准是开展绿色产品认证的基础、技术支撑及政策保障，对促进行业高质量发展和企业转型升级具有重要意义。例如GB/T 35601—2017《绿色产品评价 人造板和木质地板》、GB/T 35607—2017《绿色产品评价 家具》、GB/T 35612—2017《绿色产品评价 木塑制品》、LY/T 2876—2017《人造板定制衣柜技术规范》、T/CNFPIA 3001—2018《绿色产品评价 木质门》等绿色产品标准。GB/T 35601—2017《绿色产品评价 人造板和木质地板》规定了人造板和木质地板绿色产品评价要求包括基本要求和评价指标要求，绿色人造板和绿色木质地板应同时满足本标准基本要求和评价指标要求。

（八）绿色工厂

主要规范了绿色工厂创建的基本要求和各个行业绿色工厂建设的要求等的标准。GB/T 36132—2018《绿色工厂评价通则》标准是绿色工厂的基础标准，标准明确了绿色工厂术语定义，从基本要求、基础设施、管理体系、能源资源投入、产品、环境排放、绩效等方面，按照“用地集约化、原料无害化、生产洁净化、废物资源化、能源低碳化”的原则，建立了绿色工厂系统评价指标体系，提出了绿色工厂评价通用要求。标准锁定绿色制造工程及绿色制造体系，引导广大企业创建绿色工厂，推动工业绿色转型升级，实现绿色发展。目前《绿色人造板工厂评价细则》和《人造板行业绿色工厂评价要求》正在研制中。

（九）绿色制造

绿色制造系列标准主要规范了制造企业绿色供应链管理，现行标准包含GB/T 39258—2020《绿色制造 制造企业绿色供应链管理 采购控制》、GB/T 39256—2020《绿色制造 制造企业绿色供应链管理 信息化管理平台规范》、GB/T 39259—2020《绿色制造 制造企业绿色供应链管理 物料清单要求》、GB/T 39257—2020《绿色制造 制造企业绿色供应链管理 评价规范》、GB/T 33635—2017《绿色制造 制造企业绿色供应链管理 导则》。绿色采购是绿色供应链管理的关键环节，企业针对采购的产品及供应商进行有效的管理，是降低企业环境风险，提高供应链环境绩效，保持供应链稳定性的重要手段。GB/T 39258—2020《绿色制造 制造企业绿色供应链管理 采购控制》规定了制造企业绿色采购控制管理要求，包括采购控制的目的、范围、总体要求和具体要求等，用于引导和规范企业开展绿色供应链管理工作。绿色供应链信息化管理平台是企业开展绿色供应链管理的重要工作，平台综合运用新一代信息技术，按照企业绿色供应链管理的整体要求，对制造企业及其供应链上下游的各相关绿色信息进行有效的规划和管理，从而提高企业绿色供应链管理水平和效率；GB/T 39256—2020《绿色制造 制造企业绿色供应链管理 信息化管理平台规范》规定了制造企业绿色供应链信息化管理平台的总体架构、功能及运行等要求，制造企业、相关软件开发商或绿色供应链相关方可依据本标准开发建立满足要求的信息管理系统或信息平台；GB/T 39259—2020《绿色制造 制造企业绿色供应链管理 物料清单要求》可应用于企业产品绿色改进、绿色采购、绿色营销或绿色信息披露等。

（十）绿色供应链及绿色设计

绿色供应链是在传统供应链基础上，将绿色制造、产品生命周期和生产者责任延伸理念融入企业业务流程，综合考虑企业经济效益与资源节约、环境保护、人体健康安全要求的供应链系统。实施绿色供应链管理是提升企业竞争力，实现企业绿色可持续发展的有效途径之一。绿色设计主要取决于产品的开发设计阶段，绿色设计标准旨在引导产品开发设计及相关人员在产品前期策划和开发设计阶段，预测和识别产品全生命周期各个阶段（从原材料获取、产品设计、生产、包装、运输、使用、回收利用、最终处置等）的资源、环境、健康与安全等因素，在满足产品使用的前提下，提升产品的绿色性，如GB/T 31206—2014《机械产品绿色设计 导则》、GB/T 37099—2018《绿色物流指标构成与核算方法》、GB/T 37422—2019《绿色包装评价方法与准则》、GB/T 26694—2011《家具绿色设计评价规范》、T/CAB 0038—2018《绿色设计产品评价技术规范 实木复合地板》等。

（十一）森林认证

森林认证作为促进可持续的森林经营的一种市场机制，已被越来越多的国家所接受。森林认证标准是森林认证的基础和支撑，对认证的效果起着至关重要的作用，它直接关系到森林认证能否真正促进森林可持续经营和绿色发展。开展产销监管链认证旨在追踪林产品的原料来源，减少使用争议来源的原料风险，向消费者提供明确的产品原料来源证明，产销监管链认证标准是中国开展产销监管链认证工作的基础。GB/T 28952—2018《中国森林认证 产销监管链》规定了实施林产品产销监管链的要求，适用于实施中国森林认证委员会（CFCC）要求的第三方可持续产品认证的符合性评价。

实施森林经营认证是促进森林可持续经营和林产品国际贸易的一种重要市场手段，GB/T 28951—2021《中国森林认证 森林经营》规定了中国森林经营单位为了实施森林可持续经营认证应达到的要求，为森林认证机构开展森林经营认证审核和评估提供了依据。

第二节　木材工业安全生产标准

一、安全生产的定义

安全生产是指采取一系列措施使生产过程在符合规定的物质条件和工作秩序下进行，有效消除或控制危险和有害因素，无人身伤亡和财产损失等生产事故发生，从而保障人员安全与健康、设备和设施免受损坏、环境免遭破坏，使生产经营活动得以顺利进行的一种状态。安全生产是安全与生产的统一，安全促进生产，生产必须安全。

安全生产是保护人民群众的生命财产安全、推动经济社会发展的基础和保障。搞好安全生产工作，切实保障人民群众的生命财产安全，是全面建成小康社会、统筹经济社会全面发展的重要内容。强化安全生产组织领导，把解决问题、推动企业主体责任落实作为整治的关键，进一步完善安全生产执法体系，提升基础保障能力，加强应急处置，扎实推进安全生产治理体系和治理能力现代化，为全面建成小康社会营造稳定的安全生产环境。

二、木材工业安全生产现状

人造板生产过程中会产生的粉尘在输送及贮存过程中存在粉尘爆炸的隐患；生产所需要的原材料木材属易燃物，生产过程中存在火灾隐患；高速转动的设备、电气设备以及为生产所需而设的平台、地沟等均为不安全因素。另外，人为因素也至关重要，安全生产意识淡薄，安全生产观念不强，也是安全生产的重要隐患因素。木制品相对于人造板生产的门槛较低，其生产过程中所有机械较少，导致机械化水平低所需人工操作较多，从业人员安全意识淡薄，木材工业安全生产警钟长鸣。

近年来，对部分地区人造板生产企业安全检查发现，不少企业仍存在不少安全生产隐患，如果不能采取有效的安全生产预防和防护措施，轻则造成设备损坏，重则造成生命损失和财产重大损失。一些地方人造板和木制品企业发生的安全生产事故让人警醒，每一起生产企业安全事故的发生都是多种因素综合作用的结果，剖析这些安全隐患和事故发生的原因，可以发现一系列共性的因素：一是安全生产意识薄弱，重视不够；二是忽视安全设计和安全防控装备；三是安全管理不善。

各地发生的部分特大安全事故也给木材工业企业安全生产敲响了警钟，必须重视安全生产和狠抓落实。2020 年 4 月 10 日，国务院召开了全国安全生产电视电话会议。会议决定对开展全国安全生产专项整治三年行动做出了部署。针对人造板和木制品企业安全生产问题，特提出以下建议：一是高度重视安全生产，狠抓安全生产教育，提高全员对安全生产的重视程度，让职工对安全行为进行自觉的自我调整，最终形成安全生产的意识氛围，为企业的安全生产提供保障；二是坚持“三同时”原则，项目的安全设施，必须与主体工程同时设计、同时施工、同时投入生产和使用；三是狠抓安全生产落实，严格执行安全管理制度和安全操作规程，确保安全预防措施真正发挥作用。

三、安全生产标准及其分类

安全生产标准（简称“安全标准”）是对在生产工作场所或者领域，为改善劳动条件和设施，规范生产作业行为，保护劳动者免受各种伤害，保障劳动者人身安全健康，实现安全生产和作业进行的规范。

安全标准是安全生产法规体系的基础。安全标准的制定和修订由国务院有关部门按照保障安全生产的要求，依法及时进行。由于安全生产标准具有的重要性，生产经营单位必须执行，这在安全生产法中以法律条文形式加以强制规范。

安全标准根据法律效力可分为，强制性标准和推荐性标准。强制性标准是为改善劳动条件，加强劳动保护，防止各类事故发生，减轻职业危害，保护职工的安全健康，建立统一协调、功能齐全的劳动保护法律体系和安全生产标准体系；推荐性标准从国家和企业的生产水平、经济条件、技术能力和人员素质等方面考虑，如果在全国、全行业进行强制性统一的话，执行会有困难，因此将此类标准作为推荐性安全生产标准执行。

安全标准按照标准的属性划分，可分为基础标准、方法标准、产品标准、管理标准；按照标准应用领域划分，可分为通用安全标准（如名词术语、安全标志等）和专业（工业领域）安全标准（如煤矿安全、非煤矿山安全、电气安全、危险化学品安全、石油化工安全、民爆物品安全、烟花爆竹安全、涂装作业安全、交通运输安全、机械安全、消防安全、建筑安全、个体防护装备（原劳动防护用品）、特种设备安全等。

四、安全标准的作用

1. 安全标准是安全生产法律体系的重要组成部分

从广义讲，中国的安全生产法律体系，是由宪法、国家法律、国务院法规、地方性法规，以及标准、规章、规程和规范性文件等所构成的。在这个体系中，标准处于十分重要的位置，具有技术性法律规定的作用。标准是法律的延伸。与安全生产相关的技术性规定，通常体现为国家标准和行业标准。根据世界贸易组织协议，中国的强制性标准与国外的技术法规具有同样的法律效力。现行法律法规也就此做出了明确规定。《中华人民共和国安全生产法》第十六条规定“生产经营单位应当具备本法和有关法律、行政法规和国家标准或者行业标准规定的安全生产条件”。《安全生产许可证条例》第六条，把厂房、作业场所和安全设施、设备、工艺符合安全生产法律、法规、标准和规定的要求，作为企业取得安全生产许可证应当具备的基本条件。标准所具有的法律地位及其法律效力，决定了安全标准一旦制定和发布，就必须得到尊重，必须认真贯彻实施。任何忽视安全标准、违背安全生产标准的现象，都是对安全生产法律的破坏和违反，都必须立即纠正，情节严重的要依法予以追究。

2. 安全标准是保障企业安全生产的重要技术规范

安全生产标准化是社会化大生产的要求，是社会生产力发展水平的反映。优秀企业要出名牌，出人才，出效益，就必须严格执行国家标准、行业标准，产品进入国际市场就要执行国际标准。有条件、有实力的优秀企业自己制定的企业标准，要明确高于国家标准、行业标准。而不执行法定标准的企业，不仅市场竞争力无从谈起，而且违法生产经营，丧失诚信准则，甚至导致重特大事故发生。一些企业安全管理滑坡，伤亡事故多发，重要原因之一就是不遵守相应的安全生产标准。有的企业标准意识淡漠，执行标准不严；有的企业有标不循，不按标准办事；有的企业根本没有安全标准，不知道有标准。因此，迫切需要通过加强安全生产标准化工作，规范企业及其经营管理者、从业人员的安全生产行为，实现安全生产。

3. 安全标准是安全监管监察和依法行政的重要依据

安全标准是保护从业人员生命和健康的准则，凝聚了血的教训。安全监管监察部门在行政执法中，对违法违规行为的认定评判，除了要依据法律、法规，还需要依据国家标准和行业标准。如重大危险源的识别、重大隐患的排查、安全生产条件的认定、事故原因的分析判断等，都需要以标准为依据。中共中央、国务院领导多次要求把安全生产工作抓细、抓实、抓好。细节反映真实，细节决定成效。

相对于法律法规，标准更细致，更周密。安全监管监察部门依据标准实施行政执法，安全生产监管工作才能真正落实到位。

4. 安全标准是规范市场准入的必要条件

安全生产要保障人员安全与健康、财产安全，必须进行安全生产，则安全标准是组织生产的基础，是规范市场准入的必要条件。

五、木材工业安全标准

木材工业安全属于国家安全生产体系的重要组成部分，中国木材工业安全生产重要标准 246 项，包括国家标准、行业标准、地方标准、团体标准，其中国家标准 69 项，行业标准 68 项（其中国家安全生产监督管理总局发布的 45 项），地方标准 104 项，团体标准 4 项，见表 13-3。木材工业安全生产标准包括：安全综合管理标准 67 项，产品安全标准 11 项，防爆防火安全标准 34 项，设施设备安全标准 41 项，危险货物安全标准 3 项，职业健康安全标准 31 项，作业安全标准 59 项，见表 13-3。

1. 安全综合管理

安全综合管理主要规范木材工业安全技术与管理行为，主要包含了木材工业勘探、设计、建厂、生产、环保等全过程中的安全总体要求与管理要求。安全综合管理标准包括 GB 18218—2018《危险化学品重大危险源辨识》、AQ/T 9002—2006《生产经营单位安全生产事故应急预案编制导则》等国家强制性标准、国家推荐性标准、安全生产行业标准、地方标准共计 69 项。以 GB/T 33000—2016《企业安全生产标准化基本规范》为例，该标准规定了企业安全生产标准化管理体系建立、保持与评定的原则和一般要求，以及目标职责、制度化管理、教育培训、现场管理、安全风险管控及隐患排查治理、应急管理、事故管理和持续改进 8 个体系的核心技术要求。本标准适用于工矿商贸企业开展安全生产标准化建设工作，有关行业制修订安全生产标准化标准、评定标准，以及对标准化工作的咨询、服务、评审、科研、管理和规划等。其他企业和生产经营单位等可参照执行。

2. 产品安全

主要规范木材工业产品的安全要求。主要有 GB 7059—2007《便携式木折梯安全要求》、GB 28478—2012《户外休闲家具安全性能要求 桌椅类产品》、DB45/T 615—2009《竹、木、草编织工艺品质量安全要求》、XF 87—1994《防火刨花板通用技术条件》等强制性国家标准、消防行业标准、地方标准等 11 项。以 GB 7059—2007《便携式木折梯安全要求》为例，该标准规定了便携式木梯安全设计、制造的安全要求、试验要求及安全使用等方面的要求，适用于各种生产活动中使用的便携式木单梯及便携式木折梯。

3. 防爆防火安全

主要规范木材工业生产过程中防爆炸、防火灾的安全要求。标准包括 GB/T 17919—2008《粉尘爆炸危险场所用收尘器防爆导则》、AQ 4228—2012《木材加工系统粉尘防爆安全规范》、DB45/T 1885—2018《木结构房屋连片村寨消防安全规范》等国家强制性标准、国家推荐性标准、安全生产行业标准、地方标准共计 34 项。如：以 AQ 4228—2012《木材加工系统粉尘防爆安全规范》为例，本标准规定了工业生产中木材及木制品、人造板、木粉的加工处理系统中产生的木质及其他纤维质材料的粉尘的防爆安全要求。本标准适用于木材加工厂、人造板厂、家具厂、木粉厂以及其他行业中的木工车间。本标准不适用于以木粉为原料加工制作火药及烟花爆竹类产品的场所。

4. 设施设备安全

主要规范木材工业生产过程使用的设施设备的安全要求。设施设备安全标准包括 GB 12557—2010《木工机床 安全通则》、GB/T 18514—2018《人造板机械 安全通则》、AQ 7005—2008《木工机械安全使用要求》等国家强制性标准、国家推荐性标准、安全生产行业标准、地方标准 41 项。以 GB 12557—2010《木工机床 安全通则》为例，本标准规定了木工机床的安全技术要求。本标准适用于除木工手提机外的所有木工机床。

表 13-3　木材工业安全生产标准清单

序号	领域	标准规范或支撑的目标	标准级别	标准编号	标准名称	发布部门
1	安全生产	安全综合管理	推荐性国家标准	GB/T 33000—2016	《企业安全生产标准化基本规范》	国家质量监督检验检疫总局
2	安全生产	安全综合管理	强制性国家标准	GB 12158—2006	《防止静电事故通用导则》	国家质量监督检验检疫总局
3	安全生产	安全综合管理	强制性国家标准	GB 18218—2018	《危险化学品重大危险源辨识》	国家市场监督管理总局
4	安全生产	安全综合管理	强制性行业标准	AQ 9003.2—2008	《企业安全生产网络化监测系统技术规范 第 2 部分：危险场所网络化监测系统集成技术规范》	国家安全生产监督管理总局
5	安全生产	安全综合管理	强制性行业标准	AQ 9003.1—2008	《企业安全生产网络化监测系统技术规范 第 1 部分：危险场所网络化监测系统现场接入技术规范》	国家安全生产监督管理总局
6	安全生产	安全综合管理	推荐性行业标准	AQ/T 3029—2010	《危险化学品生产单位主要负责人安全生产培训大纲及考核标准》	国家安全生产监督管理总局
7	安全生产	安全综合管理	推荐性行业标准	AQ/T 3030—2010	《危险化学品生产单位安全生产管理人员安全生产培训大纲及考核标准》	国家安全生产监督管理总局
8	安全生产	安全综合管理	推荐性行业标准	AQ/T 3031—2010	《危险化学品经营单位主要负责人安全生产培训大纲及考核标准》	国家安全生产监督管理总局
9	安全生产	安全综合管理	推荐性行业标准	AQ/T 3032—2010	《危险化学品经营单位安全生产管理人员安全生产培训大纲及考核标准》	国家安全生产监督管理总局
10	安全生产	安全综合管理	推荐性行业标准	AQ/T 8006—2018	《安全生产检测检验机构能力的通用要求》	应急管理部
11	安全生产	安全综合管理	推荐性行业标准	AQ/T 9002—2006	《生产经营单位安全生产事故应急预案编制导则》	国家安全生产监督管理总局
12	安全生产	安全综合管理	强制性行业标准	AQ 9003—2008	《企业安全生产网络化监测系统技术规范》	国家安全生产监督管理总局
13	安全生产	安全综合管理	推荐性行业标准	AQ/T 9008—2012	《安全生产应急管理人员培训及考核规范》	国家安全生产监督管理总局
14	安全生产	安全综合管理	强制性行业标准	AQ 9010—2019	《安全生产责任保险事故预防技术服务规范》	应急管理部
15	安全生产	安全综合管理	推荐性行业标准	JT/T 912—2014	《危险货物道路运输企业安全生产管理制度编写要求》	交通运输部
16	安全生产	安全综合管理	推荐性行业标准	JT/T 913—2014	《危险货物道路运输企业安全生产责任制编写要求》	交通运输部
17	安全生产	安全综合管理	推荐性行业标准	JT/T 914—2014	《危险货物道路运输企业安全生产档案管理技术要求》	交通运输部
18	安全生产	安全综合管理	推荐性行业标准	JT/T 947—2014	《港口危险货物经营企业安全生产标准化规范》	交通运输部
19	安全生产	安全综合管理	推荐性地方标准	DB11/T 1322.1—2017	《安全生产等级评定技术规范 第 1 部分：总则》	北京市质量技术监督局
20	安全生产	安全综合管理	推荐性地方标准	DB11/T 1322.12—2017	《安全生产等级评定技术规范 第 12 部分：纸制品制造企业》	北京市质量技术监督局
21	安全生产	安全综合管理	推荐性地方标准	DB11/T 1322.2—2017	《安全生产等级评定技术规范 第 2 部分：安全生产通用要求》	北京市质量技术监督局
22	安全生产	安全综合管理	推荐性地方标准	DB11/T 1322.20—2017	《安全生产等级评定技术规范 第 20 部分：科研单位》	北京市质量技术监督局

续表

序号	领域	标准规范或支撑的目标	标准级别	标准编号	标准名称	发布部门
23	安全生产	安全综合管理	推荐性地方标准	DB11/T 1322.23—2017	《安全生产等级评定技术规范 第23部分：建材企业》	北京市质量技术监督局
24	安全生产	安全综合管理	推荐性地方标准	DB11/T 1322.33—2018	《安全生产等级评定技术规范 第33部分：危险化学品生产企业》	北京市质量技术监督局
25	安全生产	安全综合管理	推荐性地方标准	DB11/T 1322.34—2019	《安全生产等级评定技术规范 第34部分：小规模单位》	北京市市场监督管理局
26	安全生产	安全综合管理	推荐性地方标准	DB11/T 1322.5—2017	《安全生产等级评定技术规范 第5部分：危险化学品经营企业》	北京市质量技术监督局
27	安全生产	安全综合管理	推荐性地方标准	DB11/T 1478—2017	《生产经营单位安全生产风险评估规范》	北京市质量技术监督局
28	安全生产	安全综合管理	推荐性地方标准	DB11/T 1580—2018	《生产经营单位安全生产应急资源调查规范》	北京市市场监督管理局
29	安全生产	安全综合管理	推荐性地方标准	DB12/T 625—2016	《生产经营单位安全生产应急管理档案要求》	天津市市场和质量监督管理委员会
30	安全生产	安全综合管理	推荐性地方标准	DB12/T 724.1—2017	《安全生产等级评定技术规范 第1部分：总则》	天津市市场和质量监督管理委员会
31	安全生产	安全综合管理	推荐性地方标准	DB12/T 724.12—2017	《安全生产等级评定技术规范 第12部分：纸制品制造企业》	天津市市场和质量监督管理委员会
32	安全生产	安全综合管理	推荐性地方标准	DB12/T 724.13—2017	《安全生产等级评定技术规范 第13部分：机械制造企业》	天津市市场和质量监督管理委员会
33	安全生产	安全综合管理	推荐性地方标准	DB12/T 724.2—2017	《安全生产等级评定技术规范 第2部分：安全生产通用要求》	天津市市场和质量监督管理委员会
34	安全生产	安全综合管理	推荐性地方标准	DB13/T 2510.1—2017	《安全生产等级评定技术规范 第1部分：总则》	河北省质量技术监督局
35	安全生产	安全综合管理	推荐性地方标准	DB13/T 2510.12—2017	《安全生产等级评定技术规范 第12部分：纸制品制造企业》	河北省质量技术监督局
36	安全生产	安全综合管理	推荐性地方标准	DB13/T 2510.13—2017	《安全生产等级评定技术规范 第13部分：机械制造企业》	河北省质量技术监督局
37	安全生产	安全综合管理	推荐性地方标准	DB13/T 2510.2—2017	《安全生产等级评定技术规范 第2部分：安全生产通用要求》	河北省质量技术监督局
38	安全生产	安全综合管理	推荐性地方标准	DB13/T 2930—2018	《危险化学品生产经营单位从业人员安全生产培训大纲及考核规范》	河北省质量技术监督局
39	安全生产	安全综合管理	推荐性地方标准	DB13/T 2969—2019	《企业安全生产标准化等级划分与评定》	河北省市场监督管理局
40	安全生产	安全综合管理	推荐性地方标准	DB13/T 5020—2019	《微型企业安全生产标准化规范》	河北省市场监督管理局
41	安全生产	安全综合管理	推荐性地方标准	DB31/T 811—2014	《小企业安全生产标准化基本要求》	上海市质量技术监督局
42	安全生产	安全综合管理	推荐性地方标准	DB3212/T 2059—2019	《企业安全生产双重预防机制建设通则》	泰州市市场监督管理局
43	安全生产	安全综合管理	推荐性地方标准	DB32/T 2723—2015	《生产经营单位安全生产基础数据库 建设及管理规范》	江苏省质量技术监督局
44	安全生产	安全综合管理	推荐性地方标准	DB32/T 2724—2015	《安全生产信息系统数据交换与共享技术规范》	江苏省质量技术监督局
45	安全生产	安全综合管理	推荐性地方标准	DB32/T 2725—2015	《安全生产监管监察业务和应急指挥平台 数据规范》	江苏省质量技术监督局
46	安全生产	安全综合管理	推荐性地方标准	DB32/T 2918—2016	《省级安全生产应急平台体系建设规范》	江苏省质量技术监督局
47	安全生产	安全综合管理	推荐性地方标准	DB32/T 3253—2017	《生产经营单位安全生产管理机构工作规范》	江苏省质量技术监督局
48	安全生产	安全综合管理	推荐性地方标准	DB32/T 3254—2017	《省级安全生产应急救援基地建设基本条件》	江苏省质量技术监督局

续表

序号	领域	标准规范或支撑的目标	标准级别	标准编号	标准名称	发布部门
49	安全生产	安全综合管理	推荐性地方标准	DB32/T 3406—2018	《危险化学品企业安全生产标准化管理规范》	江苏省质量技术监督局
50	安全生产	安全综合管理	推荐性地方标准	DB32/T 3608—2019	《安全生产技术服务机构管理基本规范》	江苏省市场监督管理局
51	安全生产	安全综合管理	推荐性地方标准	DB32/T 3609—2019	《安全生产责任保险服务基本规范》	江苏省市场监督管理局
52	安全生产	安全综合管理	推荐性地方标准	DB37/T 1915—2020	《安全生产培训质量控制规范》	山东省市场监督管理局
53	安全生产	安全综合管理	推荐性地方标准	DB37/T 2882—2016	《安全生产风险分级管控体系通则》	山东省质量技术监督局
54	安全生产	安全综合管理	推荐性地方标准	DB44/T 1986—2017	《安全生产执法监察标准化基本规范》	广东省质量技术监督局
55	安全生产	安全综合管理	推荐性地方标准	DB44/T 2118—2018	《安全生产检查督查规范》	广东省质量技术监督局
56	安全生产	安全综合管理	推荐性地方标准	DB50/T 867—2018	《安全生产技术规范 第1部分：总则》	重庆市质量技术监督局
57	安全生产	安全综合管理	推荐性地方标准	DB50/T 868—2018	《安全生产技术规范 第2部分：通用要求》	重庆市质量技术监督局
58	安全生产	安全综合管理	推荐性地方标准	DB5101/T 15—2018	《成都市企业三级安全生产标准化基本规范》	成都市质量技术监督局
59	安全生产	安全综合管理	推荐性地方标准	DB5101/T 16—2018	《成都市小型企业安全生产标准化基本规范》	成都市质量技术监督局
60	安全生产	安全综合管理	推荐性地方标准	DB5101/T 17—2018	《成都市微型企业安全生产标准化基本规范》	成都市质量技术监督局
61	安全生产	安全综合管理	推荐性地方标准	DB5101/T 18—2018	《成都市企业安全生产风险分级管控工作规范》	成都市质量技术监督局
62	安全生产	安全综合管理	推荐性地方标准	DB5101/T 19—2018	《成都市安全生产标准化技术服务规范》	成都市质量技术监督局
63	安全生产	安全综合管理	推荐性地方标准	DB5101/T 69—2020	《成都市物业管理企业安全生产标准化评定规范》	成都市市场监督管理局
64	安全生产	安全综合管理	推荐性地方标准	DB53/T 594—2014	《安全生产信息数据交换接口规范》	云南省质量技术监督局
65	安全生产	安全综合管理	推荐性地方标准	DB61/T 1089—2017	《生产经营单位安全生产应急能力评估规范》	陕西省质量技术监督局
66	安全生产	产品安全	强制性国家标准	GB 7059—2007	《便携式木折梯安全要求》	国家质量监督检验检疫总局
67	安全生产	产品安全	强制性国家标准	GB 28008—2011	《玻璃家具安全技术要求》	国家质量监督检验检疫总局
68	安全生产	产品安全	强制性国家标准	GB 28478—2012	《户外休闲家具安全性能要求 桌椅类产品》	国家质量监督检验检疫总局
69	安全生产	产品安全	强制性国家标准	GB 22793.1—2008	《家具儿童高椅 第1部分：安全要求》	国家质量监督检验检疫总局
70	安全生产	产品安全	强制性国家标准	GB 22792.2—2008	《办公家具 屏风 第2部分：安全要求》	国家质量监督检验检疫总局
71	安全生产	产品安全	推荐性行业标准	LY/T 3141—2019	《古建筑木构件安全性鉴定技术规范》	国家林业和草原局
72	安全生产	产品安全	推荐性行业标准	SN/T 2144—2008	《儿童家具基本安全技术规范》	国家质量监督检验检疫总局
73	安全生产	产品安全	推荐性地方标准	DB45/T 615—2009	《竹、木、草编织工艺品质量安全要求》	广西壮族自治区质量技术监督局
74	安全生产	产品安全	推荐性地方标准	DB44/T 2026—2017	《金属玻璃家具安全技术规范》	广东省质量技术监督局

续表

序号	领域	标准规范或支撑的目标	标准级别	标准编号	标准名称	发布部门
75	安全生产	产品安全	强制性行业标准	XF 87—1994	《防火刨花板通用技术条件》	公安部
76	安全生产	产品安全	强制性行业标准	XF 495—2004	《阻燃铺地材料性能要求和试验方法》	应急管理部
77	安全生产	防爆防火安全	推荐性国家标准	GB/T 17919—2008	《粉尘爆炸危险场所用收尘器防爆导则》	国家质量监督检验检疫总局
78	安全生产	防爆防火安全	推荐性国家标准	GB/T 29304—2012	《爆炸危险场所防爆安全导则》	国家质量监督检验检疫总局
79	安全生产	防爆防火安全	推荐性国家标准	GB/T 32936—2016	《爆炸危险场所雷击风险评价方法》	国家质量监督检验检疫总局
80	安全生产	防爆防火安全	推荐性国家标准	GB/T 32937—2016	《爆炸和火灾危险场所防雷装置检测技术规范》	国家质量监督检验检疫总局
81	安全生产	防爆防火安全	推荐性国家标准	GB/T 16425—2018	《粉尘云爆炸下限浓度测定方法》	国家市场监督管理总局
82	安全生产	防爆防火安全	推荐性国家标准	GB/T 16426—1996	《粉尘云最大爆炸压力和最大压力上升速率测定方法》	国家技术监督局
83	安全生产	防爆防火安全	推荐性国家标准	GB/T 16428—1996	《粉尘云最小着火能量测定方法》	国家技术监督局
84	安全生产	防爆防火安全	推荐性国家标准	GB/T 16429—1996	《粉尘云最低着火温度测定方法》	国家技术监督局
85	安全生产	防爆防火安全	推荐性国家标准	GB/T 25445—2010	《抑制爆炸系统》	国家质量监督检验检疫总局
86	安全生产	防爆防火安全	推荐性国家标准	GB/T 18154—2000	《监控式抑爆装置技术要求》	国家质量监督检验检疫总局
87	安全生产	防爆防火安全	推荐性国家标准	GB/T 16427—2018	《粉尘层电阻率测定方法》	国家市场监督管理总局
88	安全生产	防爆防火安全	推荐性国家标准	GB/T 15605—2008	《粉尘爆炸泄压指南》	国家质量监督检验检疫总局
89	安全生产	防爆防火安全	推荐性国家标准	GB/T 15604—2008	《粉尘防爆术语》	国家质量监督检验检疫总局
90	安全生产	防爆防火安全	强制性国家标准	GB 15577—2018	《粉尘防爆安全规程》	国家市场监督管理总局
91	安全生产	防爆防火安全	强制性国家标准	GB 25285. 1—2010	《爆炸性环境 爆炸预防和防护 第 1 部分：基本原则和方法》	国家质量监督检验检疫总局
92	安全生产	防爆防火安全	强制性国家标准	GB 35181—2017	《重大火灾隐患判定方法》	国家质量监督检验检疫总局
93	安全生产	防爆防火安全	强制性国家标准	GB 50016—2014	《建筑设计防火规范（2018 年版）》	住房和城乡建设部
94	安全生产	防爆防火安全	强制性行业标准	AQ 4228—2012	《木材加工系统粉尘防爆安全规范》	国家安全生产监督管理总局
95	安全生产	防爆防火安全	强制性行业标准	AQ 3009—2007	《危险场所电气防爆安全规范》	国家安全生产监督管理总局
96	安全生产	防爆防火安全	强制性行业标准	AQ 4273—2016	《粉尘爆炸危险场所用除尘系统安全技术规范》	国家安全生产监督管理总局
97	安全生产	防爆防火安全	推荐性行业标准	JB/T 8973—2011	《增安型无刷励磁同步电动机防爆技术要求》	工业和信息化部
98	安全生产	防爆防火安全	推荐性地方标准	DB35/T 1520—2015	《爆炸和火灾危险场所雷电灾害风险控制规范》	福建省质量技术监督局
99	安全生产	防爆防火安全	推荐性地方标准	DB35/T 1285—2018	《爆炸和火灾危险场所雷电应急处置规范》	福建省市场监督管理局
100	安全生产	防爆防火安全	推荐性地方标准	DB11/T 1320—2016	《危险场所电气防爆安全检测技术规范》	北京市质量技术监督局

续表

序号	领域	标准规范或支撑的目标	标准级别	标准编号	标准名称	发布部门
101	安全生产	防爆防火安全	推荐性地方标准	DB33/T 775—2009	《危险场所电气防爆安全检测技术规范》	浙江省质量技术监督局
102	安全生产	防爆防火安全	推荐性地方标准	DB31/T 753—2022	《危险场所电气防爆安全检测作业规范》	上海市质量技术监督局
103	安全生产	防爆防火安全	推荐性地方标准	DB14/T 2125—2020	《危险场所电气防爆安全检查规范》	山西省市场监督管理局
104	安全生产	防爆防火安全	推荐性地方标准	DB64/ 698—2011	《危险场所电气防爆安全检测技术规范》	宁夏回族自治区质量技术监督局
105	安全生产	防爆防火安全	推荐性地方标准	DB32/T 2914—2016	《危险场所电气防爆安全检测作业规范》	江苏省质量技术监督局
106	安全生产	防爆防火安全	推荐性地方标准	DB23/T 1805—2016	《危险场所电气防爆安全检测技术规范》	黑龙江省质量技术监督局
107	安全生产	防爆防火安全	推荐性地方标准	DB13/T 2519—2017	《危险场所电气防爆安全检测技术规范》	河北省质量技术监督局
108	安全生产	防爆防火安全	推荐性地方标准	DB45/T 1885—2018	《木结构房屋连片村寨消防安全规范》	广西壮族自治区市场监督管理局
109	安全生产	防爆防火安全	推荐性地方标准	DB44/T 2014—2017	《危险场所电气防爆安全检测技术规范》	广东省质量技术监督局
110	安全生产	防爆防火安全	推荐性团体标准	T/CMSA 0012—2019	《爆炸和火灾危险场所雷电监测预警技术要求》	中国气象服务协会
111	安全生产	设施设备安全	强制性国家标准	GB 12557—2010	《木工机床 安全通则》	国家质量监督检验检疫总局
112	安全生产	设施设备安全	强制性国家标准	GB 14192—2005	《木材采伐运输安全通则》	国家质量监督检验检疫总局
113	安全生产	设施设备安全	强制性国家标准	GB 15606—2008	《木工（材）车间安全生产通则》	国家质量监督检验检疫总局
114	安全生产	设施设备安全	推荐性国家标准	GB/T 18515—2001	《旋切机结构安全》	国家质量监督检验检疫总局
115	安全生产	设施设备安全	强制性国家标准	GB 18955—2003	《木工刀具安全 铣刀、圆锯片》	国家质量监督检验检疫总局
116	安全生产	设施设备安全	强制性国家标准	GB 18956—2003	《木工机床安全 平压两用刨床》	国家质量监督检验检疫总局
117	安全生产	设施设备安全	强制性国家标准	GB 19999—2005	《木工机床安全 四面铣床和四面刨床》	国家质量监督检验检疫总局
118	安全生产	设施设备安全	强制性国家标准	GB 20006—2005	《木工机床安全 镂铣机》	国家质量监督检验检疫总局
119	安全生产	设施设备安全	强制性国家标准	GB 20007—2005	《木工机床安全 单轴铣床》	国家质量监督检验检疫总局
120	安全生产	设施设备安全	强制性国家标准	GB 20179—2006	《木工机床安全 手动进给圆锯机和带移动工作台锯板机》	国家质量监督检验检疫总局
121	安全生产	设施设备安全	强制性国家标准	GB 22659—2008	《木工机床安全 数控钻床和数控镂铣机》	国家质量监督检验检疫总局
122	安全生产	设施设备安全	强制性国家标准	GB 25490—2010	《木工机床安全 带移动工作台单头开榫机》	国家质量监督检验检疫总局
123	安全生产	设施设备安全	强制性国家标准	GB 30459—2013	《木工机床安全 平刨床》	国家质量监督检验检疫总局
124	安全生产	设施设备安全	强制性国家标准	GB 30460—2013	《木工机床安全 单面压刨床》	国家质量监督检验检疫总局
125	安全生产	设施设备安全	强制性国家标准	GB 30461—2013	《木工机床安全 带锯机》	国家质量监督检验检疫总局
126	安全生产	设施设备安全	强制性国家标准	GB 31144—2014	《木工机床安全 手动式摇臂锯》	国家质量监督检验检疫总局

续表

序号	领域	标准规范或支撑的目标	标准级别	标准编号	标准名称	发布部门
127	安全生产	设施设备安全	强制性国家标准	GB 31145—2014	《木工机床安全 带上切式横截手动进给圆锯机》	国家质量监督检验检疫总局
128	安全生产	设施设备安全	强制性国家标准	GB 31146—2014	《木工机床安全 链式双头开榫机》	国家质量监督检验检疫总局
129	安全生产	设施设备安全	强制性国家标准	GB/T 3883.17—2005	《手持式电动工具的安全 第 2 部分：木铣和修边机的专用要求》	国家质量监督检验检疫总局
130	安全生产	设施设备安全	推荐性国家标准	GB/T 18514—2018	《人造板机械安全通则》	国家质量监督检验检疫总局
131	安全生产	设施设备安全	推荐性国家标准	GB/T 13960.10—2009	《可移式电动工具的安全 第二部分：单轴立式木铣的专用要求》	国家质量监督检验检疫总局
132	安全生产	设施设备安全	强制性国家标准	GB 10395.1—2009	《农林机械安全 第 1 部分：总则》	国家质量监督检验检疫总局
133	安全生产	设施设备安全	推荐性国家标准	GB/T 15706—2012	《机械安全 设计通则 风险评估与风险减小》	国家质量监督检验检疫总局
134	安全生产	设施设备安全	强制性国家标准	GB/T 16655—2008	《机械安全 集成制造系统 基本要求》	国家质量监督检验检疫总局
135	安全生产	设施设备安全	强制性国家标准	GB 16754—2021	《机械安全 急停功能 设计原则》	国家质量监督检验检疫总局
136	安全生产	设施设备安全	推荐性国家标准	GB/T 16755—2015	《机械安全 标准的起草与表述规则》	国家质量监督检验检疫总局
137	安全生产	设施设备安全	推荐性国家标准	GB/T 16855.1—2018	《机械安全 控制系统安全相关部件 第 1 部分：设计通则》	国家市场监督管理总局
138	安全生产	设施设备安全	推荐性国家标准	GB/T 16855.2—2015	《机械安全 控制系统安全相关部件 第 2 部分：确认》	国家质量监督检验检疫总局
139	安全生产	设施设备安全	推荐性国家标准	GB/T 16856—2015	《机械安全 风险评估 实施指南和方法举例》	国家质量监督检验检疫总局
140	安全生产	设施设备安全	强制性国家标准	GB 26410—2011	《防爆通风机》	国家质量监督检验检疫总局
141	安全生产	设施设备安全	强制性行业标准	AQ 7005—2008	《木工机械 安全使用要求》	国家安全生产监督管理总局
142	安全生产	设施设备安全	推荐性行业标准	JB/T 2944.3—2012	《立式万能木模铣床 第 3 部分：技术条件》	工业和信息化部
143	安全生产	设施设备安全	推荐性行业标准	JB/T 5744.3—2012	《木工锯条焊接机 第 3 部分：技术条件》	工业和信息化部
144	安全生产	设施设备安全	推荐性行业标准	JB/T 6555.3—2012	《台式木工多用机床 第 3 部分：技术条件》	工业和信息化部
145	安全生产	设施设备安全	推荐性行业标准	JB/T 7497.3—2012	《木工刨刀刃磨机 第 3 部分：技术条件》	工业和信息化部
146	安全生产	设施设备安全	推荐性行业标准	JB/T 8343.3—2012	《卧式木工带锯机 第 3 部分：技术条件》	工业和信息化部
147	安全生产	设施设备安全	推荐性行业标准	JB/T 9945.3—2012	《木工自动万能磨锯机 第 3 部分：技术条件》	工业和信息化部
148	安全生产	设施设备安全	推荐性行业标准	JB/T 8082—2010	《护指键式和护罩式木工平刨床 安全》	工业和信息化部
149	安全生产	设施设备安全	强制性行业标准	JGJ 164—2008	《建筑施工木脚手架安全技术规范》	住房和城乡建设部
150	安全生产	设施设备安全	强制性行业标准	JB 6112—1992	《二、三、四面木工刨床和铣床结构安全》	机械电子工业部
151	安全生产	设施设备安全	强制性行业标准	JB 5726—1991	《木工磨锯机结构安全》	福州木工机床所
152	安全生产	危险货物安全	强制性国家标准	GB/T 19434.3—2004	《危险货物木质中型散装容器检验安全规范 性能检验》	国家质量监督检验检疫总局

续表

序号	领域	标准规范或支撑的目标	标准级别	标准编号	标准名称	发布部门
153	安全生产	危险货物安全	推荐性国家标准	GB/T 21177—2007	《涂料危险货物危险特性检验安全规范》	国家质量监督检验检疫总局
154	安全生产	危险货物安全	强制性国家标准	GB 19457—2009	《危险货物涂料包装检验安全规范》	国家标准化管理委员
155	安全生产	职业健康安全	推荐性国家标准	GB/T 45001—2020	《职业健康安全管理体系 要求及使用指南》	国家市场监督管理总局
156	安全生产	职业健康安全	国家职业卫生标准	GBZ 230—2010	《职业性接触毒物危害程度分级》	卫生部
157	安全生产	职业健康安全	推荐性国家标准	GB/T 12801—2008	《生产过程安全卫生要求总则》	国家质量监督检验检疫总局
158	安全生产	职业健康安全	国家职业卫生标准	GBZ 2.1—2019	《工作场所有害因素职业接触限值 第1部分：化学有害因素》	国家卫生健康委员会
159	安全生产	职业健康安全	国家职业卫生标准	GBZ 2.2—2007	《工作场所有害因素职业接触限值 第2部分：物理因素》	卫生部
160	安全生产	职业健康安全	国家职业卫生标准	GBZ 1—2010	《工业企业设计卫生标准》	卫生部
161	安全生产	职业健康安全	强制性国家标准	GB 50889—2013	《人造板工程职业安全卫生设计规范》	住房和城乡建设部
162	安全生产	职业健康安全	强制性行业标准	AQ 5217—2015	《木器涂装职业安全健康要求》	国家安全生产监督管理总局
163	安全生产	职业健康安全	强制性行业标准	WS 704—2010	《家具制造业防尘防毒技术规范》	国家安全生产监督管理总局
164	安全生产	职业健康安全	强制性行业标准	WS 722—2015	《涂料生产企业职业健康技术规范》	国家安全生产监督管理总局
165	安全生产	职业健康安全	推荐性行业标准	WS/T 723—2010	《作业场所职业危害基础信息数据》	国家安全生产监督管理总局
166	安全生产	职业健康安全	推荐性行业标准	WS/T 724—2010	《作业场所职业危害监管信息系统基础数据结构》	国家安全生产监督管理总局
167	安全生产	职业健康安全	推荐性行业标准	WS/T 729—2014	《作业场所职业卫生检查程序》	国家安全生产监督管理总局
168	安全生产	职业健康安全	推荐性行业标准	WS/T 735—2015	《木材加工企业职业病危害防治技术规范》	国家安全生产监督管理总局
169	安全生产	职业健康安全	推荐性行业标准	WS/T 747—2015	《木制家具制造业建设项目职业病危害预评价细则》	国家安全生产监督管理总局
170	安全生产	职业健康安全	推荐性行业标准	WS/T 748—2015	《木制家具制造业职业病危害现状评价细则》	国家安全生产监督管理总局
171	安全生产	职业健康安全	推荐性行业标准	WS/T 749—2015	《木制家具制造业建设项目职业病危害控制效果评价细则》	国家安全生产监督管理总局
172	安全生产	职业健康安全	推荐性行业标准	WS/T 750—2015	《工作场所空气中粉尘浓度快速检测方法——光散射法》	国家安全生产监督管理总局
173	安全生产	职业健康安全	推荐性行业标准	WS/T 751—2015	《用人单位职业病危害现状评价技术导则》	国家安全生产监督管理总局
174	安全生产	职业健康安全	推荐性行业标准	WS/T 752—2015	《通风除尘系统运行监测与评估技术规范》	国家安全生产监督管理总局
175	安全生产	职业健康安全	推荐性行业标准	WS/T 754—2016	《噪声职业病危害风险管理指南》	国家安全生产监督管理总局
176	安全生产	职业健康安全	推荐性行业标准	WS/T 757—2016	《局部排风设施控制风速检测与评估技术规范》	国家安全生产监督管理总局
177	安全生产	职业健康安全	推荐性行业标准	WS/T 758—2016	《家具制造业手动喷漆房通风设施技术规程》	国家安全生产监督管理总局
178	安全生产	职业健康安全	强制性行业标准	WS 760—2008	《作业场所空气中呼吸性煤尘接触浓度管理标准》	国家安全生产监督管理总局

续表

序号	领域	标准规范或支撑的目标	标准级别	标准编号	标准名称	发布部门
179	安全生产	职业健康安全	强制性行业标准	WS 761—2008	《作业场所空气中呼吸性岩尘接触浓度管理标准》	国家安全生产监督管理总局
180	安全生产	职业健康安全	强制性行业标准	WS 762—2008	《呼吸性粉尘个体采样器》	国家安全生产监督管理总局
181	安全生产	职业健康安全	强制性行业标准	WS 764—2012	《粉尘采样器技术条件》	国家安全生产监督管理总局
182	安全生产	职业健康安全	推荐性行业标准	WS/T 765—2010	《有毒作业场所危害程度分级》	国家安全生产监督管理总局
183	安全生产	职业健康安全	推荐性行业标准	WS/T 767—2014	《职业病危害监察导则》	国家安全生产监督管理总局
184	安全生产	职业健康安全	推荐性行业标准	WS/T 768—2014	《职业卫生监管人员现场检查指南》	国家安全生产监督管理总局
185	安全生产	职业健康安全	推荐性行业标准	WS/T 771—2015	《工作场所职业病危害因素检测工作规范》	国家安全生产监督管理总局
186	安全生产	作业安全	推荐性国家标准	GB/T 29406. 1—2012	《木材防腐工厂安全规范 第 1 部分：工厂设计》	国家质量监督检验检疫总局
187	安全生产	作业安全	推荐性国家标准	GB/T 29406. 2—2012	《木材防腐工厂安全规范 第 2 部分：操作》	国家质量监督检验检疫总局
188	安全生产	作业安全	强制性国家标准	GB 50057—2010	《建筑物防雷设计规范》	住房和城乡建设部
189	安全生产	作业安全	强制性国家标准	GB 50656—2011	《施工企业安全生产管理规范》	住房和城乡建设部
190	安全生产	作业安全	推荐性行业标准	LY/T 1124—1993	《木材采运企业安全性评价》	中华人民共和国林业部
191	安全生产	作业安全	推荐性行业标准	AQ/T 7010—2013	《家具生产企业安全生产标准化规范》	国家安全生产监督管理总局
192	安全生产	作业安全	强制性行业标准	AQ 5204—2008	《涂料生产企业安全技术规程》	国家安全生产监督管理总局
193	安全生产	作业安全	强制性行业标准	AQ 5216—2013	《涂料与辅料材料使用安全通则》	国家安全生产监督管理总局
194	安全生产	作业安全	强制性行业标准	AQ 3040—2010	《涂料生产企业安全生产标准化实施指南》	国家安全生产监督管理总局
195	安全生产	作业安全	强制性行业标准	AQ 3041—2011	《气雾剂安全生产规程》	国家安全生产监督管理总局
196	安全生产	作业安全	推荐性行业标准	AQ/T 7009—2013	《机械制造企业安全生产标准化规范》	国家安全生产监督管理总局
197	安全生产	作业安全	推荐性行业标准	AQ/T 7010—2013	《家具生产企业安全生产标准化规范》	国家安全生产监督管理总局
198	安全生产	作业安全	推荐性行业标准	JGJ/T 77—2010	《施工企业安全生产评价标准》	住房和城乡建设部
199	安全生产	作业安全	强制性行业标准	QB 4764—2014	《家具生产安全规范 自动封边机作业要求》	工业和信息化部
200	安全生产	作业安全	推荐性地方标准	DB45/T 1619—2017	《木衣架生产企业安全生产规范》	广西壮族自治区质量技术监督局
201	安全生产	作业安全	推荐性地方标准	DB11/T 1194—2015	《高处悬吊作业企业安全生产管理规范》	北京市质量技术监督局
202	安全生产	作业安全	推荐性地方标准	DB21/T 2521—2015	《化学合成制药安全生产技术规程》	辽宁省质量技术监督局
203	安全生产	作业安全	推荐性地方标准	DB22/T 2469—2016	《林业安全生产标准化基本规范》	吉林省质量技术监督局

续表

序号	领域	标准规范或支撑的目标	标准级别	标准编号	标准名称	发布部门
204	安全生产	作业安全	推荐性地方标准	DB22/T 2883—2018	《化工行业安全生产风险分级管控和隐患排查治理双重预防机制建设通用规范》	吉林省市场监督管理厅
205	安全生产	作业安全	推荐性地方标准	DB22/T 2884—2018	《工贸行业安全生产风险分级管控和隐患排查治理双重预防机制建设通用规范》	吉林省市场监督管理厅
206	安全生产	作业安全	推荐性地方标准	DB3212/T 2055—2018	《市（区）安全生产行政执法规范》	泰州市市场监督管理局
207	安全生产	作业安全	推荐性地方标准	DB32/T 2546—2013	《工贸行业小微企业安全生产标准化基本规范》	江苏省质量技术监督局
208	安全生产	作业安全	推荐性地方标准	DB33/T 708—2008	《造纸企业安全生产基本要求》	浙江省质量技术监督局
209	安全生产	作业安全	推荐性地方标准	DB37/T 2401—2013	《危险化学品岗位安全生产操作规程编写导则》	山东省质量技术监督局
210	安全生产	作业安全	推荐性地方标准	DB37/T 2974—2017	《工贸企业安全生产风险分级管控体系细则》	山东省质量技术监督局
211	安全生产	作业安全	推荐性地方标准	DB37/T 3015—2017	《建筑施工企业安全生产风险分级管控体系细则》	山东省质量技术监督局
212	安全生产	作业安全	推荐性地方标准	DB37/T 3134—2018	《建筑施工企业安全生产风险分级管控体系实施指南》	山东省质量技术监督局
213	安全生产	作业安全	推荐性地方标准	DB37/T 3149—2018	《造纸及纸制品行业企业安全生产风险分级管控体系实施指南》	山东省质量技术监督局
214	安全生产	作业安全	推荐性地方标准	DB37/T 3182—2018	《合成树脂行业企业安全生产风险分级管控体系实施指南》	山东省质量技术监督局
215	安全生产	作业安全	推荐性地方标准	DB37/T 3647—2019	《化工助剂企业安全生产风险管控和隐患排查治理体系建设实施指南》	山东省市场监督管理局
216	安全生产	作业安全	推荐性地方标准	DB37/T 3782—2019	《供电企业安全生产风险分级管控体系实施指南》	山东省市场监督管理局
217	安全生产	作业安全	推荐性地方标准	DB41/T 1852—2019	《企业安全生产风险隐患双重预防体系建设规范》	河南省市场监督管理局
218	安全生产	作业安全	推荐性地方标准	DB41/T 1940—2020	《城市安全生产风险评估规范》	河南省市场监督管理局
219	安全生产	作业安全	推荐性地方标准	DB42/T 1055—2015	《湖北省安全生产培训机构条件评估规范》	湖北省质量技术监督局
220	安全生产	作业安全	推荐性地方标准	DB42/T 553—2009	《建筑施工现场安全生产管理规程》	湖北省质量技术监督局
221	安全生产	作业安全	推荐性地方标准	DB42/T 809—2012	《湖北省工业企业安全生产培训大纲和考核要求》	湖北省质量技术监督局
222	安全生产	作业安全	推荐性地方标准	DB42/T 811—2012	《湖北省通商贸企业安全生产培训大纲和考核要求》	湖北省质量技术监督局
223	安全生产	作业安全	推荐性地方标准	DB42/T 813—2012	《湖北省乡（镇、街道）安全生产监察人员培训大纲和考核要求》	湖北省质量技术监督局
224	安全生产	作业安全	推荐性地方标准	DB4401/T 35—2019	《建筑施工企业安全生产标准化管理规范》	广州市市场监督管理局
225	安全生产	作业安全	推荐性地方标准	DB64/T 881—2013	《基层安全生产风险评估导则》	宁夏回族自治区质量技术监督局
226	安全生产	作业安全	推荐性地方标准	DGJ 08—903—2010	《现场施工安全生产管理规范》	上海市城乡建设和交通委员会

续表

序号	领域	标准规范或支撑的目标	标准级别	标准编号	标准名称	发布部门
227	安全生产	作业安全	推荐性地方标准	DB5101/T 68—2020	《成都市木质家具制造企业三级安全生产标准化现场管理评定规范》	成都市市场监督管理局
228	安全生产	作业安全	推荐性地方标准	DB11/T 1322.11—2017	《安全生产等级评定技术规范 第11部分：家具制造企业》	北京市质量技术监督局
229	安全生产	作业安全	推荐性地方标准	DB11/T 1322.10—2017	《安全生产等级评定技术规范 第10部分：木材加工企业》	北京市质量技术监督局
230	安全生产	作业安全	推荐性地方标准	DB50/T 867.12—2020	《安全生产技术规范 第12部分：家具制造企业》	重庆市市场监督管理局
231	安全生产	作业安全	推荐性地方标准	DB33/T 2058—2017	《木制品制造企业安全生产基本要求》	浙江省质量技术监督局
232	安全生产	作业安全	推荐性地方标准	DB33/T 462—2011	《涂料安全标签编写指南》	浙江省质量技术监督局
233	安全生产	作业安全	推荐性地方标准	DB37/T 3219—2018	《涂料行业企业安全生产风险分级管控体系实施指南》	山东省质量技术监督局
234	安全生产	作业安全	推荐性地方标准	DB37/T 3220—2018	《涂料行业企业生产安全事故隐患排查治理体系实施指南》	山东省质量技术监督局
235	安全生产	作业安全	推荐性地方标准	DB37/T 3711—2019	《木材加工（刨花板）企业安全生产风险管控和隐患排查治理体系建设实施指南》	山东省市场监督管理局
236	安全生产	作业安全	推荐性地方标准	DB36/T 614—2019	《危险场所电气安全检测技术规范》	江西省市场监督管理局
237	安全生产	作业安全	推荐性地方标准	DB22/T 25—2014	《贮木场作业安全技术规程》	吉林省质量技术监督局
238	安全生产	作业安全	推荐性地方标准	DB22/T 28—2013	《木器加工安全技术规程》	吉林省质量技术监督局
239	安全生产	作业安全	推荐性地方标准	DB23/T 2572—2020	《木材加工行业除尘系统设计安全规范》	黑龙江省市场监督管理局
240	安全生产	作业安全	推荐性地方标准	DB23/T 2573—2020	《木工设备收尘罩安全技术规范》	黑龙江省市场监督管理局
241	安全生产	作业安全	推荐性地方标准	DB13/T 2808—2018	《危险场所防静电设施安全检测技术规范》	河北省质量技术监督局
242	安全生产	作业安全	推荐性团体标准	T/CECS 490—2017	《工程建设安全生产标准化实施评价标准》	中国工程建设标准化协会
243	安全生产	作业安全	推荐性团体标准	T/CSPSTC 16—2018	《工业园区安全生产管理基本要求》	中国科技产业化促进会
244	安全生产	作业安全	推荐性团体标准	T/CSPSTC 17—2018	《企业安全生产双重预防机制建设规范》	中国科技产业化促进会

注：GB：强制性国家标准；GB/T：推荐性国家标准；AQ：安全生产行业标准；GBZ：国家职业卫生标准；LY：林业行业标准；QB：轻工行业标准；JB：机械行业标准；JT：交通行业标准；SN：出入境检验检疫行业标准；WS：卫生行业标准（表中所列标准为原AQ职业健康领域安全生产行业标准转换成WS标准）；XF：消防行业标准；DB：地方标准；T：团体标准。

5. 危险货物安全

主要规范木材工业生产过程中涉及的危险货物运输、保管、贮藏等的安全要求。危险货物安全标准包括 GB/T 19434.3—2004《危险货物木质中型散装容器检验安全规范 性能检验》、GB/T 21177—2007《涂料危险货物危险特性检验安全规范》、GB 19457—2009《危险货物涂料包装检验安全规范》等国家强制性标准和国家推荐性标准共计 3 项。以 GB 19457—2009《危险货物涂料包装检验安全规范》为例，本标准规定了危险货物涂料包装的性能检验和使用鉴定。本标准适用于危险货物涂料包装的检验和鉴定。

6. 职业健康安全

主要包括作业环境安全标准、个体防护标准、职业病鉴定标准等。在作业环境安全方面，主要是粉尘（总粉尘和呼吸性粉尘）、噪声、振动、放射性辐射、高低温等。与职业危害和卫生方面有关的国家标准有，工业企业卫生设计标准、体力劳动强度分级、作业场所呼吸性粉尘卫生标准和职业性接触病毒危害程度分级等。职业健康安全标准包括 GB/T 45001—2020《职业健康安全管理体系 要求及使用指南》、GBZ 2.1—2019《工作场所有害因素职业接触限值 第 1 部分：化学有害因素》、WS/T 735—2015《木材加工企业职业病危害防治技术规范》等国家强制性标准、国家推荐性标准、国家职业卫生标准、安全生产行业标准共计 31 项。以 GB 50889—2013《人造板工程职业安全卫生设计规范》为例，本规范适用于以木质原料为主的新建、扩建或改建的人造板工程职业安全卫生设计。本规范共分 8 章，主要技术内容包括：总则、术语、厂址选择与总平面布置、卫生要求、职业安全、职业卫生、安全色及安全标志、辅助用室等。

7. 作业安全

主要规范木材工业生产、施工作业过程中的安全要求。作业安全标准包括 GB/T 29406.1—2012《木材防腐工厂安全规范 第 1 部分：工厂设计》、LY/T 1124—1993《木材采运企业安全性评价》、DB33/T 2058—2017《木制品制造企业安全生产基本要求》等国家强制性标准、国家推荐性标准、林业行业标准、安全生产行业标准、地方标准共计 60 项。以 GB/T 29406.1—2012《木材防腐工厂安全规范 第 1 部分：工厂设计》、GB/T 29406.2—2012《木材防腐工厂安全规范 第 2 部分：操作》为例。第 1 部分规定了木材防腐工厂（以下称工厂）的基本要求、选址、工厂规划和设备的要求，第 1 部分适用于木材防腐工厂及设备的设计和管理。木材防腐工厂的审批亦可参照使用。第 2 部分规定了木材防腐工厂（以下简称工厂）防腐剂的运输和贮存、应急预案、防腐剂泄露的处理、人员安全、操作以及废弃物处置等要求，第 2 部分适用于工厂的生产操作人员及相关的管理人员。

第三节　木材工业能源能耗标准

一、木材工业能源能耗标准的定义

能源能耗标准是对工业生产过程中能源管理、能源检测、生产能耗、节能技术与监测、能源产品等进行规范的标准。能源能耗标准是保障中国经济、社会、环境可持续发展的技术基础，是政府实施节能政策或措施的技术依据，是企业节约成本的有效途径。

木材工业能源能耗标准是对木材工业生产过程中能源管理、能源检测、生产能耗、节能技术与监测、林业生物质能源等进行规范的标准，对推动木材工业节能减排、引领木材工业绿色发展具有重要作用。加快木材工业能源能耗标准化工作是转变木材工业发展方式、推动木材工业转型升级的重要抓手，发挥标准引领作用，服务保障节能工作，推动木材工业低碳、循环、绿色发展。

二、木材工业能源能耗标准的种类

根据标准规范或支撑的目标划分，木材工业能源能耗标准可分为基础与通用、综合耗能、节能技术、节能监测、林业生物质能源等类别。

基础与通用标准是综合能耗计算方法、节能量计算方法、节能产品评价方法等的综合性、通用性能源管理标准。

综合耗能标准是木材工业生产企业生产某一产品，在一定时期内主要生产系统、辅助生产系统和附属生产系统的能耗总和。

节能技术标准是木材工业生产企业生产某一产品，在能源节约方面的应用技术要求。

节能监测标准是木材工业生产企业生产某一产品，在能源监测方法、评价等的标准。

林业生物质能源标准是林业生物质燃料产品、检测方法，以及生产设备等的标准。

三、木材工业能源能耗标准现状

经过对各方面的能源能耗标准的整理分析发现，截至2020年年底，中国木材能源能耗重要标准共计81项，包括国家标准、林业行业标准、农业行业标准、能源行业标准等，其中基础与通用标准15项，综合能耗标准25项，节能监测标准4项，节能技术标准5项，林业生物质能源标准32项。木材工业能源能耗标准见表13-4。

四、木材工业能源能耗重要标准

1. 木材工业能源能耗的基础与通用标准

木材工业能源能耗的基础与通用标准共计15项，其中国家标准11项，行业标准4项。行业标准按照所属领域划分，其中林业行业标准3项，农业行业标准1项。

木材工业重要的能源能耗基础与通用标准有：GB/T 2589—2020《综合能耗计算通则》、GB/T 3484—2009《企业能量平衡通则》、GB/T 13234—2018《用能单位节能量计算方法》、GB/T 15316—2009《节能监测技术通则》、GB/T 15320—2001《节能产品评价导则》、GB/T 28750—2012 生物质成型燃料工程运行管理规范《节能量测量和验证技术通则》、GB/T 24915—2020《合同能源管理技术通则》、LY/T 3242—2020《林业企业能源管理通则》、NY/T 2880—2015《生物质成型燃料工程运行管理规范》等标准。GB/T 2589—2020《综合能耗计算通则》规定了综合能耗计算原则、边界划分、计算范围、计算方法以及折算为标准煤的要求，适用于用能单位（含次级用能单位或其组成部分）的能耗消耗指标的计算。

2. 综合耗能标准

木材工业重要的综合能耗标准共计25项，其中国家标准1项，林业行业标准24项。

木材工业重要的综合能耗标准有：胶合板、纤维板和刨花板等的生产综合能耗标准，如LY/T 1529—2020《普通胶合板生产综合能耗》、LY/T 1451—2017《纤维板生产综合能耗》、LY/T 1530—2020《刨花板生产综合能耗》、LY/T 2391—2014《电工层压木板生产综合能耗》、LY/T 2071—2012《细木工板生产综合能耗》，以及地板类产品生产综合能耗 LY/T 1703—2020《实木地板生产综合能耗》、GB/T 23899—2020《林业企业能耗测试与计算方法》、LY/T 2073—2012《浸渍纸层压木质地板生产综合能耗》、LY/T 1150—2020《栲胶生产综合能耗》、LY/T 1114—2020《松香生产综合能耗》等标准。

其中，LY/T 1529—2020《普通胶合板生产综合能耗》给出了普通胶合板生产综合能耗的术语和定义，规定了胶合板单位产量基本能耗的分级指标、能耗的计算、能耗的计量要求与测试方法；适用于以阔叶树材、针叶树材原木为原料制造普通胶合板企业生产能耗的计算及指标考核。LY/T 2071—2012《细木工板生产综合能耗》给出了细木工板生产综合能耗的术语和定义，规定了细木工板单位产量基本能耗的分级指标、能耗的计算、能耗的计量要求与测试方法；适用于具有实体板芯的细木工板企业生产综合能耗的计算及指标考核。LY/T 1451—2017《纤维板生产综合能耗》规定了纤维板生产单位产量基本能耗等级指标、计算及测试方法，适用于以木本植物为原料的各类型纤维板生产综合能耗计算和能耗等级考核，以其他原料生产的纤维板综合能耗亦应参照执行。LY/T 1530—2020《刨花板生产综合能耗》规定了刨花板生产综合能耗的术语和定义，以及刨花板单位产量基本能耗的分级指标、生产能耗的计算方法、计量要求及数据处理方法；适用于施加胶料的木质刨花或木质纤维材料（如刨片、锯屑等）压制刨花板的生产企业，非木质刨花板的生产企业可参照执行。LY/T 2391—2014《电工层压木板生产综合能耗》给出了电工层压木板生产综合能耗的术语和定义，规定了电工层压木板单位产量基本能耗的分级指标、能耗的计算、能耗的计量要求与测试方法，适用于电工层压木板企业生产综合能耗的计算及指标考核。LY/T 1703—2020《实木地板生产综合能耗》规定了企业实木地板生产单位产量综合能耗等级指标和计算方法，适用于实木地板生产企业生产综合能耗（不包括锯材部分）的指标考核及其计算。LY/T 2073—2012《浸渍纸层压木质地板生产综合能耗》给出了浸渍纸层压木质地板生产综合能耗的术语和定义，规定了浸渍纸层压木质地板单位产量基本能耗的分级指标、能耗的计算及计量要求与测试方法；适用于浸渍纸层压木质地板企业生产综合能耗的计算及指标考核。

竹材产品的综合能耗标准，如LY/T 2074—2012《竹材胶合板生产综合能耗》给出了竹材胶合板生产综合能耗的术语和定义，规定了单位产量基本能耗分级指标、综合能耗的计算方法及原则、能耗量的测试与计量以及数据处理方法；适用于竹材胶合板企业生产综合能耗的计算及指标考核。LY/T 2395—2014《竹材刨花板生产综合能耗》给出了竹材胶合板生产综合能耗的术语和定义，规定了单位产量基本能耗分级指标、综合能耗的计算方法及原则、能耗量的测试与计量以及数据处理方法；适用于竹材胶合板企业生产综合能耗的计算及指标考核。

3. 节能技术标准

木材工业重要的节能技术标准共计5项，其中国家标准1项，林业行业标准4项。

木材工业重要的节能技术标准有：GB/T 29000—2012《单板干燥节能技术规范》、LY/T 3163—2019《浸渍纸层压木质地板生产线节能技术规范》、LY/T 3159—2019《细木工板生产节能技术规范》、LY/T 3162—2019《胶合板生产节能技术规范》、LY/T 3241—2020《纤维板生产线节能技术规范》等标准。其中，GB/T 29000—2012《单板干燥节能技术规范》规定了单板干燥节能技术的术语和定义、一般规定和可选用的单板干燥节能技术等；适用于利用机械设备进行木质单板干燥企业的节能控制管理。

4. 节能监测标准

木材工业重要的节能监测标准共计4项，均为林业行业标准。

木材工业重要的节能监测标准有：LY/T 1286—2012《刨花干燥机节能监测方法》、LY/T 1287—2012《人造板热压机节能监测方法》、LY/T 3160—2019《单板干燥机节能监测方法》等标准。其中，LY/T 1286—2012《刨花干燥机节能监测方法》规定了刨花干燥机的节能监测项目、监测方法、合格指标和结果评价。适用于以导热油、蒸汽为导热介质的回转式刨花干燥机；LY/T 1287—2012《人造板热压机节能监测方法》规定了人造板热压机的节能监测项目、监测方法、合格指标和结果评价；适用于以蒸汽、导热油为导热介质，生产胶合板、刨花板及纤维板的间歇式热压机。

5. 林业生物质能源标准

木材工业重要的林业生物质能源标准共计32项，其中国家标准11项，行业标准21项。行业标准按照所属领域划分，机械行业标准3项，林业行业标准1项，能源行业标准6项，农业行业标准11项。

林业生物质能源标准有：GB/T 28730—2012《固体生物质燃料样品制备方法》、GB/T 28731—2012《固体生物质燃料工业分析方法》、GB/T 28732—2012《固体生物质燃料全硫测定方法》、GB/T 28733—2012《固体生物质燃料全水分测定方法》、GB/T 28734—2012《固体生物质燃料中碳氢测定方法》、GB/T 30725—2014《固体生物质燃料灰成分测定方法》、GB/T 30726—2014《固体生物质燃料灰熔融性的测定方法》、GB/T 30727—2014《固体生物质燃料发热量测定方法》、GB/T 30728—2014

《固体生物质燃料中氮的测定方法》、GB/T 30729—2014《固体生物质燃料中氯的测定方法》、GB/T 35835—2018《玉米秸秆颗粒》、LY/T 3243—2020《生物质成型燃料抗碎性测试方法及工业分析方法》等标准。其中，GB/T 21923—2008《固体生物质燃料检验通则》规定了固体生物质燃料检验有关的术语和定义、分类和特性信息、试验样品、测定、符号、测定结果表述、结果换算、溶液及其浓度、方法精密度、试验记录和试验报告等。适用于固体生物质燃料检验方法标准和技术规范、文件、书刊、教材和手册，适用于不同来源，以及贸易中各种形态和各种特性的固体生物质燃料。

木材工业能源能耗标准见表13-4。

表13-4 木材工业能源能耗标准清单

序号	领域	标准规范或支撑的目标	标准级别	标准号	标准名称
1	能源能耗	基础与通用	推荐性国家标准	GB/T 2589—2020	《综合能耗计算通则》
2	能源能耗	基础与通用	推荐性国家标准	GB/T 3484—2009	《企业能量平衡通则》
3	能源能耗	基础与通用	推荐性国家标准	GB/T 13234—2018	《用能单位节能量计算方法》
4	能源能耗	基础与通用	推荐性国家标准	GB/T 15316—2009	《节能监测技术通则》
5	能源能耗	基础与通用	推荐性国家标准	GB/T 15320—2001	《节能产品评价导则》
6	能源能耗	基础与通用	推荐性国家标准	GB/T 28750—2012	《节能量测量和验证技术通则》
7	能源能耗	基础与通用	推荐性国家标准	GB/T 24915—2020	《合同能源管理技术通则》
8	能源能耗	基础与通用	推荐性国家标准	GB/T 38848—2020	《智能工厂 过程工业能源管控系统技术要求》
9	能源能耗	基础与通用	推荐性国家标准	GB/T 17166—2019	《能源审计技术通则》
10	能源能耗	基础与通用	推荐性国家标准	GB/T 36713—2018	《能源管理体系 能源基准和能源绩效参数》
11	能源能耗	基础与通用	推荐性行业标准	NY/T 2880—2015	《生物质成型燃料工程运行管理规范》
12	能源能耗	基础与通用	推荐性国家标准	GB/T 29456—2012	《能源管理体系 实施指南》
13	能源能耗	基础与通用	推荐性林业行业标准	LY/T 2394—2014	《林业企业能源计量器具管理规范》
14	能源能耗	基础与通用	推荐性林业行业标准	LY/T 3125—2019	《林业企业能源审计规范》
15	能源能耗	基础与通用	推荐性林业行业标准	LY/T 3242—2020	《林业企业能源管理通则》
16	能源能耗	综合能耗	推荐性林业行业标准	LY/T 2072—2012	《木材干燥生产综合能耗》
17	能源能耗	综合能耗	推荐性林业行业标准	LY/T 1062—2017	《锯材生产综合能耗》
18	能源能耗	综合能耗	推荐性林业行业标准	LY/T 1529—2020	《普通胶合板生产综合能耗》
19	能源能耗	综合能耗	推荐性林业行业标准	LY/T 1451—2017	《纤维板生产综合能耗》
20	能源能耗	综合能耗	推荐性林业行业标准	LY/T 1530—2020	《刨花板生产综合能耗》
21	能源能耗	综合能耗	推荐性林业行业标准	LY/T 2071—2012	《细木工板生产综合能耗》
22	能源能耗	综合能耗	推荐性林业行业标准	LY/T 2391—2014	《电工层压木板生产综合能耗》
23	能源能耗	综合能耗	推荐性林业行业标准	LY/T 2549—2015	《集成材生产综合能耗》
24	能源能耗	综合能耗	推荐性国家标准	GB/T 23899—2020	《林业企业能耗测试与计算方法》
25	能源能耗	综合能耗	推荐性林业行业标准	LY/T 1703—2020	《实木地板生产综合能耗》
26	能源能耗	综合能耗	推荐性林业行业标准	LY/T 2919—2017	《木塑地板生产综合能耗》
27	能源能耗	综合能耗	推荐性林业行业标准	LY/T 2073—2012	《浸渍纸层压木质地板生产综合能耗》
28	能源能耗	综合能耗	推荐性林业行业标准	LY/T 2392—2014	《饰面用浸渍胶膜纸生产综合能耗》
29	能源能耗	综合能耗	推荐性林业行业标准	LY/T 2550—2015	《木制卫生筷子生产综合能耗》
30	能源能耗	综合能耗	推荐性林业行业标准	LY/T 2396—2014	《竹木复合板生产综合能耗》
31	能源能耗	综合能耗	推荐性林业行业标准	LY/T 3164—2019	《竹木复合层积地板生产综合耗能》

续表

序号	领域	标准规范或支撑的目标	标准级别	标准号	标准名称
32	能源能耗	综合能耗	推荐性林业行业标准	LY/T 2074—2012	《竹材胶合板生产综合能耗》
33	能源能耗	综合能耗	推荐性林业行业标准	LY/T 2551—2015	《竹地板生产综合能耗》
34	能源能耗	综合能耗	推荐性林业行业标准	LY/T 2395—2014	《竹材刨花板生产综合能耗》
35	能源能耗	综合能耗	推荐性林业行业标准	LY/T 1114—2020	《松香生产综合能耗》
36	能源能耗	综合能耗	推荐性林业行业标准	LY/T 1150—2020	《栲胶生产综合能耗》
37	能源能耗	综合能耗	推荐性林业行业标准	LY/T 2070—2012	《没食子酸生产综合能耗》
38	能源能耗	综合能耗	推荐性林业行业标准	LY/T 2393—2014	《紫胶生产综合能耗》
39	能源能耗	综合能耗	推荐性林业行业标准	LY/T 2777—2016	《单宁酸生产综合能耗》
40	能源能耗	综合能耗	推荐性林业行业标准	LY/T 3161—2019	《工业糠醛生产综合能耗》
41	能源能耗	节能监测	推荐性林业行业标准	LY/T 2491—2015	《蒸汽热源木材干燥设备节能监测方法》
42	能源能耗	节能监测	推荐性林业行业标准	LY/T 1286—2012	《刨花干燥机节能监测方法》
43	能源能耗	节能监测	推荐性林业行业标准	LY/T 3160—2019	《单板干燥机节能监测方法》
44	能源能耗	节能监测	推荐性林业行业标准	LY/T 1287—2012	《人造板热压机节能监测方法》
45	能源能耗	节能技术	推荐性国家标准	GB/T 29000—2012	《单板干燥节能技术规范》
46	能源能耗	节能技术	推荐性林业行业标准	LY/T 3159—2019	《细木工板生产节能技术规范》
47	能源能耗	节能技术	推荐性林业行业标准	LY/T 3162—2019	《胶合板生产节能技术规范》
48	能源能耗	节能技术	推荐性林业行业标准	LY/T 3241—2020	《纤维板生产线节能技术规范》
49	能源能耗	节能技术	推荐性林业行业标准	LY/T 3163—2019	《浸渍纸层压木质地板生产线节能技术规范》
50	能源能耗	林业生物质能源	推荐性国家标准	GB/T 35835—2018	《玉米秸秆颗粒》
51	能源能耗	林业生物质能源	推荐性国家标准	GB/T 21923—2008	《固体生物质燃料检验通则》
52	能源能耗	林业生物质能源	推荐性国家标准	GB/T 28730—2012	《固体生物质燃料样品制备方法》
53	能源能耗	林业生物质能源	推荐性国家标准	GB/T 28731—2012	《固体生物质燃料工业分析方法》
54	能源能耗	林业生物质能源	推荐性国家标准	GB/T 28732—2012	《固体生物质燃料全硫测定方法》
55	能源能耗	林业生物质能源	推荐性国家标准	GB/T 28733—2012	《固体生物质燃料全水分测定方法》
56	能源能耗	林业生物质能源	推荐性国家标准	GB/T 28734—2012	《固体生物质燃料中碳氢测定方法》
57	能源能耗	林业生物质能源	推荐性国家标准	GB/T 30725—2014	《固体生物质燃料灰成分测定方法》
58	能源能耗	林业生物质能源	推荐性国家标准	GB/T 30726—2014	《固体生物质燃料灰熔融性的测定方法》
59	能源能耗	林业生物质能源	推荐性国家标准	GB/T 30727—2014	《固体生物质燃料发热量测定方法》
60	能源能耗	林业生物质能源	推荐性国家标准	GB/T 30728—2014	《固体生物质燃料中氮的测定方法》
61	能源能耗	林业生物质能源	推荐性国家标准	GB/T 30729—2014	《固体生物质燃料中氯的测定方法》
62	能源能耗	林业生物质能源	推荐性行业标准	LY/T 3243—2020	《生物质成型燃料抗碎性测试方法及工业分析方法》
63	能源能耗	林业生物质能源	推荐性行业标准	JB/T 11396—2013	《生物质电厂烟气脱硝技术装备》
64	能源能耗	林业生物质能源	推荐性行业标准	JB/T 11835—2014	《生物质共烧设备技术规范》
65	能源能耗	林业生物质能源	推荐性行业标准	JB/T 11886—2014	《生物质燃烧发电锅炉烟气袋式除尘器》
66	能源能耗	林业生物质能源	推荐性行业标准	NB/T 34024—2015	《生物质成型燃料质量分级》
67	能源能耗	林业生物质能源	推荐性行业标准	NB/T 34025—2015	《生物质固体燃料结渣性试验方法》
68	能源能耗	林业生物质能源	推荐性行业标准	NB/T 34026—2015	《生物质颗粒燃料燃烧器》
69	能源能耗	林业生物质能源	推荐性行业标准	NB/T 42030—2014	《生物质循环流化床锅炉技术条件》

续表

序号	领域	标准规范或支撑的目标	标准级别	标准号	标准名称
70	能源能耗	林业生物质能源	推荐性行业标准	NB/T 42031—2014	《生物质能锅炉炉前螺旋给料装置技术条件》
71	能源能耗	林业生物质能源	推荐性行业标准	NY/T 1878—2010	《生物质固体成型燃料 技术条件》
72	能源能耗	林业生物质能源	推荐性行业标准	NY/T 1879—2010	《生物质固体成型燃料 采样方法》
73	能源能耗	林业生物质能源	推荐性行业标准	NY/T 1880—2010	《生物质固体成型燃料 样品制备方法》
74	能源能耗	林业生物质能源	推荐性行业标准	NY/T 1881—2010	《生物质固体成型燃料 试验方法》
75	能源能耗	林业生物质能源	推荐性行业标准	NY/T 1882—2010	《生物质固体成型燃料成型设备 技术条件》
76	能源能耗	林业生物质能源	推荐性行业标准	NY/T 1883—2010	《生物质固体成型燃料成型设备 试验方法》
77	能源能耗	林业生物质能源	推荐性行业标准	NY/T 1915—2010	《生物质固体成型燃料 术语》
78	能源能耗	林业生物质能源	推荐性行业标准	NY/T 2369—2013	《户用生物质炊事炉具通用技术条件》
79	能源能耗	林业生物质能源	推荐性行业标准	NY/T 2370—2013	《户用生物质炊事炉具性能试验方法》
80	能源能耗	林业生物质能源	推荐性行业标准	NY/T 2705—2015	《生物质燃料成型机 质量评价技术规范》

备注：GB/T：推荐性国家标准；LY/T：推荐性林业行业标准；NY/T：推荐性农业行业标准；NB/T：推荐性能源行业标准；JB/T：推荐性机械行业标准。

第四节　木材工业工程建设标准

一、工程建设标准定义与分类

工程建设标准是对基本建设中各类工程的勘察、规划、设计、施工、安装、验收等需要协调统一的事项所制定的标准。

根据标准约束力分为，强制性工程建设标准和推荐性工程建设标准。

强制性工程建设标准是工程建设领域具有强制约束力，是保障人民生命财产安全、人身健康、工程安全、生态环境安全、公众权益和公共利益，以及促进能源资源节约利用、满足社会经济管理等方面的控制性底线要求的标准。强制性工程建设标准项目名称统称为技术规范。强制性工程建设标准可以有强制性行业和地方工程建设标准。

推荐性工程建设标准是指其他非强制性工程建设国家标准和行业标准、地方标准等。

工程建设标准根据标准内容分类分为：设计标准、施工及验收标准和建设定额标准。设计标准是指从事工程设计所依据的技术文件；施工标准是施工操作程序及其技术要求的标准，验收标准是指检验、接收竣工工程项目的规程、办法和标准（如 GB 50300—2013《建筑工程施工质量验收统一标准》）；建设定额是指国家规定的消耗在单位建筑产品上活劳动和物化劳动的数量标准，以及用货币表现的某些必要费用的额度。

二、木材工业工程建设标准

林业工程建设标准属于工程建设标准的一个大类。林业工程建设标准是指为在林业工程建设领域内获得最佳秩序，对各类建设工程的勘察、规划、设计、施工、监理、验收、运行、管理、维护、加固、拆除等活动和结果需要协调统一的事项所制定的共同的、重复使用的技术依据和准则。

木材工业工程建设标准是林业工程建设标准的重要组成部分，是指对森林采运工程、木材工业生产建设工程等的设计、施工、安装、维护等需要协调统一的事项所制定的标准。中国木材工程建设标准主要包括基础与通用、森林工程、林业工程设计等标准。

三、木材工业工程建设标准现状

截至 2020 年底，中国木材工程建设标准重要标准共计 34 项，按照标准对象分类，其中基础与通用标准 6 项，森林工程标准 8 项，林业工程设计标准 20 项。按照标准性质分类，其中强制性国家标准 5 项、强制性林业行业标准 2 项、强制性林业工程建设行业标准 3 项、推荐性国家标准 6 项、推荐性林业行业标准 14 项、推荐性农业行业标准 1 项、推荐性电子行业标准 2 项、推荐性地方标准 1 项。木材工业工程建设标准情况见表 13-5。

1. 基础与通用标准

木材工业工程建设的基础与通用标准共有 6 项，国家标准有 1 项，林业行业标准有 5 项。林业行业标准 3 项，电子行业标准 2 项。

木材工业工程建设基础与通用标准主要有：GB/T 50886—2013《林产工业工程术语标准》、LY/T 5001—2014《林业工程名词术语及计量标准》、LY/T 5003—2014《林业工程分类标准》等标准。其中，GB/T 50886—2013《林产工业工程术语标准》适用于林产工业工程设计领域使用的术语，主要技术内容包括：总则、木材加工工程术语、人造板工程术语、林产化学工程术语等。

2. 森林工程标准

木材工业工程建设重要的森林工程标准共有 8 项，都为林业行业标准。

森林工程重要标准有：LY/T 5005—2014《林区公路设计规范》、LY/T 5006—2014《森林航空消防工程建设标准》、LY/T 5007—2014《林火阻隔系统建设标准》、LY/T 2154.1—2013《基于森林生态系统作用的工程设计审核导则 第 1 部分：总纲》、LY/T 2154.2—2013《基于森林生态系统作用的工程设计审核导则 第 2 部分：森林采伐》等标准。

3. 林业工程设计标准

木材工业工程建设重要的林业工程设计标准共有 20 项，国家标准有 10 项，林业行业标准有 5 项，地方标准 1 项。林业工程建设行业标准 3 项，农业行业标准 1 项。

木材工业工程建设重要的林业工程设计标准有：包括 GB 50822—2012《中密度纤维板工程设计规范》、GB/T 50827—2012《刨花板工程设计规范》、GB 50890—2013《饰面人造板工程设计规范》、GB/T 26912—2011《竹木复合地板生产线验收通则》、GB/T 34364—2017《单板层积材包装箱设计规范》、LYJ 122—1992《木材工业用合成树脂工程设计规范》、LY/T 5004—2014《竹材胶合板工程设计规范》、LY/T 5008—2014《细木工工程设计规范》等标准。

表 13-5　木材工业工程建设标准清单

序号	领域	标准规范或支撑的目标	标准级别	标准号	标准名称
1	工程建设	基础与通用	推荐性国家标准	GB/T 50886—2013	《林产工业工程术语标准》
2	工程建设	基础与通用	推荐性林业行业标准	LY/T 5001—2014	《林业工程名词术语及计量标准》
3	工程建设	基础与通用	推荐性林业行业标准	LY/T 5002—2014	《林业工程制图标准》
4	工程建设	基础与通用	推荐性林业行业标准	LY/T 5003—2014	《林业工程分类标准》
5	工程建设	基础与通用	推荐性电子行业标准	SJ/T 11670—2017	《工业生产综合监控系统工程设计规范》
6	工程建设	基础与通用	推荐性电子行业标准	SJ/T 11671—2017	《林业工程设计综合监控系统工程施工及质量验收规范》
7	工程建设	森林工程	推荐性林业行业标准	LY/T 5005—2014	《林区公路设计规范》
8	工程建设	森林工程	推荐性林业行业标准	LY/T 5006—2014	《森林航空消防工程建设标准》
9	工程建设	森林工程	推荐性林业行业标准	LY/T 5007—2014	《林火阻隔系统建设标准》
10	工程建设	森林工程	推荐性林业行业标准	LY/T 5009—2014	《森林消防专业队伍建设标准》

续表

序号	领域	标准规范或支撑的目标	标准级别	标准号	标准名称
11	工程建设	森林工程	推荐性林业行业标准	LY/T 2154.1—2013	《基于森林生态系统作用的工程设计审核导则 第1部分：总纲》
12	工程建设	森林工程	推荐性林业行业标准	LY/T 2154.2—2013	《基于森林生态系统作用的工程设计审核导则 第2部分：森林采伐》
13	工程建设	森林工程	推荐性林业行业标准	LY/T 2154.3—2013	《基于森林生态系统作用的工程设计审核导则 第3部分：林区道路》
14	工程建设	森林工程	推荐性林业行业标准	LY/T 2154.4—2014	《基于森林生态系统作用的工程设计审核导则 第4部分：抚育采伐》
15	工程建设	林业工程设计	强制性国家标准	GB 50879—2013	《人造板生产热能中心工程设计规范》
16	工程建设	林业工程设计	强制性国家标准	GB 50890—2013	《饰面人造板工程设计规范》
17	工程建设	林业工程设计	推荐性国家标准	GB/T 51349—2019	《林产加工工业职业安全卫生设计规范》
18	工程建设	林业工程设计	推荐性国家标准	GB/T 50887—2013	《人造板工程环境保护设计规范》
19	工程建设	林业工程设计	推荐性国家标准	GB/T 50888—2013	《人造板工程节能设计规范》
20	工程建设	林业工程设计	强制性国家标准	GB 50889—2013	《人造板工程职业安全卫生设计规范》
21	工程建设	林业工程设计	推荐性国家标准	GB/T 26912—2011	《竹木复合地板生产线验收通则》
22	工程建设	林业工程设计	强制性国家标准	GB 50822—2012	《中密度纤维板工程设计规范》
23	工程建设	林业工程设计	强制性国家标准	GB 50827—2012	《刨花板工程设计规范》
24	工程建设	林业工程设计	推荐性国家标准	GB/T 34364—2017	《单板层积材包装箱设计规范》
25	工程建设	林业工程设计	推荐性林业行业标准	LY/T 5118—1998	《木材干燥工程设计规范》
26	工程建设	林业工程设计	推荐性林业行业标准	LYJ 122—1992	《木材工业用合成树脂工程设计规范》
27	工程建设	林业工程设计	强制性林业行业标准	LY 5207—1993	《木材加工设备安装工程施工及验收规范》
28	工程建设	林业工程设计	强制性林业行业标准	LY 5208—1993	《人造板设备安装工程施工及验收规范》
29	工程建设	林业工程设计	推荐性林业行业标准	LYJ 109—1987	《松香工程设计规范》
30	工程建设	林业工程设计	推荐性林业行业标准	LYJ 120—1989	《胶合板工程设计规范》
31	工程建设	林业工程设计	推荐性林业行业标准	LY/T 5004—2014	《竹材胶合板工程设计规范》
32	工程建设	林业工程设计	推荐性林业行业标准	LY/T 5008—2014	《细木工工程设计规范》
33	工程建设	林业工程设计	四川省推荐性地方标准	DB51/T 1183—2011	《秸秆沼气集中供气工程设计规范》
34	工程建设	林业工程设计	推荐性农业行业标准	NY/T 2881—2015	《生物质成型燃料工程设计规范》

注：GB：强制性国家标准；LY：强制性林业行业标准；LYJ：强制性林业工程建设行业标准；GB/T：推荐性国家标准；LY/T：推荐性林业行业标准；NY/T：推荐性农业行业标准；SJ/T：推荐性电子行业标准；DB**/T：推荐性地方标准。

第五节 木结构工程建设标准

一、木结构工程建设标准及其分类

木结构工程建设标准是林业工程建设标准的重要组成部分，是指对现代木结构工程、古建筑木结构保护工程等的设计、施工、安装、维护等需要协调统一的事项所制定的标准。分为现代木结构建筑工程标准和古建筑木结构保护工程标准2类。

现代木结构建筑工程标准又分为木结构基础与通用、木结构设计、木结构施工和验收、木结构连接、木结构用材与产品等方面的标准。古建筑木结构保护工程标准分为古建筑木结构保护基础与综合、古建筑木结构保护设计、古建筑木结构施工、古建筑木结构保护等方面的标准。

木结构工程建设标准是木结构工程建设领域规范木结构用材料及其产品、开展木结构建设工程的勘察、规划、设计、施工、监理、验收、运行、管理、维护、加固、拆除等活动的技术依据和准则。

二、木结构工程建设标准发展现状

中国木结构工程建设标准重要标准共计 87 项，现代木结构建筑工程标准 72 项，古建筑木结构保护工程标准 15 项。

现代木结构建筑工程标准按照标准规范或支撑的目标分类，木结构基础与通用标准 33 项，木结构设计标准 5 项，木结构施工和验收标准 11 项，木结构连接件标准 5 项，木结构用材及产品标准 18 项。古建筑木结构保护工程标准按照标准规范或支撑的目标分类，其中古建筑木结构保护基础与综合标准 1 项，古建筑木结构保护设计标准 2 项，古建筑木结构施工标准 5 项，古建筑木结构保护标准 7 项。

按照标准性质分类，其中强制性国家标准 1 项、推荐性国家标准 34 项、强制性建筑工程行业标准 3 项、推荐性建筑工程行业标准 8 项、推荐性林业行业标准 35 项、推荐性测绘行业标准 1 项、强制性城建行业标准 2 项、推荐性文物保护行业标 1 项、推荐性地方标准 6 项。木材工业工程建设标准情况详见表 13-6。

三、木结构工程建设重要标准

1. 木结构基础和通用标准

木结构工程建设的基础和通用标准共计 33 项，其中国家标准 15 项，行业标准 18 项，行业标准都为林业行业标准。

木结构工程建设重要的基础和通用标准有：GB/T 28993—2012《结构用锯材力学性能测试方法》、GB/T 28986—2012《结构用木质复合材产品力学性能评定》、GB/T 31264—2014《结构用人造板力学性能试验方法》、GB/T 38359—2019《结构用木质材料强度性能数据分析方法》、GB/T 37745—2019《木结构剪力墙静载和低周反复水平加载试验方法》、LY/T 3145—2019《木结构—楼板、墙板和屋顶用承重板的性能规范和要求》、GB/T 35215—2017《结构用人造板特征值的确定方法》、GB/T 28987—2012《结构用规格材特征值的测试方法》、LY/T 2383—2014《结构用木材强度等级》、LY/T 3218—2020《木结构楼板振动性能测试方法》等标准。

2. 木结构设计标准

木结构工程建设重要的木结构设计标准共计 5 项，其中国家标准 4 项，林业行业标准 1 项。

重要的木结构设计标准有：GB/T 50005—2017《木结构设计标准》、GB/T 51226—2017《多高层木结构建筑技术标准》、GB/T 50708—2012《胶合木结构技术规范》、GB/T 51233—2016《装配式木结构建筑技术标准》、LY/T 3142—2019《井干式木结构技术标准》等标准。

3. 木结构施工和验收标准

木结构工程建设重要的木结构施工和验收标准共计 13 项，其中国家标准 3 项，建筑工程行业 10 项。

重要的木结构施工和验收标准有：GB 50206—2012《木结构工程施工质量验收规范》、GB/T 50772—2012《木结构工程施工规范》、GB/T 50329—2012《木结构试验方法标准》、JGJ/T 488—2020《木结构现场检测技术标准》、JGJ 336—2016《人造板材幕墙工程技术规范》、JGJ/T 157—2014《建筑轻质条板隔墙技术规程》等标准。

4. 木结构紧固件和连接件标准

木结构工程建设重要的木结构连接件标准共计 5 项，其中国家标准 1 项，林业行业标准 4 项。

木结构工程建设重要的木结构连接件标准有：LY/T 2059—2012《木结构用钢钉》、LY/T 2388—

2014《轻型木结构连接件通用技术条件》、LY/T 3219—2020《木结构用自攻螺钉》等标准。

5. 木结构用材及产品标准

木结构工程建设重要的木结构用材及产品标准共计18项，其中国家标准9项，林业行业标准9项。

木结构工程建设重要的木结构用材及产品标准有：GB/T 26899—2011《结构用集成材》、GB/T 36408—2018《木结构用单板层积材》、GB/T 28985—2012《建筑结构用木工字梁》、GB/T 31265—2014《混凝土模板用木工字梁》、GB/T 35216—2017《结构胶合板》、LY/T 1580—2010《定向刨花板》、LY/T 2916—2017《单板条层积材》、LY/T 3039—2018《正交胶合木》、LY/T 3139—2019《建筑墙面用实木挂板》、LY/T 3219—2020《木结构用自攻螺钉》等标准。

6. 古建筑木结构保护基础与综合标准

木结构工程建设重要的古建筑木结构保护基础与综合标准仅有CH/T 6005—2018《古建筑测绘规范》1项，为测绘行业标准。

7. 古建筑木结构保护设计标准

木结构工程建设重要的古建筑木结构保护设计标准共计2项，均为地方标准。

木结构工程建设重要的古建筑木结构保护设计标准有：DB54/T 0065—2012《古建筑分布式高压喷雾灭火系统设计、施工及验收技术规程》、DB54/T 0100—2016《文物建筑保护工程设计防火规范》。

8. 古建筑木结构施工标准

木结构工程建设重要的古建筑木结构施工标准共计3项，其中行业标准2项，地方标准1项。行业标准按照所属领域划分，其中建筑工程行业标准1项，文物保护行业1项。

木结构工程建设重要的古建筑木结构施工标准有：JGJ 159—2008《古建筑修建工程施工与质量验收规范》、WW/T 0034—2012《古建筑保护工程施工监理规范》等标准。

9. 古建筑木结构保护标准

木结构工程建设重要的古建筑木结构保护标准共计7项，其中国家标准2项，行业标准2项，地方标准3项。行业标准按照所属领域划分，行业标准均为林业行业标准。

古建筑木结构保护标准包括GB/T 50165—2020《古建筑木结构维护与加固技术标准》、GB/T 28990—2012《古建筑木构件内部腐朽与弹性模量应力波无损检测规程》等标准。

表13-6　木结构工程建设标准清单

序号	领域	标准规范或支撑的目标	标准级别	标准号	标准名称
1	工程建设	木结构基础与通用	推荐性国家标准	GB/T 28993—2012	《结构用锯材力学性能测试方法》
2	工程建设	木结构基础与通用	推荐性国家标准	GB/T 28986—2012	《结构用木质复合材产品力学性能评定》
3	工程建设	木结构基础与通用	推荐性国家标准	GB/T 29895—2013	《横向振动法测试木质材料动态弯曲弹性模量方法》
4	工程建设	木结构基础与通用	推荐性国家标准	GB/T 31291—2014	《木材和木基产品的荷载持续时间效应和蠕变性能评定》
5	工程建设	木结构基础与通用	推荐性国家标准	GB/T 31264—2014	《结构用人造板力学性能试验方法》
6	工程建设	木结构基础与通用	推荐性国家标准	GB/T 34719—2017	《结构用人造板均布荷载性能测试方法》
7	工程建设	木结构基础与通用	推荐性国家标准	GB/T 36785—2018	《结构用木质覆面板保温墙体试验方法》
8	工程建设	木结构基础与通用	推荐性国家标准	GB/T 38359—2019	《结构用木质材料强度性能数据分析方法》

续表

序号	领域	标准规范或支撑的目标	标准级别	标准号	标准名称
9	工程建设	木结构基础与通用	推荐性国家标准	GB/T 34725—2017	《结构用人造板集中荷载和冲击荷载性能测试方法》
10	工程建设	木结构基础与通用	推荐性国家标准	GB/T 37745—2019	《木结构剪力墙静载和低周反复水平加载试验方法》
11	工程建设	木结构基础与通用	推荐性林业行业标准	LY/T 2382—2014	《应力波无损测试锯材动态弹性模量方法》
12	工程建设	木结构基础与通用	推荐性林业行业标准	LY/T 2380—2014	《楼面和屋面用结构人造板在集中荷载和冲击荷载作用下承载性能测试方法》
13	工程建设	木结构基础与通用	推荐性林业行业标准	LT/Y 2721—2016	《结构用定向刨花板力学性能指标特征值的确定方法》
14	工程建设	木结构基础与通用	推荐性林业行业标准	LY/T 2918—2017	《木框架墙体软重物撞击试验方法》
15	工程建设	木结构基础与通用	推荐性林业行业标准	LY/T 3146—2019	《结构材纵接性能的测试方法》
16	工程建设	木结构基础与通用	推荐性林业行业标准	LY/T 3145—2019	《木结构—楼板、墙板和屋顶用承重板的性能规范和要求》
17	工程建设	木结构基础与通用	推荐性林业行业标准	LY/T 3147—2019	《室外木材用涂料（清漆和色漆）分类及耐候性能要求》
18	工程建设	木结构基础与通用	推荐性国家标准	GB/T 37315—2019	《木结构胶粘剂胶合性能基本要求》
19	工程建设	木结构基础与通用	推荐性林业行业标准	LY/T 2722—2016	《指接材用结构胶粘剂胶合性能测试方法》
20	工程建设	木结构基础与通用	推荐性林业行业标准	LY/T 2720—2016	《胶合面木破率的测定方法》
21	工程建设	木结构基础与通用	推荐性林业行业标准	LY/T 3041—2018	《木结构金属紧固件连接循环载荷性能测试方法》
22	工程建设	木结构基础与通用	推荐性林业行业标准	LY/T 2377—2014	《木质结构材料用销类连接件连接性能试验方法》
23	工程建设	木结构基础与通用	推荐性林业行业标准	LY/T 3040—2018	《齿板连接性能测试方法》
24	工程建设	木结构基础与通用	推荐性林业行业标准	LY/T 3140—2019	《木结构 销类紧固件屈服弯矩试验方法》
25	工程建设	木结构基础与通用	推荐性国家标准	GB/T 29897—2013	《轻型木结构用规格材目测分级规则》
26	工程建设	木结构基础与通用	推荐性国家标准	GB/T 35215—2017	《结构用人造板特征值的确定方法》
27	工程建设	木结构基础与通用	推荐性国家标准	GB/T 28987—2012	《结构用规格材特征值的测试方法》
28	工程建设	木结构基础与通用	推荐性林业行业标准	LY/T 2383—2014	《结构用木材强度等级》
29	工程建设	木结构基础与通用	推荐性林业行业标准	LY/T 2917—2017	《结构用集成材力学性能特征值的确定方法》
30	工程建设	木结构基础与通用	推荐性林业行业标准	LY/T 3038—2018	《结构用木质材料术语》
31	工程建设	木结构基础与通用	推荐性林业行业标准	LY/T 3143—2019	《结构和室外用木质材料产品标识》
32	工程建设	木结构基础与通用	推荐性林业行业标准	LY/T 3218—2020	《木结构楼板振动性能测试方法》
33	工程建设	木结构基础与通用	推荐性国家标准	GB/T 40048—2021	《木质结构材螺栓连接力学性能测试方法》
34	工程建设	木结构设计	推荐性国家标准	GB/T 50005—2017	《木结构设计标准》
35	工程建设	木结构设计	推荐性国家标准	GB/T 51226—2017	《多高层木结构建筑技术标准》
36	工程建设	木结构设计	推荐性国家标准	GB/T 50708—2012	《胶合木结构技术规范》

续表

序号	领域	标准规范或支撑的目标	标准级别	标准号	标准名称
37	工程建设	木结构设计	推荐性国家标准	GB/T 51233—2016	《装配式木结构建筑技术标准》
38	工程建设	木结构设计	推荐性林业行业标准	LY/T 3142—2019	《井干式木结构技术标准》
39	工程建设	木结构施工和验收	强制性国家标准	GB 50206—2012	《木结构工程施工质量验收规范》
40	工程建设	木结构施工和验收	推荐性国家标准	GB/T 50772—2012	《木结构工程施工规范》
41	工程建设	木结构施工和验收	推荐性国家标准	GB/T 50329—2012	《木结构试验方法标准》
42	工程建设	木结构施工和验收	推荐性建筑工程行业标准	JGJ/T 488—2020	《木结构现场检测技术标准》
43	工程建设	木结构施工和验收	推荐性建筑工程行业标准	JGJ/T 352—2014	《建筑塑料复合模板工程技术规程》
44	工程建设	木结构施工和验收	推荐性建筑工程行业标准	JGJ/T 350—2015	《保温防火复合板应用技术规程》
45	工程建设	木结构施工和验收	推荐性建筑工程行业标准	JGJ/T 377—2016	《木丝水泥板应用技术规程》
46	工程建设	木结构施工和验收	推荐性建筑工程行业标准	JGJ/T 414—2018	《建筑施工模板和脚手架试验标准》
47	工程建设	木结构施工和验收	强制性建筑工程行业标准	JGJ 336—2016	《人造板材幕墙工程技术规范》
48	工程建设	木结构施工和验收	推荐性建筑工程行业标准	JGJ/T 157—2014	《建筑轻质条板隔墙技术规程》
49	工程建设	木结构施工和验收	强制性建筑工程行业标准	JGJ 162—2008	《建筑施工模板安全技术规范》
50	工程建设	木结构施工和验收	推荐性建筑工程行业标准	JGJ/T 478—2019	《建筑用木塑复合板应用技术标准》
51	工程建设	木结构施工和验收	推荐性建筑工程行业标准	JGJ/T 389—2016	《组装式桁架模板支撑应用技术规程》
52	工程建设	木结构紧固件和连接件	推荐性林业行业标准	LY/T 2059—2012	《木结构用钢钉》
53	工程建设	木结构紧固件和连接件	推荐性林业行业标准	LY/T 3219—2020	《木结构用自攻螺钉》
54	工程建设	木结构紧固件和连接件	推荐性林业行业标准	LY/T 2388—2014	《轻型木结构连接件通用技术条件》
55	工程建设	木结构紧固件和连接件	推荐性林业行业标准	LY/T 3144—2019	《结构用木材金属紧固件连接试验 试材密度要求》
56	工程建设	木结构紧固件和连接件	推荐性国家标准	GB/T 34744—2017	《规格材及齿板连接性能设计值确定方法》
57	工程建设	木结构用材及产品	推荐性国家标准	GB/T 22349—2008	《木结构覆板用胶合板》
58	工程建设	木结构用材及产品	推荐性国家标准	GB/T 26899—2011	《结构用集成材》
59	工程建设	木结构用材及产品	推荐性国家标准	GB/T 36408—2018	《木结构用单板层积材》
60	工程建设	木结构用材及产品	推荐性国家标准	GB/T 38070—2019	《结构用集成材木质复合层板》
61	工程建设	木结构用材及产品	推荐性国家标准	GB/T 28985—2012	《建筑结构用木工字梁》
62	工程建设	木结构用材及产品	推荐性国家标准	GB/T 31265—2014	《混凝土模板用木工字梁》
63	工程建设	木结构用材及产品	推荐性国家标准	GB/T 35216—2017	《结构胶合板》
64	工程建设	木结构用材及产品	推荐性国家标准	GB/T 36407—2018	《机械应力分级锯材》
65	工程建设	木结构用材及产品	推荐性国家标准	GB/T 36872—2018	《结构用集成材生产技术规程》
66	工程建设	木结构用材及产品	推荐性林业行业标准	LY/T 1580—2010	《定向刨花板》
67	工程建设	木结构用材及产品	推荐性林业行业标准	LY/T 2228—2013	《轻型木结构 结构用指接规格材》
68	工程建设	木结构用材及产品	推荐性林业行业标准	LY/T 2389—2014	《轻型木结构建筑覆面板用定向刨花板》
69	工程建设	木结构用材及产品	推荐性林业行业标准	LY/T 2916—2017	《单板条层积材》

续表

序号	领域	标准规范或支撑的目标	标准级别	标准号	标准名称
70	工程建设	木结构用材及产品	推荐性林业行业标准	LY/T 3039—2018	《正交胶合木》
71	工程建设	木结构用材及产品	推荐性林业行业标准	LY/T 3139—2019	《建筑墙面用实木挂板》
72	工程建设	木结构用材及产品	推荐性林业行业标准	LY/T 2381—2014	《结构用木质材料基本要求》
73	工程建设	木结构用材及产品	推荐性林业行业标准	LY/T 3182—2020	《森林旅游景区木（竹）材产品使用技术要求》
74	工程建设	木结构用材及产品	推荐性林业行业标准	LY/T 3217—2020	《建筑用木基面材结构保温复合板》
75	工程建设	古建筑木结构保护基础与综合	推荐性测绘行业标准	CH/T 6005—2018	《古建筑测绘规范》
76	工程建设	古建筑木结构保护设计	西藏自治区推荐性地方标准	DB54/T 0065—2012	《古建筑分布式高压喷雾灭火系统设计、施工及验收技术规程》
77	工程建设	古建筑木结构保护设计	西藏自治区推荐性地方标准	DB54/T 0100—2016	《文物建筑保护工程设计防火规范》
78	工程建设	古建筑木结构施工	强制性建筑工程行业标准	JGJ159—2008	《古建筑修建工程施工与质量验收规范》
79	工程建设	古建筑木结构施工	河南省推荐性地方标准	DB41/T 1494—2017	《古建筑防雷装置施工安装标准图集》
80	工程建设	古建筑木结构施工	推荐性文物保护行业标准	WW/T 0034—2012	《古建筑保护工程施工监理规范》
81	工程建设	古建筑木结构保护	推荐性国家标准	GB/T 50165—2020	《古建筑木结构维护与加固技术标准》
82	工程建设	古建筑木结构保护	推荐性国家标准	GB/T 28990—2012	《古建筑木构件内部腐朽与弹性模量应力波无损检测规程》
83	工程建设	古建筑木结构保护	推荐性林业行业标准	LY/T 2146—2013	《古建筑木构件的非破坏性检测方法及腐朽分级》
84	工程建设	古建筑木结构保护	安徽省推荐性地方标准	DB34/T 3326—2019	《古建筑白蚁防治技术规程》
85	工程建设	古建筑木结构保护	推荐性林业行业标准	LY/T 3141—2019	《古建筑木结构木构件安全性鉴定技术规范》
86	工程建设	古建筑木结构保护	北京市推荐性地方标准	DB11/T 1190.1—2015	《古建筑木结构结构安全性鉴定技术规范 第1部分：木结构》
86	工程建设	古建筑木结构保护	北京市推荐性地方标准	DB11/T 1190.2—2018	《古建筑木结构结构安全性鉴定技术规范 第2部分：石质构件》

注：GB：强制性国家标准；GB/T：推荐性国家标准；JGJ：强制性建筑工程行业标准；JGJ/T：推荐性建筑工程行业标准；LY/T：推荐性林业行业标准；CH/T：推荐性测绘行业标准；CJJ：强制性城建行业标准；WW/T：推荐性文物保护行业标准；DB** /T：推荐性地方标准。

第六节　木材工业碳达峰碳中和标准

2020 年 9 月，国家主席习近平在第 75 届联合国大会上提出“中国将提高国家自主贡献力度，采取更加有力的政策和措施，二氧化碳排放力争于 2030 年前达到峰值，努力争取 2060 年前实现碳中和”。应对气候变化，中国政府确定的“双碳”目标，是以习近平同志为核心的党中央统筹国内国际两个大局，经过深思熟虑作出的重大战略决策，事关中华民族永续发展和构建人类命运共同体。

2021 年 9 月 22 日，中共中央、国务院印发了《中共中央国务院关于完整准确全面贯彻新发展理念做好碳达峰碳中和工作的意见》，这是碳达峰碳中和国家战略的顶层设计文件；2021 年 10 月 24 日国务院印发了《2030 年前碳达峰行动方案》，行动方案要求，立足新发展阶段，把碳达峰、碳中和纳入经济社会发展全局，有力有序有效做好碳达峰工作，明确各地区、各领域、各行业目标任务，加快实现生产生活方式绿色变革，推动经济社会发展建立在资源高效利用和绿色低碳发展的基础之上，确保如期实现 2030 年前碳达峰目标。

全面贯彻落实《中共中央国务院关于完整准确全面贯彻新发展理念做好碳达峰碳中和工作的意见》、国务院印发的《2030 年前碳达峰行动方案》等碳达峰碳中和文件，做好碳达峰碳中和工作，实现“双碳”目标，加快经济社会发展全面绿色转型，对我国实现高质量发展、全面建设社会主义现代化强国具有重大意义。

2021 年 9 月，中共中央、国务院印发的《国家标准化发展纲要》中明确指出：“ 建立健全碳达峰、碳中和标准。加快节能标准更新升级，抓紧修订一批能耗限额、产品设备能效强制性国家标准，提升重点产品能耗限额要求，扩大能耗限额标准覆盖范围，完善能源核算、检测认证、评估、审计等配套标准。加快完善地区、行业、企业、产品等碳排放核查核算标准。制定重点行业和产品温室气体排放标准，完善低碳产品标准标识制度。完善可再生能源标准，研究制定生态碳汇、碳捕集利用与封存标准。实施碳达峰、碳中和标准化提升工程。”这是新时期碳达峰碳中和标准化工作的新规划和新要求。

“十四五”时期是落实碳达峰碳中和目标的关键时期，木材工业作为国民经济的重要组成部分，实现碳达峰碳中和战略目标，需要标准引领和支撑，规范企业碳排放管理，推动木材工业实现碳达峰碳中和战略。为落实国务院印发的《2030 年前碳达峰行动方案》和中共中央、国务院印发的《国家标准化发展纲要》精神，应紧紧围绕木材工业绿色低碳发展需求，借鉴国际国外经验，加快木材工业碳达峰碳中和标准制修订，建立健全木材工业碳达峰碳中和标准体系。本节主要介绍碳达峰碳中和基本概念、国内外碳达峰碳中和标准，发挥标准对行业实现“双碳”的目标支撑和引领作用，为推动木材工业转型升级提供参考，

一、碳达峰碳中和的基本概念

（一）温室气体与气候变化

1. 温室气体　greenhouse gases（GHG）

指大气中由自然或人为产生的，能够吸收和释放地球表面、大气本身和云所发射的陆地辐射谱段特定波长辐射的气体成分。该特性可导致温室效应。GHG 主要地球大气中的二氧化碳（CO_2）、水汽（H_2O）、氧化亚氮（N_2O）、甲烷（CH_4）和臭氧（O_3）等。此外，大气中还有许多完全由人为因素产生的 GHG，如《蒙特利尔协议》所涉及的卤烃和其他含氯和含溴物。除 CO_2、N_2O 和 CH_4 外，《京都议定书》还将六氟化硫（SF_6）、氢氟碳化物（HFC）和全氟化碳（PFC）定义为 GHG。

2. 温室效应　greenhouse effect

温室效应是指大气中温室气体吸收产生的辐射导致气温升高的效应。温室气体（GHG）、云和少量气溶胶吸收地球表面和大气中其他地方放射的陆地辐射。这些物质向四处放射红外辐射，但在其他条件相同时，放射到太空的净辐射量一般小于没有吸收物情况下的辐射量，这是因为对流层的温度随着高度的升高而降低，辐射也随之减弱。GHG 浓度越高，温室效应越强，其中的差值有时称作强化温室效应。人为排放导致的 GHG 浓度变化可加大瞬时辐射强迫。作为对该强迫的响应，地表温度和对流层温度会出现上升，就此逐步恢复大气顶层的辐射平衡。

3. 气候变化　climate change

指气候平均状态统计学意义上的巨大改变或者持续较长一段时间（典型的为 30 年或更长）的气候变动。气候变化不但包括平均值的变化，也包括变率的变化。《联合国气候变化框架公约》定义为：经过相当一段时间的观察，在自然气候变化之外由人类活动直接或间接地改变全球大气组成所导致的气候改变。

4. 二氧化碳当量　carbon dioxide equivalent

度量温室效应的基本单位，用作比较不同温室气体排放的量度单位。通过全球增温潜势进行换算。

5. 全球增温潜势　global warming potential（GWP）

在一定时期（通常为 100 年）内，排放到大气中的 1 千克温室气体的辐射强迫与 1 千克二氧化碳的辐射强迫的比值。

6. 碳循环　carbon cycle

指碳元素在地球上的生物圈、岩石圈、水圈及大气中交换，即碳的一种生物地质化学循环。碳的主要来源有四个，分别是大气、陆上的生物圈（包括淡水系统及无生命的有机化合物）、海洋及沉积物。通过化学、物理和生物过程进行从库到库的碳交换。与氮循环和水循环一起，碳循环包含了一系列使地球能持续存在生命的关键过程和事件。碳循环描述了碳元素在地球上的回收和重复利用，包括碳沉淀。

7. 适应　adaptation

针对实际的或预计的气候及其影响进行调整的过程。在人类系统中，适应有利于缓解或避免危害，或利用各种有利机会。在某些自然系统中，人类的干预也许有助于适应预计的气候及其影响。

8. 适应能力　adaptive capacity

某个系统、机构、人类及其他生物针对气候变化潜在的损害、机遇、或后果进行调整、利用和应对的能力。

（二）碳达峰　peaking carbon dioxide emissions

碳达峰是指某一个时点，某一国家或地区二氧化碳的排放不再增长达到峰值，之后逐步回落。碳达峰是一个过程，即碳排放首先进入平台期并可以在一定范围内波动，之后进入平稳下降阶段。

碳达峰是实现碳中和的前提条件，尽早实现碳达峰可促进碳中和的早日实现。

（三）碳中和　carbon neutral

指企业、团体、国家、全球等在一定时间内直接或间接产生的温室气体排放总量，然后通过植树造林、节能减排、可再生能源应用、产业调整等形式，以抵消自身产生的二氧化碳排放量，实现二氧化碳“零排放”。

（四）碳排放

1. 碳排放　carbon emission

指煤炭、天然气、石油等化石能源燃烧活动和工业生产过程以及土地利用、土地利用变化与林业活动产生的温室气体向大气的排放，以及因使用外购的电力和热力等所导致的间接温室气体向大气的排放。

2. 人为排放　anthropogenic emissions

各类化石燃料的燃烧、毁林、土地利用变化、畜牧业生产、化肥施用、污水管理，以及工业流程等。人类活动引起的各种温室气体、气溶胶以及温室气体或气溶胶的前体物的排放。

3. 直接排放　direct emissions

在定义明确的边界内各种活动产生的物理排放，或在某一区域、经济部门、公司或流程内产生的排放。

4. 间接排放　indirect emissions

在规定的边界之外产生的温室气体排放。例如如果排放与热量利用有关，但物理排放却发生在热量用户的边界之外，或者排放与发电有关，但物理排放却发生在供电行业的边界之外，那么这些排放可描述为间接排放。

5. 汇　sink

从大气中清除温室气体、气溶胶或温室气体前体的任何过程、活动或机制。

6. 源　source

向大气中排放温室气体、气溶胶或温室气体前体的任何过程或活动。

（五）碳吸收和碳汇

1. 碳汇　Carbon Sink

根据《联合国气候变化框架公约》定义，碳汇，一般是指从空气中清除二氧化碳的过程、活动、机制。主要是指森林、土壤、荒漠、湿地、海洋等吸收并储存二氧化碳的多少，或者说是森林、土壤、荒漠、湿地、海洋等吸收并储存二氧化碳的能力。根据吸收机制不同，碳汇包括森林碳汇、草地碳汇、土壤碳汇、湿地碳汇、荒漠碳汇、耕地碳汇、海洋碳汇等。

2. 森林碳汇　forest carbon sequestration

森林碳汇是指森林生态系统吸收大气中二氧化碳，并将其固定在植被和土壤中，从而减少大气中二氧化碳浓度的过程、活动或机制。

3. 林业碳汇　forestry carbon sequestration

林业碳汇通常是指通过森林保护、湿地管理、荒漠化治理、造林和更新造林、森林经营管理、木质林产品（HWP）管理等林业经营管理活动，稳定和增加碳汇量的过程、活动或机制。

研究数据表明，我国的碳汇能力逐步提升，通过大力培育和保护人工林，2010—2016 年我国陆地生态系统年均吸收约 11.1 亿吨碳，吸收了同时期人为碳排放的 45%，林业碳汇在碳中和中扮演重要角色，碳汇项目将助力我国实现碳中和目标。

4. 碳库（库）　carbon pools（pool）

具有累积或释放碳的能力的库或系统，碳库的实例有森林生物量、土壤和大气层。森林碳库，通常包括地上生物量、地下生物量、枯落物、枯死木和土壤有机质和木质林产品碳库。其单位为质量单位。

5. 碳储量　carbon stock

一个库中碳的数量，单位为吨碳（tC）。

6. 碳储量变化　carbon stock change

碳库中的碳储量由于碳增加与碳损失之间的差别而发生的变化。当损失大于增加时，碳储量变小，因而该碳库为源；当损失小于增加时，该碳库为汇。

7. 基线碳汇量　baseline net green house gas removal by sinks

也叫基线净温室气体汇清除，是基线情景下项目边界内各碳库中的碳储量变化之代数和。

8. 项目碳汇量　actual net green house gas removal by sinks

也叫实际净温室气体汇清除，是项目情景下项目边界内所选碳库中的碳储量变化量，减去由碳汇造林项目活动引起的项目边界内温室气体排放的增加量。

9. 碳密度　carbon density

单位面积的有机碳储量。

10. 生物量　biomass

生态系统中植物地上、地下、活和枯死的有机干物质，例如树木、作物、草及其枝叶、根等。生物量包括地上和地下生物量。

11. 木质林产品　harvest woody products（HWP）

主要是指以木质材料为原料加工的各类产品，包括原木、工业原木、其他工业原木（产品）、薪材（包括木炭）、锯材、人造板、纸浆、纸和纸板以及回收纸等产品。

12. 木材基本密度　basic wood density

木材绝干质量与木材生材体积的比值。

13. 项目减排量　net anthropogenic green house gas removal by sinks

也叫净人为温室气体汇清除，指由于造林项目活动产生的净碳汇量。项目减排量等于项目碳汇量减去基线碳汇量，再减去泄漏量。

14. 额外性　additionality

指拟议的减缓项目、减缓政策或气候融资的减排项目活动所产生的项目减排量高于基线减排量的情形。这种额外的减排量在没有拟议的减排项目活动时是不会产生的。林业碳汇项目的额外性是指碳汇量高于基线碳汇量的情形，并且这种额外的碳汇量在没有碳汇造林项目活动时是不会产生的。

（六）碳捕集利用与封存

1. 碳捕集利用与封存　Carbon Capture Utilization and Sequestration（CCUS）

碳捕集利用与封存，简称CCUS，是把生产过程中排放的二氧化碳进行捕获提纯，继而投入到新的生产过程中进行循环再利用或封存的一种技术。其中，碳捕集是指将大型发电厂、钢铁厂、水泥厂等排放源产生的二氧化碳收集起来，并用各种方法储存，以避免其排放到大气中。

CCUS技术具备实现大规模温室气体减排和化石能源低碳利用的协同作用，是未来全球应对气候变化的重要技术选择之一。

2. 生物质能源与碳捕集和储存　Bioenergy with Carbon Capture and Storage)（BECCS)

将碳捕集与储存技术与生物质结合起来，树木随着生长从大气中吸收二氧化碳，然后将树木砍伐作为生物发电厂的燃料。BECCS技术实际上是将生物质能利用与碳捕集和储存技术相结合，通过碳捕集和储存技术分离生物质能利用时产生的碳排放。生物发电厂将配备碳捕集技术来限制排放，已燃烧状态的生物碳无法进入大气，并达到长期存储在埋存地点的效果，目前英国的Drax公司已经展开了BECCS项目试点，利用BECCS实现碳减排。

（七）碳交易、排放配额和核证减排

1. 碳交易　carbon emissions trading

把二氧化碳排放权作为一种商品，买方通过向卖方支付一定金额从而获得一定数量的二氧化碳排放权，从而形成了二氧化碳排放权的交易。

碳交易市场是由政府通过对能耗企业的控制排放而人为制造的市场。通常情况下，政府确定一个碳排放总额，并根据一定规则将碳排放配额分配至企业。如果未来企业排放高于配额，需要到市场上购买配额。与此同时，部分企业通过采用节能减排技术，最终碳排放低于其获得的配额，则可以通过碳交易市场出售多余配额。双方一般通过碳排放交易所进行交易。

第一种情况，如果企业减排成本低于碳交易市场价时，企业会选择减排，减排产生的份额可以卖出从而获得盈利。

第二种情况，当企业减排成本高于碳市场价时，会选择在碳市场上向拥有配额的政府、企业或其他市场主体进行购买，以完成政府下达的减排量目标。若未足量购买配额以覆盖其实际排放量则面临高价罚款。通过这一套设计，碳交易市场将碳排放内化为企业经营成本的一部分，而交易形成的碳排放价格则引导企业选择成本最优的减碳手段，包括节能减排改造、碳配额购买或碳捕捉等，市场化的方式使得在产业结构从高耗能向低耗能转型的同时，全社会减排成本保持最优化。

2. 碳排放配额　carbon emissions allowances

碳排放配额是碳交易一种基础产品，是政府为完成控排目标采用的一种政策手段，即在一定的空间和时间内，将该控排目标转化为碳排放指标分配给下级政府和企业的额度，是碳排放权的凭证和载体。1单位配额相当于1吨二氧化碳当量。

3. 配额交易　allowance-based transactions

若企业实际碳排放量小于政府分配的配额，则企业可以通过交易多余碳配额，来实现碳配额在不同企业的合理分配，最终以相对较低的成本实现控排目标。

4. 国家核证自愿减排量　Chinese certified emission reduction（CCER）

国家核证自愿减排量（CCER）是碳交易一种基础产品。根据2020年12月发布的《碳排放权交易管理办法（试行）》规定，CCER是指对我国境内可再生能源、林业碳汇、甲烷利用等项目的温室气体减排效果进行量化核证，并在国家温室气体自愿减排交易注册登记系统中登记的温室气体减排量。

5. CCER交易　CCER transaction

CCER是在配额市场之外引入的自愿减排市场交易。CCER交易指控排企业向实施“碳抵消”活动的企业购买可用于抵消自身碳排的核证量。

“碳抵消”是指用于减少温室气体排放源或增加温室气体吸收汇，用来实现补偿或抵消其他排放源产生温室气体排放的活动，即控排企业的碳排放可用非控排企业使用清洁能源减少温室气体排放或增加碳汇来抵消。抵消信用由通过特定减排项目的实施得到减排量后进行签发，项目包括可再生能源项目、森林碳汇项目等。

碳市场按照1∶1的比例给予CCER替代碳排放配额，即1个CCER等同于1个配额，可以抵消1吨二氧化碳当量的排放，《碳排放权交易管理办法（试行）》规定，重点排放单位每年可以使用国家核证自愿减排量抵消碳排放配额的清缴，抵消比例不得超过应清缴碳排放配额的5%。

6. 碳排放权　carbon emission right

指依法取得的向大气排放温室气体的权利。

7. 核证　certification

由指定的经营实体（DOE）提出的书面保证，即在一个具体时期内某项目活动所实现的温室气体源人为减排量已被核实。

（八）碳盘查和碳核查

1. 碳盘查　carbon inventory

指计算政府、企业等单位在社会和生产活动中各环节直接或者间接排放的温室气体的过程。碳盘查的具体流程是对企业或组织的活动进行现场核查，查找二氧化碳排放边界及排放源，计算其二氧化碳排放水平，最后进行汇总校验。碳盘查的目的就是帮助各个组织明确碳排放来源与排放水平，从而更好地制定合理高效的减排策略以减少碳排放，助力碳达峰、碳中和目标的实现。

2. 基线　baseline

指用于衡量变化大小的一些数据。项目活动的基线是合理地代表一种种在没有拟议的项目活动时会出现的人为温室气体排放量的情景。

3. 基线情景　baseline scenario

指在没有拟议的项目活动时，项目边界内的活动的未来情景。

4. 核算　accounting

将报告的排放量和清除量与承诺量进行比较并按国际规则或方法学进行的相关调查和计算。

5. 核实　verification

指由指定的经营实体（DOE）定期独立审评和事后确定已登记的碳交易机制项目活动在核实期内产生的、经监测的温室气体（GHG）源人为减排量。

6. 监测　monitoring

指收集和归档所有对确定基准线，测量某一减排项目（CDM或自愿减排项目）活动在项目边界内的温室气体（GHG）源人为排放量以及泄漏所必要的并可适用的相关数据。

7. 清单　inventory

机构的温室气体排放量和排放源的量化表。

8. 排放因子　emission factor

在给定的一组操作条件下，基于测量样本数据得到具有代表性的平均活动水平的排放率，是量化每单位活动的气体排放量或清除量的系数。

9. 土地利用、土地利用变化和林业　land use, land use change and forestry（LULUCF）

国家温室气体清单报告的一个部分，涵盖直接由人类引起的土地利用、土地利用变化和林业活动带来的温室气体排放和清除，不包括农业排放。

10. 农业、林业和其他行业土地利用　agriculture，forestry and other land use（AFOLU）

《2006年IPCC国家温室气体清单指南》中明确规定清单报告内容，涵盖直接由人类引起的土地利用、土地利用变化和林业活动带来的温室气体排放和清除，AFOLU与LULUCF相比，避免了部分活动导致的温室气体交叉问题。

11. 可测量、可报告和可核查（“三可”原则）　measurement，reporting and verification（MRV）

根据制定的相关温室气体核算、报告的指南或方法学，完成相应区域、机构、组织或项目的温室气体排放和清除的量，监管或管理机构也可按相应的指南或方法学对其进行核查的原则，是国际社会、组织和机构对温室气体排放和减排核算监测与报告的基础要求。

（九）碳金融

1. 碳金融　carbon finance

服务于限制温室气体排放等技术和项目的直接投融资、碳排放权交易和银行贷款等金融活动。

2. 碳资产　carbon asset

在碳排放权交易机制下，产生的可直接或间接影响组织温室气体排放的配额排放权、减排信用额及相关活动的资产。碳资产主要包括了企业由政府分配的排放量配额、企业通过创新技术减少的碳排放量以及企业申请到的清洁发展机制项目或者国家核证自愿减排项目。根据目前碳资产交易的制度，碳资产可以分为配额碳资产和减排碳资产。

3. 碳信用　carbon credit

国际有关机构依据《京都议定书》等国际公约，发给温室气体减排国、用于进行碳贸易的凭证。一个单位的碳信用通常等于吨或相当于1吨二氧化碳的减排量。

4. 碳价　carbon price

排放二氧化碳的价格。碳价能够通过提高化石能源的使用成本，从而向市场传递信号，调节化石能源的供需水平，进而达到调整市场资源、减少二氧化碳排放的目的。

二、碳达峰碳中和国际标准和中国标准概况

（一）碳达峰碳中和的标准范围

1. 碳达峰碳中和的主要内容

碳达峰碳中和的实质是能源革命和产业结构调整，涉及经济发展的很多领域，主要内容为：节能、减排降碳、可再生能源开发与利用、绿色发展、产业结构调整、绿色运输、绿色建筑、碳排放与碳资产管理等。

2. 碳达峰碳中和的标准范围

碳达峰碳中和标准涉及节能、环境污染控制和保护（减排）降碳、可再生能源开发与利用、绿色发展、产业结构调整、绿色运输、绿色建筑、碳排放与碳资产管理等的标准，涉及面很广。

3. 木材工业碳达峰碳中和标准范围

木材工业碳达峰碳中和标准范围涉及木材工业节能（能耗能源）、木材工业环境污染控制和保护（减排）降碳、可再生能源利用、木材工业绿色发展、绿色物流、木材工业碳排放与碳资产管理等的标准。

本书的木材工业环保与绿色发展、能源能耗标准等章节中对节能减排、绿色发展、林业生物质能源、木材工业能耗等标准进行了论述，因此，这里不再赘述。

本章主要分析介绍碳达峰碳中和有关碳排放管理等方面的国际标准和国内标准，为实施木材工业碳达峰碳中和提供标准参考。

（二）碳达峰碳中和标准分类

主要对碳达峰碳中和标准中的碳排放与碳资产管理标准进行分类。

1. 按照标准主要技术内容分类

按照标准主要技术内容（范围）将碳达峰碳中和标准中的碳排放与碳资产管理分为以下 11 类：

（1）温室气体核算和报告标准。

（2）温室气体排放信息报告标准。

（3）温室气体排放核算基础标准。

（4）碳排放限额标准。

（5）碳排放核查标准。

（6）碳排放管理标准。

（7）碳足迹标准。

（8）碳中和标准。

（9）低碳发展标准。

（10）林业碳汇标准。

（11）二氧化碳捕集、运输和封存标准。

各种标准的范围见表 13-7 的论述。

表 13-7　碳达峰碳中和国际标准和中国标准统计表

标准种类	序号	类别	范围	标准与标准计划数
ISO 国际标准	1	温室气体核算和报告	规范温室气体核算和报告、核查、碳中和、碳足迹	17 项（其中，现行标准 11 项；计划 6 项）
	2	二氧化碳捕集、运输和封存	规范二氧化碳捕集、运输、封存、量化与验证等	10 项（其中，现行标准 10 项）
中国标准	1	温室气体核算和报告	温室气体核算和报告通则以及重点排放行业的企业温室气体核算和报告	43 项（其中，现行国家标准 13 项、行业标准 2 项、地方标准 7 项；国家标准计划 21 项）
	2	温室气体排放信息报告	规范行业和企业温室气体排放信息报告的要求	7 项（其中，现行国家标准 1 项、地方标准 5 项；国家标准计划 1 项）
	3	温室气体排放核算基础	规范温室气体排放核算的方法、术语等	5 项（其中，国家标准计划 1 项；现行行业标准 2 项、地方标准 2 项）
	4	碳排放限额	规范产业碳排放的额度	7 项（其中，现行地方标准 3 项；国家标准计划 4 项）
	5	碳排放核查	规范第三方对企业、社会组织的碳排放进行检查监督的标准	10 项（其中，国家标准计划 5 项；现行行业标准 3 项、地方标准 2 项）
	6	碳排放管理	规范行业、企业、碳排放管理要求	11 项（其中，现行行业标准 1 项、地方标准 10 项）
	7	碳足迹	规范行业、企业、活动的全生命周期碳变化	10 项（其中，国家标准计划 1 项；现行行业标准 4 项、地方标准 5 项）
	8	碳中和	碳中和要求、评价等	3 项（其中，现行行业标准 1 项、地方标准 2 项）
	9	低碳发展	低碳产品评价、低碳城市、低碳社区评价	4 项（其中，国家标准计划 3 项；现行地方标准 1 项）
	10	林业碳汇	林业碳汇计量、碳汇监测、碳储量计算、优势树种生物量测定、竹林和竹材碳计量规程等	40 项（其中，国家标准计划 1 项；现行行业标准 22 项、地方标准 17 项）

2. 按照标准用途分类

碳达峰碳中和标准主要为管理标准、方法标准和术语标准等。

3. 按照标准主体分类

主要分为国际标准和中国标准。其中中国标准分为：国家标准、行业标准、地方标准和团体标准。

（三）碳达峰碳中和标准统计

本章主要收集整理的相关国际标准 27 项、中国标准 143 项，具体分类统计结果见表 13-7（这里需要说明的是，其他国际组织、其他国家的相关标准未列入）。

其中，国际标准主要是温室气体排放核算和报告以及二氧化碳捕集、运输和封存等类标准；而中国标准主要为：温室气体核算和报告标准、温室气体排放信息报告标准、温室气体排放核算基础标准、碳排放限额标准、碳排放核查标准、碳排放管理标准、碳足迹标准、碳中和标准、低碳发展标准、林业碳汇标准等，包括国家标准、行业标准、地方标准和团体标准等。

三、碳达峰碳中和标准

（一）温室气体核算和报告标准

温室气体是大气中吸收和重新放出红外辐射的自然和人为的气态成分，包括二氧化碳（CO_2）、甲烷（CH_4）、氧化亚氮（N_2O）、氢氟碳化物（HFCs）、全氟化碳（PFCs）、六氟化硫（SF_6）和三氟化氮（NF_3）等。温室气体是全球气候变暖的主要因素。

温室气体（碳）核算即是一种测量工业活动向地球生物圈直接和间接排放二氧化碳及其当量气体的措施。从核算对象来说，开展碳核算至少需要包含以下两点条件：一是划定造成温室效应的气体，二是确定工业活动主体。

温室气体核算和报告标准是对企业或组织、项目、产品和服务、企业价值链 5 大类或层次排放的温室气体进行核算和报告的规范，主要用于开展碳排放权交易、建立企业或项目等的温室气体排放报告制度、完善温室气体排放统计核算体系等。

现有温室气体核算和报告方面的标准与计划 59 项，其中国际标准 16 项，国家标准与国家标准计划 34 项、交通行业标准 2 项、地方标准 7 项（表 13-8）。

1. 温室气体核算和报告国际标准

根据应用主体的不同，现有温室气体核算和报告标准可分为企业或组织、项目、产品和服务、整个企业价值链 5 大类或层次的标准。

（1）基于企业或组织层次的温室气体核算和报告标准。

对于企业或组织层次的温室气体排放核算和报告标准应用最广泛的主要是世界资源研究所（World Resources Institute，简称 WRI）与世界可持续发展工商理事会（World Business Council for Sustainable Development，简称 WBCSD）联合发布的温室气体议定书（GHG Protocol）系列标准，包括企业碳核算与报告标准、项目碳核算标准、城市和社区标准等多个碳核查和报告指南标准，涵盖了《京都议定书》规定的六种温室气体。GHG Protocol 既是温室气体管理标准体系（ISO 14064）的参考基础，也是国家发展改革委制定《行业指南》的文件基础。

GHG protocol corporate accounting and reporting standard《温室气体核算体系 企业核算与报告标准》与 ISO14064-1：2018 *Greenhouse gases-Part 1：Specification with guidance at the organization level for quantification and reporting of greenhouse gas emissions and removals*《温室气体 第 1 部分 组织层面上对温室气体排放和清除的量化和报告的规范及指南》标准是企业层面碳排放核算和报告标准。其中，GHG Protocol 企业层面标准对企业层面碳排放核算提供了较详细的指导和说明，应用广泛；而 ISO 14064-1：2018 对组织层面的碳排放核算提供了一般指导和要求，与 GHG Protocol 企业层面标准一致。

（2）基于项目层次的温室气体核算和报告标准。

WRI/WBCSD 联合发布的 *The GHG Protocol for Project Accounting*《温室气体核算体系 项目核

算与报告标准》与 ISO 14064-2：2019 *Greenhouse gases-Part 2：Specification with guidance at the project level for quantification，monitoring and reporting of greenhouse gas emission reductions or removal enhancements*《温室气体 第 2 部分 项目层面上对温室气体排放和清除的量化和报告的规范及指南》和世界自然基金会发布的“黄金标准”等，均为项目层次的碳排放核算标准。

（3）基于产品和服务的温室气体核算和报告标准。

WRI/WBCSD 共同发布的 *Product Life Cycle Accounting and Reporting Standard*《温室气体核算体系：产品寿命周期核算与报告标准》、日本发布了 TS Q0010《日本温室气体排放评价指南》。其中 GHG Protocol 产品层面标准提供的碳排放核算相关要求和指导最为详细。

（4）基于整个企业价值链的温室气体核算和报告标准。

对于整个企业价值链的碳排放核算标准有 WRI/WBCSD 发布的 *Corporate Value Chain（Scope 3）Accounting and Reporting Standard*《温室气体核算体系．企业价值链（范围三）核算与报告标准》。

2. 温室气体核算和报告中国标准

2015 年中国首次发布了国家标准 GB/T 32150—2015《工业企业温室气体排放核算和报告通则》，对企业温室气体排放“算什么，怎么算”提出了统一要求。国家标准 GB/T 32150《工业企业温室气体排放核算和报告通则》，规定了工业企业温室气体排放核算与报告的基本原则、核算边界、工作流程、核算步骤与方法、质量保证、报告内容等 6 项重要内容。核算边界包括了企业的主要生产系统、辅助生产系统和附属生产系统，其中辅助生产系统包括动力、供电、供水、化验等，附属生产系统包括生产指挥系统（厂部）和厂区内为生产服务的部门和单位，如职工食堂、车间浴室等。核算范围包括企业生产的燃料燃烧排放，过程排放以及购入和输出的电力、热力产生的排放。核算方法分为“计算”与“实测”两类，并给出了选择核算方法的参考因素，方便企业使用。

依据 GB/T 32150—2015 国家标准，目前已经制定发布了 GB/T 32151.1—2015《温室气体排放核算与报告要求 第 1 部分：发电企业》、GB/T 32151.2—2015《温室气体排放核算与报告要求 第 2 部分：电网企业》以及钢铁、化工、电解铝、镁冶炼、平板玻璃、水泥、陶瓷、民航、纺织、煤炭等 12 个行业的企业温室气体排放核算与报告要求系列国家标准，还有 13 个行业的企业温室气体核算和报告国家标准计划正在制定中。这些标准构建了国家、地方、企业三级温室气体排放核算工作体系，实现了重点企业直接报送温室气体排放数据制度的工作任务，为开展碳排放权交易、建立企业温室气体排放报告制度、完善温室气体排放统计核算体系等提供支撑。

此外，交通运输部发布了 JT/T 1248—2019《营运货车能效和二氧化碳排放强度等级及评定方法》、JT/T 1249—2019《营运客车能效和二氧化碳排放强度等级及评定方法》2 项行业标准，规范了营运货车和客车的能效和二氧化碳排放强度等级及评定方法。

北京市 2020 年发布了 DB11/T 1781—2020《二氧化碳排放核算和报告要求 电力生产业》、DB11/T 1782—2020《二氧化碳排放核算和报告要求 水泥制造业》、DB11/T 1783—2020《二氧化碳排放核算和报告要求 石油化工生产业》等支撑电力生产业、水泥制造业、石油化工生产业、热力生产和供应业、服务业、道路运输业、其他行业等 7 大产业的二氧化碳排放核算和报告要求地方标准 7 项，服务北京市重点排放企业碳排放盘查工作。

温室气体核算和报告标准见表 13-8。

表 13-8 温室气体核算和报告标准

序号	标准级别	标准编号（标准计划号）	标准中文（英文）名称
1	国际标准	ISO14064-1：2018	温室气体 第 1 部分 组织层面上对温室气体排放和清除的量化和报告的规范及指南 *Greenho use gases—Part 1：Specification with guidance at the organization level for quantification and reporting of greenhouse gas emissions and removals*

续表

序号	标准级别	标准编号（标准计划号）	标准中文（英文）名称
2	国际标准	ISO14064-2：2019	温室气体 第2部分 项目层次上对温室气体减排和清除增加的量化、监测和报告的规范及指南 *Greenho use gases—Part 2：Specification with guidance at the project level for quantification，monitoring and reporting of greenhouse gas emission reductions or removal enhancements*
3	国际标准	ISO14064-3：2019	温室气体 第三部分 温室气体声明审定与核查的规范及指南 *Greenhouse gases—Part 3：Specification with guidance for the validation and verification of greenhouse gas assertions*
4	国际标准	ISO 14065：2013	温室气体 对从事温室气体合格性鉴定或其他形式认可的确认与验证机构的要求 *Greenhouse gases—Requirements for greenhouse gas validation and verification bodies for use in accreditation or other forms of recognition*
5	国际标准	ISO14066	温室气体 温室气体验证团队和验证团队的能力要求 *Greenhouse Gases-Competence Requirements For Greenhouse Gas Validation Teams And Verification Teams*
6	国际标准	ISO/TR 14069：2013	温室气体 用于组织的温室气体的排放量化和报告 依据ISO 14064-1标准的指南 *Greenhouse gases—Quantification and reporting of greenhouse gas emissions for organizations—Guidance for the application of ISO* 14064-1
7	国际标准	ISO 14080：2018	温室气体管理与相关活动 气候行动方法学原理和框架 *Greenhouse gas management and related activities—Framework and principles for methodologies on climate actions*
8	国际标准	ISO 14090：2019	适应全球气候变化 原理、要求和指南 *Adaptation to climate change—Principles，requirements and guidelines*
9	国际标准	ISO 14091：2021	适应全球气候变化 自脆弱性、影响和风险评估指南 *Adaptation to climate change—Guidelines on vulnerability，impacts and risk assessment*
10	国际标准	ISO/TS 14092：2020	适应全球气候变化 当地政府和社区适应计划的要求和指南 *Adaptation to climate change—Requirements and guidance on adaptation planning for local governments and communities*
11	国际标准	ISO 14097：2021	温室气体管理与相关活动 评估和报告的原理、要求的框架 *Greenhouse gas management and related activities—Framework including principles and requirements for assessing and reporting investments and financing activities related to climate change*
12	国际标准	ISO 19694-1：2021	固定源排放 高耗能工业温室气体测定 第1部分 一般要求 *Stationary source emissions—Determination of greenhouse gas emissions in energy-intensive industries—Part* 1：*General aspects*
13	国际标准	ISO/AWI 14066	温室气体 温室气体验证团队和验证团队的能力要求 *Greenhouse gases—Competence requirements for greenhouse gas validation teams and verification teams*

续表

序号	标准级别	标准编号（标准计划号）	标准中文（英文）名称
14	国际标准	ISO/AWI TR 14082	辐射强迫管理 基于气候变化足迹和减缓效果量化报告指南 *Radiative Forcing Management—Guidance for the quantification and reporting of radiative forcing-based climate footprints and mitigation efforts*
15	国际标准	ISO/CD 14093	温室气体 用于组织的温室气体的排放量化和报告 依据 ISO 14064-1 标准的指南 *Mechanism for financing local adaptation to climate change: Performance-based climate resilience grants*
16	国际标准	ISO/CD 14083	温室气体 基于运输链的温室气体的排放量化和报告 *Greenhouse gases—Quantification and reporting of greenhouse gas emissions arising from operations of transport chains*
17	国家标准	GB/T 32150—2015	工业企业温室气体排放核算和报告通则
18	国家标准	GB/T 32151.1—2015	温室气体排放核算与报告要求 第 1 部分：发电企业
19	国家标准	GB/T 32151.2—2015	温室气体排放核算与报告要求 第 2 部分：电网企业
20	国家标准	GB/T 32151.3—2015	温室气体排放核算与报告要求 第 3 部分：镁冶炼企业
21	国家标准	GB/T 32151.4—2015	温室气体排放核算与报告要求 第 4 部分：铝冶炼企业
22	国家标准	GB/T 32151.5—2015	温室气体排放核算与报告要求 第 5 部分：钢铁生产企业
23	国家标准	GB/T 32151.6—2015	温室气体排放核算与报告要求 第 6 部分：民用航空企业
24	国家标准	GB/T 32151.7—2015	温室气体排放核算与报告要求 第 7 部分：平板玻璃生产企业
25	国家标准	GB/T 32151.8—2015	温室气体排放核算与报告要求 第 8 部分：水泥生产企业
26	国家标准	GB/T 32151.9—2015	温室气体排放核算与报告要求 第 9 部分：陶瓷生产企业
27	国家标准	GB/T 32151.10—2015	温室气体排放核算与报告要求 第 10 部分：化工生产企业
28	国家标准	GB/T 32151.11—2018	温室气体排放核算与报告要求 第 11 部分：煤炭生产企业
29	国家标准	GB/T 32151.12—2018	温室气体排放核算与报告要求 第 12 部分：纺织服装企业
30	国家标准计划（修订）	20201771-T-303	温室气体排放核算与报告要求 第 1 部分：发电企业
31	国家标准计划	20201770-T-303	温室气体排放核算与报告要求 第 10 部分：化工生产企业
32	国家标准计划	20201772-T-303	温室气体排放核算与报告要求 第 8 部分：水泥生产企业
33	国家标准计划	20201769-T-303	温室气体排放核算与报告要求 第 9 部分：陶瓷生产企业
34	国家标准计划	20201773-T-303	温室气体排放核算与报告要求 第 7 部分：平板玻璃生产企业
35	国家标准计划	20173633-T-303	温室气体排放核算与报告要求：石油天然气生产企业
36	国家标准计划	20173632-T-303	温室气体排放核算与报告要求：石油化工企业
37	国家标准计划	20173625-T-303	温室气体排放核算方法与报告指南 畜禽规模养殖企业
38	国家标准计划	20173627-T-303	温室气体排放核算与报告要求：电子设备制造企业
39	国家标准计划	20173623-T-303	温室气体排放核算与报告要求 种植业企业
40	国家标准计划	20173629-T-303	温室气体排放核算与报告要求：公共建筑运营单位（企业）
41	国家标准计划	20173621-T-303	温室气体排放核算与报告要求：独立焦化企业
42	国家标准计划	20173620-T-303	温室气体排放核算与报告要求：陆上交通运输企业
43	国家标准计划	20173630-T-303	温室气体排放核算与报告要求：机械设备制造企业
44	国家标准计划	20173631-T-303	温室气体排放核算与报告要求：矿山企业
45	国家标准计划	20173626-T-303	温室气体排放核算与报告要求：其他有色金属冶炼和压延加工业企业

续表

序号	标准级别	标准编号（标准计划号）	标准中文（英文）名称
46	国家标准计划	20173628-T-303	温室气体排放核算与报告要求 第17部分：氟化工企业
47	国家标准计划	20173622-T-303	温室气体排放核算与报告要求：造纸和纸制品生产企业
48	国家标准计划	20173634-T-303	温室气体排放核算与报告要求：食品、烟草及酒、饮料和精制茶企业
49	国家标准计划	20192397-T-303	温室气体排放核算与报告要求 第××部分：水运企业
50	国家标准计划	20131608-T-469	温室气体排放核算与报告要求 针织印染企业
51	行业标准	JT/T 1248—2019	营运货车能效和二氧化碳排放强度等级及评定方法
52	行业标准	JT/T 1249—2019	营运客车能效和二氧化碳排放强度等级及评定方法
53	地方标准	DB11/T 1781—2020	二氧化碳排放核算和报告要求 电力生产业
54	地方标准	DB11/T 1782—2020	二氧化碳排放核算和报告要求 水泥制造业
55	地方标准	DB11/T 1783—2020	二氧化碳排放核算和报告要求 石油化工生产业
56	地方标准	DB11/T 1784—2020	二氧化碳排放核算和报告要求 热力生产和供应业
57	地方标准	DB11/T 1785—2020	二氧化碳排放核算和报告要求 服务业
58	地方标准	DB11/T 1786—2020	二氧化碳排放核算和报告要求 道路运输业
59	地方标准	DB11/T 1787—2020	二氧化碳排放核算和报告要求 其他行业

（二）温室气体排放信息报告标准

温室气体排放信息报告标准是规范行业和企业温室气体排放信息报告要求的技术文件。

目前，现行地方标准5项，在研国家标准计划项目2项见表13-9。

表13-9　温室气体排放信息报告标准

序号	标准级别	标准编号/计划号	标准中文名称
1	国家标准计划	20173635-T-303	《企业碳排放管理信息披露要求与指南》
2	国家标准计划	20173624-T-303	《工业企业温室气体排放数据质量管理技术规范》
3	地方标准	DB41/T 1710—2018	《二氧化碳排放信息报告通则》
4	地方标准	DB44/T 1976—2017	《火力发电企业二氧化碳排放信息报告指南》
5	地方标准	DB44/T 1977—2017	《石化企业二氧化碳排放信息报告指南》
6	地方标准	DB44/T 1943—2016	《有色金属企业二氧化碳排放信息报告指南》
7	地方标准	DB44/T 1382—2014	《企业（单位）二氧化碳排放信息报告通则》

河南省地方标准DB41/T 1710—2018《二氧化碳排放信息报告通则》规定了二氧化碳排放信息报告的术语和定义、基本原则、排放报告范围、排放计算和排放报告，适用于企（事）单位二氧化碳排放信息报告的编制。标准的主要内容包括范围、规范性引用文件、术语和定义、基本原则、排放报告范围、排放计算、排放报告以及附录等8个部分。

广东省地方标准DB44/T 1976—2017《火力发电企业二氧化碳排放信息报告指南》规定了火力发电企业进行二氧化碳排放报告相关工作时的流程、方法，适用于火力发电企业进行二氧化碳排放信息计算和报告，相关机构可参照本标准执行。标准的主要内容包括范围、规范性引用文件、术语和定义、原则、二氧化碳排放报告范围、二氧化碳排放计算、数据监测与质量管理、二氧化碳排放监测计划、二氧化碳排放报告以及附录等10个部分。

广东省地方标准DB44/T 1977—2017《石化企业二氧化碳排放信息报告指南》规定了石油加工和乙烯生产企业二氧化碳排放信息报告的流程、方法和报告规范，适用于石油加工和乙烯生产企业全过程或部分生产环节产生的二氧化碳排放，并进行二氧化碳排放信息的报告。标准的主要内容包括范围、规范性引用文件、术语和定义、原则、二氧化碳排放报告范围、二氧化碳排放计算、数据监测与质量管理、二氧化碳排放监测计划、二氧化碳排放报告以及附录等 10 个部分。

广东省地方标准 DB44/T 1943—2016《有色金属企业二氧化碳排放信息报告指南》规定了广东省行政区域内有色金属企业进行二氧化碳排放信息报告的流程、方法和报告规范，适用于本省辖区内有色金属冶炼、铸造和压延加工等企业对其生产过程中的二氧化碳排放进行计算，并报告二氧化碳排放信息。标准的主要内容包括范围、规范性引用文件、术语和定义、原则、二氧化碳排放报告范围、二氧化碳排放计算、数据监测与质量管理、二氧化碳排放监测计划、二氧化碳排放报告以及附录等 10 个部分。

广东省地方标准 DB44/T 1382—2014《企业（单位）二氧化碳排放信息报告通则》规定了广东省行政区域内的企业（单位）进行二氧化碳排放信息报告的通用流程、方法和报告规范，适用于本省辖区内企业（单位）进行二氧化碳排放信息报告，并指导相关具体行业二氧化碳排放信息报告规范文件的制定。也适用于企业（单位）在开展核算和报告工作时，优先选用具体行业方法，如无具体行业方法或行业方法中无相关规定。标准的主要内容包括范围、规范性引用文件、术语和定义、原则、二氧化碳排放报告范围、二氧化碳排放计算、数据监测与质量管理、二氧化碳排放监测计划、二氧化碳排放报告以及附录等 10 个部分。

（三）温室气体排放核算基础标准

温室气体排放核算基础标准是规范温室气体排放核算的方法、术语等的技术文件。

目前，有现行电力、有色金属行业标准 2 项，地方标准 1 项，国家标准计划 2 项见表 13-10。

表 13-10　温室气体排放核算基础标准

序号	标准级别	标准编号/计划号	标准中文名称
1	国家标准（制定）	20131621-T-469	《余能利用项目温室气体减排量化方法学》
2	国家标准（制定）	20131611-T-469	《工艺过程温室气体排放量化方法学》
3	行业标准	DL/T 1328—2014	《燃煤电厂二氧化碳排放统计指标体系》
4	行业标准	YS/T 800—2012	《电解铝生产二氧化碳排放量测算方法》
5	地方标准	DB44/T 1942—2016	《小功率电动机产品碳排放基础数据采集技术规范》

（四）碳排放限额标准

碳排放限额标准是规范产业碳排放的额度的技术文件。

目前，现行地方标准 3 项，在研国家标准计划项目 4 项，见表 13-11。

表 13-11　碳排放限额标准

序号	标准级别	标准编号/计划号	标准中文名称
1	地方标准	DB31/T 1139—2019	《燃煤发电企业碳排放指标》
2	地方标准	DB31/T 1140—2019	《工业气体碳排放指标》
3	地方标准	DB31/T 1144—2019	《乙烯产品碳排放指标》
4	国家标准计划	20111258-Q-610	《电解铝生产全氟化碳排放限额》
5	国家标准计划	20161883-T-303	《建材行业重点产品温室气体 排放限额》
6	国家标准计划	20193352-T-303	《城市轨道交通单位产品温室 气体排放限额》
7	国家标准计划	20193351-T-303	《石油和化学工业重点产品温 室气体排放限额》

上海市地方标准 DB31/T 1139—2019《燃煤发电企业碳排放指标》规定了公用燃煤发电企业碳排放指标的统计范围和计算方法、单位产品碳排放指标等内容，适用于上海市辖区内公用燃煤发电企业碳排放指标的计算和评价。标准的主要内容包括范围、规范性引用文件、术语和定义、统计范围和计算方法、单位产品碳排放指标以及附录等 6 个部分。

上海市地方标准 DB31/T 1140—2019《工业气体碳排放指标》规定了工业企业的气体产品碳排

放指标的统计范围和计算方法、单位产品碳排放指标，适用于采用深冷法和变压吸附法生产并销售空分产品（氧、氮）的碳排放指标计算和评价，不适用于生产供自用的生产空分产品企业的考核及采用膜分离法生产空分产品的设备以及单纯的液化设备。同时，也适用于以天然气为主要原料、采用蒸汽转化法生产并销售合成气产品的碳排放指标计算和评价，不适用于其他方法生产的合成气。标准的主要内容包括范围、规范性引用文件、术语和定义、计算方法、单位产品碳排放指标等 5 个部分。

上海市地方标准 DB31/T 1144—2019《乙烯产品碳排放指标》规定了乙烯产品碳排放指标的统计范围和计算方法、单位产品碳排放指标，适用于以石油烃类为原料，经蒸汽热裂解、急冷、压缩、分离工艺，生产乙烯、丙烯、混合碳四、裂解汽油和氢气等产品的乙烯产品碳排放指标计算和评价。标准的主要内容包括范围、规范性引用文件、术语和定义、统计范围和计算方法、单位产品碳排放指标等 5 个部分。

（五）碳排放核查标准

碳排放核查标准是规范第三方对企业、社会组织的碳排放检查监督的技术文件。

现行行业标准 2 项，现行地方标准 3 项，在研国家标准计划项目 5 项，见表 13-12。

表 13-12　碳排放核查标准

序号	标准级别	标准编号/计划号	标准中文名称	备注
1	行业标准	SY/T 7297—2016	《石油天然气开采企业二氧化碳排放计算方法》	
2	行业标准	SY/T 7299—2016	《石油天然气开采业低碳审核指南》	
3	地方标准	DB41/T 1429—2017	《工业企业碳排放核查规范》	
4	地方标准	DB50/T 700—2016	《企业碳排放核查工作规范》	
5	地方标准	DB44/T 1945—2016	《企业碳排放核查规范》	
6	国家标准计划	20131610-T-469	《工业企业碳排放核查通用指南》	制定
7	国家标准计划	20131617-T-469	《水泥企业碳排放核查指南》	制定
8	国家标准计划	20131615-T-469	《汽车企业碳排放核查指南》	制定
9	国家标准计划	20131606-T-469	《电力企业碳排放核查指南》	制定
10	国家标准计划	20161882-T-303	《平板玻璃企业碳排放计量监测技术规程》	制定

石油行业标准 SY/T 7297—2016《石油天然气开采企业二氧化碳排放计算方法》规定了石油天然气开采企业二氧化碳排放量的计算方法，适用于石油天然气开采企业二氧化碳直接排放、能源间接排放，以及二氧化碳回收利用量的计算。标准的主要内容包括范围、规范性引用文件、术语和定义、基本原则、计算边界的确定、二氧化碳直接排放量的计算、能源间接二氧化碳排放量的计算、二氧化碳及甲烷的回收与利用、二氧化碳排放总量计算、编制计算报告以及附录等 11 个部分。

石油行业标准 SY/T 7299—2016《石油天然气开采业低碳审核指南》给出了石油天然气开采业开展低碳审核的原则、一般规定、审核程序及工作内容，以及低碳审核报告的编写方法，适用于石油天然气开采企业的低碳审核工作。标准的主要内容包括范围、规范性引用文件、术语和定义、审核原则、一般规定、审核程序、筹划准备阶段、审核阶段、低碳方案推荐阶段、低碳审核报告的编写等 10 个部分。

河南省地方标准 DB41/T 1429—2017《工业企业碳排放核查规范》规定了工业企业碳排放核查规范的术语和定义、原则、要求、工作流程、核查方法、核查质量、报告，适用于工业企业碳排放的外部核查和内部核算，其他领域碳排放单位也可参照执行。标准的主要内容包括范围、规范性引用文件、术语和定义、核查原则、核查要求、温室气体排放核查工作流程、核查方法、核查质量、温室气体排放核查报告以及附录等 10 个部分。

重庆市地方标准 DB50/T 700—2016《企业碳排放核查工作规范》规定了重庆市企业碳排放核查的原则、程序和要求，适用于对重庆市行政区域内企业碳排放和温室企业排放的核查，事业单位及其他组织可参照执行。标准的主要内容包括范围、术语和定义、核查原则、核查程序、核查要求以及附录等 6 个部分。

广东省地方标准 DB44/T 1945—2016《企业碳排放核查规范》规定了碳排放核查的原则、核查过程、风险分析与控制以及核查人员能力的要求，适用于核查机构对企业层面碳排放进行核查，也可适用于企业进行内部碳排放核查。其他组织亦可参照使用。标准的主要内容包括范围、规范性引用文件、术语和定义、核查原则、核查过程、核查资料保存、风险分析与控制、投诉和申诉、机构及人员的能力要求以及附录等 10 个部分。

（六）碳排放管理标准

碳排放管理标准是规范行业、企业、碳排放管理要求的技术文件。

现行行业标准 1 项、地方标准 9 项，见表 13-13。

表 13-13　碳排放管理标准

序号	标准级别	标准编号/标准计划号	标准中文名称
1	行业标准	SB/T 11042—2013	《饭店业碳排放管理规范》
2	地方标准	DB11/T 1559—2018	《碳排放管理体系实施指南》
3	地方标准	DB11/T 1558—2018	《碳排放管理体系建设实施效果评价指南》
4	地方标准	DB11/T 1419—2017	《通用用能设备碳排放评价技术规范》
5	地方标准	DB11/T 1539—2018	《商场、超市碳排放管理规范》
6	地方标准	DB11/T 1471—2017	《高等学校碳排放管理规范》
7	地方标准	DB44/T 1944—2016	《碳排放管理体系 要求及使用指南》
8	地方标准	DB50/T 936—2019	《工业企业碳管理指南》
9	地方标准	DB1501/T 0008—2020	《水泥行业碳管理体系实施指南》
10	地方标准	DB1501/T 0009—2020	《碳管理体系 要求》

其中，商业行业标准 SB/T 11042—2013《饭店业碳排放管理规范》规定了在饭店对碳排放进行量化与报告的原则和要求，其中包括如何设计、编制、管理、报告和核查本饭店的碳排放清单的具体要求和指南。标准的主要内容包括范围、规范性引用文件、术语和定义、原则、总要求以及附录等 6 个部分。

北京市地方标准 DB11/T 1559—2018《碳排放管理体系实施指南》规定了实施碳排放管理体系的各项要求及指导性方法，适用于碳排放单位碳排放管理体系的建立和运行。标准的主要内容包括范围、规范性引用文件、术语和定义、总则、管理职责、策划、支持、实施和运行、检查、管理评审以及附录等 11 个部分。

北京市地方标准 DB11/T 1558—2018《碳排放管理体系建设实施效果评价指南》规定了碳排放管理体系建设实施效果评价的基本要求、评价指标体系、评价方法、评价程序，适用于对碳排放单位碳排放管理体系建设实施效果的评价。标准的主要内容包括范围、规范性引用文件、术语和定义、基本要求、评价指标体系、评价方法、评价程序以及附录等 8 个部分。

北京市地方标准 DB11/T 1419—2017《通用用能设备碳排放评价技术规范》规定了通用用能设备碳排放的核算方法和评价规则，适用于满足 GB 17167—2006《用能单位能源计量器配备和管理通则》界定的主要用能设备条件的通用用能设备。标准的主要内容包括范围、规范性引用文件、术语和定义、原则、边界、数据确定、碳排放计算、碳排放评价报告、结果评价以及附录等 10 个部分。

北京市地方标准 DB11/T 1539—2018《商场、超市碳排放管理规范》规定了商城、超市碳排放的总要求、管理机构要求、管理制定要求、碳排放清单编制、碳排放数据质量的管理和评估以及碳排放报告的编制等内容，适用于商场、超市的碳排放管理。标准的主要内容包括范围、规范性引用文件、术语和定义、总要求、管理机构要求、管理制度要求、碳排放清单编制、碳排放数据质量管理和评估、碳排放报告编制以及附录等 10 个部分。

北京市地方标准 DB11/T 1471—2017《高等学校碳排放管理规范》规定了高等学校碳排放管理的总要求、管理机构要求、管理制度要求、碳排放核算和报告、绩效检查与评审等内容，适用于高等学校的碳排放管理。标准的主要内容包括范围、规范性引用文件、术语和定义、总要求、管理机构要求、管理制度要求、碳排放核算和报告、绩效检查与评审以及附录等 9 个部分。

广东省地方标准 DB44/T 1944—2016《碳排放管理体系 要求及使用指南》为组织规定了碳排放管理体系的要求，旨在适用于各种类别、不同规模和提供不同产品和服务的组织。标准的主要内容包括范围、规范性引用文件、术语和定义、组织环境、领导作用、策划、支持、运行、绩效评价、持续改进以及附录等 11 个部分。

重庆市地方标准 DB50/T 936—2019《工业企业碳管理指南》规定了工业企业碳管理术语和定义、组织管理、战略管理、碳排放管理、碳资产管理及信息公开等方面的要求，适用于重庆市行政区域内工业企业碳管理工作。标准的主要内容包括范围、规范性引用文件、术语和定义、组织管理、战略管理、碳排放管理、碳资产管理、信息公开以及附录等 9 个部分。

呼和浩特市地方标准 DB1501/T 0008—2020《水泥行业碳管理体系实施指南》规定了水泥企业建立、实施、保持和改进碳管理体系的技术要求，适用于各类水泥企业建立、实施、保持和改进碳管理体系。标准的主要内容包括范围、规范性引用文件、术语和定义、碳排放管理体系、策划、实施、绩效评价、改进以及附录等 9 个部分。

呼和浩特市地方标准 DB1501/T 0009—2020《碳管理体系 要求》规定了术语和定义、领导作用、策划、实施、绩效评价、改进，使组织采用过程方法实现碳管理绩效，包括减少碳排放量，持续改进碳排放绩效，适用于碳排放组织。标准的主要内容包括范围、规范性引用文件、术语和定义、领导作用、策划、实施、绩效评价、改进以及附录等 9 个部分。

（七）碳足迹标准

碳足迹标准是规范行业、企业、活动的全生命周期碳变化等的技术文件。

现行行业标准 4 项、地方标准 5 项，在研国家标准计划项目 1 项、国际标准 1 项，见表 13-14。

表 13-14　碳足迹标准

序号	标准级别	标准编号/标准计划号	标准中文名称
1	行业标准	SJ/T 11717—2018	《产品碳足迹 产品种类规则 液晶显示器》
2	行业标准	SJ/T 11718—2018	《产品碳足迹 产品种类规则 液晶电视机》
3	行业标准	YD/T 3048. 1—2016	《通信产品碳足迹评估技术要求 第 1 部分：移动通信手持机》
4	行业标准	YD/T3048. 2—2016	《通信产品碳足迹评估技术要求 第 2 部分：以太网交换机》
5	地方标准	DB11/T 1860—2021	《电子信息产品碳足迹核算指南》
6	地方标准	DB31/T 1071—2017	《产品碳足迹核算通则》
7	地方标准	DB44/T 1874—2016	《产品碳足迹 产品种类规则 巴氏杀菌乳》
8	地方标准	DB44/T 1503—2014	《家用电器碳足迹评价导则》
9	地方标准	DB5101/T 41—2018	《成都市会展活动碳足迹核算与碳中和实施指南》
10	国家标准计划	20202957-T-469	《塑料 生物基塑料的碳足迹和环境足迹 第 1 部分：通则》
11	国际标准	ISO 14067：2018	《温室气体 产品碳足迹 量化要求和指南》 *Greenhouse Gases-Carbon Footprint of Products-Requirements and Guidelines for Quantification*

国际标准 ISO 14067：2018《温室气体 产品碳足迹 量化要求和指南》（*Greenhouse gases-Carbon footprint of products-Requirements and guidelines for quantification*）规范了产品和服务的碳足迹核算方法。ISO 14067：2018 被认为是更具普遍性的标准，提供了最基本的要求和指导。

此外，英国标准学会（British Standards Institution，简称 BSI）发布了 PAS 2050：2011《生命周期内商品和服务温室气体排放评价规范》（*Specification for the assessment of the life cycle greenhouse gas emissions of goods and services*），其中英国标准学会（BSI）颁布的 PAS 2050：2008 是第一个产品碳排放核算标准，已被广泛所应用，并于 2011 年更新版本，为产品碳排放核算提供了更加详细的要求和指导。

电子行业标准 SJ/T 11717—2018《产品碳足迹 产品种类规则 液晶显示器》规定了产品层次上对液晶显示器的 GHG 排放和清除进行量化和交流的特定要求，其中包括产品的系统边界、生命周期阶段、数据收集、信息交流等的要求和指南，适用于采用各种背光源的液晶显示器产品。标准的主要内容包括范围、术语和定义、总则、产品种类的定义和描述、产品碳足迹的目标和范围、生命周期清单、有效期等 7 个部分。

电子行业标准 SJ/T 11718—2018《产品碳足迹 产品种类规则 液晶电视机》规定了产品层次上对液晶电视机的 GHG 排放和清除进行量化和交流的特定要求，其中包括产品的系统边界、生命周期阶段、数据收集、信息交流等的要求和指南，适用于采用各种背光源的液晶电视机产品。标准的主要内容包括范围、术语和定义、总则、产品种类的定义和描述、产品碳足迹的目标和范围、生命周期清单、有效期等 7 个部分。

通信行业标准 YD/T 3048.1—2016《通信产品碳足迹评估技术要求 第 1 部分：移动通信手持机》规定了移动通信手持机碳足迹评估的原则、系统边界、计算方法、数据收集、数据质量要求、分配原则及数据发布原则，适用于各类移动通信手持机，包括机身、随机附件和包装。标准的主要内容包括范围、规范性引用文件、术语和定义、原则、功能单位、系统边界、碳足迹计算、数据质量要求、数据收集、分配原则、数据发布原则等 11 个部分。

通信行业标准 YD/T 3048.2—2016《通信产品碳足迹评估技术要求 第 2 部分：以太网交换机》规定了以太网交换机碳足迹评估的原则、系统边界、计算方法、数据收集、数据质量要求、分配原则，适用于各类以太网交换机，包括机身、随机附件和包装。标准的主要内容包括范围、规范性引用文件、术语和定义、原则、功能单位、系统边界、碳足迹计算、数据质量要求、数据收集、分配原则、数据发布原则等 11 个部分。

北京市地方标准 DB11/T 1860—2021《电子信息产品碳足迹核算指南》规定了电子信息产品碳足迹核算的目标、核算范围、功能单位、系统边界、数据收集与处理、核算、报告等内容，适用于指导电子信息产品碳足迹核算活动。标准的主要内容包括范围、规范性引用文件、术语和定义、核算范围、功能单位、系统边界、数据采集与处理、产品碳足迹核算、产品碳足迹报告以及附录等 10 个部分。

上海市地方标准 DB31/T 1071—2017《产品碳足迹核算通则》规定了产品生命周期内的碳排放核算和评估的具体方法和要求。本标准用于上海行政区域内生产或销售的产品和提供的服务的碳排放核算。既可用于产品全生命周期碳排放的核算和评估，也可用于产品从"原材料开采-生产制造"部分生命周期碳排放的核算和评估。本通则不包含量化过程中的抵消，生物质碳涉及的排放也不纳入核算。

广东省地方标准 DB44/T 1874—2016《产品碳足迹 产品种类规则 巴氏杀菌乳》规定了巴氏杀菌乳产品碳足迹评价的基本规则，适用于全脂、脱脂和部分脱脂巴氏杀菌乳的碳足迹评价范围。标准的主要内容包括范围、规范性引用文件、术语和定义、产品种类及产品描述、产品功能单位、系统边界、数据收集、产品碳足迹评价报告、产品碳足迹信息纰漏，以及附录等 10 个部分。

广东省地方标准 DB44/T 1503—2014《家用电器碳足迹评价导则》给出了家用电器碳足迹评价的范围确定、排放计算、分配原则、报告内容及报告发布的一般原则和方法，适用于家用和类似用途的、依赖电能运行的器具。本标准可指导家用电器行业企业获得其产品生命周期的碳排放清单并计算出碳足迹。标准的主要内容包括范围、规范性引用文件、术语和定义、范围确定、数据收集、产品生命周期碳排放的计算、分配原则、评价报告的内容、评价结果的发布，以及附录等10个部分。

成都市地方标准DB5101/T 41—2018《成都市会展活动碳足迹核算与碳中和实施指南》规定了成都市会展活动碳足迹的核算原则、核算程序、核算边界、核算方法、碳足迹报告内容与格式、碳中和实施程序和碳中和声明等内容，适用于成都市行政区域内会展活动碳足迹的核算以及碳中和的实施。标准的主要内容包括范围、规范性引用文件、术语和定义、核算原则、核算程序、核算边界、核算方法、碳足迹报告内容与格式、碳中和实施程序、碳中和声明以及附录等11个部分。

（八）碳中和标准

碳中和标准主要包括碳中和要求、评价等方面的技术文件。

现行行业标准1项、地方标准2项、国际标准计划1项，见表13-15。

表13-15 碳中和标准

序号	标准级别	标准编号/计划号	标准中文名称
1	行业标准	LY/T 3116—2019	《中国森林认证 碳中和产品》
2	地方标准	DB11/T 1861—2021	《企事业单位碳中和实施指南》
3	地方标准	DB11/T 1862—2021	《大型活动碳中和实施指南》
4	国际标准	ISO/FDIS 14068	《温室气体管理及其相关或活动 碳中和》 *Greenhouse gas management and related activities—Carbon neutrality*

林业行业标准LY/T 3116—2019《中国森林认证 碳中和产品》规定了产品实施碳中和认证的要求，包括产品碳排放计量、碳汇来源和管理、产品碳中和、碳中和产品标识和管理体系等，适用于中国实施的碳中和产品认证活动。标准的主要内容包括范围、规范性引用文件、术语和定义、产品碳排放计量、碳汇来源和管理、产品碳中和、碳中和产品标识、管理体系等8个部分。

此外，生态环境部2019年发布《大型活动碳中和实施指南（试行）》，规范了大型活动的碳中和实施，填补了我国在这方面的空白。指南中将“碳中和”定义为“通过购买碳配额、碳信用的方式或通过新建林业项目产生碳汇量的方式抵消大型活动的温室气体排放量”。

北京市地方标准DB11/T 1861—2021《企事业单位碳中和实施指南》规定了企事业单位碳中和实施工作的基本原则和实施流程以及碳中和准备阶段、实施阶段、评价阶段和声明阶段的详细内容和工作要求，适用于企事业单位实施碳中和开展的工作。园区实施碳中和开展的工作可参照执行。标准的主要内容包括范围、规范性引用文件、术语和定义、基本要求和原则、企事业单位碳中和实施流程、企事业单位碳中和准备阶段、企事业单位碳中和实施阶段、企事业单位碳中和评价阶段、企事业单位碳中和声明阶段以及附录等10个部分。

北京市地方标准DB11/T 1862—2021《大型活动碳中和实施指南》规定了大型活动碳中和的基本要求和原则、实施流程、实施计划的制定与发布、实施、排放核算、碳中和实现、评价和实现声明，适用于大型活动碳中和，其他活动可参考本文件实施。标准的主要内容包括范围、规范性引用文件、术语和定义、基本要求和原则、碳中和实施流程、碳中和实施计划的制定与发布、减排行动的实施、温室气体排放核算、碳中和实现、碳中和评价、碳中和实现声明以及附录等12个部分。

2020年2月ISO成立的国际标准制定工作组制定国际标准ISO 14068《温室气体管理及其相关活动 碳中和》。该标准当前还在最终草案（CWD）阶段，预计将于2023年制定完成并发布。ISO 14068制定重点集中在标准范围、核心术语的定义、减排量要求、碳中和信息交流等方面，将有助于为人们提供一种实现碳中和的统一方法和原则，并支持各国在制定本国气候变化的计划、战略和方案时更好地使用碳中和相关的目标和说明。

（九）低碳发展标准

低碳发展标准是低碳产品评价、低碳城市、低碳社区评价等方面的技术文件。

现行地方标准1项，在研国家标准3项，见表13-16。

表13-16　低碳发展标准

序号	类别	标准级别	标准编号/计划号	标准中文名称
1	低碳产品	地方标准	DB44/T 1941—2016	《产品碳排放评价技术通则》
2	低碳评价	国家标准计划	20193355-T-303	《工业低碳企业评价通则》
3	低碳产品	国家标准计划	20111536-T-469	《低碳产品评价技术要求 浮法玻璃》
4	低碳产品	国家标准计划	20111738-T-424	《低碳产品评价技术要求——中小型三相异步电动机》

2016年发布的广东省地方标准DB44/T 1941—2016《产品碳排放评价技术通则》规定了产品碳排放评价的通用原则和要求、目标及范围、系统边界、数据收集与计算、不确定性分析、具体产品碳排放评价技术规范的内容、产品碳排放评价报告及信息披露。本标准为具体产品碳排放评价技术规范的制定提供指南。标准的主要内容包括范围、规范性引用文件、术语和定义、原则及要求、产品碳排放评价的目标及范围、系统边界、数据收集与计算、不确定性分析、具体产品碳排放评价技术规范的内容、产品碳排放评价报告、信息披露以及附录等12个部分。

（十）林业碳汇标准

林业碳汇标准是碳汇计量、碳汇监测、碳储量计算、优势树种生物量测定、竹林、竹材碳计量规程等方面的技术文件。

现行林业行业标准21项、地方标准18项，国家标准计划项目1项，见表13-17。

表13-17　林业碳汇标准

序号	标准级别	标准编号/标准计划号	标准中文名称
1	行业标准	LY/T 2252—2014	《碳汇造林技术规程》
2	行业标准	LY/T 2409—2015	《林业碳汇项目审定和核证指南》
3	行业标准	LY/T 2260—2014	《立木生物量模型及碳计量参数——油松》
4	行业标准	LY/T 2261—2014	《立木生物量模型及碳计量参数——湿地松》
5	行业标准	LY/T 2263—2014	《立木生物量模型及碳计量参数——马尾松》
6	行业标准	LY/T 2264—2014	《立木生物量模型及碳计量参数——杉木》
7	行业标准	LY/T 2654—2016	《立木生物量模型及碳计量参数——落叶松》
8	行业标准	LY/T 2655—2016	《立木生物量模型及碳计量参数——云杉》
9	行业标准	LY/T 2656—2016	《立木生物量模型及碳计量参数——冷杉》
10	行业标准	LY/T 2657—2016	《立木生物量模型及碳计量参数——柳杉》
11	行业标准	LY/T 2658—2016	《立木生物量模型及碳计量参数——栎树》
12	行业标准	LY/T 2659—2016	《立木生物量模型及碳计量参数——桦树》
13	行业标准	LY/T 2660—2016	《立木生物量模型及碳计量参数——木荷》
14	行业标准	LY/T 2661—2016	《立木生物量模型及碳计量参数——枫香》
15	行业标准	LY/T 2743—2016	《碳汇造林项目设计文件编制指南》
16	行业标准	LY/T 2744—2016	《碳汇造林项目监测报告编制指南》
17	行业标准	LY/T 2988—2018	《森林生态系统碳储量计量指南》
18	行业标准	LY/T 3181—2020	《森林生态旅游低碳化管理导则》
19	行业标准	LY/T 3196—2020	《竹林碳计量规程》

续表

序号	标准级别	标准编号/标准计划号	标准中文名称
20	行业标准	LY/T 3197—2020	《竹材制品碳计量规程》
21	行业标准	LY/T 3253—2021	《林业碳汇计量监测术语》
22	地方标准	DB11/T 1089—2014	《林业碳汇项目审定与核证技术规范》
23	地方标准	DB11/T 1214—2015	《平原地区造林项目碳汇核算技术规程》
24	地方标准	DB11/T 953—2013	《林业碳汇计量监测技术规程》
25	地方标准	DB23/T 1919—2017	《森林经营碳汇项目技术规程》
26	地方标准	DB23/T 1923—2017	《碳汇造林项目技术规程》
27	地方标准	DB23/T 2015—2017	《红松人工林碳储量计量方法》
28	地方标准	DB23/T 2016—2017	《碳汇造林技术规程》
29	地方标准	DB23/T 2475—2019	《林业碳汇计量检测体系建设技术规范》
30	地方标准	DB23/T 2669—2020	《杂种落叶松碳汇林营建及计量技术规程》
31	地方标准	DB31/T 1232—2020	《城市森林碳汇调查及数据采集技术规范》
32	地方标准	DB31/T 1234—2020	《城市森林碳汇计量监测技术规程》
33	地方标准	DB37/T 4203.1—2020	《林业碳汇计量监测体系建设规范 第1部分：导则》
34	地方标准	DB37/T 4203.2—2020	《林业碳汇计量监测体系建设规范 第2部分：森林碳汇监测方法》
35	地方标准	DB37/T 4203.3—2020	《林业碳汇计量监测体系建设规范 第3部分：森林碳储量计算》
36	地方标准	DB44/T 1917—2016	《林业碳汇计量与监测技术规程》
37	地方标准	DB44/T 2116—2018	《碳汇造林技术规程》
38	地方标准	DB44/T 2177—2019	《樟树等三个乡土阔叶树种立木碳计量模型及参数》
39	地方标准	DB45/T 1108—2014	《造林再造林项目碳汇计量与监测技术规程》
40	国家标准计划	20181923-T-432	《林业碳汇项目审定和核证指南》

林业行业标准LY/T 2252—2014《碳汇造林技术规程》规定了碳汇造林地点选择、调查和作业设计、树种选择、造林方式、整地栽植、森林抚育、检查验收、档案管理等技术要求，适用于中国境内的碳汇造林。标准的主要内容包括范围、规范性引用文件、术语和定义、总则、碳汇造林地点选择、造林方法与技术、抚育管护、碳汇造林活动记录、检查验收、碳汇计量与监测、技术档案以及附录等内容。

林业行业标准LY/T 2409—2015《林业碳汇项目审定和核证指南》规定了林业碳汇项目审定和核证的内容，适用于在中国实施温室气体减排交易的林业碳汇项目。标准的主要内容包括范围、术语和定义、审定和核正的基本原则、审定、核正以及附录等6个部分。

国家林草局发布了12项优势树种立木生物量模型及碳计量参数行业标准，规范森林碳汇核算。标准分别为：林业行业标准LY/T 2260—2014《立木生物量模型及碳计量参数 油松》、LY/T 2261—2014《立木生物量模型及碳计量参数 湿地松》、LY/T 2263—2014《立木生物量模型及碳计量参数 马尾松》、LY/T 2264—2014《立木生物量模型及碳计量参数 杉木》、LY/T 2654—2016《立木生物量模型及碳计量参数 落叶松》、LY/T 2655—2016《立木生物量模型及碳计量参数 云杉》、LY/T 2657—2016《立木生物量模型及碳计量参数 柳杉》、LY/T 2658—2016《立木生物量模型及碳计量参数 栎树》、LY/T 2659—2016《立木生物量模型及碳计量参数 桦树》、LY/T 2660—2016《立木生物量模型及碳计量参数 木荷》、LY/T 2661—2016《立木生物量模型及碳计量参数 枫香》等标准规定了油松（*Pinus tabulaeformis*）、湿地松（*Pinus elliottii*）、马尾松（*Pinus massoniana*）、杉木（*Cunninghamia lanceolata*）、落叶松（*Larix* spp.）、云杉（*Picea* spp.）、冷杉（*Abies* spp.）、柳杉（*Cryptomeria fortunei*）、栎树（*Quercus* spp.）、桦树（*Betula* spp.）、木荷（*Schima superba*）、枫香（*Liq-*

uidambar formosana）的立木生物量模型及其相容性生物量转换因子函数、根茎比函数和含碳系数等。本标准适用于全国油松林、湿地松林、马尾松、杉木、落叶松、云杉、冷杉、柳杉、栎树、桦树、木荷、枫香林生物量与碳储量的计量和监测。

林业行业标准 LY/T 2743—2016《碳汇造林项目设计文件编制指南》规定了碳汇造林项目设计文件编制的格式和内容。本标准适用于参与中国温室气体自愿减排交易的碳汇造林项目。标准的主要内容包括范围、规范性引用文件、编制内容、编制格式以及附录等 5 个部分。

林业行业标准 LY/T 2744—2016《碳汇造林项目监测报告编制指南》规定了编制碳汇造林项目监测报告的内容和格式。本标准适用于参与中国温室气体自愿减排交易的碳汇造林项目。标准的主要内容包括范围、规范性引用文件、编制内容、编制格式以及附录等 5 个部分。

林业行业标准 LY/T 2988—2018《森林生态系统碳储量计量指南》规定了森林生态系统碳储量计量的内容和方法。本标准适用于森林生态系统林分尺度碳储量的计量。标准的主要内容包括范围、规范性引用文件、术语和定义、计量内容、计量方法以及附录等 6 个部分。

林业行业标准 LY/T 3181—2020《森林生态旅游低碳化管理导则》规定了森林生态旅游低碳化管理导则的基本要求，主要规定了总则、森林生态旅游资源保护、森林生态环境管理、建筑、基础配套、服务配套、游客低碳行为、低碳宣传与教育、服务管理等要求。标准的主要内容包括范围、规范性引用文件、术语和定义、总则、森林生态旅游资源保护要求、森林生态环境管理、建筑要求、基础配套、服务配套、游客低碳行为、低碳宣传与教育、服务管理等 12 个部分。

林业行业标准 LY/T 3196—2020《竹林碳计量规程》规定了竹林碳计量的术语和定义、计量方法。本标准适用于天然分布和人工栽培的竹林碳储量的计量。标准的主要内容包括范围、规范性引用文件、术语和定义、竹林碳储量的计量方法以及附录等 5 个部分。

林业行业标准 LY/T 3197—2020《竹材制品碳计量规程》规定了在用竹材制品碳储量计量相关的术语、定义、分类和计量方法。本标准适用于各类竹材制品碳储量的计量。标准的主要内容包括范围、规范性引用文件、术语和定义、竹材制品的分类、各类竹材制品碳储量变化计量以及附录等 6 个部分。

林业行业标准 LY/T 3253—2021《林业碳汇计量监测术语》规定了有关林业应对气候变化和林业碳汇计量监测方面的术语定义。本文件适用于林业应对气候变化和林业碳汇计量监测方面相关工作。标准的主要内容包括范围、术语、缩略语以及附录等 4 个部分。

北京市地方标准 DB11/T 1089—2014《林业碳汇项目审定与核证技术规范》规定了北京市林业碳汇项目审定与核证工作的原则、程序和要求。本标准适用于指导审定与核证机构对北京地区的碳汇造林、森林经营、森林保护和绿地建设等类型的林业碳汇项目开展审定与核证工作。标准的主要内容包括范围、规范性引用文件、术语和定义、审定与核证的原则、审定、核证等 6 个部分。

北京市地方标准 DB11/T 1214—2015《平原地区造林项目碳汇核算技术规程》规定了平原地区造林项目的碳汇量计量、监测的技术方法和要求。本标准适用于 2005 年 2 月 16 日以来的无林地，包括宜林地、农地、废弃沙石坑地、荒滩、荒地、拆迁腾退地、重要水源保护地（不含湿地）地区造林项目和城市景观造林绿化活动的碳汇计量与监测。标准的主要内容包括范围、规范性引用文件、术语和定义、碳计量方法、监测程序以及附录等 6 个部分。

北京市地方标准 DB11/T 953—2013《林业碳汇计量监测技术规程》规定了林业碳汇计量监测的碳库确定与选择、计量监测的技术方法和监测的相关要求。本标准适用于指导开展林地与城市绿地的碳汇计量监测工作。主要计量监测林地与城市绿地的碳储量、碳储量的变化量、林业活动及森林火灾造成的温室气体排放。标准的主要内容包括范围、规范性引用文件、术语和定义、碳库的确定与选择、计量与监测、监测要求以及附录等 7 个部分。

黑龙江省地方标准 DB23/T 1919—2017《森林经营碳汇项目技术规程》规定了森林经营碳汇项目的术语和定义、总则、基线和碳计量方法、监测程序及标准和森林经营措施的要求。本标准适用于黑龙江省境内的森林经营碳汇项目。标准的主要内容包括范围、规范性引用文件、术语和定义、总则、基线和碳计量方法、监测程序及指标、森林经营以及附录等 8 个部分。

黑龙江省地方标准 DB23/T 1923—2017《碳汇造林项目技术规程》规定了碳汇造林项目的术语和定义、总则、基线和碳计量方法、造林措施、监测程序及指标的要求。本标准适用于黑龙江省内碳汇造林项目。标准的主要内容包括范围、规范性引用文件、术语和定义、总则、基线和碳计量方法、造林措施、监测程序及指标以及附录等 8 个部分。

黑龙江省地方标准 DB23/T 2015—2017《红松人工林碳储量计量方法》规定了红松人工林碳储量计量方法的术语与定义、立木生物量模型、含碳系数、碳密度计量方法和碳储量计量方法及应用。本标准适用于市县林区红松人工林立木及林分碳储量的计量。标准的主要内容包括范围、规范性引用文件、术语和定义、立木生物量模型、含碳系数、碳密度计量方法、碳储量计量方法、应用以及附录等 9 个部分。

黑龙江省地方标准 DB23/T 2016—2017《碳汇造林技术规程》规定了碳汇造林的术语和定义、原则、作业区选择、作业区调查和作业设计、造林分区、造林树种、苗木、造林密度、造林作业、未成林抚育管护、造林地生境保护、造林成效评价、造林活动记录、碳汇计量与监测及造林档案。本标准适用于市县造林档案。标准的主要内容包括范围、规范性引用文件、术语和定义、原则、作业区选择、作业区调查和作业设计、造林树种、森林类别及林种的确定、苗木、造林密度、造林作业、未成林抚育管护、造林地生境保护、造林成效评价、造林活动记录、计量与监测、造林档案以及附录等 18 个部分。

黑龙江省地方标准 DB23/T 2475—2019《林业碳汇计量检测体系建设技术规程》规定了林业碳汇计量的原则、监测范围、监测期、监测内容、体系建设和建设成果。本标准适用于林业碳汇计量监测体系建设。标准的主要内容包括范围、规范性引用文件、体系建设原则、监测范围和监测期、监测内容、地类划分、地类变化原因、其他因子、监测体系建设、监测体系建设成果以及附录等 11 个部分。

黑龙江省地方标准 DB23/T 2669—2020《杂种落叶松碳汇林营建及计量技术规程》规定了杂种落叶松碳汇林营建及计量的术语和定义、作业区选择调查和设计、培育技术、碳密度计量和监测方法。本标准适用于杂种落叶松碳汇林的营建及计量。标准的主要内容包括范围、规范性引用文件、术语与定义、作业区选择和调查设计、培育技术、碳密度计量、监测方法以及附录等 8 个部分。

上海市地方标准 DB31/T 1232—2020《城市森林碳汇调查及数据采集技术规范》规定了城市森林碳汇的调查对象、样地设置、样品采集、参数测定及数据精度等技术要求和标准。本标准适用于城市森林质量评价、碳汇估测及碳库动态的长期监测。

上海市地方标准 DB31/T 1234—2020《城市森林碳汇计量监测技术规程》规定了城市森林碳汇计量监测的碳库确定与选择、计量监测的技术方法与相关要求。适用于开展城市森林的碳汇计量监测工作，用于计量监测城市森林的碳储量、碳储量变化量及林地转化造成的碳变化量。标准的主要内容包括范围、规范性引用文件、术语与定义、碳库的选择与确定、调查方法、计量方法、监测要求以及附录等 8 个部分。

山东省地方标准 DB37/T 4203.1—2020《林业碳汇计量监测体系建设规范 第 1 部分：导则》确立了林业碳汇计量监测体系建设的术语和定义、计量监测原则、建设内容、计量监测对象、计量监测尺度、精度要求和计量监测成果等内容。本文件适用于山东省林业碳汇计量监测工作。标准的主要内容包括范围、规范性引用文件、术语与定义、计量监测原则、建设内容、计量监测对象、计量监测尺度、精度要求、计量监测成果、档案管理等 10 个部分。

山东省地方标准 DB37/T 4203.2—2020《林业碳汇计量监测体系建设规范 第 2 部分：森林碳汇监测方法》规定了林业碳汇计量监测体系建设中森林碳汇调查监测方法和数据统计等内容。本文件适用于省级、县级和项目级三个尺度的森林碳汇基础数据的调查监测。标准的主要内容包括范围、规范性引用文件、术语与定义、调查监测方法、数据统计等 5 个部分。

山东省地方标准 DB37/T 4203.3—2020《林业碳汇计量监测体系建设规范 第 3 部分：森林碳储量

计算》规定了林业碳汇计量监测体系中森林碳储量计算的术语和定义、森林碳库生物量计算、森林碳库碳储量计算和竹林、经济林、灌木林碳储量等内容。本文件适用于林业碳汇计量监测工作中森林生物量和碳储量的计算。标准的主要内容包括范围、规范性引用文件、术语与定义、乔木林碳库生物量、乔木林碳库碳储量、经济林/灌木林/竹林碳库碳储量以及附录等7个部分。

广东省地方标准DB44/T 1917—2016《林业碳汇计量与监测技术规范》规定了林业碳汇计量监测的基本原则、基线和碳汇计量方法、碳汇监测程序与方法等技术要求。本标准适用于林业碳汇的计量与监测。标准的主要内容包括范围、规范性引用文件、术语与定义、基本原则、林业碳汇项目要求、基线和项目碳汇计量、监测程序和方法、基线和项目碳汇监测以及附录等9个部分。

广东省地方标准DB44/T 2116—2018《碳汇造林技术规程》规定了造林地选择、基线调查、作业设计、造林、检查验收、碳汇计量与监测、档案等要求。本标准适用于碳汇造林工程。标准的主要内容包括范围、规范性引用文件、术语与定义、总则、造林地选择、基线调查、作业设计、造林、检查验收、碳汇计量与监测、档案以及附录等12个部分。

广东地方标准DB44/T 2177—2019《樟树等三个乡土阔叶树种立木碳计量模型及参数》规定了樟树（*Cinnamomum camphora*（L.）Presl）、木荷（*Schima superba* Gardn. et Champ.）、枫香（*Liquidambar formosana* Hance）的立木生物量生长模型、生物量异速生长模型、生物量转换因子函数、根茎比函数、含碳系数和模型适用等要求。本标准适用于樟树、木荷、枫香立木生物量计算和碳储量计量监测。

（十一）二氧化碳捕集、运输和封存（CCUS）标准

二氧化碳捕集、运输和封存是未来减少二氧化碳排放、保障能源安全和实现可持续发展的重要手段。

作为可大规模推广应用的碳清除技术之一，二氧化碳捕集、利用与封存（CCUS）是实现碳达峰和碳中和目标的重要前沿技术。据全球碳捕集与封存研究院《全球碳捕集与封存现状2020》报告，目前全球总计有65个商业CCS设施，其中26个正在运行（中国有3个）、2个暂停运行、其他37个处于在建或开发阶段。已运行的CCS设施每年可捕集和永久封存4000万吨二氧化碳。中国企业也积极开展CCUS技术研发与示范活动，已建成多套10万吨级以上CO_2捕集和万吨级CO_2利用示范装置，并完成了10万吨/年陆上咸水层CO_2地质封存示范。CCUS技术发展、示范项目实施、政策落实等都急需标准化工作支持。

2011年ISO成立了国际标准化组织二氧化碳捕集、运输与地质封存技术委员会（ISO/TC 265），其主要职责为：

（1）制修订CCUS术语标准，通过规范统一该领域专业术语和定义，以减少混淆；

（2）制修订CCUS项目量化与验证标准，为企业确定清除量、参与减排交易等提供标准化支撑；

（3）制修订地质封存分类评估的标准研制，为示范项目选址实施等提供技术依据；

（4）制修订燃烧后捕集、CO_2地质利用等技术标准，促进新技术应用推广；

（5）制定CCUS风险评估和风险管理标准，以防范CCUS建设和应用相关风险。

二氧化碳捕集、运输和封存标准是指针对将所产生的二氧化碳（CO_2）进行捕集、运输和封存的技术文件。

目前已发布10项国际标准见表13-18。

表13-18　二氧化碳捕集、运输和封存标准

序号	标准级别	标准编号	标准中文名称	标准英文名称
1	国际标准	ISO/TR 27912：2016	二氧化碳捕集 二氧化碳捕集体系、技术和工艺流程	*Carbon dioxide capture—Carbon dioxide capture systems，technologies and processes*

续表

序号	标准级别	标准编号	标准中文名称	标准英文名称
2	国际标准	ISO 27913：2016	二氧化碳捕集、运输和地质封存 管道运输系统	*Carbon dioxide capture, transportation and geological storage—Pipeline transportation systems*
3	国际标准	ISO 27914：2017	二氧化碳捕集、运输和地质封存 地质封存	*Carbon dioxide capture, transportation and geological storage—Geological storage*
4	国际标准	ISO/TR 27915：2017	二氧化碳捕集、运输和地质封存 量化和核查要求	*Carbon dioxide capture, transportation and geological storage—Quantification and verification*
5	国际标准	ISO 27916：2019	二氧化碳捕集、运输和地质封存 采用石油回复贮存使用二氧化碳	*Carbon dioxide capture, transportation and geological storage—Carbon dioxide storage using enhanced oil recovery* (*CO_2-EOR*)
6	国际标准	ISO 27917：2017	二氧化碳捕集、运输和地质封存 术语 交叉切割词语	*Carbon dioxide capture, transportation and geological storage—Vocabulary—Cross cutting terms*
7	国际标准	ISO/TR 27918：2018	二氧化碳捕集综合项目周期风险管理	*Lifecycle risk management for integrated CCS projects*
8	国际标准	ISO 27919-1：2018	二氧化碳捕集 第1部分：发电厂燃烧捕捉二氧化碳的性能评估	*Carbon dioxide capture—Part 1: Performance evaluation methods for post-combustion CO_2 capture integrated with a power plant*
9	国际标准	ISO/TR 27921：2020	二氧化碳捕集、运输和地质封存 交叉切割法 二氧化碳流的组成	*Carbon dioxide capture, transportation, and geological storage—Cross Cutting Issues—CO_2 stream composition*
10	国际标准	ISO/TR 27922：2021	二氧化碳捕集 水泥工业的碳捕捉技术概述	*Carbon dioxide capture—Overview of carbon dioxide capture technologies in the cement industry*

参考文献

[1] 张冉，段新芳．中国林产工业循环经济标准体系及其绿色产品评价标准［M］．北京：中国建材工业出版社，2018
[2] 宋大成，安全生产标准化指南［M］．北京：煤炭出版社，2012
[3] 王瑞，段新芳．中国定制木质家居产业准体系研究［M］．北京：中国建材工业出版社，2020
[4] 住房和城乡建设部标准定额司．工程建设标准编制指南［M］．北京：中国建筑工业出版社，2009
[5] 住房和城乡建设部标准定额司，住房和城乡建设部标准定额研究所．中国工程建设标准化发展报告［M］．2018. 北京：中国建筑工业出版社，2020.
[6] 段新芳主编．木材工业转型升级标准指南［M］．北京：中国建材工业出版社，2022.
[7] 安永碳中和课题组．一本书读懂碳中和［M］．北京：机械工业出版社，2021.
[8] 李阳．碳中和与碳捕集利用封存技术进展［M］．北京：中国石化出版社，2021.
[9] 中金公司研究部、中金研究院著．碳中和经济学［M］．北京：中信出版社，2021.
[10] 陈迎，巢清尘，等．碳达峰、碳中和100问［M］．北京：人民出版社，2021.
[11] 王军．碳中和时代——未来40年财富大转移［M］．北京：电子工业出版社，2021.

附录 1　木材工业标准制修订重要参考文献

标准制修订工作涉及国家法律法规与政策、国家标准工作导则和指南以及多学科理论和技术内容，需要学习和掌握很多知识。为进一步提高标准质量，在系统分析总结了多年来在木材工业标准制修订过程中发现的诸多问题基础上，编者特收集整理了“标准化管理法律法规及政策、标准化工作导则和工作指南、标准编写规则和标准中特定内容的起草、量和单位、统计方法、木材工业基础及通用标准、有毒有害物质限量及试验方法、企业标准化管理”等 8 个方面的标准制修订的法律法规、标准化工作指导文件、重要标准，特向广大木材工业标准制修订工作者推荐并在标准制修订过程中参考，提高标准化工作的政策及业务水平，提高木材工业标准质量。

一、标准化管理法律法规及政策

标准化管理法律法规和政策是标准化法、产品质量法以及各种标准化管理的法律法规与政策文件，是标准化管理工作依法依规执行和实施的基础。

1.《中华人民共和国标准化法》（1988 年 12 月 29 日第七届全国人民代表大会常务委员会第五次会议通过，2017 年 11 月 4 日，第十二届全国人民代表大会常务委员会第三十次会议修订）

2.《全国专业标准化技术委员会管理办法》（2017 年 10 月 30 日，国家质检总局令第 191 号）

3.《国家标准管理办法》（2022 年 9 月 9 日，国家技术监督管理总局令第 59 号）

4.《国家标准样品管理办法》（2021 年 6 月 2 日，国市监标技规〔2021〕1 号）

5.《强制性国家标准管理办法》（2020 年 1 月 6 日，国家市场监督管理总局令第 25 号）

6.《采用国际标准管理办法》（2001 年 11 月 21 日，国家质检总局第 10 号令）

7.《地方标准管理办法》（2019 年 12 月 23 日，国家市场监督管理总局第 26 号令）

8.《林业标准化管理办法》（2003 年 7 月 21 日，国家林业局令第 9 号；2011 年 1 月 25 日国家林业局令第 26 号修改）

9.《企业标准化管理办法》（1990 年 8 月 24 日，国家技术监督局第 13 号令）

10.《团体标准管理规定》（2019 年 1 月 9 日，国家标准化管理委员会联〔2019〕1 号）

11.《国家标准外文版管理办法》（2016 年 8 月 26 日，中国国家标准化管理委员会公告 2016 年 5 号）

12.《参加国际标准化组织（ISO）和国际电工委员会（IEC）国际标准化活动管理办法》（2015 年 3 月 17 日，国家质检总局、国家标准化管理委员会，2015 年第 36 号）

13.《推荐性国家标准立项评估办法（试行）》（国家标准化管理委员会，2016）

14.《中华人民共和国消费者权益保护法》（2013 年 10 月 25 日，十二届全国人大常委会第五次会议第二次修正）

15.《中华人民共和国进出口商品检验法》（2021 年 4 月 29 日，第十三届全国人民代表大会常务委员会第二十八次会议修改）

16.《中华人民共和国产品质量法》（2018 年 12 月 29 日，第十三届全国人民代表大会常务委员会第七次会议通过修改）

17.《中华人民共和国计量法》（2018 年 10 月 26 日第十三届全国人民代表大会常务委员会第六次会议第五次修正）

18.《中华人民共和国认证认可条例》（2020年11月29日《国务院关于修改和废止部分行政法规的决定》进行第二次修订）

19.《国家林业和草原局专业标准化技术委员会管理办法》（国家林业和草原局，2019）

20.《国家标准化指导性技术文件管理规定》（1998年12月24日，质技监局发〔1998〕181号）

二、标准化工作导则和工作指南

标准化工作导则和工作指南是标准化文件编制和开展各种标准化工作的基础标准工具。

1. GB/T 1.1—2020《标准化工作导则 第1部分：标准化文件的结构和起草规则》
2. GB/T 1.2—2020《标准化工作导则 第2部分：以ISO/IEC标准化文件为基础的标准化文件起草规则》
3. GB/T 20000.1—2014《标准化工作指南 第1部分：标准化和相关活动的通用术语》
4. GB/T 20000.3—2014《标准化工作指南 第3部分：引用文件》
5. GB/T 20000.6—2006《标准化工作指南 第6部分：标准化良好行为规范》
6. GB/T 20000.7—2006《标准化工作指南 第7部分：管理体系标准的论证和制定》
7. GB/T 20000.8—2014《标准化工作指南 第8部分：阶段代码系统的使用原则和指南》
8. GB/T 20000.10—2016《标准化工作指南 第10部分：国家标准的英文译本翻译通则》
9. GB/T 20000.11—2016《标准化工作指南 第11部分：国家标准的英文译本通用表述》

三、标准编写规则与标准中特定内容起草的标准

标准编写规则是指导术语、符号、信息分类编码及化学分析方法、产品标准编写的技术文件；标准中特定内容起草的标准是为了重视和关注儿童、老年人和残疾人等弱势群体的需求和利益，制定的涉及儿童安全、老年人和残疾人的特定需求方面的标准。

1. GB/T 20001.1—2001《标准编写规则 第1部分：术语》
2. GB/T 20001.2—2015《标准编写规则 第2部分：符号标准》
3. GB/T 20001.3—2015《标准编写规则 第3部分：分类标准》
4. GB/T 20001.4—2015《标准编写规则 第4部分：试验方法标准》
5. GB/T 20001.5—2017《标准编写规则 第5部分：规范标准》
6. GB/T 20001.6—2017《标准编写规则 第6部分：规程标准》
7. GB/T 20001.7—2017《标准编写规则 第7部分：指南标准》
8. GB/T 20001.10—2014《标准编写规则 第10部分：产品标准》
9. GB/T 10112—2019《术语工作 原则与方法》
10. GB/T 20002.1—2008《标准中特定内容的起草 第1部分：儿童安全》
11. GB/T 20002.2—2008《标准中特定内容的起草 第2部分：老年人和残疾人的需求》
12. GB/T 20002.3—2014《标准中特定内容的起草 第3部分：产品标准中涉及环境的内容》
13. GB/T 20002.4—2015《标准中特定内容的起草 第4部分：标准中涉及安全的内容》

四、量和单位

量和单位是科学技术工作者在撰写文章时经常会碰到的问题，很多人对此不够重视。制定标准对量和单位有专门的标准规定，必须遵守。

1. GB 3100—1993《国际单位制及其应用》
2. GB/T 3101—1993《有关量、单位和符号的一般原则》
3. GB/T 3102—1993《量和单位》（所有部分）
4. GB/T 14559—1993《变化量的符号和单位》

五、统计方法

统计方法标准是产品标准中检验抽样方案的标准，对合理地选择抽样方案、将生产方和使用方的风险控制到最小，具有重要意义。我国目前有 20 多项依据统计学原理制定的抽样检验标准，常用标准如下：

1. LY/T 1717—2007《人造板抽样检验指导通则》
2. GB/T 3358.1—2009《统计学词汇及符号 第 1 部分：一般统计术语与用于概率的术语》
3. GB/T 3358.2—2009《统计学词汇及符号 第 2 部分：应用统计》
4. GB/T 3358.3—2009《统计学词汇及符号 第 3 部分：实验设计》
5. GB/T 2828.1—2012《计数抽样检验程序 第 1 部分：按接收质量限（AQL）检索的逐批检验抽样计划》

六、木材工业基础通用标准

木材工业基础标准主要包括木材、人造板等的术语和试验方法、木材树种名称等标准。

在制定木材产品标准时，涉及的术语、试验方法等标准内容务必注意与基础标准的协调一致。为适应人造板生产、贸易、科研和教学，对中国主要木材名称、主要进口木材名称以及基本材性都有相应的书籍和国家标准，其中要特别注意在列举木材工业用木材、树种名称时应严格按照标准规定，注意正确标注树种的拉丁学名、中文名和英文名。

1. GB/T 1927（包括 21 部分）《无疵小试样木材物理力学性质试验方法》
2. GB/T 16734—1997《中国主要木材名称》
3. GB/T 18513—2001《中国主要进口木材名称》
4. GB/T 18107—2017《红木》
5. LY/T 1788—2008《木材性质术语》
6. GB/T 18259—2018《人造板及其表面装饰术语》
7. LY/T 1280—2008《木材工业胶粘剂术语》
8. GB/T 19367—2009《人造板的尺寸测定》
9. GB/T 17657—2013《人造板及饰面人造板理化性能试验方法》
10. 杨家驹，段新芳等著，世界商品木材拉汉英名称．中国林业出版社，2000

七、木材与人造板有毒有害物质限量及试验方法

木材与人造板有毒有害物质限量与方法标准主要是人造板及其制品甲醛释放量、人造板及其制品挥发性有机化合物及人造板及其制品重金属含量等的标准。

1. GB 18580—2017《室内装饰装修材料 人造板及其制品中甲醛释放限量》
2. GB/T 39600—2021《人造板及其制品甲醛释放量分级》
3. GB/T 23825—2009《人造板及其制品中甲醛释放量测定 气体分析法》
4. LY/T 1612—2004《甲醛释放量检测用 $1m^3$ 气候箱装置》
5. GB 18584—2001《室内装饰装修材料 木家具中有害物质限量》
6. GB/T 39598—2021《基于极限甲醛释放量的人造板室内承载限量指南》
7. GB/T 40493—2021《人造板饰面材料中铅、镉、铬、汞重金属元素含量测定》
8. GB/T 33042—2016《木质地板饰面层中铅、镉、铬、汞重金属元素含量测定》
9. LY/T 3230—2020《人造板及其制品挥发性有机化合物释放量分级》
10. LY/T 1926—2020《人造板与木（竹）制品抗菌性能检测与分级》
11. GB/T 35601—2017《绿色产品评价 人造板和木质地板》

八、企业标准化工作

企业标准化工作标准是规范企业标准化工作指南与企业标准体系建设的技术文件。

1. GB/T 35778—2017《企业标准化工作 指南》
2. GB/T 15496—2017《企业标准体系 要求》
3. GB/T 15497—2017《企业标准体系 产品实现》
4. GB/T 15498—2017《企业标准体系 基础保障》
5. GB/T 19273—2017《企业标准化工作 评价与改进》
6. GB/T 13016—2018《标准体系构建原则和要求》
7. GB/T 13017—2018《企业标准体系表编制指南》

附录2　常用国内外标准化网站以及国家标准、行业标准和地方标准公开网址

第一部分　国内标准化机构网址

1. 国家标准化管理委员会：http：//www. sac. gov. cn
2. 全国木材标准化技术委员会：http：//tc41. caf. ac. cn
3. 全国人造板标准化技术委员会：http：//tc198. caf. ac. cn
4. 全国林业生物质材料标准化技术委员会：http：//tc416. caf. ac. cn
5. 全国科学技术名词审定委员会：http：//www. cnterm. cn

第二部分　国际标准化组织网址

1. 国际标准化组织（ISO）：https：//www. iso. org
2. 国际电工委员会（IEC）：https：//www. iec. ch
3. 国际电信联盟（ITU）：https：//www. itu. int

第三部分　国外标准化组织网址

1. 美国国家标准协会（ANSI）：https：//www. ansi. org
2. 美国木材保护协会（AWPA）：https：//www. awpa. com
3. 美国试验与材料协会（ASTM）：https：//www. astm. org
4. 欧洲标准化委员会（CEN）：https：//www. cencenelec. eu
5. 德国标准化学会（DIN）：https：//www. din. de/en
6. 英国标准协会：https：//www. bsigroup. com
7. 澳大利亚标准学会：https：//www. standards. org. au
8. 新西兰标准学会：https：//www. standards. govt. nz
9. 韩国标准学会：https：//www. kats. go. kr/main. do
10. 日本工业标准委员会（JISC）：https：//www. jisc. go. jp
11. 日本规格协会（JSA）：https：//webdesk. jsa. or. jp
12. 法国标准化协会（AFNOR）：https：//www. afnor. org/en
13. 非洲地区标准化组织（ARSO）：https：//www. arso-oran. org

第四部分　国家标准、行业标准和地方标准公开网址

一、国家标准公开平台

1. 国家标准全文公开系统：http：//openstd. samr. gov. cn

该系统收录现行有效强制性国家标准和推荐性国家标准。非采标强制性标准可在线阅读和下载，

采标强制性标准只可在线阅读；非采标推荐性标准可在线阅读，采标推荐性标准只提供标准题录信息。

2. 全国标准信息公共服务平台：http：//std. samr. gov. cn

提供国内所有的国家标准、行业标准、地方标准、团体标准、企业标准、国际标准的查阅，提供大部分国家标准的在线阅读。

二、行业标准公开平台

1. 国家林业和草原局

可查看林业行业标准。网址：http：//114. 246. 26. 120：8081/lyj _ project/sr/standard/publish/bzkGongkai/index

2. 国家工程建设标准化信息网

可查看工程建设的国家标准（特别是强制性标准）及工程建设行业标准。

网址：http：//www. ccsn. org. cn

3. 住房城乡建设部

提供住房和城乡建设的国家标准、行业标准发布公告，随公告提供部分标准全文的免费阅读及下载。

网址：http：//www. mohurd. gov. cn/bzde/index. html

4. 中国电力企业联合会

提供电力国家标准、行业标准、中国电力企业联合会团体标准的计划、标准目录。

网址：http：//dls. cec. org. cn/zhongdianlianbiaozhun

5. 生态环境部

提供生态环保国家标准、行业标准的全文免费阅读及下载。

网址：http：//www. mee. gov. cn/ywgz/fgbz/bz

6. 商务部

商务部流通标准制修订信息管理系统，部分商业行业标准可下载。

网址：http：//ltbzh. mofcom. gov. cn/ltbzh _ index. shtml

7. 水利部

水利部水利技术标准查询系统，提供水利强制性条文的标准文本免费阅读及水利标准题录信息的免费查询：

网址：http：//gjkj. mwr. gov. cn/jsjd1/bzcx

8. 国家广播电视总局

广电总局标准信息查询系统，公开广播电视标准，工程建设标准可下载，其他标准提供主要内容和适用范围等信息。

网址：http：//www. nrta. gov. cn/col/col2081/index. html

9. 国家粮食和物资储备局

粮食和物资储备局公开粮油标准目录。

网址：http：//www. lswz. gov. cn/html/ywpd/bzzl/lybz. shtml

10. 中国气象局

中国气象局公开气象行业标准，可免费下载。

网址：http：//www. cma. gov. cn/root7/auto13139

11. 中国人民银行

中国人民银行金融标准全文公开系统，推荐性金融国家标准，推荐性金融行业标准可查询、浏览。

网址：http：//www. cfstc. org/bzgk/gk

12. 自然资源部

自然资源标准化信息服务平台网址：http：//www. nrsis. org. cn

13. 农业农村部

农业农村部农产品质量安全监管局“农业标准”板块随公告公开农业行业标准和国家标准目录，没有标准全文和下载服务。

网址：http：//www. jgs. moa. gov. cn/nybz

14. 工业和信息化部

在工业和信息化标准信息服务平台（https：//miitstd. cn）下的“工业和信息化部行业标准全文公开”栏目（https：//miitstd. cn/StandardOpenHandle/Bz _ list）下预览工业和信息化部归口管理的化工行业、石化行业、黑色冶金行业、有色行业、建材行业、机械行业、船舶行业、轻工行业、纺织行业、兵器行业、核工业行业、电子行业、通信行业、化工行业、船舶行业、民爆行业、轻工行业、化工行业、石化行业、有色行业、黑色冶金行业、建材行业、稀土行业、机械行业、汽车行业、船舶行业、轻工行业、食品行业、纺织行业、包装行业、电子行业、电子行业、机械行业标准共 33 类行业标准。

15. 国家铁路局

国家铁路局提供铁路技术标准、工程建设标准、工程造价标准目录。

网址：http：//www. nra. gov. cn/jgzf/bzgf

附录 3　木材工业国家标准和林业行业标准名录

一、木材国家标准和林业行业标准

序号	标准类别	标准编号	原标准名称
1	基础通用	LY/T 1788—2008	木材性质术语
2		GB/T 14019—2009	木材防腐术语
3		GB/T 33023—2016	木材构造术语
4		GB/T 15035—2009	木材干燥术语
5		GB/T 36202—2018	锯材检验术语
6		GB/T 15787—2017	原木检验术语
7		GB/T 11917—2009	制材工艺术语
8		LY/T 3038—2018	结构用木质材料术语
9		LY/T 3143—2019	结构和室外用木质材料产品标识
10		GB/T 33892—2017	木材物流规划设计符号
11		GB/T 16734—1997	中国主要木材名称
12		GB/T 18513—2001	中国主要进口木材名称
13		GB/T 36870—2018	主要商品木材树种代号
14		GB/T 29894—2013	木材鉴别方法通则
15		GB/T 18107—2017	红木
16		GB/T 32769—2016	非洲热带木材树种鉴定图谱
17		GB/T 32768—2016	拉丁美洲热带木材树种鉴定图谱
18		GB/T 6043—2009	木材 pH 值测定方法
19		GB/T 17660—1999	木材缓冲容量测定方法
20		LY/T 2053—2012	木材的近红外光谱定性分析方法
21		LY/T 2151—2013	木材综纤维素和酸不溶木质素含量测定 近红外光谱法
22		GB/T 1927.1—2021	无疵小试样木材物理力学性质试验方法 第 1 部分：试材采集
23		GB/T 1927.2—2021	无疵小试样木材物理力学性质试验方法 第 2 部分：取样方法和一般要求
24		GB/T 1927.3—2021	无疵小试样木材物理力学性质试验方法 第 3 部分：生长轮宽度和晚材率测定
25		GB/T 1927.4—2021	无疵小试样木材物理力学性质试验方法 第 4 部分：含水率测定
26		GB/T 1927.5—2021	无疵小试样木材物理力学性质试验方法 第 5 部分：密度测定
27		GB/T 1927.6—2021	无疵小试样木材物理力学性质试验方法 第 6 部分：干缩性测定
28		GB/T 1927.7—2021	无疵小试样木材物理力学性质试验方法 第 7 部分：吸水性测定
29		GB/T 1927.8—2021	无疵小试样木材物理力学性质试验方法 第 8 部分：湿胀性测定
30		GB/T 1927.9—2021	无疵小试样木材物理力学性质试验方法 第 9 部分：抗弯强度测定
31		GB/T 1927.10—2021	无疵小试样木材物理力学性质试验方法 第 10 部分：抗弯弹性模量测定
32		GB/T 1935—2009	木材顺纹抗压强度试验方法

续表

序号	标准类别	标准编号	原标准名称
33	基础通用	GB/T 1927.12—2021	无疵小试样木材物理力学性质试验方法 第12部分：横纹抗压强度测定
34		GB/T 1943—2009	木材横纹抗压弹性模量测定方法
35		GB/T 1938—2009	木材顺纹抗拉强度试验方法
36		GB/T 14017—2009	木材横纹抗拉强度试验方法
37		GB/T 1937—2009	木材顺纹抗剪强度试验方法
38		GB/T 1927.17—2021	无疵小试样木材物理力学性质试验方法 第17部分：冲击韧性测定
39		GB/T 1927.18—2021	无疵小试样木材物理力学性质试验方法 第18部分：抗冲击压痕测定
40		GB/T 1927.19—2021	无疵小试样木材物理力学性质试验方法 第19部分：硬度测定
41		GB/T 1927.20—2021	无疵小试样木材物理力学性质试验方法 第20部分：抗劈力测定
42		GB/T 14018—2009	木材握钉力试验方法
43		GB/T 15777—2017	木材顺纹抗压弹性模量测定方法
44		LY/T 3222—2020	木材及木基材料吸湿尺寸稳定性检测规范
45		LY/T 2487—2015	木质地板冲击噪声测试方法
46		LY/T 3138—2019	木制品耐光色牢度等级评定方法
47		LY/T 2054—2012	锯材机械加工性能评价方法
48		GB/T 33039—2016	人造板生产用回收木材质量要求
49		LY/T 2558—2015	人造板生产用回收木材检验方法
50		GB/T 40245—2021	废弃防腐木材回收规范
51		LY/T 1822—2019	废弃木材循环利用规范
52		LY/T 3032—2018	废弃木质材料储存保管规范
53		LY/T 3135—2019	木材剩余物
54		GB/T 28990—2012	古建筑木构件内部腐朽与弹性模量应力波无损检测规程
55		LY/T 2146—2013	古建筑木构件的非破坏性检测方法及腐朽分级
56		LY/T 3137—2019	沉香产品通用技术要求
57		LY/T 3223—2020	沉香质量分级
58		LY/T 2904—2017	沉香
59		GB/T 35380—2017	进境原木中废材的判定方法
60		LY/T 2489—2015	木材交付通用技术条件
61		LY/T 1680—2006	木材综合利用规范
62	原木	LY/T 1502—2008	马尾松原条
63		GB/T 5039—1999	杉原条
64		LY/T 1509—2019	阔叶树原条
65		LY/T 1079—2015	小原条
66		LY/T 1793—2008	木纤维用原木
67		GB/T 29893—2013	轻型木结构锯材用原木
68		LY/T 1002—2012	车立柱
69		LY/T 1158—2018	椽材
70		LY/T 1369—2011	次加工原木
71		LY/T 1506—2018	短原木
72		GB 4820—2013	罐道木

续表

序号	标准类别	标准编号	原标准名称
73	原木	LY/T 1503—2011	加工用原木 枕资
74		LY/T 1504—2013	脚手杆
75		GB/T 143—2017	锯切用原木
76		GB 142—2013	坑木
77		LY/T 1157—2018	檩材
78		LY/T 1507—2018	木杆
79		GB/T 15779—2017	旋切单板用原木
80		GB/T 15106—2017	刨切单板用原木
81		GB/T 4812—2016	特级原木
82		GB/T 11716—2018	小径原木
83		GB/T 11717—2018	造纸用原木
84		LY/T 1294—2012	直接用原木 电杆
85		LY/T 2485—2015	梁材
86		LY/T 1511—2002	原木产品 标志 号印
87		GB/T 17659.1—2018	原木锯材批量检查抽样、判定方法 第 1 部分：原木批量检查抽样、判定方法
88		GB/T 17659.2—2018	原木锯材批量检查抽样、判定方法 第 2 部分：锯材批量检查抽样、判定方法
89		LY/T 1293—1999	原条材积表
90		LY/T 1353—1999	立木材积表
91		GB/T 4815—2009	杉原条材积表
92		GB/T 4814—2013	原木材积表
93		GB/T 144—2013	原木检验
94		LY/T 2984—2018	原条检验
95		LY/T 1370—2018	原条造材
96		GB/T 18000—1999	木材缺陷图谱
97		GB/T 155—2017	原木缺陷
98		GB/T 18959—2003	木材保管规程
99		LY/T 1371—2013	原木归楞
100	锯材	LY/T 3225—2020	锯材高温干燥工艺规程
101		LY/T 2147—2013	木材除湿干燥工艺规程
102		LY/T 3136—2019	旋切单板干燥质量检测方法
103		LY/T 2491—2015	蒸汽热源木材干燥设备节能检测方法
104		LY/T 1156—2012	木板皮
105		GB/T 35217—2017	锯切薄板
106		LY/T 1352—2012	毛边锯材
107		LY/T 3130—2019	木栈道铺装技术规程
108		GB/T 20445—2017	刨光材
109		LY/T 1184—2011	橡胶木锯材
110		GB/T 153—2019	针叶树锯材
111		LY/T 1257—2012	室内装修用木方
112		GB/T 4817—2019	阔叶树锯材

续表

序号	标准类别	标准编号	原标准名称
113	锯材	LY/T 1513—2012	乐器锯材 钢琴用材
114		LY/T 3042—2018	民族乐器锯材　柳琴用材
115		LY/T 3043—2018	民族乐器锯材　阮用材
116		LY/T 1974. 1—2011	民族乐器锯材：第 1 部分 古琴用材
117		LY/T 1974. 1—2011	民族乐器锯材：第 2 部分 琵琶用材
118		LY/T 1285—2011	船舶锯材
119		LY/T 1295—2012	铁路货车锯材
120		LY/T 1200—2012	机台木
121		GB 154—2013	木枕
122		LY/T 1296—2012	载重汽车锯材
123		LY/T 1656—2018	实木包装箱板
124		LY/T 2058—2012	实木地板坯料
125		LY/T 1794—2019	人造板用木片
126		GB/T 7909—2017	造纸木片
127		GB/T 449—2009	锯材材积表
128		GB/T 4822—2015	锯材检验
129		LY/T 1510—1999	剖开材检验
130		GB/T 4823—2013	锯材缺陷
131		LY/T 1069—2002	锯材气干工艺规程
132		LY/T 1068—2012	锯材窑干工艺规程
133		GB/T 17661—1999	锯材干燥设备性能检测方法
134		GB/T 6491—2012	锯材干燥质量
135	结构用材	LY/T 2916—2017	单板条层积材
136		GB/T 29895—2013	横向振动法测试木质材料动态弯曲弹性模量方法
137		GB/T 31265—2014	混凝土模板用木工字梁
138		GB/T 36407—2018	机械应力分级锯材
139		GB/T 28985—2012	建筑结构用木工字梁
140		LY/T 3139—2019	建筑墙面用实木挂板
141		LY/T 3217—2020	建筑用木基面材结构保温复合板
142		LY/T 3146—2019	结构材纵接性能的测试方法
143		GB/T 35216—2017	结构胶合板
144		LY/T 2917—2017	结构用集成材力学性能特征值的确定方法
145		GB/T 38070—2019	结构用集成材木质复合层板
146		GB/T 28993—2012	结构用锯材力学性能测试方法
147		LY/T 2383—2014	结构用木材强度等级
148		LY/T 2381—2014	结构用木质材料基本要求
149		GB/T 28986—2012	结构用木质复合材产品力学性能评定
150		GB/T 36785—2018	结构用木质覆面板保温墙体试验方法
151		GB/T 34725—2017	结构用人造板集中荷载和冲击荷载性能测试方法
152		GB/T 34719—2017	结构用人造板均布荷载性能测试方法

续表

序号	标准类别	标准编号	原标准名称
153	结构用材	GB/T 31264—2014	结构用人造板力学性能试验方法
154		LY/T 2380—2014	楼面和屋面用结构人造板在集中荷载和冲击荷载作用下承载性能测试方法
155		GB/T 31291—2014	木材和木基产品的荷载持续时间效应和蠕变性能评定
156		LY/T 3145—2019	木结构—楼板、墙板和屋顶用承重板的性能规范和要求
157		GB/T 36408—2018	木结构用单板层积材
158		LY/T 2228—2013	轻型木结构 结构用指接规格材
159		LY/T 2389—2014	轻型木结构建筑覆面板用定向刨花板
160		GB/T 29897—2013	轻型木结构用规格材目测分级规则
161		LY/T 2382—2014	应力波无损测试锯材动态弹性模量方法
162		LY/T 3039—2018	正交胶合木
163		LY/T 3141—2019	古建筑木构件安全性鉴定技术规范
164		GB/T 35215—2017	结构用人造板特征值的确定方法
165		LT/Y 2721—2016	结构用定向刨花板力学性能指标特征值的确定方法
166		LY/T 3182—2020	森林生态旅游地木（竹）材产品使用技术要求
167		GB/T 38359—2019	结构用木质材料强度性能数据分析方法
168		LY/T 3144—2019	结构用木材金属紧固件连接试验 试材密度要求
169		LY/T 3140—2019	木结构 销类紧固件屈服弯矩试验方法
170		GB/T 37315—2019	木结构胶粘剂胶合性能基本要求
171		LY/T 3041—2018	木结构金属紧固件连接循环荷载性能测试方法
172		GB/T 39422—2020	木结构销槽承压强度及钉连接承载力特征值确定方法
173		LY/T 2059—2012	木结构用钢钉
174		LY/T 3219—2020	木结构用自攻螺钉
175		LY/T 2377—2014	木质结构材料用销类连接件连接性能试验方法
176		GB/T 40048—2021	木质结构材螺栓连接力学性能测试方法
177		LY/T 2388—2014	轻型木结构连接件通用技术条件
178		LY/T 2722—2016	指接材用胶粘剂胶合性能测试方法
179		LY/T 3147—2019	室外木材用涂料（清漆和色漆）分类及耐候性能要求
180		LY/T 3040—2018	齿板连接性能测试方法
181		GB/T 34744—2017	规格材及齿板连接性能设计值确定方法
182		LY/T 2720—2016	胶合面木破率的测定方法
183		LY/T 3142—2019	井干式木结构技术标准
184		GB/T 37745—2019	木结构剪力墙静载和低周反复水平加载试验方法
185		LY/T 3218—2020	木结构楼板振动性能测试方法
186		LY/T 2918—2017	木框架墙体软重物撞击试验方法
187	木材保护	GB/T 27654—2011	木材防腐剂
188		GB/T 23229—2009	水载型木材防腐剂分析方法
189		GB/T 35214—2017	无机水载型木材防腐剂固着时间的确定方法
190		GB/T 33021—2016	有机型木材防腐剂分析方法 三唑及苯并咪唑类
191		GB/T 40196—2021	X射线荧光能谱仪测定防腐木材和木材防腐剂中CCA和ACQ的方法

续表

序号	类别	标准编号	标准名称
192	木材保护	LY/T 2374—2014	防腐木材和阻燃木材中有效药剂透入度测试方法
193		GB/T 27653—2011	防腐木材中季铵盐的分析方法 两相滴定法
194		LY/T 3133—2019	户外用水性木器涂料
195		GB/T 33568—2017	户外用木材涂饰表面老化等级与评价方法
196		LY/T 3033—2018	户外用木材涂料人工老化试验方法
197		GB/T 33569—2017	户外用木材涂饰表面人工老化试验方法
198		GB/T 27651—2011	防腐木材的使用分类和要求
199		LY/T 1925—2019	防腐木材产品标识
200		GB/T 40052—2021	防腐胶合板
201		GB/T 27656—2011	农作物支护用防腐小径木
202		GB/T 31763—2015	铜铬砷（CCA）防腐木材的处理及使用规范
203		GB/T 31760—2015	铜铬砷（CCA）防腐剂加压处理木材
204		GB/T 31761—2015	铜氨（胺）季铵盐（ACQ）防腐剂加压处理木材
205		GB/T 27652—2011	防腐木材化学分析前的预处理方法
206		GB/T 40630—2021	木材刻痕防腐处理技术要求
207		GB/T 33041—2016	中国陆地木材腐朽与白蚁危害等级区域划分
208		GB/T 18260—2015	木材防腐剂对白蚁毒效实验室试验方法
209		GB/T 18261—2013	防霉剂对木材霉菌及变色菌防治效力的试验方法
210		GB/T 29905—2013	木材防腐剂流失率试验方法
211		GB/T 29902—2013	木材防腐剂性能评估的土床试验方法
212		GB/T 32767—2016	木材防腐剂性能评估的野外地上 L 连接件试验方法
213		GB/T 29900—2013	木材防腐剂性能评估的野外近地面试验方法
214		GB/T 27655—2011	木材防腐剂性能评估的野外埋地试验方法
215		GB/T 13942.1—2009	木材耐久性能第 1 部分：天然耐腐性实验室试验方法
216		GB/T 13942.2—2009	木材耐久性能第 2 部分：天然耐久性野外试验方法
217		LY/T 1283—2011	木材防腐剂对腐朽菌毒性实验室试验方法
218		LY/T 1284—2012	木材防腐剂对软腐菌毒性实验室试验方法
219		GB/T 34726—2017	木材防腐剂对金属的腐蚀速率测定方法
220		GB/T 34724—2017	接触防腐木材的金属腐蚀速率加速测定方法
221		GB/T 29896—2013	接触土壤防腐木材的防腐剂流失率测定方法
222		GB/T 34749—2017	木材及木质复合材料耐火试验方法 锥形量热仪法
223		GB/T 17658—2018	阻燃木材燃烧性能试验 火传播试验方法
224		LY/T 3036—2018	阻燃木质材料吸湿性试验方法
225		GB/T 29901—2013	木材防水剂的防水效率测试方法
226		LY/T 2490—2015	改性木材尺寸稳定性测试方法
227		LY/T 3037-2018	乙酰化木材
228		GB/T 33022—2016	改性木材分类与标识
229		GB/T 35817—2018	室内用树脂改性木材通用技术要求
230		GB/T 31754—2015	改性木材生产技术规范
231		LY/T 3034—2018	树脂浸渍改性木材生产通用技术要求
232		LY/T 3224—2020	树脂浸渍改性木材干燥规程

续表

序号	类别	标准编号	标准名称
233	木材保护	GB/T 33040—2016	热处理木材鉴别方法
234		GB/T 31747—2015	炭化木
235		GB/T 28992—2012	热处理实木地板
236		LY/T 2148—2013	脱脂松木锯材
237	木制品	GB/T 35913—2018	地采暖用实木地板技术要求
238		GB/T 31745—2015	高耐磨漆饰实木地板
239		GB/T 31757—2015	户外用防腐实木地板
240		GB/T 34743—2017	栎木实木地板
241		LY/T 3131—2019	木质拼花地板
242		LY/T 2710—2016	木地板用紫外光固化涂料
243		GB/T 34742—2017	木门窗用木材及人造板规范
244		GB/T 35379—2017	木门分类和通用技术要求
245		LY/T 3132—2019	木质移门
246		LY/T 3134—2019	室内木质隔声门
247		LY/T 2871—2017	木（竹）质容器通用技术要求
248		LY/T 2055—2012	木镜
249		LY/T 3220—2020	木质浴桶
250		LY/T 2486—2015	实木菜板
251		LY/T 2145—2013	梳篦
252		LY/T 1924—2010	木制茶具
253		LY/T 2872—2017	木制珠串
254		GB/T 35475—2017	红木制品用材规范
255		LY/T 3035—2018	车削类工具木柄
256		LY/T 2376—2014	户外景观用木材与木质材料一般要求
257		LY/T 2884—2017	木栅栏
258		LY/T 2149—2013	木质太阳伞
259		LY/T 2873—2017	铅笔板
260		LY/T 3221—2020	实木壁板
261		LY/T 2488—2015	实木拼接板
262		LY/T 2375—2014	托盘用木材质量分级
263		LY/T 2056—2012	木粉腻子
264		LY/T 2709—2016	木蜡油
265		LY/T 3148—2019	木雕及其制品通用技术要求
266		GB/T 15036.1—2018	实木地板 第1部分：技术要求
267		GB/T 15036.2—2018	实木地板 第2部分：检验方法
268		LY/T 1159—2006	木牙签
269		GB/T 41199—2021	木牙签
270		GB/T 19790.1—2021	一次性筷子 第1部分：木筷
271		GB/T 20446—2006	木线条
272		LY/T 2143—2013	实木衣架

二、人造板国家标准和林业行业标准

序号	类别	标准编号	标准名称
1	基础与综合类	GB/T 17657—2013	《人造板及饰面人造板理化性能试验方法》
2		GB 18580—2017	《室内装饰装修材料 人造板及其制品中甲醛释放限量》
3		GB/T 29899—2013	《人造板及其制品中挥发性有机化合物释放量试验方法 小型释放舱法》
4		GB/T 29903—2013	《人造板工业清洁生产技术要求》
5		GB/T 29904—2013	《人造板工业清洁生产评价指标体系》
6		GB/T 18259—2018	《人造板及其表面装饰术语》
7		GB/T 23825—2009	《人造板及其制品中甲醛释放量测定 气体分析法》
8		GB/T 19367—2009	《人造板的尺寸测定》
9		GB/T 23898—2009	《木质平托盘用人造板》
10		GB/T 29000—2012	《单板干燥节能技术规范》
11		GB/T 31762—2015	《木质材料及其制品中苯酚释放量测定 小型释放舱法》
12		GB/T 33043—2016	《人造板甲醛释放量测定大气候箱法》
13		GB/T 34723—2017	《不饱和聚酯树脂装饰人造板残留苯乙烯单体含量测定 气相色谱法》
14		GB/T 35601—2017	《绿色产品评价 人造板和木质地板》
15		GB/T 35239—2017	《人造板及其制品用甲醛清除剂清除能力的测试方法》
16		GB/T 35243—2017	《人造板及其制品游离甲醛吸附材料吸附性能的测试方法》
17		GB/T 35241—2017	《木质制品用紫外光固化涂料挥发物含量的检测方法》
18		GB/T 38743—2020	《废旧木材与人造板术语》
19		GB/T 39598—2021	《基于极限甲醛释放量的人造板室内承载限量指南》
20		GB/T 39600—2021	《人造板及其制品甲醛释放量分级》
21		GB/T 40051—2021	《废旧人造板回收利用规范》
22		GB/T 40493—2021	《人造板饰面材料中铅、镉、铬、汞重金属元素含量测定》
23		LY/T 2559—2015	《人造板吸音性能测定 小混响室》
24		LY/T 1612—2004	《甲醛释放量检测用 $1m^3$ 气候箱》
25		LY/T 1659—2020	《人造板工业粉尘防控技术规范》
26		LY/T 1717—2007	《人造板抽样检验指导通则》
27		LY/T 1862—2022	《木材工业气力运输与除尘系统节能技术规范》
28		LY/T 1927—2010	《集成材理化性能试验方法》
29		LY/T 1982—2011	《人造板及其制品甲醛释放量检测用大气候室》
30		LY/T 1978—2011	《甲醛释放量抽吸法测定》
31		LY/T 1979—2022	《刨花板生产节材和减排技术规范》
32		LY/T 1980—2011	《挥发性有机化合物（VOC）及甲醛释放量检测箱》
33		LY/T 1981—2011	《甲醛释放量气体分析法检测箱》
34		LY/T 1985—2011	《防腐木材和人造板中五氯苯酚含量的测定方法》
35		LY/T 2230—2013	《人造板防霉性能评价》
36		LY/T 2718—2016	《人造板剖面密度测定方法》
37		LY/T 2717—2016	《人造板包装通用技术要求》
38		LY/T 2719—2016	《人造板制造企业清洁生产审核指南》
39		LY/T 2870—2017	《绿色人造板及其制品技术要求》

续表

序号	类别	标准编号	标准名称
40	基础与综合类	LY/T 2876—2017	《人造板定制衣柜技术规范》
41		LY/T 3044—2018	《人造板防腐性能评价》
42		LY/T 3045—2018	《人造板生产生命周期评价技术规范》
43		LY/T 1926—2020	《人造板与木（竹）制品抗菌性能检测与分级》
44		LY/T 3236—2020	《人造板及其制品气味评价方法》
45		LY/T 3227—2020	《木地板生产生命周期评价技术规范》
46		LY/T 3229—2020	《人造板及其制品 VOCs 释放下的室内承载量规范》
47		LY/T 3230—2020	《人造板及其制品挥发性有机化合物释放量分级》
48		LY/T 3233—2020	《地采暖用木质地板甲醛释放承载量规范》
49		LY/T 3234—2020	《数码喷印装饰木制品通用技术要求》
50		LY/T 3235—2020	《负离子功能人造板及其制品通用技术要求》
51	纤维板类	GB/T 11718—2021	《中密度纤维板》
52		GB/T 31765—2015	《高密度纤维板》
53		GB/T 18958—2013	《难燃中密度纤维板》
54		GB/T 12626.1—2009	《湿法硬质纤维板 第1部分：定义和分类》
55		GB/T 12626.2—2009	《湿法硬质纤维板 第2部分：对所有板型的共同要求》
56		GB/T 12626.3—2009	《湿法硬质纤维板 第3部分：试件取样及测量》
57		GB/T 12626.4—2015	《湿法硬质纤维板 第4部分：干燥条件下使用的普通用板》
58		GB/T 12626.5—2015	《湿法硬质纤维板 第5部分：潮湿条件下使用的普通用板》
59		GB/T 12626.6—2015	《湿法硬质纤维板 第6部分：高湿条件下使用的普通用板》
60		GB/T 12626.7—2015	《湿法硬质纤维板 第7部分：室外条件下使用的普通用板》
61		GB/T 12626.8—2015	《湿法硬质纤维板 第8部分：干燥条件下使用的承载用板》
62		GB/T 12626.9—2015	《湿法硬质纤维板 第9部分：潮湿条件下使用的承载用板》
63		LY/T 1718—2017	《低密度和超低密度纤维板》
64		LY/T 1204—2013	《浮雕纤维板》
65		LY/T 2882—2017	《饰面模压纤维板》
66		LY/T 1611—2011	《地板基材用纤维板》
67		LY/T 2386—2014	《室内木质门面板用纤维板》
68	刨花板类	GB/T 4897—2015	《刨花板》
69		GB/T 15105.1—2006	《模压刨花制品 第1部分：室内用》
70		GB/T 34717—2017	《挤压刨花板》
71		GB/T 24312—2009	《水泥刨花板》
72		GB/T 28996—2012	《涂装水泥刨花板》
73		GB/T 39032—2020	《难燃刨花板》
74		LY/T 1580—2010	《定向刨花板》
75		LY/T 1856—2009	《挤压法空心刨花板》
76		LY/T 2060—2012	《室外用模压刨花制品》
77		LY/T 1598—2011	《石膏刨花板》
78		LY/T 1057—2020	《船用贴面刨花板》
79		LY/T 3226—2020	《集装箱底板用定向刨花板》

续表

序号	类别	标准编号	标准名称
80	胶合板类	GB/T 9846—2015	《普通胶合板》
81		GB/T 22350—2017	《成型胶合板》
82		GB/T 13010—2020	《木材工业用单板》
83		GB/T 5849—2016	《细木工板》
84		GB/T 19536—2015	《集装箱底板用胶合板》
85		GB/T 22349—2008	《木结构覆板用胶合板》
86		GB/T 17656—2018	《混凝土模板用胶合板》
87		GB/T 24311—2021	《组合式包装箱用胶合板》
88		GB/T 18101—2013	《难燃胶合板》
89		GB/T 38752—2020	《难燃细木工板》
90		LY/T 1599—2011	《旋切单板》
91		LY/T 1977—2011	《木质板材用热熔胶线》
92		LY/T 1171—2016	《单板用湿粘性胶纸带》
93		LY/T 1860—2022	《非甲醛热塑性树脂胶合板》
94		LY/T 1738—2020	《实木复合地板用胶合板》
95		LY/T 1364—2020	《铁路客车用胶合板》
96		LY/T 1417—2011	《航空用桦木胶合板》
97		LY/T 1170—2013	《茶叶包装箱用胶合板》
98		LY/T 1115—2012	《乒乓球拍用胶合板》
99		LY/T 2062—2012	《防虫胶合板》
100		LY/T 2875—2017	《难燃细木工板》
101	木质层积材（集成材）类	GB/T 20241—2021	《单板层积材》
102		GB/T 28998—2012	《重组装饰材》
103		GB/T 21140—2017	《非结构用指接材》
104		GB/T 26899—2011	《结构用集成材》
105		LY/T 1401—2013	《木材层积塑料》
106		LY/T 1416—2013	《纺织用木质层压板》
107		LY/T 1787—2016	《非结构用集成材》
108		LY/T 1278—2011	《电工层压木板》
109		LY/T 2228—2013	《轻型木结构 结构用指接规格材》
110		LY/T 2983—2018	《桐木拼板》
111	人造板饰面材料及饰面人造板类	GB/T 28995—2012	《人造板饰面专用纸》
112		GB/T 28999—2012	《重组装饰单板》
113		GB/T 7911—2013	《热固性树脂浸渍纸高压装饰层积板（HPL）》
114		GB/T 15104—2021	《装饰单板贴面人造板》
115		GB/T 15102—2017	《浸渍胶膜纸饰面纤维板和刨花板》
116		GB/T 34722—2017	《浸渍胶膜纸饰面胶合板和细木工板》
117		GB/T 21129—2007	《竹单板饰面人造板》
118		LY/T 2879—2017	《装饰微薄木》
119		LY/T 1143—2006	《饰面用浸渍胶膜纸》

续表

序号	类别	标准编号	标准名称
120	人造板饰面材料及饰面人造板类	LY/T 1857—2009	《软木饰面板》
121		LY/T 2385—2014	《预油漆装饰单板》
122		LY/T 3231—2020	《室内木制品用水性紫外光固化涂料》
123		LY/T 1070—2013	《不饱和聚酯树脂装饰人造板》
124		LY/T 1983—2011	《铜箔、铝箔饰面人造板》
125		LY/T 1279—2020	《聚氯乙烯薄膜饰面人造板》
126		LY/T 1658—2015	《直接印刷人造板》
127	木质（基）复合材类	GB/T 36872—2018	《结构用集成材生产技术规程》
128		LY/T 2555—2015	《木质吸声板》
129		LY/T 3228—2020	《加压防腐处理胶合木》
130	木材工业用胶粘剂类	GB/T 14074—2017	《木材工业用胶粘剂及其树脂检验方法》
131		GB/T 14732—2017	《木材工业胶粘剂用脲醛、酚醛、三聚氰胺甲醛树脂》
132		LY/T 1280—2008	《木材工业胶粘剂术语》
133		LY/T 1601—2011	《水基聚合物——异氰酸酯木材胶粘剂》
134		LY/T 1180—2006	《脲醛预缩液》
135		LY/T 1206—2008	《木工用氯丁橡胶胶粘剂》
136		LY/T 1740—2008	《木器用不饱和聚酯漆》
137	木质（基）地板及其他制品类	GB/T 20238—2018	《木质地板铺装、验收和使用规范》
138		GB/T 24599—2009	《室内木质地板安装配套材料》
139		GB/T 18103—2013	《实木复合地板》
140		GB/T 18102—2020	《浸渍纸层压木质地板》
141		GB/T 24507—2020	《浸渍纸层压实木复合地板》
142		GB/T 24509—2009	《阻燃木质复合地板》
143		GB/T 20239—2015	《体育馆用木质地板》
144		GB/T 28997—2012	《舞台用木质地板》
145		GB/T 33042—2016	《木质地板饰面层中铅、镉、铬、汞重金属元素含量测定》
146		GB/T 30356—2013	《木质楼梯安装、验收和使用规范》
147		GB/T 28994—2012	《木质楼梯》
148		GB/T 32774—2016	《木质门内部结构特征X射线检测方法》
149		LY/T 1700—2018	《地采暖用木质地板》
150		LY/T 1859—2020	《仿古木质地板》
151		LY/T 1657—2015	《软木类地板》
152		LY/T 2563—2015	《以定向刨花板为基材的复合地板》
153		LY/T 2880—2017	《浸渍纸层压定向刨花板地板》
154		LY/T 1739—2008	《装饰单板层压木质地板》
155		LY/T 1858—2009	《涂饰浸渍纸层压木质地板》
156		LY/T 1614—2011	《实木集成地板》
157		LY/T 1984—2022	《重组木地板》
158		LY/T 1986—2011	《直接印刷木地板》
159		LY/T 1330—2011	《抗静电木质活动地板》

续表

序号	类别	标准编号	标准名称
160	木质（基）地板及其他制品类	LY/T 2716—2016	《聚氯乙烯片材饰面复合地板》
161		LY/T 1854—2020	《室内高湿场所和室外用木地板》
162		LY/T 3192—2020	《内置电热层电采暖木质地板》
163		LY/T 3232—2020	《框架式实木复合地板》
164		LY/T 1987—2020	《木质踢脚线》
165		LY/T 1697—2017	《饰面木质墙板》
166		LY/T 1923—2020	《室内木质门》
167		LY/T 2877—2017	《木夹板门》
168		LY/T 2878—2017	《木镶板门》
169		LY/T 2387—2014	《室内木质门安装与验收规范》
170		LY/T 1789—2008	《居住建筑套内用木质楼梯》
171		LY/T 1976—2011	《楼梯用木质踏板》
172		LY/T 1855—2009	《木制百叶窗帘和百叶窗用叶片》
173		LY/T 2229—2013	《木质相框》
174		LY/T 2874—2017	《陈列用木质挂板》
175		LY/T 2061—2012	《木质模压工业托盘》

三、林业生物质材料国家标准和林业行业标准

序号	类别	标准编号	标准名称
1	基础与综合	GB/T 30366—2013	《生物质术语》
2		GB/T 35820—2018	《林业生物质原料分析方法 取样方法》
3		GB/T 35814—2018	《林业生物质原料分析方法 样品处理方法》
4		GB/T 35905—2018	《林业生物质原料分析方法 总固体含量测定》
5		GB/T 35812—2018	《林业生物质原料分析方法 预处理后不溶固体含量测定》
6		GB/T 35808—2018	《林业生物质原料分析方法 纤维素酶活性测定》
7		GB/T 35809—2018	《林业生物质原料分析方法 蛋白质含量测定》
8		GB/T 35811—2018	《林业生物质原料分析方法 淀粉测定》
9		GB/T 35816—2018	《林业生物质原料分析方法 抽提物含量的测定》
10		GB/T 35818—2018	《林业生物质原料分析方法 多糖及木质素含量的测定》
11		GB/T 35821—2018	《生物质/塑料复合材料生物质含量测定方法》
12		GB/T 36055—2018	《林业生物质原料分析方法 含水率的测定》
13		GB/T 36056—2018	《林业生物质原料分析方法 可溶性糖的测定》
14		GB/T 36057—2018	《林业生物质原料分析方法 灰分的测定》
15		GB/T 36058—2018	《林业生物质原料分析方法 不可溶性糖测定》
16		GB/T 39363—2020	《金银花空气源热泵干燥通用技术要求》
17		LY/T 2369—2014	《沙生灌木物理力学性能测试方法》
18		LY/T 2881—2017	《木塑复合材料氧化诱导时间和氧化诱导温度的测定方法》
19		LY/T 2554—2015	《木塑复合材料中生物质含量测定 傅立叶变换红外光谱法》
20		LY/T 2557—2015	《生物质基泡沫材料中生物质基含量检测方法》

续表

序号	类别	标准编号	标准名称
21	生物基胶粘剂及生物质合成高分子材料	LY/T 2371—2014	《木材工业用复合改性玉米淀粉基-异氰酸酯胶粘剂》
22		LY/T 2373—2014	《木材工业用豆基蛋白胶粘剂》
23	生物质塑料复合材料	GB/T 24508—2020	《木塑地板》
24		LY/T 2556—2015	《平压生物质基塑性复合板材》
25		LY/T 2565—2015	《竹塑复合材料》
26		LY/T 1613—2017	《挤出成型木塑复合板材》
27		LY/T 3275—2021	《室外用木塑复合板材》
28		LY/T 3274—2021	《木塑复合材料分类及其等级划分》
29		LY/T 2714—2016	《木塑门套线》
30		LY/T 2715—2016	《木塑复合外挂墙板》
31	软木及其制品	LY/T 3149—2019	《软木制品 术语》
32		LY/T 2560—2015	《软木复合装饰卷（片）材》
33		LY/T 1317—2013	《栓皮》
34		LY/T 1318—2022	《隔热软木砖》
35		LY/T 1320—2019	《软木纸》
36		LY/T 3150—2019	《鞋底用软木》
37	生物质基重组材料	GB/T 21723—2021	《麦（稻）秸秆刨花板》
38		GB/T 23472—2009	《浸渍胶膜纸饰面秸秆板》
39		GB/T 23471—2018	《浸渍纸层压秸秆复合地板》
40		LY/T 1795—2008	《椰壳纤维板》
41		LY/T 2141—2013	《定向结构麦秸板》
42		LY/T 2370—2014	《生物质重组刨切单板》
43		LY/T 2372—2014	《活动地板基材用石膏纤维板》
44		LY/T 3276—2021	《室内装饰墙板用黄麻纤维复合板》
45		LY/T 2562—2015	《涂饰定向结构麦秸板地板》
46	柳编制品	GB/T 33024—2016	《柳编制品》
47	棕、草制品及其他制品	LY/T 2142—2013	《喷播用木质纤维》

附录4 木材工业ISO国际标准名录

一、木材国际标准（ISO/TC 218归口）

序号	工作组	国际标准号	国际标准名称	国际标准中文名称
1	TC218 术语工作组	ISO 24294：2013	Timber-Round and sawn timber-Vocabulary	《木材 原木和锯材 术语》
2	TC218 原木工作组	ISO 19474：2018	Round timber-Visual characteristics-Methods of determination	《原木外观特性 测定方法》
3		ISO 8965：2013	Logging industry-Technology-Terms and definitions	《木材采伐 技术 术语和定义》
4		ISO 13059：2011	Round timber-Requirements for the measurement of dimensions and methods for the determination of volume	《原木 尺寸测量要求和体积测定方法》
5	TC218 锯材工作组	ISO 1029：1974	Coniferous sawn timber-Defects-Classification	《针叶树锯材 缺陷分类》
6		ISO 1030：1975	Coniferous sawn timber-Defects-Measurement	《针叶树锯材 缺陷测量》
7		ISO 16415：2012	Non-structural timber grading requirements	《非结构木材分级要求》
8		ISO 2299：1973	Sawn timber of broadleaved species-Defects-Classification	《阔叶树锯材 缺陷分类》
9		ISO 2300：1973	Sawn timber of broadleaved species-Defects-Terms and definitions	《阔叶树锯材 缺陷 术语和定义》
10		ISO 2301：1973	Sawn timber of broadleaved species-Defects-Measurement	《阔叶树锯材 缺陷测量》
11		ISO 1031：1974	Coniferous sawn timber-Defects-Terms and definitions	《针叶树锯材 缺陷 术语和定义》
12		ISO 3179：1974	Coniferous sawn timber-Nominal dimensions	《针叶树锯材的公称尺寸》
13		ISO 4470：1981	Sawn timber-Determination of the average moisture content of a lot	《锯材 批量木材平均含水率的测定》
14		ISO 1032：1974	Coniferous sawn timber-Sizes-Terms and definitions	《针叶树锯材 尺寸 的术语和定义》
15		ISO 4472：1983	Coniferous and broadleaved sawn timber-Transportation packages	《针叶树和阔叶树锯材 运输包装》
16		ISO 4475：1989	Coniferous and broadleaved tree sawlogs-Visible defects-Measurement	《针叶树和阔叶树锯材 可见缺陷的测量》

续表

序号	工作组	国际标准号	国际标准名称	国际标准中文名称
17	TC218 锯材工作组	ISO 737：1975	Coniferous sawn timber-Sizes-Methods of measurement	《针叶树锯材 尺寸测量方法》
18		ISO 738：2015	Coniferous sawn timber-Sizes-Permissible deviations and shrinkage	《针叶树锯材 尺寸的允许偏差和收缩》
19		ISO 8903：2016	Broadleaved sawn timber-Nominal sizes	《阔叶树锯材 公称尺寸》
20		ISO 8904：1990	Broadleaved sawn timber-Sizes-Methods of measurement	《阔叶树锯材 尺寸测量方法》
21		ISO 8905：1988	Sawn timber-Test methods-Determination of ultimate strength in shearing parallel to grain	《锯材 试验方法 平行于纹理的剪切极限强度的测定》
22		ISO 8906：1988	Sawn timber-Test methods-Determination of resistance to local transverse compression	《锯材 局部横纹抗压的测定试验方法》
23	TC218 试验方法工作组	ISO 4471：1982	Wood-Sampling sample trees and logs for determination of physical and mechanical properties of wood in homogeneous stands	《木材 均匀林分中木材物理和力学性能测定用取样树和原木》
24		ISO 9086-1：1987	Wood-Methods of physical and mechanical testing-Vocabulary Part 1：General concepts and macrostructure	《木材物理力学试验方法 术语 第 1 部分：一般概念和宏观构造》
25		ISO 3129：2019	Wood-Sampling methods and general requirements for physical and mechanical testing of small clear wood specimens	《无疵小试样木材物理和力学试验的取样方法和一般要求》
26		ISO 13061-1：2014	Physical and mechanical properties of wood-Testmethods for small clear wood specimens-Part 1：Determination of moisture content for physical and mechanical tests	《无疵小试样木材物理和力学性质试验方法 第 1 部分：含水率的测定》
27		ISO 13061-2：2014	Physical and mechanical properties of wood-Test methods for small clear wood specimens-Part 2：Determination of density for physical and mechanical tests	《无疵小试样木材物理和力学性质试验方法 第 2 部分：密度的测定》
28		ISO 13061-3：2014	Physical and mechanical properties of wood-Test methods for small clear wood specimens-Part 3：Determination of ultimate strength in static bending	《无疵小试样木材物理和力学性质试验方法 第 3 部分：静态弯曲极限强度的测定》
29		ISO 13061-4：2014	Physical and mechanical properties of wood-Test methods for small clear wood specimens-Part 4：Determination of modulus of elasticity in static bending	《无疵小试样木材物理和力学性质试验方法 第 4 部分：静态弯曲弹性模量的测定》
30		ISO 13061-5：2020	Physical and mechanical properties of wood-Test methods for small clear wood specimens-Part 5：Determination of strength in compression perpendicular to grain	《无疵小试样木材物理和力学性质试验方法 第 5 部分：横纹抗压强度的测定》

续表

序号	工作组	国际标准号	国际标准名称	国际标准中文名称
31	TC218 试验方法工作组	ISO 13061-6：2014	Physical and mechanical properties of wood-Test methods for small clear wood specimens-Part 6：Determination of ultimate tensile stress parallel to grain	《无疵小试样木材物理和力学性质试验方法 第 6 部分：平行于纹理的极限拉伸应力的测定》
32		ISO 13061-7：2014	Physical and mechanical properties of wood-Test methods for small clear wood specimens-Part 7：Determination of ultimate tensile stress perpendicular to grain	《无疵小试样木材物理和力学性质试验方法 第 7 部分：垂直于纹理的极限拉伸应力的测定》
33		ISO 13061-10：2017	Physical and mechanical properties of wood-Test methods for small clear wood specimens-Part 10：Determination of impact bending strength	《无疵小试样木材物理和力学性质试验方法 第 10 部分：冲击弯曲强度的测定》
34		ISO 13061-11：2017	Physical and mechanical properties of wood-Test methods for small clear wood specimens-Part 11：Determination of resistance to impact indentation	《无疵小试样木材物理和力学性质试验方法 第 11 部分：抗冲击压痕的测定》
35		ISO 13061-12：2017	Physical and mechanical properties of wood-Test methods for small clear wood specimens-Part 12：Determination of static hardness	《无疵小试样木材物理和力学性质试验方法 第 12 部分：静态硬度的测定》
36		ISO 13061-13：2016	Physical and mechanical properties of wood-Test methods for small clear wood specimens-Part 13：Determination of radial and tangential shrinkage	《无疵小试样木材物理和力学性质试验方法 第 13 部分：径向和切向收缩的测定》
37		ISO 13061-14：2016	Physical and mechanical properties of wood-Test methods for small clear wood specimens-Part 14：Determination of volumetric shrinkage	《无疵小试样木材物理和力学性质试验方法．第 14 部分：体积收缩的测定》
38		ISO 13061-15：2017	Physical and mechanical properties of wood-Test methods for small clear wood specimens-Part 15：Determination of radial and tangential swelling	《无疵小试样木材物理和力学性质试验方法．第 15 部分：径向和切向膨胀的测定》
39		ISO 13061-16：2017	Physical and mechanical properties of wood-Test methods for small clear wood specimens-Part 16：Determination of volumetric swelling	《无疵小试样木材物理和力学性质试验方法 第 16 部分：体积膨胀的测定》
40		ISO13061-17：2017	Physical and mechanicalproperties of wood-Test methods for small clear wood specimens-Part 17：Determination of ultimate stress in compression parallel to grain	《无疵小试样木材物理和力学性质试验方法 第 17 部分：平行于纹理的压缩极限应力的测定》
41		ISO 3132：1975	Wood-Testing in compression perpendicular to grain	《木材横纹抗压试验》
42		ISO 3347：1976	Wood-Determination of ultimate shearing stress parallel to grain	《木材 平行于纹理的极限剪切应力的测定》

续表

序号	工作组	国际标准号	国际标准名称	国际标准中文名称
43	TC218 地板工作组	ISO 1324：1985	Solid wood parquet-Classification of oak strips	《实木拼花地板 橡木条的分类》
44		ISO 2036：1976	Wood for manufacture of wood flooring-Symbols for marking according to species	《木地板制造用木材 树种标识用符号》
45		ISO 2457：1976	Solid wood parquet-Classification of beech strips	《实木拼花地板-山毛榉条的分类》
46		ISO 3397：1977	Broadleaved wood raw parquet blocks-General characteristics	《拼花地板用阔叶木原材——一般特性》
47		ISO 3398：1977	Broadleaved wood raw parquet blocks-Classification of oak parquet blocks	《拼花地板用阔叶木原材 橡木拼花地板块的分类》
48		ISO 3399：1976	Broadleaved wood raw parquet blocks-Classification of beech parquet blocks	《拼花地板用阔叶木原材——山毛榉拼花地板块的分类》
49		ISO 5320：1980	Solid wood parquet-Classification of fir and spruce strips	《实木拼花地板 冷杉和云杉条的分类》
50		ISO 5321：1978	Coniferous wood raw parquet blocks-General characteristics	《拼花地板用针叶木原材——一般特性》
51		ISO 5323：2019	Wood flooring and parquet-Vocabulary	《木地板和拼花地板 术语》
52		ISO 5326：1978	Solid wood paving blocks-Hardwood paving blocks-Quality requirements	《实木立木地板 硬木立木地板 质量要求》
53	TC218 木制品工作组	ISO 5327：1978	Solid wood paving blocks-General characteristics	《实木立木地板——一般特性》
54	TC218 地板工作组	ISO 5328：1978	Solid wood pavingblocks-Softwood paving blocks-Quality requirements	《实木立木地板 针叶材立木地板 质量要求》
55		ISO 5329：1978	Solid wood paving blocks-Vocabulary	《实木立木地板术语》
56		ISO 1072：1975	Solid wood parquet-General characteristics	《实木拼花地板 一般特性》
57		ISO 5333：1978	Coniferous wood raw parquet blocks-Classification of fir and spruce parquet blocks	《拼花地板用针叶木原材 冷杉和云杉拼花地板块的分类》
58		ISO 5334：1978	Solid wood parquet-Classification of maritime pine strips	《实木拼花地板 海岸松木条的分类》
59		ISO 631：1975	Mosaic parquet panels-General characteristics	《马赛克拼花地板——一般特征》
60	TC218 木制品工作组	ISO 17959：2014	General requirements for solid wood flooring	实木地板通用要求

二、木结构国际标准（ISO/TC165 归口）

序号	领域	国际标准号	国际标准名称	国际标准中文名称
1	木结构用胶粘剂	ISO 20152-1：2010	Timber structures-Bond performance of adhesives Part 1：Basic requirements	《木结构用胶粘剂的胶合性能 第1部分：基本性能》
2		ISO 20152-2：2011	Timber structures-Bond performance of adhesives Part 2：Additional requirements	《木结构用胶粘剂的胶合性能 第2部分：附加要求》
3		ISO/TR 20152-3：2013	Timber structures-Bond performance of adhesives Part 3：Use of alternative species for bond tests	《木结构用胶粘剂的胶合性能 第3部分：使用可选树种的胶合性能测试》
4	结构用人造板	ISO 16696-1：2019	Timber structures-Cross laminated timber-Part 1：Component performance，production requirements and certification scheme	《木结构 正胶合木（CLT）第1部分：构件性能，生产要求和认证计划》
5		ISO 19993：2020	Timber structures-Glued laminated timber-Face and edge joint cleavage test	《木结构 胶合层压木材 面和边缝开裂测试》
6		ISO 22390：2020	Timber structures-Laminated veneer lumber-Structural properties	《木结构 单板层压板材 结构性能》
7		ISO 18100：2017	Timber structures-Finger-jointed timber-Manufacturing and production requirements	《木结构 指接材 制造和生产要求》
8		ISO 10983：2014	Timber-Finger joints-Minimum production requirements and testing methods	《指接材 最低生产要求和测试方法》
9		ISO 22390：2010	Timber structures-Laminated veneer lumber-Structural properties	《木结构 单板层积材结构性能》
10		ISO 12578：2016	Timber structures-Glued laminated timber-Component performance requirements	《木结构 集成材 单元性能要求》
11		ISO 12579：2007	Timber structures-Glued laminated timber-Method of test for shear strength of glue lines	《木结构 集成材 胶合剪切强度试验方法》
12		ISO 12580：2007	Timber structures-Glued laminated timber-Methods of test for glue-line delamination	《木结构 集成材 浸渍剥离试验方法》
13		ISO 19993：2007	Timber structures-Glued laminated timber-Face and edge joint cleavage test	《木结构 集成材 正面和侧面结合处开裂试验》
14		ISO 8375：2017	Timber structures-Glued laminated timber-Test methods for determination of physical and mechanical properties	《木结构 集成材 物理和力学性能的测定用试验方法》
15		ISO/TR 19623：2019	Timber structures-Glued laminated timber-Assignment of glued laminated timber characteristic values from laminate properties	《木结构 从层压板特性获得集成材特征值》
16		ISO 16507：2013	Timber structures-Uniform，concentrated static and concentrated impact loads on wood-based roof and floor panel assemblies-Test methods	《木结构 屋面板和楼面板的均布、集中荷载试验方法》
17		ISO 16572：2008	Timber structures-Wood-based panels-Test methods for structural properties	《木结构 人造板结构性能测试方法》

续表

序号	领域	国际标准号	国际标准名称	国际标准中文名称
18	紧固件	ISO 10984-1：2009	Timber structures-Dowel-type fasteners Part 1：Determination of yield moment	《木结构 销类紧固件 第 1 部分：屈服力矩测定》
19		ISO 10984-2：2009	Timber structures-Dowel-type fasteners Part 2：Determination of embedding strength	《木结构 销类紧固件 第 2 部分：销槽承压强度测定》
20		ISO 16670：2003	Timber structures-Joints made with mechanical fasteners-Quasi-static reversed-cyclic test method	《木结构 机械紧固件连接静态循环试验方法》
21		ISO 17754：2014	Timber structures-Test methods-Torsional resistance of driving in screws	《木结构 螺钉的抗扭性能测试方法》
22		ISO 6891：1983	Timber structures-Joints made with mechanical fasteners-General principles for the determination of strength and deformation characteristics	《木结构 机械紧固件连接 强度和变形特性测定的一般原则》
23		ISO 8969：2011	Timber structures-Testing of punched metal plate fasteners and joints	《木结构 冲孔金属板紧固件和连接的试验》
24		ISO 8970：2020	Timber structures-Testing of joints made with mechanical fasteners-Requirements for timber density	《木结构 用机械紧固件制作的接头的试验 木材密度要求》
25		ISO 9087：1998	Wood-Determination of nail and screw holding power under axial load application	《木材在轴向负荷下握钉力测试方法》
26	连接和组件	ISO 22389-1：2010	Timber structures-Bending strength of I-beams Part 1：Testing，evaluation and characterization	《木结构 工字梁弯曲强度 第 1 部分：试验、评价和特征》
27		ISO 22389-2：2020	Timber structures-Bending applications of I beams-Part 2：Component performance and manufacturing requirements	《木结构 工字梁的弯曲应用 第 2 部分：组件性能和制造要求》
28		ISO 19323：2018	Timber structures-Joist hangers-Test methods	《木结构 托梁吊架 试验方法》
29		ISO 18402：2016	Timber structures-Structural insulated panel roof construction-Test methods	《木结构 结构隔热板屋顶结构 试验方法》
30		ISO 19049：2016	Timber structures-Test method-Static load tests for horizontal diaphragms including floors and roofs	《木结构 试验方法 楼板和屋顶水平隔板静载荷试验》
31		ISO 21581：2010	Timber structures-Static and cyclic lateral load test methods for shear walls	《木结构 剪力墙静载和循环侧向测试的方法》
32		ISO 22452：2011	Timber structures-Structural insulated panel walls-Test methods	《木结构 结构绝缘隔板墙 试验方法》
33		ISO 18324：2016	Timber structures-Test methods-Floor vibration performance	《木结构 试验方法 楼板振动性能》
34		ISO 15206：2010	Timber poles-Basic requirements and test methods	《木柱 基本性能和测试方法》
35		ISO/TR 21136：2017	Timber structures-Vibration performance criteria for timber floors	《木结构 木楼板振动性能》

续表

序号	领域	国际标准号	国际标准名称	国际标准中文名称
36	结构用锯材	ISO 16598：2015	Timber structures-Structural classification for sawn timber	《木结构-锯材的结构分类》
37	分级标准	ISO 9709：2018	Structural timber-Visual strength grading-Basic principles	《结构用木材 目测分等基本原理》
38	分级标准	ISO 13910：2014	Timber structures-Strength graded timber-Test methods for structural properties	《木结构 木材强度等级 木结构性能试验方法》
39		ISO 13912：2017	Structural timber-Machine strength grading-Basic principles	《木结构 机械强度等级 基本原理》
40	设计标准	ISO/TR 12910：2010	Light-frame timber construction-Comparison of four national design documents	《轻型木结构建筑 4 个国家设计文件比较》
41		ISO/TR 18267：2013	Timber structures-Review of design standards	《木结构 设计标准评述》
42	特征值确定	ISO 12122-1：2014	Timber structures-Determination of characteristic values Part 1：Basic requirements	《木结构 特征值确定 第 1 部分：基本要求》
43		ISO 12122-2：2014	Timber structures-Determination of characteristic values Part 2：Sawn timber	《木结构 特征值确定 第 2 部分：锯材》
44		ISO 12122-3：2016	Timber structures-Determination of characteristic values-Part 3：Glued laminated timber	《木结构 特征值确定 第 3 部分：集成材》
45		ISO 12122-4：2017	Timber structures-Determination of characteristic values-Part 4：Engineered wood products	《木结构 特征值确定 第 4 部分：工程木产品》
46		ISO 12122-5：2018	Timber structures-Determination of characteristic values-Part 5：Mechanical connections	《木结构 特征值确定 第 5 部分：力学连接》
47		ISO 12122-6：2017	Timber structures-Determination of characteristic values-Part 6：Large components and assemblies	《木结构 特征值确定 第 6 部分：大构件和部件》
48	竹结构	ISO 19624：2018	Bamboo structures-Grading of bamboo culms-Basic principles and procedures	《竹结构 竹杆分级 基本原理和程序》
49		ISO 22157：2019	Bamboo structures-Determination of physical and mechanical properties of bamboo culms-Test methods	《竹结构 竹杆的物理和力学性能的测定试验方法》
50	竹结构	ISO 22156：2004	Bamboo-Structural design	《竹结构设计》

三、人造板国际标准（ISO/TC189 归口）

序号	对应分技术委员会或工作组	国际标准号	国际标准名称	国际标准中文名称
1	胶合板分技术委员会（SC3）	ISO 2074：2007	Plywood-Vocabulary	《胶合板 术语》
2	纤维板分技术委员会（SC1）	ISO 17064：2016	Wood-based panels-Fibreboard，particleboard and oriented strand board (OSB) -Vocabulary	《纤维板、刨花板、定向刨花板 术语》

续表

序号	对应归口分技术委员会或工作组	国际标准号	国际标准名称	国际标准中文名称
3	TC89 试验方法工作组	ISO 3340：1976	Fibre building boards-Determination of sand content	《建筑纤维板含沙量的测定方法》
4		ISO 9424：2003	Wood-based panels-Determination of dimensions of test pieces	《人造板试件尺寸测定方法》
5		ISO 9426：2003	Wood-based panels-Determination of dimensions of panels	《人造板尺寸测定方法》
6		ISO 9427：2003	Wood-based panels-Determination of density	《人造板密度测定方法》
7		ISO 12460-1：2007	Wood-based panels-Determination of formaldehyde release-Part 1：Formaldehyde emission by the 1—cubic-meter chamber method	《人造板甲醛释放量测定 第 1 部分：$1m^3$ 气候箱法》
8		ISO 12460-2：2018	Wood-based panels-Determination of formaldehyde release-Part 2：Small-scale chamber method	《人造板甲醛释放量测定方法 第 2 部分 小室法》
9		ISO 12460-3：2015	Wood-based panels-Determination of formaldehyde release-Part 3：Gas analysis method	《人造板甲醛释放量测定方法 第 3 部分 气体分析法》
10		ISO 12460-4：2016	Wood-based panels-Determination of formaldehyde release-Part 4：Desiccator method	《人造板甲醛释放量测定方法 第 4 部分 干燥器法》
11	TC89 试验方法工作组	ISO 12460-5：2015	Wood-based panels-Determination of formaldehyde release-Part 5：Extraction method（called the perforator method）	《人造板甲醛释放量测定方法 第 5 部分 穿孔萃取法》
12		ISO 16978：2003	Wood-based panels-Determination of modulus of elasticity in bending and of bending strength	《人造板抗弯强度和抗弯弹性模量的测定方法》
13		ISO 16979：2003	Wood-based panels-Determination of moisture content	《人造板含水率的测定方法》
14		ISO 16981：2003	Wood-based panels-Determination of surface soundness	《人造板表面结合强度的测定方法》
15		ISO 16983：2003	Wood-based panels-Determination of swelling in thickness after immersion in water	《人造板吸水厚度膨胀的测定方法》
16		ISO 16984：2003	Wood-based panels-Determination of tensile strength perpendicular to the plane of the panel	《人造板顺纹抗拉强度的测定方法》
17		ISO 16985：2003	Wood-based panels-Determination of dimensional changes associated with changes in relative humidity	《人造板尺寸稳定性测定方法》

续表

序号	对应归口分技术委员会或工作组	国际标准号	国际标准名称	国际标准中文名称
18	TC89 试验方法工作组	ISO 16987：2003	Wood-based panels-Determination of moisture resistance under cyclic test conditions	《人造板不同循环试验条件下的耐水性测定方法》
19		ISO 16998：2003	Wood-based panels-Determination of moisture resistance-Boil test	《人造板耐水性测定方法 蒸煮试验》
20		ISO 16999：2003	Wood-based panels-Sampling and cutting of test pieces	《人造板试验的样品取样方法和试件加工方法》
21		ISO 20585：2005	Wood-based panels-Determination of wet bending strength after immersion in water at 70 degrees C or 100 degrees C (boiling temperature)	《人造板湿强度测定方法》
22		ISO 27528：2009	Wood-based panels-Determination of resistance to axial withdrawal of screws	《人造板握钉力的测定方法》
23	纤维板分技术委员会（SC1）	ISO 16895：2016	Wood-based panels-Dry-process fibreboard	《干法纤维板》
24		ISO 27769：2016	Wood-based panels-Wet process fibreboard	《湿法纤维板》
25	胶合板分技术委员会（SC3）	ISO 1954：2013	Plywood-Tolerances on dimensions	《胶合板 尺寸偏差》
26		ISO 1096：2014	Plywood-Classification	《胶合板 分类》
27		ISO 12465：2007	Plywood-Specifications	《胶合板 规格》
28		ISO 12466-1：2007	Plywood-Bonding quality-Part 1：Test methods	《胶合板胶合质量 第 1 部分：试验方法》
29		ISO 12466-2：2007	Plywood-Bonding quality-Part 2：Requirements	《胶合板胶合质量 第 2 部分：技术要求》
30	刨花板分技术委员会（SC2）	ISO 16893：2016	Wood-based panels-Particleboard	《刨花板》
31		ISO 16894：2009	Wood-based panels-Oriented strand board（OSB）-Definitions，classification and specifications	《定向刨花板 定义、分类和规格》
32	胶合板分技术委员会（SC3）	ISO 18775：2020	Veneers-Terms and definitions，determination of physical characteristics and tolerances	《单板 术语和定义、物理特征及其偏差的测定》
33		ISO 13609：2014	Wood-based panels-Plywood-Blockboards and battenboards	《细木工板》
34		ISO 2426-1：2020	Plywood-Classification by surface appearance-Part 1：General	《胶合板表面外观质量分类 第 1 部分：通则》
35		ISO 2426-2：2020	Plywood-Classification by surface appearance-Part 2：Hardwood	《胶合板 表面外观质量分类 第 2 部分：阔叶材》
36		ISO 2426-3：2000	Plywood-Classification by surface appearance-Part 3：Softwood	《胶合板 表面外观质量分类 第 3 部分：针叶材》

续表

序号	对应归口分技术委员会或工作组	国际标准号	国际标准名称	国际标准中文名称
37	胶合板分技术委员会（SC3）	ISO 2426-4：2018	Plywood-Classification by surface appearance-Part 4：Palm-plywood	《胶合板 表面外观质量分类 第4部分：棕榈胶合板》
38		ISO 18776：2008	Laminated veneer lumber（LVL）-Specifications	《单板层积材 规格》
39		ISO 10033-1：2011	Laminated Veneer Lumber（LVL）-Bonding quality-Part 1：Test methods	《单板层积材 胶合质量 试验方法》
40		ISO 10033-2：2011	Laminated Veneer Lumber（LVL）-Bonding quality-Part 2：Requirements	《单板层积材 胶合质量 要求》
41		ISO 27567：2009	Laminated veneer lumber-Measurement of dimensions and shape-Method of test	《单板层积材 尺寸和形状的测量 试验方法》
42		ISO 13608：2014	Plywood-Decorative veneered plywood	《装饰单板贴面胶合板》

四、强化木地板国际标准（ISO/TC219归口）

序号	国际标准号	国际标准名称	国际标准中文名称
1	ISO 10580：2010	Resilient，textile and laminate floor coverings-Test method for volatile organic compound（VOC）emissions	《弹性、纺织和浸渍纸层压木质地板 挥发性有机化合物（VOC）测定方法》
2	ISO 24334：2014	Laminate floor coverings-Determination of locking strength for mechanically assembled panels	《浸渍纸层压木质地板 机械装配的护墙板锁合力的测定》
3	ISO 24335：2006	Laminate floor coverings-Determination of impact resistance	《浸渍纸层压木质地板 抗冲击性能的测定》
4	ISO 24336：2005	Laminate floor coverings-Determination of thickness swelling after partial immersion in water	《浸渍纸层压木质地板 部分浸入水的厚度膨胀率的测定》
5	ISO 24337：2006	Laminate floor coverings-Determination of geometrical characteristics	《浸渍纸层压木质地板 几何特性的测定》
6	ISO 24338：2006	Laminate floor coverings-Determination of abrasion resistance	《浸渍纸层压木质地板 耐磨性能的测定》
7	ISO 24339：2006	Laminate and textile floor coverings-Determination of dimensional variations after exposure to humid and dry climate conditions	《浸渍纸层压木质地板 暴露于干燥和潮湿条件下尺寸变化及尺寸稳定性的测定》
8	ISO 24343-1：2007	Resilient and laminate floor coverings-Determination of indentation and residual indentation-Part 1：Residual indentation	《弹性铺地物和浸渍纸层压木质地板 压痕与残留压痕的测定 第1部分：压陷试验》
9	ISO 24343-2：2011	Resilient and laminate floor coverings-Determination of indentation and residual indentation-Part 2：Short-term indentation and residual indentation of resilient floor covering	《弹性铺地物和浸渍纸层压木质地板 压痕与残留压痕的测定 第2部分：弹性铺地物短期内的残留压痕》

续表

序号	国际标准号	国际标准名称	国际标准中文名称
10	ISO 24343-3：2011	Resilient and laminate floor coverings-Determination of indentation and residual indentation-Part 3：Indentation of resilient semi-flexible/vinyl composition tiles	《弹性铺地物和浸渍纸层压木质地板 压痕与残留压痕的测定 第3部分：弹性半挠性地板或者乙烯基复合地板的压痕》
11	ISO 25620：2008	Laminate floor coverings-Determination of long-side friction for mechanically assembled panels	《浸渍纸层压木质地板 机械装配板材的长边摩擦力的测定》
12	ISO 6356：2012	Textile and laminate floor coverings-Assessment of static electrical propensity-Walking test	《纺织品和浸渍纸层压木质地板表面抗静电性能测定 步行试验》
13	ISO 4918：2016	Resilient，textile and laminate floor coverings-Castor chair test	《弹性、纺织和浸渍纸层压木质地板 椅子脚轮试验》
14	ISO 16581：2014	Resilient and laminate floor coverings-Determination of the effect of simulated movement of a furniture leg	《弹性、纺织和浸渍纸层压木质地板 家具腿地面模拟移动效果的测定》
15	ISO 14486：2012	Laminate floor coverings-Specification	《浸渍层压木质地板 规格》
16	ISO 10874：2009	Resilient，textile and laminate floor coverings-Classification	《弹性、纺织及浸渍纸层压木质地板 分类》

五、软木国际标准（ISO/TC 87归口）

序号	领域	国际标准号	国际标准名称	国际标准中文名称
1	术语	ISO 633：2019	Cork-Vocabulary	《软木 术语》
2	软木初加工产品	ISO 1997：2018	Granulated cork and cork powder-Classification，properties and packing	《软木粒和软木粉 分类、性能和包装》
3		ISO 2030：2018	Granulated cork-Size analysis by mechanical sieving	《软木粒 机械筛法尺寸分析》
4		ISO 2031：2015	Granulated cork-Determination of apparent bulk density	《软木粒 表现密度测定》
5		ISO 2190：2016	Granulated cork-Determination of moisture content	《软木粒 含水率测定》
6		ISO 2067：2019	Granulated cork，broken cork and crushed cork-Sampling for the determination of moisture content	《软木粒 破碎软木和软木屑 含水率测定的取样方法》
7	软木原料	ISO 2385：2015	Packed cork-Virgin cork，raw reproduction cork，ramassage，gleanings，burnt cork，boiled reproduction cork and raw corkwaste-Sampling to detemine moisture content	《初生栓皮、次性栓皮、腐木栓皮、剩余料、烧伤栓皮、蒸煮次生栓皮、废弃栓皮的含水率测定的取样方法》
8		ISO 2386：2019	Packed cork-Virgin cork，raw reproduction cork，burnt cork，boiled reproduction cork and raw cork waste-Determination of moisture content	《初生栓皮、次生栓皮、腐木栓皮、剩余料、烧伤栓皮、蒸煮次生栓皮、废弃栓皮 含水率测定方法》

续表

序号	领域术语	国际标准号	英文名称	中文名称
9		ISO 1215：2015	Virgin cork，raw reproduction cork，ramassage，gleanings，burnt cork，cork-waste，boiled cork pieces and raw cork-waste-Definitions and packaging	《初生栓皮、次生栓皮、腐木栓皮、剩余料、烧伤栓皮、蒸煮次生栓皮、废弃栓皮 定义和包装》
10	软木地板	ISO 3850：2004	Resilient floor coverings-Determination of apparent density of composition cork	《弹性地板 胶结软木的表观密度测定》
11	软木地板	ISO 2066：2004	Resilient floor coverings-Determination of moisture content of agglomerated composition cork	《弹性地板 自聚结软木的含水率测定法》
12	软木地板	ISO 3810：1987	Floor tiles of agglomerated cork-Methods of test	《自聚结膨胀软木地板 测试方法》
13	软木地板	ISO 9366：2001	Agglomerated cork floor tiles-Determination of dimensions and deviation from squareness and from straightness of edges	《成型软木地板砖 尺寸、垂直度与边缘平直度的测定》
14	胶结软木	ISO 4708：2017	Composition cork-Gasket material-Test methods	《胶结软木 垫圈材料的测试方法》
15	胶结软木	ISO 7322：2014	Composition cork-Test methods	《胶结软木 测试方法》
16	胶结软木	ISO 2509：1989	Sound-absorbing expanded pure agglomerated cork in tiles	《具有吸声功能条形自聚结软木》
17	软木塞	ISO/DIS 22308-1	Cork bark selected as bottling product-Part 1：Sensory analysis	《瓶塞用栓皮 第 1 部分：感官分析》
18	软木塞	ISO 10106：2018	Cork stoppers-Determination of global migration	《软木塞 总体质量流失测定方法》
19	软木塞	ISO 10718：2015	Cork stoppers-Characterization of a low-in-germs stopper，through the enumeration of colony-forming units of yeasts，moulds and bacteria，capable of both being extracted and growing in alcoholic medium	《软木塞 低菌软木塞的表征方法 测量酵母、霉菌和细菌（能在酒精介质中提取和成长）的菌落形成数》
20	软木塞	ISO 20752：2014	Cork stoppers-Determination of releasable 2，4，6-trichloroanisol（TCA）	《软木塞 可迁移 2，4，6 三氯苯甲醚的测定方法》
21	软木塞	ISO 21128：2006	Cork stoppers-Determination of oxidizing residues-Iodometric titration method	《软木塞 氧化残留物的测定 碘量滴定法》
22	软木塞	ISO 22308：2005	Cork stoppers-Sensory analysis	《软木塞 感官分析》
23	软木塞	ISO 17727：2012	Cork-Cork stoppers for still wine-Sampling plan for the quality control of cork stoppers	《软木 无气葡萄酒用软木塞的质量控制取样方法》
24	软木塞	ISO 16420：2013	Cork-Cork stoppers for still wines-Mechanical and physical specifications	《软木 无气葡萄酒软木塞 物理力学性能规范》
25	软木塞	ISO 16419：2013	Cork-Visual anomalies of cork stoppers for still wines	《软木 无气葡萄酒用软木塞的外观缺陷》

续表

序号	领域术语	国际标准号	英文名称	中文名称
26	软木塞	ISO 4710：2000	Cork-Cylindrical stoppers for sparkling wines and gasified wines-Characteristics	《软木 用于起泡葡萄酒的圆柱形软木塞特征》
27		ISO 9727-1：2007	Cylindrical cork stoppers-Physical tests Part 1：Determination of dimensions	《圆柱状软木瓶塞物理性能测试 第1部分：尺寸测定》
28		ISO 9727-2：2007	Cylindrical cork stoppers-Physical tests-Part 2：Determination of mass and apparent density for agglomerated cork stoppers	《圆柱状软木瓶塞物理性能测试 第2部分：成型软木塞质量和表观密度的测定》
29		ISO 9727-3：2007	Cylindrical cork stoppers-Physical tests Part 3：Determination of humidity content	《圆柱状软木塞物理性能测试 第3部分：含水率测定》
30		ISO 9727-4：2007	Cylindrical cork stoppers-Physical tests Part 4：Determination of dimensional recovery after compression	《圆柱状软木瓶塞物理性能测试 第4部分：压缩后尺寸回复性测定》
31		ISO 9727-5：2007	Cylindrical cork stoppers-Physical tests Part 5：Determination of extraction force	《圆柱状软木瓶塞物理性能测试 第5部分：拔出力的测定》
32		ISO 9727-6：2007	Cylindrical cork stoppers-Physical tests Part 6：Determination of liquid tightness	《圆柱状软木瓶塞物理性能测试 第6部分：液体密封性测试》
33		ISO 9727-7：2007	Cylindrical cork stoppers-Physical tests Part 7：Determination of dust content	《圆柱状软木瓶塞物理性能测试 第7部分：粉尘含量测定》
34		ISO 9986：2014	Composition cork for shoe outsoles	《鞋底用软木》
35		ISO 9149：2010	Cork wallcoverings in rolls-Specifications	《成卷的软木墙体覆盖物规范》
36		ISO 2219：2010	Thermal insulation products for buildings-Factory-made products of expanded cork（ICB）-Specification	《建筑用绝热产品工厂生产的绝热软木板（ICB）规格》

附录 5　标准文献分类法简介

我国常用标准文献分类法有 2 种，分别为国际标准文献分类法（ICS）和中国标准文献分类法（CCS），ICS 和 CCS 在各个标准的封面上有标注。

一、国际标准文献分类法

1. 定义

国际标准分类法（ICS）是由国际标准化组织编制的标准文献分类法。它主要用于国际标准、区域标准和国家标准以及相关标准化文献的分类、编目、订购与建库，从而促进国际标准、区域标准、国家标准以及其他标准化文献在世界范围的传播。

2. 背景

1991 年 ISO 组织完成了 ICS 分类法的制定工作，并积极向其成员组织推荐 ICS 分类体系，以期获得在标准分类工作中的统一。世界贸易组织（WTO）委托国际标准化组织（ISO）负责 TBT 协议（贸易技术壁垒协定）中有关标准通报事宜的具体实施，为此 WTO 秘书处共同起草了一个备忘录，其中明确指出标准化机构在其通报工作计划时，要使用国际标准分类法。我国从 1997 年 1 月 1 日起在国家标准、行业标准、地方标准上标注 ICS 分类号。

ICS 采用的是数字分类法，数字分类法与字母分类法（如 ASTM）和字母与数字混合分类法（如 JIS，GB）相比，具有扩充方便，计算机管理方便等优点，而且没有文种障碍，有利于交流与推广。

3. 分类原则

（1）按标准文献主题内容所属学科、专业归类，总的分第一级，较具体的分第二级，再具体的分第三级。

（2）术语标准和图形符号标准可先分入术语和图形符号类，再按标准化对象所属专业分入专业类。

（3）标准可根据其主题或主题侧面分入多个二级类或三级类中。

（4）标准所涉及的主题范围包括了一个二级类以下的全部三级类目，则标准应分入此二级类。

（5）为便于计算机检索，涉及某二级类全部主题的标准，可标为“××．×××．00”，这样在检索时用“××．×××．00”提问，将得到“××．×××”下的综合标准；而用“××．×××”提问将得到“××．×××”下以及“××．×××．01～××．×××．99”各类下的全部标准。

（6）用户可自行扩类，多个分类号以分号相隔。

4. 木材工业领域国际标准文献分类号

木材工业领域的国际标准文献分类号见表 1。

表 1　木材工业领域的国际标准文献分类号

国际标准文献分类号	类名	说明
79	木材技术	—
79.020	木材加工技术	包括伐木和木材出来；木材防护化学药品，见 71.100.50
79.040	木材、原木和锯材	—
79.060	人造板	—
79.060.01	人造板综合	—
79.060.10	胶合板	—

续表

国际标准文献分类号	类名	说明
79.060.20	纤维和刨花板	—
79.060.99	其他人造板	—
79.080	半成品材	包括镶木地板、木料铺面、手柄等
79.100	软木和软木制品	—
79.120	木工设备	—
79.120.01	木工设备综合	—
79.120.10	木工机械	—
79.120.20	木工工具	—
79.120.99	其他木工设备	—

二、中国标准文献分类法

1983 年中国制定了“中国标准文献分类法”（CCS）。

1. 简介

“中国标准文献分类法”的类目设置以专业划分为主，适当结合科学分类。序列采取从总到分，从一般到具体的逻辑系统。

本分类法采用二级分类，一级主类的设置主要以专业划分为主，二级类目设置采取非严格等级制的列类方法；一级分类由二十四个大类组成，每个大类有 100 个二级类目；一级分类由单个拉丁字母组成，二类分类由双数字组成。

2. 分类中通用标准与专用标准的划分

所谓“通用标准”，是指两个以上专业共同使用的标准，而“专用标准”是指某一专业特殊用途的标准。在中国标准文献分类法中对这两类标准是采取通用标准相对集中，专用标准适当分散的原则处理的。例如：通用紧固件标准入“J 机械类”，航空用特殊紧固件标准入“V 航空、航天类”。但对各类有关基本建设、环境保护、金属与非金属材料等方面的标准文献采取相对集中列类的方法，如水利电力工程、原材料工业工程、机电制造业工程等入“P 工程建设类”等。

3. 具体分类

A 综合；B 农业、林业；C 医药、卫生、劳动保护；D 矿业；E 石油；F 能源、核技术；G 化工；H 冶金；J 机械；K 电工；L 电子元器件和信息技术；M 通信、广播；N 仪器、仪表；P 工程建设；Q 建材；R 公路、水路运输；S 铁路；T 车辆；U 船舶；V 航空、航天；W 纺织；X 食品；Y 轻工、文化与生活用品；Z 环境保护；

4. 木材工业领域中国标准文献分类号

木材工业领域的中国标准文献分类法见表 2。

表 2　木材工业领域的中国标准文献分类号

中国标准文献分类号	类名	范围注解
B60	林业基础标准与通用方法	术语、通用试验方法等
B68	原条与原木	原条、原木材积表、材质、等级及尺寸要求，木材缺陷，区界符号，采伐运输作业管理等
B69	木材加工材	普通锯材、特殊用途锯材、木制半成品材等
B70	人造板	胶合板、纤维板、刨花板、复合板、人造板二次加工产品，塑料贴面板等
B71	木材竹材防腐	防腐技术、产品质量等
B72	林产化工原料	天然树脂、天然胶、天然漆、天然樟脑、天然色素、天然单宁、木本油脂、木香料、松香、松节油及其初加工产品

附录6　国家标准审核工作简明手册（2021版）

（国家市场监管总局国家标准技术审评中心）

为贯彻落实《深化标准化工作改革方案》精神，便于上报单位更好地了解掌握国家标准报批材料审核的要求，进一步规范标准制修订过程、提升标准报批材料质量，国家标准技术审评中心根据有关规定并结合工作中发现的常见问题，编制了本手册，供大家工作中参考使用。

一、报批材料齐全性审核

（一）审核对象

项目上报单位通过国家标准制修订工作管理信息系统（以下简称“系统”）提交的相关文件以及项目相关基本信息等。

（二）审核要点

1. 报批公文应符合要求

（1）行文单位：

① 归口单位为直属标委会（TC）的，由直属标委会直接行报批公文，并加盖标委会业务专用章；

② 归口单位为非直属标委会的，由其先向行业主管部门行文，再由行业主管部门行报批公文，并加盖公章；

③ 归口单位为行业主管部门的，由行业主管部门直接行报批公文，并加盖公章；

④ 强制性国家标准由国务院行政主管部门行报批公文，并加盖相应印章。

（2）报批公文应规范、完整，并附有相应的项目清单；

2. 提交的文件齐全、完整、准确

（1）纸质材料和电子材料信息一致；

（2）征求意见阶段征求意见汇总处理表、报批稿编制说明、会议纪要（函审结论表）、报批稿等文件上传正确；

（3）等同或修改采标的国家标准应提交国际标准译文。

3. 项目信息应准确、一致

系统中填写的项目信息应准确，并与报批材料提供的信息一致。主要包含以下内容：

（1）中英文标准名称；

（2）ICS、CCS号；

（3）制定或修订信息；

（4）修订项目的代替信息（分为①全部代替，②部分代替，③部分代替已代完）；

（5）采标信息、国际标准编号及名称、一致性程度；

（6）起草单位、起草人、归口单位。

4. 涉及专利的标准，需提交专利信息披露文件。

5. 电子投票信息应符合要求，并与其他文件提供的信息一致。

二、程序合规性审核

（一）征求意见阶段

1. 审核对象：征求意见阶段征求意见汇总处理表

2. 审核要点：

（1）应通过网站（全国标准信息公共服务平台）和定向征集的方式广泛征求意见；

（2）征求意见时间应充分，符合相关规定要求；

（3）应认真处理反馈意见，对未采纳及部分采纳的意见应给予充分的说明理由；

（4）征求意见汇总处理表格式规范，意见应按照章条顺序排列，表后应按照《国家标准管理办法》附件4的规定标注统计信息；

（5）强制性国家标准的对外通报应在征求意见阶段进行。

（二）审查阶段

1. 审核对象：会议纪要、函审结论表

2. 审核要点

（1）审查形式：会议审查（含视频会议）或函审

（2）审查有效性：

① TC归口的项目：由执行单位组织审查，全体委员3/4及以上参会，参会人员2/3以上赞成，且反对不超过1/4。

② 非TC归口的项目成立审查专家组进行审查，参会人数3/4以上同意为通过。

③ 强制性国家标准审查应按照《强制性国家标准管理办法》执行。

④ 审查会时间距报入标准审评中心时间超过3年的，需出具技术有效性说明函。

（3）电子投票的审查：

① TC归口的项目：形成报批稿后方可进行电子投票，执行单位全体委员3/4及以上参与，参与人员2/3以上赞成，且反对不超过参与人员的1/4。执行单位若为SC，TC或SC投票均可。

② 非TC归口的项目：不需要电子投票。

（4）材料规范性：

① 采取会议审查的，应提供会议纪要、专家签字表（不得以签到表代替签字表，并标明参会人员在TC中的职务）。召开视频会议的应提供会议纪要、会议截图、参会人员名单（标明在TC中的职务）并加盖印章。

② 会议纪要应包含会议时间、会议地点、会议组织方、参会人员、明确的审查结论等内容。

③ 采取函审的，应有函审结论和函审单，函审单有修改意见的应附上征求意见汇总处理表。

（5）审查意见落实情况：

对会审意见应逐条落实修改；函审应附上意见处理表，不采纳或部分采纳的意见，应给出明确而充足的理由。

（三）计划调整

与计划下达不一致，需进行计划调整的情况包括：

（1）标准名称（范围）有实质性变化（扩大范围或缩小范围）；

（2）归口单位变化；

（3）制修订性质变化；

（4）被修订或采用标准变化；

（5）采标性质变化（即采标与不采标，其中非等效不属于采标）。

上报单位办理计划调整事项需在系统中发起申请。当系统中计划调整状态显示为“已调整”或“审批完成”，且结论为通过，方可报批。

第一起草单位调整、采标程度的调整（IDT与MOD变化）、不采标与NEQ调整、标准名称的编辑性修改等其他变化需在编制说明中阐述理由。

在审评中心审核过程中，原则上不允许上报单位对起草人、起草单位进行变更或调整。

三、标准技术内容合理性、协调性审核

（一）审核对象

重点审核标准报批稿、标准编制说明、会议纪要、意见汇总处理表。

（二）审核重点

标准技术内容应符合有关法律、法规、产业政策的规定；标准技术内容应科学、合理；标准之间应协调配套；重大分歧意见处理情况。

1. 标准应符合有关法律、法规、产业政策的规定

推荐性国家标准和强制性国家标准的技术要求不得与国家相关法律、法规及产业政策相抵触、矛盾；

推荐性国家标准的技术要求不得低于强制性国家标准的相关技术要求。

2. 标准技术内容的科学性、合理性

（1）标准技术内容的确立依据是否充分、合理；

（2）是否有相应的试验验证结果和数据；

（3）采标标准主要技术指标是否符合我国国情，并经过必要的技术验证；

（4）是否符合标准文件的起草原则，要素的选择是否符合要求。如部分标准，部分的设置是否符合标准化对象原则，规范、规程、指南类标准的技术内容是否遵循相关标准编写规则，符合标准化对象原则，目的导向原则等。

3. 标准之间的协调性

（1）与强制性标准相协调；

（2）与基础通用标准相协调；

（3）与同级和上级标准相协调；

（4）与同类型相关标准或系列标准之间在体例、结构方面相协调。

四、编写规范性审核

（一）审核对象

标准报批稿。

（二）审核要点

1. 结构完整性

要素应完整、全面，至少包括以下内容：

（1）封面；

（2）前言；

（3）范围；

（4）规范性引用文件；

（5）术语和定义；

（6）核心技术要素，不同功能类型标准的核心技术要素具体见表1。

（7）对于分部分标准或涉及专利的标准，引言为必备要素。

表 1　不同功能类型标准对应的核心技术要素

标准功能类型	核心技术要素	审核依据
术语标准	术语条目	GB/T 20001.1
符号标准	符号/标志及其含义	GB/T 20001.2
分类标准	分类和/或编码	GB/T 20001.3
试验标准	试验步骤 试验数据处理	GB/T 20001.4
规范标准	要求 证实方法	GB/T 20001.5
规程标准	程序确立 程序指示 追溯/证实方法	GB/T 20001.6
指南标准	需考虑的因素	GB/T 20001.7

2. 层次合理性

标准的层次应按 GB/T 1.1—2020 第 7 章的要求安排。重点注意以下方面：

（1）某一章或条中，其下一层次各条有无标题应统一，无标题条不应再分条；

（2）条可以进一步细分，但最多可分到第五层次；

（3）避免出现悬置段；

（4）除上一层次为无标题条外，列项应有引导语。

3. 要素规范性

要素编写的规范性见表 2，要素表达的规范性见表 3。

表 2　要素编写

要素	依据的条款	注意事项
封面	GB/T 1.1—2020 的 8.1	（1）中英文名称应对应，段式匹配，并与首页名称一致； （2）准确标明文件类别（国家标准、指导性技术文件）和文件代号（GB），ICS、CCS 号； （3）发布机构应为国家市场监督管理总局、国家标准化管理委员会； （4）修订标准在封面右上角注明代替标准编号； （5）等同采标（IDT）在封面右上角给出双编号，采标标准在英文名称下给出采标信息［采标号＋国际标准英文名称（如与标准英文名称完全相同，此项可省略）＋IDT/MOD/NEQ］
目次	GB/T 1.1—2020 的 8.2	
前言	GB/T 1.1—2020 的 8.3； GB/T 1.2—2020 的 7.2	（1）8.3 中的 8 个列项应按顺序给出； （2）分为部分的标准应只给出已发布标准信息（包括自身及同期报批的）； （3）采标标准与国际文件关系的说明应符合 GB/T 1.2—2020 的规定； （4）专利说明为必备项； （5）归口单位与系统信息一致； （6）起草单位应与系统填报社会统一信用代码对应的单位名称完全一致，不应包含二级机构或挂靠的非法人机构
引言	GB/T 1.1—2020 的 8.4，D.3	引言不应包含要求

续表

要素	依据的条款	注意事项
范围	GB/T 1.1—2020 的 8.5	指明文件的适用界限，如阐述清楚在哪用、给谁用、有什么用，而非标准化对象
规范性引用文件	GB/T 1.1—2020 的 8.6，9.5.4.2.1； GB/T 1.2—2020 的 7.4	（1）规范性引用文件是否注日期应与正文保持一致； （2）引用文件应现行有效，且编号和名称准确； （3）不应引用法律、行政法规、规章和其他政策性文件； （4）采标标准应符合 GB/T 1.2—2020 中 7.4 的规定
术语和定义	GB/T 1.1—2020 的 8.7	（1）定义不应包含要求； （2）直接引用其他标准的术语应与原标准内容一致，如不一致应注明“有修改”； （3）定义应准确，不能出现范围过宽或过窄、循环定义等问题
符号和缩略语	GB/T 1.1—2020 的 8.8	（1）应有引导语； （2）文中应有提及，含义应唯一
附录	GB/T 1.1—2020 的 9.6	附录应在标准中提及，提及方式应与附录性质（资料性、规范性）匹配
参考文献	GB/T 1.1—2020 的 8.13	

表3　要素表达

要素	依据的条款	注意事项
图、表、公式	GB/T1.1—2020 的 9.7～9.9	（1）应在正文中提及； （2）图、表应有编号，标准正文中图、表有无名称应统一
注和脚注	GB/T 1.1—2020 的 9.11、9.12	（1）注和条文脚注均为陈述型条款，不应包含要求型、指示型、条件型、允许型条款； （2）图、表脚注可使用要求型条款。
总则、总体要求、通用要求、通则、概述	GB/T1.1—2020 的 8.10，9.3	（1）总则/总体原则/原则应使用陈述型或推荐型条款，概述应使用陈述型条款； （2）总体要求、通用要求、通则均应使用要求型条款，通则可包含其他类型条款
尺寸公差	GB/T 1.1—2020 的 9.4.5	应以无歧义方式给出
量、单位、符号	GB/T 1.1—2020 的 9.4.7	—

国家标准技术审评中心
2021年5月25日

附录 7　中华人民共和国法定计量单位

我国的法定计量单位（以下简称法定单位）包括：

（1）国际单位制的基本单位，见表 1；

（2）国际单位制的辅助单位，见表 2；

（3）国际单位制中具有专门名称的导出单位，见表 3；

（4）国家选定的非国际单位制单位，见表 4；

（5）由以上单位构成的组合形式的单位；

（6）由词头和以上单位构成的十进倍数和分数单位（词头见表 5）。

法定单位的定义、使用方法等，由国家计量局另行规定。

表 1　国际单位制的基本单位

量的名称	单位名称	单位符号
长度	米	m
质量	千克（公斤）	kg
时间	秒	s
电流	安［培］	A
热力学温度	开［尔文］	K
物质的量	摩［尔］	mol
发光强度	坎［德拉］	cd

表 2　国际单位制的辅助单位

量的名称	单位名称	单位符号
平面角	弧度	rad
立体角	球面度	sr

表 3　国际单位制中具有专门名称的导出单位

量的名称	单位名称	单位符号	其他表示实例
频率	赫［兹］	Hz	s^{-1}
力；重力	牛［顿］	N	$kg \cdot m/s^2$
压力，压强；应力	帕［斯卡］	Pa	N/m^2
能量；功；热量	焦［尔］	J	$N \cdot m$
功率；辐射通量	瓦［特］	W	J/s
电荷量	库［仑］	C	$A \cdot s$
电位；电压；电动势	伏［特］	V	W/A
电容	法［拉］	F	C/V
电阻	欧［姆］	Ω	V/A
电导	西［门子］	S	A/V

续表

量的名称	单位名称	单位符号	其他表示实例
磁通量	韦［伯］	Wb	V·s
磁通量密度；磁感应强度	特［斯拉］	T	Wb/m^2
电感	亨［利］	H	Wb/A
摄氏温度	摄氏度	℃	
光通量	流［明］	lm	cd·sr
光照度	勒［克斯］	lx	lm/m^2
放射性活度	贝可［勒尔］	Bq	s^{-1}
吸收剂量	戈［瑞］	Gy	J/kg
剂量当量	希［沃特］	Sv	J/kg

表 4　国家选定的非国际单位制单位

量的名称	单位名称	单位符号	换算关系和说明
时间	分 ［小］时 天（日）	min h d	1min=60s 1h=60min=3600s 1d=24h=86400s
平面角	［角］秒 ［角］分 度	(″) (′) (°)	1″=（π/648000）rad （π 为圆周率） 1′=60″=（π/10800）rad 1°=60′=（π/180）rad
旋转速度	转每分	r/min	1r/min=（1/60）s^{-1}
长度	海里	nmile	1n mile=1852m（只用于航程）
速度	节	kn	1kn=1n mile/h =（1852/3600）m/s（只用于航程）
质量	吨 原子质量单位	t u	1t=1000kg 1u≈1.6605655×10^{-27}kg
体积	升	L，(l)	$1L=1dm^3=10^{-3}m^3$
能	电子伏	eV	1eV≈1.6021892×10^{-19}J
级差	分贝	dB	
线密度	特［克斯］	tex	1tex=1g/km
面积	公顷	hm^2	$1hm^2=10^4m^2$

表 5　用于构成十进倍数和分数单位的词头

所表示的因数	词头名称	词头符号
10^{18}	艾［可萨］	E
10^{15}	拍［它］	P
10^{12}	太［拉］	T
10^{9}	吉［咖］	G
10^{6}	兆	M
10^{3}	千	k
10^{2}	百	h

续表

所表示的因数	词头名称	词头符号
10^{1}	十	da
10^{-1}	分	d
10^{-2}	厘	c
10^{-3}	毫	m
10^{-6}	微	μ
10^{-9}	纳［诺］	n
10^{-12}	皮［可］	p
10^{-15}	飞［母托］	f
10^{-18}	阿［托］	a

中华人民共和国法定计量单位注释：

（1）周、月、年（年的符号为 a）为一般常用时间单位。

（2）［ ］内的字，是在不致混淆的情况下，可以省略的字。

（3）（ ）内的字为前者的同义语。

（4）角度单位度、分、秒的符号不处于数字后时，用括号。

（5）升的符号中，小写字母 l 为备用符号。

（6）r 为“转”的符号。

（7）人民生活和贸易中，质量习惯称为重量。

（8）公里为千米的俗称，符号为 km。

（9）10^{4}称为万，10^{8}称为亿，10^{12}称为万亿，这类数词的使用不受词头名称的影响，但不应与词头混淆。

附录8　强制性国家标准管理办法

（2020年1月6日国家市场监督管理总局令第25号）

第一条　为了加强强制性国家标准管理，规范强制性国家标准的制定、实施和监督，根据《中华人民共和国标准化法》，制定本办法。

第二条　强制性国家标准的制定（包括项目提出、立项、组织起草、征求意见、技术审查、对外通报、编号、批准发布）、组织实施以及监督工作，适用本办法。

第三条　对保障人身健康和生命财产安全、国家安全、生态环境安全以及满足经济社会管理基本需要的技术要求，应当制定强制性国家标准。

第四条　制定强制性国家标准应当坚持通用性原则，优先制定适用于跨领域跨专业的产品、过程或者服务的标准。

第五条　制定强制性国家标准应当在科学技术研究成果和社会实践经验的基础上，深入调查论证，保证标准的科学性、规范性、时效性。

第六条　制定强制性国家标准应当结合国情采用国际标准。

第七条　制定强制性国家标准应当公开、透明，按照便捷有效的原则采取多种方式，广泛听取各方意见。

第八条　强制性国家标准应当有明确的标准实施监督管理部门，并能够依据法律、行政法规、部门规章的规定对违反强制性国家标准的行为予以处理。

第九条　国务院标准化行政主管部门统一管理全国标准化工作，负责强制性国家标准的立项、编号和对外通报。国务院有关行政主管部门依据职责负责强制性国家标准的项目提出、组织起草、征求意见和技术审查。强制性国家标准由国务院批准发布或者授权批准发布。

县级以上人民政府标准化行政主管部门和有关行政主管部门依据法定职责，对强制性国家标准的实施进行监督检查。

第十条　省、自治区、直辖市人民政府标准化行政主管部门可以向国务院标准化行政主管部门提出强制性国家标准的立项建议，由国务院标准化行政主管部门会同国务院有关行政主管部门研究决定。确有必要制定强制性国家标准的，国务院标准化行政主管部门应当明确项目提出部门，无需立项的应当说明理由。

社会团体、企业事业组织以及公民可以向国务院标准化行政主管部门提出强制性国家标准的立项建议，国务院标准化行政主管部门认为需要立项的，会同国务院有关行政主管部门研究决定。确有必要制定强制性国家标准的，国务院标准化行政主管部门应当明确项目提出部门，无需立项的应当说明理由。

第十一条　国务院有关行政主管部门依据职责向国务院标准化行政主管部门提出强制性国家标准项目。

涉及两个以上国务院有关行政主管部门的强制性国家标准项目，可以由牵头部门会同有关部门联合提出。

第十二条　国务院有关行政主管部门提出强制性国家标准项目前，应当充分征求国务院其他有关行政主管部门的意见，调查企业事业组织、社会团体、消费者和教育、科研机构等方面的实际需求，对项目的必要性和可行性进行论证评估。

第十三条 国务院有关行政主管部门提出强制性国家标准项目时，应当报送项目申报书和标准立项草案。项目申报书应当包括下列内容：

（一）制定强制性国家标准的必要性、可行性；

（二）主要技术要求；

（三）国内相关强制性标准和配套推荐性标准制定情况；

（四）国际标准化组织、其他国家或者地区相关法律法规和标准制定情况；

（五）强制性国家标准的实施监督管理部门以及对违反强制性国家标准行为进行处理的有关法律、行政法规、部门规章依据；

（六）强制性国家标准所涉及的产品、过程或者服务目录；

（七）征求国务院有关部门意见的情况；

（八）经费预算以及进度安排；

（九）需要申报的其他事项。

第十四条 国务院标准化行政主管部门应当按照下列要求对强制性国家标准项目进行审查：

（一）是否符合本办法第三条和第四条规定的原则；

（二）是否符合有关法律、行政法规的规定，是否与有关强制性标准的技术要求协调衔接；

（三）是否符合本办法第十二条和第十三条的要求；

（四）需要审查的其他内容。

第十五条 国务院标准化行政主管部门应当将符合本办法第十四条规定的强制性国家标准项目在全国标准信息公共服务平台向社会公开征求意见。

征求意见期限不得少于三十日。紧急情况下可以缩短征求意见期限，但一般不得少于七日。

第十六条 对于公众提出的意见，国务院标准化行政主管部门根据需要可以组织专家论证、召开会议进行协调或者反馈项目提出部门予以研究处理。

第十七条 国务院标准化行政主管部门应当根据审查意见以及协调情况，决定是否立项。

决定予以立项的，国务院标准化行政主管部门应当下达项目计划，明确组织起草部门和报送批准发布时限。涉及两个以上国务院有关行政主管部门的，还应当明确牵头组织起草部门。

决定不予立项的，国务院标准化行政主管部门应当以书面形式告知项目提出部门不予立项的理由。

第十八条 组织起草部门可以委托相关标准化技术委员会承担起草工作。

未组成标准化技术委员会的，组织起草部门应当成立起草专家组承担强制性国家标准起草工作。涉及两个以上国务院有关行政主管部门的强制性国家标准项目，牵头组织起草部门应当会同其他组织起草部门成立起草专家组。起草专家组应当具有权威性和代表性。

第十九条 强制性国家标准的技术要求应当全部强制，并且可验证、可操作。

强制性国家标准编写应当遵守国家有关规定，并在前言中载明组织起草部门信息，但不得涉及具体的起草单位和起草人信息。

第二十条 强制性国家标准应当对相关事项进行调查分析、实验、论证。

有关技术要求需要进行试验验证的，应当委托具有相应能力的技术单位开展。

第二十一条 起草强制性国家标准应当同时编写编制说明。编制说明应当包括下列内容：

（一）工作简况，包括任务来源、起草人员及其所在单位、起草过程等；

（二）编制原则、强制性国家标准主要技术要求的依据（包括验证报告、统计数据等）及理由；

（三）与有关法律、行政法规和其他强制性标准的关系，配套推荐性标准的制定情况；

（四）与国际标准化组织、其他国家或者地区有关法律法规和标准的比对分析；

（五）重大分歧意见的处理过程、处理意见及其依据；

（六）对强制性国家标准自发布日期至实施日期之间的过渡期（以下简称过渡期）的建议及理由，包括实施强制性国家标准所需要的技术改造、成本投入、老旧产品退出市场时间等；

（七）与实施强制性国家标准有关的政策措施，包括实施监督管理部门以及对违反强制性国家标准的行为进行处理的有关法律、行政法规、部门规章依据等；

（八）是否需要对外通报的建议及理由；

（九）废止现行有关标准的建议；

（十）涉及专利的有关说明；

（十一）强制性国家标准所涉及的产品、过程或者服务目录；

（十二）其他应当予以说明的事项。

第二十二条　组织起草部门应当以书面形式向涉及的有关行政主管部门以及企业事业组织、社会团体、消费者组织和教育、科研机构等方面征求意见。

书面征求意见的有关行政主管部门应当包括强制性国家标准的实施监督管理部门。

第二十三条　组织起草部门应当将强制性国家标准征求意见稿、编制说明以及拟订的过渡期，通过本部门门户网站和全国标准信息公共服务平台向社会公开征求意见。

公开征求意见期限不少于六十日。紧急情况下可以缩短公开征求意见期限，但一般不得少于三十日。

第二十四条　对于涉及面广、关注度高的强制性国家标准，组织起草部门可以采取座谈会、论证会、听证会等多种形式听取意见。

第二十五条　对于不采用国际标准或者与有关国际标准技术要求不一致，并且对世界贸易组织（WTO）其他成员的贸易有重大影响的强制性国家标准，组织起草部门应当按照要求将强制性国家标准征求意见稿和中英文通报表送国务院标准化行政主管部门。

国务院标准化行政主管部门应当按照世界贸易组织（WTO）的要求对外通报，并将收到的意见反馈组织起草部门。

第二十六条　制定中的强制性国家标准有关技术要求发生重大变化的，应当再次向社会公开征求意见。需要对外通报的，还应当再次对外通报。

第二十七条　组织起草部门应当根据各方意见修改形成强制性国家标准送审稿。

第二十八条　组织起草部门可以委托相关标准化技术委员会承担对强制性国家标准送审稿的技术审查工作。

未组成标准化技术委员会的，组织起草部门应当成立审查专家组承担强制性国家标准送审稿的技术审查。涉及两个以上国务院有关行政主管部门的强制性国家标准项目，牵头组织起草部门应当会同其他组织起草部门成立审查专家组。审查专家组应当具有权威性和代表性，人数不得少于十五人。

起草人员不得承担技术审查工作。

第二十九条　技术审查应当采取会议形式，重点审查技术要求的科学性、合理性、适用性、规范性，与相关政策要求的符合性，以及与其他强制性标准的协调性。

审查会议应当形成会议纪要，并经与会全体专家签字。会议纪要应当真实反映审查情况，包括会议时间地点、会议议程、专家名单、具体的审查意见、审查结论等。

第三十条　组织起草部门根据技术审查意见决定报送批准发布的，应当形成报批稿，送国务院标准化行政主管部门统一编号。

两个以上国务院有关行政主管部门联合起草的，牵头组织起草部门应当经其他组织起草部门同意后，送国务院标准化行政主管部门统一编号。

第三十一条　组织起草部门应当提供下列材料，并对强制性国家标准报批稿的内容负责：

（一）报送公文；

（二）强制性国家标准报批稿；

（三）编制说明；

（四）征求意见汇总处理表；

（五）审查会议纪要；

（六）需要报送的其他材料。

报送公文应当包括过渡期的建议。

第三十二条 强制性国家标准不能按照项目计划规定时限报送的，组织起草部门应当提前三十日向国务院标准化行政主管部门说明情况，并申请延长期限。

延长的期限不得超过一年。

第三十三条 强制性国家标准报送编号前，组织起草部门认为相关技术要求存在重大问题或者出现政策性变化的，可以重新组织起草或者向国务院标准化行政主管部门提出项目终止建议。

第三十四条 国务院标准化行政主管部门应当对符合下列要求的强制性国家标准予以编号：

（一）制定程序规范、报送材料齐全；

（二）符合本办法第三条和第四条规定的原则；

（三）符合有关法律、行政法规的规定，并与有关强制性标准的技术要求协调衔接；

（四）妥善处理重大分歧意见。

第三十五条 强制性国家标准的编号由强制性国家标准代号（GB）、顺序号和年代号构成。

第三十六条 国务院标准化行政主管部门依据国务院授权批准发布强制性国家标准。强制性国家标准应当以国务院标准化行政主管部门公告的形式发布。

第三十七条 国务院标准化行政主管部门应当自发布之日起二十日内在全国标准信息公共服务平台上免费公开强制性国家标准文本。

第三十八条 强制性国家标准从项目计划下达到报送强制性国家标准报批稿的期限一般不得超过两年，国务院标准化行政主管部门从收到强制性国家标准报批稿到授权批准发布的期限一般不得超过两个月。

第三十九条 强制性国家标准发布后实施前，企业可以选择执行原强制性国家标准或者新强制性国家标准。

新强制性国家标准实施后，原强制性国家标准同时废止。

第四十条 强制性国家标准发布后，起草单位和起草人信息可以通过全国标准信息公共服务平台予以查询。

第四十一条 强制性国家标准发布后，有下列情形之一的，由国务院标准化行政主管部门依据国务院授权解释：

（一）强制性国家标准的规定需要进一步明确具体含义的；

（二）出现新的情况，需要明确适用强制性国家标准依据的；

（三）需要解释的其他事项。

强制性国家标准解释草案由组织起草部门研究提出并报国务院标准化行政主管部门。

强制性国家标准的解释与标准具有同等效力。解释发布后，国务院标准化行政主管部门应当自发布之日起二十日内在全国标准信息公共服务平台上免费公开解释文本。

属于强制性国家标准实施过程中有关具体问题的咨询，由组织起草部门研究答复。

第四十二条 国务院标准化行政主管部门应当通过全国标准信息公共服务平台接收社会各方对强制性国家标准实施情况的意见建议，并及时反馈组织起草部门。

第四十三条 组织起草部门应当收集强制性国家标准实施效果和存在问题，及时研究处理，并对实施情况进行跟踪评估。

强制性国家标准的实施监督管理部门与组织起草部门为不同部门的，监督管理部门应当将行政检查、行政处罚以及其他有关信息及时反馈组织起草部门。

第四十四条 强制性国家标准实施后，组织起草部门应当定期组织对强制性国家标准实施情况进行统计分析，形成实施情况统计分析报告并送国务院标准化行政主管部门。

强制性国家标准实施情况统计分析报告应当包括强制性国家标准实施情况总体评估以及具体实施效果、存在的问题、改进建议等。

第四十五条　组织起草部门应当根据反馈和评估情况，对强制性国家标准进行复审，提出继续有效、修订或者废止的结论，并送国务院标准化行政主管部门。

复审周期一般不得超过五年。

第四十六条　复审结论为修订强制性国家标准的，组织起草部门应当在报送复审结论时提出修订项目。

强制性国家标准的修订，按照本办法规定的强制性国家标准制定程序执行；个别技术要求需要调整、补充或者删减，采用修改单方式予以修订的，无需经国务院标准化行政主管部门立项。

第四十七条　复审结论为废止强制性国家标准的，由国务院标准化行政主管部门通过全国标准信息公共服务平台向社会公开征求意见，并以书面形式征求强制性国家标准的实施监督管理部门意见。公开征求意见一般不得少于三十日。

无重大分歧意见或者经协调一致的，由国务院标准化行政主管部门依据国务院授权以公告形式废止强制性国家标准。

第四十八条　强制性国家标准制定实施中出现争议的，由国务院标准化行政主管部门组织协商；经协商未形成一致意见的，提交国务院标准化协调推进部际联席会议研究解决。

第四十九条　任何单位或者个人有权向标准化行政主管部门、有关行政主管部门举报、投诉违反本办法规定的行为。

标准化行政主管部门、有关行政主管部门依据职责予以处理，对于实名举报人或者投诉人，应当告知处理结果，为举报人保密，并按照国家有关规定对举报人给予奖励。

第五十条　强制性国家标准制定过程中涉及国家秘密的，应当遵守有关保密规定。

第五十一条　强制性国家标准涉及专利的，应当按照国家标准涉及专利的有关管理规定执行。

制定强制性国家标准参考相关国际标准的，应当遵守相关国际标准化组织的版权政策。

第五十二条　本办法所称企业包括内资企业和外商投资企业。强制性国家标准对内资企业和外商投资企业平等适用。外商投资企业依法和内资企业平等参与强制性国家标准的制定、修订工作。

第五十三条　本办法所称日为公历日。

第五十四条　法律、行政法规和国务院决定对强制性标准的制定另有规定的，从其规定。

第五十五条　本办法自2020年6月1日起施行。有关部门规章中涉及强制性国家标准管理的内容与本办法规定不一致的，以本办法规定为准。

附录9　标准申报、审查、报批常用表

附件1

推荐性国家标准项目建议书

中文名称			
英文名称			
制定/修订	□制定　□修订	被修订标准号	
采用国际标准	□无　□ISO　□IEC　□ITU □ISO/IEC　□ISO 确认的标准	采用程度	□等同　□修改　□非等效
采标号		采标名称	
标准类别	□安全　□卫生　□环保　□基础　□方法　□管理　□产品　□其他		
ICS			
上报单位			
技术归口单位（或技术委员会）			
主管部门			
起草单位			
项目周期	□12个月　□24个月		
是否采用快速程序	□是　□否	快速程序代码	□B1　□B2　□B3　□B4　□C3
经费预算说明			
目的、意义			
范围和主要技术内容			
国内外情况简要说明			
有关法律法规和强制性标准的关系			
标准涉及的产品清单			
是否有国家级科研项目支撑	□是　□否	科研项目编号及名称	
是否涉及专利	□是　□否	专利号及名称	
是否由行业标准或地标转化	□是　□否	行地标标准号及名称	
备注			

填写说明：

1. 非必填项说明

（1）采用国际标准为“无”时，“采用程度”“采标号”“采标名称”无需填写；

（2）不采用快速程序，“快速程序代码”无需填写；

（3）无国家级科研项目支撑时，“科研项目编号及名称”无需填写；

（4）不涉及专利时，“专利号及名称”无需填写；

（5）不由行地标转化时，“行地标标准号及名称”无需填写。

2. 其他项均为必填。其中经费预算应包括经费总额、国拨经费、自筹经费的情况，并需说明当国家补助经费达不到预算要求时，能否确保项目按时完成。

3. ICS 代号可从委网站公布的“ICS 分类号”文件中获得。

4. 备注中必须注明项目投票情况，格式为“技术委员会委员总数/参与投票人数/赞成票数”。省级质监局申报的项目还应注明与归口技术委员会或归口单位的协调情况。

附件 2

强制性国家标准项目建议书

中文名称			
英文名称			
制定/修订	□制定 □修订	被修订标准号	
采用国际标准	□无 □ISO □IEC □ITU □ISO/IEC □ISO 确认的标准	采用程度	□等同 □修改 □非等效
采标号		采标名称	
标准类别	□人身健康 □生命财产安全 □国家安全 □生态环境安全 □社会经济管理基本要求		
ICS			
上报单位			
技术归口单位（或技术委员会）			
主管部门			
起草单位			
项目周期	□12 个月 □24 个月		
是否采用快速程序	□是 □否	快速程序代码	□B1 □B2 □B3 □B4 □C3
经费预算说明			
目的、意义			
范围和主要技术内容			
国内外情况简要说明			
有关法律法规和强制性标准的关系			
标准涉及的产品清单			
是否有国家级科研项目支撑	□是 □否	科研项目编号及名称	
是否涉及专利	□是 □否	专利号及名称	
是否由行业标准或地标转化	□是 □否	行地标标准号及名称	
备注			

填写说明：

1. 非必填项说明

（1）采用国际标准为“无”时，“采用程度”“采标号”“采标名称”无需填写；

（2）不采用快速程序，“快速程序代码”无需填写；

（3）无国家级科研项目支撑时，“科研项目编号及名称”无需填写；

（4）不涉及专利时，“专利号及名称”无需填写；

（5）不由行地标转化时，“行地标标准号及名称”无需填写。

2. 其他项均为必填。其中经费预算应包括经费总额、国拨经费、自筹经费的情况，并需说明当国家补助经费达不到预算要求时，能否确保项目按时完成。

3. ICS 代号可从委网站公布的“ICS 分类号”文件中获得。

4. 备注中必须注明项目投票情况，格式为“技术委员会委员总数/参与投票人数/赞成票数”。省级质监局申报的项目还应注明与归口技术委员会或归口单位的协调情况。

附件3

国家标准项目申报汇总表

序号	项目名称	制修订	代替标准号	主管部门	技术归口单位	起草单位	备注

注：1. 修订项目请在“代替标准”栏中注明被修订标准的标准编号和标准名称；

2. 采用国际标准项目在“采用国际标准”栏中注明采标程度，以及被采用的国际标准名称和代号；

3. 各类科研项目支持的行业标准研制项目，在“备注”栏中注明项目来源、名称和编号；

4. 经费完全自筹项目，在“备注”栏中注明。

5. 国家标准项目汇总表和建议书模板。

附件 4

国家标准外文版翻译项目建议书

拟翻译标准/计划名称（中文）			
拟翻译标准/计划名称（外文）			
标准/计划编号		拟翻译语种	
技术委员会或技术归口单位		国内 TC 号	
中文版起草单位		主管部门	
外文版翻译承担单位			
计划起始年		项目周期（月）	
目的和意义			
国内外需求情况简要说明			
项目预算		经费来源	□自筹　□国拨
申报联系人		联系电话	
备注			

附件5

年度国家标准外文版翻译项目汇总表

序号	标准/计划编号	标准/计划名称	语种	标准/计划外文名称	主管部门	归口单位	翻译承担单位	完成周期（月）

附件 6

国家标准（或林业行业标准）征求意见反馈表

标准名称：　　　　　　　　　　　　负责起草单位：

序号	标准章条编号	意见和建议	提出意见单位	提出意见人	备注
1					
2					
3					

年　月　日

附件7

国家标准（或林业行业标准）征求意见汇总表

标准名称：　　　　　　　负责起草单位：　　　　　　　承办人：

电话：　　　　　　　　　年　月　日　　　　　　　　共　页　第　页

序号	标准章条编号	意见内容	提出单位	提出人	处理意见	备注
1						
2						
3						
4						
5						
6						
7						

说明：

① 发送《征求意见稿》的单位数：____个

② 收到《征求意见稿》后，回函的单位：____个

③ 收到《征求意见稿》后，回函并有建议或意见的单位数：____个

④ 没有回函的单位数：____个

附件 8

国家标准报送材料清单

计划项目编号			
计划项目名称			
报批国家标准名称			
报送文件名称	纸质文件	电子文件	备注
国家标准报批公文	1 份	PDF 格式	电子文件需扫描（有公章）
国家标准报批文件清单	1 份	不需要	
国家标准申报单	1 份	不需要	
国家标准报批稿	2 份	PDF、Word 格式各 1 份	
国家标准编制说明	1 份	PDF 格式	
审查会议纪要或函审结论（附参加人员名单或函审单）	1 份	PDF 格式	电子文件需扫描（签字要求手写体）
征求意见汇总处理表	1 份	PDF 格式	
采用国际标准的译文	1 份	PDF 格式	
涉及专利标准相关材料	1 份	PDF 格式	

附件9

林业行业标准报批文件清单

计划项目编号			
计划项目名称			
报批行业标准名称			
报送文件名称	纸质文件	电子文件	备注
行业标准报批公文	1份	PDF格式	电子文件需扫描（有公章）
行业标准报批文件清单	1份	不需要	
行业标准申报单	1份	不需要	
行业标准报批稿	1份	PDF、Word格式各1份	
行业标准编制说明	1份	PDF格式	
审查会议纪要或函审结论（附参加人员名单或函审单）	1份	PDF格式	电子文件需扫描（签字要求手写体）
征求意见汇总处理表	1份	PDF格式	
送审稿	1份	PDF格式	
采用国际标准的译文	1份	PDF格式	
涉及专利标准相关材料	1份	PDF格式	

附件 10

国家标准或林业标准报批申报单

计划项目编号			
计划项目名称（中文）			
报批项目名称（中文）			
计划项目名称（英文）			
制定或修订		被修订标准号	
采用国际标准		采标号	
采用程度		采标名称	
1 标准性质		中国标准分类号（CCS）	
2 标准类别		国际标准分类号（ICS）	
3 是否为快速程序		快速程序代码	
4 标准水平			
5 技术委员会（或）技术归口单位		国内 TC/SC 号	
起草单位			
起草人		联系电话	
计划起始年限		计划完成年限	
项目经费总支出（万元）		国家补助（万元）	
其他（万元）			
标准组织审查单位			
联系人		联系电话	
联系人 Email			

注1. “标准性质”为推荐性或者强制性；

2. “标准类别”为“基础、方法、管理、产品、安全、卫生、其他”等；

3. “是否为快速程序”和“快速程序代码”，根据标准申报时的实际情况填写；

4. “标准水平”为标准审查会确定的标准水平（与会议纪要内容一致）。

附录 10 《国家标准化发展纲要》

（2021 年 9 月 中共中央、国务院印发）

标准是经济活动和社会发展的技术支撑，是国家基础性制度的重要方面。标准化在推进国家治理体系和治理能力现代化中发挥着基础性、引领性作用。新时代推动高质量发展、全面建设社会主义现代化国家，迫切需要进一步加强标准化工作。为统筹推进标准化发展，制定本纲要。

一、总体要求

（一）指导思想

以习近平新时代中国特色社会主义思想为指导，深入贯彻党的十九大和十九届二中、三中、四中、五中全会精神，按照统筹推进“五位一体”总体布局和协调推进“四个全面”战略布局要求，坚持以人民为中心的发展思想，立足新发展阶段、贯彻新发展理念、构建新发展格局，优化标准化治理结构，增强标准化治理效能，提升标准国际化水平，加快构建推动高质量发展的标准体系，助力高技术创新，促进高水平开放，引领高质量发展，为全面建成社会主义现代化强国、实现中华民族伟大复兴的中国梦提供有力支撑。

（二）发展目标

到 2025 年，实现标准供给由政府主导向政府与市场并重转变，标准运用由产业与贸易为主向经济社会全域转变，标准化工作由国内驱动向国内国际相互促进转变，标准化发展由数量规模型向质量效益型转变。标准化更加有效推动国家综合竞争力提升，促进经济社会高质量发展，在构建新发展格局中发挥更大作用。

1. 全域标准化深度发展

农业、工业、服务业和社会事业等领域标准全覆盖，新兴产业标准地位凸显，健康、安全、环境标准支撑有力，农业标准化生产普及率稳步提升，推动高质量发展的标准体系基本建成。

2. 标准化水平大幅提升

共性关键技术和应用类科技计划项目形成标准研究成果的比率达到 50％以上，政府颁布标准与市场自主制定标准结构更加优化，国家标准平均制定周期缩短至 18 个月以内，标准数字化程度不断提高，标准化的经济效益、社会效益、质量效益、生态效益充分显现。

3. 标准化开放程度显著增强

标准化国际合作深入拓展，互利共赢的国际标准化合作伙伴关系更加密切，标准化人员往来和技术合作日益加强，标准信息更大范围实现互联共享，我国标准制定透明度和国际化环境持续优化，国家标准与国际标准关键技术指标的一致性程度大幅提升，国际标准转化率达到 85％以上。

4. 标准化发展基础更加牢固

建成一批国际一流的综合性、专业性标准化研究机构，若干国家级质量标准实验室，50 个以上国家技术标准创新基地，形成标准、计量、认证认可、检验检测一体化运行的国家质量基础设施体系，标准化服务业基本适应经济社会发展需要。

到 2035 年，结构优化、先进合理、国际兼容的标准体系更加健全，具有中国特色的标准化管理体制更加完善，市场驱动、政府引导、企业为主、社会参与、开放融合的标准化工作格局全面形成。

二、推动标准化与科技创新互动发展

（三）加强关键技术领域标准研究。在人工智能、量子信息、生物技术等领域，开展标准化研究。在两化融合、新一代信息技术、大数据、区块链、卫生健康、新能源、新材料等应用前景广阔的技术领域，同步部署技术研发、标准研制与产业推广，加快新技术产业化步伐。研究制定智能船舶、高铁、新能源汽车、智能网联汽车和机器人等领域关键技术标准，推动产业变革。适时制定和完善生物医学研究、分子育种、无人驾驶等领域技术安全相关标准，提升技术领域安全风险管理水平。

（四）以科技创新提升标准水平。建立重大科技项目与标准化工作联动机制，将标准作为科技计划的重要产出，强化标准核心技术指标研究，重点支持基础通用、产业共性、新兴产业和融合技术等领域标准研制。及时将先进适用科技创新成果融入标准，提升标准水平。对符合条件的重要技术标准按规定给予奖励，激发全社会标准化创新活力。

（五）健全科技成果转化为标准的机制。完善科技成果转化为标准的评价机制和服务体系，推进技术经理人、科技成果评价服务等标准化工作。完善标准必要专利制度，加强标准制定过程中的知识产权保护，促进创新成果产业化应用。完善国家标准化技术文件制度，拓宽科技成果标准化渠道。将标准研制融入共性技术平台建设，缩短新技术、新工艺、新材料、新方法标准研制周期，加快成果转化应用步伐。

三、提升产业标准化水平

（六）筑牢产业发展基础。加强核心基础零部件（元器件）、先进基础工艺、关键基础材料与产业技术基础标准建设，加大基础通用标准研制应用力度。开展数据库等方面标准攻关，提升标准设计水平，制定安全可靠、国际先进的通用技术标准。

（七）推进产业优化升级。实施高端装备制造标准化强基工程，健全智能制造、绿色制造、服务型制造标准，形成产业优化升级的标准群，部分领域关键标准适度领先于产业发展平均水平。完善扩大内需方面的标准，不断提升消费品标准和质量水平，全面促进消费。推进服务业标准化、品牌化建设，健全服务业标准，重点加强食品冷链、现代物流、电子商务、物品编码、批发零售、房地产服务等领域标准化。健全和推广金融领域科技、产品、服务与基础设施等标准，有效防范化解金融风险。加快先进制造业和现代服务业融合发展标准化建设，推行跨行业跨领域综合标准化。建立健全大数据与产业融合标准，推进数字产业化和产业数字化。

（八）引领新产品新业态新模式快速健康发展。实施新产业标准化领航工程，开展新兴产业、未来产业标准化研究，制定一批应用带动的新标准，培育发展新业态新模式。围绕食品、医疗、应急、交通、水利、能源、金融等领域智慧化转型需求，加快完善相关标准。建立数据资源产权、交易流通、跨境传输和安全保护等标准规范，推动平台经济、共享经济标准化建设，支撑数字经济发展。健全依据标准实施科学有效监管机制，鼓励社会组织应用标准化手段加强自律、维护市场秩序。

（九）增强产业链供应链稳定性和产业综合竞争力。围绕生产、分配、流通、消费，加快关键环节、关键领域、关键产品的技术攻关和标准研制应用，提升产业核心竞争力。发挥关键技术标准在产业协同、技术协作中的纽带和驱动作用，实施标准化助力重点产业稳链工程，促进产业链上下游标准有效衔接，提升产业链供应链现代化水平。

（十）助推新型基础设施提质增效。实施新型基础设施标准化专项行动，加快推进通信网络基础设施、新技术基础设施、算力基础设施等信息基础设施系列标准研制，协同推进融合基础设施标准研制，建立工业互联网标准，制定支撑科学研究、技术研发、产品研制的创新基础设施标准，促进传统基础设施转型升级。

四、完善绿色发展标准化保障

（十一）建立健全碳达峰、碳中和标准。加快节能标准更新升级，抓紧修订一批能耗限额、产品设备能效强制性国家标准，提升重点产品能耗限额要求，扩大能耗限额标准覆盖范围，完善能源核算、检测认证、评估、审计等配套标准。加快完善地区、行业、企业、产品等碳排放核查核算标准。制定重点行业和产品温室气体排放标准，完善低碳产品标准标识制度。完善可再生能源标准，研究制定生态碳汇、碳捕集利用与封存标准。实施碳达峰、碳中和标准化提升工程。

（十二）持续优化生态系统建设和保护标准。不断完善生态环境质量和生态环境风险管控标准，持续改善生态环境质量。进一步完善污染防治标准，健全污染物排放、监管及防治标准，筑牢污染排放控制底线。统筹完善应对气候变化标准，制定修订应对气候变化减缓、适应、监测评估等标准。制定山水林田湖草沙多生态系统质量与经营利用标准，加快研究制定水土流失综合防治、生态保护修复、生态系统服务与评价、生态承载力评估、生态资源评价与监测、生物多样性保护及生态效益评估与生态产品价值实现等标准，增加优质生态产品供给，保障生态安全。

（十三）推进自然资源节约集约利用。构建自然资源统一调查、登记、评价、评估、监测等系列标准，研究制定土地、矿产资源等自然资源节约集约开发利用标准，推进能源资源绿色勘查与开发标准化。以自然资源资产清查统计和资产核算为重点，推动自然资源资产管理体系标准化。制定统一的国土空间规划技术标准，完善资源环境承载能力和国土空间开发适宜性评价机制。制定海洋资源开发保护标准，发展海洋经济，服务陆海统筹。

（十四）筑牢绿色生产标准基础。建立健全土壤质量及监测评价、农业投入品质量、适度规模养殖、循环型生态农业、农产品食品安全、监测预警等绿色农业发展标准。建立健全清洁生产标准，不断完善资源循环利用、产品绿色设计、绿色包装和绿色供应链、产业废弃物综合利用等标准。建立健全绿色金融、生态旅游等绿色发展标准。建立绿色建造标准，完善绿色建筑设计、施工、运维、管理标准。建立覆盖各类绿色生活设施的绿色社区、村庄建设标准。

（十五）强化绿色消费标准引领。完善绿色产品标准，建立绿色产品分类和评价标准，规范绿色产品、有机产品标识。构建节能节水、绿色采购、垃圾分类、制止餐饮浪费、绿色出行、绿色居住等绿色生活标准。分类建立绿色公共机构评价标准，合理制定消耗定额和垃圾排放指标。

五、加快城乡建设和社会建设标准化进程

（十六）推进乡村振兴标准化建设。强化标准引领，实施乡村振兴标准化行动。加强高标准农田建设，加快智慧农业标准研制，加快健全现代农业全产业链标准，加强数字乡村标准化建设，建立农业农村标准化服务与推广平台，推进地方特色产业标准化。完善乡村建设及评价标准，以农村环境监测与评价、村容村貌提升、农房建设、农村生活垃圾与污水治理、农村卫生厕所建设改造、公共基础设施建设等为重点，加快推进农村人居环境改善标准化工作。推进度假休闲、乡村旅游、民宿经济、传统村落保护利用等标准化建设，促进农村一二三产业融合发展。

（十七）推动新型城镇化标准化建设。研究制定公共资源配置标准，建立县城建设标准、小城镇公共设施建设标准。研究制定城市体检评估标准，健全城镇人居环境建设与质量评价标准。完善城市生态修复与功能完善、城市信息模型平台、建设工程防灾、更新改造及海绵城市建设等标准。推进城市设计、城市历史文化保护传承与风貌塑造、老旧小区改造等标准化建设，健全街区和公共设施配建标准。建立智能化城市基础设施建设、运行、管理、服务等系列标准，制定城市休闲慢行系统和综合管理服务等标准，研究制定新一代信息技术在城市基础设施规划建设、城市管理、应急处置等方面的应用标准。健全住房标准，完善房地产信息数据、物业服务等标准。推动智能建造标准化，完善建筑信息模型技术、施工现场监控等标准。开展城市标准化行动，健全智慧城市标准，推进城市可持续发展。

（十八）推动行政管理和社会治理标准化建设。探索开展行政管理标准建设和应用试点，重点推进行政审批、政务服务、政务公开、财政支出、智慧监管、法庭科学、审判执行、法律服务、公共资源交易等标准制定与推广，加快数字社会、数字政府、营商环境标准化建设，完善市场要素交易标准，促进高标准市场体系建设。强化信用信息采集与使用、数据安全和个人信息保护、网络安全保障体系

和能力建设等领域标准的制定实施。围绕乡村治理、综治中心、网格化管理，开展社会治理标准化行动，推动社会治理标准化创新。

（十九）加强公共安全标准化工作。坚持人民至上、生命至上，实施公共安全标准化筑底工程，完善社会治安、刑事执法、反恐处突、交通运输、安全生产、应急管理、防灾减灾救灾标准，织密筑牢食品、药品、农药、粮食能源、水资源、生物、物资储备、产品质量、特种设备、劳动防护、消防、矿山、建筑、网络等领域安全标准网，提升洪涝干旱、森林草原火灾、地质灾害、地震等自然灾害防御工程标准，加强重大工程和各类基础设施的数据共享标准建设，提高保障人民群众生命财产安全水平。加快推进重大疫情防控救治、国家应急救援等领域标准建设，抓紧完善国家重大安全风险应急保障标准。构建多部门多区域多系统快速联动、统一高效的公共安全标准化协同机制，推进重大标准制定实施。

（二十）推进基本公共服务标准化建设。围绕幼有所育、学有所教、劳有所得、病有所医、老有所养、住有所居、弱有所扶等方面，实施基本公共服务标准体系建设工程，重点健全和推广全国统一的社会保险经办服务、劳动用工指导和就业创业服务、社会工作、养老服务、儿童福利、残疾人服务、社会救助、殡葬公共服务以及公共教育、公共文化体育、住房保障等领域技术标准，使发展成果更多更公平惠及全体人民。

（二十一）提升保障生活品质的标准水平。围绕普及健康生活、优化健康服务、倡导健康饮食、完善健康保障、建设健康环境、发展健康产业等方面，建立广覆盖、全方位的健康标准。制定公共体育设施、全民健身、训练竞赛、健身指导、线上和智能赛事等标准，建立科学完备、门类齐全的体育标准。开展养老和家政服务标准化专项行动，完善职业教育、智慧社区、社区服务等标准，加强慈善领域标准化建设。加快广播电视和网络视听内容融合生产、网络智慧传播、终端智能接收、安全智慧保障等标准化建设，建立全媒体传播标准。提高文化旅游产品与服务、消费保障、公园建设、景区管理等标准化水平。

六、提升标准化对外开放水平

（二十二）深化标准化交流合作。履行国际标准组织成员国责任义务，积极参与国际标准化活动。积极推进与共建“一带一路”国家在标准领域的对接合作，加强金砖国家、亚太经合组织等标准化对话，深化东北亚、亚太、泛美、欧洲、非洲等区域标准化合作，推进标准信息共享与服务，发展互利共赢的标准化合作伙伴关系。联合国际标准组织成员，推动气候变化、可持续城市和社区、清洁饮水与卫生设施、动植物卫生、绿色金融、数字领域等国际标准制定，分享我国标准化经验，积极参与民生福祉、性别平等、优质教育等国际标准化活动，助力联合国可持续发展目标实现。支持发展中国家提升利用标准化实现可持续发展的能力。

（二十三）强化贸易便利化标准支撑。持续开展重点领域标准比对分析，积极采用国际标准，大力推进中外标准互认，提高我国标准与国际标准的一致性程度。推出中国标准多语种版本，加快大宗贸易商品、对外承包工程等中国标准外文版编译。研究制定服务贸易标准，完善数字金融、国际贸易单一窗口等标准。促进内外贸质量标准、检验检疫、认证认可等相衔接，推进同线同标同质。创新标准化工作机制，支撑构建面向全球的高标准自由贸易区网络。

（二十四）推动国内国际标准化协同发展。统筹推进标准化与科技、产业、金融对外交流合作，促进政策、规则、标准联通。建立政府引导、企业主体、产学研联动的国际标准化工作机制。实施标准国际化跃升工程，推进中国标准与国际标准体系兼容。推动标准制度型开放，保障外商投资企业依法参与标准制定。支持企业、社会团体、科研机构等积极参与各类国际性专业标准组织。支持国际性专业标准组织来华落驻。

七、推动标准化改革创新

（二十五）优化标准供给结构。充分释放市场主体标准化活力，优化政府颁布标准与市场自主制定标准二元结构，大幅提升市场自主制定标准的比重。大力发展团体标准，实施团体标准培优计划，推进团体标准应用示范，充分发挥技术优势企业作用，引导社会团体制定原创性、高质量标准。加快建设协调统一的强制性国家标准，筑牢保障人身健康和生命财产安全、生态环境安全的底线。同步推进推荐性国家标准、行业标准和地方标准改革，强化推荐性标准的协调配套，防止地方保护和行业垄断。建立健全政府颁布标准采信市场自主制定标准的机制。

（二十六）深化标准化运行机制创新。建立标准创新型企业制度和标准融资增信制度，鼓励企业构建技术、专利、标准联动创新体系，支持领军企业联合科研机构、中小企业等建立标准合作机制，实施企业标准领跑者制度。建立国家统筹的区域标准化工作机制，将区域发展标准需求纳入国家标准体系建设，实现区域内标准发展规划、技术规则相互协同，服务国家重大区域战略实施。持续优化标准制定流程和平台、工具，健全企业、消费者等相关方参与标准制定修订的机制，加快标准升级迭代，提高标准质量水平。

（二十七）促进标准与国家质量基础设施融合发展。以标准为牵引，统筹布局国家质量基础设施资源，推进国家质量基础设施统一建设、统一管理，健全国家质量基础设施一体化发展体制机制。强化标准在计量量子化、检验检测智能化、认证市场化、认可全球化中的作用，通过人工智能、大数据、区块链等新一代信息技术的综合应用，完善质量治理，促进质量提升。强化国家质量基础设施全链条技术方案提供，运用标准化手段推动国家质量基础设施集成服务与产业价值链深度融合。

（二十八）强化标准实施应用。建立法规引用标准制度、政策实施配套标准制度，在法规和政策文件制定时积极应用标准。完善认证认可、检验检测、政府采购、招投标等活动中应用先进标准机制，推进以标准为依据开展宏观调控、产业推进、行业管理、市场准入和质量监管。健全基于标准或标准条款订立、履行合同的机制。建立标准版权制度、呈缴制度和市场自主制定标准交易制度，加大标准版权保护力度。按照国家有关规定，开展标准化试点示范工作，完善对标达标工作机制，推动企业提升执行标准能力，瞄准国际先进标准提高水平。

（二十九）加强标准制定和实施的监督。健全覆盖政府颁布标准制定实施全过程的追溯、监督和纠错机制，实现标准研制、实施和信息反馈闭环管理。开展标准质量和标准实施第三方评估，加强标准复审和维护更新。健全团体标准化良好行为评价机制。强化行业自律和社会监督，发挥市场对团体标准的优胜劣汰作用。有效实施企业标准自我声明公开和监督制度，将企业产品和服务符合标准情况纳入社会信用体系建设。建立标准实施举报、投诉机制，鼓励社会公众对标准实施情况进行监督。

八、夯实标准化发展基础

（三十）提升标准化技术支撑水平。加强标准化理论和应用研究，构建以国家级综合标准化研究机构为龙头，行业、区域和地方标准化研究机构为骨干的标准化科技体系。发挥优势企业在标准化科技体系中的作用。完善专业标准化技术组织体系，健全跨领域工作机制，提升开放性和透明度。建设若干国家级质量标准实验室、国家标准验证点和国家产品质量检验检测中心。有效整合标准技术、检测认证、知识产权、标准样品等资源，推进国家技术标准创新基地建设。建设国家数字标准馆和全国统一协调、分工负责的标准化公共服务平台。发展机器可读标准、开源标准，推动标准化工作向数字化、网络化、智能化转型。

（三十一）大力发展标准化服务业。完善促进标准、计量、认证认可、检验检测等标准化相关高技术服务业发展的政策措施，培育壮大标准化服务业市场主体，鼓励有条件地区探索建立标准化服务业产业集聚区，健全标准化服务评价机制和标准化服务业统计分析报告制度。鼓励标准化服务机构面向中小微企业实际需求，整合上下游资源，提供标准化整体解决方案。大力发展新型标准化服务工具和模式，提升服务专业化水平。

（三十二）加强标准化人才队伍建设。将标准化纳入普通高等教育、职业教育和继续教育，开展专业与标准化教育融合试点。构建多层次从业人员培养培训体系，开展标准化专业人才培养培训和国家质量基础设施综合教育。建立健全标准化领域人才的职业能力评价和激励机制。造就一支熟练掌握国际规则、精通专业技术的职业化人才队伍。提升科研人员标准化能力，充分发挥标准化专家在国家科技决策咨询中的作用，建设国家标准化高端智库。加强基层标准化管理人员队伍建设，支持西部地区标准化专业人才队伍建设。

（三十三）营造标准化良好社会环境。充分利用世界标准日等主题活动，宣传标准化作用，普及标准化理念、知识和方法，提升全社会标准化意识，推动标准化成为政府管理、社会治理、法人治理的重要工具。充分发挥标准化社会团体的桥梁和纽带作用，全方位、多渠道开展标准化宣传，讲好标准化故事。大力培育发展标准化文化。

九、组织实施

（三十四）加强组织领导。坚持党对标准化工作的全面领导。进一步完善国务院标准化协调推进部际联席会议制度，健全统一、权威、高效的管理体制和工作机制，强化部门协同、上下联动。各省（自治区、直辖市）要建立健全标准化工作协调推进领导机制，将标准化工作纳入政府绩效评价和政绩考核。各地区各有关部门要将本纲要主要任务与国民经济和社会发展规划有效衔接、同步推进，确保各项任务落到实处。

（三十五）完善配套政策。各地区各有关部门要强化金融、信用、人才等政策支持，促进科技、产业、贸易等政策协同。按照有关规定开展表彰奖励。发挥财政资金引导作用，积极引导社会资本投入标准化工作。完善标准化统计调查制度，开展标准化发展评价，将相关指标纳入国民经济和社会发展统计。建立本纲要实施评估机制，把相关结果作为改进标准化工作的重要依据。重大事项及时向党中央、国务院请示报告。